告別未名湖 3

孫蘭芝 編著

這是一段
「不可遺忘的歷史」

崧燁文化

告別未名湖 3
目錄

目錄

序　永不可再的歷史　永不可滅的精神——我讀《告別未名湖——北大老五屆行跡 3》

　　一、《序》的序，北大之大 9

　　二、永不可再的歷史 13

　　三、永不可滅的精神 18

第一輯　數理化宇

　　未名湖—洞庭湖—瀏陽河 25

　　從瀋陽到蘇杭 37

　　難忘的鶴崗十年 43

　　曾經的那些年那些事 54

　　鐵與火的洗禮 64

　　「充軍口外」的日子 73

　　插花廟農場的「特種兵」 82

　　那年，「畢業」了 91

　　我的平凡經歷 97

　　「洋插隊」的經歷和見聞 105

　　兩次出燕園記 113

　　時世艱難四「跳龍門」 121

　　徒有飛鴻志經世化煙塵 129

　　人生總要作決定 137

　　益門煤礦採煤工 151

　　走進仡佬之源的務川 161

　　漫漫人生路悠悠同學情 167

　　遲來的春天 173

　　情灑黃土高坡 183

腳踏實地隨遇而安	192
足跡	200
在美國當教授	208
兄妹讀書在北大	220
心繫博雅塔	225
耕耘與收穫	232
夢裡依稀燕園淚	240
「三小」人生路悠悠學子情	247
鐵馬冰河一夢空	254

第二輯　文史經世

北大荒歲月和我的回歸	269
我與北大精神	281
在龜茲故地農村的那些日子	290
從燕園到深圳	298
我這十年間	303
我與歷史的不解之緣	311
臨漳舊事	317
滏陽河畔教書時	325
路漫漫而前行	336
畢業後經歷回顧	346
路	356
夢斷大西北	378
一個劇本的誕生	390
苦追不果與快速得之	404
老北大的傳統精神與我的讀書治學之路	414
位卑未敢忘憂民	422
舌尖上的記憶與感悟	433

第三輯　俄東西文

- 黃昏寄語 451
- 跌宕起伏　無悔人生 459
- 失之東隅收之桑榆 470
- 我和陳惠民 479
- 職業生涯的「始發站」 487
- 我在攀枝花和011基地 493
- 小小鋪路石 501
- 離別未名湖後的日子 512

第四輯　哲政法學

- 哲學與人生 521
- 煉獄 532
- 艱苦的歲月難忘的磨礪 548
- 告別未名湖走進「心世界」 558
- 平平常常才是真 566
- 北京人—鐵嶺人—祖國孝子 572
- 我的哲學之路和人生感悟 580
- 我的同學韓茂華 590
- 磨難中的道德堅守 596
- 夢裡何曾別燕園 605
- 友情與愛情 615
- 我的人生履痕 627

第五輯　核電圖新

- 回憶黃澤平同學 635
- 五台山下 640
- 回眸一笑百感生 649
- 一蓑煙雨任平生 660

艱辛難斷文字緣 670
　　人生旅驛第一站 678
　　與延安有緣的七彩人生 685
　　衣帶漸寬終不悔為伊消得人憔悴 694
　　吃水不忘挖井人 702

第六輯　地球生輝

　　離校後的辛酸與欣慰 709
　　歲月如歌行燈火闌珊處 715
　　從執牛鞭到執教鞭 723
　　舊事如天遠相思似海深 734
　　山鄉的一群過客 751
　　請記住昨天的誓言 760
　　五子吟 769

跋　依舊家國未了情

⊙ 2015年5月11日部分校友大興九九嘉聚會。

從左至右，前排：朱偉利、楊靜韜、禮慶貴、楊桂香、李海文、陳秀蘭、孫蘭芝、劉蘭平、鄭斯寧、丁廣舉

後排：孫雨南、杜慶臻、張從、李炳海、劉家義、王智鈞、李平安、余德義、徐森、白玉林

⊙ 2015年7月20日部分校友與王義遒老師大興九九嘉聚會。

從左至右，第一排：楊如鵬、朱偉利、盧曉林、孫蘭芝、王義遒老師、林江東、劉蘭平、林建初

第二排：孫雨南、魯公儒、張從、王智鈞、常紹舜、徐志仁

第三排：丁廣舉、許同茂、夏清和、吳根耀、陳世崇、李平安

告别未名湖 3

序　永不可再的歷史　永不可滅的精神——我讀《告別未名湖——北大老五屆行跡3》

序　永不可再的歷史　永不可滅的精神──我讀《告別未名湖──北大老五屆行跡3》

王義遒

一、《序》的序，北大之大

2015年3月20日，丁廣舉、孫蘭芝夫婦到我家來，帶來兩冊厚厚的《告別未名湖──北大老五屆行跡》，說是還要出版第三集，希望我能寫個序。北京大學老五屆的人，我熟悉。我教過的，身邊一起工作的，直到現在退休了仍在共事的，都有老五屆。

凡是北大人的來龍去脈我都感興趣。我這個人正經書讀得不多，雜書倒是很愛看的。對有關高等教育的書，我還寫過二三十篇序或評，抒發自己的感想、心得和體會。可是當我打開這兩本書，發現作序者先有錢理群，後是高放。這兩位北大校友都是人文和社科領域的著名學者，思想開放，造詣精湛，著作等身，聲望遠揚。我怎敢忝列其中！

我的專業領域極窄，儘管研究工作近來已跟億萬百姓生活有點相關（涉及衛星導航系統、智慧型手機、精確校時等），卻鮮能顯山露水，走上台面。後來不得已從事大學管理，主持學校教學科學研究行政，試圖為廣大師生建功立業效點勞，可惜只是疲於奔命而已。當我正待說出「另請高明」之際，看到書中熟悉的名字，腦子裡飄浮出一張張鮮活的臉孔。

《一朵溜溜的雲》──技物系1963級聶永泰被狼吃掉的慘痛故事，我在參與編輯《北京大學物理百年紀念文集》時已經讀到了，這裡又赫然展現在文集中。這樣荒誕的事還能再現麼？我強烈地感到，我有責任說話，儘管許多話錢理群和高放兩位先生可能都已說過了。責任驅使我還要說，要多說，

序　永不可再的歷史　永不可滅的精神——我讀《告別未名湖——北大老五屆行跡3》

一直說到如此悲慘荒唐的事不再重演為止！而且，來人心誠意切，我不好推辭了。

從本集以作者在校時的系別來分輯的體例，我還猜想，主編者要我來寫序，是否還含有一點「平衡」的意味？北大老五屆自然包括人文、社科和理科當年北大所有科系的畢業生，文科（含人文與社會科學）有人作序了，沒有理科人說話似乎有點對理科畢業生「不公」；儘管陳佳洱前校長題寫了書名，跟「說話」總是不大一樣。

其實，在這個問題上，觀點不是以文、理分野，「說話」大體會是相同的。所以，要說的話可能錢、高兩位先生基本上都已說完了。然而，文、理畢竟還會有點視角不同，所以我就可嘗試著找一些他們沒有提及的，從另一個角度看問題的「說法」。

另外，論年齡，他們二位中一位（錢）比我小七歲，一位（高）比我大五歲，我恰好在中間。那時，中國處於一個激盪年代，差三五歲，見識和體驗就會很不一樣。

比如，高放先生見識過國民政府管治下的北大，我就沒有經歷過；錢理群先生有大學畢業被分配到邊遠地區衛生學校當語文教師的歷練，與老五屆比較貼近，我就沒有這樣的體驗。

但是，我有1952年院系調整的經歷，我們一群不知天高地厚的清華物理系一年級學生，很不情願地跟著一大批名師轉到了北大燕園，和北大、燕京大學以及少量其他大學的文理學科的師生組成了「新北大」。

這點經歷，使我對北大的看法有了另一種情結，它也可能會無意間自然滲透在我對北大「老五屆精神」的理解中。這也是我不揣冒昧來寫這個序的一個動因。

上兩集已對老五屆概念做了介紹，指的是1966年文化大革命爆發時的在校大學生，屬於1961-1965級，全中國有53萬多人。這是一代中國頂梁柱的數字啊！北大老五屆有9000多人，其中物理、生物、技術物理、地球物理、化學、無線電電子學等六個系及數學力學系的力學主修是六年制，包

括1960級，實際上是「老六屆」了。他們前三屆1968年畢業分配離校，後兩或三屆1970年畢業。

我查了《北京大學紀事》，1968年的《紀事》居然沒有片言隻字提到幾千人畢業離校，可見當年學校主事者對這樣一件群體大事的肆意輕蔑（這絕不是《紀事》編輯者的疏忽，而是沒有原始資料的依據）。只是在11月19日記錄了一條宣傳隊上報《關於六年制畢業生提前畢業的請示報告》，「提出752名六年制學生提前一年畢業」，但沒有下文。

據我所知，並可從本書三集得到印證，他們還是在1970年和其餘學生一起畢業分配走的。《紀事》的1970年裡倒有一條記錄：3月17日，3821名（「文革」前入學的）畢業生分配離校（除71人外）。《紀事》沒有說這71人未走的原因及後來去向，我想可能不少是留校的，至少那年我所在的漢中（653）分校三個系就留下了一個不算少的數目。

三本文集彙總了220多篇文章，可以說是代表了這9000多人的群體，比例達2.4%。這已經是一個不小的百分比了。我不曉得編者是否還要繼續編下去。不過我相信，以北大之大，中國之大和世界之大，雖然以交通發達、資訊敏捷為標榜的當下，處在犄角旮旯裡的北大老五屆中不知此書的恐怕還有人在，即使是鳳毛麟角，他們甚至還會講出更令人吃驚的故事。不過，從代表性而言，這三集似乎已經可窺一斑而見全豹了。

讀了本集的多數和上兩集的部分文章，對於這一群體的遭遇、歷練、業績、成就和命運，我覺得高放先生以「驕子、棍子、棄子、才子、赤子」的「五子登科」來概括他們的五彩人生總體上是妥適的。地質地理系1964級王志敏的《五子吟》生動、深刻地詮釋了高放先生的「五子說」。

文章開宗明義說：「讀高放老師《告別未名湖2》序，『五子說』像一面鏡子，照見北大老五屆的影子，印下他們半個世紀的足跡。五子，似可作為北大老五屆的別號了。」聽說老五屆中有人不太贊同這種說法，認為自己至少沒有當過「棍子」。

序　永不可再的歷史　永不可滅的精神——我讀《告別未名湖——北大老五屆行跡 3》

我想這是真的。但就群體而言，高放先生的概括大致沒有錯。以紅衛兵「五大領袖」為代表的一群人當年不是被更高更大的領袖用來當槍使，在「史無前例的文化大革命」之初充當了「棍子」嗎？只是後來又覺得他們不聽使喚，才變成「棄子」，甚至是「逆子」而加以懲罰。

說「歷史是群眾創造的」，可是你知道有某姓某名的群眾嗎？你知道的歷史都是有名有姓的英雄或菁英創造的，群眾「被代表」了。英雄們叱吒風雲，群眾卻默默無聞，但終究成為歷史的一員，而且承擔著歷史的一切後果。

然而，更使我感動的是：當他們在「告別未名湖」，經受了我認為應屬於「極端」的遭遇之後，依然充滿信心地去實現自我，終於實現了從「棄子」到才子的過渡；以及在敘述自己這段經歷的時候所表現出來的無怨無悔的「赤子」情懷。這反映了北大學子的一種自強不息的精神和豁達寬容的氣度。這是一個真正的人的精神和氣度。

有人可能會說，這「自強不息，厚德載物」不是清華的校訓麼？是的。但清華這校訓是從梁啟超 1914 年對該校的「君子」演說中引用《周易》的兩句話而來的，11 年後梁成為清華國學研究院的「四大導師」之一。可是，梁啟超還是北京大學前身京師大學堂的積極籌建者呢，該校的第一個《總理衙門奏擬京師大學堂章程》就出於梁的手筆。

1952 年院系調整，清華的文理兩科大多數教師和全體學生都轉到了北大，包括清華存在僅四年的國學研究院在內的衣缽不是都由北大人來傳承了嗎？我們只要看一看倡導「獨立之精神，自由之思想」的陳寅恪的嫡傳弟子汪籛在 1966 年 6 月 11 日受批判後自殺，成為北大「文化大革命」第一位「祭旗」的犧牲品就一目瞭然了。

我還特別欣賞整個校園都併入北大了的，為燕大人所深刻銘記的燕京大學的校訓：「因真理，得自由，以服務」。儘管它帶點宗教色彩，但卻完全可以做世俗的、非常合乎邏輯的解讀，從而陶冶出具有菁英意識的國民。我想，京師大學堂 1902 年就合併了 1862 年成立的同文館，1905 年廢科舉之後，實際上承擔了部分國子監的任務（當年京師大學堂總監督張亨嘉認為這樣一來京師大學堂任務太重了，因而提出辭呈）。

所以，它從辦學一開始就展現了「兼容並包」的風度。再經過新文化運動和五四運動的洗禮，一直高舉著科學與民主、愛國和進步四面大旗。1952年的院系調整是再一次的大包容，使三校的優勢和精神得以大融合、大凝鑄，成就了北大人特有的新精神。無怪乎2011年高等教育出版社出版的《中國大學文化百年研究系列叢書》中《北京大學文化研究》一書的題名為《海納百川有容乃大》，鮮活地點出了北大文化的核心。

　　北大之大，還來自它的學科結構。我深信，世界上所謂學問，不外乎兩門，這就是關於自然和人的，即自然科學和人文社會科學。其餘一切的應用學科和工程技術，都可以從這兩門派生出來。蔡元培的「以學為基本，術為支幹」的說法是合乎實際的。我本人是學物理的，研究的卻偏重於技術，我毫無鄙薄技術的意思，但事實確是如此。

　　自然和人文社會兩大學科，其範圍寬廣無比，而且互相包容。你可以說人文社會學科是自然研究的一部分，因為人終究是由自然產生的，是自然的一個組成部分；但你也可以說自然科學是人文研究的一部分，因為自然科學是人對自然的認識，離不開人，主體還是人。而這兩者的學術內容又是無限的，大至宇宙，小至基本粒子。

　　對人的研究亦如此！我十分欣賞主修心理1964級的徐岫茹在《告別未名湖走進「心世界」》一文中引述的雨果名言：「人心比任何地方都更炫目，也更黑暗；精神的眼睛所注視的任何東西，也沒有人心這樣可怕，這樣複雜，這樣神祕，這樣無邊無際。有一種比海洋更宏大的景象，那就是天空；還有一種比天空更宏大的景象，那就是人的內心世界。」這兩類學科的疆域都是無窮無盡、無邊無涯的，從事這兩門類學習和研究的人難道會不胸襟開闊，心懷坦蕩嗎？

▍二、永不可再的歷史

　　怎樣看待北大老五屆學子在總結自己一生的時候所懷抱的無怨無悔、充實坦蕩，甚至滿足的心態？難道他們沒有遺憾，他們「認命」了麼？不！正如張文（力學系1964級，原名張維善）在《徒有飛鴻志經世化煙塵》一文

序　永不可再的歷史　永不可滅的精神——我讀《告別未名湖——北大老五屆行跡3》

結語中所說：「我感覺我的戲還沒有開場就落幕了。」但是他沒有埋怨未名湖，「未名湖塑造了我……如果靈魂可以寄託，我仍願將來生來世寄託於未名湖」。

而寫《在美國當教授》的物理系1965級任尚芬的感受是：「我覺得世界上其實真正一帆風順的人並不多，即使有，也未見得自知，未見得珍惜，更未見得成功，當然也未見得幸運。其實，世界上大多數人都會面臨一些特有的困難。我們每個人的自身條件不同，際遇不同，選擇也不同，生活之路不必強求。只要我們盡力了，我們的人生之路都值得自己驕傲，值得別人尊重。」我想這是大家的共識，是「北大之大」造成的豁達大度的氣概使然。

中文系1965級黃虹堅的態度更為積極，她將離別未名湖發配到洞庭西湖軍墾農場接受「再教育」的其情其景寫成了一本電影文學劇本《湖草萋萋》。她說：「想起那一片湖的人和事，也想到了一個錯誤的年代對人性、青春、知識的輕侮甚至是摧殘，但我也就是在那兒收穫了刻苦、堅持和頑強，特別是文學創作必需的對人的同情和對人性的理解。寫作的那幾天我心情很沉重，反覆想到的是無數人在那個年代付出的各種犧牲。但我也清楚地知道歷史沒有『如果』，生活也不會有『假設』，西湖的事就是這樣被我們真實地親歷了一遍。我的責任是留下一些真實的細節、氛圍，留下一點可供研究的文字，告訴後人：我們不曾遺忘。」我想，這何嘗不是寫這220多篇精彩、真實文字的北大老五屆人的共同心願呢？

有人看到北大老五屆不少人後來成為各級骨幹、國家棟梁，就說這不僅是因為他們浸透了未名湖的靈氣，還因為他們經受了「四個面向」（面向基層、農村、工礦、邊疆）的歷練，所以他們很「草根」，瞭解國情。孟子曰：「天將降大任於斯人也，必先苦其心志，勞其筋骨，餓其體膚，空乏其身，行拂亂其所為，所以動心忍性，曾益其所不能。」（《孟子·告子章句下》）似乎老五屆這些人後來能夠擔「大任」，建功立業取得成就，就是因為他們接受了工農兵「再教育」的鍛鍊，可以說是「生於憂患」，因而苦難是有「所值」的。

這實在是一種顛倒黑白、混淆是非的荒謬說法。今天看來，當時對一大批大學生和知識青年（甚至包括還夠不上有知識的青年）的如此發落，是因為在政治上他們已經無可利用而只能「搗亂」了，而經「文革」的幾年折騰，各行各業不務正業，名曰「鬥批改」，實則只剩「鬥批」而無業可「改」，經濟跌入崩潰邊緣，城市裡已經無法安置這批青壯年勞動力就業了，他們真正成為「棄子」。這是一種扭曲社會的極端狀態：愚昧之極、荒誕之極、殘酷之極、悲慘之極！

　　大學之「學」，知識占有主體地位。「知識就是力量！」可是那時候「知識越多越反動」成為時髦。大學裡越有知識的教授專家越成為「反動權威」，進「牛棚」，遭侮辱，挨批鬥，折磨致死的著名學者不在少數。此風一刮，交白卷成為「英雄」。在接受「再教育」中誰要是還想讀點書，學點知識，表現點聰明智慧，必然倒霉。

　　主修日語1964級馬成三在《職業生涯的「始發站」》一文中述說，在分配去遼寧的火車車廂中有軍人巡迴值勤，注視階級鬥爭「敵情」。一名巡邏兵看到一個同學在看《紅樓夢》，居然一把將書奪走要沒收，聲稱《紅樓夢》是大毒草。那學生反駁說，毛澤東稱《紅樓夢》是好書，士兵則說學生是造謠，爭得不亦樂乎，後來長官出面才算解決。

　　黃虹堅的《一個劇本的誕生》記述了在洞庭西湖軍墾農場接受軍隊「再教育」的日子裡，天天檢討批判，狠鬥「私字一閃念」，說話要按照一定的程序行事。這裡成為訓練唱高調、講空話、官方說法的場所。來自自由文化園地的北大、清華學子不吃這一套，說了點新鮮的學理論心得，這就倒霉了，不但挨質問訓斥，而且被另眼看待，使他們備受煎熬。地球物理系1960級的王瑋，1968年被發配到唐山柏各莊軍墾農場，幾經轉折又落到了秦皇島瓷廠。這個廠的技術科長居然不懂矽酸鹽是什麼（陶瓷的主要成分），蓋廠房不懂勾股定理，房梁老是搭不上。她去一算，梁就搭上了。為此，她失去了留在技術科的資格，就因為她有點知識！（《離校後的辛酸與欣慰》）當下我們拚命呼喊，要創新，要建設創新型國家！可是你知道嗎，曾幾何時，在我們這個國家裡曾容不下一丁點創新的萌芽！

序　永不可再的歷史　永不可滅的精神——我讀《告別未名湖——北大老五屆行跡3》

更可笑的事例我已不將它列為愚昧而是荒誕了。經濟系1963級的伍席源（見《在龜茲故地農村的那些日子》），1968年末被發配到新疆，先在軍墾農場鍛鍊，後又以工作組身份進駐庫車縣農村。那裡是維吾爾族群居地，下鄉工作組的任務是「著重批林批孔，促春耕生產」，後來還要批《水滸》。這弄得維族幹部十分茫然，他們既不知道孔子，更不知道《水滸》。

而按維吾爾語發音，「孔子」如同「水桶」，「水滸」等同「水壺」。一會兒批「水桶」，一會兒又批「水壺」，搞的是什麼名堂？幹部尚且如此，遑論一般老百姓。難怪百業蕭條，經濟走向崩潰邊緣，真是作孽啊！

類似的荒唐事還可舉出哲學系1963級的沈耀才在《煉獄》一文中提到的：他夜間在地窩子裡讀袖珍本《毛澤東選集》，居然險些發生一場政治風波。原來他看書時用《毛選》的硬紙板封套做底板在上面點上了蠟燭，這被有病的外校學生認為是「褻瀆毛主席」而舉報了。這種事情當年弄得不好是可以被扣上「反革命」帽子的，非同小可。幸好得到同來此地接受「再教育」的南京大學學子的解救，才有驚無險。

事情的殘酷遠不止此。在第2集國政系1963級魯仁的文章中已提到的地球物理系的程明萱（第2集中未指名）因女廁所反動標語而遭滅頂之災的事，在沈耀才的文章中有了更細緻的交代。她所受的六七年殘酷冤獄誰該擔責？更為殘酷的是黃澤平之死。圖書館學系1963級楊邦俊在《回憶黃澤平同學》一文中披露了這個令人痛心的殘酷事實。

黃澤平是一個善於學習、很有志向的青年，參加「四清運動」工作隊時主管青年工作，只因和一個女青年來往密切，約會時有親熱表示，被告發，開除團籍，1966年3月被勒令退學後回到原籍福建閩清；「文化大革命」爆發後，他因反對江青、林彪以及中央「文革」，為被打倒的黨政軍「走資派」喊冤叫屈，成了福建省當年最大的「反革命案」，1970年2月28日，黃澤平被處決。

十一屆三中全會後，黃澤平反革命案被推翻，說是為老一輩革命家鳴不平，宣布無罪，但仍堅持說他有反對三面紅旗的錯誤。這個罪責又該誰來承擔？楊邦俊在文中說：「文化大革命」扼殺了國民的理性心態；暴力、政權

的力量製造了一大批奴性十足的順民,任何敢於表達自己獨立思想的人,在那個是非顛倒、黑白不分的瘋狂年代只有死路一條。

其實,殘酷甚至殘忍對待作為「棄子」的老五屆學生的事俯拾皆是。比如,圖書館學系1964級的馬士林被發配到華陰部隊農場,深秋時節要在凜冽的寒風中「站在沒膝甚至齊腰深的冰冷刺骨的泥水裡,搶收頭年種下的黃豆和高粱。……不少女同學因此而落下隱患、暗疾。最髒的活兒自然要數為修建營房而到火車站去拉煤卸灰。當我們『麻袋頭頂披,草繩腰間繫』,灰頭土腦,蓬頭垢面,經過華陰縣城時,總有縣民指指戳戳:看,軍隊又押了一車勞改犯!」(《回眸一笑百感生》)這種殘酷不僅在於身體被毀損,更在於要徹底打掉你作為知識分子的尊嚴。

又如,國際政治系1963級張萬平在《艱苦的歲月難忘的磨礪》一文中敘述了在黑龍江部隊農場井下刨冰的「一不怕苦,二不怕死」的「豪情壯舉」,以及數學系1962級李國治發配到洞庭湖大通湖部隊農場,在長滿釘子似的野菱角的田裡幹活時,腳上布滿了斷在肉裡的野菱角刺,幾天後發炎化膿,走路一瘸一拐的。「更可怕的是:等再下到田裡,當新的菱角刺正好扎到已經潰爛的傷口時,那種鑽心般的疼是常人無法忍受的!」(《未名湖—洞庭湖—瀏陽河》)。這難道是「鍛鍊」?純粹是折磨,是摧殘,是草菅人命!

至於說到悲慘,本集中雖然沒有像第1集裡《殤痛牛田洋》那樣慘痛的悲劇描述,但刻骨銘心的殤痛場景也是夠多的。比如,沈耀才文章描述的青海部隊農場山東大學中文系畢業生曹萬芝為在湍急的黃河裡撈木頭而被漩渦吞沒,遺有一妻二子,不予追認烈士,因為撈木頭沒有經國家批准;張萬平寫下了黑龍江部隊農場黃元華同學因伐木時樹幹掄起擊中腰部而犧牲的情節;至於瀕臨死亡邊緣的事例,更是不勝枚舉。那種因無謂的「一不怕苦,二不怕死」而造成的犧牲,只能說明對待人間最寶貴的生命的輕率與漠視!

本集敘述的老五屆作為「棄子」的年代實在是人類歷史上的一個極端年代,要是有人認為這是使他們成為才子而擔「大任」的歷練,我寧願不挑「大任」而作為芸芸眾生的一員。持這類看法的人,不是站著說話不腰疼,就是

序　永不可再的歷史　永不可滅的精神——我讀《告別未名湖——北大老五屆行跡3》

陷入苦難深淵而不能自拔，甚或是別有用心、騙人。真是這樣，就有再次被置於那種不幸境地的危險！

事實勝於雄辯，那個年代到底是成人多還是毀人多，大家心知肚明。我們只要讀到歷史系1961級李永昌在《北大荒歲月和我的回歸》一文中說他是「主修世界史同屆畢業27人中唯一從事主修世界業教學和研究工作的」這句話就足見一斑了。至於那些被棄、被毀的人後來又擔「大任」了，這不是悲慘磨難的歷練之功，而有下面要說到的浸潤過未名湖之水的靈氣之功。

作為學者，我當然對於那種斯文掃地、學而不能用的狀況更有切膚之痛。那個時代，我和第2集中胡戟的文章《走訪教育部信訪室》裡所描述的對國家學術前途的擔憂有強烈共鳴：「將來不是要像陳寅恪先生說的那樣，中國人的歷史要去問日本人，『群趨東鄰受國史』嗎？」胡戟是學歷史的，我那時在漢中分校無線電系工作。

在招收工農兵學員時，我為量子電子學主修（當時「以典型產品帶動教學」，這個主修被稱為在世界高等教育史上空前絕後的標準主修）編寫了教學計劃，時任分校教改組負責人的我系原主任汪永銓先生問我：你們學生不學量子力學行麼？我甩出了一句話：「大不了將來再來一次『幼童留美』！」我內心充滿淒涼與糾結：要從國中代數教起的工農兵學員在三年內學好量子力學，不是天方夜譚麼？懂得原子物理的基本概念足矣！可惜，不幸被我言中一半。

這樣的歷史教訓難道不要牢牢汲取嗎？這樣的歷史難道還可重演麼？！

三、永不可滅的精神

上面說過，北大老五屆在各種崗位還是擔了「大任」，成為骨幹的。我同意錢理群先生指出的，這是由於他們的「精神堅守」，但也不應遺忘「底層體驗」。錢先生說「精神堅守」，說明他們在「告別未名湖」之前就已經樹立起某些精神了。我想這就是北大精神，至少是當年的北大精神。精神其實就是一種價值信仰。

這東西就這麼神奇，只要你沾上了北大的邊，哪怕只有一小段時間，就像有的老五屆那樣，就會被浸潤、被感染、被熏陶。前面我提出了「北大之大」的命題，指的是北大的氣度，氣度裡應該含有精神。我覺得從「北大老五屆行跡」中可以體察到的當年北大精神，起碼應該有以下幾方面。

第一是擔當精神。這其實就是「志」。一個學生抱定了要上北大的「志」，就是給自己選擇了一種責任，設定了一份擔當，對社會、民族和國家的責任和擔當。有這種擔當感是中國傳統知識分子跟西方知識分子的最大區別。宋朝大儒張載倡導「為天地立心，為生民立命，為往聖繼絕學，為萬世開太平」，可以說是體現了這種擔當精神的極致。我還認為這種精神是源於正義的價值信仰。

我把正義看成是處理「我」和「非我」——他人、社會、環境、國家、大自然之間的權利和義務的對等關係的結晶。我們普通北大人沒有張載那樣的宏偉志氣，但深知對他人、社會與自然對自己的養育成長之所付總要抱著「滴水之恩當以湧泉相報」的態度的。正是那種將自己的存在也歸功於社會和自然的心態使北大老五屆人走到哪裡都要把工作做好，追求卓越，並能忍受極端的艱難困苦，真正做到了「達則兼濟天下，窮則獨善其身」。

我欽佩北大學子不僅有對當前事業的擔當，更有對歷史責任的擔當。例如，中文系1963級祁念曾在「文革」大批判的高潮中不但沒有奉命寫稿來批判「黑作家」劉白羽的《朱德將軍傳》，反而冒著巨大的風險將原稿保存了十二年，從而得以重見天日（《從燕園到深圳》）。

同樣，我們還看到中文系1964級董漢河，為了使中國工農紅軍西路軍成千上萬的男女士兵艱苦屈辱的蒙難歷史得以大白於天下，他孤軍奮鬥勇闖禁區，付出了大半生心血卻只能留下遺憾（《夢斷大西北》）。

使我特別感動的還有一篇小文章，俄語系1964級鄭克中寫的《我和陳惠民》。作者在寫文章（2011年12月）的前幾天忽然收到郵寄來的一床被子，那是老同學陳惠民從浙江雲和寄來的。原委是：1966年「文革」的全國大串聯中陳惠民背了作者的薄被去「長征」，回來時被子已經爛了，是另一位同

學給了作者又一床被子。近半個世紀以後，陳惠民來「賠償」了。這當然是誠摯友誼的紀念。但從這裡可見陳惠民的真！

文中描述陳惠民被發落到浙西一個小縣的窮鄉僻壤當農村教師，之後成為中學教師，最後當了縣圖書館館長，對當地文化經濟發展作出了突出貢獻，該館被國家評為一級圖書館，他被授予特殊貢獻人才稱號。

他寫的書有老師萬寧教授作序，其中說：「命運安排他在中國一縣，做了一場有意義的實驗，用一生的探索，映畫出一點點生命的綺彩。北大以國寶級大師為榮，其學子多數身居高端；偶然的原因，一枚種子飄落到中國草根階層，營造出一派平淡中的絢爛。絢爛之極的平淡，也算是一個稀罕的傳奇故事吧。」

第二是追求精神，追求真善美，追求卓越。真善美是科學與人文的治學終極目標。置身於文理學科的學習與研究，就離不開這樣的追求。而有了這樣的追求就會處處事事與眾不同。北大老五屆學子不僅有「文革」初期就以「方史」為筆名討伐姚文元，為吳晗的《海瑞罷官》辯白的圖書館學系1964級的李永長，而且還有認識到清查起義軍官在戰爭中是否有「人命案子」是「天大笑話」，拒絕寫唱高調的文章，不辦錯案的檢察官，最後因不戀當官而當了「教官」的（法律系1963級於遠河：《坎坷曲折的圓夢路》）；還有在平反冤假錯案中堅持「這是個人的不幸，也是國家的不幸。受到錯誤處理的人應該儘早給予平反，公正、正義應該儘早回歸」，敢於頂撞上級的小公務員（中文系1965級周炳華：《位卑未敢忘憂民》）。正是因為這些「較真」的脾性，就有了一種說法：「成也北大（做事），敗也北大（做官）」。不少文章敘述的事實確實也應驗了這句話。

不過，對於理科學生來說，由於底層的「一窮二白」環境，那種「求真」的科學本事確實還很難施展。即使如此，還有幾則故事可以顯出北大理科學子不凡的起碼是「較真」的精神。一是數力系1963級王鐸的文章《難忘的鶴崗十年》揭示的，他1968年底被發配到鶴崗，先在煤礦勞動，後到其附中教書，因「工人階級要占領講台」而將此「臭老九」趕走，被打發去辦農場。高層分配要用馬鈴薯做粉條，請來老農粉匠，粉條總是做不成，一段段的連

不成長條。北大人按照華羅庚的 0.618 最佳化方法，調整粉麵加礬和水的比例，竟然成功，他被公認為「大粉匠」。

再一個是前面提到的學數學的李國治，在湘贛邊界的瀏陽縣，發揮他基礎紮實、自學能力強的優勢和幹一行愛一行的敬業精神，聯合一批能工巧匠居然造出了 12 千瓦的水輪發電機（《未名湖─洞庭湖─瀏陽河》）。還有一個是地球物理系 1963 級的汪景琇。他 1970 年先被分配到生產隊勞動，後當鄉村教師，1973 年到縣氣象站做了氣象員，居然在窮鄉僻壤創造了單站氣象預報方法。他的工作成為氣象站預報的基本方法，論文被選入全國性的氣象預報文集，本人被選為省氣象戰線先進工作者。1978 年他考上了中科院北京天文台的研究生，以後又在天文學研究上做出傑出成績而被選為中科院院士。

第三是獨立和自由精神。獨立是大學的立校之本，是大學運行的基本原則；自由是追求真理的必由之路。所以獨立和自由精神是與追求真善美相通的。陳寅恪先生在紀念王國維的碑文上說「唯此獨立之精神，自由之思想，歷千萬祀，與天壤而同久，共三光而永光」，揭示了科學追求的真諦。當年北大人所表現出來的那種不為名、不為利的豁達態度和不唯書、不唯上、只唯實的獨立求真精神，在北大老五屆的書內幾乎是隨處可見，不一一細說了。這裡只想提一樁極其細微的小事。

1970 年畢業分配的時候，國政系 1964 級的陳世崇其實是很願意留校的。可是，當他看到系裡老師排成一隊在 39 樓前被工宣隊成員一會兒喊「立正」，一會兒喊「稍息」，純粹是折騰人，稍一不合要求，就被像「孫子」那樣訓人的景象深深地刺痛了：最高學府卻沒有起碼的人的尊嚴！於是當宣傳隊員問他願不願留校時，他就賭氣說「不願意」。他想：宣傳隊也許要永遠領導學校，我惹不起，還躲不起嗎？這小夥子的倔強就意味著獨立。

後來他到北京市文化局工作，又去了一個「打死也沒人去的地方」，卻做得十分有起色。之後有人告訴他受此遭遇的原因：一條意見──不聽話！他在《夢裡何曾別燕園》一文中總結說：「人是需要有一點精神的。獨立思考，

認為對的敢於堅持；在工作和事業中，不固步自封，不甘人後，敢為人先。這是不是就是『民主與科學』精神浸潤的結果呢？……我認為是。」

陳世崇的同班同學劉旦元後來到貴陽市花溪區教育局工作，同樣是一條硬漢：說真話，不說假話。在區人大預算決議案和區委選書記會上，他都投了反對票，他認為這是「不辱北大人的風骨」；而他的三瓶茅台酒的故事則「見證了北大人的品格」（《磨難中的道德堅守》）。

上面說到的歷史系1961級李永昌總結自己：「幾十年裡，從學生到教師，一路走來，感慨良多。品味所見，人世多錯迕，但是，無論為人、治學、處世，必須為自己設置一個任何時候都不能踰越的道德底線。身處逆境，也必須要有一點古代文人具有的那種『出淤泥而不染』、清高、寡和，孑然自立的氣質。……老五屆的經歷證明：我們不依附任何人，不攀龍附鳳，孜孜不倦，奮鬥不息，仰望無愧於天，沉思無愧於地，畢生保持北大人的節操和品格。」（《北大荒歲月和我的回歸》）

第四是自強不息、厚德載物的精神。前面提到，這是因梁啟超在清華的講話而引出的清華校訓。但是，隨著院系調整清華大批名師湧入北大，這種精神自然就成為北大精神的一部分了。我有這樣的想法，還是在讀了哲學系1964級胥正範的《平平常常才是真》的文章之後才萌發的。她說，她在校時，德高望重的張岱年先生經常用《易經》中的「天行健，君子以自強不息；地勢坤，君子以厚德載物」來勉勵學生，所以她就將這兩句話作為自己的座右銘。

可見他們對北大學生的影響至深。確實，從文集的篇篇文章都可看得出北大老五屆人就是這樣奮鬥不息的。胥正範後來一直從事哲學教學，她在總結自己經歷時認為：「自強不息與厚德載物是相輔相成的，二者不可偏廢。過分自強容易把身體搞垮，宏圖大志無法實現；而無所事事，只求安逸寧靜更是不可取的。」這些樸實無華的直白語言倒是反映實際，說明自強不息與厚德載物之間的平衡與和諧：前者使人奮鬥不止，後者使人平和坦蕩，兩者完美的統一，就能讓生命如有源頭活水，急速奔流，又寬暢浩瀚。

上面說的，籠統地就可歸結為志、德、識三方面。這其實是人區別於一般動物，成為真正的人、大寫的人的基本要素。志乃是一種信仰，是統率的。中國人大多沒有宗教信仰，但是價值信仰是有的，知道應該怎樣做人。人沒有了信仰，就一切空虛。當下政府倡導24字的社會主義核心價值觀，立德樹人，就是要培育和踐行一種價值信仰，是符合中國人做人的道理的。我個人認為，它們還可表述得更為簡潔：正義和真善美！至於德和識，可以說是實現志的兩翼。

德確定做人的基本規矩，至少要有個底線，不能做錢理群先生所說的「精緻的利己主義者」。識不僅是知識，社會知識、自然知識，以及專業知識，這裡更重要的還在於辨識、判斷是非、正誤、優劣、真善美和假惡醜之間的區別和界限的能力。

有了德和識就可成全志。當然，北大人的精神也許還遠不止於此，它們通統包容在「北大之大」裡面了。一個人的事業，成就，時過境遷，可以化為烏有，而精神是長存的，「與天壤而同久，共三光而永光」。大家寫下了《北大老五屆行跡》，就是要昭示後人：我們所遭受的辛酸和悲痛永遠不能再演，但是我們所堅守的當年北大人的精神，卻是永恆的，要靠後人來繼承。

我嘮嘮叨叨說了這麼多，無非是因為讀了那麼多鮮活生命的流淌行跡，感人肺腑，甚至催人淚下！北大老五屆的群體經歷確實應該是北大歷史上珍貴的一頁，是所有北大人共同的精神財富。它昭示後人：北大人中曾經有這樣的群體，他們遭受過冷酷的輕侮和摧殘，經歷過極端的苦難、艱辛和悲慘，但是，他們沒有退縮，沒有消沉，更沒有與邪惡同流合汙，而是堅守北大精神，奮鬥不止，終於都成為一個個大寫的人，為事業、為民眾、為地方、為國家，乃至為世界作出了自己的奉獻。他們以曾經的北大人為榮，北大也以他們而驕傲！「北大之大」包含著他們的辛酸與苦難，包容著他們的成就和榮光。他們將這些遭遇與經歷寫出來，表明他們在高喊：悲慘的歷史絕不可重演，崇高的精神不可磨滅，並將永放光芒！

王义遒

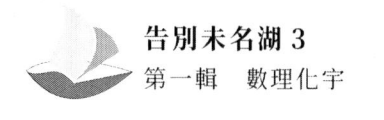

第一輯　數理化宇

▎未名湖—洞庭湖—瀏陽河

李國治

告別未名到洞庭

作為數力系主修計算數學 1967 屆畢業生，全班 28 個同學，只有我在北大多熬了三個月的待分配時光，到 1968 年 12 月 27 日下午終於告別了北大，被發配去湖南。我於 28 日晚抵達長沙，前往省革委二招待所廣州軍區大通湖軍墾農場學生接待組報到。時值年終，元旦將至，部隊讓先到的學生在長沙休整幾天，順便等等後續到達的學生。1969 年的元旦我是在招待所裡無聲無息地度過的，當時的環境下，似乎沒人對這個節日有什麼特別的感覺。

元月 3 號下午，在長沙坡子街旁的碼頭，數百名學生登上了幾艘四面透風的簡易小客輪，先沿湘江一路北上，再朝西北開去。冬日天短，船很快便駛入茫茫的夜幕。起初還能看到岸邊的幾點幽暗的燈光。半夜時分，船駛過湘陰，進入浩瀚無際的八百里洞庭，烏雲遮住了十五的明月，四周漆黑一片。此時，正是湖南一年中最陰冷的季節，呼嘯的北風捲起浪花，拍打著船舷，刺骨的寒風徑直鑽進了沒有遮攔的船艙，幾百個學生半坐半臥，瑟瑟發抖地擁在一起，默默地沒有聲響。

至 4 號黎明前，船駛出洞庭湖，到達沅江縣北、大通湖南的黃茅洲碼頭，學生們離船上岸，清點人數，隨後由帶隊的軍人將我們按連隊進行編組。我被分到 6939 部隊學（生）九連。此時天已大亮，我們按編好的連隊分別登上當地漁民的木船，木船由汽艇拖拽著，魚貫進入通向大通湖農場的韶山幹渠。此刻，清晨的北風顯得更冷更硬，水在船下打著迴旋，重重的船隊在狹長的水道裡擊出漣漪和波浪，讓船常常行進受阻而踟躕不前。看著眼前的一切，我的腦海裡忽然浮現出屈原《涉江》裡描繪的景象：「乘舲船余上沅兮，齊吳榜以擊汰。船容與而不進兮，淹回水而凝滯。朝發枉渚兮，夕宿辰陽。

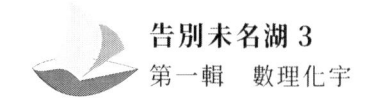

苟余心之端直兮，雖僻遠其何傷？」這裡只要把「朝發枉渚兮，夕宿辰陽」改成「夕發長沙兮，朝至沅江」，就成了兩千多年後我們這群被發配到洞庭湖的大學生一路上真實的寫照。

3個多小時後船隊到達農場地界，不同連隊的船隻便開始脫離汽艇的拖拽，改由船工撐篙，沿著一條條通向各個連隊的支渠駛去。大約正午時分，我們的船終於到了七支渠南岸學九連的所在地，並與此前先行到達的湖南本省大學的學生會合成了完整的學九連。當時我們對外的通信地址是：湖南省沅江縣55信箱9分箱。內部的番號則是廣州軍區47軍140師419團三營學九連，對外稱6939部隊學九連。

洞庭湖的歲月

到達連隊後，先給我們舉辦了幾天學習班，幾次大小會後，我們很快對自己連隊的情況有了較全面的瞭解。我們學生連有4個排，每排4個班，每班9到10人，全連共約150人，其中連長、指導員以及正排長由軍方擔任，副排長及班長則由學生擔當。全連學生一部分來自教育部等部直屬大學，如清華、北大、中國科大、復旦、中山大學、暨南大學、北京農業機械化學院、中南林學院等；另一部分來自湖南本省院校。

據說當時整個洞庭湖各軍墾農場共有來自全國40多所院校近4000名大學生接受軍隊的「再教育」。學習班上，部隊高層詳細介紹了大通湖軍墾農場的場史、自然環境和我們接受再教育所面臨的任務。多年來由於圍湖造田和泥沙淤積，八百里洞庭已經被分割為東洞庭湖、南洞庭湖、大通湖、西湖等大小不等的十多個湖泊。我們學生的任務，平時是在大通湖外面圍墾出來的幾百畝田裡種植水稻，農閒時則要挑泥上壩，加固加高北大堤，嚴防洪水來時堤壩被沖垮。未來的勞動生產任務將是繁重艱巨的，但我們首先面對的是一道道生活難關。

第一就是住。大批學生突然湧進農場，部隊根本來不及準備合適的住處。一開始，連隊臨時騰出兩間草房，全連一百多名學生只能打地鋪，晚上一個挨一個地擠在一起。十冬臘月，被縟下的「水泥」地上僅鋪了一層稻草，地

不久前還是洞庭湖的湖底。熟悉湖區的人都知道，這樣的地挖上兩指甲深就能挖出水來，在這種地鋪上睡覺，人是不敢脫衣服的。由於濕冷，我們常常半夜被凍醒。一個月後運來了床板，再後來又運來了床凳，床架起來了。

雖然住的條件有所改善，但是在無遮無攔的開闊湖區，冬夜狼嚎般呼嘯的北風會從草房的縫隙吹進，直鑽被窩，人在被裡還是冷得縮成一團。有一夜，狂風大作，我半夜醒來發現：頭頂上用塑膠薄膜糊的窗戶已被大風連框刮走，不知所蹤，我們幾個對著窗口睡的人棉被上都落了一層雪花……面對寒冷，一些湖南同學卻應對自如，原來他們都有自製簡易睡袋的土辦法：每天就寢前用繩子或腰帶將鋪好的被窩下面紮緊，人再鑽進去，保暖效果甚佳！我們很快學會了此招。

兩個月後，連隊轉移了，我們搬進了以竹竿為框架、稻草做屋頂、蘆葦糊上泥巴為牆面的正規宿舍。住進「新居」總算真正安頓下來了。可是到了酷暑，蚊蟲叮咬的夏夜，宿舍內近40度的高溫，迫使許多人只好睡到營房前的小樹林裡（蚊帳掛在樹枝上）。1969年8月的汛期，一連幾天下暴雨，大水漫進宿舍，水深沒過腳面，床上是亂蹦的青蛙，有的人被子裡還躲著盤成一卷的蛇。連裡動員我們冒雨在營房周圍用泥巴築起了一道近兩尺高的圍堰，上級調來了一台柴油抽水機，由北農機的同學負責操作（這正好用上了他們的專業特長），從傍晚開始，連夜不停地將水從圍堰內往外抽。然而天亮一看，圍堰內外的水位竟還是一樣高！？

仔細檢查才發現，那道匆忙築起的圍堰在大水的浸泡下早已千瘡百孔，抽出去的水與漏進來的水差不多相等。雨還是不停地下，上面通知說大通湖的水位在不斷上漲，要求我們做好應對險情的準備：當時紮好的竹排就泊在宿舍門外，每天臨睡前把自己認為重要的行李——可能就是十幾塊錢和一些書信日記——等壓在枕下，隨時準備在聽到北大堤決口的消息後乘上竹筏逃生。好在險情最終沒有發生，這一點我們比廣東牛田洋農場的同學幸運了一大截！在這樣的宿舍裡，我們一住就是一年多，直到1970年二次分配離開農場。

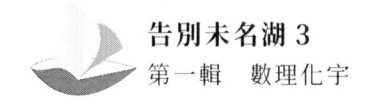

再說說吃。剛到連隊的那一個多月，我們幾乎天天吃不飽。吃不飽不是因為糧食不夠吃，而是因為鍋灶不夠大。原來給160多名士兵做飯的鍋，如今加上100多名學生，鍋還是那麼大，米多了，只能少放水，湖區又缺煤少柴，炊事班需節約燃料，如此一來，幾乎天天要吃半生熟飯。那種飯實在讓人難以下嚥。每天餐後，裝剩飯的桶總是滿滿的，連隊裡餵的幾口豬倒是吃得膘肥體壯。

有趣的現象是：哪天收工回來晚的人發現飯不夠吃了，那或是今天的飯煮熟了，或是這一餐是用上餐留下的剩飯（豬都吃不完）加工成了美味油炒飯，這樣的飯早早就被一群老也吃不到熟飯的「餓狼」吃光了！這種日子直到部隊搬離後才結束。至於副食，平日根本見不到葷腥，每天都是靠蘿蔔、白菜、南瓜、辣椒度日。就是這些菜，一個班十來個人也只有兩小盆，每餐都是一搶而光。我吃飯的速度忒慢，其狼狽狀更可想而知，以至於身高近180公分的我到後來離開湖區時體重只有90多斤。

在農場那一年多，我們改善伙食的日子大概只有八月一日、十月一日、元旦和春節，靠的還是連裡自己養的豬殺而食之。記得有一次炊事班殺了頭豬，剖開後發現豬的肥膘上長了許多膿包狀的東西，看上去倒不像豬肉條蟲，但沒人能確定那究竟是什麼東西，於是在要不要吃這頭豬的問題上發生了爭論。

由於太長時間沒見過葷腥，肚子裡實在缺少油水，這樣一頭大肥豬要當垃圾扔掉，絕大多數人都過不了胃虧肉這一關（包括連裡的長官），於是最終做出決定：豬不能扔，要吃！後來炊事班仔細把那些膿包一個個挖掉、洗淨，給大家做了一大鍋又香又爛的紅燒肉，每個班分了足足一臉盆！全連上下個個吃得興高采烈！沒有人顧及後果。好在幾天過去全連軍民安然無恙，實屬萬幸！

如果說那個年月在湖區缺肉吃是可以理解的，但魚應該有的吃啊！開始時，我們下田勞動後，的確常在地頭的毛渠或窪地裡抓到一些兩三寸長的小雜魚，抓多了就用筐帶回去交給炊事班，希望能改善伙食，可餐廳沒有多餘

的油,加上魚小,每次大鍋一熬,出來的就是一盆盆魚醬!嚼在嘴裡滿口都是刺。時間一長就沒有人再去抓魚了。

面對生活上的種種困難,我們都挺住了,更嚴酷的考驗還是那艱苦繁重的體力勞動。一、二月,我們常常要頂著雨雪修整營房和大田周圍的道路,整平耕種菜地。然後就開始為春耕準備肥料和種子,那需要撐船沿著一道道河渠到十幾里外的團部去運回。有時裝的東西太重,遇到渠窄水淺船行受阻時,我們必須下到接近零度沒膝深的水裡去推船!

⊙韶山幹渠邊留影。右邊是我的輔導同伴,後面是我們班晒穀時臨時居住的馬架棚

轉眼到了3月育秧時節,同學們打著赤腳,踩著薄薄的冰碴去平整秧田,秧田的泥水冰冷刺骨。我們一鏟一鏟地把泥巴從高處往低處扔,然後由會趕牛的湖南同學趕著牛將田耙平。接著我們要把在暖房經過浸泡、已經發芽的穀種一把一把均勻地撒到秧田裡。這樣的活幹到最後,人從田裡出來時,兩條腿從大腿根往下都凍成了紫色。

記得一次收工回連的路上,我的兩隻腳冷得不行,忽然見到路邊一堆新鮮的牛糞,我沒有片刻猶豫,立即把凍僵的雙腳插到那堆牛糞裡,當時的感覺真是舒服極了。(幼時看童書,知道窮人家的孩子冬天給地主放牛時曾用牛糞取暖。那時還想,牛屎多髒啊!現在我才曉得,當時一堆剛拉出來的牛屎對於放牛的孩子有多可愛!)

弄好秧田,接著就開始整理準備插秧的大田了。圍湖造田開出來的地與湖區外那些熟田大不相同,新開出來的田原來多是長滿野菱角的生地。野菱角和食用菱角不同,其大小如栗子,圓圓的黑色外殼上長著幾根尖尖的刺,

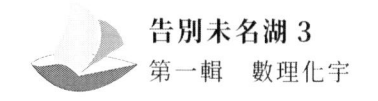

有點像水雷，又像當年美國飛機在韓戰時為對付中國軍的汽車而撒下的那種有四個尖的釘子，落地後永遠有一個尖是朝上的！我們幹活的田裡有許多這樣的「釘子」，只要腳踩上，那根朝上的刺必然會扎進肉裡。大田勞作沒幾天，腳上就布滿了斷在肉裡的野菱角刺。

開始，我被這樣的刺扎過後並沒有覺得太疼，只是晚上洗過腳後看到腳板上多了些黑點點，心裡還滿不在乎（其實那是斷在肉裡的菱角刺）。看到同班湖南同學每晚洗過腳後都坐在燈下仔細用針（那個年代每個人都有針線包）將斷在腳掌裡的刺挑出來，然後用從連衛生員那要來的酒精棉進行清洗，我心裡還暗笑他們嬌氣。可是沒想到，幾天後自己腳上的傷口竟然開始發炎、化膿，出工走路時一瘸一拐的。更可怕的是：等再下到田裡，當新的菱角刺正好扎到已經潰爛流膿的傷口時，那種鑽心般的疼是常人無法忍受的！

盛夏七月，到了搶收和搶種的雙搶季節，我們割完早稻接著搶插晚稻。為了趕進度，我們每天下地都在十三四個小時。中午，頭頂似火的驕陽，腳踩燙人的泥水，氣溫高達四十幾度！我們周圍全是男生連，方圓幾里見不到異性，由於天實在太熱了，幹活時知識分子們個個幾乎赤身裸體，身上只著一條三角褲，還要不時用沾滿汗泥的雙手拍打落在身上的牛虻和叮在腿上的水蛭！一個個的模樣狼狽又滑稽。那個夏天，我晒脫了幾層皮，胸前背後長滿了汗斑，晚上躺在床上，感覺渾身就像散了架。就是在這樣的情況下，有時半夜三更還要搞緊急集合。有一次，我們排的朱亞宗同學因天黑看不見路，背著行李追趕前面的隊伍時掉進了七支渠，幸虧渠水不深，他逃過一劫。

插完晚稻後本應有一段農閒時光，可我們只休整了一天，便轉去加高加固十幾里外的北大堤。那又是一場惡戰！每天光上下工走路往返就有二十多里，然後要挑百十斤的黃泥爬上兩層樓高的大堤，十幾個小時下來自然是疲憊不堪。我在學校曾患有椎間盤突出，畢業體檢，校醫院給我開有免重體力勞動的證明，但在農場那樣的環境，如果交出證明，就等於要求每天休息，這怎麼可能呢？證明我一直沒交。然而奇怪的是，當我咬著牙把這段惡仗挺過來後，腰疾竟然奇蹟般地轉好了。年終總結，我被評為團裡的五好戰士。

我們在大通湖度過了近 450 個充滿苦辣酸甜鹹五味俱全的日子，終於在 1970 年的 3 月 21 號迎來了第二次再分配。今天回憶起來，這 450 個日日夜夜的許多場面、許多瞬間都讓我們刻骨銘心，始終在影響著我們的一生。總結起來，這一年多最大的收穫恐怕就是：我們把一輩子該吃的苦都吃了，該受的罪都受了。今後的歲月，對我們這些「知識分子」來說，應該沒有什麼吃不了的苦，沒有什麼邁不過的坎了！這讓我們對未來的人生多了些信心和勇氣。

　　二次分配方案下來，全連 150 人大部分被分到省內各地區革委會報到，仍沒有具體單位。雖然終於等到了盼望已久的再分配，但這樣的結果讓許多人忐忑不安地踏上了新的未知路。我被分到湘潭地區，本連分到湘潭的共三人，其餘兩位分別是復旦大學主修計算數學的唐佛南及中國科技大學主修計算數學的許世遠。當時我們三個湊到一塊曾天真地議論：上面這樣分，是不是要成立湘潭地區計算中心啊？那樣我們就能學有所用啦！

　　3 月 24 號到達湘潭後，又給我們上了四天學習班，學習最高指示：「知識青年到農村去，接受貧下中農再教育，很有必要……」以及關於「四個面向」等內容。28 號再次宣布分配方案，我們三個的命運是：復旦的唐佛南分到湘潭縣四個面向辦，下基層做行政；中科大的許世遠分到湘潭離心機廠當工人；我被分到 200 多里外的瀏陽縣（去瀏陽的有 30 多人）。至此，關於成立地區計算中心的猜想遂成一枕黃粱！

　　3 月 29 號凌晨 4 點多我起床，準備去瀏陽，站在黨校的廁所方便時，透過齊肩高的圍牆向外望去，竟看到一顆耀眼的彗星拖著長長的尾巴，出現在東方低低的夜空中！由於其現身時間、位置的特殊，目睹到這一天像奇觀的人極少，當時自己心裡的感覺怪怪的。幾十年後上網，我才知道那是一顆當時正處於近地點，亮度 0 等（最亮的級別），名叫班尼特的著名彗星。

瀏陽河畔十年一瞥

　　29 日 7 點多，我們出發赴瀏陽。送我們的汽車不大，再加上行李，我們勉強坐下，一路顛簸，車速比拖拉機快不了多少，200 多里路走了近 5 個小

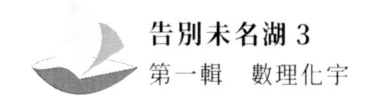

時才到瀏陽黨校。在那裡又讓我們上了七天學習班！然後便迎來了畢業後的第四次分配。當時我以患椎間盤突出不宜在課堂久站為由，拒絕了去縣一中而選擇了工廠，最後與北農機等共4個「知識分子」分到縣供電公司，成了一名電工。

瀏陽地處湘贛邊界，山清水秀、人傑地靈，是個有百萬人口的大縣（現已歸屬長沙，升為瀏陽市）。當時縣城東西長不過3公里，南北寬不過2公里，瀏陽河從城南蜿蜒流過。供電公司在縣城最繁華的人民路上一座舊廟改建的院子裡，單位不大卻堪稱五臟俱全，除負責全縣的送配電外，離城十幾里的道吾山上還有兩台總容量375千瓦的梯級水電站，公司院內則有一個機修作業廠和一個電修作業廠。

當時正是「著重革命，促生產」喊得震天響的時候，我們幾個「知識分子」一到單位，就和全公司職工一起投入了上面剛下達的試製12千瓦水輪發電機的任務。一個只有幾十個人的縣級小廠，要造出技術先進的矽控整流器勵磁發電機，除去設計圖是現成的，其餘從翻砂、煉鐵、澆鑄機殼開始，直至最後的整機組裝、絕緣測試、負荷溫升檢驗等，十幾道工序全都要由這個小公司自己完成。此事無論在當時，還是今天都令人不可思議，甚至就是天方夜譚！可讓人想不到的是，幾十號人的供電公司竟是藏龍臥虎之地，很多自學成才的師傅個個都是能工巧匠，憑著他們的聰明才智和頑強拚搏，經過一年多的努力，終於造出了合格的發電機！這讓我們「知識分子」們打心眼裡佩服。我們懂得了什麼叫實踐出真知，看到了雞窩裡怎樣飛出了金鳳凰！

我們幾個大學生參與了完成這項任務的全過程，從中受到了教育，學到了知識，也貢獻了力量。學工科的學生投入了自製設備的設計和機加工檢驗等比較相關的工作。我這個學理科的，只能發揮北大人基礎紮實、自學能力強的優勢和做一行愛一行的敬業精神，結合實踐很快掌握了與發電機生產、檢測、維修等相關的理論與技術，不久就能承擔馬達繞組的嵌線焊接及整機組裝與調試和檢測等工作了。

⊙瀏陽縣第一期農村電工培訓班結業，二排左起第八人為李國治

此外，我還為公司做了一段時間的採購呢。上世紀70年代，中國許多工業品都像當時的糧油布匹一樣是稀缺緊俏物資，全憑計劃指標供應，一個縣辦企業根本排不上隊！而像大功率矽控整流器等器件，貨源都在北方，湖南根本不產。廠裡為搞到這些關鍵零件，就派我這個對北方較熟悉，普通話又好的大學生去尋覓採買。

結果我透過自己的不懈努力，有時靠熟人關係，但主要靠軟磨硬泡甚至求爺爺告奶奶的方法（向對方痛說廠裡等米下鍋的困境和小微企業為國奉獻之不易），還真給廠裡弄回來一批又一批各種急需物資。與此同時我還透過朋友，請長春一汽模具分廠加工了一套公司急需、精度要求很高的模具，這讓我們發電機的研製進度加快了不少。

在那段採購的日子裡，還有一個情景是我不會忘記的：由於70年代許多生活物資短缺，而瀏陽這樣偏遠的小城尤甚，所以那時在給公家做採購的同時，每次出差我還肩負著大量的私人委託，就是要順帶給廠裡的同事（包括上司），尤其是女同事，在京津等地購買各種各樣的生活物資，主要有湖南人愛吃的豆豉、墨魚乾、驢皮膏，以及藍棉綢、薄型梳毛呢、衣服、鞋和0.5安培的家用電表等等，可謂五花八門。每次出差，我對公、私各項任務都是盡心盡力去完成，回廠後總是大受表揚。

後來，我在供電公司做了主管技術員，主要負責全縣10KV變壓器及防雷設備的高壓檢測與電氣計量儀表的校驗和維修，同時負責組織全縣農村電工的培訓考核和部分教學工作。那幾年，我還帶著兩個年輕工人用土法設計組裝了一個電度表校驗台和一個10KV避雷器測試台。

在瀏陽供電公司工作近十年，我曾有兩次與死神擦肩而過的險惡經歷，至今無法忘卻。第一次是1972年3月27日。那天公司通知全體幹部9點開會（當時我們這些大學生說起來是工人，但編制屬於幹部），8點上班後，我先在電修作業廠裡忙自己的工作，後來有事去機修作業廠，看到喻鵲橋師傅拿著電焊槍，正站在一個空置已久的汽油桶前思索著什麼。喻師傅是廠裡的名人，雖只有國中學歷，但人非常聰明，是公司的技術革新好手，且為人樸實謙和，雖然只有30多歲，卻已是很受人尊敬的老師傅了。

我好奇地問：「喻師傅，幹什麼呢？」喻師傅說：他想把油桶蓋用電焊切下來，然後在桶裡裝上水，當淬火缸用。我來到工廠兩年了，電工、鉗工、車工、木工都學了一點，唯獨這焊工的活從未摸過，總想試一把，今天機會來了！我就說：「喻師傅，讓我試試行嗎？」喻師傅看了我一眼，沒有作聲，似乎還在想什麼。這時樓上有人喊：「開會啦！」我只好悻悻地去了會議室。會議剛開始幾分鐘，忽然，樓下傳來「砰」的一聲巨響！開會的人都愣了，等回過神來，大家趕緊往樓下跑，進到作業廠，眼前的情景把我們嚇呆了，只見血肉模糊的喻師傅仰面躺在地上，身邊是邊緣整齊如刀裁般的油桶蓋，上面滿是血跡。喻師傅的面部可能是被飛起的桶蓋撞擊，前額骨已凹陷進去，其狀慘不忍睹！很快有人找來一塊門板，我和三個同事抬著喻師傅，直奔縣醫院急診室，可等醫生來看時，發現喻師傅已氣絕身亡。

後來在公司給喻師傅開的追悼會上，有人告訴我：那天在我上樓後，喻師傅先調整了電焊機的氣隙，接著準備對油桶蓋進行切割，就在他手中的焊槍與桶蓋擊出火花的一瞬間，慘劇發生了！原來油桶雖是空的，但裡面還殘留著大量可燃氣，一遇明火立即爆炸，巨大的衝擊力把整個桶蓋頂飛，砸向了正低頭對著油桶操作的喻師傅的臉和頭！頃刻間便奪去了師傅的生命！聽到這裡，我的心不由得一顫，如果那天不是我要去開會，如果喻師傅毫不猶豫就答應我的請求，這場滅頂之災將百分之百地落在我的頭上！（雖說今天看起來這是一起明顯因違規操作引發的責任事故，但那個年月有幾個工人能在接受正規的培訓後才上工呢？）就這樣，我與死神撞了一下腰！

第二次遊走鬼門關是在 1978 年 1 月中旬。那天一早，雨夾雪就開始不停地下。公司派我們三個大學生去城東 100 多里外的部隊農場檢修變壓器。我們先帶著自行車搭乘由醴陵開往瀏陽永和鎮的那種客貨車混搭的小火車，下車後還要騎二十幾里的自行車。可惡劣的天氣使那條土路變得泥濘不堪，我們騎了一半就已累得氣喘吁吁。

再往前走，一條河擋住去路，近前一看，幾十公尺寬的河床上，只有一座用幾組木樁架起的橋，橋面由三根圓木並排鋪成，僅有兩尺多寬，離河面七八公尺高，最慘不忍睹的是橋面上一層厚厚的爛泥，又濕又滑！這樣的橋即使空手走過都讓人提心吊膽，何況我們每人都還推著一輛自行車呢？怎麼辦？過還是不過？此時天近黃昏，在這個前不著村後不著店的地方，我們已無路可退！過！好在同行的兩個都是瀏陽人，對這樣的景象或許經歷過，於是他倆走在前面給我壯膽，我小心翼翼跟在後面。

一開始還好，可越往前走我心裡越緊張，自行車輪胎上沾滿了泥巴，越推越重，我的步子邁得也越來越小。快到橋中央時，我抬眼一望，發現兩個同事已走到橋頭，心裡不由得起急，想走快點，可低頭一看湍急的河水，心裡有點慌，雙腿開始發抖。偏偏此刻，車的後輪從一根圓木滑向另一根圓木時猛地一顛，竟滑出了橋面，而車後座上還馱著一個很重的電工包，所以後輪一離開橋面，整個車便失去了支點向右倒去！

而我的身體在車把的拖拽下也立刻失去了平衡，說時遲那時快，瞬間我便和車一起開始自由落體，接著就重重地跌到了河裡！對岸等著我的兩個同事面對這突如其來的情況都驚呆了，他倆大叫：「李國治！」扔下手裡的自行車就向河邊跑！此刻，陷入滅頂之災的我，在求生慾望的支撐下反倒鎮定下來，依仗自己略知水性，撲騰了幾下後迅速抓住了身邊的自行車（借助水的浮力，自行車顯得輕了不少），接著用力一挺身，頭居然露出了水面，再一試探才知道河水剛剛沒到我的肩頭，雖嗆了幾口水，卻最終死裡逃生爬到岸邊。兩個同事也鬆了一口氣，趕緊把我和車拉上了岸。

上岸後我冷得渾身發抖，身上裹著被冰冷的河水浸透的衣服，再加上三四度的氣溫，就算剛才沒淹死，現在也得凍死！怎麼辦？為了不至於被凍

僵，同事幫我把衣服脫下來，用力擰乾又迅速穿上。接下來我就推著車跟在他倆後面，跑著走完餘下的十幾里路。到了農場，部隊的人知道情況後立刻讓炊事班煮了一大碗薑湯，做了雞蛋麵，我趁熱喝了、吃了，然後便脫光衣服蒙頭睡了。就這樣，我在鬼門關前又打了個轉。現在想想，或許兩次與死神的近距離接觸就是當年來瀏陽前那顆班尼特彗星給我準備的禮物？

⊙ 2015 年春節與老伴和女兒一家

　　1979 年初，改革開放的春風吹綠了神州大地，也吹到了瀏陽河畔。隨著知識分子政策的不斷落實，湖南省開始對「文革」中用非所學的大學畢業生進行學以致用的調整，4 月 20 日我接到湖南省委組織部的調令，要我去湘潭大學報到。辦完報到手續後，我回到瀏陽進行工作掃尾及交接，6 月 24 日，懷著戀戀不捨的心情，我告別了留下自己美好青春歲月的瀏陽，告別了可敬可愛的工人師傅和朝夕相處的同事，正式赴湘潭大學數理系任教，這是自己人生中的一次轉折，從此我的工作生活進入了一個新階段。回頭望望離開北大後曾經走過的路，看到的是一串或深或淺的足跡，這一年我 35 歲了。

　　李國治，男，1944 年生於北京，籍貫河北唐山。1962 年考入北大數學力學系。1968 年 12 月，歷經三個多月的待分配後被發配到湖南沅江洞庭湖軍墾農場勞動鍛鍊。1970 年 3 月再分配到湘潭地區瀏陽縣供電公司當電工、技術員近十年。1979 年落實政策後被調往湘潭大學計算機系任教。曾獲湖南省優秀教師稱號。1987 年調華北電力學院，任電子系計算機教研室主任，1991 年晉升為副教授。1995 年調深圳，曾在多家高科技公司從事軟體開發，技術培訓等工作。1999 年重回教師隊伍，在廣東新安學院計算機系任教。2004 年退休後仍未離開講台，至今已有 11 年。

⊙ 1967 年畢業照

從瀋陽到蘇杭

周友成

　　1969 年秋，我們北大 6201 班的十幾位同學，結束了在吉林舒蘭 3362 部隊農場一年的勞動鍛鍊，分配到瀋陽和鞍山的中學任教。當時正值「清理階級隊伍」後，大批老教師被下放農村，學校復課，教師稀缺。我們幾個大學生從瀋陽東站一下車，就被瀋陽六中的一位工宣隊女副隊長接走，好像生怕我們逃走似的。到校後，我才知道這裡曾是周恩來總理少年時讀過書的地方，那時叫東關模範學校。

　　遼寧省檔案館還存有周恩來當年寫的一篇獲獎作文。1976 年周總理逝世後的紀念活動中，時任瀋陽軍區司令員的李德生等高層還到過瀋陽六中。80 年代，遼寧省和瀋陽市將此地建成「周恩來少年時代讀書舊址」，學校已不復存在了。1986 年我還去過一次。以後瀋陽是否還有「第六中學」，我就不得而知了。

　　我在瀋陽的那幾年，社會很不平靜。「一打三反」運動對人們有著很大威懾性。它和 1966-1968 年的「文革」狂潮中的無政府狀態已大不一樣，完

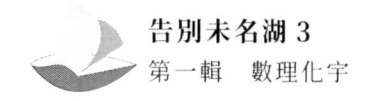

全是自上而下，在層層有組織、有領導的布置下進行的。我的周圍也發生了不少事。我們學校的師生參加過現場公判大會，被判處死刑的人當場槍決。這些人中除一部分屬刑事犯外，很多是所謂的現行反革命，打倒「四人幫」後大多數案件得到平反，包括轟動全國的張志新案件。

學生趙世琪遇難

記得 70 年代有一條「最高指示」：「深挖洞，廣積糧，不稱霸」。當時隨著中蘇關係的惡化，全國各地普遍開始備戰備荒、挖防空洞。東北地處「反修前哨」，更是各單位都設有「戰備辦」。只是挖的大多數「戰備工事」後來根本不能用，只能重新填掉，十足的勞民傷財。1974 年，中學強調「開門辦學」，學生必須參加社會上的各種活動，遼寧省尤為起勁。

這年 11 月 19 日，瀋陽六中一個班的學生來到大東區東風衛生院勞動，以辦「紅醫班」的名義，去挖防空洞。施工現場存在許多安全隱患，老師和學生幹部為此多次反映並要求停止施工，但負責管理的工作人員明知有問題，仍堅持要學生繼續做。結果到下午 3 點多鐘，突然塌方，我曾教過的趙世琪同學胸部以下被土方、石塊壓倒，身負重傷。

趙世琪是個忠厚老實有上進心的女生，當時年僅 17 歲。她被送到附近的瀋陽空軍醫院，也是她父母親工作的單位。當時動員了附近的學校、部隊為她捐血，我也是捐血者之一。一共輸了上萬 cc 血，但由於她的胸腔以下幾乎被壓碎了，四天之後，這個花樣年華的女孩還是離開了人世，給她的家帶來了永遠的傷痛。她父母悲痛欲絕的樣子一直留在我的腦海裡。

這是一起明顯的責任事故，有關方面卻千方百計推卸責任。六中方面，包括軍工宣隊，還有瀋空醫院，對大東區委不予嚴肅處理很有意見，但當時人們還必須小心翼翼，敢怒不敢言，生怕因為這一事件影響「開門辦學」和「教育革命」，被扣上態度不端正的帽子。儘管以後六中方面多次交涉，但最後大東區委也沒有正確處理這件事。

1975 年夏天，我在調回南方之前，曾以個人名義寫了一張責問大東區委的大字報，分別貼在區委和市委門口，要求對此事做出嚴肅處理。為使大字

報站得住腳，我做了認真的調查。儘管最終也未能使有關部門改正錯誤，但畢竟對其造成了一定的輿論壓力，社會各方對受害方都是一邊倒的支持聲。

出於對學生趙世琪和這個不幸家庭的同情，40 年來，我一直和她的家保持著聯繫。我多次看望趙世琪的父母，每年都有電話聯繫。她的父親是原瀋空醫院外科主任，幾年前病故；目前家裡僅有祖孫三代三個女性（趙母及其妹和其外甥女），都很堅強。這是多年來我做的一件「大事」。有人很贊同，也有人認為我是管閒事。我的好朋友，原中央電視台海外中心主任趙宇輝當年曾把我的舉動比作魯迅和「三一八」遇難學生，我自不敢當。

寬容的六中

我在瀋陽六中工作六年多，雖然處於「文革」的極激進年代，但還是遇到了一些好人。尤其是軍、工宣隊的一些人並未受到極左思潮的影響，對我們這些年輕學子還是很寬容的，不是那種動輒抓住小辮子給你上綱上線的人，為此，我深感幸運。

大約在 1970 年的一個秋日，我被叫到工宣隊辦公室。我們學校工宣隊的負責人向我介紹一位 106 中學工宣隊員，說他要向我調查瞭解我的同學趙××等人的問題。趙是我要好的同學，經常來往，他們學校的人都認識我。那位工宣隊員告訴我，趙和其他幾個青年教師因政治問題已被辦學習班，實際上就是隔離審查。

我很吃驚，事先一點也不知道。他當著我校工宣隊負責人的面來和我談話，顯然是要給我施加壓力，搞出他們想要的東西。趙是我的好朋友，我當然不能傷害他，而且我也不相信他們會有什麼政治問題。我說只知道他們幾個青年教師對安排在工廠地下室住宿有意見。他還要我「學學他們幾個是怎樣發牢騷的」，我以沉默應對了他。他走後，我校工宣隊負責人對我笑笑，拍拍我的肩膀，什麼也沒說。

我一到瀋陽，就開始要求調回南方工作，因為老母親一人在蘇州。一天在學校餐廳，有人問我調動工作有沒有進展。我隨口說了一句：「我是無期徒刑啊！」話一出口我就覺得不好，但已說出去也沒有辦法了。當時，餐廳

告別未名湖 3
第一輯　數理化宇

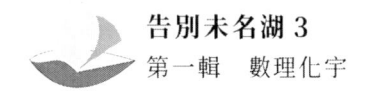

裡也有軍、工宣隊的人，也只是笑笑。「一打三反」運動時，有一個教師貼出大字報《揭露階級鬥爭新動向》，說「有人把工人階級領導的學校比作監獄」，質問「這是什麼問題？」我知道這張大字報後還是很緊張了一些日子，有一種隨時可能被「揪出來」的感覺。但時間一天天過去，沒有動靜，主管也沒有提起這事。只是軍宣隊長很抽象地批評我們幾個大學畢業生亂講話，不虛心，幫我化險為夷。

軍宣隊長是瀋陽空軍某基地的張參謀長，不到 50 歲，山東人，是個非常實在、厚道的人。「文革」中有過一次整黨，上面的方針當然是圍繞「文革」路線進行。但以張參謀長為首的軍、工宣隊卻採取了比較實事求是的態度。他們幫助黨員、支部成員分析「文革」前後的問題，特別是支部的矛盾，並沒有「文革」的語言和腔調。張參謀長還問過我對整黨的看法，我覺得他很真誠。

我不是黨員，又是所謂「可以教育好的子女」，能受到他的尊重，心裡還是很寬慰的。此外，在那個所謂知識越多越反動的年代，一次我們去到軍宣隊所在基地參觀、學習，到了基地後，張參謀長還特地安排飛行員、地勤人員和我們座談，中心議題竟是討論知識的重要性，這一切真讓我們感到如在寒冬時節沐浴到一縷溫暖的陽光。我離開瀋陽前，專門去他們基地看望了張參謀長和軍宣隊的其他幾個隊員。

艱苦的學術之路

到瀋陽六中任教後，富餘時間還是比較多的，我一直沒有放棄專業知識學習。但那時總感到沒有目標，主要的問題是看不到前景，不知道國家將來會是什麼樣子。那些年，每當夜深人靜，我常常有一種悲涼的感覺。但我始終不願意放棄自己心愛的專業，不願意愧對「北大畢業」這個我認為最重的符號。

在我的數學生涯中，已故的蘇州大學高國士教授給了我很大的影響和鼓勵。高老師曾是我就讀的蘇州鐵路中學的語文教師，他有很深的古文底蘊，

寫的詩文水準在一些所謂的名流、大人物之上。但高老師酷愛數學，他僅僅高中畢業，全靠自學（因抗戰和家境錯過上大學機會）。

1954年，高老師自薦到江蘇師範學院（現蘇州大學）工作。他異常刻苦，點集拓撲研究達到國際水準。我父母是他的朋友，所以我國中時就與他相識，是一輩子的忘年交。我1962年報考北大數學系也是出於他的建議。高老師的刻苦精神始終是我的榜樣。也是在他的指點下，我在70年代就開始自學拓撲學的基礎知識。自學會遇到很多困難，但我知道只要堅持不懈，總是可以學好的。

⊙ 2009年周友成在去拉薩途中

1980年經北大程民德院士介紹，我認識了浙江大學數學系的郭竹瑞教授。郭老師當時是副系主任，實際主管系的全面工作。郭老師排除了一些反對意見，把我這個中學教師調進浙大數學系。

70年代末80年代初，人們痛感十年浩劫使幾代知識分子損失了寶貴的時光。擺在我們「老五屆」面前的是：要麼安於現狀，儘可能做好本職工作；不然就再拚搏一番，艱苦努力，在專業上急起直追。我堅定地選擇了後者，我始終不能忘記自己是北大學子。透過自學逐步掌握了拓撲學的基礎知識後，我又獨立地探索了具體的研究方向。

北大姜伯駒教授也一直很關心我，他對我選擇連續統理論的研究方向很贊同，認為這是一個有意義的研究方向。80年代末90年代初，我從一些問題入手，逐步做出一些研究成果，有的發表在一流國際數學刊物上。一些研究工作還被該領域的重要綜合文獻記錄。

我沒有研究生經歷，又身處一個比較強的非母校的大學，自然有個競爭的問題。為了開闊眼界，我申請了包氏獎學金的訪問學者，姜伯駒院士為我作了推薦。他在推薦信中說：「他在不利的環境中主要靠自學掌握了拓撲學的基礎，逐漸做出了一些相當好的科學研究成果。他是一位有能力、有毅力、有潛力的中年教師。」我終於得到了短期做高級訪問學者的機會，1994 年在美國 Texas Tech University 參訪四個月。

　　以後我參加過四次在國外舉行的國際學術會議。這些使我打開了眼界，更瞭解了國際學術動態。我在浙江大學數學系同齡、同資歷教師中是晉升教授比較早的。更重要的是我靠自己的努力做出了一些站得住腳、有意義的工作。郭竹瑞教授那時已退休，他為我這個非浙大弟子的進步而高興。他說想不到我在這麼困難的情況下（當時我妻子出國，家裡上有老下有小，兒子尚讀小學；而且我睡眠一直不好，影響工作），能做出這些成績。

　　我深感是北大多年的哺育給了我信心與力量。我認為母校給予我們的是貫穿終生的精神力量。我確立了自己的生活信念：絕不做金錢的奴隸。90 年代後期以來，學術界的一些情況我很憂慮，我不贊成以利益驅動為導向的做法。2013 年，美國華人數學家張益唐的事跡使我很感動，也為北大出了這樣的學生而驕傲。我覺得對比張益唐，國內學人應感到汗顏。

　　回顧一生，我要感謝給過我幫助、關心的人，我不會忘記高國士老師、郭竹瑞老師，在他們晚年病中，我常去看望他們；姜伯駒老師、干丹岩老師、王斯雷老師亦是我的良師益友，我同他們一直保持聯繫。

周友成，浙江諸暨人，1945 年 4 月 30 日出生，1962 年從蘇州考入北京大學數學力學系。1968-1969 年在吉林舒蘭 3362 部隊農場勞動。1969-1975 年在瀋陽六中任教。1975-1980 年在杭州鐵中任教。1980-2001 年在浙江大學數學系任教。

教授，基礎數學博士導師；研究方向為拓撲學。在連續統理論、齊性和拓撲變換群等方面做了一些有意義的工作，並指導過 7 名博士生及十幾名碩士生。2010 年退休。

難忘的鶴崗十年

王鐸

自從 1968 年底離開北大，到 1978 年 10 月，我在黑龍江鶴崗礦務局新一煤礦工作和生活了整整十年。這是艱苦的十年，是磨煉的十年，也是終生難忘的十年。

報到

1968 年 12 月，我們終於盼到畢業分配了。我可以選擇的單位有兩個，都在黑龍江省，一個是加格達奇林業局，一個是鶴崗礦務局。當時加格達奇還沒通火車，而且我印象中小學課本上好像有一篇課文《地下工廠》寫的就

是煤礦，印象很好，於是我就選了鶴崗礦務局。為了選個好記的日期，我買了12月26日到達鶴崗的火車票，從北京出發，中途到北戴河下車。從1963年到北大上學，路過北戴河好多次了，這是我第一次下車。也是覺得以後不知道還有沒有機會再路過這裡，於是下車到海邊照了張相。後來我又在老家長春下車，看望了一下家人，就急匆匆趕到鶴崗報到去了。

我是東北人，對於冬天的冰雪和嚴寒並不恐懼。但一到鶴崗，刺骨的寒風，沒腳脖子深的路上積雪還是讓我感到難以忍受，火車站候車室直徑超過一尺的火爐煙筒也是平生第一次看到。本來在長春足夠保暖的棉衣棉褲已無法抵禦零下30攝氏度的嚴寒。尤其是耳朵，儘管戴著棉帽子，在室外待時間長了也沒有了知覺，進到暖和的屋裡才慢慢感覺針扎般的疼痛。當地人囑咐我，千萬別用熱水洗，否則耳朵會掉的！要抓把雪慢慢地搓，慢慢地緩過來。還有，在外面走一會兒，腳就凍得幾乎麻木了，我趕快到商店買了雙當地人穿的棉烏拉鞋，還墊了很厚的氈墊，凍腳問題總算解決了。畢竟自己是東北人，戰勝天寒地凍的思想準備還是有的。

市革委會組織組把我分配到新一礦，新一礦幹部科又把我分配到四採區。到那裡我才知道，之所以叫新一礦，是因為這個礦是1949年後第一個新建的煤礦，是豎井，也是蘇聯援助中國156個工程項目協議中的第一項。看著高高的井架，想像著現代化的採煤機，我真為自己的工作分配感到「幸運」。四採區採煤工出身的老區長看幹部科的通知上寫我是北京大學畢業生，奇怪地問我是北京哪個大學的？原來他們那裡曾來過北京礦業學院的大學生實習，沒聽說過北京大學。

看我戴眼鏡，他說，採區地面上也沒有工作給我做，從來也沒有戴眼鏡的下井幹活，他要我回幹部科重安排工作。我說不，我願意下井。從「文革」開始到那時，我覺得自己好像已經適應了出身不好就該好好改造的思潮：自己「出身不好」，父親正在挨鬥，自己就該下井當工人，進行「脫胎換骨」的改造。至於讓我幹採煤工要幹多久，沒有人跟我說，我也沒怎麼想，反正也別無選擇。其實，那時我根本不知道井下的工作有多危險。就這樣我成了新一礦第一個戴眼鏡下井幹活的大學生採煤工。

第一天下井

⊙ 1969 年當採煤工

1969 年 1 月 1 日是我第一天正式上班，那時煤礦不僅實行三班制，節假日一般也都不停工，還經常利用節假日組織打高產。當我穿上礦工服，戴上安全帽，穿好膠鞋（本來工人是要穿靴子的，我算幹部編制，不發靴子，只好穿雙自己買的高腰棉膠鞋，後來有工人師傅送給我一雙靴子），領好礦燈安在帽斗上，照照鏡子，還覺得滿神氣，要不是多了一副眼鏡，還挺像採煤工人的。下井前我還領到一個半斤大的夾肉麵包，是為午飯準備的。採區安排一位老工人帶我下井。他叫王寶生，河南人，胖胖的，一口一個「小王」地叫我，很是親切。

他跟我說，只要跟著他，保證不會出事。我奇怪地問他採煤還能出什麼事？他告訴我井下大事是水、火和瓦斯，這些災難偶爾發生就是大事，會一下子死很多人。平時還有冒頂片幫的時候。我不懂，他告訴我「冒頂」就是頂板的石頭有時會塌落下來，「片幫」就是邊上的煤層也可能垮塌下來，都有砸死人的危險。他告訴我一定要跟著他學會「敲幫問頂」，防範危險啊！說得我心裡直打鼓，原來這「地下工廠」簡直就是戰場，隨時都有生命危險啊？！我頓時感到緊張起來。

乘上下井的罐籠（上半截敞開的電梯），我覺得很新鮮，那時在城裡也沒坐過電梯啊！罐籠裡十幾個工人擠在一起，飛速下降，我心幾乎都提到嗓子眼兒了。不一會停了，走出罐籠，王師傅告訴我，這裡是500公尺深。簡直不敢想像。進到大巷，我覺得挺寬敞，也很亮堂。半圓弧的頂板是水泥噴漿的，看上去很牢固，地面中間有軌道，礦車拉著工人或材料在上面迅速地行駛。我心想這樣的工作環境哪有什麼危險啊。

走了20多分鐘，我們拐到一個黑暗的角落，有一個一公尺左右不規則的洞口，王師傅告訴我說，到了，鑽進去就是施工面了。他在前邊爬進去，我也從後邊跟著爬了進去。鑽進去後，逐漸寬闊些了，發現是挺長的下坡，坡度也有十幾度。我們又掉過頭坐著向下出溜。看到身下滿是散落的煤塊（是爆破工提前用炸藥崩下來的），頂板離煤面不怎麼高，一個個木樁排成幾列支撐著頂板。先來的工人都斜躺在煤面上，聊著天。王師傅向大家介紹我是新來的大學生，分配到他們施工面幹活。我聽到大家七嘴八舌地說話，有說歡迎的，也有說挖煤用什麼大學生。施工面太黑了，頭頂礦燈也照不遠，我看不清他們的臉，但感覺都很熱情。

班長招呼一聲：幹活了。大家都哈著腰站起來，用鍬鏟腳下的煤塊，這時我才看清楚，旁邊地下有一排鐵槽，從上到下，王師傅告訴我這就是「溜子」。工人把煤鏟到溜子裡，嘩一聲就順溜子滑下去了。鐵板溜子已經磨得鋥亮，坡度至少有十幾度，怪不得煤淌下去那麼快。王師傅說最下邊有個電動的傳送帶，再把煤運送出去。

王師傅警告我說，可得小心別摔到溜子上，滑下去，一百多公尺，可就沒命了啊。過了大約一個鐘點，腳下的煤都鏟到溜子裡滑下去了，我們也終於都站直了身體。這時我才知道了施工面的樣子：一邊是新開出煤的空間，牆面就是還沒有開採下來的煤，挨著煤面這邊還沒有支柱，上面的石頭沒有支撐，隨時有塌落下來的危險；另一邊是上一個班採過煤的空間，用一個個兩公尺左右高的木樁支撐著頂板石頭。

這些樁子排列整齊，有兩三列，再遠的那邊就是木柱已經撤掉的地方，頂板的石塊七零八落地塌落下來了；地面上中間就是被煤塊磨得鋥亮的溜子，

從上到下有百十公尺長。高級工匠們的任務是把木樁支撐在新開出的煤面邊上，頂住頂上的石頭。小工們給他們遞木樁子。這些木樁都是有20多公分粗兩公尺來長的樹幹，每根也足有100多斤。小工們都要從上頭大巷裡把木樁傳過來，遞給高級工匠們用。

　　王師傅一邊鏟著腳下的煤，一邊不時地用鍬拍拍煤面和頂板，有些小石塊和煤塊就掉了下來。他說這就是「敲幫問頂」，提前把可能掉下來的石頭、煤塊敲下來，免得在不知道的時候掉下來砸著人。他告訴我先靠在一個上面頂板比較光滑的木樁下面，看大家幹活，等以後熟悉了再跟師傅立樁子幹活。可是我站在那裡，不時地聽到木樁發出的嘎嘎響聲，有的剛支好的木樁咔一聲就裂了，不知道頂上的石頭會不會塌下來，心裡緊張極了。

　　但工人師傅似乎都不介意，照樣幹著活。幾個小時後，當緊靠煤面的一排新的木樁支好了，我們這個班的任務完成了，班長高興地招呼大家，下班了。於是大家順坡向下，到了最下面，我也看到了電動溜子的模樣。我心裡的緊張和恐懼才鬆弛下來，覺得很佩服這些採煤工人：長一百多公尺，寬一公尺多，高兩公尺，這麼長一條煤層，怎麼也有五六百噸吧。這一個班，十幾個工人，主要靠人力挖出去，運到地面上，為國家生產了這麼多煤！不過我也奇怪，這「地下工廠」怎麼沒有採煤機？王師傅告訴我，新一礦只有少數施工面有，我們這個施工面還是靠半人工的方式採煤。

　　原來「地下工廠」竟然是這個樣子：工人師傅在這麼深的井下，在漆黑一片而且隨時有生命危險的環境裡，連續工作七八個小時。雖然他們都可以帶麵包下井，可是沒有乾淨水洗手，臉上也滿是煤塵，根本沒法吃。在這樣艱苦而又危險的環境中，礦工們好像天天都是上戰場，他們冒著「槍林彈雨」，為國家生產著不可或缺的煤炭。他們也是我們最可愛的人啊！

一次大事故

　　那些年，新一礦井下也發生了一些死亡事故，有過瓦斯爆炸，有過大冒頂。我所在的四採區也發生過嚴重的事故。但我還算幸運，在井下工作的整整一年裡，僅大拇指被煤塊劃破，由於井下沒有乾淨水清洗，留下了黑色的

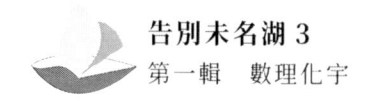

傷疤。但有一次大冒頂事故，由於工人師傅的齊心協力，冒死修復，挽救了施工面，也沒有發生傷亡事故。我親身經歷了這次事故的全過程，至今記憶猶新。

那天我們的施工面突然發生了冒頂，頂板上一大塊石頭突然轟的一聲塌落下來，施工面充滿煤塵，好半天也看不到周圍的人。大家互相喊著工友的名字，幸運的是大家都及時躲開了，沒有被砸到。當我們用礦燈往上照時，幾乎看不到頂板上那個大洞的頂，上邊的石頭犬牙交錯，不知道是不是隨時還會再發生大冒頂。如果不把頂板修好，再發生更大的冒頂，這個施工面就要暫時停工了。

班長下令：「修！」師傅們就自覺地排好了隊，級別最高的師傅站到最前邊，那是個八級工。他用木樁搭好鷹架，站到上面去用木樁堵上面的大洞。其他的師傅都給他遞木頭，遞工具，也緊張地觀察險情，隨時準備救護上面的師傅。填補那個大洞，需要許多木頭，我和另外幾個小工負責運木頭。我和另一個小師傅兩個人抱了一根大木頭，從上面往下運，本來力氣小，坡又陡，由於緊張，我們沒有抓住那根木頭，掉到溜子上滑到下頭去了。我們倆只好繞到另一個施工面跑到下面，找到那根木頭再往上扛。

那可是要向上爬陡坡啊。腳下是煤粉，上一步，滑下去半步，也只有扳著已經立好的木樁才能往上走。等我們把木頭運到地方時，看到那個大洞已經被大師傅給修補好了，橫豎擺放了好幾層木梁，把上邊的石頭牢牢地頂住了，採煤可以繼續進行了。好險啊！我們總算鬆了口氣。我由衷地佩服工人師傅的大無畏精神，也非常佩服那位八級工師傅的精湛技術。也是大家齊心協力，防止了更大的冒頂發生，挽救了這個施工面。

實際上，事故總是不時發生。我後來轉到掘進組去幹活。我那個組的五六個師傅在後來一次大冒頂中都犧牲了。更令我心痛的是，後來我到中學教書教過的一個非常好的學生，現在我還能想起他的模樣，畢業後下井幹活，沒多久趕上一次事故也死去了，才十六七歲啊！我親身經歷過煤礦井下的生產，以至現在每每報導有煤礦出了大事故，我都感到異常痛心。

我深深地感到：煤礦一定要徹底改造，必須全面實現機械化採煤。絕不能再讓那些由工人在簡陋而危險的環境下採煤的小煤窯繼續生產，絕不能再讓下井工人為採煤付出生命的代價了！

創建校辦農場

1970 年，恢復教育秩序，開始復課鬧革命了。礦務局決定各礦恢復附中，我也被從井下調到新一礦第一中學教書。頭兩年我當一個國中班的班導，教數學課。我自己很努力，教學效果挺好，學生們都很喜歡我。可是到 1972 年風向又變了。有一天，突然從礦上來了一個工人，把老師們召集到一個教室。他在講台上聲色俱厲地說，工人階級要占領講台，臭老九（知識分子）都離開學校！那時有個說法叫「知識越多越反動」。我是北大畢業的，被第一批「請」出了學校，跟另外兩個老教師被派去建設校辦農場。

礦上給了學校一塊荒地，在礦區北邊的山坡上。我們幾個費了九牛二虎之力，不僅開了荒，種了馬鈴薯、黃豆和蔬菜，還跟旁邊的奶牛場反覆協商，總算避免了牛群每天踐踏我們的莊稼。那幾年，我在農場摸爬滾打，學會了扶犁點種，鍘草餵牛，還學會了怎樣做豆腐，做醬油，簡直是個道地的農民了。學校對我挺「照顧」，給了我一個副教導主任的職務，負責學工學農。

第二年秋天，我們種的馬鈴薯大豐收了。學校主管要求我們把馬鈴薯做成粉條分給老師們。我們從農村聘了一個老農民做粉匠。在他的指揮下，我們建起一個大粉坊，按他的指揮把馬鈴薯磨成漿，又用布兜晃出了粉漿，在下邊的大水缸裡沉澱出澱粉。等架子上已經擺滿一大排一尺見方的粉坨時，他就親自出馬動手漏粉了。

他先把明礬摻和到粉麵裡，再加些水，像和麵那樣，把粉麵揉勻。開始漏粉了，在大鐵鍋裡燒了一大鍋開水。他蹲在鍋邊，用一個底下有許多圓洞的鐵勺，裝上和好的粉麵，用手敲打，粉麵就從圓洞裡漏下去，越往下越細，淌到開水中就被煮熟了，就成了粉條。可惜他漏的粉條總是一小段一小段的，連不成長長的粉條。粉匠師傅反覆改變他摻礬和加水的比例，可是連續幾天都沒有成功。他十分沮喪。

正巧那時，華羅庚教授在全國推廣最佳化方法，來到佳木斯。由於佳木斯離鶴崗很近，我叫上幾個老師一起去聽了。回來我們就決定用最佳化方法試試，看能不能漏粉成功。為了不受那位粉匠的干擾，我們把一大塊粉塊和礬，以及工具運到學校去，那裡也有個大鍋。我指揮大家按華羅庚教的 0.618 方法，調整粉麵裡加礬和水的比例。忙活了一天，我們竟然成功了。

看著漏出的長長的粉條，我不由想起李白的詩句：「飛流直下三千尺，疑似銀河落九天」，甭提有多高興了。幾個參加試驗的老師對我都很佩服，這麼快就把最佳化方法學會了。第二天起，我在粉坊指揮漏粉，看到漏出的粉條延綿不斷，那位粉匠十分驚訝，我一個當老師的怎麼能指揮大家成功地漏出粉條。從那以後，整整三年都是我指揮漏粉，我也被大家公認為「大粉匠」，多少有了點「成就感」。

在山溝裡待久了，雖然也「小有成績」，把那個小小農場辦得有聲有色，確實也成為中學的一個學農基地，但自己很不甘心，有時也很困惑。難道一個大學生，還是學數學的，國家花那麼多錢培養了我（當時的說法是 7 個農民才能養活一個大學生），就在那個小山坡上巴掌大點的農場裡幹一輩子農活嗎？

學友互助考研

和我們一起分到鶴崗的全國各地的大學生有一百多人，後來陸續有人調離鶴崗，到「文革」結束時，還在那裡的大學生已經所剩無幾了。我們北大數學力學系 1963 級一起分到鶴崗的還有邢富沖和王治銘，他們分別在礦務局的別的煤礦。我們三個都沒能調離鶴崗。邢富沖已經在那裡安家，到 1976 年已經有了女兒萌萌。我恰好在剛打倒「四人幫」的時候結了婚，妻子在長春工作。為解決兩地生活，我開始聯繫想調到吉林大學去，但中學這時開始重視教學了，把我從農場調回來教書，上司不肯放我走。

正在我非常無奈的時候，1977 年夏天忽然看到了黎明的曙光：聽說大學要恢復高考，老五屆有重返學校的希望，後來又有了恢復招研究生的消息。那年暑假我當爸爸了，女兒鶴菲出生了。我回長春探親。一天我到東北師範

大學去看一個老朋友，在校園裡看到一份大字報，內容是教育工作會議上的講話，其中談到1977年秋天要恢復高考，也提到要重視人才，大意是要把犄角旮旯的人才都找回來。我看到這句話時非常激動，我們在東北的東北角，又是在煤礦裡工作，不就是在犄角旮旯裡嗎？我感到我們有希望了。

回到鶴崗，恰好王治銘也從四川探親回來。他路過北京時到北大拜訪了數學系主任段學復先生。段先生告訴他，北大要招回爐班了，但是要考試，告訴我們好好準備。後來王治銘還給汪仁官老師寫信諮詢考試的事情，汪老師回信告訴他要招研究生了，專業考試是數學分析、高等代數和解析幾何，跟回爐考試一樣。

暑假後我們幾個湊在一起，交流了各自得到的消息，激動不已。由於我和王治銘的數學書和筆記都在「文革」中丟光了，我們手邊竟然一點複習資料都沒有。從1965年秋天赴四川參加農村的「四清」運動到1977年夏天，差不多整整12年，我沒有看過一點大學的數學書，怎麼複習啊，一點把握都沒有啊。我心中感到非常苦悶，難道這樣一次珍貴的機會就白白地錯過嗎？這時，邢富沖主動告訴我們，他還保留著冷生明先生教我們數學分析課程的筆記和作業本，保留著當年的高等代數講義、作業本和解析幾何教材，他慷慨地奉獻出來供大家一起複習。我們如獲至寶。

當時邢富沖在嶺北礦「七二一大學」當老師，週末有教室可以使用。我們立即商定星期天到他那裡去一起複習。我們分工，一人負責一門課程，並分頭找複習資料。我負責數學分析，邢富沖負責高等代數，王治銘負責解析幾何。我複習用的參考資料，除了邢富沖借給我的冷先生講課的筆記，其餘的是我妻子陳寶珠透過在吉林大學的親戚借到的。

一開始我們商量每兩週碰面一次，每次半天。頭一次碰面就發現時間遠遠不夠，連最基本的行列式計算都不會了，於是改為每週見面一次，每次一整天。

當時和我在一個中學的還有個北師大數學系畢業的侯象乾，他聽說我們集體複習，也願意參加，但他所學的不完全一樣，就不講了，只旁聽。我們也歡迎他參加。

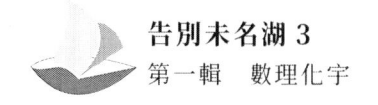

每次見面時，我們把上一週各自複習的內容要點和心得講給大家聽。後來當了研究生才知道，其實我們當時集體複習的方法就是辦討論班，靠集體的力量一起做考試的準備。

嶺北礦的一個小餐館成了我們午餐的餐廳，四個大學生，其中三個戴眼鏡的，每星期天中午，四個人一共兩塊錢，在那裡打牙祭，成了當地一道獨特的風景線。

就在我們複習準備考回爐和考研的同時，學校高層派我和老侯給準備參加高考的學生輔導。我們的輔導很成功，小小的一個礦辦中學，竟然有30多個學生考上了大專院校，其中有的還考上了北京工學院和哈爾濱工業大學。中學高層更不肯放我走了。

到寒假時，我們基本上把各科內容複習了一遍，但還不怎麼會做難題。眼看2月份就要考試了，忽然有了好消息，考試推遲到5月了！這可真是天賜良機啊。我們又多了3個月的複習時間。尤其幸運的是我還獲得高層的「關照」，給我兩個月時間停工複習。其實這是中學那個高層苦心策劃的不放我走的計謀。當時我們中學有個教化學的老師，因為鬍子多，外號叫卡斯特羅。他有點「古板」。

他跟那個高層說，全國一共就招那麼幾千個研究生，分到鶴崗煤礦頂多一個名額。他們幾個多少年都沒看過數學書，考什麼研究生？我想準是那個高層相信了他的話，他跟我說：給你兩個月時間停工複習，如果考不上，以後就不許要求調走。我狠狠心跟他簽了這個軍令狀。這兩個月我起早貪黑，抓緊時間做題。可憐的是當時宿舍連把像樣的椅子都沒有，我自己用幾個木條釘個椅面，縫兒太寬，也不平，兩個月下來屁股都磨破了。但這兩個月我好像恢復了元氣，每次討論班給他們幾個講時都有一些「新」的體會讓大家分享。

5月份我們參加了研究生考試，後來又回北大參加了回爐班考試。我們的集體複習成果顯著。邢富沖的高等代數考了兩次滿分！我的數學分析也考了70多分。我和邢富沖都考回了北大，王治銘考上了南開，侯象乾考到了他老家所在地的寧夏大學。

轉折

　　每當回想起 38 年前的這段往事，我總是激動不已。我把自己從 23 歲到 33 歲最寶貴的黃金年華獻給了鶴崗。雖然對自己而言受到了難得的鍛鍊，但一個學數學的大學生花了那麼長時間下井採煤，到農場去種地，做粉條，對國家來說實在是人才資源的嚴重浪費啊！哪怕那十年我能在中學，即使是山溝裡的學校，好好地教書育人也值啊！我很後悔，浪費了自己的青春年華。恢復考研究生的制度，使我們有了重返大學的機會。

　　我慶幸自己在還算比較年輕的時候能有機會為國家的現代化建設作出應有的貢獻。我非常感謝北大所有教過我們的老師們，是他們為我們打下堅實的基礎，儘管我們那麼長時間沒有機會接觸高等數學，經過複習也能考出好成績。我也非常感激邢富沖和王治銘，當然也感謝侯象乾，正是他們無私的幫助，使我這個 12 年沒有看過一天大學數學書的人竟然能考上北大常微分方程方向的研究生。這是我生命歷程的重要轉折。

⊙ 2004 年到加拿大訪問

　　碩士畢業後，我被分配到吉林大學數學系。兩地生活總算結束了。後來我出國進修，轉讀博士，學成後攜妻女回國，先後到科學院數學所和北大做博士後，到清華大學應用數學系任教，在 52 歲時終於回到親愛的母校，並且受院長姜伯駒院士的信任，參與籌建中國第一個金融數學系並擔任首屆系主任。我高興地看到，現在金融數學教學已經在全國到處開花結果，教育部也已經批准金融數學成為經濟學下金融學門類的一個特色主修了。已經有一

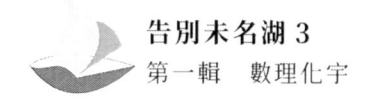

批由金融數學系培養的複合型金融人才在中國蓬勃發展的金融業中發揮著重要作用，為中國金融事業的現代化作出重要的貢獻。

北大師恩，重如泰山。鶴崗十年，磨煉人生。學友情誼，永生難忘！

王鐸，1963年從長春五中畢業考入北京大學數學力學系，1968年畢業。1969年1月至12月在黑龍江省鶴崗礦務局新一礦四採區井下勞動，先後做過採煤工、測量工和掘進工。1970年1月至1978年9月在新一礦第一中學工作，教過書，當過班導，但長時間在校辦農場和校辦工廠勞動。1978年考取北京大學數學系常微分方程方向研究生，1981年獲得碩士學位。

1981年底至1983年底在吉林大學數學系任教。1984年1月作為訪問學者公派到美國密西根州立大學進修。1985年初轉為博士生，1986年底獲應用數學博士學位。1987年夏至1989年底先後在中國科學院數學研究所和北京大學數學系作博士後研究。1990年1月至1997年4月在清華大學應用數學系任教，晉升為教授，博士生導師，曾擔任副系主任。1997年5月轉入北京大學數學科學學院，任金融數學系首任系主任。2008年4月退休。2008年秋季學期起應聘到華南師範大學作為特聘教授，繼續從事金融數學的學科建設工作。

1992年獲得國務院政府特殊津貼，2004年獲得北京市優秀教育工作者獎勵，2005年獲得教育部科技進步二等獎（第一完成人）。

曾經的那些年那些事

林宗耀

《告別未名湖——北大老五屆行跡》已出版兩集，這兩本書很厚重，放在書架上，一伸手就能拿到，茶餘飯後讀一兩篇，似聽老同學回憶往事，有一種親切感，是心靈的共鳴。

回想我幾十年的經歷，既沒有像其他同學經歷那麼多磨難和屈辱，也沒有做過什麼值得一提的稱得上「貢獻」的事，但還是有一大堆陳年瑣事，縈繞心懷。往事是一本書，就從書中挑幾個片段，談談我的讀書心得。

盤錦記憶

我於 1963 年考入北京大學數學力學系。1968 年 12 月畢業分配到國防科委，但具體工作單位還不確定，先到軍墾農場勞動。農場生活只有一年，卻在我一生中留下了難以忘卻的記憶。

我來自南方農村，從小對艱苦的勞動和生活就習以為常，因此並沒有把農場勞動當回事。萬萬沒想到一開始就給我一個下馬威。起初，我們不知道農場在哪裡，只知道到營口報到；沒想到剛報到就有一次 80 多里路的行軍。走這點路本不是問題，問題是那天是攝氏零下 30 度的大風雪天，而我原以為營口的緯度跟北京差不多，只穿了一條薄毛線褲，結果把膝關節凍傷不說，還差點把一只耳朵也丟了。

那天，一位從上海交大來的同學半路走不動，我架著他走，把自己的帽子頂在頭頂上，耳朵露在外頭還渾然不知。到了宿營地，排長發現我一只耳朵慘白如雪，我一摸耳朵硬梆梆沒知覺；排長吩咐我不要動，他趕緊到室外捧來一把雪，敷在我的耳朵上，輕輕揉搓，搓了很久，我的耳朵漸漸有了知覺。幾個星期後，我的耳朵和耳根周圍雖然還腫痛難忍，但僅僅脫去一層皮，耳朵保住了。要不是排長有經驗，妥善處置，我今天可能只剩下一只耳朵了。

我們的任務是在海灘上種水稻。冬天海灘冰凍，就先在車站當裝卸工。我們所幹的活，連現在的職業裝卸工也是不做的，肩扛 200 斤重的麻袋包，沿著狹窄的跳板一抖一抖地裝上火車。這事當時在我們眼裡很平常，有些北方農村來的同學甚至麻袋包上肩也不用人幫忙。一個南開大學的同學拎著麻袋的一角，一甩手 200 斤重的麻袋包就上肩了。女同學也不甘落後，有個上海交大的女生也扛著 200 斤重的麻袋包上來，結果讓男生們給哄下去了。

那時，我們把在車站當裝卸工視為很平常的事，但在現在小青年眼裡，一定會覺得不可思議。有些活連我這個鄉下人也沒見過，小時候在鄉下我曾見過用鑽桿鑿孔，用炸藥炸石頭，但在農場裡，卻要自己鑿孔裝炸藥，不是炸石頭，而是炸凍土修水渠。在南方，春天育秧是件小事，可是在東北農場，秧田底層還凍得堅硬，面上還浮著冰碴，光腳踩在冰水裡，前幾分鐘還能堅

持，一會腿就僵了，只有那會，才真正知道「寒徹骨」是什麼滋味。高粱酒只能讓心跳加快，卻不能驅除骨子裡的寒氣。在我的家鄉，平整田地的犁耙是用牛拉的，可在農場，一個大鐵耙是由兩三個光著膀子、赤著腳的學生拉的。我們那時的口號是「苦不苦，想想長征二萬五」。有了這段經歷，在以後的人生路上就沒有邁不過去的坎。

⊙ 1968 年在北大

農場的生活雖然艱苦，卻也充滿樂趣。我們自己脫土坯蓋房子，鹽鹼灘上有用不完的蘆葦，可以用來蓋房，冬天可以用來燒火炕。我和從南開大學分來的何福友專門負責割蘆葦，成片的蘆葦割倒在海灘上，晒乾了全連一起往回背。蘆葦叢裡最多的是滿地爬的毛蟹，我們每天上工都把吃飯的鋁盆帶著，到炊事班要點鹽，休息時就煮毛蟹吃，吃不完帶回去，常常招惹一幫人都想去割蘆葦。星期天，我們除了到附近小鎮田莊台亂逛，就是到水庫裡游泳。

一天，我和南開的鄒必友一起游到水庫中央的湖心島邊，發現一條碗口粗的大黑魚停在蘆葦叢邊一動不動（估計是在產卵），我慢慢靠近它，撲上去按住它，卻被它掙脫溜走了，由此萌生了捉魚的念頭。有一天，我約南開的何福友和張進，一起到海邊漁村二界溝，向居民借了條小舢板和一張拉網，

沿著岸邊搖出去，把舢板停在離岸不遠處，一人看好小船，兩人各背著拉網的一端向灘邊拉，每網都能拉到幾條魚，幾乎沒有空網。

因為收穫出乎預料，三個人輪著拉，竟忘了時間。一看天黑了，趕緊收網往回走，因為搖船的水準太差，搖到二界溝，天已漆黑，下了船，三個人癱坐在岸邊都動不了了。早晨出來帶的煎餅太少，這時才覺得又餓又累，人都軟了，還有一網袋百把斤的魚，怎麼抬得動？！沒過多久，忽聽遠處人聲嘈雜，手電筒亂晃，我們知道有救了，拼出最後一點力氣大喊一聲：「我們在這！」只見一群人欣喜若狂地奔過來，他們以為我們失蹤了，把連長嚇出一身冷汗，從此再也不許我們出海了。

原先沒說我們要在農場鍛鍊多久。1970 年 3 月宣布要分配了，我們還感到有點突然，甚至有點不捨得離開，因為這時的生活跟一年前已大不相同了。剛來報到時，8 個人圍一桌吃飯，一臉盆高粱米飯，一小碟大白菜，一小碟細鹽；那一碟白菜每個人的筷子伸進去夾一口，總有人落空，只能沾點鹽下飯；一臉盆高粱米飯就挖一小坑又端回去，而在火車站扛了幾天麻袋包後，一盆高粱米飯可以吃掉半盆。

一年過後，我們種的水稻已有收成，炊事班為 120 人的連隊煮白米飯，一頓下 120 斤白米，不夠吃，還得臨時再做些疙瘩湯。女生一頓最多可以吃 13 個大包子，男生一頓吃 70 個餃子，都不稀奇。突然，我們要走了，菜窖裡滿滿的一窖子大白菜留下給後續部隊，豬圈裡一群大肥豬怎麼吃要排個計劃，最後再殺炊事班磨豆腐的小毛驢，一只看家的大花狗就留著吧。不過，我們的「三光」計劃還沒實施，已被場部知道了，馬上下令制止。我們是分批走的，只好走一批，殺一頭豬為之送行。

農場的一年多在幾十年多彩的人生歷程中只是一瞬間，很艱苦，很快樂，很壯美，很難忘。

冒充「高才生」

1970 年 3 月我被分配到航天部五院 539 廠，研究電子，從事衛星地面測控設備和星上零件的研製。1979 年我考取上海科技大學應用數學專業研究

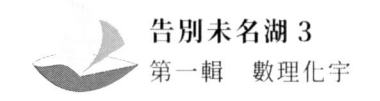

生，研究方向是「最佳化理論和應用」。1981年我研究生畢業後又回到539廠，這時正逢微型電腦在國內開始流行，我在民用產品上海石化總廠的一套設備中，用微型電腦實現對油罐區自動巡迴檢測。這套設備的研製讓我獲得微型電腦應用的初始經驗，為隨後的衛星地面測控站的智能化改造打下了技術基礎。

本來，我不懂地面站的建造。我的家鄉——當時還相對落後的福建省到上海招收引進人才，我的人事檔案很快被調到廈門大學。在等待家屬調動時，廠裡在投標參建新的衛星地面測控站，讓我幫著設計投標的技術方案。本來一家工廠要作為總體單位承擔地面站的建設任務是不太可能的，投標書也就是寫寫罷了，意外的是居然中標了！這讓我們的老師，幾個老牌研究所大跌眼鏡。項目一中標，廠裡馬上反悔，不讓我回福建，立即派人到廈大把我的人事檔案討了回來。

新地面站是老地面站的升級換代。老站的遙測、遙控和用於定軌的測速是獨立的三套系統；新站則是三套系統共用上下行波段，共用一套天線伺服系統，稱為「三合一」，後又加一個測距，變成「四合一」。「四合一」的設計，各家的方案大同小異，只是539廠方案中智能化設計更具特色。就憑那點小伎倆，學生從老師手裡搶飯碗。

30年後，回頭再去看那點小玩意，小孩都不要玩，全站十幾台電腦總的存儲容量還不及現在小學生口袋裡玩具手機存儲量的幾十分之一。但那時的一點小改進，足以讓幾十個軍人叔叔退役。老站的三套設備安裝在不同的房間裡，二三十人圍著不同的設備，七手八腳，對講電話呼來喚去，熱鬧非凡。新站則只有一兩個人靜悄悄地坐在主控台的電腦前，用滑鼠和鍵盤操控整個地面站的運行。在當時，那點改造還算進步了。

我的工作是負責全站的自動監控和數據處理，智能化的基礎工作是要把老設備面板上所有的開關、電位器、儀表頭、真空管以及所有的人機介面全部取消，更換成電腦界面。這是自動監控的先決條件，八個分系統首先要在一個分系統中實現這些監控功能，自動運行，自動診斷並修復設備故障，自動交換測控數據。我選擇的是將測速分系統作為樣板。

雖說是中標了，方案要付諸實施還得進一步論證。系統的自動監控方案爭議倒不多。我設計的測速分系統方案不斷地受到質疑，其他分系統是對原來使用過的方案進行智能化改造，我的測速分系統卻把原來的方案完全拋棄了。測量都卜勒頻率計算衛星徑向速度是三站定軌的主要手段，但是老站的都卜勒測頻方法存在很多缺陷。傳統的都卜勒測頻方法有三種：固定時間測整周；固定周數測時間；基本固定時間測整周。

這三種方法各有優缺點，都不理想，但是查遍所有技術資料，包括測控專業教科書，只有這三種方法。我把三種方法的優缺點都列出來，考慮了幾天，想出一種方法：把整數和小數分開處理。我把這第四種方法命名為「整數計周小數計時法」。這第四種方法兼備傳統三種方法的全部優點，排除了傳統方法的所有缺點，而硬體設備量卻比前三種方法任何一種都少。有這麼好的事，為什麼就不能接受呢？

26基地有一幫「工農兵」出身的年輕工程師，熟悉老站的設計圖，對新東西興趣不大。他們崇拜研究所的專家，不相信工廠裡也有人才。不管我怎麼解釋，他們還是強調「沒經過實戰考驗的方案不能直接投入使用」。這時我的一位同事冒出一句「他是北大高才生」。我是北大高才生嗎？我心裡明白：當時在座各位，我可能還不至於最弱智，但放在北大，別說高才生，二流生也難排上，三流生也許勉強。為了擺脫眼前困境，我就以默認方式冒充了一回北大高才生。

方案通過了，但要變成產品，路還很長。具體實施這套方案的是一位經驗豐富的老工程師。但樣機出來後，發現整周常常多出一周，這是嚴重問題，可能導致方案不能採用。一位老同事仔細排查，終於查出問題：原來是印製板設計時有疏忽，一片晶片有一個閒置的輸入端沒有接地，懸空的輸入端不時接收干擾信號；一接地就大功告成了。這套產品在系統最終移交26基地時檢測結果是：終端測速誤差是每秒0.1公分，比老站的1公分縮小一個量級。每秒幾千公尺的徑向速度測量，誤差只有1公分，行外人會覺得神奇，這要感謝我們的前輩想出用都卜勒測頻的方法測速。

我在給 26 基地各測控站編寫技術培訓講義時，在前言裡特別強調：在微電子領域，一場影響深遠的技術變革浪潮正向我們襲來，要準備迎接這個新時代！這也是當時我的一種心態。1979 年，廠裡還在用磁芯板當存儲器；1981 年，科大電腦機房還在可憐巴巴地用打孔卡處理程式；1982 年，在石化廠設備改造時我突然發現世界上還有「微型電腦」這種寶貝，微處理器 1971 年就生產出來了，這麼多年了，我們還不會用。再這麼混下去，我們很快就要出局了。1984 年，我帶著這種心態參加地面站的設計，不管是系統設計還是分機設計，都揣著寶貝微型電腦，到處都要插一腳露一手，弄得整站「微機四伏」，把人都趕跑了。

掛名的「主管設計師」

我職業生涯的最後一項工作是研製神舟飛船的遙控子系統。遙控本來是我們 539 廠的專業，從實驗衛星、遙測衛星、氣象衛星、通訊衛星直至導航衛星，歷來都是 539 廠研製，飛船的遙控也屬於 539 廠應無爭議。可惜在 1990 年後，情況發生變化：原來 539 廠是中國空間技術研究院（五院）的直屬工廠，遙控任務一直屬於本院。

但是，這時 539 廠被航天總公司從五院劃出去，歸屬上市公司「火箭股份」，539 廠更名為「上海航天電子有限公司」（以下我還是習慣地稱本廠為 539 廠）。539 廠由本系統的嫡系部隊變成系統外的雜牌軍，「遙控」就不再專屬於 539 廠了，神舟飛船的遙控項目落在了上海測控通訊研究所，539 廠開動全部公關機器也沒有爭取到這個項目。

但測通所從未承擔過遙控任務，作為折中或過渡，由測通所設計，539 廠生產。我被 539 廠指定為這個項目的「主管設計師」。以往是總體部設計好設計圖到廠裡來生產。總體部沒有生產能力，派人來廠裡一起做試驗，有問題商量著辦，合作得非常愉快。現在是兩個競爭單位協作，各自都留一手，有問題相互指責。我臨近退休了，還攤上這樣的差事。

測通所提供硬體設計圖和軟體程式，我的任務是把硬體設計圖變成產品。這可不是令人愉快的事情。電路圖變成產品，需要試驗，需要調試；硬體調

試需要軟體程式配合，但測通所提供的程式是固化在晶片中的目標碼，可以在最終產品中運行，卻無法用於生產過程中一塊塊電路板的調試，電路調試需要的是程式的源代碼，這一點他們是清楚的，但就是不提供源代碼。正當兩家計劃部門扯得不亦樂乎時，我自己動手編寫了調試用的軟體。

測通所提供的是正規設計圖，我無權做任何更動。總體部多次派專家到測通所指導設計，可以說那設計圖也是精工細作。電路應該做過試驗驗證，出的是藍圖，但做到最後，我認為設計圖還是存在邏輯錯誤。按照我的理解，我在編寫的軟體程式中加了一小段，把這一邏輯錯誤糾正過來。後來200多條指令都能正常發出，電性能指標也都能滿足任務書的要求。

這件事被廠部知道了，並指示我：不能告訴對方實情。我左右思量，感覺兩個單位的糾葛不可太過分。實驗船發射日期越來越臨近，怎可把這項重大工程當兒戲？！此時，我對名和利都已興趣索然。50多年的人生，有20多年在讀書，全是國家供養，內心裡有一個聲音在說：你這一生無大過，生命裡的最後一項工作就太太平平地做吧！平平安安就好……

幾天後，聽說測通所自己發現並糾正了硬體設計圖上的差錯，他們的軟體程式也可以運行了。最後送過來的固化軟體的晶片終於成功運行，第一艘試驗飛船的設備總算如期交貨了。此後，兩家的協作關係省心多了，除了二號船更換掉一號試驗船的一批零件外，就沒有什麼變動。在我退休的前一年，神舟五號平安返回。當我看到楊利偉從座艙裡出來時，我明白：我生平最後一項工作也平安結束，這回我的心真的平靜了。

隨遇而安

我從企業退休，退休薪水是上班薪水的20%；頭幾年偶然參與的一項小投資反倒成了我退休後的主要經濟來源。老伴質疑我：一輩子辛苦努力意義何在？我說：工作不單是為了養老，生命是一個過程，我已享受了60年的生命，每個人的工作組成這個社會，這個社會已經為我提供了60年的生存環境，我知足了。

當她看到我薪資單上的數目還不及鄰居一起退休的老工人，心理又不平衡。我說：憑什麼我要比他拿得多？我開始工作時，他已上班8年。這8年我在讀書，全靠助學金，他在為國家賺錢，我在花國家的錢；後來我讀研究生，他還在工作，我讀研究生不僅花國家的錢，廠裡還要發一份薪水；再後來出國進修，在國外花國家的錢，家裡還照樣領我的薪水。當初，我就是這樣說服老伴，找回心理平衡的。

　　回顧幾十年的人生，一路走來，我從來沒有刻意追求過什麼。記得考大學報志願時，第一志願我填的是北京航空學院，校長到班上檢查發現沒人報清華、北大，令我只能報這兩所大學，我就報了北大。大學一年級分科時，我不想學純數學，就報了主修力學。班導汪仁官老師找我說：主修力學人太多，你換主修數學吧，我又一次聽從了師長的安排。

　　1968年底畢業分配，國防系統到數力系要25人，有5個去處：三機部、四機部、五機部、六機部和國防科委；要求大家報志願，我說我不用報，分到哪裡都行；因國防科委沒人報，我就報了國防科委。報各部，都有具體去向，都在城市；只有國防科委沒有具體去向，可能都忌憚去西部沙漠基地，少人問津。來自農村的我，那時年少氣盛，自認為凡是有人的地方我都能去。我不跟城市來的同學爭城市的位置，卻鬼使神差地把我差遣到我並不特別嚮往的大城市。命運就是這樣，似乎冥冥之中一切都已安排好了，無可抗拒，也無可改變。

　　在幾十年的職業生涯中，我沒有執著的追求，近乎時時、事事、處處被主管安排，被同事安排。也許我生性如此，有惰性。我接受一個項目，招幾個年輕同夥，開始由我安排，做著做著就由他們安排我了。我安排他們做零件，只提要求，不提供實現方法，因為他們想出的辦法總是比我的好。做到後來，他們對整個項目瞭如指掌，就不要我插手了，日常工作也由他們安排了。一位老同事調侃我：你主管項目像當老爺。而有些同事為保護他的「智慧財產權」，事事親力親為，不讓別人插手，有問題也得他親自去解決，別人無從下手。

他的訣竅是一招打天下。下次有新的型號，這一塊還是他的，把老招數再拿出來，小修小改，冠上新的名稱，還可以用新型號新名稱再申報成果獎，循環往復，甚至退休了還在繼續。這一招，我不學，我還是當我的「老爺」。大學畢業的小青年跟我合夥一回，就知道一個項目的全過程，做一回，「翅膀」就硬了，有的高飛遠走，跳出去了，有的獨當一面自己就接案了。他們出去後，有的還常回來看看「老爺」。

我一生的命運始終處於「被安排」的狀態中，這個狀態可追溯到我的童年。我上學讀書也挺偶然，先是哥哥上學我放牛。一次我哥逃學惹怒了我爸，就換我去上學了。六歲時，我就開始放一頭小母牛；九歲時，我要入春季班讀小學，真捨不得離開那頭小母牛。後來那牛得了病，要被殺掉，我跑到牛圈去看，它看見我，眼淚從眼眶裡湧出，我在它額頭上撫摸兩下，像失了魂一樣走開了。這頭母牛沒了，我開始專心讀書。

⊙ 2015 年，退休 11 年後老兩口在威尼斯運河坐貢多拉

後來考取國中，使我與幼時農村的夥伴走上了不同的人生道路。經歷幾十年四處漂泊浪跡天涯之後，我回到家鄉，看到昔日的夥伴在新建的小樓前，寬敞的庭院中，坐在冬日的陽光下，身旁穿梭著嬉戲的幼童……這一情景深深地留在我的腦海中。

當我回到自己的住處，在灰濛濛的天空下，我捂著鼻子穿行在密集車流的縫隙間，腦海中常常出現我幼時夥伴們的農村庭院；費翔的歌──《故鄉的雲》，也曾讓我熱淚盈眶……外面的世界很精彩，美麗的故鄉更安寧……

林宗耀，福建省福清縣（現為福清市）人。1963 年入北京大學數學力學系。1969 年 1 月到盤錦軍墾農場勞動。1970 年 3 月分配到航天部五院 539 廠。

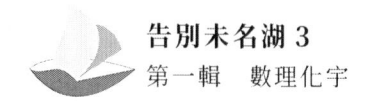

2004 年 5 月退休。工作期間歷任技術員、工程師、高級工程師、研究員。曾獲部級和國家級科技進步獎。在航天發射任務中立過兩次二等功，並獲得國務院頒發的政府特殊津貼。

鐵與火的洗禮

楊其明

不及告別廝守 7 年的未名湖，耳畔響著高音喇叭裡高昂的「歡迎工農兵學員上大學、管大學，用毛澤東思想改造大學」的口號，我一臉無奈地「享受」設在 43 齋的「一條龍上門服務」，領到了搭配好火車票的報到證。兩天後，一聲長笛，我探出火車車窗，回眸望著站台上雖已漸遠但仍佇立目送的已近花甲的父母，默然告別家中耄耋之年的殘疾外婆，強忍盡孝無門的心痛，噙著百拭不禁的淚水，奔赴前途未卜的報到地──河北省保定市。

在領教了保定地區革委會官員「誰讓你們來的」當頭棒喝和兩天晝出夜伏「浴池賓館」的耐心等待之後，我們一行十名 1963 至 1965 級的三屆北大畢業生，幾乎覆蓋了「最高學府」三分之一的物理、哲學、中文、西班牙語、經濟、無線電等文理科專業，來到位於河北省定興縣僅有 300 餘名職業工人的河北保定地區壓縮機廠報到，自然引起當地人不小的轟動。

「就讓他去翻砂！」

這個工廠原本直屬河北省機械工業廳，後調整為由保定地區機械工業局管理，在以「推頭兒、搓澡兒、搖煤球兒」等「第三產業」享譽全國的定興縣，當屬受本地人艷羨的國營工業「大廠」。全廠職工雖只數百，但麻雀雖小，五臟俱全。從木型開始，鑄造、機械加工、裝配，包括設備維護檢修，完全自主地以原材料為起點，按照標準設計圖製造流程工業所必用的空氣壓縮機、循環機。產量計劃下達，產品國家負責銷售，職工享受「非農戶」待遇。

工廠小日子過得雖不算十分滋潤，但也是當時典型的計劃經濟體制下四平八穩產業的縮影。人人是當家做主的工人階級一員，每天按著汽笛的節奏，

充滿自豪與自信地日復一日，竭盡自己的工作技能，按月拿薪，無憂少慮，在創造國家財富的同時也經營著自己的溫飽之家。

然而，中後期的「文革」色彩同樣濃筆重墨地刷塗在這個小廠的每個角落。當時，保定地區已出現真槍實彈的派系武鬥，只能在「軍管」下落實「著重革命、促生產」的「最高指示」。上班的第一天，我們受到工廠的最高主管的接見。軍管會主任是38軍下屬一個坦克營的李營長。廣西人，個子不高，行伍出身，粗壯幹練，聲音洪亮。

後來聽說他身懷武功特技，有人親眼見他單手抓住一只桌腿舉起整張八仙桌，也能從鼻孔塞進一只幾寸長的釘子，而從嘴裡吐出來。頭次見面，他話語不多，幾句話表示了很有誠意的歡迎，頗有能文能武、粗中有細的儒將風度。之後，便由老師傅帶我們按照生產流程參觀了各作業廠。

第二天，工廠高層公布了每個人的工作崗位。除了無線電系的同學因沾上一個「電」字被「對學以致用」分配到維修作業廠當電工之外，其他同學大部分都到機械加工作業廠上班，而我和哲學系的一位同學被分配到了鑄造作業廠。我沒有任何想法，欣然前往。

鑄造在行業中俗稱「翻砂」。實際上，「翻砂」只是「型砂造型」，再加上俗稱「倒火」的澆鑄和其他輔助工序，才完成鑄造的全過程。作業廠裡年紀較大的老工人大部分來自有名的「翻砂之鄉」——河北泊頭，個個是行家裡手。年輕一些的工人雖大都是1958年開始學徒的本地人，但早已得到真傳，也有三級工以上的資格。

我的師傅張姓，精神矍鑠，言語不多，但言簡意賅，是生產骨幹。班長許姓，識字寥寥，但常指指點點，頗有政治思想工作幹部的味道。初步結識工友之後，我便從一個學徒工最簡單工作——清篩型砂開始，自豪地成為名副其實的一名「產業工人」了。

作業廠雖沒有如電影紀錄片中常見的鋼花飛舞、鐵水奔流的壯觀，但「開爐」時那高聳的化鐵爐的轟鳴、上千度火紅鐵水的耀眼明亮、數百公斤鋼鐵之液的飛流直下、鐵水在砂型冒口如小火山似的噴發、排氣孔吐出的長長火

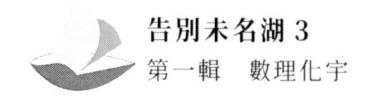

舌；再伴隨著師傅們果斷、明晰的口令，這幾乎令人窒息的緊張場面，讓我振奮：迎接挑戰，在鐵與火中重新開始生活。

不出兩個月，從師學藝的我，經過由簡到繁的清砂、篩砂、刻芯、做小件「活匣子」的過程，基本具備了參與製作大件砂箱、俗稱「舂箱」工序的資格。但一切並非一帆風順。一日，我和其他師傅共同製成的一個較大的20立方空壓機底座砂型，在推出燒窯後，發現澆口處崩掉一塊，必須修補後再烘乾，否則耽擱「倒火」。那本不是我承做的部分，但那位許班長不分青紅皂白，劈頭蓋臉一頓數落，不乏專門針對知識分子的貶損之詞。

莫非真要我嘗嘗那學徒滋味？此時，午飯的汽笛已響，全廠職工都陸續奔赴餐廳。我默默拿起工具，俯身修補砂型。偌大作業廠，空無一人，寂靜無聲，只有直插在型砂砂堆上的一根根鍬把似乎在冷眼圍觀。那從未有過的隻身無助的孤獨與委屈至今難忘。看來，要深知當時的社會底層，懂得處在底層的他們，也許就要付出這樣「接受再教育」的代價吧。

在與眾多師傅共同勞作中，我逐漸掌握了一個翻砂工的基本技能。無論是端起20公斤重的長把鐵水勺，與老師傅們如走馬燈似的「接火」、「倒火」；還是站上高台，搖動澆鑄包在數十秒鐘傾倒數百公斤鐵水於砂型之中，都可勝任。每當經歷一日的辛苦，抹去一臉汗水與黑灰的「合成物」，那種痛快淋漓的成就感油然而生。

每日在鐵與火之中的共同奮鬥，使我自然地融入這個在家幹農活、上班是工人的集體。一日，我和幾位師傅工作間小歇，照常用市集上買來的煙葉一起「卷大砲」。其中一位問我：「楊兒，你知道你是怎麼來到我們這兒的嗎？」嗯？有故事！往下一聊，方知原委。

原來，在第一天參觀機械加工作業廠時，我看到了不少車、銑、刨、磨、鑽床等切削加工設備，聯想起自己開過車床、知道銑床加工需要三角函數的基本算法，不經意與旁邊的文科同學小聲交流。「數學的基本知識在機械加工作業廠還用得上。」誰知，竟有高度警惕的革命派竊聽到後，把這句話當作「新動向」密告了那位軍代表。這自然是送上門來的再教育「書呆子」的機會：「他想到機械加工作業廠？就讓他去翻砂！」

鐵與火的洗禮

⊙楊其明（左）與魏國柱同學在廠大門前合影

　　翻砂怎麼了？我細想幾個月的經歷後，才有所悟。同是一個工廠的職工，分到機械加工作業廠的同學領到的是一套合身的新工裝，而我和那位哲學系的同學領到的是舊得發白的回收工裝，上下還不是一個顏色的布料。機械加工作業廠相對整潔明亮，工人班上班下「文明」得都能上鏡頭，而鑄造作業廠整日煙熏火燎，四壁黢黑。工作危險不說，下班時個個是灰頭土臉的「灶頭軍」。機械加工工人基本都有中專以上學歷，而鑄造作業廠除了兩個技術員是大本學歷外，工人大部分是淳樸農民出身，部分老工人還是文盲。

　　……難道還存在「工種歧視」、鑄造工低人一等的習俗？就因此把翻砂當作是一種對我的「懲罰」？不過，我來到翻砂作業廠後並沒有什麼受難的感覺，倒是覺得鑄造學問頗深、師傅質樸可敬、勞動充實愉快。倒是有一點不明白了，難道還有輕視勞動人民的事？不是都在高呼向艱苦奮鬥的勞動人民「學習和致敬」的口號嗎？唔，大概是好意，讓我在最艱苦的地方得到鍛鍊和成長吧。我這麼解讀。

「這樣的知識分子，我們是歡迎的！」

　　說實話，在半手工、半機械生產方式下的鑄造過程比起其他工種還是充滿危險的。但正如此，才見其不凡，才應得到尊重。我親眼看到一個老師傅在「倒火」時，明知鐵水包的手持木把就要折斷，還堅持施力倒完鐵水。雖然在木把折斷的瞬間奮力後跳，但剩餘鐵水還是倒扣在腿上。鑄件是保住了，

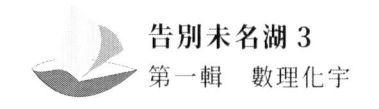

人被燒傷，在床上躺了半年。通常，砂型「合箱」後，用型砂直接製成的「冒口」含有水分。鐵水充滿腔體後溢出時遇到濕砂，馬上「放花」。紅亮的鐵花從天而降，巍然壯觀，但危險也隨之而落。

我自己曾數次被點燃了帽子，鐵花從領口溜進衣服，燙出一排水泡。但「活兒」高於一切，再疼也不能鬆開正在操作鐵水包的雙手。此時，幾乎所有的師傅跑過來，替我搶下帽子、撲滅火焰、拉開上衣、抖落滾燙的鐵粒。群體之中，豈止是我，人皆如此。那種在鐵與火之中同甘共苦的場面，讓我身臨其境地感受到階級兄弟般的「戰鬥友誼」。

時值保定地區「文革」後半期，一方面「著重革命」武鬥不斷；一方面「促生產」「捷報頻傳」。工業口的「會戰」、「報喜」群眾運動此伏彼起，這個工廠也不例外。盛夏，工廠接受了澆鑄斯柯達8缸柴油機缸體的任務。鑄件不同於輕車熟路的空壓機較厚的殼體。它體積碩大、結構複雜、尺寸精密、「活兒精細」，對這個小廠的鑄造技術水準是個考驗。除了刻芯、造箱、下芯、合箱等工藝要絲毫不差外，澆注時必須在15至20秒內將數百公斤的鐵水傾倒在特大的澆口之內，以保證鐵水在高溫和高壓下在極薄的腔體內合攏，鑄成無任何缺陷、「砂眼」的合格產品。

廠軍代表李營長不但下了死命令，還常常一線督戰。鑄造作業廠不分晝夜，工人分組連班輪流上崗，連續造型，連續開爐，兩個澆注台，加倍單班產量，開展大會戰。澆鑄環節不但決定了之前的操作是否功虧一簣，也是最危險的「最後出擊」。為了防止人身事故，師傅們特地在澆鑄口與砂箱的結合部掛上厚鋼板，以防萬一高壓鐵水噴出造成傷害。因為哪怕是一注上千度的鐵水，碰上也足以致殘乃至致命。

一個晚班的深夜，已到澆注時刻，我如以往跳上澆注台，搖動澆鑄包的輪柄，鐵水奔流而下。5秒、10秒……就在此時，透過防護鏡，我眼睛的餘光掃到雙腿前的那塊防護厚鋼板已經發紅。這說明澆口下與箱體結合部已經漏噴了！師傅大喊：「著火了，注意！」我繼續搖柄，餘光一直掃著整體鋼板逐漸全紅。就在鐵水冒出冒口的一剎那，縱身跳下澆注台。回頭一看，鋼

板已經熔透，師傅們早已撲上去，打掃殘局。鑄件保住了，我也躲過一劫，慶幸是個雙贏結果。

會戰是在敲鑼打鼓地向地區機械工業局「送喜報」中結束的。在那個年代，師傅們沒有加班費，沒有獎金，憑著一股職業責任感，對，還有那革命熱情，毫無索取，無償奉獻，真是難能可貴。這真的要成為一段不可複製的歷史了？面對今天的「一切向錢看」，誰不因價值觀的顛覆而感慨萬分。一日，作業廠老主任指著作業廠外牆上一塊無人問津的白灰抹底、墨汁塗黑的空白「黑板報」，問我能不能宣傳一下。

當然可以！我就用幾色粉筆編了幾句詞，配上翻砂工形象的圖，標題選定「紅鑄工」，出了一版。誰知引起了反響：「黑老大也能出板報了？！」後來聽說軍代表李營長還特地跑過來看了幾眼。幾日後，廠籃球隊長、維修作業廠的李師傅向我透露：「李營長知道你在鑄造作業廠幹得不錯，大會戰的表現也知道一些。說啦，『這樣的知識分子，我們是歡迎的！』」這可是當時對「書呆子」最時髦的「點讚」了。可我，有點哭笑不得：「早就沒有當知識分子的念想嘍！」

還是老師傅們的評價更實在些。一日，已近退休的老作業廠主任李師傅，拖著職業性啞嗓，那是一輩子埋頭在充滿煙塵的翻砂作業廠而造成的職業病，對我說，「其明，你也看到了，作業廠工人大多沒文化，我們好好教你培養你，就在這裡當技術員吧！」那因嗓子沙啞而不得不斷斷續續的輕聲慢語，那充滿期望和信任的眼神，那一刻全身被溫暖的感覺，我一輩子難忘。

「我們的安東尼奧尼！」

工廠的業餘生活顯然無法與現在同等規模的國營機械製造廠相比。一台14英吋的北京牌黑白電視機是晚上唯一的娛樂工具，成了寶貝，還得由一位有大學學歷的技術科工程師專門看管。二十餘人裡外三層圍著看《杜鵑山》、《紅色娘子軍》、《海港》、《龍江頌》等新的樣板戲和鳳毛麟角的球類友誼賽是常有的事。可喜的是，在工會孫主席的操辦下，工廠不但有自己的男女籃球隊，還難能奢侈地修建了燈光球場。就像今日的中國男籃職業聯賽一

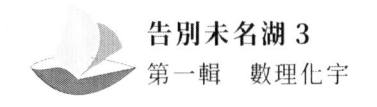

樣，廠籃球隊常常依主場之勢，邀請縣裡或鄰縣的縣級單位籃球隊進行聯賽或友誼賽。

我也有幸在試場之後，被吸收為4號球員，打「阿迪江」的組織後衛位置。令我感到有點突然的是，當地業餘籃球隊很講專業化，講基本功、講技戰術，講集體配合。球隊裡姓蔡的高中鋒和姓劉、姓曹的兩名邊鋒都受過專業訓練，是縣聯隊的隊員。裁判是天津籍的職工，雖「津味兒十足」，但規則熟，反應快，哨音果斷，手勢清晰，常被請去當大賽裁判。廠隊賽績在縣裡數一數二，故每場球賽頗有觀賞性。

一有球賽消息，人人相告，全廠皆知。無論是年輕人還是老師傅，下了班，匆匆洗個澡，早早地拿著自己的小板凳，挑好位置，只等開場。他們毫不掩飾自己的「派系」。每當本隊有一個精彩進球，場上場下一片發自內心的掌聲和歡呼，不但彰顯著全廠職工的團結和友誼，也以此抒發著一天辛苦後的輕鬆和愉悅。在那個年代，沒有夜生活，沒有KTV，沒有「麻辣燙」，但人們照舊享受著樸實無華的生活，編織著一道道很草根的風景線，同樣讓人回味無窮。

全廠職工大型社會集體活動，我遇到的只有一次。那是當地縣委組織的一次「批林批孔」大遊行。給我印象深刻的倒不是彩旗、鑼鼓和喧天的口號，而是我師傅們的穿著打扮。他們穿上多年壓在箱底的嶄新工作服，登上從未見他們穿過的皮製防燙勞保鞋，就像過節一樣，昂首走在縣城裡不足十公尺寬的「大街」上，招來人們羨慕的目光。當時，我眼前不由得浮現出他們在作業廠與鐵和火打交道的場景：高溫酷熱下，只要不是「倒大活兒」，他們甚至光著膀子穿短褲，揮汗如雨；澆注「活匣子」時，端上鐵水勺腳下如飛，但他們只趿拉著舊布鞋，說是容易抖落燙腳的鐵豆！留著數年才發一次的新勞保作為禮服使用，其勤儉持家的本色，可見一斑。

軍代表李營長還是有些儒將思想的，很注重工廠的文化元素。除了抽調包括我在內的兩三人參加38軍、地區、縣的寫作團隊組稿反映工廠的工業生產活動外，還支持開展攝影宣傳，不僅要用文字，還要用真實畫面反映工廠的生活。為此，我畫了幾頁放大機設計圖，交給作業廠加工。其中有一根

高彈性係數的彈簧是一位老師傅用約 3 毫米粗的鋼絲，手工「反拉」而製成的，其手藝令人咋舌。料此絕活已失傳。現在的鉗工，恐無人掌握此技術。

我找到一架被冷落在櫃子裡不知多少年的海鷗牌雙鏡頭 120 相機，白天到各作業廠「採風」，晚上將住屋當暗室，沖卷、放大、洗印、上光。第二天，就把這些「新聞」照片貼在專用的櫥窗裡。工人師傅圍觀的熱烈程度，出乎預料。他們第一次在公眾場合看到自己幹活兒的形象，指指點點，相互調侃，一片笑聲。我站在人群的後面，心裡有說不出的欣慰。那時正值 1974 年，一位義大利著名導演安東尼奧尼應中國政府邀請導拍了一部紀錄片《中國》。

其中有一部分記錄「文革」中中國農村的鏡頭，顯然與「鶯歌燕舞」的主流宣傳不合拍。以《人民日報》的題為《惡毒的用心，卑劣的手法》評論員文章為開篇，這部紀錄片遭到全國延續數月的大規模批判，甚至幾乎演變為外交事件，這是後話。可當時，電影雖然老百姓誰也沒看過，但他的名字倒因此家喻戶曉。沒有幾天，一位師傅見到我就開起玩笑：「喂，我們的安東尼奧尼，你也拍上啦！」彼此一笑中帶有一種認可：雖不過是幾張最大幅面才 12 英吋的黑白照片，但已為工廠當時單調的文化生活裡平添了幾朵小花。

⊙參加 38 軍、縣委、廠辦聯合寫作團隊，前排左是楊其明

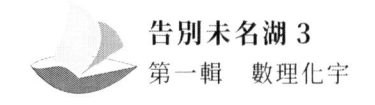

鐵與火的變遷

時過 20 餘載，我已陰差陽錯地在鐵路系統的科技戰線工作多年。一天，接到主管的命令，讓我帶人驅車到京廣線高碑店、定興、固城等站一線，用新技術解決線路道岔凍結問題。機會難得。任務完成後，我懷著忐忑不安的心情，急不可待地回到闊別多年的工廠，想重溫一下那鐵與火的生活，重搭一搭同甘共苦工友們的肩膀。然而，眼前的景象讓我身子涼了半截。作業廠裡空無一人，只有那熟悉的黑色型砂，高一堆矮一堆，無序地散放，似乎在苦等著什麼。化鐵爐依然聳立，但沒有了那鼓風機的轟鳴，沒有了吐出的紅亮鐵水，似乎在沉思著什麼。

廠區一片寂靜。我到仍在平房的行政辦公室，找到已經在當地成家立業的北大校友。意外重逢，分外親熱。暢談以往之餘，知道改革的大潮也同樣在衝擊著這個計劃經濟體制下汽笛長鳴了 30 餘年的小工廠。業務清淡、等待上令、前途未卜。那籃球場早已銷聲匿跡，在上面蓋起了家屬宿舍。大概改革開放帶來的花花綠綠新玩意已讓新一代工人有了更好的娛樂去處吧。世道真的變了！

然而，我對在這個工廠短短五年生活經歷的懷念，永遠不會變。在這裡，我經歷了鐵與火的洗禮，讓我在之後的科學研究工作中還能有那麼一點點韌勁。在這裡，我結識了奮鬥在社會底層、樸實無華的勞動者，他們充滿鄉土氣的重情重義，讓我看到中華民族好傳統的一面。在這裡，經過邊做邊學，我意外地補上了工科的專業。

它幫助我在改行從工的過程中，攜物理學科的優勢，取得機械工程領域裡的一點點成果。這段告別未名湖後的一段經歷所給予我的，雖不算多，但

很有份量。謝謝定興的老師傅、老朋友和老校友。無論你們現在哪裡，盼你們早日圓了中國夢，定興二字也實至名歸：人人生活安定幸福，樁樁事業興旺發達。這是我從心底裡發出的衷心祝願。

⊙在施工現場主持科技攻關

楊其明，男，1946 年 2 月生。祖籍山東濟寧。1963 年入學北大物理系。

教授級高級工程師。鐵道部北京鐵路局科學研究所原所長，武漢理工大學兼職教授。長期從事工業摩擦學、機械設備故障診斷領域的科學研究和技術開發工作。主持中國第一台分析式和直讀式鐵譜儀的研製，填補國內空白，達到同期國際水準。

科學研究成果獲國家優秀新產品金龍獎、鐵道部科技進步二、三等獎和北京市科學研究成果二、三等獎，推動新技術領域的形成，在中國鐵路和各行業及軍事領域推廣應用，產生顯著經濟和社會效益。

曾出席在美國、英國、瑞士、日本及臺灣等地召開的國際會議和科技活動並獲獎，中國內外專業期刊上發表論文 29 篇。獨、合著（譯）7 本專著。

1986 年獲國家級有突出貢獻中青年科技專家稱號；從 1990 年起享受國務院頒發政府特殊津貼；鐵道部專業技術帶頭人、優秀知識分子和詹天佑專項獲獎者；2003 年中國工程院院士有效候選人。

▎「充軍口外」的日子

楊靜韜

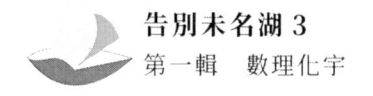

六十三人的「戰鬥情誼」

　　2010年10月23日星期六上午，北京郵電大學教3樓迎來了一群白髮蒼蒼的古稀老人，在來去匆匆的年輕學子中十分顯眼，原來是40年前北大分配到河北省張家口地區的部分同學在此聚會。回想當年離開母校來到塞外山城，大家為了維護自己的權益，組織起來與地區高層抗爭，這在當時絕無僅有，恐怕也是空前絕後的了。

　　1970年3月傳來了清華、北大率先分配的消息。物理系三個年級四百多名學生在軍工宣隊的地圖與尺（他們只根據地圖上的直線距離決定遠近）的支配下被決定了一生的命運。當時分配原則是「四個面向」，而且還要先到工廠或農村勞動鍛鍊。學生中有順口溜：「遠分對兒，近分贅兒，不遠不近是光棍兒。」北京生源的「光棍」大部分到了河北省，天津的到遼寧，上海的到貴州，其餘各回各省。

　　據說北大分到河北的有800多人，63名分配到張家口地區，我有幸成為其中一員。為了速戰速決以免夜長夢多，軍工宣隊以迅雷不及掩耳之勢，公布方案之後馬上把車票送到你的手中，要求立刻去報到。

　　分配前，有人在上邊授意下貼出大字報「要繼續革命，不要畢業證書」。我們就這樣兩手空空被踢出了燕園，就這樣滿懷著悲憤、迷茫的心情匆匆告別了未名湖，告別一起生活了六年半的同學，告別了首都，走向前途未卜的社會。

　　除了當時在北大漢中653分校的無線電系、技術物理系、數力系力學學生以外，本校各系分配張家口的同學於3月14日一起乘夜車前往。記得那天正好下了大雪，天氣很冷。夜色之中，我們一行幾十人邁著疲憊的腳步走出張家口車站，蹣跚在塞外山城空無一人的街道上。古代的罪犯有「充軍口外，發配滄州」一說，我們這是被「充軍口外」了。

　　來到地區教育局，只見大門緊閉，一片黑暗。叫開門後，看門的老頭只探了一下腦袋就趕緊關上大門。非常時期，深更半夜莫名其妙來了一大群人，他被嚇壞了。聽說是北大分配來的大學生，才舒了一口氣，趕緊給局長打電

話。後來我們才知道，原來學校著急把我們打發走，還沒來得及通知張家口，給了他們一個措手不及。

第二天學校才電話告知分配來學生的名單以及鍛鍊期間是工人還是農民的安排。在河北省其他地區，分配方案都是下到縣裡，學生直接到縣裡報到。分到張家口的卻因過於匆忙，全分到了地區，然後再由地區分到縣裡。造化弄人，誰也沒想到的是，恰好是這一點成就了我們 63 人長達 40 多年的「戰鬥情誼」。

在教育局禮堂中湊合休息了幾小時之後，第二天一早，局長徐鵬程與管分配的劉愛娣（外號劉大腿，因她的名言是「手臂扭不過大腿」）來了，先安排我們住進地區招待所，答應很快會公布分配方案。

幾天後方案公布了。學校定為「工人」的大部分分到寧遠鋼廠，少數分到無線電廠、化肥廠、製藥廠等；四十幾名當「農民」的被分散到壩上、壩下各縣，每縣 2 至 3 人。「工人」報到去了，「農民」卻炸了窩。考慮到再分配很可能就分在那個縣裡了，人太少很容易被同化或者各個擊破，人多一點有什麼事便於商量，我們提出要求：希望集中鍛鍊。

他們當然不同意。幾十個「被農民」當即組織起來，也不管原來是「山上的（井岡山兵團）」的還是「社裡的（新北大公社）」，為了共同的目標走到了一起。因絕大多數都住在一個招待所裡，聯繫起來很方便，大家推選了化學系的趙凱元、地球物理系王強和哲學系陳占國三人當代表，與地區教育局展開了「談判」。

地區高層從未遇上過這種情況。當時河北全省已經是某造反派的一統天下了，這批北大學生竟敢在太歲頭上動土，挑戰地區革委會，當地高層十分惱火。但對這些經過「無產階級文化大革命」洗禮，在「六廠二校」中見過大世面的學生也沒有好辦法。他們如臨大敵，採用軟硬兼施、分化瓦解的手段，一面舉辦參觀烈士陵園，由老革命進行傳統教育正面勸說，一面由消防隊出身的造反派頭頭、革委會李副主任訓話進行恐嚇，還找了個別學生先讓他單獨下去報到。我們則據理力爭，不為所動。

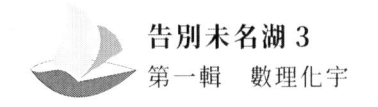

談判持續了兩週，幾個回合下來，學生中也產生了分歧。有人主張堅持到底，也有人認為應該適可而止、見好就收。最後雙方讓步，決定鍛鍊地點相對集中，分配到五個縣，自願結合，一年後由地區重新分配工作。最後結果是壩上康保4人、沽源11人，壩下蔚縣8人、懷安14人、赤城10人。戰鬥取得了部分勝利，近一個月的共同生活也結束了。我們互道珍重、灑淚而別，奔赴各縣去接受貧下中農再教育。

　　在這20多天裡，大家在一起吃、住、組織活動，沒事時串門聊天，原來互不相識的「農民」成了好朋友。除了開大會商量對策，我們還三五成群出去品嚐早已聞名的塞北名食——莜麵，逛逛兩條商業街：武城街和怡安街，過得倒也悠閒自在。張家口過去曾是察哈爾省省會，自古就是京師北大門，是連接內地與蒙古的交通要衝。城市位於山溝裡，一條清水河穿城而過，把市區分為橋東和橋西。

　　當時人們形容張家口是「一條街兩座樓兒，一個警察看兩頭兒，一個公園兩個猴兒，一個姑娘兩個求」。滿眼望去，到處是一片片低矮的平房，全市唯一像樣的建築是新建的毛澤東思想展覽館。地區最高學府是「三塊磚」：醫專、師專和農專。冬天很冷，居民住房沒有暖氣，全是燒煙煤生火取暖做飯，空氣中充滿了煤煙子味，嗆人鼻孔。

　　光陰荏苒，轉眼40年過去了，我們幾人透過各種途徑找到了63人當中60人的下落。其中有9人不幸英年早逝，7人定居境外。根據大家的回憶，60人中有數力系10人，物理系7人，化學系4人，生物系4人，地質地理系3人，地球物理系7人，無線電系7人，技術物理系8人，中文系3人，歷史系1人，哲學系2人，經濟系3人，國際政治系1人，幾乎涵蓋了北大所有的科系。

　　經過多年打拚，大部分成為了大學、科學研究機關的骨幹，少數人從政。目前已從北京大學、清華大學、郵電大學、化工大學、政法大學、語言大學、首都師大、首醫大、河北農大、工商大學、防化學院、北方學院、蘇州科技學院、氣象學院、科學院各所或各地重點中學退下來，都有重聚的願望。

「充軍口外」的日子

　　為了紀念當年的戰鬥情誼，在我們乘車離京整整40週年的2010年3月14日，北京又是一個下雪的日子，部分在京的同學聚餐以示紀念。技物系的劉選中是郵電大學的教授，請校方提供了場所，10月23日，包括外地來京的同學在內，我們22個白髮蒼蒼、歷經磨難的老人在北京郵電大學聚會。大家撫今追昔，暢談分別後各自的經歷與人生感悟，緬懷故去的老友並合影留念。

⊙ 40年後重相聚

插隊生活與考研風波

⊙ 1970年與厲隊長、小趙攝於宿舍門前

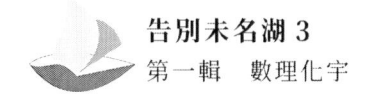

1970年4月,我與同班的焦丞民,地球物理系的王強、王世忠、李有剛,無線電系的孫心復、陸文娟、劉以定,技術物理系的姚樹榈,經濟系的劉德麟十個人來到赤城縣報到,縣裡安排我們到樣田大隊鍛鍊。

赤城縣位於張家口地區東部,是有名的貧困縣。多年後出了名,是因為張藝謀在赤城大山裡拍了一部電影《一個也不能少》。在縣城南邊15公里,白河邊上的樣田村是樣田公社所在地,算是縣裡比較富裕又交通便利的好地方了。除了大田,每年白河氾濫衝擊出來的一塊塊小平地(河灘地)土壤肥沃,水源豐富。村民在地裡種了水稻。能吃上白米,儘管很少,這在只生產五穀雜糧的赤城可真算是天大的幸福了。

大隊知道我們不會種田,沒有把我們分到各個小隊,而是一起到水利專業隊幹活。大隊派了厲隊長和小韓、老張領著我們,每天的活就是挖土、搬石、壘牆、修渠。雖然很累卻不受歧視,尤其用不著每天被洗腦,用不著千篇一律地說那些本來不想說但又不得不說的空話,思想上得到解放。恰好我們十個人全是北京考來的,各方面都比較接近,沒什麼大矛盾,用現在的話說就是比較和諧。隊裡讓我們住在原來為縣城知識青年蓋的新房子裡。

女生陸文娟和一個留守知識青年小趙(後來成為劉德麟夫人)住一個單間,其餘9個男生睡在一個大火炕上。我們推選了王強當「首領」,劉德麟(外號姥姥)為總後勤,過起了「日出而作,日落而息」的中國式農村生活。每天留一名同學在家挑水做飯,其餘的上工賣苦力,晚飯後,閒聊或散步,優哉游哉。李有剛每天拉起帶在身邊的小提琴,常常引來許多姑娘小夥。到了暑假,留一人看家,大家一起回京並到頤和園遊玩。

我們每月有425元的薪水,吃的是商品糧,從大隊菜園買點很便宜的蔬菜,時不時還進縣城買肉回來打牙祭。都是插隊,生活上卻與上山下鄉知識青年不可同日而語。

物質生活不能掩蓋精神上的苦惱。千裡挑一的北大學生,國家花了巨資培養,難道就讓我們永遠修理地球?當時信奉的格言是「俯身守命,以待天時,不可與命爭焉」,把它看成是「苦其心志、勞其筋骨」,「天降大任於

斯人」之前的必經程序，堅信命運必會改變，北大的「天之驕子」不會永遠棲身於此。

有幾件趣事值得說一說。

1. 一開始我們做飯、燒炕的燃料都是大隊供應的乾柴。夏天來了，為了準備冬天的燃料，我們決定到公社最南端的小村灰窯子去砍柴。灰窯子村在靠近後城的大山裡，景色十分優美，完全是原生態。我們每天一邊打柴一邊欣賞風景。打下的柴草捆成捆順山坡放下來，由隊裡派牛車拉回去。一次，劉以定不小心，被柴禾捆帶著滾了下去，幸虧被小樹擋住才沒有英勇犧牲。直到今天說起此事都感到後怕。

2. 1971年9月的一天晚上，孫心復忽然神祕地告訴我們，中國出了大事，並讓我們猜。當然誰也猜不出，原來是副統帥林彪摔死在蒙古溫都爾汗。我們都不相信。消息是孫心復從美國之音聽到的。無線電系出身的他心靈手巧，動手能力極強。赤城縣很偏僻，沒有強干擾信號，他經常用自己裝的收音機「收聽敵台」。這是我第一次聽到關於「九一三」的新聞。再分配時孫心復、陸文娟夫婦分到龍關中學當老師。因為給縣裡安裝了電視差轉台，調到縣電視台，後來升任了地區廣播電視局局長。地市合併時卻因仕途不順，鬱鬱寡歡，積勞成疾，他們夫婦不幸於1994年、1995年相繼患癌症去世。他們患病期間，多虧了同在張家口市裡的劉德麟大力幫助，並妥善安排了後事。

3. 公社裡還有30名從天津來的插隊知識青年，是天津鐵路中學1967屆國中畢業生。因為比我們來得早，許多人已經抽調到公社或縣裡工作了。離樣田不遠的雙山寨還剩下兩個小姑娘小劉和小馮。聽說樣田來了十個北大學生，就把我們當成了大哥哥，經常來玩，很願意說說心裡的苦悶。我們雖然同情她們，但也愛莫能助，只能開導開導，勸她們不要灰心，要多讀點書，將來一定有用處。1971年再分配離開後，我們就斷了聯繫。巧的是20多年後，已在北京退休的李有剛竟然在樣田村裡碰到了她們。原來她們也都回了天津，也是幾個同學一起回來看看。說起當年事，還念念不忘當初勉勵她們的話。後來還專程趕到北京來參加我們的聚會。

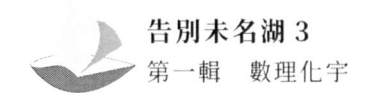

1971年夏天開始再分配，地區教育局幹部這次學乖了，不再集中，各縣分別進行。在其他幾縣分完之後，我們也接到了通知：調我等4人到地區報到，其他6人留在縣裡，分別到縣中、城關中學、龍關中學任教。地區報到後，我與王強分到柴溝堡師範學校。

　　20多年後，1998年北大百年校慶的時候，赤城樣田的「插友」又一次聚集在一起，並相約暑假時一同回到赤城去看看，可惜這時少了已故的孫心復、陸文娟夫婦。赤城北部有個「湯泉」，是當地的名勝。劉德麟當時是張市民政局長，我們8人連同6名家屬住在民政局湯泉招待所，7月24日回到了插過隊的樣田村。相隔27年，又見到當年修築的水渠和住過的房子與小院，早已物是人非，破舊不堪了。厲隊長與老張頭已經去世，小韓外出打工，認識的人不多了。來到當年散步的橋頭和照過相的蘆葦地裡，心潮澎湃；站在打魚的水塘前，當年的笑聲與圍觀的人群似乎就在眼前。想起20多年前在這裡度過的蹉跎歲月，真是酸甜苦辣鹹五味俱全。

⊙ 1998年重回小院（左起第三人是作者）

　　1976年我調入張家口師專。師專是地區的最高學府，已經有十幾名北大同時分來的同學在此任教。老友重逢，十分高興，自不待言。

　　1978年傳來了「文革」後首次招收研究生與北大、清華招收「回爐生」的消息。我們奔走相告，興奮至極。對我們這些沒有門路的普通百姓來講，這是回京的唯一途徑。除了努力複習準備應考之外，最大的障礙是報考必須經過原單位同意。師專高層當然不願意天上掉下來的「餡餅」，且已成教學骨幹的北大學生離去，只同意報考研究生，因為在他們看來不可能考上，堅決不同意考「回爐生」。

我也心知大學只上了兩年半，考研談何容易？「回爐生」卻靠譜得多。為了報考「回爐」，我們十幾個北大同學回想起剛到張家口時與地區的談判，又一次集體行動。經研究後決定做兩項工作：一方面派人回北大透過關係找到招生辦的人求援。他們說這種情況很普遍，會給單位發一封函，但決定權仍在人家。同時答應，不管師專是否同意，先派人帶著試卷來張家口監考，以免錯過時機。另一方面，大家輪流到師專祝書記家裡軟磨硬泡，求學校高抬貴手。

老天有眼，差幾天考試時校方終於同意了。結果有兩人考取了研究生，六人考上了「回爐生」。我被科學院電子所氣體雷射專業研究生和北大物理系「回爐生」同時錄取。經過這番苦鬥，我終於在1978年9月回到了北京，到科學院研究生院讀研，結束了八年半「充軍口外」的生活。

⊙楊靜韜2009年於防化學院

現在我們都已是退休的古稀老人。當年的「農民」大多在家含飴弄孫。「樣田插友」十人中，三位辭世，兩人定居海外，五人在京。患難中結下的情誼在物慾橫流的今天更顯得難能可貴。回想起來，這段經歷刻骨銘心。回顧自己的一生，幾十年雖歷經坎坷且一事無成，但始終秉承「思想自由、兼容並包」的北大精神，「清清白白做人，認認真真做事」，不吹牛拍馬，不隨波逐流，堅持獨立思想、獨立人格。完全可以自豪地說，我不愧於「北大人」的稱號。

楊靜韜，中國人民解放軍防化學院基礎部教授，1944年出生，1963年從北京八中考入北大物理系物理學專業。1970年3月分配河北省張家口地區，4月到赤城縣樣田大隊插隊鍛鍊，1971年9月再分配到張家口地區柴溝堡師範學校任物理教師，1976年調入張家口師專物理科。1978年10月考取

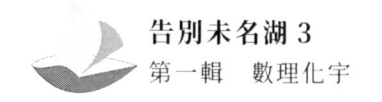

中國科學院電子學研究所碩士研究生，1981年底畢業獲理科碩士學位，分配防化學院當教員，從事「大學物理」與「軍事偵察」等課程教學。曾獲軍隊科技進步一等獎、二等獎各一次，立三等功一次。2005年退休。

▍插花廟農場的「特種兵」

——84分隊女生篇

蘇慧

我們1963年至1965年上大學的這幾屆學生，在中學階段經歷了三年自然災害，經歷了搶救61個階級兄弟，經歷了向雷鋒學習的教育，被認為是當時學習質量最好、思想覺悟最高、最有前途的一批青年。我們懷著遠大美好的理想，以優異的成績考入了剛剛改為六年制的全國的名牌大學——北京大學，一條金光大道似乎鋪展在我們的面前。然而40多年前，一場「浩浩蕩蕩、轟轟烈烈、淒悽慘慘、悲悲切切」的革命，打破了校園的平靜，也改變了我們北大、清華等這幾屆風華正茂的青年學子的命運。

在1970年的3月，我們由「四清」工作隊員、「革命小將」忽然被打入「需要改造的臭老九」行列，發配到了全國各省的農村或者部隊農場去接受「勞

動改造」。北大有 250 多人（其中女生 38 人，我們系的女生共有 7 人，其中我們班就有 4 人）和清華的 30 多人被分配到安徽阜陽插花廟的 6377 部隊接受再教育，進行勞動改造。全體大學生分為 81、82、84 三個連隊，全體女生和一部分男生分在 84 分隊。我們的艱苦生活開始了。

在農場一年超負荷的勞動、軍事訓練、政治學習和鬥私批修中，每個人腦中的弦時時刻刻緊繃著，不論白天還是黑夜，不知何時何地，緊急集合的號音一吹響，每個人必須在規定的極短時間內（3-5 分鐘）整理好行囊，背起背包集合出發。有時這種緊急集合只是在營地周圍轉一圈；有時是長途行軍，到野外吃飯；有時是到地裡幹活或是外出從事其他勞動；有時是看電影；更有甚者，剛剛入睡的緊急集合只是讓男生到小澡堂洗澡，因為他們那裡沒有洗澡的條件……一年的時間裡，在莫名的緊張、無奈、強迫中，大家咬牙掙扎著，堅持著。

相信許多「場友」對那段蹉跎歲月從各個不同角度有真實的描述，這裡我只想以我們女生的點滴故事，還原當時的一些片段。

挖水溝

到農場進行了入場教育後，緊接著我們就開始了填水溝、挖水溝的繁重勞動。3 月初春，淮北還是很冷的，我們女生和男生一樣扛著鐵鍬，抬著籮筐到了地裡。有人負責挖，有人負責抬挖出的土。挖土的人開始還是穿著鞋在挖，隨著越挖越深，開始冒水了，水濕透了鞋子。這時有人開始脫鞋光腳挖，隨後一個個都效仿著脫了鞋。身上冷風吹，腳下水冰涼！可是沒有人叫苦，大家堅持著。

抬土是兩個人配合用一根扁擔抬籮筐，兩個人都爭著把繩子往自己這邊放以減輕對方的重量。一排四班的何賢昶和黃淑珍是一對抬土的搭檔，何賢昶身體不好，醫生開具了免重體力勞動的證明，可是她沒有告訴任何人，一樣參加挖溝的勞動。她的搭檔黃淑珍在回憶錄中寫道：「我倆個頭兒差不了太多，自願組合成一對抬筐運土的搭檔。我矮些，就抬前頭。每次裝滿土抬

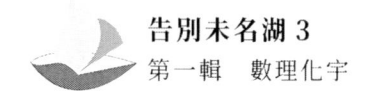

筐起步前，我總看到何賢昶把放在中間的筐繩往自己的後頭拉，她承擔的重量就多一些。這使我感受到被愛護的姐妹般情意。

不久，我就聽班長殷愛娥講，何賢昶有病，醫院專門為她開了免幹重體力勞動的證明。從此，我再和她一起抬筐時，我就搶著在後頭，學著她的樣子把筐繩往我這邊拉，並勸慰她說，不讓你幹是不可能的，但你理應被照顧。可她總還會說，不要緊，不要緊……我們成了無話不談的好朋友。」女孩子們就是這樣，互相鼓勵，互相幫助，一天一天地堅持，在嚴冬修水利時，竟與男生一起赤腳下水，不分高低！

由於我們當時太年輕、太好勝，不懂也不敢重視自己的生理健康，多次赤腳在冷水中勞動，受了寒，導致得了關節炎，已有關節毛病的胡瑞芳同學病情更加嚴重，還有的得了婦科病……

午收

午收，就是收麥子，很辛苦。我們所在的正規部隊是生產部隊，要說士兵們真是夠苦的，他們白天要種田，晚上還要值班、訓練。既然我們來了，自然也成了其中的一員。插花廟是個非常貧瘠的地方，就種一季麥子、一季豆子。整個團加上三個學生連只有兩台聯合收割機，大部分收割任務都要靠人力去完成。

我在中學和大學都參加過夏收，割麥子對我來說並不陌生。可是有許多同學從來沒有做過這種體力活。割麥子用的鐮刀，前一天晚上就磨好了，第二天天剛亮，我們就開始下地了。麥田一望無邊，麥芒附著麥穗隨風搖擺。女生和男生一樣，每個人一次負責幾壟。開始的幾天大家還是左手握麥稈，右手拿鐮刀，彎著腰割。

後來，天氣越來越熱，整個麥地就像蒸籠一樣，麥芒像針一樣扎皮膚，又累又熱，腰不好的同學，有些撐不住了。只要抬頭，你就可以看到這樣的情景：有的單腿跪地割，有的雙腿跪地割，有的坐在地上割，甚至有的趴在地上割。烈日當頭，汗如雨下，身上針扎，腰酸背痛……但沒有人偷懶。王藝蘇同學手被鐮刀割破了，鮮血直流，可是她一聲不吭，用手絹包住手指，

忍著疼痛繼續工作。就這樣，11天超負荷馬拉松的麥收，女生沒有一個人放棄，大家互相鼓勵，咬牙堅持，平均一天割了 2.4 畝！午收任務圓滿完成！

割下的麥子我們還要打捆，然後運回營地的麥場。怎麼運？靠肩挑！在當時大力號召的「一不怕苦，二不怕死」的革命精神鼓舞下，不論男生還是女生大家都是比著幹，誰也不願落後挨批評。我們女生當然不能落在男生後面，你能挑 100 多斤，我也不會挑 90 斤！其實我們的體力是不可能挑這麼重的，但還是想逞強，不服輸！從地裡到場裡還是很遠的，挑著百斤多的重擔，走不遠就要歇一歇，然後再艱難地前進。

看到我們狼狽的樣子，男生也會開玩笑或幫忙，但我們仍然咬著牙堅持著。就這樣一趟又一趟，自己還很得意。麥子運到場上，要堆成堆，要脫穀，要曬，要揚場。為了搶時間防雷雨，夜裡還要加班。我們的宿舍離場院不遠，聽到夜裡士兵加班幹活，有時我們也會從床上躡手躡腳爬起來，參加到他們的戰鬥中。我不知道當時為什麼會這麼積極，為了更好地改造？為了爭五好青年？還是對小士兵充滿同情？難道真是心甘情願地總想自討苦吃？難道這是北大人自強不息的精神？

長時間超負荷的勞動，損傷了我的筋骨，分配工作後我肩膀、後背和腰時常疼痛，有時連炒菜、洗碗都堅持不下來。在忍受病痛折磨的時候，我也會回想在部隊的艱苦勞動和「再教育」的經歷，它到底讓我們得到什麼而又失去了什麼？我該如何評價？

游泳訓練

記得那是在 1970 年 7 月下旬，十幾天披星戴月的搶收勞動終於結束了，超強的勞動讓人感覺非常疲勞。還沒有休息好，連隊又緊急集合，我們背著背包出發了。夜中行進的隊伍有時在莊稼地中穿行，能聽到蛙鳴蟲吟；有時繞過村莊時，路邊會突然立起幾個人影，原來他們在露天睡覺。長途行軍後，我們終於來到穎河口孜集的一所學校，這是我們的臨時駐地，在這兒我們要進行為期 10 天的游泳訓練。訓練場地是穎河的一段，河寬有 100 多公尺，靠岸淺，中間深。會游和不會游的都要每天下水訓練。

8月1日，也是訓練的最後一天，要進行測驗了。清晨，連隊把我們帶到潁河岸邊，開始檢查我們游泳訓練的成果。說來也巧，我平時身體還不錯，可是那天不知為什麼早飯沒有吃好，下水前一直拉肚子，足有四五次之多，人已經沒有力氣了。可是一貫要強的我怎麼能放棄這個考核的機會呢？部隊要求從早上7點到12點在水裡不許上岸。

我們平時哪裡游過這麼長的時間啊！幸好看到200公尺水域的兩端各有一只小船，上面插著紅旗，還有男生在船上隨時準備保護救援，岸上還沒有下水的男生坐在那裡，唸著毛澤東語錄，喊著口號在助威，對下水者的要求也只是繞著兩只小船來迴游，而不是無邊際地前進，我的心裡踏實了很多。我們繞著小船每圈400公尺地游著。我的姿勢是蛙泳，下水後，開始還是比較自如的，心裡一圈一圈地數著……可是到後來，我好像失去了感覺，渾身都麻木了，只聽到岸上「一不怕苦，二不怕死」「下定決心，不怕犧牲，排除萬難，去爭取勝利！」的口號在耳邊迴響。

我心裡只剩一個信念：堅持、堅持、再堅持！怎麼熬過這五個小時，我現在真的回憶不起來了。我只記得到12點時，有三四個人跑到岸邊扶我上岸，那時，我已經不會走路了，腦袋直往地上栽。同學們告訴我已經游了25圈，整整1萬公尺！創造了女生最高紀錄！游滿1萬公尺的一共有3個女生，除了我還有王藝蘇、王月娣，這給男生很大壓力，他們好像只有一個人比我們多游了1000公尺，為男生挽回了一些面子。

雖說這次游泳讓我一下少了好幾斤肉，但我還是很自豪，我們克服了自身的生理極限。應該感謝我的戰友們，如果沒有他們的保護和鼓勵，我是不可能完成的！這也是我人生中唯一的一次在水中玩命了。

長途行軍

數九寒天，田裡沒有活了，新的任務又開始了。上頭下達命令，要長途野營一次，進行冬季訓練。參加長途行軍是軍營中人人必不可少的一個重要課程。無論是我們到部隊農場鍛鍊的大學生還是服兵役的軍人，都必須經過這重要的一次磨煉。

一批老兵要退伍了，我們到插花廟部隊勞動也將近一年了。這時接到上面的命令，老兵行軍訓練後才能退伍，我們大學生除了病號，全部要參加行軍。經過3天的動員、誓師及物資準備，我們於2月5日早上出發了。每個人身上背著被子、糧食及一些必需品，炊事班的人還要背著做飯的器具，總之，份量不輕。

長途行軍原計劃是用40天的時間千里行軍，走遍淮海戰役的所有戰場，接受革命傳統和貧下中農的再教育。但計劃趕不上變化，省軍區的急電，改變了我們的行程，也拯救了我們，實際上只走了21天，815里。

我是作為文藝宣傳隊（或叫鼓動隊）的一員參加這次非常訓練的。隊伍出發了，誰都不知道前面的困難是什麼。我們和士兵的隊伍一起前進，後面有收容隊的汽車尾隨著。在這21天裡，我們穿著棉襖棉褲，每天走得最少的路程是60里，最多的是150里。行軍不僅是在白天，有時還在夜裡。2月的淮北特別寒冷，天氣變化很大，時而冷雨飄零，時而雪花飛舞，我們雙腳在泥漿中掙扎，臉在風、雨、雪中洗刷，氣溫在寒風中下降，人在麻木中前行。一天下來，棉衣、褲全濕了，難道天氣也參與對我們的考驗？

由於走的路長，到達村裡的時間就很晚，為了發揚「三大紀律、八項注意」的革命精神，不打擾村民，我們常常睡在場院旁的小房子裡，而且睡眠的時間很短。

記得一次雨雪過後，我們渾身濕透了，到了一個村莊，我們被安排在場院旁的屋子裡，沒有床，只有地上鋪的麥稭。由於房間很小，只能兩個人合睡一個舖位。我和副班長許愛娟一起，把一床被子墊在底下，另一床被子蓋在身上，彼此抱著對方的雙腳睡覺，誰也動不了，更別提翻身了。主管還說：只有幾個小時休息時間，可以烤衣服，也可以睡覺。對於筋疲力盡的人來說，當然睡覺最重要，我們沒有人烤衣服。起床的命令下達時，我們一咬牙，就穿上了冰冷的棉衣、棉褲，又前進了。

⊙臨分配時 84 分隊一排二班戰友在團部前合影。

後排從左到右：李樹國、戴玉寶（清華）、馬恩浩、焦建紅、吳純麗、胡瑞芳、胡曉明（清華）。

前排從左到右：查美秀、邵思嬋、蘇慧、汪裕萍、許愛娟

由於長途行軍，沒過幾天，許多人的腳上都磨起了血泡。看到隊伍中一瘸一拐行走的戰友，特別是女生拄著樹枝做的棍子，一天又一天地咬牙堅持著，我很是感動，也很心疼。我們班的吳純麗個子比較高，人也比較胖，腳上起了許多泡，但她就是不肯上收容車，仍舊一瘸一拐地拄著棍子堅持著。

將要退伍的士兵有不少人已經坐上了收容車，他們對我們說，你們就是愛虛榮，已經這樣了還要逞強不上車！當時聽了他們的話，我們的心裡也不是滋味，我們為什麼要忍受這麼大的痛苦呢？為什麼要堅持呢？

這裡還要特別提一下我們的炊事班。炊事班裡北大的女生先後有：徐靜芳、柯小秋（已故）、胡瑞芳、吳瑞馨、劉和平。她們的工作非常辛苦，每天想辦法給我們做出可口的飯菜。早上四五點就要起床熬粥、蒸饅頭。這次行軍對她們來說更辛苦，不僅要扛行李，還要背上炊具，如大鍋、盆等。一到臨時休息點，我們休息了，炊事班忙著在路旁架起鍋灶，緊張地做飯，如果慢了，大家來不及吃飯，就要餓著肚子，繼續出發行軍了。

炊事班吳瑞馨對此深有體會，她在回憶錄中說：「所謂兵馬未動、糧草先行，大部隊出發後，我們要洗刷炊具整理行裝，而且必須要趕在大部隊之前到達目的地，忙著挖灶、淘米、洗菜、起火，燒好全連的飯菜。我們炊事班總是要比別人走得晚，而又要比別人到得早，一路上緊緊張張，不能休息。

我本來就胖，除了行李，還背著一口行軍鍋，腳上打了很多泡，晚上用針挑了，第二天咬著牙，繼續前進。一天幾十里，甚至一百多里，二十多天走了八九百里，吃盡了苦頭，我居然走下來了。現在想想，我還挺『佩服』自己的。最讓我感動的是：有一次，當我們炊事班超過正在休息的大部隊時，大家熱烈鼓起掌來，我很不好意思，但內心真的十分激動。這一段記憶也成了我以後克服困難的精神力量。」

⊙ 2015 年春在揚州

經過 21 天的艱苦拉練，帶著臉上像爛蘋果樣的凍瘡和雙腳的血泡，2 月 25 日我們終於回到了營房。看到留守在家歡迎我們的戰友時，許多人情不自禁地流下了眼淚。拄棍前進的人，再也邁不動步子，滿臉熱淚，無聲地倒在了地上……

在 6377 部隊插花廟農場的一年，是不平常的一年。發生了許多事，經歷了許多事，也吃了很多苦。這一年，在我們生命的長卷中寫下了重重的一筆，留下了難忘的、不可磨滅的記憶，也深深地烙上了歷史的印記。我們經受住了一年近乎殘酷的「勞動改造」的考驗，我們以頑強的鬥志度過了這艱難的歲月。實踐證明我們北大人，我們女生「特種兵」的堅強勇敢、和諧友愛、團結協作、永不言敗的精神！

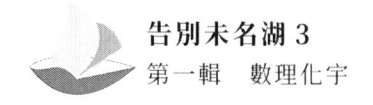

1971年3月，接到上級命令，我們被分配了。清華的分到工廠，北大的幾乎全部分到了教育系統，做了中學老師。我被分配到安徽省淮南市孔集第十七中學。這個學校在淮南市的孔集煤礦，在淮南最西面的一個小山上，人們稱作「淮南的西伯利亞」。

我們84分隊的「特種兵」女生，在教育崗位上，不論在哪類學校裡教書，都是嘔心瀝血，兢兢業業，努力教書育人。雖說我們這輩子沒有實現入大學時的夢想，但也無愧於自己所從事的教育事業。

在北大7年多的日子，是我一生中美好的記憶，我為自己曾經是北大學子而感到自豪！我為我們在極其平凡的工作崗位上沒有給母校丟臉而感到欣慰。

⊙ 1963年入學時

蘇慧，1957年9月-1963年7月就讀北京師範大學女附中（後改名實驗中學）。1963年9月-1970年3月就學北京大學物理系。1970年3月—1971年3月在安徽阜陽插花廟6377部隊勞動鍛鍊。1971年3月-1978年9月在安徽淮南市第十七中學任教。1978年9月-2000年7月在揚州教師進修學校任教（後與揚州師範學校合併，現在又並到職業大學）。2000年9月-2009年7月在北京市朝陽外國語學校任教。2009年7月退休。

那年，「畢業」了

章青

　　1963年8月，連日的暴雨給共和國帶來了巨大的災難！洪水同時沖垮了京廣和京浦兩條鐵路線。這時，我懷揣著北京大學錄取通知書，身背行李，用了7天時間從江蘇繞道煙台，由海上到塘沽，然後乘火車到達永定門車站。與清華、地質學院、礦業學院、鋼鐵學院、航空學院等大學大張旗鼓迎接新生不同，我只在人群中看到手持二尺來長的小三角旗的工人，旗上印著「北京大學」四個字，這讓我留下北大低調務實的印象。

　　碧空如洗，空氣清新，寧靜的燕園，秀麗的未名湖，寬大的閱覽室，館藏豐富的圖書館，現代化的實驗室，明亮的教室，這就是我將要在此度過6年光陰的地方。在校期間，除了上課學習外，我們還有很多的活動：在部隊受過訓，在農村幹過活，在工廠流過汗，參加了「四清」（農村社會主義教育運動），瞭解了農村的所謂「階級鬥爭」。那時，村幹部也就是多吃多占點，與現在所反的貪腐相比，似乎不值一提了。

　　「文化大革命」開始了，校園裡鋪天蓋地的大字報，讓我們面對很多新的問題。學生宿舍門口放張桌子，開展大辯論，讓我感到北大人思想活躍，不受禁錮，包容共存。「文革」初期的躁動、輕浮隨時間的流逝而淡去。在校已經六年多，復課無信，畢業無期，不知以後怎麼辦。有一個小插曲，那會我們被安排在校儀器廠勞動，31齋樓上一窗戶伸出一個棍子，上面懸掛一個藥壺，正在我們每天必經路的上空。有人說，誰用石頭把這個倒霉的東西砸了，我們就該畢業了。於是每次經過這裡都扔一塊石頭，連著幾天沒有人能擊中它。有一天大家剛走過去，走在後面姓黃的同學碰巧打中了，大家立即一窩蜂地跑過來把他抬起來顛，「畢業了！畢業了！」大家的興奮勁真不亞於奧運會拿了金牌！這就是當時的心態。

　　1970年初，校園的大喇叭傳出刺耳的聲音：「我們不要封資修的畢業證書！」「我們到工農兵群眾中去拿真正的畢業證書！」我們年級三班的一位姓吳的同學說：「什麼？畢業啦？我們還沒讀完吶！」「我們一定還會回來

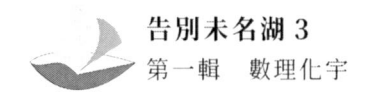

的！」果然，「文革」結束後，北大1963、1964、1965三級理科生又「回爐」了。40年後，我又見到老吳，我對他說：「都讓你說準了。」

終於到了離開未名湖的時刻了，那是1970年3月初，我們北大加上清華的少數學生共280多人，被發往安徽6377部隊農場勞動。

北京站廣場的喇叭中播放著那首著名的詩詞《送瘟神》：「借問瘟君欲何往？紙船明燭照天燒。」那也許就是當局對這些學生的真實看法。

⊙ 1963年入學時

我們坐火車到了蚌埠，休息一夜。第二天乘無篷卡車上路。車上一股異味，細看，原來是運豬的卡車，還有未清理過的豬糞。春寒料峭，淮北平原極冷，一路上衣服擋不住冷風，透心涼。沿路一片荒涼，灰禿禿的不見綠，毫無生機。

到了駐地已是黃昏。駐地東面有三排房子是給學生連的三個排住的，最後一排給連部用。西面有一個巨大的開放式廁所和豬圈。從散發出的氣味能知道夥房最近吃些什麼。有一陣兒，連著幾天吃洋蔥，滿營區上空飄的都是洋蔥味。北面是夥房、庫房，南面一排房子住10來個軍人。房子是土牆，房間裡地上放幾塊木板搭的床。房前自己動手挖一個直徑有一公尺多的水井，

作為生活用水。這個地方是一個乾涸的湖底，周邊十幾里地無人煙，讓人想起了監獄。

連長和排長是軍人。連長上身長下身短，肩寬腰粗，走起路來從後面看去只見臀部左右搖動，講起話來，口水飛揚，兩眼發光，讓人想起了田鼠。他有一段話讓人記憶猶新。他說，你們現在看不到什麼，等到了午收（淮北人稱夏天收麥子為午收），這裡的麥子長得狼尾巴似的。此人是蕭縣人。蕭縣是安徽「學大寨」的樣板，等到午收，一畝地也就收幾十斤麥子。他的描述讓我覺得奇怪，難道蕭縣的狼像老鼠一樣大嗎？

收麥子時，所有的人一字排開，每人6行。天空萬里無雲，驕陽似火，皮膚烤得疼，汗水不停地流，腰背痠痛。我割著割著發現右邊的人跑到前面去了，而我割成了8行。接著左邊的人也到前面去了，我又多出2行，變成10行了。抬頭一看，那兩人在最前面，而我身後不遠的地方，同年級的金同學也和我一樣，在認真地對付10行麥子。而他身小體弱，且有精神方面的毛病。連長看到後批評他，我不服，說了幾句真實情況，沒想到被此公記在心中，最後在離開農場時給我們倆都穿了小鞋。

那時，我們都是二十三四歲的青年，有人開始談戀愛了。一次集合，此公在隊前諷刺說：你們中有人追女生是癩蛤蟆想吃天鵝肉！後來，他卻把也在這個農場勞動的女生弄到手。這才是吃了天鵝肉的癩蛤蟆。後來，他轉業當了獄警。造化弄人，40年後，我又見到被他說成「癩蛤蟆」的同學，他成了安徽省司法廳的主管，他告訴我，這個連長眼裡再也放不出光了。

農場夜裡是要輪流站崗放哨的，一小時一換。最好的班次是第一班和最後一班，不耽誤睡覺，中間是最不好的。排班次時，連、排長法眼看中的經常是好班次。而我常被排在0到3點的時段。

農場常在夜裡緊急集合。累了一天正睡得香，一聽集合哨就得馬上從夢中驚醒，收拾好背包，裝備齊全地整隊出發，弄得那位姓金的同學精神病都快發作了，常常晚上不睡，拿好背包，坐等集合。集合到底幹什麼？沒有人知道。許多次是拉出去，跑一圈回來，說是提高警惕，隨時準備打仗。

告別未名湖 3

第一輯 數理化宇

有一次，午收時每天十幾個小時的超強勞動已讓人累得筋疲力盡，剛入睡就緊急集合。跑了十幾里路到了團部，原來是看電影。由於幾個分隊跑電影，電影還沒有到，大家放下背包就睡著了。等到放電影時，銀幕上革命樣板戲高亢激昂，下面卻是一片鼾聲如雷。

最艱苦的一次是1971年初，天寒地凍，學生們背著背包，在雨、雪中行軍。每天少則七八十里，多則上百里，沿著淮海戰場的蹤跡走。我們衣服早已濕透，臉上分不清是汗水還是雨水，有時地上滿是泥漿。許多人腳上磨出血泡，拄著樹棍，一步一跳，一步一滑。到了宿營地，倒頭就睡，濕衣服都沒有力氣烤，第二天穿上濕衣服接著走。20多天後，才回到農場。當見到留守的病號同學時，許多人再也邁不動步子，抱住他們流下難以名狀的眼淚，就如同當年紅軍長征走過雪山草地，到了吳起鎮和當地紅軍會師一樣。

在農場一年多，我至今都不明白達到了什麼目的，取得什麼成績。有一天，天不好幹不了活，大家在房間裡「鬥私批修」。有一個小士兵在我房門前徘徊。我問他有什麼事，他說找人，但是又說不出找誰。我就和他聊起來，聊了一會兒，他告訴我說：「我來了兩年多了，當時不知道當兵是來種地的。要知道當兵是來種地，就讓我爸來了，他比我種地種得好。」

我身體不好，胃病很嚴重。農場超高強度的勞動和艱苦條件，讓我的胃多次大出血。一次我住在衛生隊，休息了幾天就回到連隊。一次住在阜陽師衛生院，條件也差，休息20天又回連隊。在衛生院，一群十三四歲的小兵擔當護理員，都是後門兵。有一小兵把一個軍醫的半導體收音機弄得不響了，正不知所措時，我見了，幫他弄好了。那時半導體收音機算是奢侈品了。這下整個衛生院都傳開了，來了一個會修收音機的大學生。那幾天我也受到特別關照，伙食都比平時好，每天飯桌上都見到肉。

最後一次是1971年2月，寒冬臘月，冰天雪地，我孤身一人拖著虛弱的身子，胃還在出血，從阜陽到蚌埠，用了一天時間，住進123醫院。那是春節前兩天，手術安排在春節後的年初四。窗外天色漸漸亮了。今天要給我做胃切除手術。我躺在病床上，儘管房間裡有暖氣，但我仍然冷得發抖。前一天晚上給我洗胃，一管又一管冰冷的生理鹽水灌進胃中，然後再抽出來，

我如同掉進冰洞裡一樣，渾身冷得不停地發抖，牙齒在打架，身上蓋著棉被卻絲毫沒有熱氣。幾天禁食，我身體一天比一天差。總算熬到了手術這一天。

上午8點進手術室，做完術前準備，醫生告訴我，給我用最新技術──「耳針麻醉」，一點也不會疼。當耳朵接上電極，打開針麻儀開關，我只覺得「轟」的一下，強烈的刺激讓整個腦袋都大了。沒等我反應過來，刀已劃開了我的肚子。給我主刀的醫生姓黃，是個個子不高的胖子。指導女醫生姓陳，很壯，是第一軍醫大學的老師，她在韓戰時經歷過戰火的考驗，有戰地行醫的經驗。

整個手術過程，我就這樣無助地躺著，清楚地知道每個動作。當腹腔打開後，也不知是開口稍小還是黃軍醫手胖，操作不方便，只聽黃軍醫說要用刀把切口擴大一些。陳軍醫說，不用，說完用手就把切口撕大了，還說在戰場上要學會搶時間。手術到下午2點多結束。關好腹腔後，醫生用繃帶纏緊我的腰腹部，防止刀口開裂。出了手術室，我在門口看見84分隊的女生戴玉寶，是清華的，也在這裡住院，原本打算今天上午回農場，但留下來看到我活著從手術室出來才回去。我很感謝她。

回到搶救室，我就昏睡過去，醒來時，護士告訴我，已是第三天凌晨。而原本圍得緊緊的繃帶鬆開了，像褲子一樣脫下來。

轉到普通病房後，來了一個報社的記者採訪我，說：「這個耳麻成功用在農村婦女結紮手術上。但那是強制的，嗷嗷叫，效果並不好，據我們所知，你用耳針麻醉來手術效果很好。整個過程你一直沒有喊，是不是不覺得疼？」我說：「疼，非常疼。」他問：「那你為什麼不喊疼？」我說：「喊有什麼用嗎？古人有刮骨療毒的，我比不了，但我知道，喊會讓腹壓加大，可能讓腸子流出來，是我自己遭罪，只有忍。」之後，我沒見醫院再用耳麻了。

⊙ 2014 年於北京蟒山公園

　　我還在醫院躺著，在我不在場的情況下，我被分配了，方案是最差最苦的農村，這方案遭到有良心的同學們譴責而改為淮南孔集煤礦，那是山區。這讓我感到權力在某些人手中是那樣任性，和用運豬的卡車把我們拉到農場一樣，那些人享受著權力帶來的快感，而我們受著屈辱，無助又無奈。

　　我們這些被稱為「老五屆」的學生，都有著一段奇特的人生經歷。他們本應在人生最佳的黃金時期為國家作貢獻，但卻被「勞其筋骨，餓其體膚」，「天」卻不「降大任於斯」。誰也說不清為什麼！原本他們的工作、事業和生活都不該是這樣的，而現在一切都變了。他們無法主宰自己，都在為工作、為生活掙扎、奮進。好在隨著北大1963、1964、1965三級理科生的「回爐」，許多人命運發生了變化……

　　離開未名湖已經40多年了，在未名湖畔生活的7年多，留給我的是揮之不去的記憶，是永在心中的北大精神。忘不了當年大書包、布碗袋隨身帶，宿舍、餐廳、教室、閱覽室、實驗樓團團轉，忘不了燕園的成蔭綠樹，忘不了「松擁未名迎朝陽，塔伴石舫送晚霞」，還有那紅湖北面後湖中的芡實、睡蓮、戲水的魚蝦……

　　章青，1963年9月從揚州考入北京大學物理系。1970年3月-1971年3月，畢業分配到安徽阜陽插花廟6377部隊農場勞動鍛鍊。1971年3月-1977年7月，在安徽淮南市第十七中學任教。1977年7月調回江蘇省揚州市工作，先後在揚州醫學院、揚州科技幹部學院任教。2005年退休。

我的平凡經歷

胡瑞芳

我於1963年考入北大化學系，1970年3月，與1964、1965級的學弟、學妹一起被發配到安徽接受工農兵「再教育」，告別了6年半的北大生活。

部隊農場勞動

我們北大、清華的200多人乘火車到蚌埠，軍隊派人接站，然後轉乘大卡車到了安徽阜陽地區的插花鎮6377部隊團部營地（安徽勞動大學的原址），開始了為期一年的部隊農場生活。我所在的84分隊是男女混合連，住在團部附近。

我在炊事班幹了半年，最初炊事班就四個人，班長是清華的一個男生，其他三人是柯小秋、劉和平和我。另外有司務長，是北大女生徐靜芳，司務員北大男生吳文炎。開始時有士兵帶我們，負責全連的伙食供給。在當時物資不足的年代，我們連隊自己種菜，養豬。司務長、司務員經常步行來回20里地，到插花鎮去購買糧食、蔬菜、豬肉，挑回連隊。特別是過節，買的東西多，就派連隊的男生出公差，幫著用車把東西拉回來。

我雖是生在上海、長在蘇州的姑娘，在連隊居然和男生一樣扛過180斤的黃豆麻袋包，也獨自挑起130斤的菜行走在田埂上。每天的伙食是：早餐，稀飯、大饅頭、醬菜；晚上，稀飯、大饅頭或花捲，炒菜，有時改善伙食會做包子；中午，米飯、一點帶肉菜、素菜，改善伙食時有肉類如紅燒肉等。這在當時應該說還算是可以的，否則戰友們也幹不了強體力活。早上做稀飯，我們炊事班四人輪流早起，四五點起床開始做。

我也學會了發麵、做饅頭，包包子等。後來人大、政法學院等北京六所院校的畢業生加入我們的隊伍，連隊人員增加，炊事班也添了幾人。因為太勞累，睏乏得很，常常是看著電影，眼睛睜不開，就睡著了。等放完電影，被喧鬧聲吵醒，解散後回炊事班。電影裡放些什麼，基本上不知道。

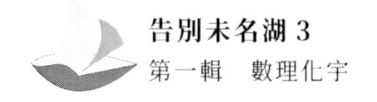

印象深的是有一次，我在灶台隔壁做事，聽到灶台間的尖叫聲，迅速跑過去一看，油鍋起火，我立即抄起大鍋蓋，往鍋上扣了下去。一會兒火滅了，只剩下一縷白煙。當時沒有多想，也許是我學化學的，知道燃燒要有空氣，隔絕空氣就不能繼續燃燒的「本能反應」。一場驚險化險為夷了，我只有前額的頭髮被火燎焦了幾根。

後來我被調離了炊事班，到了二班。我下到二班後，正趕上收黃豆的季節。10月的淮北大地，早晚的天氣已有一絲寒氣。農場地多、人少，收黃豆任務很重。白天連續做，甚至晚上挑燈做。蹲著割黃豆，累了，跪著割。收了黃豆，運到場上晒，收黃豆粒子。為了幹活不落在別人後面，我不敢多穿衣服，穿多了幹活出汗，兩腿就邁不開。這段勞動時間很長，收完黃豆後，我就感到膝蓋疼痛，經檢查為關節炎，衛生員為我扎針治療。

隆冬時節，我們參與了地方的水利建設。目標是要變小溪成大渠。在寒風凜冽的淮北平原，我們一鏟一鏟地挖土，一筐一筐地抬走，勞動強度很大。難的是挖著挖著就出水了，即使穿半筒膠鞋都不行。只好赤腳踏入冰冷的水中，冰水刺骨鑽心難忍。慶幸的是我沒遇上經期，但是腳下的受寒加重了我膝關節的炎症。

晚上營房周圍要安排站崗巡邏，保衛連隊安全。每晚安排 3-4 個班，每班一人。特別難受的是大冬天，半夜被人從睡夢中叫醒，眼睛還沒睜開，迷迷糊糊就起來接班，又冷又困。後來部隊發生放映隊兇殺案，我們女生一個人值班，膽顫心驚。不是怕死人，是擔心兇手躲在暗處，不知什麼時候會冒出來，會對自己下手。有一天，在寒冷寂靜的夜晚，我聽到了『嚓、嚓』響聲，走近後才發現原來是豬圈裡豬拱草發出的聲音。後來連隊考慮女生的安全，改為兩個人同值一班，但值班的次數增多了。

連隊還組織我們到駐地附近的居民那裡走訪。當時安徽淮北的農村很貧窮，居民鍋裡煮的是山芋，下面燒的也是山芋乾（當地柴火不足），屋裡煙嗆得很。看到居民的生活，我們感到自己在連隊吃的算是夠好的了。

在連隊，我們經過了多次緊急集合、短途行軍。我在北大時，曾在大一暑假到河北軍隊連隊當兵一個月，學習連隊政治思想工作。大二寒假到北京

昌平部隊接受訓練，學習射擊、爆破、進攻等軍事技術，我是為數不多的女生；回校後在操場作彙報表演，我是上場的唯一女生。所以我對緊急集合等要比一般女生適應性強。

1971年2月，我們隨軍隊連隊一起參加了20多天的野營行軍。我們背著行李（我們的被子不如士兵的輕便），背包；炊事班還要背上炊具，如大鍋、鏟、盆等，他們更辛苦。一到中午臨時休息點，我們休息了，炊事班忙著在路旁架起鍋灶，緊張地做飯。由於學生連缺乏野外做飯的經驗，燒飯速度比士兵連隊慢，常常是剛端起飯碗吃飯，部隊就要走了，不得已邊走邊吃。我養成了快速吃飯的習慣。

一次，我們一天一夜走了150里路，又遇到下雨，到休息地時全身都濕透了。連續的趕路，讓很多戰友腳上起了泡。腳打泡還好辦，用針穿破，針尾穿根頭髮，水出來了就好了。最難受的是腳扭了，一瘸一拐的，有的就拄著棍子走。我的腳扭了，但堅持沒拄拐杖。宣傳隊員一路宣傳鼓動。在「下定決心，不怕犧牲」的口號鼓舞下，大家堅持著，沒有一個人落下。我因為受寒、連續走路，關節炎加重，晚上疼得不能入睡。衛生員為我扎了針，以緩解病痛。

我在部隊農場84分隊任團支部宣傳委員，負責文藝宣傳隊的工作。在宣傳隊，開始我們唱樣板戲《紅燈記》等片段，演出的效果顯示了我們這些「學生兵」中潛在的能量。收豆子大忙結束後，營部指示84分隊和82分隊抽人組建宣傳隊，排練京劇《智取威虎山》全劇。既在連隊演出，又給駐地老百姓演，加強軍民聯繫。

在劇組，我被稱為「政委」，我還跑龍套，當群演上場一回。也是「趕鴨子上架」，我還學了一點打擊樂，在主要司鼓上場時應付打鼓等。經過一個多月緊張排練，我們終於排成《智取威虎山》全劇。有的同伴嗓子累壞了，引起了扁桃腺發炎，還堅持排練。從排練到演出，還有服裝、道具、布景的準備，我們都因陋就簡，就地取材。劇中人物李勇奇穿的坎肩是從營部找來水泥袋做的，上面黏點棉花。

1971年2月，部隊野營行軍。我們每到一地，顧不上長途行軍的疲勞，《智》劇組就給當地居民演出全劇。高峰威武高大，出演楊子榮，形象英武，唱腔洪亮，一聲「穿林海……」，唱得觀眾為之一震；鮑壽柏扮演軍隊參謀長，充滿激情，聲音高亢；演反派人物的劉葉根把座山雕醜陋、陰險的一面演得維妙維肖；演士兵的體院李炳翰、李介庚的連續兩次空翻，讓人震撼。同學們的表演、唱腔、布景、音樂，都給居民留下了深刻印象，從而也改變了部隊高層、士兵、居民對這些「臭老九」、學生兵的看法。部隊高層曾對我們說，「老九不能走」。（劇中一句台詞）

一年光陰在人生的旅途中是短暫的，但那一年的艱苦、艱難，終生難忘，也錘煉了我們的意志。

普通中學教師

一年的「再教育」勞動結束後，我被分到了淮南市教育局，教育局又把我分到西部礦區的新辦國中當教師。學校位於礦區家屬區旁的半山坡上。開始時學校沒有餐廳，要走20分鐘的路到礦工餐廳就餐。後來學校建了餐廳，有一人燒飯，經常是辣椒炒馬鈴薯。夏天學校因地勢較高，沒有水，要等到半夜時到地勢相對較低的礦區家屬區去接水。

由於學校初辦，只有一年級學生，雖然我是學化學的，校方卻讓我教數學，兼教工業基礎，其中有製圖的內容。我一邊自學，一邊教學生。學生升到初三時，我才幹起了本行，教化學。在「文化大革命」動亂的年代，讀書無用，學生不願上課。我就經常到附近家屬區和山南邊的農村學生家訪問。

後來我成了家，有了第一個孩子。當時我先生和我不在同一地區，交通又不方便，我的工作和生活都遇到不少困難。平時我只能自己帶孩子。上班時間，學校找了一名家屬，幫助照看幾個老師的寶寶。在同事及他們家屬的關心和幫助下，我渡過了難關，完成了教學任務。

1975年初，我調到了我先生所在地區的淮南市一中。不久我將孩子送到老家蘇州，由我母親幫助照看，我便全身心投入教學工作，教化學，當班導，

當年級主任。夏天領著學生到農村割麥子，拉板車。學生們身上有多少汗，我比他們還要多。

因為他們還小，處在發育階段，不能讓他們累壞了。在「交白卷」可以成為英雄的年代，有的學生受影響，調皮搗蛋，不好好上課。為教育這樣的學生，我做了多少工作，我都記不清了。我還做過住地社區的校外居民委員會的輔導老師。很多人都知道我是一中的教師。

1978年我到北大進修，就此離開了淮南。2007年我帶過的學生國中畢業30週年之際，學生邀請我回淮南參加聚會，開車專程來接我。我與他們一起參觀了淮南八公山的淮南王劉安遺址。他們還派一個學生陪跟我回合肥，把我送到安徽醫科大學校門口。

這次聚會，學生們從海外，從上海，從寧波等地趕來，共敘當年的點點滴滴，其中也包括我對他們的影響。有學生告訴我，這次聚會，是參加人數最多的一次。看到當年的學生，現在有的成了大學的教授、國外大學的終身教授、醫院的主任醫師、中學的高級教師、幼稚園的優秀老師、海事航道管理的總工程師、銀行的支行長、部門經理，還有公安刑警與民警，自籌公司的老闆，等等，當年的調皮王而今走上了正道⋯⋯作為他們曾經的老師，我感到欣慰。看到或聽到來自學生的微信、電子郵件、電話、手機簡訊的問候，我感到作為教師的無上榮光。

艱苦學習之路

對於今天的學生來說，從小學到中學，再考大學，讀研究生一路走來，可謂一帆風順。

然而對我們來說，道路並不平坦。大學三年級，才上了一學期課，我們就被趕到農村或農場搞「四清」；1966年6月「文化大革命」開始，又把我們拉回來參加運動。我們就這樣被徹底中斷了在北大的學習，打破了當研究生的夢想。粉碎「四人幫」後，國家撥亂反正。1978年終於有一天傳來了恢復高考、考研究生的好消息，以後又有考回母校「回爐」（進修）班的消息。

聽到好消息，我很興奮。但此時我已身懷六甲，考研究生的日期正趕上預產期。放棄？我不甘心。於是我毅然報了曾感興趣、自學過一點的量子化學專業的研究生。帶著一天天增加的負荷，晚上堅持看書；走在路上，也是邊走邊背英語單字。就這樣我如期走進了考場。腹中的寶寶體諒我的心，推遲了出世。考試結束第五天，小寶寶降生了。然而因專業基礎考得不理想，我未被錄取。這次權當是考試練兵了。

考進修班的日期是在我產後不久。母親說，女人月子中不能看書，眼睛要壞的，經常在旁邊督促我。進修班的考試地點在省會合肥。滿月後十幾天，7月初，我由先生陪同，帶著小寶寶坐火車到合肥，借宿在他的朋友家。他看孩子。我進了考場，完成了三門課（無機化學、分析化學、高等數學）的考試。

考試結果：化學系160人報名，錄取了40人，我是其中之一。考試通過了，父母和先生都支持我回北大繼續求學。父母把剛過百日的嬰兒帶回老家蘇州，在幾個妹妹的幫助下，人工餵養了這個孩子。半年後我把5歲的大孩子帶到北京，由年邁的公婆照看。

重回北大，我如飢似渴地學習，利用一切時間努力學習專業課，也閱讀了很多中外名著，提高自己的文學修養。一個月內體重掉了6斤，還第一次嘗到了做胃鏡的滋味。一年後我考取了蘇州大學（原江蘇師範學院）化學系有機化學專業的研究生，師從陳克潛教授。陳老師治學嚴謹的作風影響了我。我老老實實做人，踏踏實實做事。

在蘇州求學期間，我的兩個孩子都在蘇州，週日我才能回去看看他們。有一年冬天流感嚴重，年底大孩子發燒，得帶她到醫院看病；年初小女兒也發燒，又得去醫院。幸虧是寒假期間，化學實驗室因安全問題封門，不能進行實驗，我便回家照看著孩子。

有一次，實驗中需要的危險藥品一時運不到蘇州，需要等很長時間。我做實驗等不及，只好自己去上海買。藥品還不能帶上汽車或火車。一位會騎摩托車的同學帶著我，從蘇州赴上海郊區的一家化工廠購買。大冬天，我穿著棉大衣，坐在同學的摩托車後座上，保護著「危險品」返回蘇州。我終於

順利地完成了後續實驗,並完成了構、效的線性關係計算及論文。1981 年底我順利畢業,1982 年獲得了理學碩士學位。

醫科大學任教

⊙ 2014 年 11 月攝於合肥非物質文化遺產園

由於「文革」,大學教師青黃不接。1981 年底,我作為引進人才,到了安徽醫學院(現安徽醫科大學)化學教研室當教師。25 年的大學教師生涯,從教師、講師到副教授,我在業務上發揮了應有的作用;尤其是當了 8 年的科室副主任、8 年的主任及黨支部書記,可以說是盡職盡責了。

我還被推為幾屆教代會執委,參與學校的發展、建設,黨風廉政建設,職工生活福利等多項工作。在業餘時間裡,我較早地參加了教師的電腦培訓,能夠靈活運用多媒體教學和辦公的電子化。參加了兩期英語「四會」班學習,其中一期由外籍教師任教;參加過日語班的學習,不斷提高各方面的能力。學校大發展過程中,新增了很多專業,對化學的課程要求由原來的基礎化學、有機化學兩門,增加到與綜合性大學化學系一樣的無機、有機、分析、物理化學四門課。

對於物理化學從理論教材到實驗教材的編寫,實驗儀器的購置及實驗的進行,我付出了很多。在我和我的同事們的共同努力下,我們順利地完善了新課程的教學。我們新增專業的學生,有的還考取了全國重點藥學等大學的碩士研究生。

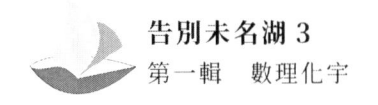

2006 年 7 月，我從教師的崗位上退休。每次回合肥，我會到學校走走看看，對學校高層、有關部門、原科室，就教學、學校的發展等提一些建設性意見。有同事曾對我說：胡老師，你姓「胡」，但做事不「糊弄」。這大概就是我吧！

去年我去醫院看望因患阿茲海默症而失憶的一位老朋友，他已記不清我的名字，但清楚地告訴照顧他的阿姨，說我是北大（畢業）的。作為一個北大人，我很平平，沒有輝煌的業績，最多也就是個優秀教師。但我曾經不斷進取，為社會、為教育盡心盡力了……

胡瑞芳，女，安徽醫科大學副教授，中共黨員。江蘇蘇州人，1946 年 5 月生。1963 年 9 月考入北大化學系。1970 年 3 月 -1971 年 3 月在安徽阜陽 6377 部隊勞動。1971 年 4 月 -1975 年 2 月任安徽淮南市二十中教師。1975 年 2 月 -1978 年 9 月任安徽淮南市一中教師。1978 年 9 月 -1979 年 9 月在北京大學化學系「回爐」（進修）。1979 年 9 月 -1981 年 12 月為蘇州大學化學系研究生。1981 年 12 月起，在安徽醫科大學歷任講師、副教授，科室副主任、主任。2006 年 7 月退休。

「洋插隊」的經歷和見聞

劉萊莉

我於 1963 年進入北大化學系。告別未名湖後，也經歷了曲折的、接受再教育的過程。改革開放後，我有幸考回北大念碩士，1981 年畢業。同年，赴美國聖路易斯市，改行入醫學院，念生物細胞學博士班。退休前，在一生化製藥廠供職。現在，我是一名快樂的老奶奶。期盼借用《告別未名湖》這塊寶地，與你分享我在海外的點滴經歷、感受與見聞。

美國的窮學生

在華盛頓大學聖路易斯分校念書時，先生與我每月共 450 美金的獎學金。這筆錢要用來支付房租、水費、電費，供養一個上小學的兒子，還要維持一輛「老牛破車」能跑，經濟上的窘迫可想而知。我們自然與黑人弟兄打成一片，同吃，同住。我們與他們同在一家便利商店購買從大超市撤下來的過期麵包，同去一個小菜市場從發黑的香蕉堆裡擇選還能入口的「好」香蕉。我們也像他們一樣，趴在地上幫汽車換機油；像他們一樣，逛跳蚤市場，「Garage Sale」。

一日，在「Audie」買食品，看到「處於水深火熱」的黑人兄弟，個個喜笑顏開，推著裝得滿滿的一車貨去算帳；再看看自己車底中躺著的幾盒雞蛋、幾隻雞、幾捲衛生紙，我對先生說：「瞧瞧人家，多有錢！能買那麼多的東西。」先生眼裡閃著些許嫉羨，但嘴上卻說：「我們是用血汗錢來付帳，他們用的是什麼？是食物券，不是錢！」我心想：「管它是什麼呢，我要是有能力，想吃什麼就買什麼，那該有多好！」

先生畢業前，有機會去加州開學術會，我與兒子同行。我們住在一所大學，吃住全包。兒子每日三餐都吃到撐，真像是八輩子也沒吃過飽飯似的。也難怪，兒子是個正在發育成長的青少年。做母親的我看著他「死撐」，覺得可愛、好笑，但心中酸酸的，飽含歉意。

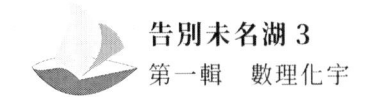

一次去 Kmart 買東西。我在前面推著車,把家裡需要的物品往車裡放,先生跟在後面,把車裡的東西,再一件件放回貨架,嘴裡還嘟囔著:「這些都不是必需品!」我無可奈何地嘆口氣:「真希望有一天,我能來這裡,想買什麼就買什麼,不用眨一下眼!」

一天晚上,我坐在電視機前看電視,赫然見我的名字出現在屏幕上,我忙叫先生過來,有人在那裡宣布,我中獎了!是去一家披薩店領取一個免費的披薩。我們興奮無比——在美國還從來沒有嘗過這種食品。於是全家隆重出動,去了這家披薩店,出示號碼,領取獎品。服務員問我們,是否也買點飲料?我與先生同時搖頭,異口同聲:「No,No!」拿了披薩出門時,不經意回頭,只見店裡的服務員都失望且驚異地目送我們。現在解讀起來,他們都在想:「沒有飲料,這披薩如何吃啊?」「只來拿免費的,連買飲料的錢也不肯掏!」不是不肯掏啊,而是窮得沒法掏!

我們一家三口在貧民區租了一對老人(白人)的二樓住。四間房從北到南一字排開。朝北鄰街的是臥室,開門便是客廳,往後還有一間能住人,再往後,是廁所、浴室,最後朝南的是廚房。冬天,聖路易斯市相當冷。我們把朝北的臥室關閉,將通往廁所、廚房的門都掛上撿來的破毯擋風。記得二樓是地板,與一樓是有空氣交流的。樓下的二位老人怕冷,總是把暖氣開得足足的。熱空氣往上升,我們就沾了光。冬天,我們幾乎不開暖氣,也能撐過去。

一天,樓下的老先生來訪,東張西望。最後他盯著暖氣開關問:「你們怎麼沒開暖氣啊?」我不記得是如何回答的,只記得他囁嚅地說:「難怪我付那麼多的暖氣費,還總燒不熱我的房間。」唉!真是慚愧啊!明擺著的是占人便宜嘛!

老先生的這句話,我一直銘記在心,30 年不能忘。這就是為什麼我現在一定要回饋華盛頓大學,回饋美國人民的善意。按中國人的傳統來講,就是要知恩圖報啊!

在美國當助教

1981年夏天，我到聖路易斯市與先生團聚。開始時，我在一所州立大學讀化學博士。沒有獎學金，靠當TA拿助教費。當助教，業務知識倒難不了我，好歹我也是北大的碩士生，難的是用英文講課。我們這批「文革」中畢業的大學生，有幾個能開口講英文的？但形勢的確嚴峻，上不了課，我就得走人！幸虧天無絕人之路，我教的課是化學實驗課，學生以動手為主。

於是，我用足功夫備課，提前一小時到實驗室，將每次實驗的重點寫在黑板上。一上課，就照板宣讀，宣讀完畢，就讓大家動手做實驗。我怕發生意外，如爆炸、著火等，實驗過程中，就在學生旁邊輕輕地來回走動，密切觀察。發現問題，即時與學生交談，如語言溝通有困難，我則動手示範表演。幾節課下來，學生們很快適應了我的教學方式，竟然無一人埋怨。他們與我配合默契，一帆風順，我的信心也因此大增。

美國學生交了學費來上課，一般是相當認真的。系裡規定：學生要在課堂上將指定的實驗完成，取得數據，回去後再寫出實驗報告。因此，上課時學生們都忙著幹自己的，幾乎不交談。課堂上，除了燒杯、量瓶的碰撞聲，及煤氣燈燃燒的嘶嘶聲外，真的很安靜。一日，我正在看一位學生的操作，突然，一聲刺耳的玻璃破碎聲把我和全室的學生嚇了一跳。我轉身一看，一位胖姑娘臉色慘白，驚慌地看著一地的玻璃碎片。原來是她打碎了一個大燒杯。我沒有問一句話，就去拿了掃帚和裝垃圾的容器，幫她清掃了地面；然後又給了她一個新燒杯。

我輕輕地拍了拍她的後背，示意她繼續做實驗。為了不讓她感受到壓力，我故意離她遠些，讓她放鬆下來，把實驗完成。按系裡規定：學生打碎任何器皿，要照校方制定的價格表進行登記、賠償。我思想鬥爭了一番，決定不按學校的規定辦。那姑娘一臉的惶恐，我除了同情，實在做不出讓她更難過的事。

每週，除了要帶兩次實驗課以外，我還需修改學生的實驗報告，給予評分。我是北大畢業的，頭腦裡對科學的認真和嚴肅性可謂根深蒂固。評判改

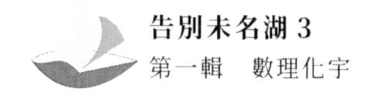

卷時，腦子裡完全沒有「政治、經濟或人事」這根弦。但若要扣分，我一定詳細指出錯處，並給出正確的答案。有一個混血 ABC，母親是臺灣人，父親是老美，與我同時做 TA。他想與我溝通評分標準，並暗示我，到了期末，學生要為我評分，那是關係到飯碗的大事。

誰知我這大陸來的「紅衛兵」（在國內，因出身不好，我還真沒當過紅衛兵），心理上對科學真理與飯碗問題的掛鉤根本搞不懂。與他交談時，出於禮貌，我頻頻點頭。實際上，我並不認同他的想法，覺得在評分上搞鬼，簡直是不道德（給人上綱上線）。因此，我還是自行其道，嚴格要求。對於個別需要幫助的學生，我還會花時間親自輔導。這樣做，我的工作量增加了，加之自己還有一份書要讀，弄得很辛苦，但心裡覺得踏實。

接近期末考試時，班上幾位調皮的男生把我圍住，說說笑笑，告訴我考完後邀請我吃飯。我知道他們是想討好我，要我手下留情。那一刻，全班的學生都看著我，期待著我的回答。無形的壓力讓我心裡很不平靜。我知道學分對他們來講太重要了，但作為一名教師，堅持科學真理和樹人成材的標準也是不可動搖的。我笑嘻嘻地看著他們，耐心地聽著，沒發一言。我不知道當時他們是如何解讀我的。在期末考試中，我依然如故，一絲不苟。可在接下來的假日裡，我開始有了思想負擔：在這人生地不熟的異國他鄉，真丟掉了飯碗，可不是鬧著玩的小事。我忐忑不安地等著開學。

第二學期開學時，祕書通知我，上大課的女教員要我到她的辦公室去。我的心咚咚地跳著，滿懷疑慮地想像著未知的「判決書」。我一進門，那位大塊頭的女教員滿面笑容地迎上來，對我說：「你被評為最受歡迎的 TA！」這對我來講，是未曾預料的，實感驚訝。我瞪大眼，看著老師，一時語塞。萬沒想到，從北大學來的嚴肅科學作風竟然被這些活潑、可愛的美國年輕人認可。我激動不已，雙手緊捧著教科書，壓著我那顆因快樂、滿足而快速跳動的心。真想跑到教室，對所有的學生說聲謝謝：「謝謝你們包容我不同的語言、文化背景；謝謝你們給我一個嶄新的學習成長機會；謝謝你們對我的認真負責給予肯定。」

近 30 年過去了，我從美國中部來到了西部加州。我感受到中西部的風土、人情很不一樣。我那一段當 TA 的快樂經歷，多少與中部人的樸實、可愛分不開。那一群年輕人的寬厚、純真以及在我面前略為羞澀的可親可愛形象，將會永存我的心中。他們是我的福星，讓我在美國這一片希望之地有了一個好的開始。

飲水思源。北大，是我敲開美國大門的敲門磚；而華盛頓大學醫學院這塊金字招牌，使我在美國暢通無阻。我為擁有這兩所母校而驕傲。

實驗室裡的風流韻事

我做博士論文時，師從一位瑞士籍的教授。他小時候隨父母的巧克力工廠遷來美國。在他的實驗室裡，有三個技術員，五個研究生，以及兩位博士後，其中一位是從黎巴嫩來的，叫曼拉絲。這個從中東來的女博士，長相具有白人和中東人的特點，頗有些姿色。但要論她的學問，我則不敢恭維。與她同事三年，她一直是實驗室裡的焦點人物，我有幸近距離觀摩了她的種種表演。

曼拉絲是已婚女子。據說她先生很有錢。她在實驗室裡的主要活動不是搞科學研究、做實驗，大部分時間與精力是用來與實驗室的男人調情，甚至包括我們的老闆。她的言行公開，毫不遮掩。女士們（尤其我）對她厭惡，但無可奈何；有時看著老闆的面子，還得讓她三分。男士們則一有機會就輪流撲上去，討個媚眼，或一陣開心的嬉笑。男士中與她黏得最緊的要算艾利克。要是艾利克在場，其他男士就自覺退到一邊，把戲份讓出來；若老闆在場，艾利克也識相，不與老闆爭風吃醋。

曼拉絲的風流是骨子裡生就的。一次，我與她一道去另一個大樓辦事，在乘電梯的短短幾分鐘，她還向進電梯的男士拋媚眼，根本忘了我的存在。在實驗室，與風騷的曼拉絲形成強烈對比的是我這個中國來的、中規中矩的「東方淑女」（這是一位到實驗室裡來搞研究的男醫生送給我的綽號）。

當年在華大醫學院念書時，我已年過 35，拖著一個小孩，從化學專業轉行到醫學院念細胞生物學，從語言到業務，都得從頭開始。我稀里糊塗地走

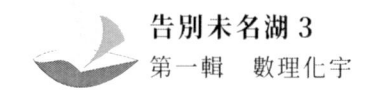

上了一條「難於上青天」的蜀道。我成天十幾個小時泡在實驗室中，埋頭苦幹，累得心力交瘁。我一心一意想著的就是如何將論文完成，如何早日畢業；回家後如何做飯、洗衣、照顧孩子，哪裡還有閒情逸致說笑打鬧。

我的一張臉總是緊繃著，與男士們交談更是分外小心謹慎，唯恐有失「教養、規矩」，而被誤認為是曼拉絲的同類。我想：這就是為什麼他們戲稱我為「東方淑女」的原因。我在實驗室，日復一日，不聲不響，不管閒事，除了做實驗，還是做實驗。人們對我也習慣了，當我是一隱身人。

我老闆的太太也是醫學院的教授，一副學者樣，絕無輕佻之舉。無論學問、為人，都讓我欽佩。那艾利克也是訂了婚的人，未婚妻 Mary 嬌小玲瓏，正在念醫科，言行舉止穩重，讓人覺得可愛。我因厭惡曼拉絲的不學無術、舉止不端，而對教授太太以及 Mary 深抱同情。

一天傍晚，實驗室裡就剩艾利克、曼拉絲和我。他倆當著我的面鑽進老闆的辦公室，關上門，很長時間不出來。稍後，Mary 來實驗室找艾利克，我就朝老闆的辦公室努了努嘴，示意她：「在裡邊呢！」她開門進去了，在裡面也待了好一陣子。隨後，三人大聲說笑著出來，明顯向我表示：「我們好著呢！連 Mary 都沒意見，你有什麼不滿的？關你什麼事！」當時，我真的很難堪，覺得自己同情 Mary 是狗咬老鼠，多管閒事。

本來嘛，每個人有每個人的活法，有不同的道德觀，怎麼可以用自己的準則來衡量他人呢！看來，我這僵化的紅色腦子也該重新灌洗啦！此後，我開始逐漸接納曼拉絲。我告誡自己，雖不認同她的行為，但也不必嫉惡如仇，更不要做什麼「道德警察」。寫到這裡，我想起中國的一句老話「各人自掃門前雪，休管他人瓦上霜」……

時光飛逝，一晃近 30 年過去了。不知曼拉絲現在何方？有孩子了嗎？我知道艾利克已是一位有名的大教授，相信他與 Mary 已有了幸福的小家庭。當年的這些風流韻事他們可曾記得？

鄰居殺人了

當窮學生的時候，我們住在貧民區，「新聞」一級的事件隨時發生。只是先生與我都太忙，每天半夜回家，即便有事發生，我們也沒有機會知曉。

一個星期天，我陪兒子打球回家，剛下車，一位鄰居太太趕過來，抓住我，滿臉莫名的激動，說：「你知道嗎？你隔壁鄰居殺人了！」這消息太讓我震驚，我不得不站住仔細聽，很想知道個原委。

最初認識這個殺人的鄰居，是因為我兒子去他家與他女兒玩，被他家的狗咬了，他把我兒子送回家。我一看，兒子腿上有狗牙的印，有血痕。他再三解釋說他的狗打過狂犬疫苗，但我不放心，仍然要求一起去醫院。看過醫生後，說沒事。從這次打交道後，我們斷斷續續有些聯繫。後來，為了幫助兒子提高英語的說寫能力，我們把兒子送到他家，出錢請他老婆教英語。這樣一來一往，有機會談話，他老婆告訴我們：他們是吉普賽人。但這一家的長相，與普通白人沒多大差別。

話說回來，雞毛蒜皮的事，用不著在乎，可殺人的事就太大了，馬虎不得。最後，林林總總，我們把各方面的消息彙在一起，殺人的事件是這樣的：一天深夜，這家女人聽到屋裡有動靜，把她先生搖醒，他便拿出手槍，出了臥室，走進客廳，看見一個黑影。他喊了一聲，那黑影便奪門而逃，逃到大門口，他放了一槍，將那人擊斃。

因此，直接證據是入侵者死在他房內。按美國的法律，把入侵住宅的陌生人打死在房地產範圍內是屬於正當防衛，不應判罪。但死者的哥哥不幹，他是目擊者。事發當天，他與他弟弟同行，只是沒進屋，在門外接應。

死者的哥哥強調：死者（黑人）還是個未成年人，而且作案未遂，外逃時被擊斃；他覺得開槍者太不人道，完全可以放弟弟一馬，讓他逃走。可鄰居講的也有道理：深更半夜的，我怎麼知道他幾歲，我怎麼知道他不會回頭給我一槍？當然，最後的判決是殺人的鄰居無罪。

這樣有關人命的大號新聞，沸沸揚揚，讓我們這兩個「聾子、瞎子」也受了點刺激，開開眼界。沒過兩天，一切又都煙消雲散。街還是那條街，人

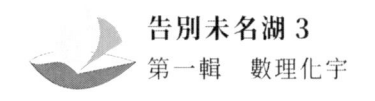

還是那些人。早晨起來，為著生活，各奔東西。晚上歸來，關門閉戶，與家人團聚。不久，那家吉普賽人就搬走了，說是怕黑人來報復。為了兒子的前途，在先生拿到學位後，我們也離開了那個貧民區。

前些年，我去聖路易斯市開會，懷著「回家找鄉情」的期望，特地走訪了我們的舊居。從外表來看，似乎一切如舊，但給人的感覺卻是衰頹、淒涼。因為失落，我幾乎是從那裡匆忙「逃」走的。唉，記憶猶新，情已了卻。難怪人們說：過去只能用來回憶，是這個理啊！

劉萊莉，1963-1970 年為北大化學系學生。1970-1972 年在湖南西湖農場接受軍隊「再教育」。1972-1974 年在河北省張家口下花園電石廠當工人。1975-1978 年在北京石化煉油廠研究所工作。1978-1981 年為北大化學系物化專業碩士研究生。1981-1982 年為美國聖路易斯州立大學化學博士班研究生。1982-1987 年為華盛頓大學細胞生物學博士生。1987-1989 年在舊金山灣區生物化學研究公司 Neurex 做博士後。1989-2000 年在洛杉磯 Amgen 生物化學製藥廠擔任研究員。2000 年退休，在舊金山的矽谷定居。

⊙劉萊莉 1981 年北大碩士答辯後

⊙ 1983 年與兒子文天宇在美國 Louis 市公園

兩次出燕園記

周大晨

我曾經兩次離開燕園，但經歷平平淡淡，乏善可陳。

第一次走出燕園，是 1970 年。那年 3 月，北京下了一場大雪，頂著雪後的凜冽寒風，我和 03632 班的陳家駿、黃蕾乘上南去的列車，經過上海、南昌，最後到達井岡山下的 0484 部隊的武山農場（地處泰和縣境內）。此時的江南，正是雜花生樹、鶯飛草長的春天。剛下車就看見水田裡滿是金黃色的菜花（後來才知道，那是作為綠肥用的），一望無際，真個滿地盡帶黃金甲了。

部隊農場離贛江不遠，與地方的一個農場為鄰，以出產武山烏骨雞著名。我們這次被發落來的 98 名北大畢業生分為三個排，九個班，外加一個炊事班。男生住在一棟二層的灰白色小樓裡，女生住的是幾間平房。我在農場先是當炊事員，後來放鴨子，還看過桃園，當然主要還是種地。當炊事員，大概是因為我當年在房山縣婁子水村勞動時在炊事班做過，放鴨子則因為我當年參加「四清」運動時在豐台區的二台子畜牧場填過兩天鴨子。這些事情大概是陳家駿向指導員說的，他是我們連第一任炊事班長。

陳家駿後來到美國讀博士後，1989 年後經導師介紹，在加拿大的多倫多醫學院任終身教授。以後，他回來了幾次，我們每次都會見面，我還把我們

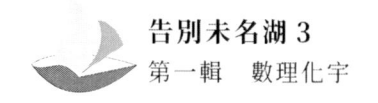

編的《俄英漢石油大詞典》送給他一本，他則以自己種的西洋參回贈。2011年6月4日，他在加拿大多倫多去世。我欲哭無淚，只好盼望他魂兮歸來。

放鴨子是很愜意的事。每天早晨把鴨子放出去，讓它們在水田裡吃食，我則邊看書，邊照應一下鴨群。那時，我借了連隊裡文科同學的幾本書，看了以後，才覺得自己的知識貧乏，我如飢似渴地閱讀著。

鴨舍在女生宿舍後邊，我每天早晚都要去那兒。不少同學叫我「鴨頭」，「鴨頭」與「丫頭」同音，一些男同學也不無羨慕和揶揄的意思。聽著同學酸溜溜的叫聲，我只好用《紅樓夢》裡湘雲的話說：「這鴨頭不是那丫頭，頭上哪有桂花油。」雖然有些女生已經名花有主，但是也有幾朵無主之花，部隊好像並不提倡，但是也不反對正當的戀愛。20個月的農場生活，成功了好幾對鴛鴦。那時候，我的心早已飛回了北國，因為那裡有我的最愛。

在農場期間，最高興的事是晚上和同學躺在草地上臥看牽牛、織女星，說些從天南海北聽到的趣事。也會說些天下大事，位卑未敢忘憂國嘛，當然也會聯想到自己的命運。有些話自然會傳到連隊指導員或排長的耳邊。他們認為我們說的不過是些瘋癲囈語，我們也就坡下驢，佯裝瘋癲。

每逢休息日，我們可以到水庫游泳。記得有一次游泳時，突然變天，濃雲密布，電閃雷鳴。我正在游自由式泳，手臂伸出水面，一個霹靂打來，我的手臂遭到雷擊，嚇得我一下子鑽到水底。

北宋文學家、思想家黃庭堅曾在江西泰和當過縣令，寫過一首膾炙人口的《登快閣》詩，我在假日曾和歷史系的楊遠芳等人登上快閣，也學著寫了一首：

⊙周大晨在游泳的水庫前，1971年攝

七律　登快閣

　　讀黃庭堅《登快閣》詩，今日始得與楊遠芳等校友同遊，回武山後各依黃詩韻賦詩一首。

　　天寒才歇樵農事，快閣初游盼速晴。

　　雪滿荒原泥不起，雲籠古鎮水清明。

　　高歌一曲山谷句，淺酌三杯意氣橫。

　　北眺長安山萬重，江湖路遠與誰盟？

　　遠芳的詩自然比我的好，因為沒有徵得他的同意，不好抄在這裡。吾詩的後二句，絕對沒有政治含義，只不過是對與我相約白頭偕老的戀人的思念，她也是我們0363的同學。

　　0484部隊農場高層對我們比較重視，基本上沒有把我們當作「臭老九」，儘管「再教育」是難免的。根據0484部隊王師長的指示：無論農事多忙，每週都會給我們半天時間學習自己的專業知識。這在全國的軍墾農場裡是絕無僅有的。我們都會利用這寶貴的時間複習功課，喚起我們對於母校的回憶。

告別未名湖 3

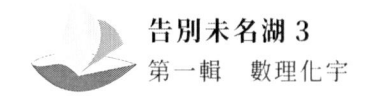

第一輯　數理化宇

　　農場的勞動一般不算太累，只是在「雙搶」（搶收早稻搶插晚稻）時很累。這些情況，吳在慶和申家仁同學在 2013 年出版的《告別未名湖》一書中已經有詳細描述。

　　離開農場以後，我被分到靖安縣（位於江西省西北部的九嶺山區，屬宜春市）的鄉下教書，很快調到河北，在薊縣師範學校的校辦工廠燒水泥。薊縣劃歸天津管轄後不久，我又到了廊坊的地區體育運動委員會，教業餘體校的學生。

　　因為北大人的臭毛病我老是改不了，這裡看不慣，那裡不順眼，又有點自命清高，所以到哪裡都不招人待見。嚴格地說，我們這幾屆畢業生只能算是半成品，在教學改革中還做過「試驗品」。恢復高考後，我又一次考進北大「回爐」，將「文革」打斷未學完的功課學完。

　　這樣算來，我前前後後在北大呆了近 9 年。按有關規定：「回爐」後還要回到原單位工作。我和妻子都是平頭百姓家庭出身，沒有門路，我又不善交際。為了我們的前途，更為了孩子的教育問題，我們倆商量：唯有考研一條路可走。當時的石油勘探院研究生部可以提供我們一間小房，並讓我們的女兒在石油學院附小上學，我們決定報考，結果都被錄取。這是我第二次告別北大，再次走出燕園。

　　我們夫婦的主修都是鑽井液，俗稱泥漿。她研究的是井壁穩定問題，而我是搞油基鑽井液的，後來還研究了泡沫鑽井流體。中國第一口成功的泡沫鑽井流體的配方是我和新疆油田的合作者研究成功的，我沒有能夠參加新疆油田試驗井的鑽井，雖然當時我在新疆（理由不足為外人道）。

　　但是，我參加了二連油田泡沫試驗井的鑽井及室內研究工作。這個項目獲得了國家科技進步二等獎，不幸的是獲獎的工作人員中並沒有我。我妻子也有類似的經歷：她參加了水準井鑽井液及保護油層項目的研究，並到大慶油田現場試驗，取得了成功，而且還因為鑽井工人操作失誤，負了傷。但是說到獲獎，仍然上不去。

那時比較大的科學研究項目，都是很多單位合作完成的，獲獎者首先是所有單位的主管（當然，沒有主管可能什麼事情也幹不成），其次才是科學研究人員，真正輪到科技人員時，名額已經少得可憐了。這些我早就聽人說過，這也許是我不想再留在研究所的一個重要原因。

當然，對於搞科學研究來說，我實在是太老了，早已過了出科學研究成果的最佳年齡。所以，我一心只想教教書，平平穩穩地度過餘生。研究生畢業後，我就留在研究生部教書，希望在教學的同時搞一些力所能及的科學研究。

1985 年，我妻子通過了出國留學考試，在北京外國語學院培訓了一年後，到當時的蘇聯莫斯科石油學院留學。夫人回國後，經原來留蘇的一個副院長推薦，我們合作翻譯了 В.Д.ГОРОДНОВ 的《預防鑽井過程中複雜情況的物理-化學方法》一書（石油工業出版社，1992 年 3 月）。

在此之後，我和夫人又都參加了《俄英漢石油大詞典》的編輯工作。詞典的編輯是為了適應改革開放的大形勢，當時，石油部以及後來的中國石油天然氣總公司與俄羅斯簽署了一些合約，需要一批懂俄語的人才。開始時，我只是普通的編寫人員，後因參加編寫的人員年齡偏大（大多是 50 年代留蘇的），編輯任務又很重，他們在提供了自己專業的詞條後，就不怎麼參加編輯部的工作了，所以就把我這個還能埋頭幹活的人補為編委會成員，並任常務副總編。

那時候，編詞典多在晚上，夜深人靜，正好幹活。記得有一次，已經是夜裡 1 點多鐘，我突然昏厥過去，編詞典用的卡片散落一地。我妻子馬上給我們單位的主管打電話，還請了醫生，又是搶救又是吸氧，我才緩過氣來。經過多年的辛勤工作，詞典於 1997 年 9 月出版。1997 年 8 月石油工業出版社將三校稿送給我看，我寫下了一首七絕：

看《俄英漢石油大詞典》三校稿

多年辛苦不尋常，唯見青絲染白霜。

昨日送來三校稿，洋洋灑灑二千張。

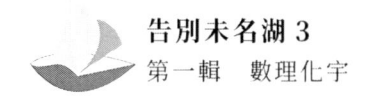

校稿是單面印的，2000多張。詞典很大，16開，有2100多頁，1090萬字，附錄也多。以俄語為主，分別用英語和中文解釋俄語的詞義。俄語共有33個字母，去除不能作為單字第一個字母的3個，我編輯了十多個字母，占正文的三分之一多點。附錄的化學部分也是我編輯的。

　　改革開放以後，想找出版社出書必須要付錢。我的導師和我想要出一本專業書，到處找錢，好不容易找了二三萬，還是不夠。後來找到石油大學的一個老師，請他參加編寫一部分。他不僅能出錢，還能找到石油大學出版社幫助出書。自然，在編著者排名時我在最後，這也是條件之一。我們的書名叫《鑽井液、完井液及保護油氣層技術》，現在我仍然用它作為研究生教學用的參考書。

　　當時的節奏比80年代以前快多了，但是有些活也幹得太粗糙。出版物中錯誤一挑就是一籮筐。《俄英漢石油大詞典》的錯誤很多，我花了半年時間看了兩遍，並改正了其中的錯誤，可惜並沒有人對此感興趣。現在，作者提供的是電子文檔，錯誤就少多了。

　　進入新世紀後，有段時間中國石油天然氣總公司不再撥給教育經費，作為教師每人每年要上交人頭費，這就逼著我們創造收入。2001年12月25日，我寫有一首《虞美人》，記下了當時的窘境：

虞美人　贈教研室諸老師

　　辛巳年，CNPC令教師上交附加「人頭費」二萬元，後改為一萬元。可憐老師一生教書，除薪水及上級所發獎金外，哪來人頭費可交？無奈到處求人，又能掙得幾何？上級又要解散教研室，遂以李後主韻填「虞美人」一首，留贈教研室諸老師。

　　磕頭禮拜何時了，能賺錢多少？官家怒氣化寒風，可嘆書生陷入黑洞中。

　　人心公道依然在，身正何需改？開懷放眼不需愁，大浪淘沙砥柱立中流。

　　書不能好好教了，我們只好去搞油田培訓。匆匆看了兩本項目管理的書，我竟然成為一個項目管理的專家，參加中國石油天然氣股份公司科技項目經

理培訓，為公司培訓了近千名科技項目經理，直到退休。其間，我還根據和我們共同參加培訓工作的外國專家提供的材料編寫了《科技項目管理培訓參考資料》。

退休以後，我應中國石油天然氣股份公司科技管理部門的要求編寫了《科技項目管理》一書。大概是負責這事的管理人員退休了，人一走茶就涼，幾年了，這本書的書稿還放在我的電腦裡，無人問津。

我從小學到中學，到大學，到研究生，上學24年，學化學就有12年，絕不敢說自己是化學專家，參加過一些研究而已。我的教書生涯，斷斷續續，前後有40來年，充其量不過是個老教書匠而已。

教書時，我極力鼓勵同學們在課堂上提問題，大家一起討論。因為是科學研究單位辦的研究生部，招生名額不多，攤到我的科系也就是1到3人，所以課堂討論起來也方便。我經常要求同學不唯上、不唯洋、不唯書，不唯師。

我當然是首先拿自己開刀。《鑽井液、完井液及保護油氣層技術》中有一章講井壁穩定問題，給出了一個上覆岩層壓力的公式。這個公式是一個美國土力學專家提出來的，在我們鑽井專業和鑽井液專業的很多教科書和手冊上都有引用，在有關地層壓力測量的專著中也有引用，一直到現在。把公式寫在黑板上以後，我就讓同學們討論這個公式，說出自己的觀點。大家討論得很熱烈，有的說對，有的說錯，但是，能說出道理的不多。

最後，我用一個簡單的方法證明了這個公式是錯誤的。可惜的是這種錯誤一直延續至今，沒有人改正。專家學者們依然照抄不誤，學生們依然照聽不疑。我的目的是告訴同學們：在自己的肩膀上應該長著自己的腦袋。要想有所發明，有所創造，有所前進，就必須破除迷信，不能盲目崇洋，也不要盲目崇拜專家（更何況現在有的專家實在不敢恭維呢）。只要是人都會犯錯誤，在科學的道路上人們犯錯誤的幾率更大，而成功的幾率並不大。如果你選定了要走科學研究的道路，你必須時刻準備著下地獄。

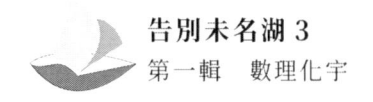

現在，我仍然在教書，除了教幾節課，我用很多時間去搞篆刻，並不是想發表什麼篆刻作品，只是想給同學、朋友刻些印章留念。這次紀念我們進入北大50週年聚會，我給每個報名參加的人都刻了一枚名章，雖然不是篆刻家的作品，但同學們很高興，評價也還可以。詩詞雖然在寫，不過題材限於和老同學的唱和，也有歌頌中國大好河山的，並沒有打算拿去發表。只是游泳，無論春夏秋冬，一直堅持每週一兩次，一次一千多公尺。

我想用我60歲生日時填的一首詞作為本文的結束語。

小梅花　六十大壽有感

琢玉手，教書口，寒窗陋室老未瘦。厭食魚，懶乘車，錐藏鋒斂，自然歸閒疏。耕耘四旬猶嫌少，牛出力來牛吃草。慕高賢，不言錢，敢散千金，重擺平樂筵。

斟滿酒，為吾壽，而後江湖任我走。訪名山，學神仙，布衣麻鞋，四海九州間。誰能盡解此中趣，莫歌劉徹秋風曲。夕陽紅，不老松，離卻邯鄲做個老兒童。

周大晨，1945年生，皖北人（祖籍安徽省徽州，生於渦陽縣）。1963年入北大化學系03633班學習，1970年離開北大到0484部隊農場勞動，輾轉多地後於1978年考入北大「回爐」。1980年考上石油勘探院碩士研究生，畢業後留本院研究生部任教，高級工程師。現已退休10年。

⊙ 2014年在貴州銅仁九龍洞渡口

時世艱難四「跳龍門」

徐振源

　　錢理群教授在《告別未名湖》序言中說：老五屆大學生的經歷是「不可遺忘的歷史」，包括「不可遺忘的苦難記憶」、「不可遺忘的精神堅守」、「不可遺忘的底層體驗」。

　　我們老五屆畢業生是作為垃圾品被掃出大學校園的，最後三屆的分配更是驚人的差，很多人被拋到了社會的最底層，受到了更多的磨難。我在6377部隊農場接受軍隊的再教育和超強度的勞動考驗，在淮北農村感受到社會現實與主體話語之間的巨大反差。社會底層百姓生活艱難，宣傳的卻是形勢大好、歌舞昇平；報上說的是鶯歌燕舞，我看到的是飢寒交迫；報上說的是潺潺流水，我看到的是洪水滔天……這些，引起我思想的苦悶、徬徨……

　　此時，是未名湖和博雅塔的神聖景象給了我生活的希望和力量。博雅塔的巍峨挺拔，教育我要老老實實做好人；未名湖的清秀澄明，教育我要清清白白做好事。我基本上實踐了北大學子的這一精神堅守，在先後四個工作單位，在相當困難的條件下，做出了不昧良心的工作成績。我在第一個教師節被評為淮南市的先進教師，1996年被評為無錫市勞動模範，2006年被評為江蘇省教師德育先進個人。

　　離開未名湖的45年，我飽嘗了酸甜苦辣的生活。我將這幾十年中的幾個關鍵點，即畢業分配和工作調動的經歷，概括為四「跳龍門」。

再分配到潁上

　　我是1970年3月15日進入6377部隊農場的，不久以後的夏收就給了我一個下馬威。連續半個多月，每天十幾個小時超高強度的勞動，累得我心臟病發作，上不了班，還要接受批判；後來還染上痢疾和瘧疾，被送到師部住院。初冬，下河挖水溝凍得我直發抖；部隊訓練急行軍，我心臟不好透不過氣……

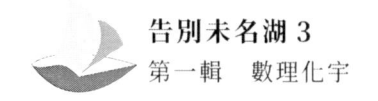

一年後，終於熬到了農場鍛鍊結束。我鬆了一口氣：這下總算過去了，我能活著離開農場了。至於再分配，我知道可能不會有很好的結果，我與排長、連長、指導員吵過架，擔心他們會報復我。我的擔心很快變成了現實：我和其他上海籍的同學大部分被分配到阜陽地區（安徽的「西伯利亞」）。我非常傷心，不禁大哭了一場。我不知道我今後的人生之路通向何方。

我們到阜陽地區（現阜陽市）革命委員會「五七小組」報到，全部被分配到縣城以下的公社中學當教師。當時我們絕大多數人不服從這種奇怪的分配方案，就去合肥上訪，但毫無結果。我與顧聖士（現為上海交通大學教授）商量，選擇去潁上縣。潁上是在阜陽地區相對處於南方的縣（地處阜陽市最南部，淮河北岸、潁河下游），經濟情況算是比較好的。

我們大約在5月底到達潁上，雖然我有北京第三醫院的心臟病證明，還是被分配到離縣城大約20多里的新廟中學，到達了中國社會的最底層，用同學的話說，我們的勢能達到了極小。

一 「跳龍門」——從潁上到淮南

新廟中學是潁上第一中學部分下放教師利用原明朝大將常遇春的祠堂改建的。由於成立時間很短，條件很差，沒有電燈，只能用煤油燈。到縣城的交通，當時只能靠船隻，而且只在夏季才開。最糟糕的是：生活用水只能靠農民的水井，洗衣服和洗澡非常困難。我剛到新廟中學時，單身教師只有我一個，感到很孤獨。在一個陰雨天，我突然想起唐朝詩人陳子昂的《登幽州台歌》：「前不見古人，後不見來者。念天地之悠悠，獨愴然而涕下！」

我發現很多學生的家長都有要飯的經歷，外出要飯前還要在大隊的證明上標明自己不是地富反壞分子。每當夏收結束時，我看不到農民的喜悅，問學生才知道農民夏收分不到多少糧食，秋收可以分到比較多的紅芋（即甘薯，東北稱地瓜），也就是秋收這段時間，學生才可能吃飽地瓜飯。當時，潁上縣有歌謠曰：「紅芋稀飯紅芋饃，離了紅芋不能活。」

潁上新廟比我原先勞動過的農場所在地利辛縣胡集要好一些。我們曾發現：農場周圍的某些村子中男孩有幾十個，大一點的女孩只有一個，問居民

才知道，女孩在上世紀60年代的「三年困難時期」被餓死了。農民生活太苦，1971年林彪事件傳開以後，有農民說：「林彪每天能吃到豆芽豆腐，還要反對毛主席？！」他們對生活要求之低難以想像。

我對教學很認真，進行了大膽的教改試驗，儘可能幫助學生掌握有用的物理和機電知識。但是，這個地方的政治、經濟環境實在太差，特別是地方幹部拉幫結派，欺壓百姓，我決心要找機會逃離。我相信：「乘風破浪會有時，直掛雲帆濟滄海。」

難得的機會終於來到了。1974年6月，同事馬寅成老師告訴我：淮南市十三中的體育教師閆萬章想回到家鄉穎上來，正在找人對調。他調動的原因竟然是鄉親們到淮南拉煤，幾乎都要到他家吃飯，他應付不了。穎上也和淮北其他地方一樣，不僅缺少糧食，而且也嚴重缺少生活燃料，農民經常連燒飯的柴草也沒有，甚至用地瓜乾當柴燒，而鍋裡煮的還是地瓜乾。大批農民需要到淮南拉煤。我和閆萬章商定：在暑假期間我們開始一塊跑，辦對調手續。

8月10日，我迫不及待地提前回到穎上，找到了閆萬章。我們倆一造成了縣教育局和縣人事局（「文革」期間，政府機構設置較亂，地區設置有五七小組，但縣裡還是稱「局」），辦事人員說：需要淮南人事局先發商調函到穎上。閆萬章帶著我，扒著運豬車到淮南去。那時天氣炎熱，氣溫高達35度以上；豬的糞便奇臭，把我薰得頭昏腦脹，很長時間我還記得這種氣味。在淮南田家庵（淮南市的一個區，市政府駐地），我們找了閆萬章的老上級，他們答應幫忙，在開學後啟動對調的手續。我們回程時經過一個大蓄洪區，據說淮河（或穎河）發大水時就要被淹掉，農民就要背井離鄉，出去要飯。

在馬寅成老師的幫忙下，教育局政工組劉組長答應通行。我在整個下半年一直為調動事宜奔跑，幾乎每個星期都要去縣城一次，或去教育局，或去人事局。大約11月底，閆萬章來信說：需要穎上縣教育局發出檔案到淮南市教育局，經有關部門研究同意後才能發出調令。

我到縣教育局找到了管理檔案的辦事員，這個傢伙當時醉醺醺的，回答說：「你的檔案我找不到。」這使我非常緊張，我早聽說過這個教育局檔案

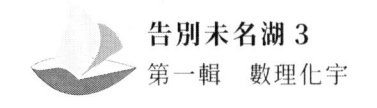

遺失的事件。例如，合肥一中的某下放老師要調回合肥，調檔案時發現他的檔案遺失了。後來得知檔案被管理人員上廁所用掉了。

我找到和我關係很好的老李，一個曾在我校燒飯的工友，他是檔案管理人員的親戚。老李答應幫助我。過了一星期，他告訴我：我的檔案已經發出去了。我這才鬆了一口氣。

大約在1975年2月底，我到縣人事局詢問，得知我的調令到了，非常高興。按程序，需要學校開證明到公社人事組，公社人事組開出公函給我，我到縣人事局拿到調令，才可以離開潁上。但是，當我找到焦校長時，這個平時對我還算客氣的人，此時突然變得冷若冰霜，說要公社高層同意後才能放我走。我找到了負責人事工作的公社副書記（一個造反派頭頭），說到我的調令，他馬上聲色俱厲地說：「你不能走，這件事沒商量！」他是一個冷酷的人。曾經有過這樣的事情：農民們在蓄洪區種了麥子，快要收割了，他竟然下令把幾百畝麥子全部鏟掉了。面對農民們的苦苦哀求，他無動於衷。

我只得等著，等到1975年4月20日，眼看再等下去，我的調動可能泡湯，我不能讓他們把我一年的努力毀掉，這是將影響我一生的大事。經過特別努力，公社人事組辦事員給我開出了公函。我分秒不停地到縣人事局拿到了調令，顧不上辦薪水關係和糧油關係等手續，就逃離了這個令我悲傷的地方，到了新單位——淮南十三中學。

二 「跳龍門」——考研到安徽大學

上個世紀70年代，是中國教育史上少見的混亂時期。各地貫徹「五七」指示，要學生學工、學農，帶來了災難性的後果。在淮南十三中，課堂教學無法正常進行，學生在教室裡可以無法無天，如果教師管理嚴格一些，就可能受到不公正的處理。我的同學徐老師就因為對學生要求嚴了點，被學生打過幾次，而學校主管和工宣隊根本不處理。

有一次，在我的課上有個學生搗亂，我批評了他，把他拉到座位上。工宣隊為此要通報批評我，後因班導陳老師做了大量說服工作，才沒有通報批

評。而淮南十九中的張老師和華老師（北大 1962 屆畢業生）與學生有些小矛盾，就被淮南市教育局通報批評了。

1977 年 11 月，教育部、中國科學院聯合發出關於招收研究生的通知，我們幾個同學討論了關於國家開始招收研究生和北大招收「回爐生」的消息後，一致認為：這次機會對我們一生極其重要，但是報考北大把握不大，畢竟在北大，我們只學習了兩年的基礎課，報考地方大學可能把握大一些。我查到安徽大學招收數學研究生，考試科目中專業課為複變函數和數學物理方程。我恰好有些參考書，而且數學還可以自學，因此我決定報考安徽大學。

從消息發布到考試只有半年時間，我必須把以前學過但忘了的知識回憶起來，又要把沒學過的複變函數和數學物理方程補上，但當時既沒有更多的參考書，又沒有老師可請教。時間緊迫，而且我還擔任著重點班的班導工作，不可能停工複習，只能晚上熬夜看書。在這個特殊時期，我基本上要到深夜 12 點後才睡覺。

我打開書本，面前就會出現在北大教學樓中的景象，耳畔會響起丁石孫（80 年代當過北大校長）老師清晰而鏗鏘有力的聲音；也會想到鄧東皋老師（80 年代當過北大數學系主任）講課時將高深理論通俗化的例子，程慶民老師（小說作家）把數學語言化為文學語言，章立源老師詩一般的物理現象解釋……

得益於北大紮實的基礎知識教育，我的學習效率很高。這可能是我一生中效率最高、進步最快的一段時間了。我的學習成效在考試結果中顯現：初試總分第一。很快我得到了 7 月初複試的消息；8 月中，就收到了研究生錄取通知書。

三 「跳龍門」——成了淮南師專教師

在安徽大學的研究生學習是非常艱難的。當時我的孩子只有兩歲，妻子又得了病，我需要經常回家去照顧；因為勞累和緊張，我心臟病也時有發作；與比我早幾屆的畢業生相比，我的基礎較差，英語是從零開始（原來學俄語），開始上英語課時我完全跟不上。但是，一切困難終於都被克服了。

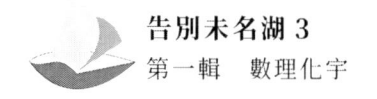

1981年下半年，我們的畢業論文已經完成，要進行論文答辯了。10月中旬，許政範老師帶我們到上海復旦大學數學系參加答辯，我們的答辯專家組由谷超豪、李大潛、陳傳璋等大家組成，洪家興（2003年當選為中國科學院院士）是祕書。答辯程序是每人介紹論文半小時，然後進行答辯。

　　答辯中，我簡要介紹了我的主要成果，突出說明了我提出的廣義狄利克雷（Dirichlet）條件新概念。谷超豪老師（1980年當選為中國科學院院士）提了一個問題，是關於「里斯表現定理」的。我回答得很清楚。一位老師提出我的強弱一致性定義有問題，我感到他不很善意，只能迴避。答辯結束，對我和穆穆（2007年當選為中國科學院院士）的論文評價較高，答辯通過了。

　　我們畢業分配的事情搞得非常複雜。許政範老師希望在安徽大學成立應用數學研究所，他要爭取更多人留校。這個計劃沒有得到數學系的支持，學校高層倒比較支持。許老師為此與其他教授弄到似乎勢不兩立的地步。看到這種情況，我也不便在此工作。

　　另外，我本人和妻子的健康狀況也不允許我們繼續分居，我向許老師提出了回淮南的要求。許老師當時處境非常困難，也無力顧及我的去向了，但他表示我離開安徽大學是很可惜的事情。我原先希望到淮南煤炭學院（現安徽理工大學），也找過一些高層，沒有成功，最後到了淮南師範專科學校（現淮南師範學院）。

　　由畢業分配引起的矛盾和「路線鬥爭」還在繼續，碩士學位證書發放又出現人為的阻力。我的碩士學位證書直到1984年才得到，還是我寫信到教育部告狀後才解決的。這次畢業分配對我們影響比較大，留校的同學在學術上取得了更好的成績，三位成了全國著名專家。相對而言，我走了更多的彎路。

四 「跳龍門」──從淮南到無錫

　　由於淮南師專在1977年才恢復辦學，師資力量比較薄弱，而且誰也不服誰，矛盾比較多。數學系也分為兩派，我的態度是絕不參與，嚴格中立。

從 1982 年 9 月開始，我承擔 1982 級的數學分析的教學責任。我根據系統論、控制論和資訊學的原理，總結了一套較好的教學方法，稱之為問題教學法。應該說，這種教學法有一定的優點，比起填鴨式教學法好得多，但是對教師的水準要求比較高。結果，1982 級學生全國統一考試成績比較好。

淮南師專的校級主管團隊變動很快。我在此工作的 6 年半中，就變動了 3 次，學校處於不穩定之中，對正常的教學衝擊很大。1984 年底，學校主管又發生大變動。黨委書記由淮南市委宣傳部長薛彥慶擔任。我所在的數學系團隊也有變動，辛源當系主任，張維和與我當副系主任。

薛彥慶是我見到的最好的基層單位黨委書記。他上任後馬上將校辦公室騰出來，改為教室和學生宿舍，學校的混亂局面馬上改觀。接著解決學校的發展問題，擴大校園，新建了教師樓，比較平穩地分配了住房。

我們系的團隊也有矛盾，黨政說不到一起，三個系主任都是非黨員，無法與兩個書記溝通。但是，整個數學系還是比較平穩的，原因之一是創造收入班辦得多，經濟收入比較好，張維和管理財務，我作監督；原因之二是我排課能照顧老師的要求和能力，我讓老師挑選課程，最後剩下的課程我來承擔。我盡全力維持了數學系的教學秩序。

1985 年 9 月 10 日，全國迎來第一個教師節，我和妻子邵琴華都被評為先進教師，《淮南日報》還登了我的照片。然而，我還是想回到家鄉，葉落歸根，是中國人的心願吧！

⊙徐振源全家福

1985 年，我想辦法得到了常州化工學院的調令，但無法突破安徽省的人事禁令。1986 年 7 月，我到西安交通大學參加國際振動會議。我的一篇論文

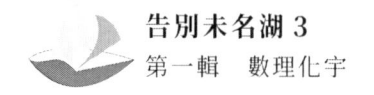

被會議錄用。會議期間，我找到無錫輕工業學院（現江南大學）的方教授，表達了希望到其校工作的意願。經方教授介紹，費榮昌教授安排我試講；學院人事處很快同意接收，但不能主動發商調函。

我只能想辦法讓我妻子邵琴華先調到無錫中學去。在傅耀良（農場戰友，無錫師範學院特級教師）的介紹下，聯繫到無錫八中；經八中的爭取，無錫市教育局願意接收邵琴華。然後，無錫輕工業學院人事處表示願意接收我。以後的幾個月中，經大哥邵志康（淮南市人大副主任，民主黨派主委）出面找了淮南市人大主任、淮南市統戰部部長，以落實統戰政策（我們要回無錫接受西大街27號的一處遺產）為理由，我才突破了安徽省的一系列的人事禁令，1987年6月得到了無錫的調令，7月20日搬家到無錫。1987年7月，我正式調入無錫輕工業學院基礎部數學教研室。

離開淮南師專時，我被評上了副教授。我在淮南師專工作5年半，做出了一定貢獻，也算得到了承認。

⊙ 1967年5月攝於北京

徐振源，男，1946年6月18日生，漢族，籍貫上海，教授，博士生導師。曾任江蘇省第八、第九屆政協委員，中國民主促進會無錫市委員會副主任委員。

1964年考入北京大學數學力學系力學專業，1970年3月畢業。在安徽省6377部隊農場勞動後，1971年3月至1978年9月在安徽一個農村中學當物理教師。1978年9月考入安徽大學應用數學系讀研究生，1981年12月畢業，獲理學碩士學位。1981年12月至1987年7月在安徽淮南師專任教、副系主任。1987年7月調入無錫輕工業學院基礎部數學教研室，1994年12月晉升為教授。2002年1月到2004年5月任江南大學理學院院長。2011年6月退休。

徒有飛鴻志經世化煙塵

張文

1969年3月，中央下達了戰備疏散的「一號命令」，我們北大的兩個半系遷到陝西漢中分校。1970年3月，中央以北大清華二校為試點，讓兩校的在校學生率先畢業。我們很歡喜，因為我們的「讀書」生涯總算有了結局，聽說3月份當月就有薪水，更讓我們喜出望外。

我被分配到濟南軍區司令部農場，又是軍區又是司令部，何其榮耀！至於我們學力學的畢業後進七級部研究導彈火箭的飛天之夢，則早已丟到爪哇國裡去了。

我們當初進校時進的是北大本部燕園，有未名湖和博雅塔；而離校時離的是漢中分校，在褒河之濱連城山下。對於我們，一進一出，都堪稱是風水寶地呢，它會給我們帶來好運嗎？

農場鍛鍊

所謂農場學軍鍛鍊，其實就是每天勞動。我們沒活找活，剛好農場的旁邊是段店機場，機場旁邊有1958年以來的垃圾，我們除了部分人到軍區的招待所掏茅坑外，其餘的人就去篩垃圾。「篩垃圾」與當時衣索匹亞帝國的

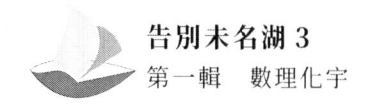

末代皇帝「賽拉西」讀音相近，同學們就稱自己的勞動是「當皇帝」。我們這些天之驕子就天天當皇帝了。

在農場期間，我希望能加入黨組織。我鍛鍊很刻苦，為了改造自己的「資產階級世界觀」，每天中午都扛著掃把到養豬場打掃豬圈，農場指導員表揚我積極，有人私下裡說我動機不純。特別是到了 8 月份，又來了一些北京和上海的大學生，農場讓我到他們的排裡當班長，我的積極就樹大招風了。

有一天，我們排的排長把我叫到沒人的地方，對我說：「本來指導員不讓我對你說，你聽了不要對外說，你看這是不是你的信封。」我一看是我父親給我的來信的信封，我問怎麼了，排長說：「有人告到連裡去了，說是在廁所撿到的，信封上有『敬祝毛主席萬壽無疆』的字樣，我聞過了，微有臭味。」我一聽，頭「轟」的一下炸了。

排長說：「在「文革」初期我嫂子當小學老師，她的教室門上一張毛主席的畫像撕破了，我們兄弟幾個都是部隊幹部，為這件事都趕回來同他們理論，這才平息了一場大禍。對這樣的事，我們有自己的看法，你不用有思想包袱。」我後來找了連長和指導員，指導員說：「世界上沒有無緣無故的愛，你出身貧農，對毛主席有深厚的無產階級感情。我們看過你的檔案，你的一貫表現都很好。你不要有思想負擔，你們排長不該告訴你。」

到我們結束司令部農場鍛鍊那天，也沒有招收黨員，只是將我那個班的一位「文革」前招收的黨員轉了正。現在想來，當時那算什麼環境啊！農場高層只是為了息事寧人，並沒有原則，對「極左派」的行為不敢正面對待。對於我，這件事讓我覺得很骯髒。我從中學起一直當學生幹部，沒受過委屈，這場風波，因我出身好，沒對我怎麼樣，如果出身不好呢？

結婚

我們在農場鍛鍊了 21 個月。鍛鍊結束後，我被分配到山東化工學院，地點在青島。當時我的女友是華東化工學院的畢業生，把我分到化工學院便於她將來的調動。

1971年11月學軍鍛鍊結束，我到女友工作的塘沽鹼廠結婚。我是頭天從老家龍口港坐船，第二天到的塘沽。我扛著一筐蘋果，裡面有一袋花生米，二斤糖果，兩包牡丹牌香煙和一床新被。到達塘沽時已是下午，去領結婚證時，管此事的人不在，派出所一位好心的主管撬開她的抽屜，拿出兩張結婚證書，寫上我們的名字蓋上章，說：「好啦，合法了，可以一起睡覺了。」我趕緊抓了一把糖果給她。遺憾的是，結婚的30尺布票當時忘記要，白白浪費了。

　　婚禮是在晚上舉行的，「洞房」是廠裡向一位單身女工借的，有六七平方公尺大小。床是炕的形狀，我們的新床單和廠裡師傅趕做的新枕套讓房間有了一點新意。房間的牆壁有一部分貼了馬賽克磁磚，原來一定是廁所。7點多鐘，來了兩位青年，在房間牆壁上貼了一幅對聯，紅紙黑字，一條是：「毛主席萬歲」；一條是：「共產黨萬歲」。對聯是剛趕寫的，貼到牆上墨汁直往下流，看了後很受刺激。到晚上8點多，陸續來了十幾個人，同妻子一個班組的一位老牛為我們主持婚禮。很多年後我突然想，他們怎麼不給我們貼個喜字呢？再一想，那個年代喜字也姓資啊！

　　結婚那會兒，我穿了一套藍色的新中山裝，腳蹬一雙北京產的棕色毛面牛皮鞋，戴一頂藍色軍帽。我是178公分的身高，肩寬腰圓，21個月的學軍生活，讓我頗有軍人風度。妻子也是一身藍裝，鞋子是黑色的，全身沒有一點雜色。這就是那個時代和那個時代的我們。

　　剛結婚我們倆就鬧了彆扭，妻子嫌我在商店裡照鏡子，我確實照了，因為我忽然發現鏡子中的我還挺英俊。我從來沒穿過中山裝，尤其是那雙皮鞋，讓我還增高了2公分呢。

　　我同妻子是高中的同班同學，漫長的時間讓我們忘記了許多往事，卻總不會忘記我們的結婚。

工作

　　山東化工學院很小，1958年中專「升級」，只有前後兩座樓，一個三層一個四層。主修則更有趣，主修無機，主修化機，主修橡機，主修有機。有

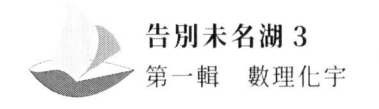

位老師對我戲言：我們是無雞畫雞，畫雞像雞，像雞有雞，這個學校除了搗鼓雞不幹別的。

我去的時候，學院沒有力學組，就被分到物理組了。我中學物理學得最好了，拿普通物理講義一看，沒有一點難度。1972年我27歲，真正的年富力強。上大氣壓課時，我帶了一個杯子和一塊紙板，把杯子裝滿水蓋上紙板，對同學們說：「我把杯子倒過來這水會不會灑啊？」我倒過杯子，水沒有灑紙板也沒有掉下來。同學們一片噓聲。

當時教的是工農兵學員，後排一位年長的學生說：「老師，能不能用我的杯子試試？」我說行，你拿來吧。他的杯子很大，裝滿水後我的紙板小了蓋不住，我臨時用備課紙蓋上去了，由於他的杯子口缺了塊怎麼壓也蓋不緊，我小心地翻過來，停了不到一秒鐘我剛要說成功，嘩地一下水全灑了，課堂上爆發了哄笑。我沒有慌，很鎮定地說：「為什麼水灑了？因為紙沒蓋嚴空氣進去了，裡外大氣壓相等，所以水灑了。」這次課歪打正著，效果很好。

再有一次是講光壓，一個真空玻璃球裡裝一個帶有葉片的轉子，兩個葉片一個塗黑一個銀白，由於顏色不同的葉片對光的吸收不同，受到的光壓也不同，在光照下會在壓力差的作用下轉動起來。那天上課我一時找不到光源，只有教室的天花板上有燈管，情急之下我讓同學將課桌放到我的講台上，我一個箭步登上講台，抬腿又登上課桌，同學們趕緊上來給我扶住。我拿著教具對著燈管讓同學開燈，燈光一亮葉輪飛轉起來，全體歡呼！

真話的代價

我為妻子的調動去找當時學院的最高主管。我說我妻子是學化工的，可以來學校當老師。這位主管卻說：你們就讀了8個月的大學！我說：我倆是1964級的，「文革」前讀了兩年書，不是8個月。後來我急了，說了一句：「現在的學生文化程度不高，我就是不讀大學也能教他們。」這句話一說，那位主管立刻變了臉，我自己也知道說過頭了。透過這一次的交談，我被他們定性了：「驕傲。」其實我當時說的是真話，那個時候招的工農兵學員，

高中都沒能好好地念完，甚至於只是國中和小學程度，我確實不讀大學都可以教他們。

從小我母親就不許我撒謊，這讓我養成了不說假話的習慣。由於我一直是好學生，讀書的道路又十分順暢，我也無須撒謊。時間長了，對於我，撒謊說假話成了一件很難的事。到工作單位的第一次真話，就這樣闖了禍，讓主管對我產生了先入為主的很壞的印象。後來學院的一位新上來的主管想起用我，那位主管拍桌子反對。

再後來，那位主管透過一些事解除了對我的誤會，特別是看到我第二次考上第二次回爐班，竟老遠就向我伸大拇指。再後來讀了我寫的一些文章，對我當時的情況也就完全釋然了。他對我明白了，我在這個單位也老了。不過，也幸虧他的阻攔，讓我一直在教學第一線工作到退休。如果起用我當了幹部，像我這樣的性格，還不知會惹下什麼麻煩呢。

⊙ 2009 年 4 月攝於杭州西湖

年輕的時候，我基本上跟各個時期的頂頭上司都鬧過矛盾，原因是我對院系的工作總有自己的想法，而且還要發表我的見解。這其實正是待人處事的大忌。直到 50 歲以後我才變得隨和。當然，這個時期的主管有許多已經是我的學生輩的人了，人家一是讓著我，二是知道我就是這種較真的人。對於我，儘管有代價，卻是終於為自己打開了說真話的通道。

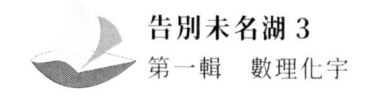

晴天霹靂

時間是1989年9月15日，那天中午女兒騎自行車上學，途中遭遇了車禍。那是一個黑色的星期五，七天前的星期五，妻子騎車上班途中沒剎住車摔在馬路牙子上，頭破血流，她的血衣還是女兒洗的。女兒出事後，化工學院的老師們都睡不著覺，這一家子怎麼了？！

我本來有一兒一女，女兒大，兒子小，相差一年零七個月。女兒的死我受不了，晴天霹靂呀！女兒六個月我就交給我的父母撫養，出事前女兒剛帶著弟弟回家看望爺爺奶奶回來。她已經考上了高中，沒想到只上了一週的高中，就被奪走了生命。

我父親最愛他的這個孫女了，兩年後父親就去世了。他是含痛離去的啊！又過了四年，1995年，我母親也去世了。

在父親1991年去世後的第二年，我妻子終於沒能扛住長期的精神壓抑，在一個噩夢中瘋了。她一直在喊叫，喊了一天一夜。她說要槍斃她，她是在等待槍斃，所以她喊叫。送到精神病院後，給她打電針，電流調到最大都止不住她的喊叫，醫生的手都抖了，說是從來沒碰到過這樣的病人。後來給她服用了大劑量的鎮靜藥物，她才昏迷過去。

那天晚上，我留在病房裡，妻子從昏迷中醒來，在房間裡比比劃劃地做起忙家務的動作：一會是做飯，一會是疊被、洗衣服。我看了特別心酸，我們結婚19年，我太對不起她了。後來，她忽然背起高分子的結構式。在華東化工學院，她學的是高分子化學。這讓我更加內疚，她為這個家庭犧牲得太多了，她也曾經是班上的優等生啊！半夜裡，我到外面給我的一位在青島的高中老同學打電話，請他到我家看看我母親和兒子。他問我妻子怎麼了，我說：「她瘋了！」此言一出，我再也忍受不住，在電話裡嗚嗚地哭起來。

都說十八層地獄，我當時下的就是心靈的十八層地獄呀！剛出事那陣，同事們讓我堅持上課，說這能讓我的思想有所轉移。課堂上，學生們非常安靜地聽我講課，他們知道自己的老師心裡苦。我堅持不在課堂上流淚，這一

點我做到了。看著學生我就忍不住想到女兒，我的女兒不能上大學了，我的淚水只能默默地在心裡流淌……

文學之路

我不像妻子性格內向，我是外向性格的人，有話就要說出來。我於是打開了電腦，用寫作排遣心中的痛苦和寂寞。1995年，我的第一篇作品在《青島日報》發表了。如同打開了閘門，我的散文隨筆傾瀉而出，一張張帶著墨香味的報紙成了回訪我的知己。寫作時我與電腦螢幕對話，發表後我與刊發我文章的文學版面交流。在寫作中我找到了一種新的生活姿態，鳥兒有了天空，魚兒有了江河，我品嚐到了生活的甜美，體會到了生命的自由，也讓我走出了心靈的煉獄。

文學是什麼？她是人學，尤其對於痛苦中的人，文學是一劑心靈的良藥。從1995年到2005年是我的豐收期，我得了若干文學獎，還交往了若干文學朋友。我本是學理的，以前總以數理化為尊，透過寫作的經歷，我開始發現人文的博大精深。

2006年年底，我同朋友們一起以青島的重點大學為支撐，成立了青島市國學學會。我邊學邊賣，為弘揚優秀傳統文化，我製作了七八件教材，為島城的社區老人們講課，為中小學的學生講課，為幼稚園的老師和孩子的家長們講課，為政府的公務員們講課，甚至於為駐青島的警備區千名士兵們講課，當然，我也重返大學校園為大學生們講課。我將國學命名為中華文化，我在學習中華文化中得到了很大的樂趣。

結束語

我是61歲退休的。那天，主管和同事很多人參加我的退休宴，也許是喝了點酒，我難過了。見狀，大家趕緊來勸我，表揚我，讚美我，說我又是受學生歡迎的名教授，又是大作家，還說我功成名就。我說：什麼功成名就啊？！我對不起北大，更對不起上蒼給予我的才智。然後，我說了一句讓在座的人吃驚的話：「我感覺我的戲還沒開場就落幕了。」

⊙ 2004 年 8 月於青島家中

　　當年進北大，我是何等的志得意滿啊！離開北大的幾十年，一切都煙消雲散了。環境，家庭，柴米油鹽——生活是一條條河，蹚過一條河，還有一條河；這其中還有不測的風雲，災難，禍殃，疾病。我從小飽受艱辛，很有志向，記得我寫過一句銘言：「燕雀安知鴻鵠之志。」其實，與北大同學們比，我不是真有志向的人。

　　結識未名湖是我一生的幸運，也是我一生的包袱，我願意背著這個包袱，因為她讓我的生命有重量，也有質量。對於韓信的人生，是成敗一蕭何；對於我，一個曾經的北大學子，我不想說成敗一未名。未名湖塑造了我，卻沒有毀壞了我，我的人生缺失在於自身。我是農家子，我的身上有農家之長，亦有農家之短。正是未名湖讓我滌除了自身的農家風塵！如果靈魂可以寄託，我仍願意將來生來世寄託於未名湖……

　　張文（在北大時用名張維善），男，教授，現年 70 歲。1964 年考入北大數力系力學專業，1970 年 3 月從北大漢中分校畢業，在濟南軍區司令部農場學軍 21 個月後分到山東化工學院任教。1978 年考入回爐班學習兩年，1980 年又回到原校（今更名為青島科技大學），現為青島市國學學會會長，山東省作家協會會員。

　　在職期間給大學生和研究生講授過十幾門力學基礎課，參加過三項省部級科學研究項目，撰寫論文 40 餘篇。1986 年經錢偉長教授推薦，參加過國際工程振動會議（西安）並發表論文。曾是中國力學學會第二屆教育委員會委員；九三學社青島市第九屆市委委員和青島市第九屆政協委員。2006 年退休。

自 1995 年以來，在《青島日報》等報紙雜誌發表散文隨筆近百篇，退休前獲全國報紙副刊、華東九省市報紙副刊、《青島日報》文學副刊等文學獎九次。退休後，2009 年獲青島市委宣傳部建國 60 週年國慶徵文一等獎一次；山東老教協徵文（隨筆，楹聯）一等獎一次，二等獎兩次。2011 年由團結出版社出版散文隨筆集《永遠的鵝毛雪》一部。

人生總要作決定

張若京

1970 年 3 月，在漢中褒城 653 分校參加建校勞動大約半年後，我們畢業分配了。按照六年學制來算，畢業提前了半年。

縣農具廠

⊙ 1964 年入學前夕

我被分配到陝西省興平縣報到。與我同時報到的還有同一主修（力學）一年級的吳陽同學。

在這裡要說說興平縣。我和吳陽被直接分配到縣算是最差的了。我的原因看到下面就會知道。吳陽的父母都是高級幹部，當時被衝擊，所以分到縣裡報到也很自然。不過興平縣在隴海線上，向東離西安只有 40 多公里。我的家在西安，應該說對我非常照顧了。

到陝西省興平縣報到後，我立即乘火車向西約 120 公里趕往鳳翔縣看望母親。事實上，當時我的家庭已經是支離破碎了。1969 年，父親蒙受冤假錯

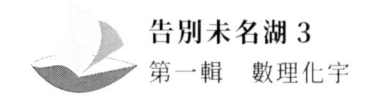

案，被逼至死。後來，「一號命令」下達，母親隨學校（西安交通大學）疏散到陝南寧強縣（原名寧羌）的大山中。姐姐是在校大學生，也離開西安疏散到外地了。

就在我畢業前夕，西安交大又從寧強搬到了寶雞附近的鳳翔縣的黃土塬上。看到母親和她的同事們住在窯洞裡，喝的是挑來的泉水，我心中的悲涼終生難忘。我們家是典型的知識分子家庭。父親早年曾就讀於燕京大學，母親是大學講師，1956 年因支援大西北而舉家隨單位從上海遷到西安。誰會想到，短短十來年，竟毀於政治風暴之中。

我在母親身邊只待了一天。等趕回興平縣後，吳陽告訴我，我們被分配到該縣的兩所中學了。我當即作出了一個影響一輩子的決定：不去中學，去工廠。其實縣委辦公室是好意。

一來他們實在不知道數學力學是幹什麼的，望文生義就認為學以致用的去向是到中學。

二來他們認為縣辦工廠實在條件差，而興平縣的兩所中學都很好，有一所還是省重點。而我同樣不知道自己這個「北大畢業的」有什麼本領。記得當時有一篇社論抨擊大學教育，說「理工科大學生不會開機器」，這深深地刺痛了我。我有一種掌握實際技能的強烈衝動。

就在我們因為與縣辦意見相左而僵持的時候，縣裡接到通知要發起運動，急需選派幹部組成工作組到農村去。所以，我們的分配問題被暫時擱置，隨工作組下鄉了。等運動結束後，縣裡的幹部和我們也熟了，就按照我們的意願，把我們分配到了縣工交局。我到了縣農具廠，吳陽到縣油漆廠。

寫到這裡，我想起在閱讀前兩卷《告別未名湖》時發現，相當多的學友們到了基層都被再分配當了中學教師，北大似乎成了第二師範。多數學友都有所抱怨，以為其主要原因是基層人員文化水準不高、對大學專業不熟悉。但現在看來，實際情況遠比這個嚴重。

就拿我們力學系來說吧。我入學的時候叫數學力學系，後來到漢中 653 分校後獨立為力學系。以後就不安寧了：1995 年改名為力學與工程科學系，

2006 年改名為力學與空天技術系，到了 2013 年又改回為力學與工程科學系了。名字改來改去表明，學校也發現了力學這個專業名稱很難讓別人（特別是管就業招聘的）一看一聽就知道是幹什麼的，即使他們的文化水準很高。

我去的興平縣農具廠是縣辦工廠，不到 300 人。工人或來自本地農村，或來自外地小地方；平時多住在廠宿舍裡，週末本地工人騎自行車回家；文化程度都很低。廠裡算上我一共三個幹部，其他如政治幹事、會計和技術員則都是以工人身分升上幹部。廠裡的生活條件也很差。我和兩個師傅一間宿舍。他們下班後喜歡盤腿坐在床板上抽旱煙，宿舍裡總是煙霧瀰漫。廠裡生活用水的水龍頭很少；早上大家都到一個手壓汲水井邊，蹲在地上刷牙洗臉。廁所當然是無水沖洗的，是很原生態的那種。廠裡餐廳沒有飯桌，員工在窗口買好飯以後，就蹲在院子的空地上吃飯。陝西人把蹲叫做「圪蹴」，發音如同「格就」。

然而，興平縣農具廠雖小，卻「五臟俱全」，有鑄鍛和機械加工兩個作業廠。我分到機械加工作業廠的鉗工組。開始只分配我做些簡單工作，例如打毛刺、銼、鋸、裝配；後來鑽孔、攻絲；再後來做劃線工的下手，甚至輔助師傅研磨、刮花。因為每天下班都要用洗衣粉加鋸末洗手，幾個星期下來，我的手就變得很粗糙了。

因為深感缺乏工業勞動技能，進廠後我買了不少機械加工和機械零件等方面的書籍，勞動之餘就學習。我吃驚地發現，漸開線齒輪的齒形曲線竟然是數學力學家歐拉給出的。這使我隱隱地感到了數學和力學的威力。師傅們初看我這個大學生很好奇，後來看我幹活踏實，倒都願意帶我。我的宿舍也就成了師傅們經常聚會聊天的地方。

做了不到半年，廠裡接到一批工作，需要銑床加工。廠裡有一台萬能銑床，一直只有一個師傅操作。現在活兒多了，就想開兩個班。操作銑床尤其是萬能銑床，需要一點三角知識，廠裡看上了我，先讓我跟銑床師傅上班。每天，我會早十分鐘先到，把機床開開，暖暖機油。下班了，我不等師傅動手，就去擦機床和整理工作台。同時，我買了一本《機械工人手冊》，一邊聽師

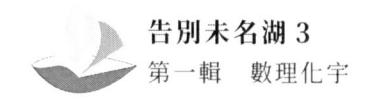

傅講，一邊對照手冊學習，進步很快。大約跟了一個月，就「準獨立」地值班了。

所謂「準獨立」，就是師傅值早班，我去跟班學習一兩個小時。等到我值晚班時，再照貓畫虎地加工。如果在我的班上要更換加工內容，則由師傅來操作、示範一下。又過不久，我就完全獨立了。

我幹過不少內容的銑工活，最複雜的是操作分度頭，加工傘型齒輪。對於我的進步，廠裡的師傅們雖然吃驚，但也沒有流露出驚奇。可能是他們總覺得我是大學生，本來就應該會的。尤其是，我還是北大的呢。有趣的是，自從我獨立操作銑床後，工人對我的稱呼也發生了微妙的變化。原來都叫我老張或小張，現在不少人改叫我張師（傅）了。

⊙ 1969 年在北大漢中分校龍門石窟

因為我是幹部編制，薪水又是全廠最高的，所以廠裡總認為讓我當工人是大材小用。我始終不願意「停工」，就兼職又當了檢驗員和餐廳管理員等等。他們認為，這才是幹部應該做的事情。

我當了餐廳管理員後，全廠工人都非常滿意，因為我基本做到了每隔幾天就有肉吃。這在當時每人每月定量供應只有半斤肉的條件下是頗不容易的。我做到這一點是靠了以下兩條。

首先，那一年我在興平縣的乒乓球比賽中（第四屆全運會的基層比賽）得了第三名。興平縣有許多大廠，如秦嶺公司、408廠、十三冶建、興平化肥廠和興平玻璃纖維廠等。最後得名次的多是大廠的廠隊高手，我是唯一來自縣城的人。那時候人沒事幹，晚上都來看乒乓球比賽，縣城不少人都知道我是「北大的」。我也因此結識了縣副食品公司和縣糧食局的幾位。其中，縣副食品公司的老熊專門給縣屬單位批條子供應肉、蛋和油等。

他是乒乓球愛好者，經常聚精會神地站在邊上看我打球。記得第一次認識後他笑著說，你這個北大的怎麼管起灶來了？！（興平人把餐廳叫「灶」。）以後，他給我批了不少豬肉和雞蛋。另外，興平縣有很大的市集。當時的政策允許農民把自養家禽和自種蔬菜拿到市集上去賣，允許市民去買，不允許單位到市集上採購。我們廠的前任餐廳管理員是廠會計兼任的，他嚴格按照文件辦事，從來不去市集。

我接任後不久到市集上轉悠，發現縣裡不少單位都悄悄地到市集上買東西了。市場管理委員會的幾個人大家也認識，眼睛半開半閉地不太管。所以，我很快就帶著餐廳師傅一造成市集上買羊或豬，牽回廠裡自己宰殺。每次宰殺的時候，小廠就像過節一樣，熱鬧得很。

因為我和吳陽是縣裡僅有的大學生，而且是「北京來的」大學生，所以縣工交局和縣委也都很關心我們。經常地，我會被縣委辦公室抽調到各種各樣的工作組去。想起來的有：到下面的公社大隊去清查階級隊伍、清產核資、宣傳新憲法、打擊破壞知識青年上山下鄉的犯罪活動等等。特別是每年夏天，我都會被縣委辦公室抽調到「三夏指揮部」去工作一段時間。還被縣工交局抽調，長途跋涉經禹門口跨黃河到山西河津縣，用汽車輪胎等統購物資去換購焦炭，等等。再後來，縣工交局主管認為我的表現好，就調我到縣工交局任政宣組副組長，主要工作是出簡報、寫總結、為局長寫發言稿等。不久，縣工交局局機關黨支部確定我為重點培養對象。

我在縣三夏指揮部工作的時候經常騎車到各個公社去。有一個點張公社在北面「塬」上，騎車要經過馬嵬坡。那裡的土發白，村民拿來刷內牆。傳說是楊貴妃於此香消玉殞的緣故。興平縣向東十來公里是茂陵，再向東就是

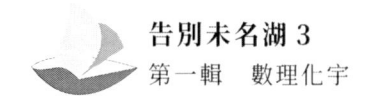

咸陽。路是平坦的柏油馬路，騎車經過茂陵，可以看到漢武帝陵以及兩旁衛青和霍去病兩位將軍的陵墓。興平是個好地方。

落實政策

正當我一路順風的時候，1973年，我父親蒙受的冤假錯案平反了。落實政策的結果，我有機會被調到父親生前所在的電力系統，安排在西安熱工研究所（原屬北京電力科學院）工作。記得縣工交局徐局長得知我要調走後專門約我談了一次話，希望我推遲半年，等解決了「組織問題」後再走。這使我非常感動。

但當時能夠調回西安真是一件做夢都會笑醒的事，況且還能夠進入部級研究所工作，還能夠和母親住在一起。西安方面又催促說進西安的戶口指標年底要「凍結」。所以我只能謝絕他的好意。拒絕人是一件很難的事，尤其當別人是好意時。我的這篇文章的題目是「人生總要作決定」，但這一次顯然不是有選擇意義的所謂「決定」，而是誰都只會這麼做的「決定」。

寫到這裡，我想對幾十年後的讀者講幾句話。他們可能不明白，為什麼我們大學畢業後明明是到了不適合的工作單位和工作地點，卻不另謀出路？原因就是因為計劃經濟，因為知識分子要「改造」，因為檔案制度和戶口制度。薄薄的檔案袋存放在哪裡，你就像一顆螺絲釘被擰在了那裡。多數人就在一個地點一個單位過了一輩子。

西安熱工研究所安排我從事汽輪發電機機組的振動研究。當時，我對發電廠的熱能動力裝置毫無概念，所面臨的知識困境真是太大了。不僅如此，因為研究所的同事全是研究人員、工程師和老大學生，所以我更感到壓力。

好在熱工研究所給了我非常好的學習條件和實踐機會。我不僅能夠利用所裡的圖書資料學習書本知識，更有機會跟著老同事在全國各大電廠出差、暗訪，學習實踐知識。我欣喜地發現，在興平農具廠三年學到的機械知識和鉗工手藝，對我下電廠的現場工作幫助極大，而在北大兩年的紮實的數學基礎，更是我學習電廠熱能動力系統和汽輪發電機組知識的銳利武器。

我在西安熱工研究所的五年，有三件事情值得提及：第一，1977 年用 ALGOL 語言編制了用於轉子動平衡計算的計算程式，並應用於中國產第一台 30 萬千瓦雙水內冷汽輪發電機組（蘇州望亭電廠）的現場動平衡工作。當時沒有適用的桌上型電腦，在現場取得測量數據以後，要坐火車趕到上海電管局，用他們的 TQ-16 中國產大型電腦算出結果，再趕回望亭電廠，十分辛苦。我們所的研究人員多是工科大學生，當時還很少有人會編電腦程式。我的工作，是主管放手讓我幹的，也常受表揚。看得出，他們認可了我是「北大學數學的」。

　　第二，1978 年獨自解決了馬鞍山電廠 5 萬千瓦汽輪發電機組的異常振動難題。說它異常，是因為這個振動忽大忽小，不可捉摸。振動大時整個機組像是在跳動，伴隨著轟鳴聲，十分可怕。電廠請過許多專家去診斷，但都沒有解決問題。後來這個異常振動的知名度大了，電力部就專門在馬鞍山電廠召開了一次全國振動分析會，希望專家們群策群力，解決難題。當然，會議是開了，但問題仍然沒有解決。

　　會後，西安熱工研究所讓我一個人留下來參加大修，以便更仔細地瞭解機組的結構，同時進一步觀察振動現象。終於，大修後準備合併的一天半夜，我捕捉到了機組的強烈振動：由大到小，由小到大，週期大約四五個小時。最寶貴的是，連續測量發現，振動相位是週期變化的。這個現象使我立即想到鄧哈托在其名著《機械振動》中講述過的一個案例，以及著名的機理解釋。剎那間，書中的字字句句似乎在眼前浮現。

　　經過反覆思考，我斷定轉子確如該案例那樣發生了乾摩擦。我用淺顯易懂的語言向電廠的成總工程師作了現象解釋，電廠支持我的判斷。再經過仔細尋找，在難以想像的地方，確認了發生摩擦的部位。重複試驗後現象可以再現，這就鐵板釘釘了。後來知道，全國同類型的機組有近 40 台，多出現過同類型的振動，也都可以按照我的辦法解決。

　　值得提及的第三件事，是我在 1976 年獨自解決了蘭州西固電廠一台機組的複雜振動問題。蘭州西固電廠是建國初期由蘇聯援建的大廠。因為機組

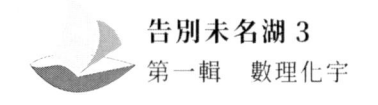

振動，導致機組一直無法滿負荷運行。我解決了這個問題之後，廠裡上下傳遍了，說一個「北大的」把問題解決了。

1976年我結婚了。我妻子的父親和我父親是同事，都死於同一個冤假錯案。她先是知識青年，後來成了西安交大的工農兵學員，畢業後隨我到了西安熱工研究所。

我在西安熱工研究所期間是「文化大革命」後期，政治運動也很多。印象深刻的是批《水滸》。有一天，政工組通知我參加陝西省電力系統的批水滸宣講員培訓班，集中培訓了幾天。回來後，在所裡召開的批《水滸》大會上宣講。無非是批投降（當時的最新最高指示說《水滸》的要害是投降），批宋江只反貪官不反皇帝，摒晁蓋於一百零八座次之外，等等。因為有些故事性，下面聽的人也有些笑聲。本來在批林（彪）批陳（伯達）運動中提倡讀馬列原著，現在又忽然讀起《水滸》來了。大家都稀里糊塗的，但好像也都無所謂。

到了西安熱工研究所後，我就再也沒有參加過農村勞動了。但是每個星期六，各室要輪流用卡車把全所一個星期的垃圾運到遠郊，大約兩三個月輪到一次。這算是勞動了。另外，每年冬天要燒鍋爐給辦公室和宿舍樓提供暖氣（當時西安多數單位並不供暖。熱工所是北京來陝單位，有供暖傳統，又是電力系統，有的是煤）。

有一年輪到我們室燒鍋爐，我是全室最年輕的，當然任務落在了我身上。燒鍋爐的主要動作是用鐵鏟把碎煤粉拋進爐膛，要拋得均勻，每次薄薄一層。等煤粉燒結成塊了，再用鐵鉤子一塊一塊地扒拉出來，用水澆涼後用木板車運走，同時把碎煤拉來。每次拉開爐門拋煤或者扒拉燒完的煤塊時，爐火映在臉上熱辣辣的，一條白毛巾搭在脖子上，渾身大汗淋漓，真有些煉鋼工人的味道。

鍋爐室裡是高溫高噪音（鼓風機），出去拉煤時卻又寒風刺骨。當時，只感到一種體力勞動的暢快。其實，勞動是高強度的，一夜下來人也極度疲勞。有一回，我燒完鍋爐回家睡覺，感到一側腰有些酸，就用熱水袋墊在腰

下，沒想到睡著了。一覺醒來，發現腰部被熱水袋燙起了一個雞蛋大小的水泡！真叫做睡死過去了。

那一年，所裡推薦，我被評為西安市優秀共青團員，出席了西安市共青團代表大會。頒發的獎狀上寫著：「獎給在社會主義革命和社會主義建設中做出優異成績的張若京。」落款是「共青團西安市委員會，1977 年 11 月 1 日」。這個獎狀我至今珍藏著。雖然已經是近 40 年前的事情了，但我還清楚地記得當年出席代表大會時別在胸前的那個代表證。代表證是用紅色塑膠薄膜做的，下方像燕子尾巴那樣分叉，一走路就飄起來，有一股青春的氣息。

回爐、考研

1978 年，大學恢復招收研究生。年青人都在交流資訊，我的心也不安定了。一種想學習新東西、提高學術水準的衝動深深地襲擾著我。

這一年，我作了人生一個重大決定，毅然離開西安熱工研究所，考進了北大回爐班，住進了四人一間的集體宿舍。像我這樣，之前已經有了好工作好地點再念回爐班的人可能是極少的。

另一個重大決定是第二年離開北大，轉而報考了清華大學工程力學系研究生班。我的考研成績是全班第二名。之所以決定進清華，是由於我八年的工作經歷偏向工科。我隱約地感覺，理科學習的是知識，工科學習的是技術，兩者最好都掌握。關於北大和清華的比較我下面會談到。

對於這一系列的決定和選擇，我的母親和妻子都非常支持。1979 年，我妻子也考入了西安交大攻讀碩士學位。一個溫馨的家庭隨著國家的變革又開始了一段新的奮鬥歷程。

我於 1982 年取得工學碩士學位。由於在北大打下了紮實的數學基礎，我在清華讀研時的學習比較輕鬆。例如線性代數這門課，我是免修的，因為我在北大 15 年前就學過了，而且學得很深。系裡安排我給大學生批改線性代數作業，算是碩士生的教學工作量。在清華上課之餘，我也關心北大上什麼新課。聽說杜珣老師開講「張量分析」，我和單文文同學就騎車出清華西

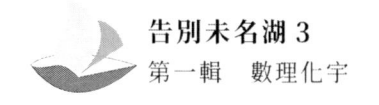

門進北大東南門趕去旁聽。聽得入迷，一直堅持聽完一學期。這門課使我終身受益。

在碩士論文階段，我的導師接到了一項「六五」國家重點攻關課題，其中一項內容是計算秦山核電站（對外稱728工程）的中國產第一台核發電機組的轉子-軸承-框架基礎系統的臨界轉速。導師把這個任務交給了我。我很興奮，因為之前在西安熱工研究所時我主要做轉子振動的故障診斷現場工作，一直希望提高理論和計算水準。

在導師的指導下，我很快就建立了數學模型並形成了有限元計算格式。以後，我花了近十個月時間，在杭州汽輪機廠電腦中心的Siemens7000進口大型電腦上編寫和調試程式。計算結果十分理想。不僅可以和上海發電設備成套設計研究所的實測數據進行比較，而且還解釋了實測中發現的一些現象。這項重點攻關工作於1985年獲得機械委科技進步三等獎。

安家同濟

1982年畢業後，我面臨回到電力部還是離開的問題（在讀研期間，原單位是發薪水的。這也是時代特色使然）。經過堅持，電力部放人了。我被分配到（上海）同濟大學數學力學系。我妻子也於同年分配到同濟大學自動控制專業任教。這一年，我們的女兒出生了。掐指一算，我比女兒大36歲，整整三輪。

我在北大7年不到，清華7年多一點，自然地會把兩個學校拿來比較一番。我朦朧地感覺，鑽研科學的可能會「仰望星空」（古希臘哲學家泰利斯如是說）一些，學習技術的會腳踏實地一些。鑽研科學本身可能是很個人的一件事，北大人稱為做學問。掌握技術則往往要把自己置身於一個協作的流程之中，清華人稱為做項目、做工程。清華選拔人的標準是「聽話、工作」，注重人際關係和團隊精神。北大則對人才可能的特立獨行、不諳世故，甚至有些怪癖往往更加寬容，稱為「兼容並包」。

到上海以後，我們全家都很高興。我妻子是上海出生的蘇州人，家庭基礎在上海。我小學二年級是在上海讀的。大概是怕我放學後走丟吧，當時家

裡讓我熟背家庭地址。我一直記得，我家在「霞飛路、福開森路」旁邊的興國路上。到上海後我舊地重遊了一番，老房子還在，老鄰居還在。

同濟大學的教師住房非常緊張，我們夫妻二人分到一間走廊式板樓的十平方公尺小屋。廚房和廁所都是公用的。東西放不下，就堆放在一樓一位單身管理員的房間裡。再後來，又給我增加了校園內單身青年教師宿舍的一個床位。就這樣，我妻子帶孩子，還請了一位阿姨幫忙，住在十平方小屋。我則負責早上買菜和其他雜務。上海的小菜場早上4點半就開門營業了，我拎個菜籃子從單身宿捨出發時總是躡手躡腳的，因為單身樓很老舊，地板咯吱咯吱地吵別人。

一天早晨，我正在菜場排隊買雞毛菜，忽然右腿一陣鑽心的痛，身體一下子蜷縮著蹲下來，喘著氣忍著。等緩過神來，我顧不得買菜，一步一挪地回了家。這種疼是無法忍受的，眼淚不受控制地流。站著疼、坐著疼、躺著也疼，試著把腿彎起來也還是疼。我試圖找出是何原因，不禁想到1969年在北大時的一段往事。那是工宣隊進校後要求學生和老師們一起搞「鬥批改」的日子。我們班到概率教研室。該教研室有幾個老師擅長針灸。

我當時得了蕁麻疹，經常皮膚癢，就請一個老師在我的兩條腿上各扎一針，沒想到暈針了，更嚴重的是右腿疼痛了一個多月。我這次腿疼，感覺和十幾年前在北大的那次很像，故我始終以為疼的原因是腿本身。後來我在與北大老同學張文的通信中說起此事。他有經驗，回信說，腿疼的原因可能在腰。我立即到有專門骨科的大醫院去看，片子拍下來後確診為椎間盤突出。治療辦法就是休息，若還疼就要牽引，最嚴重的需要手術。我後來到清華讀博士，椎間盤突出的毛病不知不覺地好了。有人分析是因為睡了五年硬板床的關係。現在我還是不能彎腰端重的東西，一端，腳尖就麻。

清華讀博

1982年我到了同濟以後，一邊適應新的工作，一邊考慮下一步。當時，周圍的人都在聯繫出國，我也努力過。權衡了半天，當然也是因為機會的不對稱，1983年，我又重返清華大學工程力學系，考取了博士研究生。記得到

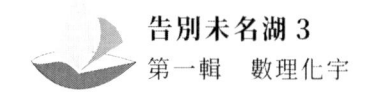

清華考博的前一天，我感冒發燒了。坐一天火車到清華後，一邊打針一邊考試。四年後的 1988 年獲工學博士學位。

現在回想，當時下決心在國內讀博士而不是出國讀博士，無疑是一項重大決定。以往我所有的決定都是勇往直前，唯有這個決定有些舉棋不定。

在我讀博期間，1987 年我妻子到德國工作一年。之前的一年要停工學德語。那時，我們的女兒剛剛 4 歲，我只好把她送到西安由我母親照顧。現在我們還常常說起，我母親和我妻子的母親為我們這個小家庭真是做到了無私奉獻。中國長期以來能夠做到雙薪家庭，老人無私地幫忙帶第三代是功不可沒的。

我的博士論文解決了在旋轉薄殼自由振動的漸近分析中出現的轉點奇異性問題。該奇異性十分特殊。美國人 Ross 只研究了軸對稱情況，而且認為不可能得到全域一致有效解。蘇聯力學家哥爾琴文采爾院士等出版專著，總結了國際上 30 多年的研究成果，說明該轉點奇異性問題始終沒有解決，是該專著的一個缺憾。

本人在導師張維院士的指導下，解決了這個難題，給出了全部八個全域一致有效解。論文發表後，哥爾琴文采爾等三位作者（還有一位作者是聖彼得堡大學數學力學系的系主任）給我來信，祝賀我們取得的成果，並希望建立聯繫。1992 年，該工作獲國家教委科技進步一等獎，項目名稱「旋轉薄殼自由振動的轉點奇異性」。導師推我作為第一獲獎人。

取得博士學位後，因導師張維院士任國家教委第一屆科技委主任，我被借調擔任祕書一年，直到 1989 年 5 月底。在此期間，我輔助導師拿到一項國家自然科學基金面上項目「承受任意載荷的圓環薄殼的漸近分析」。這個任務我們完成得很好，給出了圓環殼承受非對稱載荷的完全漸近解，並解決了圓環殼在任意載荷（對稱和非對稱載荷）下漸近求解的統一表達問題。這個問題在很長的歷史時期有諸多知名力學家涉足，但只有我們做到了以下三點：

一、所有解都達到了薄殼理論的精度水準；

二、對稱和非對稱載荷的解都用同一種特殊函數表達；

三、所有齊次解和特解也都用同一種特殊函數表達。後兩點我們稱之為「統一表達」。

2011 年，美國 Nova Science Publishers, Inc. 組織出版系列叢書 Advances in Engineering Mechanics。在其中的第 3 卷 Toroidal Shells 中，我應主編之邀書寫了第二章（51 頁）。題目是：Asymptotic analysis for toroidal shells under arbitrary loading（承受任意載荷的圓環殼的漸近分析）。

長期的腦力勞動不知不覺拖垮了我的身體，1991 年年初的一天早上，我忽然腹部劇痛，摔倒在地上。120 急救送到醫院後，確診為十二指腸潰瘍導致穿孔。手術持續了 7 個多小時。除了我妻子忙前忙後以外，教研室的同事們也來陪護。恢復期間，我躺在病床上翻看一本借來的《外科手術大全》，知道我做的手術叫做「畢羅氏 II 式胃切除手術」。主要內容有三，一是胃大部切除，二是迷走神經切斷，三是結腸改道。

我開刀那天，正巧學校在期末考試，緊接著就放寒假了。新學期開學後，我還只能休息。這個手術把胃下端的幽門也切掉了，胃裡的東西存不住，吃東西就得躺下，不然東西就順著腸子流下去了；需要較長時間休養，慢慢恢復。

就在我養病期間，教研室主管來我家婉轉地提出能不能上課。我上學期給汽車專業的大學生上理論力學，本來是要上兩學期的。因為生病，這學期只好麻煩別的老師上。汽車專業是同濟大學第一次招生，屬於資優班，所以教研室不敢怠慢，就請一位資深教授接我上課。但學生反應不好。後來發展到學生聯合到學校教務處去要求更換，一趟又一趟。

在教務處的壓力下，教研室只好決定換人。但又想讓這位教授不感覺是學生反映而終止上課的，只有讓我繼續上，因為是「把課還給我」，順理成章。在這個情況下，我手術後不足三個月就又上講台了。那一天，當我跨進教室時，看到一把椅子放在講台上。學生全體起立，熱烈鼓掌。

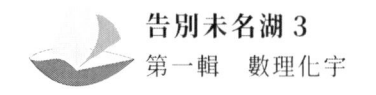

我的臉比過去瘦削而且少了血色，穿著一件原本合身但現在顯得鬆垮的中山裝，對大家揮手致意。這是我一輩子都無法忘懷的場景。我眼睛忽地一下模糊了，好像有東西堵住咽喉。現在不是有人問什麼是幸福嗎，我覺得辛勞被認可就是幸福。這是形而上的。與之對應的形而下的則是滿足。

法國、以後

1993年我被評為同濟大學教授。1994年到法國巴黎原子能研究中心工作了一年，工作內容為核反應堆堆芯的流固耦合動力學建模。我證明了法國的模型和德國的模型是完全一樣的（國際上一共有三個模型，除了法、德模型外，還有日本模型）。在法國期間，學校傳來消息說，我被評為博士生導師了。回國後，從1996年造成2003年，我擔任同濟大學工程力學系系主任。

後來，我還提出了一個反應堆堆芯的三維流固耦合動力學模型。這項工作於2002年獲上海市科技進步二等獎（排名第一）。

⊙ 2013年於巴黎塞納河畔

2005年我為上海航天局805研究所解決了「對接機構綜合試驗台」的一個關鍵力學問題。該試驗台為再現航天器在太空的對接過程，保證中國載人航天首次空間交會對接取得圓滿成功做出了重大貢獻。為此，2012年11月，中國航天科技集團公司第八研究院為我頒發了獎勵證書。

我感到，50年前我們選擇並考上北大，已經表明了我們的志向和能力。在北大的學習又使我們增強了攀登科學高峰的底氣和勇氣。母校的培養是我們取得成績的根本。

走出未名湖已經 45 年了。回首過往，真感嘆在我的人生「區間」裡充滿了各類「奇點」。在奇點附近，政治動盪，個人的命運也隨之起伏。又很感慨，人這一輩子難免要遇到一些關鍵點，需要判斷和決斷。我把文章的題目定為「人生總要作決定」，算是一點感悟。

人老了，不談未來，但還有過去，所以喜歡回憶。回憶又難免感慨和唏噓。前面的文字少了點唏噓，就把它們集中放在下面一首叫不上什麼「詩」的塗鴉中，權當作結尾吧：

思緒萬千難收斂，分割求和取極限。七十曾經多少事，充分必要兩難全。人生複變多奇點，有理無理三萬天。所幸分段尚可導，梯度漸近匯和源。加減乘除宜模糊，共軛互餘少加權。多看多想無窮遠，半開半閉小區間。

張若京，1946 年 12 月出生在南京。1963 年獲西安市第一屆中學生數學競賽一等獎。1964 年中學畢業於西安，同年考入北大數學力學系力學專業，為校乒乓球代表隊員。1970 年畢業。

1997 年獲第五屆上海市科技菁英提名獎。2000 年獲寶鋼教育獎。1996 年獲國務院特殊津貼。1998 年獲上海市特殊津貼。先後承擔國家自然科學基金面上項目 5 項，上海市科委優秀學科帶頭人基金和上海市教委重點學科基金項目各一項，其他重大項目 5 項。上過 11 門本科和研究生課程。出版兩本教材。共指導博士研究生 7 名，碩士研究生 22 名。擔任過 3 位博士後的聯繫教授。擔任過中國力學學會的常務理事，中國力學學會科普委員會主任，上海市力學學會副理事長，《力學季刊》學報副主編。擔任過兩屆教育部力學專業教學指導委員會委員。2011 年 12 月退休。

益門煤礦採煤工

應啟肇

1970 年早春的一天，工宣隊李師傅告訴我：我被分配到中南地區工作。我後來一查地圖，不是中南地區，而是西南地區的西昌（原屬西康省，1955 年西康省被撤銷，西昌劃歸四川省管轄，位於四川省西南部，1979 年設縣級

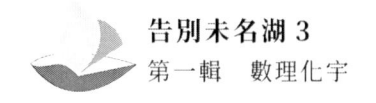

市，現為涼山彝族自治州首府）。與我一起分到西昌的有同年級的浦家齊，物理系 1965 級的陳詠恩。我們坐了兩天多火車從上海到達成都，再轉乘長途汽車去西昌。

從成都到西昌的行程為三天。汽車第一天行駛在成都平原上，正值春 3 月，我們看到一片連一片的金黃色油菜花，加上不冷不熱的宜人氣候，暫時忘卻了前幾天的旅途疲勞。車進入山區後，天氣轉冷，道路險峻。崎嶇的山路，一邊是懸崖峭壁，另一邊是深山峽谷，路面上還有雪，路很滑，偶爾還能見到翻滾到山谷中的汽車殘骸。我是第一次經歷這樣危險的旅程，親身體驗了「蜀道之難」。提心吊膽的三天旅程終於結束，車子駛入了西昌城。

我們三人與先期到達的北大畢業生匯合，才知道我們的分配方案還沒有到達西昌地區分配辦公室。他們根本不知道有一批北大、清華畢業生分配到這裡工作。

成為井下採煤工

差不多有一個月的時間，我們等來了分配方案。當時給出了三個去向，我們再三考慮，都同意去益門煤礦（益門屬會理縣，按現在的高速公路計算，距西昌約 150 公里）。幾位清華大學的也到了益門煤礦。

到煤礦後，煤礦先組織我們集中學習和進行思想、紀律教育，兩三天後軍管會主任向我們明確宣布三條：男同學下井採煤，女同學去煉焦場勞動；按部隊要求，勞動鍛鍊時間為兩年；為更好地接受「再教育」，同學們全部分散到全礦各生產班組。我與生物系 1965 級曾宗永、化學系 1963 級何國正、物理系 1965 級陳詠恩四人分到建井隊。建井隊主要任務也是採煤，只有少量生產班組被安排打礦井。其他北大、清華的同學都去了各礦井的生產班組。

益門煤礦完全由手工操作，人工採煤。建井隊在一個採煤工作面上安排四個工人：一人挖煤，一人裝煤，兩人運煤，大家一起「架廂木」。挖煤工用十字鐵鎬連續不斷地對著前面與上面的煤層挖掘，把煤挖掘下來；裝煤工用「掏刨兒」（類似於農民除草用的「刮子」，但比「刮子」要大得多），把挖掘下來的煤刨入畚箕中。

運煤工人把已盛了煤的畚箕端到十多公尺外的煤礦斗車，斗車裝滿後，再推到礦井洞外的堆煤場。兩名運煤工輪流端煤，運煤。挖好「一廂煤」（長、寬、高各約1到2公尺）後，由老工人「掌舵」，砍木料支撐煤層，架好廂木。最後，把採煤工作面打掃乾淨，就完成了一班工作量。

⊙從左至右：歷史系何治龍，生物系曾宗永，化學系應啟肇

我先嘗試用鐵鎬挖煤，煤層還算疏鬆，無論從上往下挖，還是從下往上挖，很容易把煤挖掘下來。但採煤工作面空間窄小，要彎著身子，哈著腰挖掘，十字鐵鎬揮動幅度不能太大，否則要戳到上下或左右的煤層。因為不能伸直身體，我就乾脆單腿跪著挖。雙臂連續揮鎬挖煤，不一會兒就大汗淋漓，氣喘吁吁，手上的虎口也震麻了。

我像用百米衝刺的力氣挖掘，挖上20來分鐘，就已筋疲力盡，眼冒金星，汗流滿面，汗水還不斷流入眼中，鼻孔、喉嚨口像被煤屑堵上一樣難受。就是這樣賣力地挖煤，卻仍供不上裝煤的需求。我難以擔當挖煤這一工序。工人師傅就讓我嘗試刨煤、裝煤。用掏刨兒把煤刨入畚箕，難度不大，我開始還感到比挖煤要輕鬆些，只是要弓著腰去刨煤。沒想到，不一會兒發現腳下的碎煤愈積愈多，挖下的煤運不走，就影響挖煤的進度和出煤量。事實證明：我也不能勝任裝煤的工作。

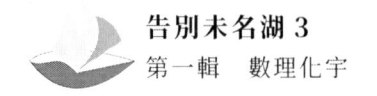

這樣，剩下的就只有端煤、推車運煤這一工種了。這一工序就是：端著已裝滿煤的畚箕，彎著腰跑到停在離採煤工作面十多公尺遠的運煤斗車上，舉起畚箕把煤倒入車內；一畚箕的煤約三十幾斤，來回奔跑二十來次才能裝滿一車煤；然後把斗車推到礦井外的堆煤場，或者其他的運煤出口處。端煤、運煤，是間歇性用力的工作，不像挖煤、刨煤必須連續不斷地工作四五個小時，還比較容易勝任。裝滿煤的斗車用力推動達到一定速度後，人可以跳到車上，煤車會自動滑向礦井外。

由於在鋪設鐵軌時已設計成採煤坑道向礦井外有 3% 左右的下坡度，運煤工這時可以在車上稍作休息，只要在軌道的拐彎和岔道處把握好斗車的運行方向，別讓其出軌就可以了。裝滿煤的斗車出軌是最令人擔心的。車出軌要復原很是費力：先得在出軌處附近尋找一根合適的木棍，試著按槓桿原理用木棍把一噸多重的斗車撬到軌道上。經常找不到合適的木棍，就得用自己的肩膀或背脊頂著斗車，雙腳前蹬，雙手仗著背部力量把車子一頭弄上軌道。

另外也總有些軌道鋪得不規則，工人就得下車用力推。斗車返回時，儘管是空車，也得用力推，因為一路是上坡。就這樣端煤、裝煤、推車，上一個班推運十六七趟，有人估算：一個班下來，要奔跑五六十里路。事後工人師傅告訴我：在井下採煤生產中，推車運煤算是比較輕鬆的工作了。仗著當時年輕，幾天後我就勝任這一工作了。

井下採煤的艱辛

益門煤礦採煤工人實行早、中、夜三班制。每班中間有餐廳派工人送一次饅頭、開水或豆漿作為加餐。當時井下採煤工每月糧食定量 60 斤，每月另有 2 斤豬肉、2 斤白乾等的供應。凡下井採煤工都定為三級工，每月薪水為 38.50 元，每上一個班還發 6 角錢的井下補貼。這對月薪水只有三四十元的工人來說，是個不小的數額，算是個「誘人」的條件。沒有什麼專長、文化程度不高的工人，一般都還願意下井採煤，尤其是拖兒帶女的工人更是看重這些條件。

與此「誘人」條件相應的則是：井下採煤勞動強度大、工作環境惡劣危險。在井下採煤，有時需要人趴在施工面上，或上身彎成與地面平行，爬行著運煤，或運送支撐煤層的坑木。一年四季井下都是同樣的悶熱、潮濕、霉臭，瀰漫著煤屑；為避免瓦斯中毒，要不時地檢測瓦斯的濃度，還要時刻關注避免挖到水源。在礦井下，人常被水淋，汗水加冷水使身上的衣褲總是濕的，即使今天用火烤乾了，由於汗水的緣故，第二天衣褲仍是潮濕的。

上班時套上這樣的衣褲冷得令人難受，尤其冬天套上這種又潮又冷的衣褲，沿著有霜凍的山路，跑著去礦井洞口的火堆旁烤乾，煤井洞口總有常年不熄的火堆。工作服要到從上早班轉到上夜班時清洗，否則中間間隔時間短，衣服洗後晾不乾。這就意味著工作服每三個星期才能洗一次，因為輪班是每三個星期才輪到一次。下礦井穿的工作服每人只有一套，只要你穿它下過一次礦井，就怎麼洗都洗不乾淨了，也派不上別的用處了。

下井幹活的工人出礦井後，除眼睛、牙齒呈白色外，全身上下全為煤屑所覆蓋，人稱「煤黑子」，名副其實。頭幾天下班去浴室，我見浴池的水黑乎乎的，嫌髒，就選用淋浴洗澡。洗完後還沒離開浴室就被老工人叫回來，告訴我身上的煤灰根本沒有洗掉。我仔細一看，發現身上的毛孔被點點小煤塵堵塞著。後來才明白：要想洗去煤塵，必須在很燙的水中較長時間浸泡，全身出汗，讓汗水把煤塵從毛孔中頂出來，才能把身體洗乾淨。

工人師傅開導我說：浴池裡的水雖黑但不髒，煤礦工人是必須天天洗澡的。很快，我也就習慣與工人們一起在浴池中浸泡了。身上洗乾淨了，可鼻孔、喉嚨吸入的煤屑卻難以清除。煤礦工人多是靠抽很嗆人的葉子煙，透過多咳嗽、多吐痰的辦法，把煤屑排斥出來。我就只好隨它去了。

礦難時有發生，工傷更是常見，井下工人常說：「我們是吃陽間的飯，幹陰間的活。」在我剛下井勞動二十來天的時候，有一天我應上夜班，晚飯後正在睡覺，上中班的曾宗永（生物系同學）跑來神色慌張地告訴我：我們班出事了，一名工人從礦井洞上摔下來，可能摔死了。來煤礦沒多久就遇到這樣的事，我倆既恐慌，又難過，沉默地對視著。這時我所在的採煤班組長

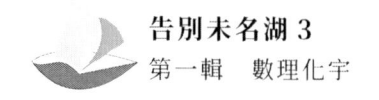

來找我。我以為他是怕我聽了礦難事件害怕，來陪我上班，就趕緊起床去穿工作服。

　　組長阻止了我，叫我穿平時的衣服，跟他去醫院找建井隊指導員。指導員見我來了，把我拉到一旁，神色嚴肅地跟我說：「你已聽說了這次事故，礦上已連夜派人去通知遇難工人的家屬，他們明天就來煤礦。等會兒把他的身體清洗乾淨後轉入停屍房。你今晚的任務是看守屍體，別讓老鼠咬他的身子，尤其要看好臉部。明天早上醫生上班時給他整容，再換上新的工作服。一是對死者的尊重，二是讓他的家屬最後看他一眼，心裡好受些……」我記不清當時自己是怎麼回答的，憑著我對死者的同情與尊敬，我肯定答應接受了這個任務。當我回過神來時，周圍的人已離去，組長也上班去了。護工把遇難工人的遺體推到了停屍房。

　　這次礦難發生在通往上一煤層坑道的鑿井洞中。這名工人在清理鑿井洞頂上的岩石時，一塊炸鬆了的大岩石掉下來，砸斷了他站立的木板，他隨著斷裂的木板落下來。在落下的過程中，其身子在直徑半公尺多的洞壁中多次來回撞擊，最後掉到下面的坑道上。我看其遺體，只能用「慘不忍睹」來描述。停屍房裡只有遇難工人的遺體，空蕩蕩的。

　　我從門診室搬了一把椅子，找了幾張報紙，回到燈光昏暗的停屍房，先認真地察看了停屍房內的四周後，就坐在椅子上翻了一陣子報紙，沒見有老鼠的動靜，就到停屍房外去了。仰望天空，滿天的星斗，皎潔的月亮，浮想聯翩……對面山坡上的露天煤礦不時地發出紅光，礦井也不斷地傳來礦斗車與鐵軌撞擊的「哐當、哐當」聲……近處的礦區工棚異常平靜，人們正在熟睡中……

　　西部地區的晨光就是來得遲，凌晨4點了，東方還沒有發白的跡象，我發現停屍房旁邊走廊的燈光下，有一間收拾得還乾淨的病房，門開著，裡面沒人。在瞌睡的驅使下我就在那兒躺下了，可這一躺就睡著了。突然被一聲尖叫驚醒，趕緊坐起來，一位女護士責問：「誰讓你跑到這兒來睡覺？」我如實作了解釋。

可能她見我是剛來煤礦不久的大學生，態度好多了。她說：這是傳染病房，昨天剛去世一位傳染病人，傍晚護工才打掃好病房。我聽著腿都發軟了，說了聲「對不起」就趕緊跑回停屍房了。好在整夜沒來老鼠惹事。此時，天也亮了，煤礦的汽笛聲響起來了，人們也陸續上班了。醫生與建井隊主管交接後，我就算完成了「驅鼠守屍」的任務。

麻辣川菜差點拖垮我

井下的勞動我逐漸適應了，礦區的生活卻給我帶來了麻煩。四川山區的麻辣菜我實在難以進嘴，即使每次用開水把菜沖洗兩遍，也洗不盡麻辣味，倒是把菜中不多的油水沖洗掉了。礦區的飲用水鹼性很重，使得我油水不足的腸胃老是處於飢餓狀態，天天想吃肉。餐廳每月供應兩次肉，一次是定量肉，一次是井下工人的營養肉（也稱為井下的高溫補助肉），每次供應一兩斤之多。

當地人的習慣是：要麼不吃肉，要吃就要吃個飽，之後可以長時間忍耐不沾葷，我很不習慣。另外，一般四川人喜歡吃有嚼勁的肉，肉中帶有血絲。我的胃難以消化這類半生不熟的肉。剛到礦上時，我常常是吃一次肉，就拉一次肚子。飲食不適應，加上平時下班洗澡後，人很疲憊，有時不想吃飯就去睡覺；上早班起遲了，來不及吃早飯就下礦井，使肚子常常鬧「空城計」，進煤礦僅半年我就落下嚴重的胃病：兩三個月胃就出一次血，稍不注意胃就大出血，出血量大時，造成昏厥。胃病成了我最大的精神負擔。

到了冬季，礦區餐廳幾乎沒有新鮮蔬菜，每天只有白米飯、饅頭、榨菜。有一天中午我去餐廳吃飯，與人邊吃邊聊，當別人吃完飯離開後，我身不由己地又去餐廳窗口打飯，打飯的師傅一面給我盛飯，一面笑著問：「大學生，來客啦？」我答：「沒有呀！」「那你怎麼又來打飯？」這時我才意識到自己已經吃過中飯了，但肚子仍是很餓的感覺。我時常擔心飢餓感時間過長會造成胃出血，就把配給井下工人（驅寒）的酒拿去與當地彝族居民換雞、狗，還常買當地居民的雞、鴨、羊等，以解決我的飲食問題，也就這樣熬過來了。

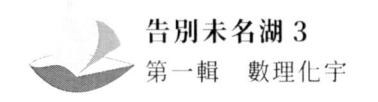

往事難忘

　　回憶在煤礦兩年的勞動鍛鍊，我由衷地感謝工人師傅們的照顧與關心。從我下井第一天起，對我的井下安全似乎就是他們每個人的責任。大家多次提醒我：在井下不能坐下，坐下易打瞌睡，睡熟了就可能出事，因為煤層中散發出的瓦斯是不安全的危險因素。好在益門煤礦中的瓦斯濃度不大，但就是這樣濃度的瓦斯也足以使人中毒。有一次，我誤入較久沒採過煤的坑道去小便，一會兒就昏昏沉沉了，不知何時被工人扶到礦井外休息了好一陣，下班時我感到全身無力，總想睡覺，猶如大病初癒，切身體驗了瓦斯輕度中毒。

　　工人師傅們還告訴我一些井下的安全知識和逃生手段；告訴我如果在井下迷路了，就沿坑道旁排水溝中水流的方向走，因為水總是流向礦井洞口外；碰到礦燈壞了，在一片漆黑的井下，就摸索著去敲打鐵軌，很遠的人都能聽到，就會有人來幫你。平時，與我一起推車運煤的工人總是事先為我挑選一輛滾動性能好一點的礦斗車，讓我推車時輕鬆一點。煤礦軍管會的軍代表和建井隊主管也常有意地讓我做輕鬆一點的工作，例如寫大批判專欄，做些祕書、文字工作，等等。

　　忘不了，我來煤礦半年多時，有一次，也是第一次，被安排去「回採」煤。所謂「回採」煤，就是在已採過煤的坑道裡，用炸藥爆炸的方式把坑道上層的煤炸下來，再把這些煤採集運走。顯然，這種「回採」的方式具有相當的危險性。出於新奇，想看得真切一些，我就站在離炸藥安放點不遠的地方觀看。開爆前，一位工人師傅特意要我退到後面去。但誰也沒有料到，就在我正準備再往後撤時，炸藥爆炸了，就在我們頭頂上的疏鬆煤層頃刻大量落下，一位工人的下半身立刻埋入煤中。我離他最近，就趕緊過去抱住他，試圖把他從煤堆中拖出來，但沒有成功。旁邊的工人們都很快過來用手刨開壓在他身上的煤。

　　當他的腿腳露出時，我嚇呆了，朝前突出的不是腳尖，而幾乎是腳後跟，很明顯的嚴重的腿部骨折變形。工人們趕緊找來木棍，想用木棍把他腿部斷裂處先固定住，但沒有繩子，周圍除了木料、採煤用的鐵製工具外別無他物。

我當即解下自己的褲腰帶，權當繩子，把他的腿與木棍捆綁固定好，大夥兒七手八腳地把他抬到礦井洞外，通知煤礦救護隊把他送到醫院醫治。

經三四個月治療、休養後，他走路已是一瘸一拐，不能再下井，改去做其他工作。之後，我又遇到過一次險情：我跟隨一些工人到上一層坑道採煤，在向上爬井洞時，突然聽到上面有人一聲喊，我正要往上看，感覺有一件東西從我身後落下去了。原來是這位工人不慎，把背著的鑽杆滑了下來。事後，大家都說我命大，逃過一劫。

下班時，我經常走在其他人的前頭。有一回，下中班的夜裡，我依舊走在前頭，突然發現前方有兩盞從沒見過的燈，射出明亮的綠色的光，真美呀！我即刻招呼後面的師傅們：「快來看，這礦燈怎麼與我們的不一樣？那麼漂亮！」工人們順著我手指的方向看去，竟不約而同地大聲喊道：「山貓驢，山貓驢！」我沒聽懂，不明白是怎麼回事。

工人們告訴我：那是一隻狼，當地人稱「山貓驢」。他們還說：早幾年在礦區的夜裡，時常有狼出沒，尋找被人們丟棄的食物。現在人多了，狼慢慢消失了，也難得撞見了。算我運氣好，看到野外的狼了。此後夜間下班我再不敢貿然衝在前面了。

在我住的工棚，有一位開始我沒太在意的書生模樣的工人，上班時穿著很破的工作服，下班後總換上一身很乾淨的衣服。作為鄰居，他後來經常向我借報紙看（當時礦部給我們訂了《參考消息》）。平時，工人們都叫他「眼鏡兒」，我一直不知道他的姓名。有一天，我下班回到工棚，很驚奇地看到我的門前放著一張桌子。大概是我開門或放工具的聲音大，驚動了「眼鏡兒」，他跑出來跟我說：「給你做了一張桌子。做得不好，別見笑。」

我當時真是高興呀！雖說用今天的眼光看，這張桌子就是丟在馬路旁也不會有人撿走。桌子沒有抽屜，桌面是由幾塊板拼成，刨得很光滑，是用廢棄的邊角木料製成的。

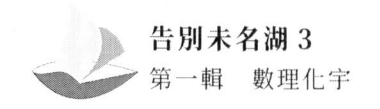

此前，我時常坐在一個小木凳上，哈著腰，側著身，半趴在床沿邊上看書，看報，寫信。有了這張桌子，下班後我就坐在床上，伸展著雙腿，在桌子上寫信、看書報，還能放上一杯茶水。後來，我慢慢地知道了這位「眼鏡兒」是在煤礦木工班上班，以前是一位機關幹部，被劃成右派分子後，到益門煤礦勞動改造。我看他的模樣，當時還不到40歲。如今，他一定已被平反，該可以安度晚年了。

1972年5月，益門煤礦勞動兩年結束了，我們被再次分配工作，我被分到西昌師範學校。恢復研究生招生制度之後，我考上了上海工業大學（與其他院校合併後，現為上海大學）的研究生。畢業後，先後到浙江農業大學、浙江大學、浙江海洋學院工作。如今回憶在益門煤礦的經歷，對我來說，最大的受益是：在這之後，我在工作、學習和生活中無論遇到什麼困難，怎樣的坎坷，都能坦然面對。「知足者常樂」與「天生我才必有用」，成了我人生的座右銘。

應啟肇，1946年4月生，浙江寧波人。1964年考入北京大學化學系。1970年3月被分配到四川西昌地區（現為四川涼山彝族自治州），又被安置到益門煤礦勞動鍛鍊。1972年5月，再次分配到西昌師範學校任教。1979年9月考入上海工業大學（現為上海大學）冶金工程系研究生，1982年畢業，獲碩士學位。1982年之後，先後在浙江農業大學、浙江大學、浙江海洋學院從事教學與教學管理工作，曾任浙江海洋學院黨委副書記、副院長、研究員。曾獲國家級教學成果獎二等獎，享受國務院政府特殊津貼。2010年3月退休。

⊙應啟肇2012年夏於法國斯特拉斯堡

走進仡佬之源的務川

程民華

翻開中國地圖冊，在貴州省遵義的東北方向，有一個很不起眼的地方，標著「務川仡佬族苗族自治縣」。1970 年 3 月從北京大學畢業後，我被發落到這塊貧瘠的土地，一待就是 9 個春秋，直到 1979 年 4 月離開。這裡度過的 3000 多個日日夜夜，給我的人生留下了刻骨銘心的記憶。

首發遵義

1970 年春節剛過，聽到要畢業分配的消息，我心裡激動而又不安，小鳥終於要出籠了，但又不知會飛向哪裡，遭遇怎樣的風雨。那時，一會兒說維持原方案不變，一會兒又說全部面向基層接受「再教育」。在忐忑不安中，我們終於等到 3 月 10 日公布分配方案的那一天。工宣隊員在會上冷冰冰地公布每個人的分配去向，我們則像聽宣判書一樣，僵硬地坐在下面，默默地等待命運的安排。

容不得商量，更不能說「不」，因為對抗工宣隊便意味著失去畢業的資格。我被分配到貴州省遵義地區，這對我來說是不幸中之幸運，因為當時一怕去教書，二怕到農場，聽說去貴州到工礦工作的機會比較多，所以我心情稍稍平靜一些。會後，工宣隊員直接把 3 月 15 日的火車票給了我，我來不及跟同學告別，也來不及回家，就匆匆上路了。

那時，北京到遵義還沒有直達火車，我們先坐上北京至貴陽的列車。車上有一大群分配去西南工作的北大同學，起初大家有說有笑，車廂裡挺熱鬧。隨著火車往前開，分在湖北、湖南的同學陸續下車，車廂裡越來越冷清。當列車進入貴州地界時，一種失落感頓時浮上我心頭；火車在艱難地向上爬坡，我的心卻開始下沉。以前只聽說貴州是「天無三日晴，地無三尺平，人無三分銀」，而今真的踏上這塊陌生的土地，對一直生活在大城市從未進過大山的我來說，猶如折翅的鳥兒一下子落到谷底。行駛了 52 小時，列車到達了貴州的省會貴陽市。

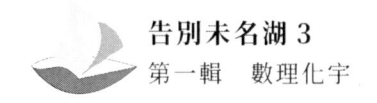

第二天早晨，我們從貴陽乘上到遵義的列車。那時這條線剛開通，火車行駛得很慢，160公里路程居然整整用了5個小時。下車後我扛著兩個旅行袋，步行一個多小時才找到遵義地區畢業生分配辦公室。先到的校友也在等候。由於當時這裡剛發生武鬥，一切都不正常。一個軍代表出面接待，要我們先到招待所休息，等候通知。此時，我們得知北大、清華兩校共有43名畢業生分配到遵義地區。

遵義地處黔北高原，平均海拔在一千公尺以上，近代以遵義會議聞名，古代隸屬夜郎，唐代大詩人李白當年充軍還未到此就被特赦，留下了「千里江陵一日還」的著名詩句。而我們發配遵義不是終極目標。根據上面的指示：我們必須下到最基層，因此還要再向下分。我們這些人好不容易在千里之外相聚，再也不想分開，要求集中到一個或兩個「再教育」的點上，但遭到斷然否決。他們怕人多會鬧事，所以採取化整為零的策略，將我們分成八個組，全部分散在遵義邊遠的八個縣，遵義市和較近的縣一個不留。我和物理系的卞大明、無線電系的陳伯蘇、中文系的何金福和林琳五個人被分在最偏遠的務川縣。

再下務川

遵義地區當時下轄1市12縣，方圓幾千里，務川仡佬族苗族自治縣位於遵義東北部，東臨梵淨山，北靠四川酉陽（現屬重慶市），距遵義市200公里，不通鐵路，只有一條崎嶇的公路。早上8點，我們從遵義市出發，汽車穿越在叢山峻嶺之中，直到下午4點半才到達目的地。儘管一路溪流縱橫，銀瀑飛濺，林木幽深，我們卻沒有一點兒欣賞身邊景色的心情。在這裡，我們經受了重重磨難，首當其衝的是要過好環境、生活、民俗三關。

先是環境關。務川原名「婺川」，因婺星飛流隕石墜地而得名。縣城處於兩座大山的狹縫裡，東西不到一里地，一袋煙的功夫便可以從城東走到城西。城裡除了縣政府、醫院、學校是磚木結構的樓房外，其餘都是土木房屋。我們一行五人來到縣政府，他們已經獲悉分來五個北京的大學生，一報到我們就被告知：縣城是上層建築，不能容納臭知識分子，你們必須到下面的公社去接受貧下中農的再教育。

此時，我們猶如虎落平陽，一丁點兒反抗的力氣也沒有，只有聽其擺布。就這樣，我們又一次被分配到離縣城60里遠的新田公社。這地方連汽車都不通，只有一條拖拉機才能開進去的泥濘小道。我們坐上縣裡派的專車——一輛拖拉機，帶著行李，一路折騰顛簸，到公社的時候天快黑了。只見好多居民打著馬燈在路口等候，我們原以為是歡迎我們這幾位遠方來客呢，事後才知道他們從未見過拖拉機，特地趕來看熱鬧的。

二是生活關。40歲左右的公社主任，稱我們是北京來的「高級幹部」，因為我們的薪水比他高。他很熱情，怕我們新來乍到不適應，就把我們留在公社安置在一位居民家裡。這是一棟典型的仡佬族民居，干欄式結構，依山而建，一列三間，中間為堂屋，供有神台，兩邊是臥室。房東是一個60多歲的慈祥老太。為了迎接我們的到來，她把二樓本來作糧倉的庫房騰出三間供我們居住。沒有床就用門板搭在條凳上，墊上稻草。這裡不通電，藥瓶挖個眼安上燈芯就是自製的煤油燈。蚊帳是必需的，這裡的蚊子不僅多而且大，貴州十八怪中就有「三個蚊子炒盤菜」一說。

住宿條件雖然簡陋，但我們也滿意了。可吃飯卻成了大難題，因為我們都沒有下廚的經歷。一位同學心細，離校時帶了一本北大餐廳編的食譜，照本操作，是「讀書人」的特長。我們作了分工：卞大明個頭高大，負責挑水、劈柴等力氣活；陳伯蘇心細，管洗涮、點火；我是學化學的，責無旁貸當了廚師，因為烹飪就像做化學實驗一樣，只要有食譜，控制好溫度、時間、配方就能做成美味佳餚。就這樣我們的臨時小家庭開始運作了。

貴州的生活節奏比較慢，一天只用兩餐。做農活不算累，社員們對我們很是關照，一般像挑糞、犁地這樣的重活不讓我們做。最累的是砍柴，這裡四周都是原始森林，屬自然保護區，嚴禁亂砍濫伐。地方政府專門開闢一片林木供生活燃料之用，離居住地有十幾里遠，每次都要爬山越嶺，一個來回七八個小時，所以砍一次柴比幹活兒還累。記得有一次誤砍了一棵漆樹，弄得我渾身過敏，手臂、脖子都紅腫起來，奇癢無比，極其難受。

三是民俗關。我們所在的新田公社四周環山，交通十分閉塞，外人幾乎見不著。這裡的原住民屬於仡佬族，其祖先是僚人，追溯其源距今已有2100

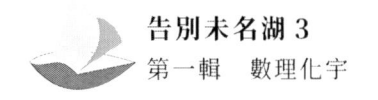

年歷史。古代僚人分布在雲南、貴州一帶，西漢時稱夜郎古國；其中一部分遷居此地，過著幾乎與世隔絕的農耕生活。仡佬族的語言和文字已經完全被漢化，但仍保留著獨特的民俗和服飾。

女子穿無領大襟長袖衣，衣上滿是層次豐富、顏色各異的菱形或長形圖案，下著百褶裙，勾尖鞋，腰繫小圍腰，頭盤大髮髻，戴彩色花邊的黑色頭巾；男子穿雙襟密線上衣，束腰帶，長褲，元寶鞋，一丈多的白布或藍布包頭，稱為「帕」。仡佬族的婚喪嫁娶和祭天朝祖保留濃厚的民族特色。住房與苗寨差不多，都是兩層木板房，二層存放農具，儲藏糧食，一層供人居住。壩子平坦適宜種水稻，山坡上種玉米，成片的竹林和板栗、銀杏等經濟作物是他們的主要收入。

我們雖然是外來人員，但有別於知識青年，不分口糧，不掙工分，純粹是義務勞動，所以與社員拉近了距離。當然我們也努力自覺地接受「再教育」，參與勞動，自覺尊重民族兄弟的習俗，瞭解社會最底層的生活狀況，知道他們所愛、所憎、所願，所求，得到了他們的認可。公社殺豬時我們常得到優先供應，房東還把自留地讓出一個角，讓我們自己種菜。儘管我們生活在社會的最底層，精神上苦悶，但從當地居民那裡也得到許多真誠和慰藉。

沉入底層

在基層勞動鍛鍊一年後，我們進行了再分配。中文系的何金福和林琳分到區裡的一所學校當老師。陳伯蘇和卞大明分在縣百貨公司，因為半導體收音機是當時當地最暢銷最時髦的商品，但出現故障後百貨公司卻沒人會修，聽說有無線電和物理專業畢業的大學生，百貨公司如獲至寶，還專門送他們到上海百貨公司進修了三個月。我是學化學的，分在縣工業局，算學以致用。和我分在一起的還有化工和輕工專業的三個大學生，一個局長帶我們四個大學生，構成了學歷層次最高的縣級機關部門。

務川縣是國家級的貧困縣，但有豐富的礦藏，其中汞礦儲量僅次於萬山，位居全國第二，務川也因此獲得「丹砂古縣，仡佬之源」的雅號。丹砂是汞的化合物，化學成分是硫化汞，是古代用作煉丹和作畫的原料，也是一種名

贵的中藥材。煤、鈦、石膏、雲母等的儲量也相當豐富。我在工業局呆了近7年，也許因為長期寄宿於斯，對務川產生了深厚感情，期冀以所學為當地做點兒有益的事情。

局長是從部隊轉業到地方的營職幹部，頗具軍人氣質，做事、決策果斷，雷厲風行。為摸清縣裡的資源分布，我跟他走遍了全縣山山水水，並且為籌建汞礦廠、水泥廠、化肥廠發揮了應有的作用。在繁忙的工作之餘，我們也飽覽了務川集山峻、谷險、洞奇、石美、園闊、泉特、水秀於一體的喀斯特地貌自然風光。

在務川的9年歲月裡，我們飽嘗了生活的酸甜苦辣，也收穫了至為寶貴的人生感悟：人生猶如一片小舟，逆流而行，不進則退；人生的許多成敗，不在於環境的優劣，更在於是否選對自己的位子。9年中，我們始終堅持這一信念，在這個偏遠的窮山溝裡沒有沉淪，沒有自暴自棄，堅信嚴冬過後，春天必定來臨！

柳暗花明

⊙程民華近照

到1978年，春風終於吹過婁山關，我們看到了希望，聽到了呼喚，如魚兒躍起，如鳥兒展翅，如馬蹄奮起，在不到半年的時間裡，縣裡百餘名大學生迎來人生的轉捩點，考研的，調動的，紛紛尋覓人生新的定位。

陳伯蘇考上研究生，現在美國加州從事科學研究工作。卞大明調往大港油田從事職業教育工作。我卻陰差陽錯地成了一名教書匠，在教育崗位上用自己的追求折射了師德的神聖，用自己的言行實踐了師德的內涵，用自己的

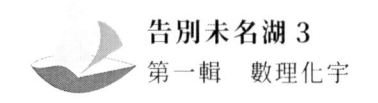

心靈展現了師表的風采。幾十年的教育生涯使我深深感到：傳道，不僅要傳學問之道，更要傳為人之道。

做教師的在學生面前一站，就應該是一根言行一致的標竿。我站在講台，從普通教師到政教主任、教務主任、辦公室主任、校長助理、副校長，直到校長，學校的所有崗位我都歷練過。我教過的學生中，考上大學的數以千計，看到自己的學生取得驕人業績，我感到無比欣慰和幸福。

到了退休年齡，我像一個負重的跋涉者，翻山越嶺，難以停下腳步。轉了一大圈兒之後，我又回到了出生地上海，受上海進才中學培訓中心特聘，繼續從事「高考復讀」教育，使高考失利者重新鼓起勇氣，為臺港澳的學生參加大陸的高考把關，為「三校生」（技校、中專、職校）更上一個台階引路導航。

回憶我幾十年的人生閱歷，雖不轟轟烈烈，卻也濃墨重彩；雖然坎坷不平，卻也路轉峰迴。人生軌跡就像畫圈：有時圓暢，有時凸凹。人生有時充實，有時凝重，有時曲折，有時滋潤。我曾經是城裡人，京城人，山裡人，鄉裡人；退休後在上海浦東，又是新區人。豐富的人生閱歷使我能從不同角度、多個視野看世界，使我對生活、歷史、文化、命運和幸福有了不同尋常的理解。

2014 年夏天我到臺灣旅遊，拜謁星雲法師的佛光山，求得一簽：上籤是「寫書寫史寫人生」；下籤是「立德立心立覺悟」。這驗證了我的一生追求，一下子頓悟許多。歲月如歌，我心依舊。黔北仡佬度過的 9 個春秋，雖飽經磨難，卻是我人生中一段難以忘懷的記憶。在有生之年，我將把人生軌跡的圈繼續畫好。

程民華，1946 年 7 月生於上海。1964 年 9 月自上海光明中學畢業，考入北京大學化學系。1970 年 3 月分配到貴州省遵義地區務川仡佬族苗族自治縣。1979 年 4 月在貴州航空天義中學任教。1993 年 7 月在江蘇省南師大月城實驗中學任教。2006 年 7 月退休，被上海進才培訓中心特聘至現在。

中學高級教師，上海師範大學校長培訓班結業。曾任中學校長，省先進教育工作者，航空教育協會理事。

漫漫人生路悠悠同學情

——點讚 03642 人生畫傳《七秩感悟》

趙學文

畫傳的面世

1964 年 9 月金秋，來自 15 個省、市、區的 31 名年輕學子聚首燕園，組成北大一個全新的集體——化學系 1964 級 2 班，系科代碼為 03642。沒承想，這一聚便結下了半個世紀的不解之緣。

第一輯　數理化宇

　　2014年6月，03642近三分之二的同學相約東海之濱的連雲港，紀念入學50週年。當年風華正茂、激情四射的莘莘學子，如今大多已屆七旬高齡。好友相聚自然有憶不完的往事敘不完的情，但談論更多的則是人生的經歷和感悟。於是，有同學建議以此為主題編輯一本畫傳，對個人是個總結，對同學是個交流，對社會是個交代，也為後輩留下一筆寶貴財富。這一建議得到全體與會同學的熱烈響應，並一致贊同取名為《七秩感悟》。經過全體同學歷時半年的努力，這本設計新穎、圖文並茂的畫冊終於面世。

　　《七秩感悟》屬於畫傳，記錄的是普通人，平凡事，是20餘位同學流金歲月的掠影。大道至簡，平凡中映襯著高潔，普通中蘊含著不凡。全冊由三個篇章組成：「滄海歲月篇」，主要以不同時期集體活動的合影，記錄幾度風雨、幾經搏擊的酸甜苦辣的人生；「風采自我篇」，以美好的個人肖像和溫馨的家庭留影，展現個人的昨天、今天和明天；「笑意人生篇」，以詩詞歌賦、格言、座右銘和回憶文章等，回顧人生的歷程，暢談人生的感悟。

　　《七秩感悟》是集體智慧的結晶。全班31位同學，除3位英年早逝、2位失聯外，其餘26位同學都為此傾注了高度的熱情，個中情結，個中精神，無不令人動容。石洪、劉佩剛從大洋彼岸發來英文版的稿件和圖片；馬連弟提供保存已久的《新生教育手冊》；許多同學晒出當年的學生證和補發的畢業證，回眸年輕時那種青澀，那種幼稚；管國生與其孫子聯名寫出《約定》，讓我們真真切切地看到未來的希望；徐靜芳獻出當年毛澤東在天安門城樓接見的珍貴照片；初志農和李雅林回憶了在新華社香港分社工作期間親身經歷香港回歸祖國的盛典；文紀可專程從湖南株洲到上海，和編委商榷樣稿的審閱和排版；劉華、張瑩趕在到國外探親之前把有關資料交給編委，並提出許多寶貴的意見和建議；程民華更是主動請纓，承擔了聯絡協調、資料收集、整理加工、總體設計、編輯校對等全部工作，為畫傳出版立下首功。

　　著名書法家歐陽中石學長題寫了書名，江陰市的楹聯家給每個同學撰寫了嵌名聯，為畫傳增色添彩。上海沐加數碼科技有限公司對版面設計、圖片修改、文稿排版和印刷裝訂精益求精，為畫傳圓滿出版提供了堅實的支撐。

人生的畫卷

《七秩感悟》是人生的畫卷，記錄了03642同學的人生歷程。有人說這代人是幸運的，經歷了共和國幾乎所有的重大事件；也有人說這代人是不幸的，正當長身體的年齡遭遇了三年災害，正當胸懷大志向科學進軍之時，那場史無前例的浩劫關閉了他們的理想之門。然而，無論是陽光燦爛還是陰霾滿天，無論是坦途還是坎坷甚或磨難，都沒有阻隔同學們對命運的抗爭和對美好的追求。一路走來，折射出共和國成長的足跡。

從入學到畢業，同學們朝夕相處近6年之久。激情燃燒的歲月，青春綻放的年華。風華正茂的學子沐浴在金色的陽光下，度過了豐富多彩的校園生活，經受了全方位的鍛鍊。大家一起參悟北大精神的魅力，確立了人生的追求；一起接受嚴格的「三基」（基礎理論、基本知識、基本技能）訓練，培養了嚴謹的學風；一起開展真誠的學雷鋒活動，淨化了思想靈魂；一起經歷史無前例的「文革」浩劫，錘煉了適應社會的能力。彼情彼景至今仍難以忘懷。

所謂的畢業分配是他們人生歷程中的一個分水嶺。入學時是百裡挑一、萬裡挑一的天之驕子，分配後絕大多數同學到最基層去接受工農兵的「再教

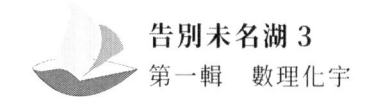

育」。本來一代大有希望的青年才俊，成為殘酷政治爭鬥的犧牲品，承擔了本不該由他們承擔的懲罰。說是公布畢業分配方案，實際上是一次命運宣判。

台上，工宣隊員冷冷地宣讀決定；台下，同學們忐忑地等待著對自己的發落。沒有討論，沒有徵求個人意見，有的只是絕對地接受和服從，否則取消分配資格。北大1963-1965級三屆同時分配，近4000人，公布方案後3天必須離校。沒有畢業典禮，沒有合影留念，沒有分別小酌，滿校園一片狼藉，到處都是匆匆購買包裝箱、草繩和託運行李的身影，同學們的臉上寫滿了悲愴與茫然，誰也說不清前路和歸宿。

沒有神仙和上帝，主宰命運全靠自己。抵達目的地後，同學們經歷了從未經歷的事，經受了難以想像的磨難。許家莉到了遼南農村，劉華、張瑩、郝春曦到了燕山深處的山村。為了生存，他們從打柴、燒柴做飯學起，和當地的農民一起戰天鬥地。初志農、李雅林到了榆林荒漠，和陝北當地居民一起艱難創業4個月13天。程民華到了偏僻的貴州務川，與仡佬族兄弟共處9年。徐靜芳、文紀可、王學勤、黃萬祥、何開讓等到了部隊農場，與士兵一起摸爬滾打。杜永春、劉海萍、馬連弟等到了最基層的企業，一切從頭做起。

1976年7月，劉海萍隨單位來到河北唐山，恰值遭遇大地震，被埋在倒塌房屋的廢墟裡，幸好被人扒出，逃過一劫。環境無疑是艱苦的，條件無疑是惡劣的，然而這代人從花季少年到中學再到大學，持續接受了革命傳統教育，熱愛祖國，忠誠於黨，報效人民，以及從母校汲取的高度社會責任感和對真善美的強烈追求，構成了他們共有的內在氣質。

同命運抗爭，在逆境中拚搏，腳踏實地做事業，成為他們彼時彼刻的質樸追求。初志農、李雅林在當地一個小化工廠研製出供開山用的土炸藥；程民華幾乎跑遍了當地的山山水水，調查礦產資源，參與籌建了汞礦廠、水泥廠、化肥廠。在共同戰鬥與生活中，他們以實際行動和人格魅力得到當地群眾的認可，與當地群眾結下了濃濃的情誼。當初志農、李雅林離開時，全大隊幾百號人從溝底趕到溝口為他們送行，他們至今感動不已。

「文革」結束後，憑藉逐漸好轉的社會環境和個人努力，03642同學大多找到基本理想的歸宿，回歸本當屬於他們的崗位，有的在大學，有的在科

學研究院所，有的在國家機關，有的在國企，有的成長為中學名校的校長，還有兩位同學寄居海外，亦有驕人的成績。

如今，03642同學大多退休，兒孫繞膝，衣食無憂，在溫馨的家庭環境中盡享天倫之樂。偶有閒暇，或做點兒服務社會的公益工作，或外出走走，飽覽大好河山，老有所學，老有所為，老有所樂，過著幸福、灑脫而充實的生活。

《七秩感悟》全方位地展現了03642同學的人生軌跡，記錄了03642同學的人生感悟。人生總要從起點到終點，任何人都擺脫不了這一軌跡。關鍵不在終點而在過程，正如登山，佳景盡在途中。只要在人生征程中不甘寂寞，抗爭了，奮鬥了，儘管沒有驚世之舉，卻以紮紮實實的業績和平平常常的奉獻，實現了自身價值，就無愧於心，無愧於母校，無愧於時代和民族。

友情的讚歌

《七秩感悟》是一首友情的讚歌。同學之間的情誼宛如一罈老酒，時間越久香氣越濃。《七秩感悟》的字裡行間瀰漫著這種沁人肺腑的、延續了半個世紀的醇香。

在學期間，03642是一個團結友愛、奮發向上的集體。在學業上，大家互相切磋，互相提攜，「不讓一個階級兄弟掉隊」。在約2年的時間裡，系統學習了無機化學、分析化學、普通物理、高等數學等課程，做了幾十個基礎實驗，全班同學大都取得了優良的成績。在生活上，大家互相關愛，互相幫助，充滿溫馨與和諧。劉佐才來自湖南湘鄉一個貧寒的農民家庭，入學時他赤著雙腳，用扁擔挑著行李從永定門火車站走進了校門。

他至今還記得徐靜芳同學送來褥子，石洪同學給他毯子，許家莉等女同學幫他織毛衣。劉海萍同學不慎右手骨折打上石膏，徐靜芳等同學放棄了寒假回家的機會，留下來照顧她的生活。週末，女同學時常幫助男同學縫製棉被，還把結餘的糧票接濟男同學中的「大肚漢」。何開讓來自四川偏僻的山區，處處感受到同學們的溫暖和情誼。幾十年後談到那段生活，他深有感觸地說：「進入03642，彷彿身邊多了30位兄弟姐妹。」

畢業了，大家天各一方，彼此更是平添了幾多思念，幾多牽掛。平日的魚雁頻傳，節假日送上的溫馨祝福，拉近了大家空間和情感的距離。遇到重要時間節點，更為同學相聚提供了最佳時機。無論是相約「九八」，還是百年系慶，抑或是入學 40 週年、50 週年，都要舉行大型聚會，每次參加者都占全班同學的三分之二以上。2003 年，大哥楊維全同學率先步入花甲，全班 20 餘位同學從全國各地齊聚北京，向他送上生日的祝福。

　　1999、2014 年，文紀可、王學勤極盡地主之誼，邀請全班同學暢遊南嶽衡山和東海之濱的連雲港。今年 9 月，管國生、孫麗梅伉儷盛情邀請全班同學到泰山一聚。楊淑賢、黃萬祥操辦的長白山遊和赤壁遊也在籌劃之中。今年，又開通了北大 03642 微信群，20 餘位同學入了群，藉助現代通信手段，同學們天天「相見」，或暢談讀書心得，或探討國內外大事，或交流養生之道，或噓寒問暖，或善意戲謔，十分活躍。

　　在當今道德下滑、物慾橫流的社會環境中，保持這份不摻雜任何利益色彩的純真是彌足珍貴的。03642 不僅做到了，而且一定會持久地弘揚下去。

　　瀏覽《七秩感悟》之後，感慨良多。祝願我們的人生之路走得越淡定，越充實，越瀟灑……為實現「中國夢」積累和傳遞正能量，描繪更加絢麗的夕陽紅！

趙學文，生於 1944 年 8 月。1964 年 9 月考入北京大學化學系，畢業後直到 1992 年 5 月在北京大學工作，曾任北京大學校刊主編，北京大學電視台總編。擔任中國教育記協、北京市新聞學會、北京市記協理事。1992 年 5 月調到國家自然科學基金委員會，任黨組祕書兼祕書處處長，政策局局長。1999 年晉升正高級專業技術職稱。

▎遲來的春天

葉澔

　　作為 1970 屆畢業生，我儘管在大學裡只念了一年的基礎課，但至今仍受益匪淺。印象尤為深刻的是《數學分析》課程中所論述的拐點在曲線軌跡圖中的作用：一個小小的拐點，足以四兩撥千斤地決定曲線很長一段的走向。從 60 年代到 80 年代，是我們 1970 屆大學生由中學、大學、步入工作崗位、再到成家立業的關鍵階段，其中的每一步都會直接影響到我們整個人生的走向。由於「文革」，在這理應為人生中最美好寶貴的青春歲月裡，我們卻歷經坎坷和磨難，真可謂往事不堪回首。

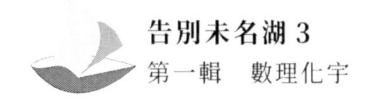

報考哈軍工，還是北大？

我人生路上第一個重要轉捩點應是跳級考進北大，否則我就不是「老五屆」，而是命運更加曲折悲摧的「老三屆」（這裡指 1966-1968 屆高中生）了。

那是 1965 年的 6 月初，當時高教部臨時決定從北京、上海的高二年級中選 24 名學生試驗性參加高考。我所在的上海市上海中學共有 6 人入選。有意思的是：填升學志願表時，好像商量好似的，我們 6 人中竟有 4 人報考哈軍工（之所以如此推崇軍校，可能與 1963 年毛澤東所發出的「工業學大慶，農業學大寨，全國學解放軍」這個當年風靡全國的口號直接有關）。

不料，我的長期從事教育工作的父親卻直截了當地表示不同意我報哈軍工，他的理由很簡單也很特別，只一句話：「哈軍工是好，不過，你三個姐姐中兩人進哈軍工，一人進西軍電（即現西安電子科技大學），這已經夠了。還是像你哥哥一樣報考北大吧。」他讓我哥哥推薦了北大幾個很有特色的理科專業。結果我聽從了父親的意見，但對那句「這已經夠了」的真正含義卻始終沒想明白。

直到「文革」後期，一次聊天時，父親才邊回憶邊娓娓道來：「你姐姐們考大學時還好，但到了 1964、1965 年，軍事院校受部隊直接影響所推行的那套學校管理方法變得實在太過離譜。看到你也要趕這趟熱鬧，我心裡便湧起一股說不清道不明的滋味。全國學軍隊，也不至於你們兄弟姐妹個個都得去當兵吧！」

又過了若干年後，一次家人討論該如何評價鄧小平在中國歷史上的地位時，父親望著我淺淺一笑道：「都說得感謝小平，你與別人相比，更不能忘記他：當年沒有他的首肯，你是不會有跳級考大學機會的，如今沒有他的改革開放，你也不可能出國發展。」我這才知道，那年選拔高二學生跳級考大學的教改試驗，由於黨內左傾思潮泛濫，弄得幹部們謹小慎微，在逐級報批中屢遭質疑，連中央主管教育的書記都猶豫不決，最後多虧鄧小平輕輕一句「試試又何妨」，此事才在臨考前匆忙決定。

校園變角鬥場，幹部子女變可教子女

父親讓我報考北大，是希望我能在一個相對單純且濃厚的教育氛圍裡專心致志地完成大學學業。可惜人算不如天算——1966 年 5 月 25 日，我和同學們正一起積極準備入學後的首次年終考試之際，北大燕園的寧靜突然間被哲學系聶元梓等七人的一張批判校黨委的大字報所打破。

6 月 2 日《人民日報》頭版通欄刊登了這所謂的「全國第一張馬列主義大字報」。短短數天內，「文革」風暴便以迅雷不及掩耳之勢席捲全國的大中小學校。從此，作為中國最高學府之一的北大竟再也放不下一張可讓人靜心讀書的課桌了。

頭幾個月，我們還興奮而又全然不明就裡地投入到批鬥「黑幫」、大串聯等活動中。從 1967 年初起，事情開始變味了，面對各級政權的真空，學生運動逐漸演變成兩派間爭權奪利的戰鬥：先是鋪天蓋地的大字報及語不驚人死不休的巨幅標語口號，到 24 小時高音喇叭對罵的口水仗；到了 1968 年春末夏初，一場驚心動魄的頭戴柳條帽、手持長矛的血腥肉搏戰在北大學生宿舍區開打，原本以風景優美而著稱的燕園頓時變成讓人心驚肉跳、刺刀見紅的古羅馬角鬥場。

我和班上許多同學一樣，「我惹不起，還躲得起」，鋪蓋一卷紛紛離校借居他處。我住進哥哥單位的單身宿舍，難得地過上了一段「躲進小樓成一統，管它冬夏與春秋」的逍遙派生活，其間自學完《常微分方程》，還啃下一本英文數學原著。

面對持續數月烏煙瘴氣、永無休止的北大、清華武鬥，最高層終於出面干預了，北京大學的五大學生領袖被召進中南海。隨後，《人民日報》社論——《工人階級必須領導一切》發表，工宣隊進駐大學，歷時兩年多的紅衛兵運動走到盡頭，退出了「文革」的舞台。

兩派組織被解散後，我們按原班級編制進入「復課鬧革命」，日盼夜盼的有課可上的日子總算等到了。系裡為 1969、1970 屆計算數學班開設了「程

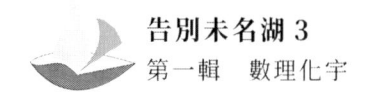

式設計」課，並安排去中科院北京計算所、首鋼自動化所進行上機實習，我開始觸摸到了嚮往已久的、那時在中國尚寥寥可數的電腦。

1969年夏，毛澤東發表最高指示，把父母被劃定為「走資派」的青少年冠之為「可以教育好的子女」，我猜想：老人家的本意是希望這批人不要被歧視。然而，事情到了工宣隊這一層卻完全走了樣：我和同年級中的幾個幹部子女被要求參加每週額外兩次的「可教子女學習班」。工宣隊師傅們輪番訓導，其中一位更過分地硬說我們幾個與一般同學不一樣，除做他人都得做的「鬥私批修，靈魂深處鬧革命」外，還必須自覺自願地從每根汗毛孔查起，非如此不能徹底肅清身上隱藏得很深的自出娘胎便染上的「封資修」流毒。學習班裡的一位同學私底下發牢騷說：我們的政治待遇離「脫帽右派」實際上相差無幾了。

烏江邊的一隅之地

正當同學們紛紛擔憂今後的去向和出路時，1970年春天工宣隊奉高層旨意突然宣布：1969、1970屆畢業生必須馬上離校。面對那快刀斬亂麻般的分配方案，作為「可以教育好的子女」的我還沒來得及作任何反應（其實，即便有反應也是白搭），便被蠻橫地發配至貴州省思南縣。

我們乘坐火車，經過兩天一夜穿山越嶺後到達遵義市，再乘8小時的長途客車進了思南縣縣城。滿以為這下該可以伸伸懶腰，歇歇腳了。不料縣革委會組織部門的一位青年人不容分說地遞過來一紙公文：按照貴州省的規定，北京來的大學生全部需帶薪插隊勞動鍛鍊一年。我被指派到縣裡最為偏遠的、地圖上無注名的、不通公路亦不通電的合朋公社。

就算一百個不願意，但孫悟空跳不出如來佛的手掌心，我除了乖乖前去，又能如何？於是，搭上烏江（係長江上游南岸最大支流，貴州第一條大江，《長征組歌》中的「烏江天險重飛渡」即指此江）上運鹽的大木船，逆流而上，走走停停，兩天後船才靠岸，到了名叫「瓦窯」的江邊碼頭小鎮。

在這裡，我胡亂找個人家住了一宿，次日拂曉雇了個挑腳伕（因山路蜿蜒盤旋且又濕又滑，非當地人哪怕空手行走，一不小心隨時會摔跟斗，而那

青苔小徑一邊傍山，一邊則多半是幾丈深的懸崖峭壁，一旦失足，後果不堪設想）兼嚮導，我緊隨其後，連滾帶爬地翻越了幾座大山，傍晚時分抵達最終目的地合朋公社——這個令我一輩子都無法忘掉的偏遠一隅之地。

當夜，一切塵埃落定之後，在四周一片漆黑寂靜中的我麻木而無助地乾瞪著煤油燈罩裡忽閃的火苗，心裡嘀咕尋思著：如果說世界上真的存在什麼窮盡之處的話，那麼這合朋公社無論如何應當算得上地球的盡頭之一吧！

⊙ 1965 年於上海

公社主管按照「三同」（同吃同住同勞動）的要求，把我派住到一位老貧農家。山裡人老實好客，但他家只有一間睡房，無奈之下只能將就著在緊挨牛棚旁邊為我搭個床鋪。開始數天，熏人的牛糞味使我夜間輾轉反側，難以成眠，一片漆黑中我瞪著雙眼仰躺在木板床上，耳邊充斥著牛鼻子裡發出的粗重喘息聲，怎麼想也想不明白，到底為什麼會從萬眾矚目的首都一下子墜落到如此慘不忍睹的環境？甚至會時不時不由自主地掐大腿，但願自己只是在一場噩夢中。

慢慢地，由於一天勞動下來已累得動都不想動的地步，逐漸習慣後竟一倒頭便也能呼呼入睡。有時想想，居然有機會體驗一把「文革」中沒進過的「牛棚」生活，忍不住私底裡自嘲一番。貴州素來有「天無三日晴，地無三尺平，人無三分銀」之說。自來水當然只能是種奢望。但讓人無法想像的是：

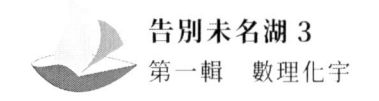

這裡山區的水井口淺且大，每逢下雨井水會漫出地面，與周邊泥漿相混，那水便成淺黃色的泥水，需在水缸裡沉澱一夜後才能飲用。

我過了半年這種純山區農民的日子後，公社召集同生產隊的一幫農民兄弟對我的勞動表現進行評議。由於我平日裡與他們相處得不錯，在一片「要得」（貴州方言，意即挺好）聲中，我提前結束勞動鍛鍊，被派至當地小鎮上的合朋小學任國中數學教師（那時流行所謂的小學「增設」國中），自此開始了離開燕園後的第一份正式工作。

我在國內最貧困山區任教時，與城裡學生中普遍流行的「讀書無用論」相反，那裡的青少年對學習知識的渴望程度給我留下深刻的印象。任教的日子雖然相當悠閒自得，但與我自幼的理想抱負實在相去太遠。在默默等待中，機遇終於不期而至。

返回黃浦江畔

70年代初，頂層權力爭鬥仍然此起彼伏、凶險而激烈，並未因劉、鄧的下台而有片刻的消停。1971年9月13日，更爆發了震驚中外的、近似天方夜譚般的事件——剛破天荒地在黨章中被明確確定為毛澤東接班人的林彪，才兩年不到竟出逃外鄉、機毀人亡。可以說，這一事件也是「文革」全過程中的關鍵轉折點。

此後，周恩來主持制定了一個內部政策：行政13級以上幹部，除已定性為敵我矛盾的之外，一律恢復原有的薪水及醫療保健待遇，其中，凡因林彪「一號命令」被強行遣送去外地的，都安排返回原居住地。不少被打倒解職的老幹部由此至少在生活方面獲得了些許改善。於是，我父親以體弱多病、身邊無子女照顧為由，打報告申請把我調回上海。原本只想試一試，出乎意料的是：經反覆爭取和多方努力之後，此報告竟然在逐級審批中連過數關，最終被批准了。

由窮山僻壤重回車水馬龍的繁華大都市，如此過山車般巨變的那一幕情景深深地刻在我腦海裡，時至今日依然記憶猶新：1973年8月，我去市革委會組織組辦報到手續，盛夏酷暑的上海烈日當頭照，但我一路上卻感到似乎

時有陣陣涼爽的春風拂面而來。位於外灘的市革委會大樓對面的黃浦江面上，一艘中型外國貨輪正緩緩駛過，那數面在江風中飄揚的彩旗彷彿在向我招手致意，歡迎我回到上海來工作！組織組那位胖乎乎的工人師傅（由於「工人階級領導一切」，市革委會辦事人員基本來自工礦企業）邊蓋章邊笑嘻嘻地說：「小年青儂運道真好（上海話，意即小夥子你真幸運），今年經我們這裡辦理進滬的你是第 25 位。」可見當時調回上海有多難，即便用「難於上青天」來形容也不為過。

更讓我驚喜不已的是，由於我的大學專業是計算數學，結果我被中科院上海分院下屬的上海市計算技術研究所接納，特意分配到計算數學研究室。所裡管組織人事的負責人是一位剛「解放」不久的老幹部，她熱忱地對我說：儘管編制很緊，但一看到資料上寫著北大及上中（我母校上海中學的簡稱），想都沒想當場就拍板要了。她接著鼓勵道：1970 屆大學生書是念少了，但這沒什麼大不了的，只要底子在腦子靈，先把基礎課補上，專業方面可以邊做邊學嘛。「文革」中讀書無用論甚囂塵上，充斥於各類報刊及電台，我實在慶幸遇到這位在高壓下依然如此尊重知識和人才的好幹部。

上世紀 70 年代初，中國電腦研究所只有四家：科學院系統的北京所、上海所及國防口的華北所、華東所。我進所後才發現：同事們幾乎清一色的都是「文革」前畢業的，我算是第一批加入的老五屆。為了盡快補上大學時缺失幾年的課程，除了不得不參加的每週兩個半天的政治學習外，我兩耳不聞窗外事，一頭紮進業務書堆裡。記得第一次走進所圖書館那天，望著書架上目不暇接的各類中外文專業書籍及雜誌，翻一本留下一本，我這才體會到什麼叫久旱逢甘霖，最後頭腦發熱，一下子抱走了 10 本書。後來與一位由工廠調來的復旦 1968 屆的同事聊起此事，他剛進所時竟然也有過類似的借書經歷。

我進所後的第一個項目是在組長帶領輔導下為「東方紅」衛星編制機載飛行軌道控製程式，其核心算法由常微分方程原理所構成，沒想到北大武鬥時躲在一邊的自學還真派上了用場。第二年（即 1974 年），趕上鄧小平復出，

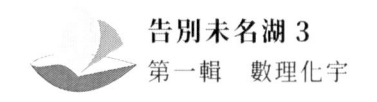

國民經濟重現起色，所主管開始重視科學研究項目和業務學習，並探討開拓科學運算之外的其他應用領域，包括數據處理、人工智慧等。

同研究室的一位北大 1963 屆的學長指點我：「這些領域是全新的，在大學裡誰都沒學過，你不妨考慮儘早轉過去，只要在一個研究方向上堅持數年不動搖，便自會有出頭之日。」正好那年國家計委要求上海作為實驗地點率先用電腦聯網上報本市工農業生產的數據，任務下達我所後，經過爭取，我參加了該項目組，負責設計研發後台的數據處理系統，從此踏入了一個嶄新的軟體研究方向。

春暖花又開

1976 年 9、10 月間，隨著毛澤東去世，「四人幫」被囚，歷時 10 年的「文革」壽終正寢；鄧小平再度復出，開創了改革開放的新時期。同其他行業一樣，中國電腦技術的發展終於迎來了久違的春天。

1978 年秋，我被公派到日本東京 NEC 研修中心學習大型數據庫技術，系統化完整地領會掌握這門在國內還是空白的電腦核心軟體的總體架構及其深層運行原理。次年學成回國後，恰逢所裡根據電腦技術的發展新動向調整重組研究科室，我被任命為新組建的第二研究室下屬的數據處理及應用研究組組長。

1982 年春季，我主持承接了國家「六五」科技攻關項目——國內首個自主版權的關係式數據庫管理系統及統計分析軟體包。為了能瞄準、跟上並力爭超過國際同類產品的水準，1982 年夏末，我遠赴位於美國芝加哥的世界頂尖統計分析軟體包 SPSS 公司，進行為期數週的技術考察：一方面對該高端產品的功能作深入具體的瞭解；一方面刻意學習了美國軟體生產的標準化規範，包括研發隊伍的人員構成、研發過程的生命週期、產品質量控制流程等。也正是在那裡，習慣於傳統 DOS 系統的我第一次看到滑鼠在剛問世不久的第一代 Apple 電腦螢幕中上下左右自如地滑動，驚嘆之餘，心中更湧出一股強烈的緊迫感。

在項目組 20 多位同仁歷經兩年多的日夜奮戰後，該軟體終於研製成功，並在十多個行業幾百個單位得到廣泛有效的應用。經國際相關組織嚴格地測評選拔，該軟體參加了 1984 年秋天在加拿大舉辦的首屆國際優秀軟體產品展覽會，是中國唯一入選展品。會議組織方不但出資請我所派員赴加拿大蒙特婁做現場演示，還為我們安排了專用的展出房間及電腦設備。

當我望著那房間邊立著的展板上「Shanghai, China」的大字時，當我回答熱情的各國軟體同行對我們自製的這個軟體及中國軟體發展現狀所提出的各種問題時，當我與數家美國及加拿大軟體公司深入洽談如何在此軟體基礎上開展技術及市場開發合作時，一種作為中國軟體研究人員的自豪感油然而生。

1985 年初，國家計委、國家科委及電子工業部在上海聯合召開了該項目成果驗收會，中科院院士、北大計算機科學系系主任楊芙青教授受聘擔任專家評審組組長。當年「復課鬧革命」時，正是楊老師為首的系裡幾位中年教師骨幹為我們編寫了上課用的《程式設計》教材。我進上海所工作後，但凡有求教於楊老師時，她總是在百忙中抽空耐心地為我指點迷津，還語重心長地叮囑我：「北大老五屆的同學中鮮少有人在 70 年代初期便能進北京所或上海所工作，你務要珍惜這來之不易的機遇。」

當我在驗收會上代表項目組面對國內數位著名軟體專家權威介紹該軟體技術成果時，楊老師邊聽邊不時點頭。望著她那鼓勵、讚許及欣慰的目光，那瞬間我感到了作為一名北大學子的驕傲——如今終於為母校及關心我的老師們多少爭了點光。

同年年底，此項目獲國務院通報表彰和電子工業部科技進步成果一等獎，我也被破格晉升為副研究員。所人事處的人說：據查，上海科學研究系統中我是第一個獲高級研究職稱的 1970 屆畢業生。

結語

以上這段「文革」前後 20 年間的小故事只是同時期 1970 屆群體的一個縮影而已。在那前十年動盪內亂、後十年撥亂反正的特殊日子裡，我的北大

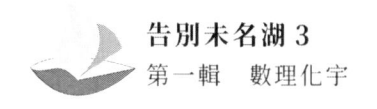

同學們沒有一個自暴自棄,而是像那在狂風暴雨中仍頑強生存下來的小草,在遲來的春天裡萌發了新綠……

「老五屆」和「老三屆」是一種人類文明史上堪稱罕見且奇特的歷史現象,再過 50 年或 100 年後,我們的子孫後代恐怕無法理解和解釋這兩個具有中國特色的名詞了。前車之鑑後事之師,值此紀念北大 1970 屆同學入學 50 週年之際,作為當事人,讓我們一起來追憶這段跌宕起伏的蹉跎歲月,唯願這種類似的悲劇永永遠遠再也不會在這片我們世世代代賴以生存的、可愛的國土上重演!

葉澔,1965 年由上海市上海中學考入北京大學數學力學系計算數學專業。1970 年畢業分配至貴州省思南縣合朋公社插隊勞動,半年後派到合朋小學(增設國中)任教。1973 年調入上海市計算技術研究所。1985 年主持研製成功國家「六五」科技攻關項目,獲國務院通報表彰和電子工業部科技進步一等獎,同年晉升為副研究員。1986 年赴加拿大多倫多發展,1996 年轉至美國加州發展,任高級數據庫總體架構師。

⊙ 2014 年於美國加州

情灑黃土高坡

丁征

　　事情來得那麼突然，原本還期望著能讓我們復課，軍工宣隊卻宣布：你們要畢業分配了。事實擺在那兒，我們被拋棄了！一次會議、一句話就能決定多少人的前途和命運？！這是多麼可怕的事情，當時的中國就這樣。工宣隊告訴大家：這次分配「只管夫妻，不管爹娘」。那幾個晚上可熱鬧了，拉郎配，鳳求凰，暮湊合，晨反悔。來自永定機器廠的工宣隊員王懷問我：你的表上怎麼沒有填女朋友？我沒好氣地說：「丈母娘的家門不知朝哪開！」

　　那天上午，全年級集合在29樓4層樓道，宣布分配方案，領取派遣證。一張冰冷的臉，一個翕動的嘴，一句句不帶感情的話，把原本有「坑」的人（在入學時，告訴我們是按「一個蘿蔔一個坑」招來的）重重地扔進了隨地挖就的「坑」裡埋了。有本事你就自個爬出來吧！

　　臨走前，我借了一輛沒剎車的自行車，三月天，正飄著雪，冒雪去東郊結核病防治所看望西語系的趙家明同學。他是和我同一輛學生專列由滬赴京的，五年相處，我們結下了深厚的友誼。天黑路滑，也挺危險的，可一別何時再相見，何況他在病中，不能離校，我心中割捨不下。當我進入病室時，他靜靜地坐在那裡，我意識到他其實是在等我，此時無聲勝有聲。我告訴他：我要去黃土高坡的白水縣了。

　　他將自己的制服棉襖送給我，我們彼此不約而同地遞上自己的「英雄」金筆。這筆曾伴隨著我們度過大學時光，今後要在新主人手中續寫我們生活的新篇章。他還把常拉的二胡送給我。回校時頂風，雪珠打在我臉上生疼，我感到特別心疼，好像心在流血……

　　離校的車停在大飯廳東側的馬路上。此時，已經沒有「文革」的派系之分，只剩下同學之情，後走的同學都來送行。淚水模糊了我的雙眼，我只看到車窗外揮動的手，而看不清他們的臉。落淚揮手之間，又顯現了「人之初，性本善」；而錯亂的政治，曾扭曲了人的心靈，玷汙了人的靈魂。此時，返璞歸真了。

第一輯　數理化宇

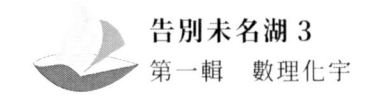

再見了，母校！儘管幾年來詭異的政治生態干擾了北大這所歷史名校對我們的良好熏陶，但只要你置身於燕園這個大空間，哪怕很短暫，你也不會不受到北大風物、風骨、風範和風采對你一生的深遠影響。我愛母校！

在西去的列車上，大家都很安靜，在揣度：什麼在前面等著我們？鄰座是陝西關中人、國際政治系的溫標同學，他心氣很高，要去創一番事業。我很忐忑，亂世之中，豈非痴人說夢？同班同學吳克田、物理系的盛祖源和我同分在渭南地區白水縣，恰好都是上海籍人。我們將在同一方天地中生活。二十多個小時的路程後，我們終於抵達渭南。

在渭南過了一宿，再坐上長途車，蜿蜒北上，過了渭水，先是平川，樹木稀少；過了楊虎城的老家蒲城，路況差了，時有顛簸，人在車上蹦上落下，身體單薄的盛祖源暈車了，臉煞白，只能閉眼強忍。過了罕井煤礦區，車開始爬坡，上了一個比較大的陡坡，連車也開始呻吟和發抖，終於上到一個高台，車拐進一個院子，白水縣到了！下車遇人問路，得知縣政府就在一籃球場後面。

第二天我們去縣委組織部報到，接待者看了派遣證，有點吃驚，脫口而出：「我們沒有要幹部呀。我要請示一下。」看來地方上對我們的到來根本沒有思想準備。他讓我們改天來。我們真是不諳世事，他不需要，讓他給個文件，打道回府多好！可我們也囊中羞澀，沒錢買票呀。第二天我們又去，他不好意思地說：弄錯了。問我們想去哪裡。

還有這等好事？我們就說去工廠。看來他有準備了，就說：這裡有一個農機修造廠，在城南，可以去兩個人；一個水泥廠，在西門外下坡河邊，要一個人；還有縣煤礦，也可以去。下井我們不幹，那是在煤層和石頭縫裡討生活，凶險。盛祖源提出去農機廠，兩個名額，他要去，無可非議，他確實身體單薄。吳克田很為難地看著我。我們心裡都知道水泥廠粉塵大，環境差，又是一個剛建成不久的廠。「本是同根生，相煎何太急」，我主動選了水泥廠。

小城的生活很清苦，和北京、上海相比，天上地下。關中地區種麥，雜糧不多，可沒有白米供應我們，南方人不吃米飯很難受，最要命的是一天吃兩頓飯。陝西人不種菜，也不吃菜。「鹹鹽辣子上等菜」，有時吃頓麵條，

就算改善伙食了。一個月也見不到葷腥。吳克田和盛祖源有點熬不住,清湯寡水怎麼養人?與我商量:能否自己改善改善。

那時我在廠裡化驗室當主任了,有電爐。河灘地裡有一家種菠菜的,我有個同事家屬在副食品公司是收禽蛋的,於是託他代購,也就是截留點禽蛋,走個後門,買了隻小公雞。沒有白米,我請工友從家裡帶細麵饅頭,付錢就是了,可人家推辭不收,後來只好用工字牌雪茄補了人情。他倆在縣上帶來豆腐,連滾帶爬到了水泥廠,紅燒雞塊,菠菜炒雞蛋和辣子豆腐,吃得真香。

一年的五一勞動節,我們三人去爬華山。那時一般遊客是在華山氣象站過夜,而我們去了玉女峰和朝陽峰,找了一個有祭台的山洞,四人露宿(另一位是盛祖源在渭南的曹姓同學),天冷,又不能生火,我們輪著講笑話和故事,熬到天明。

白水三友,可謂歲寒三友;燕園同窗五年,白水相處四年;同甘共苦,苦中有樂,情同手足。而後我和吳克田相繼調離,天各一方。

話說那日到達白水,下了汽車,我提著板箱,扛著鋪蓋,走在塬上。冬小麥正在發芽,空氣新鮮,情緒被春風調動起來,我哼起了小調……黃土高坡,溝壑縱橫,到了一個陡坡路口,只見有個50出頭的老漢蹲在那兒,寸平頭,黝黑臉,穿著對襟棉襖、黑布鞋,抽著煙。沒等我問路,他先開了口:「北京來的大學生?」無須回答,他接過箱子和鋪蓋,就向下走,速度甚快。我小心地挪步,提醒自己千萬別滾了坡。

我心裡還挺受用,廠裡竟然還派人來接我。到了坡底,就是廠區。我被領到一個窯洞口,「鎖苟!」應聲出來一個小夥,接過行李,放在一個鋪板上,給我倒了一盆水,說:「洗洗吧。」老頭甩下一句話:「歇一下,到廠部來。」我問鎖苟:這是誰?「劉進祿,劉主任,工廠一把手。」頓時,我心裡踏實了,有點受寵若驚。

初來乍到,我不敢怠慢,放下毛巾就去廠部,也就幾步遠。劉主任蹲著,手捧大碗,在喝麵糊。原來廠裡是兩頓飯,他是餓著肚子去接我的。他一吸溜就算吃完了,向辦公室吆喝一聲,立刻出來許多幹部。劉主任開始向我介

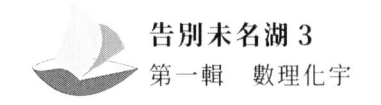

紹：「常主任，原來地區法院的副院長；高主任，剛從部隊轉業，是個連長；劉興文老漢，生產組組長；政工組組長朱義厚；財務組馬會計；銷售組長出差不在家。主要幹部都在這裡了。」他又指著旁邊的一個彌勒佛模樣的老漢，說：「王老師，紅衛中學教物理的老教師，也在生產組。」

這些人都向我伸手，握著還親熱地搖一搖。如此興師動眾，讓我摸不著頭腦。「老丁，我們進窯裡談。其他人散了。」「老丁」的一聲稱呼，把我放在了與他們同輩的位子。三位主任和朱義厚與我談話。

原來這個廠投產不久，主要幹部幾乎全是來自中小學的教師，還有剛「解放」的幹部；大多不懂技術，生產的水泥幾乎不達標，事故不斷；技術大拿是化驗室的幾個高中畢業生，在外面接受過培訓。怎樣生產，全由他們鼓搗。廠裡對他們是說不得，批不得。廠裡接到電話，來了一個北大的學生，這可有盼頭了。他們開會商量好了，讓我去化驗室先熟悉三個月，再任命。原來是把我當鍾馗使，也是對北大學子寄予厚望。母校讓我披上了光環，我卻有了實實在在的壓力。

劉主任很抱歉地說：「廠裡沒有地方，只能讓你先擠在舊窯裡，我們在上面修六個新磚窯，秋天就可以安排你了。」我的命運太好了，第一個上級，是個愛兵的人。他「文革」前是教育局的副局長，二把手，在縣裡享有愛護師生的美名。性情溫和，很少動氣，所以也沒有人怕他。他是副主任，行使主任職責。

當天晚飯後，劉興文組長在一個單身女職工的小窯裡，把近 20 人召來，給我開歡迎會。劉組長是個樂和人，一見他，你不能不喜歡他。在大家的眼裡他就是個善人，再嚴肅的話題，在他嘴裡說出，就變得柔軟了。年輕人經常嬉皮笑臉地應付他，他也不會感到忤逆。「孩子他爸，孩子他媽，開會了！」我一看，全是不到 30 歲的同齡人，大家哄堂大笑。他隆重推出我：「老丁，你們的排長，今後你們要支持他的工作。」

我心想：「不是讓我先熟悉三個月嗎？」我拉他一把，他繼續說：「早晚的事嘛！老丁講兩句。」這是第一天，面對一群陌生人，擔子壓上了，可我對水泥的認識還只停留在幼時上海弄堂的「水門汀」上。我開口說了一句：

「認識大家很高興」，就有人接了一句，「俄們也很高興！」這是拿腔拿調的陝西本地話，又是一陣笑聲，我心裡放鬆了。此地人很友善，沒有敵意，這是我最深的感受。

第二天，劉興文親自送我到化驗室，不到百公尺遠，他就要這麼做。到了門口，他不進去。以後我發現，廠裡沒有一個主任進過化驗室，他們把實驗室視為神祕之地。我曾經用毛澤東紀念章哄劉進祿主任進來拿，他也在門口止步，讓我拿出來給他，害得我打賭輸了一毛八分一包的「百花」煙。可見這幫高中生把老漢們拿捏到何等地步。我的辦公室是工藝室。原來只有孫福長一個人是工藝員，水泥的工藝配方和工藝技術全由他確定，全化驗室的數據都提供給他來處理和判斷，然後指導生產。

「孫師，這裡有什麼關於水泥方面的資料和書籍嗎？」這裡的人與人之間都稱「師傅」，但「傅」字是省略的。他拿出幾本。《波特蘭水泥》還是翻譯的外國文獻，資料基本沒有。我想借他的培訓教材，他推辭說全是筆記，沒有系統的什麼教材。我動了別人的奶酪，換誰也可能是這個態度。就這個工廠，需要兩個工藝員嗎？楊智華抽空帶我到立窯轉了一圈。

直徑 2.4 公尺、高 8 公尺的人工立窯是燒製水泥熟料的設備，只見兩個窯門打開，工人在用長長的鋼棒撞擊燒結成一坨的熟料。上了窯，成球盤在轉，水噴在生料上成球，或大或小，不是泥餅就是乾粉，一股腦填進窯內，看火工嫌熱，在粉塵中也不戴口罩。水汽、煙氣和粉塵混在一起，非常嗆人。年青人也不懂「矽肺」一事。楊智華還陪我看了磨機房、黏土烘乾機等設備，然後我自己沿白水河去石灰石礦區參觀了一下。

到了中午，我回到辦公室，肚子很餓。只見大夥都在化驗室門口吃饅頭，夾的是辣油。物理成型室的侯玉枝問我：「排長，你怎麼不吃？」我壓根沒有想到要在早上備一個饅頭。她把手中的饅頭遞給了我，說她回家去吃。

我問簡易分析室的左欣然：為什麼叫我「排長」？是民兵建制？「是哩。作業廠就是一個排。你別再連名帶姓叫俺，叫『玉枝』、『欣然』多好。」在別處要引起誤會的親昵稱呼，在這裡是平常用法。在姓前加個「老」字，是尊敬你，是你有身份的象徵。

我在縣新華書店找書，倒是有些關於水泥方面的小冊子，因為陝西省是全國小水泥搞得最好的省份，什麼「蛋窯」等老百姓的發明創造，還真解決了農田水利建設和農家建房（窯）用水泥問題。我可以得到些水泥科普知識，但解決不了我的問題。於是，我向劉主任提出去銅川新川建材廠學習一週。他爽快地答應了，還囑咐時間自己掌握，給予我極大的信任。

新川建材廠隸屬於省勞改局，職工除管教幹部外，全是刑滿釋放的勞教人員，人才濟濟，藏龍臥虎。檢驗中心有個工藝室，分工很細，各管一攤。其中有三個權威人物：技術大拿是個酒糟鼻子，老上海，中心拿他當菩薩，他一言九鼎，幹部也不惹他，薪水超百元，相當於18級幹部，我和他搭不上話；二號人物是上海某建築公司工長出身，聰明異常，他服刑純屬偶然，在接女友電話當下，工友墜樓，他被判刑三年，期滿回不得上海，落地謀生，36歲找了一個醜妻，但恩愛得起膩；最年輕的是西安交大的高才生，家境特好，可偷竊成癖，不偷難以入眠，一次把鄰室同學的舊皮鞋放在自己床下才安寢。

「二號」極其會來事，與大拿為莫逆之交，也是大拿培養出來的。我就是奔他而去的。到底是「老鄉見老鄉，兩眼淚汪汪」，他對我極好，有問必答，還就他們廠的案例教我分析判斷。他有一神祕的小本，裡面有他建立的數學模型，說穿了，也就是二元一次方程，但卻是他的心血結晶。他告訴我：要大量積累數據，母本要大，才可找到規律，建立自己的數學模型。一星期裡，我隨他跟班，晚上抄書和資料，如飢似渴，收穫頗豐。

回來後，我把石灰石、黏土和鐵粉處理後，讓智華做了全分析，按高鈣低鐵的原則設計了三個配料方案，組織燒試驗窯。前後用了一個星期，三爐熟料如黑色的葡萄，樣子十分中看。三個熟料均達到國標600號水泥值。王興文迫不及待去告訴劉進祿。我知道試驗窯的工藝條件是立窯根本達不到的，這次試驗是對配方的驗證。新川建材廠的老師曾告訴我：小窯試驗如果能達到600號的數據，估計在人工立窯能燒出400號水泥熟料，剩下的問題是改善立窯的工藝條件，提高看火工的水準和責任心。

我和王興文商量搞一個互教互學的培訓班，讓技術比較好的師傅示範，大家觀摩。一方面讓這些人露露臉，樹起威信；另一方面也告訴其他人不能胡來，不是什麼人都能當看火工的。燒成作業廠的張根毛主任十分贊成，他一直發愁工人不好管。我和張根毛主任一起商量，拿他們過去的培訓筆記為參考，編了一個操作規程，落款為燒成作業廠自編。這個辦法很有效果，我和燒成作業廠的看火工們建立了友誼。成球盤的球不成形，操作工喜歡不斷調閥門，增減水量。

　　我和大家仔細觀察，是噴水管問題，於是加長長度，加密水孔，縮小孔徑，調整角度，效果奇好，泥餅和乾粉情況大為減少。於是規定流量不允許隨便調整。28天的數據也很好。我有了信心，推上新配方。一段時間下來，結窯和塌窯事件很少發生，出窯工也省了勁。我在工人的心目中有了威信，說話靈了。他們之間有了分歧，會帶上一句：「問老丁去。」

　　水泥的安定性很難保證。我提出要用礦渣，用後效果不錯。三個月後，我被任命為化驗室主任。孫福長主動去當看火工。

　　我們廠的水泥質量大大提高，很快就被傳開了，尤其在華陰縣的一個部隊，一直捨近棄遠專到我們廠拉水泥，慢慢地，提貨的客戶要排隊等候了。當初設計能力是年產2萬噸。我在製成作業廠也動了腦筋：水泥細度要保證；一定要通過每平方公分4900孔篩的檢驗，餘量不超過5%。球磨機是兩個倉，一個放球一個放鍛。球倉是三級級配，鍛倉是兩級級配。作業廠反映，鑄鐵球容易碎。我們改用鑄鋼球和鋼鍛，不但可以與大的水泥廠聯繫找貨源，還可以找軸承廠買廢球珠。磨機的小時產量提高了，換球停機的週期拉長了，製成作業廠的主任是個暴脾氣，現在也好說話多了。

　　透過報表，渭南地區建材局的劉局長瞭解到白水水泥廠的水泥質量好，部隊還送了兩輛棄用的嘎斯車，他決定來看看。地區來人，小縣的主管也很重視，一個副縣長和人武部長陪同，到廠裡視察，尤其看了化驗室的設施和記錄，認為全地區的水泥廠都應該有這樣的化驗室。他回局後，通報了情況，周圍縣水泥廠也來參觀。

我在水泥廠幹得順風順水，1972年籌建中的鳳縣水泥廠還慕名派十幾個人到我廠化驗室培訓，其中有幾個老五屆大學生，而後我又被邀請去該廠幫助投產，同行的有張根毛作業廠主任，又結識了幾位西安交大的同學。臨別時，工廠為我做了兩個大木箱，僅收8元成本費，這是我第一份家當。1973年5月，我被借調到省建材局調查全省小水泥發展現狀，為全省第一屆小水泥工作會議做準備：無非是現場指導，收集材料，編寫會議文件，起草主管報告等工作，由局生產技術處的李耀先帶隊，走遍了三秦大地。

　　11月，會議在白水縣召開，這是白水縣有史以來承辦的第一次全省會議，縣太爺們忙得不亦樂乎，全縣百姓也為之高興，水泥廠也風光了。沒有想到的是為我自己找了麻煩，原本大家以為我會留西安的，沒承想我在12月打道回府了。我也灰心至極。為了能和女友在一起，我提出調動，縣裡不放。劉進祿主任對我真是仁愛之致，他說：「小孩好，我們不能毀了小孩。義厚，你在縣上熟人多，組織部有朋友，幫幫老丁吧。我也上縣裡去替他說情求人。」

⊙ 2015年5月19日於燕園

　　最終我被放行了。臨行頭天晚上，我去辭行，劉主任答應次日一早送我。司機老韓開卡車送我去渭南火車站，但不見平日早起的劉主任，又去敲他的門，分明裡面有動靜，可是不開門。我知道：老漢傷感了！這就是我走上社會的第一個上級，一個可敬可親的基層幹部，他言傳身教，告訴我應該如何做人做事。

　　我為自己慶幸，畢業頭幾年，我沒有像許多同學那樣遭受許多磨難和痛苦，在黃土高坡，反而得到西北淳樸民風的熏陶和關照。生活條件是差，但

同事們時不時從家裡給我帶來細籮的白麵饅頭，為我在副食品公司截購小公雞，還有城關居民難得分配到幾斤白米，做好了飯，請我去吃。我當然細細品嚐一碗，而推辭他們盛情的再來一碗。

我在基層工廠工作，深切感到廣大群眾和基層幹部對北大學生有很高的期望值：一件事你做得漂亮，他們會說「到底是北大的」；如果你做不成，等著你的是另一句，「還是北大的呢！」我們深得母校的恩澤，也不時提醒自己：盡力做事，不要給母校丟臉。廣大民眾很善良，只要你肯和他們打成一片，他們就不會把你當外人。我每年回家探親，總想多待幾天，按規定探親假加路途時間是28天，我向劉主任多要幾天，他不言傳，只揮揮手，我知道是同意了。

有一次，我親耳聽到他少有的發怒：「人家小孩一個人離家那麼遠，回家看大、看媽，只多待了幾天，有人就嚼舌根，平時你們星期天回家摟婆姨睡覺，小孩一個人在廠裡值班，你們看不見？給你們帶來的煙誰少抽了！羞死先人了！」我是偶然溜牆根聽到的，心裡的震動翻江倒海。

我的職業生涯一直在西北民族地區度過，也有離開的機會，最終我放棄了。一方面，這裡適合我的生活習慣；另一個重要方面，西北的淳樸民風讓我有安全感，使我能用簡單的方式處理社會生活。而簡單是美麗的。

丁征，北大數學力學系1965級學生，1970年3月畢業後分配到陝西省白水縣水泥廠工作。1974年調寧夏，在石嘴山工業局機關工作8年，後被調

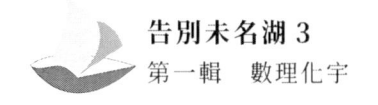

到石嘴山碳素廠任副廠長，再到寧夏長城機器製造廠任副廠長。最後在寧夏小巨人機床有限公司這個智能化數控機床廠退休，回到上海老家定居。

一輩子在工業戰線搞實體經濟。聊以自慰的是企業都很景氣，上交國家利潤、稅收和職工收入頗豐，為社會安定做出了自己的努力。一生的自我評價：做事做成了，做人也做成了。

腳踏實地隨遇而安

陳昊

回想起我入學的 1965 年，在北大 200 號（昌平分校）聆聽數力系系主任段學復先生入學報告的情景還歷歷在目。段先生戴著一副厚厚鏡片的眼鏡，一口京腔，說話風趣幽默。他講話時，學生可以遞紙條提問。段先生對三個問題的回答至今讓我記憶深刻：怎麼處理「又紅又專」的關係？段先生答：「紅」占二分之一，加上「無窮小」；怎樣做到德智體全面發展？段先生答：首先要有德，德就是不缺德；如果畢業後從事不了數學方面的工作，學數學有用嗎？段先生答：學數學的改行比別人容易！真讓段先生說中了，我這個數學專業的畢業生，後來真的改行了。

1970 年 2 月，我們正在南口機車車輛廠，突然接到通知：立刻返校，北大、清華兩校學生在全國先行分配。分配方向基本上是學軍（部隊農場）、學工（基層工廠）、學農（插隊）。河北省接收北大畢業生最多，保定地區又是河北省第一，有 100 多人，大部分下鄉插隊，其中 22 人分到三個工廠：新城縣（現叫高碑店市）化肥廠、保定地區空氣壓縮機廠（地處定興縣）、保定地區鑽床廠（地處高陽縣）。我等 7 名北大同學分到了鑽床廠。

百廢待興的鑽床廠

三個廠條件對比，保定地區鑽床廠最差：一是交通，另兩個廠地處京廣鐵路沿線，通火車，一個多小時就能到北京，而高陽縣在保定市東 37 公里處，只通長途客車；二是政治環境，高陽縣在「文革」中兩派武鬥激烈，死了幾百人，38 軍「支左」後，一派職工跑到外地區，招錄的青工都是另一派的活

躍人物，派性很強。我們報到時，廠區尚存武鬥時的壕溝和電網痕跡，機械加工作業廠附近偶爾還能看到武鬥時自製的土迫擊砲彈毛坯，直徑120毫米，很重，可見威力之大，武鬥之激烈。老師傅囑咐我們不要去廠區北部的荒地，那裡可能還遺留有未排完的土地雷。

保定地區鑽床廠是地區直屬企業，歷史悠久。解放後由原根據地工廠與一私營企業合併組成，1965年省政府以其為基礎組建成省屬軍工廠，生產槍彈。不久，按中央「小三線」要求，帶著較好的機械設備和政治條件好的職工遷到阜平縣的山溝裡；留下的廠區改名叫保定地區鑽床廠，仿製北京第三工具機廠生產的Z32K搖臂鑽床。工廠生產及技術力量嚴重不足，只有4名老技術員，最高學歷是大專。我們這批老五屆大學生正是在這個時刻先後來到鑽床廠，其中包括北京大學、西北工業大學、南京航空學院、北京財經學院、河北大學、天津工學院、天津財經學院、河北師範大學等院校共18名。除天津工學院和北京財經學院兩個人分到技術和財務科外，其餘一律下作業廠。

⊙ 1968年照片

北大7名同學經駐廠軍代表目測後分到作業廠。我和物理系的孟關霖不戴眼鏡，被認為視力不錯，到機械加工作業廠；地球物理系的陳虎深度近視，就去鉗工作業廠做刮研吧；歷史系李玲敏和哲學系吳麗珍兩個女同學也去鉗工作業廠噴漆填泥了；數力系主修力學的張生和王耀剛是漢中分校的，晚到了幾天，都戴眼鏡，安排到鍛工作業廠，軍代表說可以省下防護眼鏡了。其實本人視力最不好，左眼只有光感（只能學數學專業，與其他理工專業無

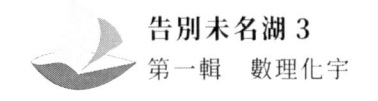

緣）。平心而論，鑽床廠的軍代表雖然還搞「文革」中的那一套，但多了一些人情味，我們感覺壓力不大，比有些地方的校友、學長們的遭遇好多了。

蠻有樂趣的作業廠生活

我於 3 月 16 日到鑽床廠報到，當晚即到機械加工作業廠上中班。我的師傅姓續，部隊復員，有技術，人聰明、熱情、正直，對我人生的轉變很有影響。我的第一個工種是車工，C630 中型車床，常年只加工一個鑽床的部件——立柱，簡單說就是一個長約 1.5 米、直徑 160 毫米的帶圓盤底座的圓柱體鑄鐵部件。真是沾了學數學的光，我當場看懂了設計圖，並算出加工時間。當晚又學會了磨車刀，熟練一天後就獨自幹活。不久續師傅調技術科任科長，我被抽去搞外調，兩個多月後回作業廠，車床的那個崗位已被占，我改學銑工。

第二個師傅姓墨，是被招來的下放技工，技術高超，頭腦靈活，善於革新創造。在這位嚴厲、挑剔又細緻的師傅身邊待了還不到一個月，作業廠新增添了一台立式銑床，人手不夠，我又第二次被「趕上架」，快速出師當了師傅。緊接著 38 軍復員兵進廠，分到我身邊一個。此後一年之內，我先後帶了五個徒弟，只有這一個我不讓他稱我為師傅，他只比我小一歲，山東人，後來在高陽成家，退休後開了一家紡織機械修理廠，成了「萬元戶」。

當師傅很有意思，大概用半個月手把手教學，徒弟基本上就能獨立操作工具機了。這時徒弟興趣最高，把住工具機捨不得離開。我們當師傅的比較清閒，除了注意不要出廢品、工具機事故和人身事故，其他時間就和老師傅們天南地北地神聊。有時看徒弟累了就上工具機替他們做一會。如果是上中班或夜班，常會出現點違紀事件，小徒弟會跑到廠外生產隊地裡摘點時令果蔬，弄點嫩玉米、嫩黃豆回來，放在壺裡，點上廢油棉紗，煮著吃。

日班要自律點，主管查崗看到不好。下班前一個小時，我這個師傅開始清理廢鐵屑、擦工具機、打熱洗手水，再提前半小時停工給徒弟講數學和切削知識。銑工需要最低也得是國中數學水準，我的徒弟們經過惡補，在兩個月內都能掌握相關數學知識。這離不開 1969 年北大 1965 級數二班在北京平

谷縣下鄉時集體創造的初等數學快速教學法。我和徒弟們年齡差1到8歲，回想起來相處得真如同兄弟一般。

作業廠生活中另一個樂趣就是革新改造工裝刀具。鑽床有一個主要零件叫主軸，需要在頭部銑一個兩端圓弧的長通孔。墨師傅技術熟練，一個班能加工6個，我使出全力只能做4個，於是我想了一個辦法，用雙刃立銑刀在工具磨上把外徑磨小一點，代替鑽頭直接鑽孔，再銑通後用標準銑刀精加工完成，半個班做了8個。

師傅接班後很震驚，百般挑剔也找不出毛病。當天把師傅累得夠嗆才做了8個，我下一個班把剩下的16個輕鬆做完。直到我調到技術科後才把其中奧祕告訴師傅。類似的情況又出現過兩三次。現在想來有點對不起師傅，當時如果悠著點可能更合適一些。

⊙ 1969年6501數2班部分同學合影，後排左二為鮑壽柏，前排左三為作者本人

令人著迷的技術工作

工廠的業餘生活非常單調，只能靠三份日報（人民、河北、保定）、一本雜誌（紅旗）、三個廣播（中央、河北、保定）瞭解外界。後來我乾脆把自裝的半導體收音機也拆了，因為三天兩頭有公安人員來調查登記收聽敵台分子，太麻煩。看技術書籍成了我的業餘消遣和愛好，首先是惡補機械製造專業課，好在從同廠老五屆工科學生中可借到全套基礎教科書。

一年半時間，機械製造專業的基礎課我全部學完，技術科的專業書也差不多瀏覽了一遍。學了就要動手，就不免會在徒弟幹活時到技術科借用繪圖工具，搞點小工裝、刀具、卡具之類。此間我給一台拼裝的C620車床裝配

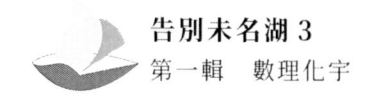

上電控箱，這讓作業廠很高興，廠軍代表也很看重，實際上這是「世無英雄，遂使豎子成名」罷了。由於技術科缺人手，技術科長續師傅要求調我到技術科，作業廠堅決不放。

當時我是銑磨班（工段）的班長，確實不好離開，技術科又堅決不要別人，僵持了幾個月後，趁軍代表探親，代理軍代表不熟悉情況，技術科再次打報告獲批，我開始了轉行生涯。這時是1971年10月，進廠一年半了。

我愛好數學，在那抽像甚至虛無縹緲的數字世界中探索尋覓，如同小鳥在極高的天空中向下探望，在蒼茫大地上尋找目的地，充滿著不固定與確定後的歡樂。但當我被命運所驅使，從空中落到地面上，接觸到機械製造這個行業時，感覺是立足於堅實的大地之上了，向形象具體明確的目標前進，方向明確，水準高低區別只在於如何選擇道路做到又快、又準、又巧。儘管我與數學失之交臂，但與機械工業結緣也是人生幸事。回想30多年工作經歷，我全力投入工作，並不是把它作為謀生手段，而是把機械行業工作作為最大的樂趣和精神寄託了。

Z32K搖臂鑽床堅實實用，但畢竟國內外已生產多年，鑽床廠決定更新換代，研製新產品。我就是在這個時期來到技術科，開始了近8年時間的技術工作。8年中，我幾乎全部工作內容就是趴圖板和外出。

趴圖板搞設計是令人陶醉的工作，尤其是畫總裝配圖，把頭腦中的立體想像畫成主視圖和投影圖，再透過精確的計算確定在設計圖上，然後再依次分解為零件圖，這個過程充滿著對難題的冥思苦想和尋找出解決方案的喜悅。8年設計工作的情景，至今還會經常出現在我夢中。

出差在上世紀70年代是一件苦差事，業務員形容為「五子」：出門上車像公子（衣著整潔）；下了火車像兔子（住宿要統一登記分配，去晚了住不上旅館）；辦事兒像孫子（那時沒有送禮請客之說，全憑一張嘴）；回來像驢子（商品缺乏，大量給同事、親戚捎買東西）；報銷時像傻子（錢又花超了）；有時還多一子（老婆罵是敗家子）。我這個技術員還不如業務員，業務員多是兩人同行，我基本上總是一個人獨闖天下，很難啊。但也苦中有樂，可以順便看看大好河山，感受各地獨特的風土人情。

參加全國聯合設計

在保定鑽床廠近十年，我有幸參加了當時第一機械工業部組織的全國搖臂鑽床聯合設計工作，這是我終身受益的一段經歷。1972年夏，我和另一位已成為良師益友的老技術員一同參加這次稱為「三化」（標準化、系列化、通用化）的全國聯合設計。地點在瀋陽市中捷人民友誼廠瀋陽鑽鏜床研究所裡，參加單位有部機床研究所，瀋陽、長春、北京、天津、保定、沙市、上海、杭州、南京、長沙、廣州、重慶、桂林等搖臂鑽床生產廠，人才濟濟，水準高超，只有我一個是外行新兵。

值得一提的是這次聯合設計的主任設計師祖國棟，他是鑽鏜床所搖鑽組組長，只有國中文化程度，50年代從機床實驗室工人一步步到研究所主管鑽床設計，他敏銳和富有靈感的頭腦讓人敬佩。在這次聯合設計中，他解決了好幾個世界性的行業難題。

這次聯合設計在1978年獲全國科學大會重大成果獎，設計出全系列從小到大六種搖臂鑽床。經過各位老大哥式專家的指導和本人刻苦學習，我獨立完成了三種型號鑽床各六分之一的設計工作，尤其最後對最小型號Z3025的設計進行了重大修改，獲得好評。

當時條件艱苦，我們住在距離中捷人民友誼廠較遠、公交車要換兩次車、步行需要40分鐘的瀋陽大北旅社三樓，一個大房間住十幾個人（三樓清淨、封閉、安全）。「文革」中瀋陽供應緊張，市革委會特批了一些白米和鹹肉。

中午我們在廠餐廳就餐，早晚在旅店吃飯。值得回憶的是，當時同住在一起的鏜床水準分析課題組的華中工學院楊叔子老師，每天早上5點多就在旅社餐廳窗口擺上十幾個餐凳給大家排隊，他坐在最後一個凳子上讀外語。後來聽說楊叔子成為中科院院士和華中理工大學校長。

10個月的聯合設計，我從各位機械行業老學長身上學到了嚴謹、一絲不苟的工作態度，巧妙精細的思考方法，繪圖整潔準確的技巧。這些都是從書本上、課堂上學不到的，短短十個月讓我終身受益。聯合設計到1973年初基本結束。

保定鑽床廠承擔了 Z3025 和 Z3040 兩種鑽床的試製和生產。1985 年第一機械工業部在桂林召開了搖臂鑽床「三化」聯合設計工作十週年總結表彰大會，參與者歡聚一堂，能作為其中的一員，我也感到十分榮幸。中國聯合設計的搖臂鑽床從 70 年代末起，始終處於國際領先地位，尤其是幾個困擾世界搖臂鑽床的技術難題都得到瞭解決。用現在的話來講就是：不但是中國製造同時還是中國創造。這次全國聯合設計是中國機床行業空前絕後的一次，市場經濟時代不可能再有這種齊心合力的行為了。

最終的選擇

在鑽床廠的老五屆近 20 人，來自北大的人數最多，與工人們的關係最融洽，在工作中表現較突出，任勞任怨。7 名同學「文革」中分屬兩派，保定兩大派與北大多少也有聯繫，但我們 7 人無人在意誰是哪一派，也不向外透露。1976 年後開始陸續有人調離，幾乎都是回原籍或解決夫妻分居。

在河北，當年凡分配到工廠的老五屆大學生都沒有再分配，分配到農村的，一兩年後開始再分配，當教師的居多，少部分到機關。十五大後，進行薪水制度改革，行政、事業單位與企業實行雙軌制，那些在地方小國企工作的大學生就有點慘，退休金要比行政、事業部門同學歷人員少三分之一以上。

1976 年粉碎「四人幫」後，撥亂反正，人生的選擇突然擺在我面前：是否當「回爐生」或考研重回數學世界？接到了母校的通知，我十分高興。我雖然 8 年沒有從事數學專業工作，但從未中斷學習，特別是輔導高考生的過程再次引發了我對數學的興趣；然而多年從事的機械設計工作又讓我難以割捨。

綜合考慮自己的特點，好像從事形象思維的能力要高於抽象思維。由於身體條件的限制，我又無法報考工科學研究生。正在兩難之時，恰逢瀋陽鑽鏜床所的祖國棟總工程師來保定，他結合我這幾年的經歷分析，認為我還是留在機械行業更好些。根據主客觀因素，考慮再三，我還是決定就留在機械行業幹一輩子了！

⊙本人（前排左二）在福州參加鑑定會，與同行合影，任整機測試組長

世事茫茫難自料，一年後我被借調到保定地區機械電子工業局，不久正式調入，1983年任該局副局長。90年代保定地、市合併，成立地級保定市，我擔任保定市機械冶金工業局局長、黨委書記。雖然離開了企業，但我對機械行業的熱愛未減，其間放棄了河北省經濟幹部管理學院企管系主任和中央司法警官學院企管系教學工作的機會，傾盡全力在機械行業盡職工作。

現在機械工業已占據保定市第二產業的首位，汽車和電力能源製造位居國內前列，發展局面令人振奮。但同時，我也心痛地看到機械行業出現大批下崗職工和破產企業。儘管已退休多年，我仍時常對在任時未能全部挽救困難企業，使其擺脫困境而自責。談起下崗職工，我自覺離他們更親更近一些，這和我在工廠十年的經歷有著密切關係。

當年與我一造成鑽床廠的北大6名同學：張生後來任保定地區內燃機廠廠長，20年前病故；王耀剛1986年在鑽床廠副廠長崗位上被北京懷柔縣作為人才引進，任經委主任和工委書記；陳虎調到江蘇從事環境保護工作；李玲敏、吳麗珍分別回到家鄉，從事教育工作；孟關霖移居海外。

總的說來，我們都對得起北大，對得起事業，對得起自己！而對於我來說，段學復老師講的「學數學的改行容易」，我的切身體會是：說容易也容易，說不容易也不容易。回想起40年前，浮想聯翩，很值得回味，往事並不如煙！

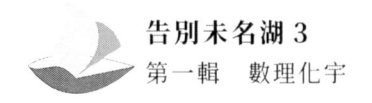

借用一首小詩結束本文：

趁我們還不夠老

快去寫下一路的歌謠

遠方的天籟之音

吟唱著生命不屈的驕傲

……

陳昊，1946年3月生於長春市，先後在瀋陽市、北京市上小學、中學。

1962年9月-1965年7月在北京中國人民大學附中學習。1965年9月-1970年3月在北京大學數學力學系主修數學。1970年3月-1979年2月在河北省保定地區鑽床廠勞動鍛鍊，任技術科副科長。1979年2月-2002年12月在河北省保定地區機械電子工業局、保定市機械冶金工業局，歷任副局長、局長、黨委書記。2002年12月積極響應上級組織號召，提前離崗。2003年1月-2006年6月先後在保定市機械辦、經貿委、發改委離崗休息至退休。

1976年參加一機部全國搖臂鑽床聯合設計，該聯合設計獲1978年全國科學大會重大成果獎，本人1985年受機械工業部表彰獎勵。

▎足跡

楊成新

五十春秋兩茫茫，費思量，自難忘。古稀之年憶滄桑，歷歷往事上心房。

二見二別未名湖

1965年9月1日，一個生長在大巴山麓、嘉陵江邊、身高173公分、體重98斤的窮孩子——也就是我，懷揣北京大學的錄取通知書，到了北京火車站廣場，走到北京大學新生接待站，拿出錄取通知書，立即被眾校友圍住。

大家上下打量身穿補丁衣服、赤腳草鞋、背著舊竹簍的新同學，熱情問候，端茶遞水。從未出過遠門的我，心中一片溫暖。

當時大家都有困難，到校後老校友送我一套舊衣褲和一雙舊布鞋，我真不知說什麼好。晚上暫住上床，第二天一早醒來，發現身上蓋著暖洋洋的毛毯。一個同學端來饅頭和粥，並說：北京晚上涼，不蓋東西會生病。半夜他查看新同學宿舍，就將自己的毛毯給我蓋上，還詳細給我講解了需要注意的生活細節。

那時是處處學雷鋒的時代，我下決心向老校友學習，做一個毫不利己、專門利人的人。可是作為山區來的未見過世面的窮孩子，卻笑話連連：第一次進宿舍，不會開暗鎖的門；幫人接電話，卻把話筒掛上去叫人；看見廁所沖水以為水管漏了，等等，真像「陳煥生進城」，開眼界了。老同學帶我報到，並參觀校園。未名湖水碧波蕩漾，寶塔倒映水中，四周綠樹環繞……我如痴如醉如入畫中，受到極大震撼，暗下決心，定要勤學苦練，將來為國家做出貢獻。

我們數學力學系當時在 200 號分校（地處北京昌平縣），我當班體委，早上出操帶隊，還參加了系體操隊。學校給我這樣的從國中高中一直吃助學金的困難學生補助了棉衣褲、布鞋，評了助學金，當時最高標準是 19.5 元，給我每月 18.5 元。就這樣我開始了「一個書包一個碗，餐廳宿舍圖書館，三點成一線，天天來回轉」的讀書生活。

學校新生體檢，發現我轉氨酶偏高，我被懷疑為患肝炎。經過兩個多月觀察，轉氨酶依然高於當時學校確定的標準。期中考試後，老師勸我休學回家治療，這猶如晴天霹靂。我想起我家父母兄弟共五人，每月只有 30 多元的收入，父親在縣川劇團經常巡迴演出，他每月就要花費 20 多元，我回家如何治病呢？但校規嚴格，不能傳染其他同學，12 月我從 200 號返回北大本部。當時的北京，寒風刺骨，我徘徊在未名湖邊，眼含熱淚，凝望寶塔，滿心惆悵。最後，還是依依不捨地離開了未名湖，回到老家四川省蒼溪縣。

縣教育局文局長瞭解到我家有困難，就安排我到龍山區河地公社小學當代課老師，每月薪水 27 元，我終於有錢生活和治病了。我在家鄉的龍山區

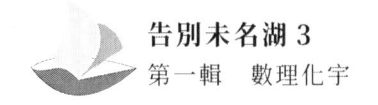

河地公社小學教書一年多。1967 年 6 月，北京大學通知我復學，我告別家鄉，重返燕園，回到原來的班級，再次見到未名湖，百感交集。

　　1967 年的北京大學，高音喇叭成天播放毛澤東語錄和革命歌曲，兩派互鬥，「文革」撕裂同學情，回首往事淚汪汪。我厭惡兩派互鬥，但也身不由己……

　　1968 年春節過後，我接到父親來信，得知母親因患白血病，於 1968 年 1 月 30 日與世長辭，享年 48 歲。臨終前母親告訴他們，為了不影響我的學習，不讓給我講她的病情，不准我回家。母親走的時候，父親處於挨批鬥之中，也未能送母親一程，甚至不知造反派將母親埋在何處。後來我只好面對青山燒紙寄託哀思。每念及此，我就心如刀絞，熱淚盈眶。

　　1968 年工宣隊進校，因父親的所謂「歷史問題」，定我為「可以教育好的子女」，將我和另一「可以教育好的子女」的同班同學于俊巧關在宿舍中，天天寫「鬥私批修」（即自我檢討）材料。只要有機會，我們就圍繞未名湖交流思想，唱歌，憧憬未來，從而發展為一對戀人。工宣隊因為我毛筆字寫得好，經常讓我抄寫東西，辦大宣傳專欄，這樣我又進一步練了毛筆字。

　　後來 8341 部隊進校軍管，搞「復課鬧革命」，我們到平谷縣南獨樂河公社甘營大隊，向貧下中農學習，挖防空洞、種地、摘棉花、修路等。再後來，我又被抽調回校參加「梁效」（「兩校」的諧音，即清華、北大）寫作組。

1970年3月，學校宣布對在校所有學生進行畢業分配，要我們到工農兵中去領畢業證。於是我與患難之交的女朋友于俊巧向未名湖告別，再次依依不捨地離開了燕園。

未名湖畔，留下了我的夢想，留下了我的初戀，也留下了我對已故母親的深深懷念……未名湖，像她的名字一樣，給人無限的遐想，給人創造性思維，給人聰明才氣，給人奮鬥精神。

⊙楊成新在益門煤礦井下挖煤

煤礦練堅強

1970年3月，我們北京大學13位與清華大學4位畢業生，被分配到四川省西昌地區會理縣益門煤礦勞動鍛鍊。到達成都以後，我們乘坐一輛解放牌貨車前往西昌。一路翻山越嶺，山道崎嶇，驚心動魄，三天才到達西昌。一到西昌，便立即投入修建南橋防洪堤的行列，5月份才又坐解放牌卡車到達煤礦。男同學下井挖煤，女同學全部參加土法煉焦炭。

我的第一份工作就從下井挖煤開始。說不上喜悅，也說不上悲哀，因為我必須透過勞動鍛鍊才能在工農兵中領到畢業證。我永遠記住了那個時刻：5月的礦山，風涼刺骨！我穿上那全是煤灰的工作服，彷彿渾身冷透了一般。17年寒窗苦讀，換來的竟是這樣艱辛的工作。也許是為了生存吧，我只想獨立而樂觀地前行。

井下勞動實行輪流三班制：早班從早6點到下午2點；中班從下午2點到晚上10點；夜班從晚上10點到第二天早6點。每班提前一小時準備，穿上工作服和雨鞋，戴好安全帽和礦燈，帶上工具，扛上支撐礦井用的廂木到

第一輯　數理化宇

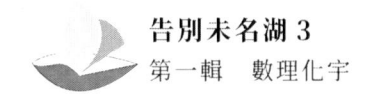

井下交接班。井下勞動8小時，下班後回去洗澡換衣服，每個班來回需要10多個小時。井下世界的光明就靠拳頭大的礦燈。

礦燈是工人的眼睛，工人們就是靠礦燈來工作的。在井下關掉礦燈，就關掉了整個世界。在千米井下陰暗、潮濕的巷道裡，礦工們頭頂是黑色，腳底是黑色，左臂是黑色，右手是黑色，衣服是黑色，帽子是黑色，手套是黑色，鞋也是黑色，能看到的只有那一縷亮光（礦燈光），還有一口潔白的門牙。

對於一般人而言，煤礦工人是黑暗、艱苦、危險的代名詞。陽光、新鮮空氣對於礦工來說卻是很珍貴很渴求的。煤礦工人們有一首打油詩說得非常貼切：「遠看煤礦像戰場，近看煤礦像拱房。進到礦井像牢房，不如回家放牛羊。人人都說煤礦好，傻瓜才往煤礦跑。煤礦賺錢煤礦花，根本沒錢寄回家。年輕老婆娶不上，娶了老婆用不上。生了孩子管不上，蓋了房子住不上。青春撒在荒山上，風錘聲聲敲心臟。戴安全帽——好爽，能不戴它——夢想！」

我永遠也不會忘記煤礦工人在施工面揮汗如雨地打鑽，拚命搶煤的緊張：光著上身，揮舞鋤鎬，端著那滿簸箕的煤炭飛快地倒入礦車中，來回穿梭，汗如雨下；永遠也不會忘記那長長的巷道，彷彿永遠沒有盡頭；永遠也不會忘記用沾滿煤灰的手就著鹹菜吃饅頭，使勁喝開水的情形……這不是懷念，只是無法忘記！

有一天我上夜班，夜雨淋在冰冷的礦車軌道上，我推著滿滿一車煤炭從井口出來，沿著蜿蜒的山路推向煤場，煤車加煤炭將近2噸重。午夜的荒山，萬籟俱寂，山風在耳邊嗖嗖地吹，車輪摩擦鋼軌沙沙地響，我心裡美滋滋的。

突然，在內轉彎的地方，車翻了過去，把我沿拋物線摔了出去，我又滾回軌道邊，礦車翻滾過來剛好扣在我身邊，再有幾公分我就「光榮」了……後來檢查發現，軌道接口不是弧形而是鈍角的，經過改進後才終於消除了這一隱患。

與我同時分配來的一個同學叫袁家政，北大生物系的，是袁世凱的孫子。袁家政戴著高度近視眼鏡，礦井內的濕熱氣撲到他冰冷的眼鏡片上，幾乎看

不見腳下是個什麼樣。一次，雖然礦燈還在閃亮，他竟然從礦井的中層小眼十多公尺高處摔了下來，兩根肋骨摔斷，總算撿了條命，住了一個月醫院，就又下井了。

我妻子于俊巧出生於高級幹部家庭。「文革」中她父親被批鬥，下放到江西中央五七農場「勞動改造」。她一直生活在北京，不會走山路，不會挑擔子，又有支氣管哮喘，不但沒人照顧，還被分配到焦炭場煉焦炭。從洗煤場將煤沿山路挑到煉焦池，每個人都有定額必須完成。頭幾天她的肩磨破了，腳磨破了，腿腫了，含硫的煤煙熏得她常常哮喘。她與其他幾個女同學一起唱著毛澤東的語錄歌「下定決心，不怕犧牲，排除萬難，去爭取勝利」，竟然堅持下來了。

有人說北大出書呆子，我們真有些呆。我與于俊巧在煤礦結婚後，住在四壁透風的工棚中，連連出笑話。冬天給剛生下來的女兒洗澡，怕女兒冷，將鐵瓷盆連水帶人就端到煤爐上，女兒大哭，我抱起來一看，屁股上燙起了大泡，這成了礦上一大笑柄。

勤奮出成果

⊙ 1986 年楊成新、于俊巧夫婦在天津家中

1972 年 5 月，我們來自北大清華的 15 人調離煤礦，留下 2 人。臨走那天，許多礦工送行，有人唱「送君送到大路旁……」我的眼眶濕了，離開了練就我意志的地方，今後不論再有多大困難，我也能克服。

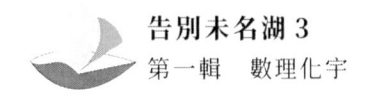

我在西昌地區工業局工作 6 年多以後，1978 年 8 月被調到了天津渤海石油公司技校教書，1981 年又調到計算中心。我的工作是地質訊息處理，即將海上採集的地質數據，透過編碼輸入大型電腦處理後畫出地質圖，供解析人員分析，從而找出海底油氣資源。我根本沒學過電腦編碼，更困難的是給我的資料全是國外的英語資料，而我從中學到大學都學的是俄語。怎麼辦呢？我想到煤礦井下的挖煤工人，想到未名湖的讀書聲，想到母親的期望，頓時充滿了力量。

學，從頭學，而今邁步從頭越！我吃住都在計算中心，每週僅回家一次。我買了一套英語教材，讓妻子于俊巧當啟蒙老師，見縫插針學英語，還跟廣播電視函授大學英語班學；專業上向先學一步的同事請教。我又從圖書館借來電腦編碼的書，向書本學；每天早上 6 點起床，跑步鍛鍊半小時就進機房練編碼，晚上 12 點出機房。

功夫不負有心人，1983 年我經考試合格，取得廣播電視函授大學科技英語翻譯專業畢業文憑。1983 年公司又派我到石油大學進修半年，掌握了石油地質原理，回來後我與南開大學數學系老師合作，完成了波動方程有限元數值解項目。我在《計算物理》雜誌上發表《單程波動方程有限元逼近》論文，在《石油地球物理勘探》雜誌上發表《波動方程有限元一差分法數值解》論文，並應用於石油物探處理偏移校正問題，獲得公司科技發展三等獎。

1984 年我經考試進入公司辦的美國現代會話班學習，畢業考試成績優秀。1985 年經層層考試選拔，我被公司派往美國學習，回國後作為技術專家調到渤海公司研究院工作，連續 12 年擔任數據庫項目隊隊長。退休前我曾任中海油總公司總體組專家成員和渤海採技服科學技術委員會 IT 專家組成員。獲渤海公司科技進步二等獎一次，三等獎三次。參加由何思謙學長任總編主持編著的《數學辭海》巨著，本人被聘為編委。

北大給我一生最重要的影響是人生價值觀。我們的系主任段學復老先生1965年在新生入學典禮上說：「同學們，要做學問，不要當官；要德智體全面發展，德就是不缺德，不做缺德事，不說缺德話。」人一生的成就有些靠天分，有些靠運氣，有些靠努力；而人所能掌握的僅僅只是自己的那一分深情與用心，天才出於勤奮。至於成就，我們只能盡心盡力而知命，毋須過分在意。

我愛北大，我永遠銘記北大師長們的教誨，永遠懷念給我啟迪的未名湖。

楊成新，1965年由四川省蒼溪縣中學考入北京大學數力系，學號6501175，1970年3月畢業。

⊙ 1985年在美國林肯紀念堂

1970年3月-1972年5月，四川省會理縣益門煤礦井下挖煤勞動鍛鍊。1972年5月-1978年7月，西昌地區工業局工作。1978年8月-1981年7月，天津渤海石油技校教書。1981年8月-1988年6月，天津渤海石油計算中心軟體程式員、VAX機系統管理員、項目組長。1985年10月-1986年2月，赴美國Hamirton/braiton學習。1988年7月-2006年6月，天津渤海石油公司研究院工作至退休。

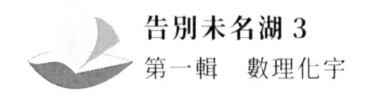

在美國當教授

任尚芬

如願上北大

  1965 年，我由湖南省長沙市第一中學考入北京大學物理系。與大多數同學高三時才確定報考院校不同，我上北京大學物理系的志願是小學五年級時就立下的，因為那時我哥哥任尚元考上了北大物理系。我小時候總想做哥哥能做的事情。考上北大是兒時的希望如願以償。

  離開長沙到北京讀大學的情景，我至今仍歷歷在目。母親和姐姐送我上火車。因為我是家裡的老么（姐姐過幾天也要返校），母親送我上火車時戀戀不捨，而我則興高采烈地想遠走高飛。到北京後，哥哥到火車站來接我（那時哥哥在北京大學物理系讀研究生，師從著名物理學家黃昆先生學習半導體理論）。從此我開始了在北京大學的學生生活。

  好景不長。我們在北大上學不到一年就開始了「文化大革命」。在以後的四年中，我們再也沒有正式上過課。所以我們在北大的學生成績單上，只有一年級第一個學期的寥寥無幾的學分。

告別燕園

  1970 年春天，我們被提前「畢業」分配而離開北大。我被分配在湖南省漢壽縣西洞庭湖農場（原為勞改農場，後變為軍墾農場），簡稱為西湖農場。當時北大、清華分配到西湖農場的男生有 200 多人，分成一連和三連；我們女生共 28 人，與其他學校的女生合併組成師直二連。

  農場條件當然比較艱苦。幾十個人睡在一個大草棚裡，床挨著床，起床、就寢、熄燈都必須按號令行事。男生連當時的主要任務是為造紙廠背蘆葦，從船上背到造紙廠。他們常常穿著很舊的衣服，背著沉重的蘆葦，排著長長的隊伍，走在湖區的大堤上，前後有軍隊的連排長跟著，當地人常以為是勞改犯。我們女生連在農忙時支援雙搶（搶收、搶種），農閒時做過泥磚，還

管理過果園，養過奶牛和羊等。那時生活雖然艱苦，但「少年不識愁滋味」，和其他同齡的學生們在一起，並不覺得有特別的精神壓力。

1972 年，農場勞動兩年後，我被分配到長沙市（這在當時是非常幸運的），先是在市民政局屬下的長沙市印染廠當描圖工，幾年後被調到長沙市科委，主要負責刊物《長沙科技》的組織、編輯和發行。當時很多人都認為長沙市科委的工作是「美差」，因為我們到工礦基層時都被奉若上賓。但我不喜歡這樣的工作，因為覺得別人對我的款待是因為我所處的位置，而不是因為我個人的貢獻，所以心裡不踏實。

我在長沙市工作時，父母親都在長沙，先後退休，我有較多的機會與父母親相處。父親經常敦促我們學習文化知識。記得父親曾告誡我們，總有一天「文化大革命」會結束，那時國家會需要有真才實學的人，會全國登報招考。父親希望我們為此做好準備。那時我認為父親的想法是「天方夜譚」，對此並不當真。只因學習數理是自己的興趣，就把北大物理系高年級的教材找來自學。記得 1975 年我兒子出生不久（1974 年我與北大物理系同學夏耀民結婚），我先生去五七幹部學校勞動，我每天半夜要起來挑十多擔水，灌滿一只大缸以供家用（那時我家住在一個地勢較高之處，夏天家裡經常白天斷水），而我每天午休時在辦公室都會做一些線性代數的題目，自得其樂。總之，那時精力非常充沛，有使不完的勁。

科大任教

1976 年「四人幫」倒台以後，全國的科技工作開始復甦。那時我哥哥任尚元已在安徽省合肥市的中國科技大學工作。當時科大急需調入一批教員。我哥哥知道我一直想搞業務而不想當行政幹部，就向科大推薦了我們。我們雖然在北大讀書不到一年，但因我們夫婦都是北大物理系畢業，科大也願意考慮。就這樣我們於 1977 年底調入了中國科技大學。

當時科大物理方面主要有兩個強項：固體物理和天體物理。固體物理方面的人比較多，我哥哥任尚元是主力之一。天體物理方面是方勵之老師帶頭，還有周又元、尤峻漢、王仁川等幾位北大物理系學長及其他幾位主力。我決

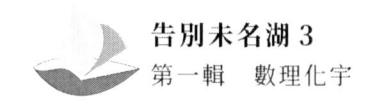

定選擇天體物理，因為我不想老跟著我哥哥。我希望透過自己的努力來有所建樹。

我在科大期間非常努力，因為經過「文化大革命」十多年的蹉跎，深知機會來之不易。記得當時大約有 1/3 的時間在進修，因為我們大學實在沒有學到什麼，很多課程都需要補，每個學期我都會選修幾門課。另有 1/3 的時間進行教學。我的第一份教學工作是給科大第一期少年班當物理課輔導教員，後來我多次輔導六系（無線電系）的基礎物理。因為主講老師突然生病，我還擔任過一個大班（180 多人）的原子物理課主講。還有 1/3 的時間就是做科學研究。主要是跟著王仁川和尤峻漢兩位老師，與方勵之老師合作研究天體物理方面的課題。我的主要任務是查找文獻、推導公式、進行一些計算等。我發表的第一篇科學研究論文是和這幾位老師合作的關於脈衝星理論的研究。

1978 年後中國開始與美國進行文化交流。我哥哥任尚元於 1978 年中美建交之前就作為中國科學院的第一批交流學者被派到美國史丹佛大學學習。其後科大陸續有一些教員被選派出國。1980 年科大決定選派 40 個中青年教員出國。當時國內各大學選派出國的都是中年骨幹，那時在科大絕對輪不上我們。但方勵之老師在科大提出一個透過業務考試並結合其他考核的選拔方案，被校方接受。這樣我就考上了科大的出國名額。但當時科大沒有錢，需要等待。我們被告知，如果能夠聯繫國外的資助就可以先走。

我哥哥任尚元當時在伊利諾大學香檳分校（UIUC）工作。他透過他所合作的 John D.Dow 教授為我爭取到了一個 1/2 Research Associate 的資助，工作方向自然是固體物理。當時科大的副校長錢臨照老教授勸我說，固體物理可以更直接為國家做出貢獻。在錢老的積極鼓勵下，1981 年 10 月我告別家人，以自費公派的名義來到 UIUC 物理系工作，那一年我 35 歲。

初到美國

我到 UIUC 工作時思想壓力是非常大的。主要因為我在北大沒學什麼，而在科大的幾年參與的是天體物理的工作，所以對固體物理幾乎一無所知，

固體物理最基本的概念「倒數指標晶格向量」都不懂。我到 UIUC 後不久，哥哥就回國了。那時國內電話非常少，與國內聯繫很困難。那是我在美國生活的第一個困難時期。工作壓力大，又非常想家。最困難的時候，我每天早上醒來後大哭一場，然後擦乾眼淚去學校，晚上吃兩片安眠藥也睡不著。這是我一生中唯一靠安眠藥入睡的時期。記得有一天晚上和一些國內來的學者去上英文課，當老師宣布休息時，我突然眼淚唰唰往下流……

後來我有機會搬到了當時 UIUC 物理系一位女教授 Lorella Jones 家中，與她同住。她比我大兩三歲，是哈佛大學的學士、加州理工大學的博士，20 多歲就擔任了 UIUC 的物理教授，是一位非常理性又草根的粒子物理學家。和 Lorella Jones 教授的相處給我的心靈打開了一扇天窗。我們朝夕相處，每天晚飯後坐在長桌的兩頭看書閒談。她教給我非常多知識，使我受益終生。

我特別記得她講過的做事情要堅持的話。她說，人做事情就像爬山一樣，有時候你會覺得山很高很高，看不到頂，好像永遠也不可能到達山的另一邊。但是只要你堅持不放棄，也許你並不需要到達山頂，就可能透過如同量子力學中的隧道效應而意想不到地到達山的另一邊。我非常喜歡這個比喻。以後做事，常能堅持，決不半途而廢。我們後來一直有聯繫。1995 年前後她因病去世。

我在 UIUC 工作兩年後，按原計劃是應該回科大工作的。但當時我有一個機會：一位從德州農工大學到 UIUC 訪問的教授 Roland Allen 看到了我的努力（我每週 7 天，每天都有 10 多個小時在辦公室），建議我到德州農工大學讀博士，說可以給我全額獎學金。我自己因為「文化大革命」後遺症，科學研究中常常覺得底氣不足，非常希望有機會系統性的學習，徹底填補自己基礎知識中的空洞。

我請示科大原單位的主管，方勵之老師是我的頂頭上司，他說，像你們這樣「文化大革命」中大學沒有學完的學生，有機會都應該在美國讀博士。當時中國駐美大使館教育組的負責人是我中學的英語教員，他也鼓勵我留美讀博。我的父母和丈夫雖然都盼望我早日回國，但也沒有反對。就這樣，考

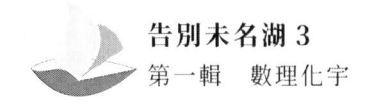

慮再三，在 1983 年 8 月，我獨自一人，帶著不多的行李，從 UIUC 坐灰狗巴士到德克薩斯州的大學城（College Station），開始了我的讀博之旅。

在美讀博

我開始讀博士時的心理壓力很大。那時候我已經 37 歲，比一般的學生大很多。大學裡的很多課程我都沒有正式學過，而且英語畢竟不是母語。記得我在德州農工大學的第一次考試是考理論力學，那時算一算我已有 17 年沒有正式參加過學生考試了，非常緊張。考試的前一天，我切菜時不小心把自己的手指切下一塊，血流如注，室友將我送到校醫院看急診。第二天考試時，我握筆的手像雞啄米一樣地抖個不停。

這種經歷，在我人生中是唯一的一次。考試後我知道自己因為緊張，把一些會做的題目都做錯了，十分沮喪。沒想到那次我的成績在班上居然屬於中上。這次經歷使我信心倍增。我相信自己如果不慌張，正常發揮，肯定可以學好。說實在的，在這裡我必須感謝我中學長沙市一中的老師們。是他們幫我打下堅實基礎，使我在大學階段學業基本空白的情況下，透過努力，順利地透過在美讀博過程中的各門課程。

總的說來，我讀博的這幾年壓力是比較大的，主要表現在應對考試方面。我一直認為，考試是一種「少年藝」。人年輕時，考試時常會有一種爆發力，做題比平時又快又好；而年紀大以後，考試時緊張，平時會做的東西也可能卡殼。我在讀博的第一年底把博士資格考試考過了，因為我知道自己能否拿到博士學位，關鍵在於能否通過資格考試。我為那次考試做了很多努力，把前十多年的考試題目都做了一遍。

結果 4 門考試中我有 3 門獲得同時參考的 18 人中的第一名，總分第一。我明白，這些成績完全是靠自己以勤補拙的努力取得的，與青少年時代考試時輕而易舉就能取勝不可同日而語。我在通過博士資格考試後所做的一件要事就是回國把兒子接來美國。我先生那時也來到美國，到 UIUC 從事與他自己相關的科學研究課題。

相比修課考試而言，我在讀博期間的科學研究工作比較順利。因為我在 UIUC 已有相關工作的積累，所以比較快地撰寫發表了多篇論文，經常被誇為組裡的「科學研究明星」。但那時帶兒子讀博士（兒子剛來美國時不到十歲），困難還是不少的。我一個人在時，基本上週末不休息；兒子來了以後，週末兩天中休息一天，料理生活並陪伴兒子。

記得有一次週末，我正在 Roland Allen 教授的辦公室裡討論工作時，兒子打電話來問是否可以和其他小朋友出去玩。電話是 Roland Allen 接的，正好在此之前，他太太剛給他打了一個電話要他回家，他已經很不高興了。再接到我兒子的電話，他大為光火，生氣地說：「Between my wife and your son, we can do nothing（有我太太和你兒子的干擾，我們什麼都別想幹）。」

總的說來，兒子的到來並沒讓我多操心，而他帶給我精神上的愉悅無可言喻。兒子來美國不久就是暑假，我常常把他一個人放在圖書館裡，有時一放就是一整天。平時放學後，他常跟我在辦公室，和很多年輕研究生成了朋友。

博士之後

1986 年我通過了博士論文答辯，那一年我 40 歲。因為那時我先生在 UIUC 工作，我帶兒子回到 UIUC 做博士後。三年後我的職稱改為物理研究員，但實際工作性質不變。我在 UIUC 工作 8 年，一直是在物理系張亞中（Y.C.Chang）教授的組裡。雖然這期間也有機會換工作，但我安於現狀，不想變動。

兒子就讀 UIUC 的實驗中學，是一個只有 200 多人、出了 3 個諾貝爾獎、在全美名列前茅的中學。那時候的打算是努力工作，有獨立工作能力後就回科大。但後來改變了想法，留在美國。

1991 年，我兒子被史丹佛大學電子工程系錄取。兒子離家前，我們接父母到美國探親。父母住下後沒有多久，有一次父親對我說：「尚芬，我聽你的朋友打電話給你都是聊家常，為什麼沒有人和你討論工作呢？」父親的話

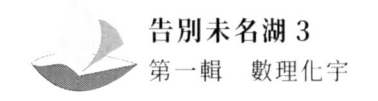

引起我的反思，使我認識到近些年自己工作上的懈怠。加之兒子上大學了，我又有了比較多的空閒時間。我覺得自己還不老，應該爭取在工作上更上一層樓。

於是我開始思考今後的事業發展。我開始去學校選修課程，學習新知識，開拓思路。同時我認識到，如果想要在美國的工作事業更上一層樓，無論從事何種職業，都有一個重要的關卡，那就是語言問題。我在德州讀博期間，因為相處的老師和同學大多數是美國人，英語運用自如；可自從到了UIUC，不但在家裡講中文，組裡的教授和同事們也都講中文，幾年下來，英語口生不少。怎麼辦？我得給自己創造練習英語的機會。

我想的辦法之一就是去參加學校女教職員工的一個組織並自願提供服務。這樣我不但有機會再拾英語會話能力，也鍛鍊學習了組織管理能力。這對於我後來在美國當教授具有意想不到的幫助。

有了以上準備之後，我開始申請到美國的大學當教授。第一年我得到幾個面談機會，但無一成功（當時美國物理系教授的每一個空缺一般有一二百人申請）。我沒有氣餒。第二年我申請了兩個學校，最終被離家較近的伊利諾州立大學（ISU）物理系錄取為 Tenure-Track Assistant Professor（可獲終身職位的助理教授，簡稱助理教授）。

在大學當教授

到 ISU 物理系工作對我來說又是一個新的挑戰。那是 1994 年，我已經 48 歲。48 歲對一個女人來說已接近更年期。那時，在國內的同事朋友們很多都已是正教授，有的還當了院長或校長，而我得從學校最基層的助理教授做起。對美國學術界有所瞭解的人都知道，美國大學的諸多工種界限分明。在美國沒有終身保障的工作，唯有大學裡的終身教授是例外。

而學校每賦予一個人終身教職，就意味著以後幾十年裡必須保證你的工作和薪水，是一個幾百萬美元的承諾。正因為如此，學校裡對這種有可能取得終身教職的助理教授要求非常嚴格，一般考核 6 年時間。在此期間，助理教授必須拿出出色的成績才有可能獲得終身教職。

第一個學期，我把時間和精力集中在應付教學工作上。當時我被分配教三門不同的課，其中有兩門是近百人的大課，另一門是試驗課。為了彌補自己語言上的弱勢，我必須在備課上多下功夫。為此我在學校附近租一住處（儘管那時我開車回家不到一個小時），白天黑夜地在辦公室加班加點。晚上常常整座大樓只剩我一個人還在辦公室，有時打掃的人以為沒人而關閉了整棟樓的燈，我只好一個人摸黑走出來。

我覺得教學與科學研究相比有一個很大的優越性，就是教學很容易有進步感，每一週甚至每一堂課都會有明顯實在的進步。尤其是當一個學期結束時，會有一種大功告成如釋重負的輕鬆感。有了第一次上課的備課筆記等，以後再上同樣的課就輕鬆很多。而以後的新課，一般一個學期只有一門。就這樣我慢慢地適應了學校的教學工作。

在美國大學當教授，科學研究是非常重要的一部分。而科學研究工作的水準，在很大程度上體現在科學研究提案上。我體會到，美國大學裡的教授與其他研究人員相比，最大的差別就是教授必須有自己獨立的、有創意的、被認可的科學研究項目，所以教授的科學研究必須積極主動；而其他科學研究人員往往是跟著教授的指揮棒轉，指到哪裡打到哪裡，也就是說在科學研究大方向上基本是被動的。

在第一個學期順利應付教學之後，第二個學期，我即把工作重點轉移到科學研究提案上。我根據在 UIUC 工作 8 年期間一個最好的工作和一個最新的工作提出了一個 II-VI 族半導體超晶格的聲子問題。我寫了兩份提案，一份詳細的、專業的提案交給了美國合作基金會（Research Corporation，簡稱 RC），而一份比較簡單通俗的提案交給了學校。

我對自己的兩個提案信心滿滿，卻沒有想到交給學校的提案首先被拒，原因是系裡當時把我的提案排在了系裡四個提案的末位。後來有人告訴我，系裡有人認為女的不需要賺錢養家。幸運的是：RC 的評委們不這樣看問題，對我的提案評價很高。那次我是我們系裡唯一取得成功項目的人。

我後來寫過很多提案，慢慢地從寫科學研究提案的過程中體會到科學研究的樂趣。首先你要有一個很前衛、很獨創的科學研究思想，最好能預見它

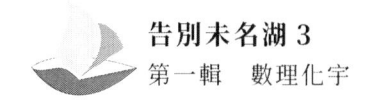

的應用前景,然後要用有限的文字和圖片把自己的想法表達清楚,使得項目負責人和評審員能夠理解、接受、欣賞,並判斷你的項目確實值得幾萬、幾十萬甚至幾百萬的投資。這是一件非常有挑戰性的事情。

比如我們交給美國自然科學基金會(NSF)的提案,一般會有四五個評審人,他們會對你的提案提意見並評級。評級分成極好、很好、好、一般等幾個級別。如果五個評委中,所有的人都認為你的提案「極好」,你就有可能獲得支持。如果有一兩個人認為你的提案是「很好」而不是「極好」,你的提案就可能通不過。

在 ISU 工作的 17 年中,我的科學研究方向主要是圍繞半導體奈米材料中的聲子問題。開始主要集中在用不同的方法,計算不同材料不同結構的聲子特性。後來我開始產生在實驗上驗證這些計算結果的強烈願望。我主動聯繫了加州大學伯克利分校(UC-Berkeley)物理系的於鑫教授。他的工作是測量不同材料不同結構的拉曼光譜,可以從實驗上檢驗我們的計算結果。正好他也有一些新的測量結果需要解釋,我們有互補性,一拍即合。

後來我們合作多年,共同發表不少論文。在於鑫教授的建議下,我們又進一步拓展了半導體奈米材料在能源方面的應用,即材料熱電性能的研究。美國麻省理工學院的陳剛教授是美國熱電材料理論方面的首席專家。我們透過與他的合作進入這個領域,又因勢利導地開展了與美國最大的機械製造商之一的凱特皮勒公司的合作,以研究相關材料的具體應用。

在 ISU 工作的 17 年間,我們系裡主要有三個科學研究方向:一個是原子分子物理,一個是天體物理,還有一個就是我自己建立的半導體奈米材料的研究方向。我的科學研究工作,先後得到美國 RC、NSF 等多個項目的支持。除此以外,我還創建了一個把美國大學生帶到中國來進行暑期研究的項目。

當時 NSF 有一個專門支持大學生暑假研究的項目(REU),但基本上學生都是在美國做研究。我那時有一個 NSF 支持的科學研究項目。為了兼顧科學研究、教學和照顧父母,我向 NSF 項目負責人提出把美國大學生帶到中國進行暑期研究的想法。得到同意後,1999 年暑假我第一次把本校兩個大學

生帶到了北京中科院半導體所工作，住北大勺園。那兩個學生都是土生土長的美國人，與中國沒有任何關聯。他們來中國參加暑假研究後，無論在知識、文化及個人成長方面，都取得了意想不到的效果。其中一人後來在美國政府部門工作，特別談到過那次中國經歷對他的人生觀及工作發展的影響。

回到美國後不久，我正好有機會參加美國白宮政策辦公室委託美國物理學會國際關係委員會召開的一個關於如何提高美國年輕人的國際閱歷的電話會議。在討論中大家針對研究生和博士後等青年科學工作者的情況出謀獻策，唯有討論到大學生這一階段時，都啞口無言。我趁此機會報告了我剛帶學生到北京的情況，立即引起與會者的重視。正好我手頭有現成的書面材料，提供給了有關負責人。

在這樣的背景下，NSF 國際部的負責人要我寫一個為期三年、結合自己的科學研究工作、把美國大學生帶到中國參加暑期研究的提案。開始時我是帶學生去中科院半導體所。後來考慮到中科院的研究生與我的學生的年齡差距，想把學生帶到北大物理系。此想法得到當時物理學院的院長葉沿林的大力支持。葉沿林院長、郭華副院長、馮慶榮副院長等，以及物理學院的多位教授都對我們的工作提供了很多幫助。

在這之後的三年中，我先後從史丹佛大學、耶魯大學、康奈爾大學等多所美國名校以及我自己的學校，挑選了 17 名大學生到北京參加暑期研究。學生們回美國後就他們的親身體會寫下了很多感人的文字，美國和中國有關方面也都對這一工作給予了充分的肯定和很高的評價。

在美國當教授這些年間，除了科學研究教學之外，我也儘可能利用各種條件，為中美之間的和平與友好、交流與合作，做自己能做的事情。我還做過的一件比較有意義的事情就是參與組織和主管美國女科學家協會（AWIS）組團參加 1995 年在北京召開的聯合國世界婦女大會。前面提到，我為了提高英語會話能力而參加了 UIUC 的女職工組織活動。

後來有人介紹我參加了美國的女科學家協會，並成為當時該組織的主管成員中唯一的華人。當我得知聯合國在中國開會的消息後，就向協會的主席建議組團，並自告奮勇地提供各種聯繫和服務。我很快就與原來就非常熟悉

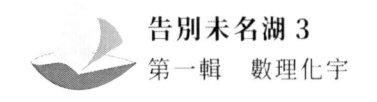

並受益良多的中國著名女物理學家、原復旦大學校長謝希德教授（我們都尊稱她「謝先生」）聯繫上。

當時正好謝先生也在組織中國女科學家方面的有關活動。謝先生在美國科學界也很有影響。我們很成功地聯合組織了中美女科學家在世界婦女大會上的活動，取得非常正面的效果，當時中美方面的媒體都有諸多報導。

應該說我對自己在美國當教授這17年的經歷還是比較自豪的。我48歲進入學校當助理教授，憑藉自己的勤奮和智慧，在激烈的競爭中，在最短的時間內被提升為副教授、正教授，獲得終生教職，並於2001年被選為美國物理學會的會士（每200名會員中選一名會士）。這一成績超過了自己原有的設想。

退休之後

2011年我從ISU退休。本來還可以再多幹一些年，但學校的工作已輕車熟路，對我已沒有太多的新鮮感和吸引力。我希望換一種生活方式。那年暑假回國時到中國科學院寧波材料研究所交流，認識了崔平所長。我相信自己這些年在美國各方面的積累可以協助材料所在國際上的發展，所以在中科院物理所王鼎盛院士的推薦下，我決定從ISU退休，應崔平所長之邀而參與該所的工作。

寧波材料研究所曾準備為我破格申請國家千人計劃（當時我已滿65歲），但我考慮，盛名之下，其實難副。我不想全職在材料所工作，也不想給自己太大壓力。婉拒之後，我一方面承擔了材料所的部分工作，另一方面在美國加州安下了家，為我兩個孫子的成長教育而盡力。三年期間我為材料所建立了一支高水準的材料理論計算隊伍，也為材料所走向國際做了努力。

⊙ 2015 年 5 月於美國加州，右一為任尚芬

去年我決定從材料所工作中撤出，和家人定居在美國加州。這裡有很多北大、清華、科大等大學畢業後來美國奮鬥的同齡人，大部分已退休，少部分還在繼續努力。單是當年在湖南西湖農場女生連的 28 人中，就有 4 人住在附近。我們常在一起聚會、鍛鍊身體、交流思想。北大的事情我們依然關心。前不久我 8 歲和 5 歲的兩個孫子作為北大的第三代參加了北大北加州校友會舉辦的第一屆春晚，表演了中文小品《拔牙》，頗得好評。他們透過參加這個活動，也瞭解到中國有一所著名的北京大學。

生活還在不斷繼續，我們也在不斷地學習、思考，不斷地充實自己。因為有了時間，我閱讀的東西比較多。我覺得世界上其實真正一帆風順的人並不多，即使有，也未見得自知，未見得珍惜，更未見得成功，當然也未見得幸運。其實世界上大多數人都會面臨一些特有的困難。我們每個人的自身條件不同，際遇不同，選擇也不相同，生活之路不必強求。只要我們盡力了，我們的人生之路都值得自己驕傲，值得別人尊重。我衷心希望大家都能心情愉快，身體健康，不斷活出自己人生的精彩！

任尚芬，女，1946 年生，原籍湖南省長沙市。中學就讀於長沙市一中，北京大學物理系本科，美國德州農工大學物理博士。出國前在中國科技大學任教；1981 年赴美，博士畢業後在美國伊利諾大學香檳分校任博士後，物理研究員。1994-2011 年在美國伊利諾州立大學任助理教授、副教授、教授，2001 當選為美國物理學會會士。

長期從事半導體材料理論計算，其科學研究項目多次獲美國自然科學基金會等基金支持，並多次擔任評審。在國際一流刊物上發表科學研究論文 70

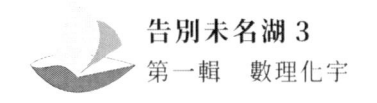

餘篇，其他相關著作 30 餘篇，在國際會議以及各研究院所作報告百餘次。曾在美國女科學家協會、美國物理學會等學術團體中任職。曾任中國《物理學報（海外版）》編委及多所中國大學和中科院研究所客座教授。2011 年退休，定居美國加州。

兄妹讀書在北大

王玲治

　　收到老同學王智鈞轉發來的《告別未名湖》的徵文啟事，一下子把我的思緒帶到了 50 年前的北大校園中。我是北京大學化學系 1965 級的學生。自告別未名湖，一晃已過去 45 年了。當初年輕的小姑娘已變成滿頭白髮、年近 70 的老太太了。2015 年是我們入學北大 50 週年，此時對於告別北大後的經歷作個回憶，還是很有意義的。

　　徵文啟事的範圍主要是「文化大革命」前入學的老五屆學生。我們家在這個範圍中有兄妹兩人。這一下子勾起了我對已經去世 43 年的哥哥王海治的懷念。

　　哥哥王海治是 1963 年考入北京大學歷史系的。他曾經遭受過外人無法知曉的痛苦和挫折，28 歲就長眠在山西省五寨縣。哥哥 1944 年出生在抗日

戰爭的戰火中。當時我父母親是新四軍士兵，在戰爭的艱苦環境中無法哺育他，只好將他留在湖北大悟山老百姓家中。

1946年父母經歷了中原突圍後，奉命赴南京做地下工作。為了更好地隱蔽，奉上級命令接回我哥哥。母親形容當時的海治：「長得像青蛙一樣，肚子大大的，四肢細細的」，一看就是嚴重的營養不良。如果再晚些時候去接，可能就夭折了。

回到父母身邊的哥哥，「文革」前的成長過程還是很順利的。他學習成績優秀，政治上也要求進步，喜歡體育鍛鍊。中學時代曾參加北京市中學生舢板比賽，還獲得集體二等獎。哥哥1963年考上北大，1964年在北大入了黨，還參加學校舞蹈隊，擔任隊長。1964年國慶15週年，哥哥參加北京市組織的頤和園聯歡會，演出了非洲舞蹈《赤道戰鼓》，全身抹黑就像個非洲人。此節目得到副總理陳毅元帥的好評，誇獎他們跳得好，達到專業水準。哥哥可以說是一個德智體全面發展的好學生。

然而「文化大革命」對哥哥來說就是一場從天而降的災難，毀了他的一生，奪去了他年輕的生命。「文化大革命」最先從北大拉開了序幕，作為學生的哥哥響應毛澤東的號召，關心國家大事，積極投身到運動中。他是一個愛動腦子的人，對江青及中央「文革」的一些做法不理解，發表了一些不滿意的言論。他寫的大字報引起全校轟動，被學校革命委員會劃定為有問題的學生，在北大隔離了一段時間，還進行了批鬥，不允許回家。直到1968年底畢業分配，他被發配到條件非常艱苦的山西省五寨縣林場勞動鍛鍊。

哥哥作了扎根林場，在林場幹一輩子的打算，因此選擇和當地一個農村女孩結了婚，還生了孩子。我要感謝北大工宣隊，哥哥的檔案中沒有被記下問題，可能是為了不影響他以後的人生前程吧。在當時艱苦的環境下，哥哥自己省吃儉用，盡最大的能力幫助一些困難戶，時常給他們送衣服、送食品，在自己的職責範圍內對當地知識青年予以照顧，和他們都成了好朋友。

由於哥哥出色的表現，1972年五寨縣委將他調到縣委宣傳部。他一心撲在工作上，去基層調研，瞭解當地的生活，工作認真，加之才思敏捷、文筆優秀，所以他的調查報告總是得到大家的好評。他不僅在工作上兢兢業業，

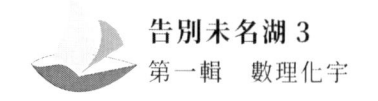

幹活也非常賣力，不怕髒不怕累。休息日還親自去清理公共糞池，弄得身上又髒又臭，那是一般人都不會幹的活。

⊙王海治

天有不測風雲，1972 年 7 月 3 日，分在五寨縣的幾個大學生和北京來的知識青年相約一起去五寨縣水庫游泳。哥哥的游泳技術是很好的，在北大他幾乎年年參加學校在頤和園昆明湖組織的游泳比賽。至今人們也不明白，那天到底出了什麼狀況。一群年青人在水庫中戲水歡笑，忽然哥哥喊了一聲「哎呀不好」，一下就沉到水庫不見了。

當天組織了很多人打撈，但沒找到他。第二天他的遺體才浮上水面。年僅 28 歲的哥哥就這樣永遠葬在了五寨縣。他的兒子當時才 6 個月。如今我的侄子對他父親一點印象也沒有。哥哥去世後，當年與他同去的北京知識青年還多次到北京看望我母親。此次徵文勾起我對哥哥的追憶，把他的不幸遭遇寫出來，他是那個時期老五屆人的縮影，也是老五屆中最不幸的少數人之一吧。

再說說我自己吧。1965 年我考入夢寐以求的北京大學。當我接到北大錄取通知書時，轟動了我們家住的大院。三年中一家兩個孩子上了北大，我的父母及全家都沉浸在歡樂中。我的母親一直對北大懷有崇敬之心，她曾多次講要將我們兄弟姐妹七人都培養成北大學生。可惜由於十年浩劫，母親的願望沒有實現。好在多年後我的弟弟和外甥女也先後考入了北京大學，我家兩代共有北大學生四人。

⊙王玲治

　　然而我進入北大學習專業課不到一年,「文化大革命」爆發,使我們失去了系統學習專業知識的機會。停課、造反、武鬥、串聯,校園中處處充斥著大字報、大批判。1970年3月為了招收工農兵大學生,我們不得不提前畢業,無奈地告別了未名湖,離開了北大,離開了北京,各自奔赴陌生的基層,遠離專業知識。很多同學直接分到農村插隊,接受貧下中農再教育。我和北大、清華各20名畢業生一起被分配到天津工廠勞動鍛鍊。

　　離開了家庭,前途未卜,一種難以名狀的孤獨和壓抑與我相伴。然而我的運氣還不錯,作為接受再教育的大學生,工人師傅無疑是給予我們再教育的老師。我所在工廠的工人師傅純樸、善良,他們耐心地教我們技術,關心我們。看到我腿不好,就把我從作業廠調到技術室描圖。休息時間,有時還請我到他們家中做客,一下子拉近了我們和工人師傅的距離。

　　半年後重新分配,我被分到天津合成材料工業研究所工作。這個單位過去就沒有北大的畢業生,我又是黨員(我在中學入的黨),所主管很重視培養我。我先在課題組搞科學研究,虛心向老同事學習,吃住都在單位,每天除了宿舍,就在實驗室,工作很快進入角色。由於我和同事們關係處得好,且沒有參加任何派性組織,1975年我被選入單位革命委員會。打倒「四人幫」後,1978年9月我告別天津,回到北京,調入中國科學院化學研究所工作,直至退休。

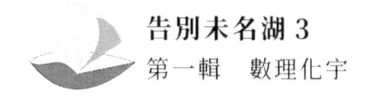

我在化學所從事高分子材料的研究工作，曾經兩次作為項目負責人承擔國家自然科學基金項目。曾隨中國科學院功能高分子代表團赴朝鮮人民民主共和國訪問，也曾赴日本福岡參加日中有機合成化學討論會。1992-1994年我被化學所派往香港理工大學工作，該工作主要是香港理工大學材料研究中心與英國及荷蘭兩家公司協作研究項目。

在國內外中英文刊物上發表多篇學術論文，多次參加國際學術會議，被評為副研究員。同時擔任化學所高分子化學部主任，支部書記，曾被評為優秀黨務工作者。長期以來科學研究、行政、黨務工作雙肩挑。

⊙ 2002年於敦煌莫高窟

考入北京大學是我一生最快慰的事。回想起來，我一個腿有殘疾的小姑娘，北大沒有拋棄我，我能在北大讀書，能夠學到知識，能夠認識北大很多同學和老師，也算是畢生的榮幸。4年半的燕園生活，使我深受北大魅力的感染。工作30多年，北大這塊牌子給我帶來了榮耀、自信和自尊。我很慶幸能在入學50年後的今天向母校述說北大對我的哺育之恩，感謝北大對我的培養。我永遠懷念我的母校——北京大學。

王玲治，女，1946年生，出生於南京，籍貫湖北。中國科學院副研究員，曾擔任中科院化學所高分子化學部主任，支部書記，直至退休。

1965年9月至1970年3月於北京大學化學系學習。1970年3月至1970年9月在天津攪拌機廠勞動鍛鍊。1970年9月被分配至天津合成材料工業研究所工作，從事課題研究工作。1978年9月調到中國科學院化學研究

所，主要從事高分子材料研究工作。任職期間兩次擔任國家自然科學基金項目負責人；作為中國科學院功能高分子代表團成員赴朝鮮人民民主共和國訪問；赴日本福岡參加日中有機合成化學討論會；1992年至1994年，被化學研究所派往香港理工大學材料研究中心，主要和英國及荷蘭兩家公司合作研究項目。

心繫博雅塔

徐淑坤

1970年3月17日，是我們這一批人告別未名湖、離開博雅塔的日子。我被分配到遼寧省清原縣。這很有可能是工人師傅按照地圖分配的——我家在吉林省海龍縣（1985年撤銷縣，改設梅河口市），正與清原縣相鄰。吉林省的名額很少，只有31名，而遼寧省其時正是毛遠新當政，竟有500多名北大畢業生被掃進遼寧。17日上午，由校車統一送站，我和其他分到遼寧的同學一造成了北京站。整個車廂全是我們這些被分配到遼寧的學生，大家互相聊著，大都感到前途未卜。

轉眼間，45年過去，回首往事，儘管歷經坎坷、磨難，人生波瀾起伏，但高聳的博雅塔一直在我們心中，北大精神一直鼓舞著我們自強不息，不斷前行。

參加縣裡的「三兩」鬥爭

北大分到清原縣的共有26名同學。清原地處遼東山區，行政上屬於撫順市。縣城清原鎮很小，只有一條主要大街，道路也是土路。我們早上下火車後，看到的大部分都是平房，只有縣革委會及招待所、238醫院和縣醫院是兩層的樓房。城北的山腳下是一個選礦廠。居民做飯和取暖大都燒煤和柴草，房子上的煙囪冒著青煙，裊裊騰騰，散發著嗆人的煤煙味兒。

到縣革委會報到後，我們被安排住在縣招待所。在縣革委會的餐廳吃飯時遇到一件有趣的事——餐廳管理員問我們「為什麼被分到這兒來」，懷疑我們是因為犯了錯誤才被發配的。他們說：有這麼多北大的學生分到這裡，

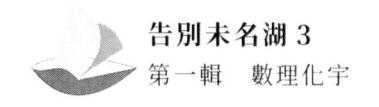

簡直就是一件奇怪的事，以前不用說未見過有北大的學生分配到此地，而且從來沒有學生考上過北大。透過幾天縣教育組人員的介紹，我對縣裡的基本情況有了初步的瞭解，同學們之間也互相認識了，成為同一戰壕的戰友。

又過了幾天，縣裡把我們分組下派到南八家公社去參加「三兩」鬥爭（即所謂兩個階級、兩條道路、兩條路線的鬥爭），相當於縣裡派下去的工作隊。我和蔡洙日、李俊杰等分到了筐子溝大隊。所謂「三兩」鬥爭，並沒有什麼實質內容，主要是參加生產隊的日常勞動，瞭解一下村裡的情況，訪貧問苦，也參加他們的一些所謂「鬥、批、改」會議，如發現問題，盡力幫助解決。我們吃住在當地居民家裡。

當時，當地農民的生活很苦，每年的口糧都不夠吃，這個時候幾乎家家都是吃政府救濟的糧食，基本沒有蔬菜。由於生活條件不好、環境氣候惡劣等原因，有不少人患上地方病（主要是克山病）且得不到治療，深受煎熬。這是當時當地的實際狀況，我們看在眼裡，急在心上，卻也無能為力。民風卻頗淳樸，記得農民小毛一家人春耕有困難，需要幫助，我從首次薪水中借給她15元錢救了急；到了秋後，她跑了15里路到我工作的中學還了錢。

一個月後，縣裡又把我們轉派到另外一個公社開展「三兩」鬥爭，這次我和高中校友、無線電系的李亞斌以及生物系的石富城到了英額門公社的長春屯大隊。這一次的蹲點是20天左右，工作內容與前一次差不多。然後回到縣裡總結工作，並進行了最後的工作分配。記得當時除哲學系蔡洙日分到縣黨辦，經濟系李興山分到縣裡的八三工程辦公室外，其餘同學均被分配到公社中學。我和生物系的白恩忠、歷史系的趙梅莊三人被分配到南八家公社的枸乃甸中學。從此，我們開始了在遼東山區的杏壇生涯。

山區中學的教學生活

5月19日下午，我們三人乘公共汽車翻過金鳳嶺來到枸乃甸，正是學生放農忙假時節，學校沒有人。經打聽知道老師們正在學校附近的山坡地栽地瓜，我們趕到地裡，見到了學校主管和幾位老師，算是報到了。晚飯餐廳的王師傅給我們住校的老師烙了白麵餅，做了馬鈴薯湯，算是對我們的歡迎。

枸乃甸中學位於清原縣城即清原鎮城北 40 里的高寒山區，是全縣海拔最高的地方。這裡雖是真山真水，但氣候條件惡劣，無霜期很短，經濟發展落後，人們普遍生活貧苦。該校是新成立的小學「增設中學」，當時只有六、七、八、九年級，每個年級各一個班，沒有校舍，就在原小學的幾間教室對付上課。教室都是破舊的土坯房，窗戶沒有玻璃，冬天就用塑膠布擋上；桌椅破爛不全，有的就用木板臨時搭用。冬天，靠師生到山上撿些柴火或木頭，自己砌爐子生火取暖。

四個年級共有近百名學生，來自於南八家公社北片的十幾個自然村，大部分學生每天往返 10 到 20 多里地上學。冬季就是兩頓飯，早晨 9 點上課，下午 3 點放學。即使這樣，學生們也是很辛苦，最遠地方的學生不得不住宿。學校設有一個簡單的學生宿舍和只有一個大師傅的餐廳，解決這些學生的食宿問題。

學校主管是當地多年前就解散了的一所農業中學的老師，還有幾位原來縣一中的老教師。縣一中是本縣最好的中學，但這時已作為封資修的大本營被強行解散，這幾位所謂有點「問題」的老教師，包括數學、化學、語文、地理老師共五位，就被下派到這裡。他們的教學水準都很高，加上我們三個北大畢業生，當時這所不像樣的學校被稱為全縣師資水準最高的中學。兩位男士就和學校原有住校的 4 位老師一起住在辦公室隔壁的一間宿舍。

我則和住校的女學生住在一起。一個房間，兩鋪大炕，共住十幾名女同學。她們大多是週末回家帶來些煎餅和鹹菜等食品，再在餐廳買一些飯菜，就對付一個星期。九年級的 3 名女同學年紀已經比較大了，農村的孩子懂事也早，我們住在一起互相照應，關係處得很好。其中鄭福雲同學只比我小 4 歲，我們就像姐妹一樣。她後來讀了師範學校，畢業後也當了一名教師，我們至今還保持著密切的聯繫。

學校初建，我除了擔任六年級班導，還負責教全校的「工業基礎知識」。開始沒有教科書，我向北大同班同學王玲治求援，她給我買了天津的課本寄過來，供我參考。後來也有了統一的遼寧課本。當時，學校辦公室的電燈線路老化，不能滿足需要，要改造和完善，我就和大隊的電工一起，利用業餘

時間，爬上爬下，終於完成了線路改造和補充的工作，從中自己也學到好多實踐經驗。在教學和其他工作中，經常遇到這樣那樣的困難，這時我就會想起未名湖畔的博雅塔，它給我指明方向，使我增添勇氣，堅定信心。

那時受讀書無用論的影響，大部分農村孩子不願意讀書，我便經常家訪，特別是到那幾個所謂「淘氣包」學生家中做工作，激發他們的學習興趣，並千方百計幫助他們解決一些具體困難，從而使班級的學習氣氛和課堂秩序逐漸好轉，學習成績逐步提高。雖然當時環境很差，幾乎是一窮二白，沒有實驗條件，但我還是想方設法，儘量透過簡單明瞭的實驗和演示提高「工業基礎知識」的教學效果。

⊙ 1971 年 3 月結婚照

第二年春天，我和白恩忠結婚成家。沒有房子住，校主管和大隊決定借給我們一間前幾年為撫順煤礦運輸部退休職工修建的備戰宿舍，我們便搬到了村外一個叫做廟嶺的山溝裡去住。那兒沒有電燈，沒有水井，我們不得不到嶺上的一個水坑挑水，然後在水缸裡加上點當地產的中藥管仲（即白頭翁）消毒。山上平時沒有人，只有野兔、黃鼠狼等與我們為伴。

我們要自己砍柴，種菜，白恩忠就是由於上山打柴時用力過猛而落下了腰肌勞損的毛病。我們每天來回走約 10 里路上班，感覺還好。後來，住宿學生也搬到這裡住了，我們感覺更好一些。為方便工作，我在年底生孩子前，又把家搬回了原來住的女生宿舍那間空置的土房。1975 年春，「五七戰士」趙佐夫、潘翔珍夫婦調到縣裡，大隊又讓我們搬進這位五七戰士留下的房子，一直住到 1979 年我們去瀋陽讀研究生為止，一次性交了房費，算是租房住了四年。

1972年年初,中學開始在村東頭新建校舍,全體師生投入建校勞動。經過一年多的艱苦努力,終於在不影響教學的前提下,於1973年底遷入新的校舍。看到拔地而起的一排磚瓦房,加上一個寬大的操場,比原來氣派多了,師生都很高興。隨著新校舍的建成和學校規模的擴大,學校的教學工作也有了很大的起色。上面曾經想調我們到縣教師進修學校,但是公社不放。

由於母親身體多病,我曾經聯繫調往吉林省的一所煤礦中學,該校主管親自到縣裡商調,也被公社拒絕了。在這種情況下,我們仍以極大的熱情做好本職工作,教學相長,與學生建立了深厚的師生情誼。我於1972年和1974年兩次生孩子,產假期間均沒有老師代課,都是自己加班加點,認真完成了教學計劃規定的教學任務。後來,我負責全校的教學工作,使學校的教學水準逐步提高,1971-1973年連續被評為縣、市優秀教師。

1975年初,公社試行透過教師與社員「對流」的方式進行教學改革,白恩忠志願報名參加了「對流」,到生產隊與社員一起勞動鍛鍊一年。接受再教育的結果是人累得更瘦了,看起來更像個農民了,農活也幹得更好了。這期間他還得了闌尾炎,動了手術。他這一年的「對流」鍛鍊得到了社員的一致好評和主管的高度認可,於1976年初入了黨。

回顧我們在這所農村中學的教書育人經歷,感到收穫頗多。這仍然是博雅塔的形像一直在鼓勵著我們迎著困難前進。我教全校的「工業基礎知識」(後改為物理和化學),白恩忠教六、七年級數學。我們認真備課,嚴格要求,想盡一切辦法提高學生的學習興趣和積極性,甚至採取AB卷的方法考核學生的學習效果,使得學生的學習成績明顯提高。

特別是後來恢復高考時,我給所有的考生義務輔導物理和化學,每天幾個課時連續講授,工作量大,非常勞累,但是想到這有關考生的前程,也就不覺得累而且勁頭更高了。後來,有的考生對我說,他的理化高考成績幾乎得了滿分,我心裡特別高興。我們教過的學生,有的現在也已經是著名的博士生導師了。

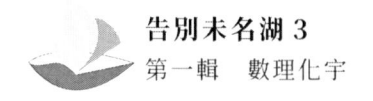

走上科學研究第一線

原來以為這輩子就得在清原待下去了，但「四人幫」倒台後形勢出現了轉機。1977年高考恢復了，同時傳來北大招收研究生和「回爐」生的消息。我們考慮到兩人上有老，下有小，如果同時到母校回爐，家庭負擔太重（雖然也不失為一種備選方案），因此便分別報考了中科院瀋陽應用生態所（當時的林業土壤研究所）植物學專業和分析化學專業的研究生——其中一個主要因素是因為在瀋陽可以借助白恩忠姐姐的幫助，以部分解決家庭的困難。

但是，從得知招收研究生的消息到初試只有短短4個月時間，而從1965年10月參加「四清」到1977年底，白恩忠已經荒蕪了12年學業，而我是1965級的，在北大也就上了9個月的課，又荒廢了十多年。4個月中要重新拾回多年沒有碰過的外語和專業課，其難度可想而知。即便如此，我們還是下決心一定要抓住這個時機，重振北大精神，志在必勝，不遺餘力地投入備考。

當時學校的教學工作也很緊張，沒有可能請假複習課程，我們只能在下班之後挑燈夜戰。由於中學時都學的俄語，我們外語選考了俄語。虧得在北大和高中時「17年教育」打下的基礎比較好，加上瘋狂地臨陣磨槍，我們倆都獲得了複試的資格（當年，清原縣報考研究生的34名，其中7名獲得複試資格，就有6名是我們這批北大的畢業生，包括報考中科院天文台的汪景琇、生物物理所的金龍煥、社科院考古所的陳平和吉林大學的王春生）。不巧的是：我在複試時因為是女生而被淘汰。

這時，我又想起博雅塔，沒有洩氣，而是繼續努力，第二年改報生態所的土壤化學專業——外語改為英語，專業課改為物理化學和土壤學，這無疑是一個更大的挑戰。白恩忠幫我收集英語材料，段曉青同學幫我找物理化學教材，經過大半年的惡補，我又得到了複試資格。可是，在複試中又遇到了波折——由於從沒見過更沒有使用過光電天平，在實驗操作考核環節中我一開始就卡了殼。我提出要看天平的操作說明書，結果導致招生老師懷疑我的動手能力。但壞事變好事，去年複試放棄錄取我的分析化學專業導師看到我

這次在改換三個考試科目的情況下仍然取得了較好的考試成績，認為我的自學能力很強，便不再計較我是女生而把我錄取了。

這樣，轉了一大圈後，我還是考取了我最喜愛的分析化學專業，遇到我最敬佩的導師，他就是北大校友，當時的方肇倫副教授，後來的科學院院士。是方先生把我領進科學的殿堂，走上分析化學的科學研究之路。在方先生指導下，我們從事流動注射分析技術研究，居於國際前端。1996年，我們課題組成建制地調到東北大學理學院，第二年，方老師被評為科學院院士。後來，我又將研究領域擴展到奈米光學探針的製備及應用，取得可喜的進展，到2013年5月退休時還覺得頗有些老驥伏櫪的遺憾。

借助改革開放的春風，透過回爐、讀研和調轉等途徑，作為被折翼的一代人，我們分到清原的同學全都陸續走向全國乃至世界，為科學的發展做出了重要貢獻！特別是在中科院北京天文台工作的汪景琇同學，於2009年獲得國家自然科學二等獎，2013年被評為科學院院士。無疑，這也都是未名湖水滋潤心田，博雅塔照耀前程的結果。

徐淑坤，1965年考入北京大學化學系。1970年3月-1979年8月，在遼寧省清原縣枸乃甸中學教學。1982年獲碩士學位後留在中科院瀋陽應用生態所工作，1994年獲政府特殊津貼。1996年調入東北大學，1997年任教授，2002年任博士生導師。

主要研究方向為流動分析及其聯用技術，以及無機奈米光學探針的開發和應用等。主持或參加國家自然科學基金課題7項，省部級3項。曾獲國家自然科學三等獎1項，中科院自然科學二等獎2項，遼寧省自然科學一等獎1項，教育部自然科學一等獎1項。在國內外重要學術刊物上發表論文160餘篇；出版專著《無機奈米光學探針的製備與應用》、《無機奈米探針的製備及其生物應用》，合作出版譯著《流動注射分析》第一、二版；合作出版專著《流動注射分析法》和《分析化學》等。

⊙ 2014 年 9 月於美國華盛頓波特馬克河畔

耕耘與收穫

陳明源

1970 年 3 月，作為「文革」的犧牲品，學業的半成品，分配的處理品，我們分配了。沒有填志願，沒有徵求本人意見，全由軍宣隊、工宣隊說了算。我被分配到廣西柳州地區。

象州十年

1970 年 3 月 12 日我們到達廣西柳州。地區組織部門一幹部說象州縣要辦氮肥廠，需要幾個人去，我被分配去了象州縣。縣城很小，只有一個十字街。東街從城門樓到十字街口較長，有幾家商店夾雜在民房中間。西街、南街、北街都很短，縣政府設在柳江河邊的一所舊院子裡。報到後，幾個同來的大學生被安排在院子角落的一間屋裡共住，從此我開始了自己的工作生涯。

1970 年，全國開展「一打三反」運動，該運動源於 1970 年中央發出的三個文件，即《關於打擊反革命破壞活動的指示》、《關於反對貪汙盜竊、投機倒把的指示》和《關於反對鋪張浪費的指示》。文件是 2 月 5 日發出的，所以又叫「二五」運動。2 月份縣裡成立二五運動辦公室。我們 3 月中旬到縣裡，就被拉去做臨時工作。

該辦公室設在兼黨政於一身的縣革委會。當年革委會機構很精簡，整個縣機關只有幾十個人，後來機構膨脹，哪個局都有幾十個人。二五運動辦公室的主管是縣革委政工組組長老杜，一個南下幹部。日常主管工作則由兩位

從商業部門和公檢法抽來的主管主持。我被安排跟主管下鄉瞭解情況，採編運動簡報。

那時全縣連一輛吉普車都沒有。下鄉坐班車，有些不通車的地方就步行。我第一次下鄉就跟著主管從石龍走到馬坪，30公里，再從馬坪走回象州。好在讀高中時練就了一副鐵腳板，不怕走路。當年即使通公路的地方，客車班次也很少。幾個月裡，我走遍了全縣12個公社。那時主管還算清廉，下鄉吃飯都自己掏腰包。好在東西便宜，主管薪水較高。下鄉幹部中有縣商業部門的，總能到公社食品站買到免票的排骨、瘦肉、下水等，一斤幾角錢，掏幾元錢就夠幾個人飽吃一頓了。

象州縣有幾個公社與金秀瑤族自治縣接壤，我下鄉時聽到很多關於瑤山的故事。有一次上級給某公社撥了台拖拉機，山高路險，沒有路可開進去，只好拆開讓人一件件扛進去。有一個農民挑兩只輪子，脹鼓鼓的，覺得重，以為把氣放掉就會輕一點，於是就放了氣挑進山。到了山裡，沒有打氣的機器，只好又挑出來打了氣再挑進去。有一個地方第一次放電影，有一個老大爺見銀幕上很多人，就回家熬了兩大鍋粥，準備給演員們吃夜宵。等放完電影，見只剩下兩個放映員，就問那些人（指銀幕上的演員）到哪裡去了？弄得大家哭笑不得。

1970年9月，我正式到象州縣水泥廠工作。當年全國發展「五小工業」，因為象州是個產糧縣，又是農業學大寨先進縣，上級撥款建一個小氮肥廠，縣主管硬是從中擠出50萬元建一個水泥廠。縣組織部門說要派一個能獨當一面的男生去水泥廠，要我去。我說我是學化學的，專業不對。縣組織小組一幹部說，什麼專業不專業，我們搞了幾十年革命，有什麼專業？我一輩子記得這句話。本來3月份縣組織小組已分配我去水泥廠工作，我也去上了幾天班。後來碰見主管二五運動辦公室的縣革委政工組組長老杜，又把我叫回辦公室工作，跑了半年腿。

因為畢業後沒有到農場或農村鍛鍊過，欠了勞動帳，我到廠裡就邊工作邊勞動。剛到水泥廠時，我連水泥是用什麼做的都不懂，就到縣文化館找到一本《矽酸鹽工藝學》，從頭學起。跟幾個幹部工人參觀了幾個水泥廠後，

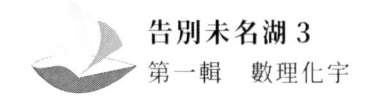

我發現我們的廠房根本不適合做水泥廠，那是通用廠房，做機械廠還湊合，屋簷下還安了玻璃百葉窗，投產後覆蓋了水泥粉，黑不溜秋的。建了一座直徑 1.5 公尺的土立窯，也不符合煅燒水泥要求。

不通路，不通電，只有一台小水泵抽水供生活用。當年提倡先治坡，後治窯，因此只有幾間夯土牛棚，作辦公室和幾位高層的宿舍。工人都住在臨時搭建的茅草棚裡。我住在臨時化驗室裡，用竹子搭的架，竹片編的牆，再抹上泥巴，能擋風，屋頂是用油毛氈蓋的。在角落放了一張床，床上方用竹子搭了個架子，蓋一塊塑膠薄膜，以防塵防水。有一次下大雨，屋頂漏水，塑膠薄膜上積了有一桶水，本想把水弄掉，結果嘩啦一聲，水潑下來，把床鋪都弄濕了。我在這間屋裡一住好幾年。

我的工作是化驗分析和水泥工藝技術，包括窯爐改造設計，甚至房屋設計等等都要做。廠房設備逐步改造完善，生產出了合格水泥，並逐步大量生產。當年提倡幹部帶頭參加勞動，我經常到作業廠與工人一起勞動，有時跟夜班，共同摸索燒窯技術，積累了經驗，為以後從事矽酸鹽專業研究打下了基礎。

當年縣裡經常抽調幹部下鄉，我就做了三次工作隊員。第一次是剛到象州那年，被派到離縣城十公里的熱水村指導春插。村前小河邊有一溫泉，每天晚上到溫泉泡一泡，一身疲勞盡消，想不到能在貧窮的鄉下，享受半個月的溫泉浴。這裡後來開發成溫泉旅遊區。第二次被派到羅秀公社某村指導「雙搶」。

那時因為吃大鍋飯，農民沒有積極性，夏收夏種拖到 8 月份還完不成，所以每年要派工作隊下鄉督促農民搶收搶種。當時物質獎勵是不允許的，但我組織農民搞競賽，農民也被調動得爭先恐後地幹起來。我負責的生產隊「雙搶」很快完成，又派我支援別的生產隊。

第三次是 1975 年，我被抽調到大樂公社六峨大隊搞「三分之一」，整整八個月時間。所謂三分之一，就是先對三分之一的大隊進行社會主義教育，打擊所謂資本主義。那時農民編點竹筐、竹簍之類的農具賣都說是資本主義，工作隊長到村口收繳，我很不以為然。

在象州，我成了家，生了一兒一女，走過了人生的一個階段。

打倒「四人幫」以後，百業待興，亟需人才。從象州調到柳州地區師專的葉老師，以前曾帶學生到廠裡參觀，對我很欣賞，向師專推薦了我。縣組織部知道了，說：「你想當老師，好啊！縣裡也有學校。」於是不顧廠裡生產會受影響，強行把我調到縣教育局。當時的人事制度，沒有個人的自由，我只有服從。

1979年9月，我到縣教育局報到。這時各學校教師崗位已安排好，只好讓我暫時留在縣教育局教學研究室，當一名教研員。教研員的工作是給各學校以指導，不時到各學校聽課和巡視，倒並不是很辛苦。1979年秋，中央下文件在全國範圍內給職工提薪水，有30%的加薪空間。由於長期沒有提薪水，人們普遍非常期待，我符合提薪水條件，但經過很曲折的過程，教育局才給我提了一級薪水，落實的時候我已經去武漢讀研究生。

三次考研

1978年，「文革」後第一屆研究生招生，我報考了中國科學院西南某研究所。考四門課，除政治、英語外，無機化學和分析化學的考題只有寥寥幾行，三道題。這一次我考的兩門及格，兩門五十幾分。結果落選。我想可能他們本所的職工就招滿了。那年沒有規定最低分數線，後來聽說有的單位錄取分數很低。

1979年我二次報考研究生，報的是廣西師範學院（廣西師範大學前身）化學專業，物理化學考的70多分，總分也不算差。但又一次名落孫山。後來聽說，他們根本就不想招，因為沒條件。

前兩次考研雖然落榜，但分數相差不遠，我有信心下次再考，並早早開始準備。數學是我的弱項。我買了樊映川編的《高等數學》教科書和同濟大學的《高等數學習題集》。每次學一節，也是每兩道習題做一題。無機化學是我比較熟悉的，也系統地複習和做練習，並蒐集了全國很多大學考研試題。英語也進行了不間斷的複習。

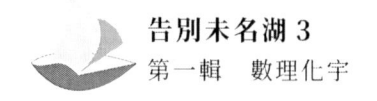

1979 年我考完研究生後發現自己做的練習本（包括高等數學、物理化學、無機化學、英語習題），疊起來有一尺多厚。那時兩個孩子只有三四歲，居住條件又差，冬寒夏熱，蚊蟲叮咬，辛苦可想而知。好在妻子很支持我。

那年又有一個很可貴的機會，可以說是我這一生最滑稽的事情之一。我這個最不喜歡體育的人，被派往地區教育局參加體育招生會議（後來又主持考生的體育成績測試）。在那裡我有機會翻閱到縣裡看不到的各省研究生招生目錄，看到武漢建材學院招的無機非金屬材料專業最適合我。

1980 年我第三次報考研究生，報的是武漢建材學院矽酸鹽材料結構與性能研究方向。「當年考研是在春天，考場設在縣中學。考前有人料我考不上，一同事甚至說風涼話：花這五角錢報名費，還不如省下來買酒喝（當年五角錢差不多能買一斤散裝米酒）。」這也激勵我一定努力考上。

功夫不負有心人，這一次，我終於考上了！

到校以後才知道，1980 年，有 70 多人報考武漢建材學院研究生，原計劃招 20 多，只招到 10 名。我考的總分 346，排名全校第二。其中無機化學考得最好，得 96 分。矽工系錄取 4 人，我居第一。

武漢建材學院是北京建工學院搬到武漢與武昌建築學校合併建立的。20 世紀 80 年代後葉，更名為武漢工業大學。90 年代後葉，與其他學校合併成為武漢理工大學。

離開學校 10 年後又走進學校，我十分珍惜重新得到的學習機會。當年對研究生的要求很嚴，各門課程平均分要達到 80 分以上才能得碩士學位，因此誰都不敢有絲毫的鬆懈。上課一年半，我從未缺過一節課。

有所發現

1982 年春，我開始做碩士論文。20 世紀 70 年代，世界上發生能源危機。水泥學界紛紛研究使用礦化劑來降低水泥熟料燒成溫度，從而節約能耗。氯化鈣已被廣泛用作礦化劑。蘇聯科學家把氯化鈣引入水泥生料中，大幅度地

降低水泥熟料燒成溫度，這是一個新的領域，就像沒怎麼開採的礦藏，很多東西有待研究。

武漢建材學院矽工系主要是從北京搬來的。幾經搬遷，能用的儀器設備已所剩無幾。招收研究生後，才逐步添置。我自己裝配鉑絲管式高溫爐。在新的差熱分析儀還沒有到貨前，利用裝配的簡易裝置先做摸索實驗，有了初步結果。後來新的差熱分析儀來了，由我專用。做實驗的樣品中加有氯化鈣，易揮發，我發明了熔體密封法，即用低熔點玻璃來密封樣品，解決了難題。

我每天一早買了早餐帶到實驗室，先裝好爐子升溫，才吃早飯，然後分析前一天燒的樣品，用的方法主要是光學性質測試和 X 射線衍射分析。X 射線衍射分析儀是 50 年代丹東產舊國產貨，它的調壓器搖把壞了，要用木棍來轉動。

要求高一點的分析我就拿到武漢化工研究所去做。每天都要忙到晚上 11 點才能關爐收工。在一年內，我們燒了二百多爐的料（每天一爐），我們開玩笑說，如果全國的科技人員都像我們一樣，那四個現代化就不怕不實現。

在顯微鏡下，我看見一種晶體，是正六邊形的。光學性質和 X 射線衍射分析都證明是 γ-2CaO·SiO$_2$。但所有的教科書都說 γ-2CaO·SiO$_2$ 只能在低溫生成，而且是長棒狀的。而我發現在熔劑存在下，它在高溫下也可以形成。當我嚮導師彙報時，他怕權威們通不過，說暫時不要聲張。

後來我在美國 CCR 雜誌看到日本人的一篇類似論文，但上面的照片只有半個正六邊形，也就是個梯形。我們嘆息，中國人實在可悲，自己發現東西都不敢肯定！這一結果寫成《高溫下形成的 γ-2CaO·SiO$_2$ 及其晶貌》，作為我讀研後的第一篇論文，發表在《武漢建材學院學報》。

我又發現了另一種新晶體，這一次發現，就像地理學家發現新陸地，生物學家發現新物種。關於氯矽酸鈣，文獻上只報導過一種晶型，而我發現了另一種，其化學式與原來的完全一樣，但光學性質和 X 射線衍射分析數據不同。這篇論文《Ca$_2$SiO$_4$CaCl$_2$ 的同質多晶性質》發表於《矽酸鹽學報》[1984, 12(3)，被美國化學文摘 CA 收錄]。我又把新晶體送到北京大學測定晶體結

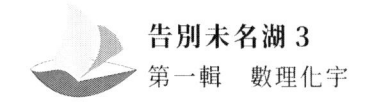

構，寫成《高溫型 $Ca_2SiO_4·CaCl_2$ 的晶體結構》，發表於《矽酸鹽學報》[1984, 12(4)，也被 CA 收錄]。我用差熱分析法和淬冷法相結合研究建立了一個相圖，這是以前沒有報導過的。

以我的碩士論文為基礎寫成的論文《$CaO-SiO_2-CaCl_2$ 三元系中的 $Ca_2SiO_4-CaCl_2$ 體系》，發表於 1985 年北京國際水泥與混凝土學術會議論文集（英文版 Vol.1，建工出版社）。我還發現了另一種新晶體，其晶形是八面體的，像鑽石，非常漂亮，但已來不及深入研究了，導師叫我讓給學弟做，其結果發表在巴西召開的第八屆世界水泥會議上。我也率先把它的光學性質和晶體結構參數發表在《廣西大學學報》上。

我的成果本來夠豐富的，但仍害怕被權威否決，不敢怠慢，必須做到無懈可擊。發現新晶體後，我在年前就寫出第一稿，送給有關老師徵求意見。學院最權威教授看了以後說：「小陳啊，這（發現新晶體）可不得了，是一鳴驚人的事，要慎重！」後來請教北京大學結構化學教研室的老師，回答說，化學式一樣，光學性質和 X 射線衍射分析數據不同，確實是新晶體。我的學位論文四易其稿。論文送出去評審，獲得很高評價。

原國家建材工業局科技委副主任劉公誠評語：「論文在理論上有新發現，所得的結果對研究含氯水泥熟料有一定指導意義。」建材研究院水泥所蘇慕珍的評語：「有一定理論水準，發現了 $Ca_2SiO_4·CaCl_2$ 兩種晶型，尤其是高溫型 $Ca_2SiO_4·CaCl_2$ 尚未見報導，而該論文確定了它所屬的晶系、晶胞參數、X 射線衍射峰值以及光學常數等，都是比較新的發現和研究成果，該論文有一定的理論意義和實用價值。」

導師葉瑞倫對我寫的論文很滿意，他說，如果不是要經過博士生入學考試，我的論文都夠博士論文的水準了。1983 年 6 月，進行了碩士論文答辯。我們請的答辯委員都是當年學界的權威。我的答辯獲得答辯委員會一致通過，後又經系學位委員會表決通過。一直到 1983 年 7 月，聽說學校學位委員會表決通過授予我碩士學位，我懸著的心才放了下來。

以我幾年前的一首詩結束本文，表達對母校的懷念。

七律　憶燕園

光陰一晃四十年，魂繫夢牽憶燕園。

博雅塔邊常駐足，未名湖畔屢流連。

國家紛亂憂凋敝，學業荒蕪怨空閒。

苦辣酸甜經歷後，重逢笑嘆改容顏。

陳明源，福建泉州人。1965 年考入北京大學化學系。畢業後在廣西象州縣工作 10 年。1980 年考上武漢建材學院（武漢理工大學前身）無機材料專業研究生，1983 年畢業並獲工學碩士學位。此後在廣西大學無機材料專業任教。1985 年加入中國共產黨。1989 年破格晉升副教授。1992-1993 年作為高級訪問學者，到荷蘭做合作研究。1995 年晉升教授。重點學科學術帶頭人，碩士研究生導師。1993-1997 年任化工系副系主任，1997-2000 年任化學化工學院副院長。

主要研究領域：材料物理化學、特種水泥和特種陶瓷。在國際國內學術刊物發表論文近 50 篇，其中 6 篇被美國化學文摘 CA，2 篇被國際科學引文索引 SCI 收錄。2005 年退休。

⊙陳明源 1970 年畢業照

⊙陳明源近照

夢裡依稀燕園淚

賈漢

　　1970年的早春，燕園顯得特別冷。3月中旬，下了一場大雪，腳踩在地上咯吱咯吱地響。寒風中傳出軍宣隊限時離校的命令。我匆忙辦了離校手續，幾個要好的同班同學，七手八腳幫我捆綁行李。我突然難過得再也忍不住了，只得藉故走進廁所，在那裡抽泣起來……

　　從夢圓北大，到夢碎燕園，我為自己的前路一片茫然而哭泣，也為自己的心靈無處安放而哭泣；我為一派肅殺的燕園而哭泣，也為千瘡百孔的國家而哭泣。

　　這種哭泣以後再沒出現過，卻又一直在陪伴著我——在一次次的夢迴燕園中。

　　離京的火車上，人聲嘈雜。我心裡像打翻了五味瓶。五年前從北京站下車的情形慢慢浮現在眼前。一條耀眼的紅色橫幅上寫著一行金色大字：「歡迎北大新同學」。條幅後面停著一輛解放牌卡車，上面已經放了十多個行李。歡迎新生的老校友，熱情地接過我的行李，替我裝上車。終於夢圓北大，當

時我多麼高興，多麼自豪啊！北大化學系錄取了我，我的志向是做一個化學家，為在家務農的父母爭光……

可現在，我卻成了「臭老九」，將到離老家不遠的河南省許昌地區革委會政工組報到，而且工作單位尚不明確。失望、委屈、無奈、自責、憤懣等情緒攪纏在一起，慢慢地竟在心裡攪纏出了一首打油詩：「寒暖未分理行裝，曉來但見雪復霜。幸有同窗殷勤待，滌我滿腹苦愁腸。」火車搖晃著，我慢慢睡著了。我做了一個夢：自己掉進了冰窟窿，凍得渾身打哆嗦。

許昌火車站到了。我趕忙扛著行李下車。剛出站，就聽到有人喊：「從北京來的大學生集合！」我快步走過去，見幾個年輕人萎靡不振地坐在各自的行李上，等待接他們的人。一位女生彈起了琵琶，哀怨淒涼。一直沒能等到接站的人，我們只好步行來到許昌地區革委會政工組。

接待的幹事對我們說：「你們都是大學生，受了資產階級教育路線的毒害，必須接受貧下中農再教育，重新做人。」聽到「重新做人」這幾個字，我們相互看了一眼，誰也沒有說話。這個政工組的幹事又說：「你們之前畢業的大學生，已從部隊農場結束鍛鍊，馬上要去農村繼續接受再教育。你們也隨著他們，一起下農村。地革委（地區革命委員會）的主管很關心你們，外省的同學可以選鐵路沿線交通方便的縣；家是本地區的同學，也可以回老家接受再教育。」第二天，我拿著一張寫給葉縣革命委員會政工組的介紹信，隻身一人，坐上長途汽車，去我的老家葉縣。刺骨的寒風，從車窗裡吹進來。我捂著臉，思緒萬千，覺得無顏見父老鄉親。

到了葉縣，縣革委政工組的一位姓蘭的女幹事，為我辦理手續。她說：「上級有要求，你們這批大學生都必須下到最艱苦的地方，接受貧下中農再教育。」一紙介紹信，又把我介紹給了辛店公社革委會政工組。在那裡，我被安排到了徐莊大隊紅溝生產隊。

告別未名湖 3

第一輯　數理化宇

　　紅溝是一個只有 13 戶人家的小山村。進村的時候，遇到一老一少兩個農民，扛著鋤頭下地。我聽見年老的那個輕聲說：「怪可惜的，這麼年輕就成了『牛鬼蛇神』了」。之前，這個小山村已經來了十幾個「清理階級隊伍」中被清理出的「牛鬼蛇神」，他們正在這裡接受審查。

　　半夜裡，一陣揪心的叫喊呻吟聲，把我從夢中驚醒。這是「革命群眾」在審訊「牛鬼蛇神」。噼裡啪啦的鞭子聲，從不遠處傳來。第二天，我得知這些「牛鬼蛇神」都是漯河市衛生系統的。他們多數是醫生。

　　半月之後，情況大變。當地農民開始請這些醫生給自己看病，並不在乎他們是不是「壞人」。我不由後悔起來：自己高中畢業時為什麼不報考醫學院呢？白天，我翻地、插稻秧、出牛糞，晚上還得參加學習，累得腰酸背痛，有時眼都睜不開。

　　幸運的是，艱難中也有令人溫暖的事。一次，在辛店公社機關所在地的街頭，我碰到了上高中時的歷史老師。交談中，得知他被下放到辛店公社高中任教。他便邀我去他家作客。見到他的住室裡擺著滿滿兩書架的書，我像飢餓的人見了食物，兩眼盯著書，目不轉睛。老師同意我經常去他家借書看，這對我來說，真是雪中送炭，求之不得。

　　一年多的時間，我差不多讀遍了老師書架上的書，受益匪淺。還有一次，在田間勞動休息時，辛店公社一位姓王的副社長對當地農民說：「你們別小看這些大學生。將來，他們都是坐機關的人。有的說不定還能當大幹部。」在場的社員都瞪大了眼，我卻似乎從中看到了一線希望。

半年之後，公社書記把我抽調到公社機關寫材料。兩年後，從全國各地來河南的大學生重新分配。我先被分到一個公社的高中做教師，還未去報到，又改派到縣文教局。後來聽說是該局局長透過管文教的縣革委副主任，把我要過去的。

到文教局報到後，並沒有給我分配工作，而是讓我直接去一個水利工地，到湛河治理民兵團的團部辦一張水利工程報《湛河戰報》。誰知，這竟是我一生「不務正業」（用非所學）的開始。

一年之後，湛河治理工程結束，我又轉到另一處水利工程——昭平台水庫南幹渠修建工程。我的工作仍然是辦工程小報，只不過報頭改成了《昭南戰報》。

1974年春，昭平台南幹渠修建工程接近尾聲，我被調到葉縣革命委員會生產指揮部，做文祕工作。一天，我聽說一個令人驚駭的消息：分配到許昌地區長葛縣的一位北大校友，被打成現行反革命，關進了監獄。起因是他在與人閒談時，不小心說了些江青年輕時的風流韻事，被同事告發了。這件事使我非常害怕，因為我也曾在友人中說過：「江青有小資產階級狂熱病。」因為幾句話就被送進監獄，這實在太可怕了。於是我暗自給自己下了命令，以後要少說話！

1979年，改革開放的春風吹到了葉縣。我被任命為中共葉縣縣委辦公室祕書（副科級）。1982年，我轉任葉縣人民政府辦公室副主任。1983年5月，在幹部「四化」（革命化、年輕化、知識化、專業化）的浪潮中，我被推薦為縣級後備幹部。許昌地區專員蓋良弼找我談話，準備調我到許昌行署工作。因行政區劃調整，葉縣劃歸平頂山市，此事未能成真。

11月，中共平頂山市委派工作組進駐葉縣，選拔年輕幹部。我和妻子都被作為縣委常委候選人。據說因為夫妻兩人不能同在一個團隊裡，我被安排到了平頂山日報社，任副總編。一開始，我不願接受這個任命。無奈平頂山市委下了任職文件，我才極不情願地上任了，時間是1984年4月1日。在平頂山日報社，我一幹就是21個年頭。也是陰差陽錯，其間竟然有16個年頭當的是首領。

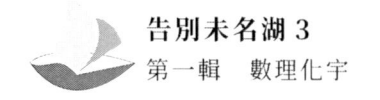

我常常早上4點起床,晚上12點以後才能躺下,每天靠吃安眠藥入睡。我努力拚搏,想給北大人爭一口氣。我主管的平頂山日報社,被國家新聞出版總署評為全國地方報社管理先進單位。我也被選為中國地市報研究會第四任會長,河南省報業協會副主席,河南省新聞序列高級職稱評審委員會委員,河南省優秀專家。

2004年,是我幸運的一年。當年,我並沒有做任何特別的努力,竟然被選為平頂山市政協副主席。初入政協,友人送我一副對聯:「無權無勢無人找,無憂無慮無煩惱。」橫批:「政協真好」。我在平頂山市政協過了幾年比較輕鬆的日子,也趁機讀了些書。

因為清閒,因為讀書,我開始思索一些往事。這些往事,使我羞愧的多,使我自豪的少。「文化大革命」初期,我出於自保心理,怕被劃為右派,曾經死保過校黨委。後來形勢突變,又高呼過打倒陸平等校主管的口號。還曾接受派遣,暗中監視過一位老教授是否偷聽「敵台」。後來的事實證明,他只是喜歡拿著收音機聽新聞,根本沒有偷聽敵台的事兒。

在「批鄧、反擊右傾翻案風」運動中,我也曾跟著喊過打倒鄧的口號。北大的哲人教導我獨立思考,我卻隨波逐流。我還寫過「既以頭顱衛東彪,願將赤膽換君心」那樣令人笑掉大牙的詩句。想起這些往事,我今天仍然感到臉紅。在農村接受貧下中農再教育的日子裡,我沒有預料到霧霾即將退去,經常唉聲嘆氣,責怪自己命運不好。

當然也有內心自豪的時候。比如傅鷹教授住「牛棚」的時候,我曾主動陪他去校醫院看病,還幫他墊付了掛號費(第二天他還了我)。當我們班的工宣隊員、軍宣隊員組織批判一位因小節犯錯的同學時,我和幾位同學找到校軍宣隊一位副政委,反映情況,終止了他們的錯誤決定。但這種事少而又少。

改革開放,使我漸漸感到了社會的進步。人們沒有了溫飽之虞,也漸漸解除了恐懼之虞。這是小平的功德,也是老一代革命家送給我們這一代人的禮物。意想不到的是,也出現了一些奇奇怪怪的現象,有些是對社會、對人類有害的,比如:有組織的詐騙活動,吸毒,製假販假,假軍醫賣假藥,等等。

在相對比較輕鬆的氛圍中，人們開始追求自由的思想，獨立的人格。我也思索了一些問題。

夢裡依稀燕園淚，陰差陽錯嘆人生。一次次夢迴北大，一次次哭泣中驚醒，一次次驚醒後深思，一次次深思後抱憾不已：作為北大人，我覺得燕園給予我很多很多，而我能回報她的，卻太少太少。在有生之年，我還得多反思自我，多提升自我，力求多回報北大一些，力求不枉為北大人。

2015年4月23日，我在平頂山市全民讀書活動啟動儀式上有個發言，其中談了我對讀書和人生的一些感悟。轉錄如下，一併就教於諸位校友。

今天是世界讀書日，我感到有些羞愧，因為我讀書不夠多。今天我們舉辦的是文化活動，我感到有些惶恐，因為我的文化積累不夠深厚。讀書不夠多，文化積累不夠深厚，使我對某些簡單的問題，都不能很快找出答案。比如：你是誰？你從哪裡來？你往哪裡去？

現在，我試著回答第一個問題：我是誰？我是父母的孩子，我是兒子的父親；我是同學們的同學，我是鄉親們的鄉親；我是祖先的後人，我是後人的祖先；就這些嗎？不！在學校老師眼中，我是個不錯的學生在生產隊長眼裡，我是個偷過番薯的孩子。三年災荒，我餓壞了。「文化大革命」中，我是「臭老九」，曾被下放到一個只有十三戶人家的小山村，在那裡接受貧下中農的再教育。

改革開放以後，在幹部「四化」的浪潮中，我被認為是個德才兼備的青年，五年不到，便從副科升為正處。在母親眼中，我永遠溫順有禮。在報社記者眼中，我有時竟暴跳如雷。在市政協機關，人們喊我「賈主席」，實際上我是個退休的老幹部，至多是原副主席。……我究竟是誰？

現在，我試著回答第二個問題：我從哪裡來？我從一個貧困的農家來。我背著裝得滿滿的、壓彎了腰的草籃子，走在田間的小路上。我從北京大學來，1965年我高中畢業，有幸考入北大化學系。郵遞員騎著綠色自行車，把錄取通知書送到我手上，還讓我簽字。時間：8月中旬；地點：生產隊的玉米地裡。我，正在鋤玉米。

父親把郵遞員拉到家裡，母親從鄰居家借來雞蛋，打了滿滿一碗荷包蛋。郵遞員一邊笑著，一邊把荷包蛋全吃了。我從平頂山日報社來，在那裡，我工作了 21 年，每天戰戰兢兢，如履薄冰。我從平頂山市政協來，2004 年，我被選為市政協副主席，在市政協，我過了幾年輕鬆的日子，也讀了一些書。我回答得對嗎？有朋友說，我回答得不對。他說，最重要的，我是從猴群中來，身上藏有野生動物的基因，有很多野性。必須到法治社會裡去，才能享受到和諧的美夢。他說得對嗎？

　　最後，我試著回答第三個問題：我往哪裡去？我往火葬場去。我往墳墓裡去。這是肯定無疑的。但我是往天國去，還是往地獄去？我回答不出。我也很害怕。我害怕後人說，我沒有盡到先人的責任；我害怕後人說，我浪費了很多光陰，該做到的事兒沒有做到，該做好的事兒沒有做好；我害怕後人說，我身上書香太少，俗氣太多；我害怕⋯⋯

　　朋友們！我在忙亂中走過了 68 年的歲月。我感悟的，只有兩句話：熱愛書吧，這是一個人最可靠的靠山；熱愛書吧，這是家庭的希望，這是民族的希望。猶太人把讀書作為自己生存的第一保障，無論多麼貧窮，家裡總有一副擺滿書的書架。讀書，真是美好的事情：在那裡，可以發現理想中的社會；在那裡，可以與中外大師們對話。

　　朋友們！我願以暮年之身，與大家攜手並進。在書香中繼續成長，在書香中笑著老去。

　　如今，我已是暮年之人。回頭看，離開未名湖的日子，雖然沒有白過，但是遺憾很多。我將頭頂白髮，繼續前行，以不負未名湖的時光。

賈漢，河南省葉縣人，生於 1947 年 2 月。1965 年考入北京大學化學系，1970 年畢業。曾在葉縣辛店公社徐莊大隊紅溝生產隊接受貧下中農「再教育」；1973 年分配到葉縣文教局任幹事；1975 年調葉縣革命委員會生產指揮部工作。1979 年之後，歷任中共葉縣縣委辦公室祕書，葉縣人民政府辦公室副主任；平頂山日報社副總編、總編、社長，平頂山市政協副主席。現任平頂山市讀書協會會長。

「三小」人生路悠悠學子情

唐燦順

時光如白駒過隙，轉瞬之間匆匆而逝。當年的毛頭小夥子不經意間已成古稀之人，感嘆乎不能，沉思乎不及，剩下的唯有對母校、對青春的眷戀。

1965 年 9 月，我有幸從江蘇的一個農家小院走進北大神聖的殿堂，這樣巨大的反差和人生際遇促使我下決心好好完成學業，期待和憧憬著憑過硬的學術水準報效國家，反哺家庭。在進京的列車上，我思緒萬千。我是一個農家子弟，父親在支援解放戰爭的後勤工作中累倒，一病未起，那年我才 4 歲，母親帶著幼小兒女，艱難地走了過來。

第一輯　數理化宇

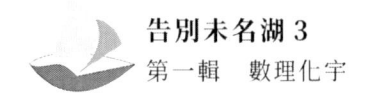

要到北京讀書了，政府直接通知我到縣文教局領取了 33 元上學的路費。在校期間，我全靠助學金維持生活，沒有交過一分錢學費。一天五角錢的伙食費，相較於我在老家的生活，天天像過年。大學不設班導，叫「輔導員」，我們班的輔導員是陳鳳翔老師，後來成了北大的教授。

她對我們十分關心，由於我家庭困難，到校後，她還給我發了一條棉被。我的助學金標準最高，我算了算，夠吃夠用了，就提出專門要求，每個月減了 1 元。離校前，交了五角錢，「北京大學」校徽就成了自己的傳家寶。

在我的印象中，我們那屆北大化學系的同學都聰明好學，腦子特別靈，如果不是發生「文革」的那場意外，許多人後來都能成為科學家。正當我和其他同學滿懷信心開啟人生之航時，一場無情的政治風暴頃刻間打碎了包括我在內的許多學子的報國夢。

那場風暴把同學們的科學夢吹得支離破碎，更為嚴重的是把一部分同學原本清潔透亮的靈魂扭曲得稀里糊塗，課堂成了戰場，同窗成了兩派。畢業時的那張全班合影，大家都是陰沉著臉。1970 年 2 月 25 日離校，同學們互相告別時也都有些尷尬。但是，同學畢竟是同學，28 年後母校百年華誕，大家又聚到一起，在未名湖畔漫步，合影留念；在化學樓前互相擁抱，喜笑顏開。

1970 年，離開母校之時，就是我走上「三小」之路之日。所謂「三小」，即「小地方，小幹部，小貢獻」。

甄別錯案

我的第一個工作單位是陝西省咸陽地區革委會。單位先給我安排好食宿，三天後到興平縣的小田村勞動鍛鍊。時間不長，我就被單位招回，分配在政工組工作。那時，咸陽地區下轄 14 個縣、市，主管機關兩塊牌子，即地委、地革會，一套團隊。政工組負責全地區組織、宣傳、工青婦工作。

政工組有四位現役軍人，組長姓孫，軍人出身，工作嚴肅認真，雷厲風行，機關人員上、下班沒有遲到早退的。機關黨委書記姓姚，打游擊出身，為人隨和，常常親自打掃衛生，包括廁所，誰也看不出，他是一位 13 級的大幹部。

機關的同事，為人正派，關心同事。他們下基層，就在農民家裡吃派飯，並足額交伙食費。在縣、鄉機關餐廳吃飯，也是自己付錢，從未有過公款吃喝，他們廉潔奉公，嚴格要求自己。老同事的優良作風深深地影響了我，他們的工作經驗，也是我在書本上難以學到的。

⊙唐燦順為第二排右一

有一段時間，組織上分派我和另外一位老同事複查「文革」期間冤假錯案平反工作，有一個案件給我留下了深刻的印象：涇陽縣的一位老人家因有「假黨員」嫌疑，而被定性為敵我矛盾，並被開除黨籍和公職。他多年來一直上訪不斷，要求恢復黨籍，但都了無結果。

有一次，他找到我，這位年近60歲的老人家，說到痛心處，涕淚橫流，我也受到感動，立即展開相關調查。我先後走訪許多與他共事的人，這些人要麼言辭閃爍，要麼振振有詞，甚至有人還出具了文字材料，按了手印，認定他就是一名假黨員。

看這位老人講得這樣言真意切，我決定再進行調查，透過20多天的多方走訪瞭解，查閱大量的資料，最後終於在涇陽縣一所中學的圖書室裡，找到了原始檔案，證明這位老人是一位真真實實在1949年入黨的老黨員。在鐵的事實面前，再找那些出證明的人核實時，他們說是因為「派系鬥爭」影響所致，主動認識錯誤，重新寫了材料。

不久，那位老人也就正式恢復了黨籍和公職。在我即將調離咸陽時，已是副縣長的他專門登門致謝，說我給了他第二次政治生命。我說，您蒙冤這

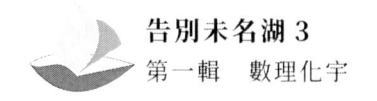

麼多年，對黨仍不離不棄，要說感謝，也是要感謝您，是您讓我懂得了我們黨實事求是路線的正確性，堅持真理的重要性。

在咸陽工作的兩年多時間，我虛心向老人家學習，兢兢業業工作。組織上對我進行培養和考察，1973年1月，我光榮地加入了中國共產黨。

那時，我也知道自己的工作崗位不錯，但是，我的老母親孤身一人在老家，故土難離，不願到西北來，再三要求我調回老家工作。實在是母命難違，我不得不向組織上提出要求調回原籍工作的申請，主管尊重了我的願望。

增產創收

調回家鄉工作的1976年，建湖縣抽派人員下鄉，我被抽到當時的岡東公社川洋大隊當了一年工作隊員，幫助生產隊搞農業生產。剛到川洋大隊，在老同事的表率下，我自費購置了《植物保護基礎知識》、《植保員手冊》、《水稻栽培基本原理》等書籍，利用早晚時間抽空學習，把學到的知識運用到指導農業生產的實踐中。

針對缺肥的情況，工作隊把發動和組織群眾大積大造農家肥料作為突出的一項工作，全大隊積造有機肥遠遠超過往年和友鄰大隊，為2000多畝水稻生長發育打下了良好的基礎。在水稻生長後期，由於當年降雨量多，空氣濕度大，嚴重危害水稻生長的稻縱葉螟蟲害可能大面積發生。我運用書本上的知識，到田裡觀察，發現水稻每百穴有20多個葉尖捲了起來，斷定捲葉蟲已大面積產生。

為此，工作隊和大隊黨支部專門召開了各生產隊治蟲會議，通報了蟲害情況，布置了圍殲捲葉蟲的工作，要求各生產隊立即購置農藥，在每天下午4時後及上午9時前施藥，並保持稻田有水3-4天。由於抓住了捲葉幼蟲三齡前防治的關鍵時期，所以防治效果非常好。當年，川洋大隊水稻獲得了大豐收，全大隊比往年增產糧食近20萬斤，本人被評為縣先進工作者。

結束了工作隊的工作，1977年10月，縣委提拔我擔任了辛莊公社革委會副主任。在辛莊的工作，我通常是負責「一點一片一線」，即：駐一個生

產隊,負責幾個大隊(片),分管一條戰線,中心任務是推動當地經濟社會各項事業的發展。

在領導農業生產工作中,我注意從實際出發,實事求是,狠抓關鍵技術措施的落實。尤其是在抓棉花生產方面,我利用科學知識,大膽創新,大膽實踐,主要在全縣率先推行了幾項措施。

一是全面更換新品種,淘汰種植已久的老品種。

二是改進栽培技術,把直播改成營養鉢育苗移栽。這項技術在今天看來已屬平常之舉,但在當時是開全縣的先河之舉。推行之初,反對聲此起彼伏,我頂住壓力,親自示範,費了九牛二虎之力才推行開來。

三是加強棉花田間管理,科學施肥、除草、打公枝、防病治蟲。那段時間,我幾乎是天天迎著星光出,披著月光歸。辛勤的勞動終於有了回報,那一年,我分工的幾個大隊棉花畝產量領先於全縣各鄉鎮,平均皮棉達到了150斤左右的水準。

有一年,我兼任南片五個大隊的「片長」,全縣共有一百零幾個片,我負責的糧棉綜合增產幅度奪得全縣第一名。

謀求貢獻

在辛莊公社任上,我帶過河工,參加全縣西塘河疏濬工程。為了完成這項任務,我在公社黨委的直接領導下,抽調得力人員,組成指揮部,召開各大隊負責人會議,要求安排精兵強將,打足人員,按時到達工地,按時開工,確保在全縣提前完成施工任務。全公社23個大隊,共出動勞動力一千多人,組織好、指揮好這支隊伍,擔子不輕,壓力不小。

在這項任務中,我特別注意做好幾項工作,一是打好水壩,確保萬無一失。二是安全生產,防火、防鬥毆、防盜、防非規範操作。三是排兵布陣,掛圖作戰,及時掌握施工進度,確保按時完工。由於大家的共同努力,最終提前完成了施工任務,受到了縣總指揮部的嘉獎。

1984年3月，縣委又將我調任縣委黨校教育科長，兼縣1984級黨政幹部電大班班導。本人承擔了電大班、黨校舉辦的中專班、高中班的自然科學發展簡史等課程的教學工作。我是學化學的，為了完成教學任務，我立即到新華書店購買了一套基礎物理、化學、數學自學叢書，認真備課，認真上課。最後學生們的學習成績均達到規定要求。我本人還獲得了優秀班導獎。

　　1989年3月，本人的工作又一次變動，縣委任命我擔任工業公司副經理。工業公司是個行政單位，管理縣屬機械、電子、化工、建材四個行業的企業，我分管企業管理和技術工作。我縣農藥廠承擔研製和開發的三泰芬，是國家「六五」攻關項目。1984年底通過部級鑑定，經農業部門的大力推廣運用，已被廣大群眾認識和掌握，社會效益十分顯著。

　　我親眼看見全國各地客戶紛紛前來要貨，可是產品供不應求。據我瞭解，全國僅水稻、小麥30%的播種面積的三泰芬用量，一年就需要2500噸（100%）。建湖農藥廠生產的三泰芬每年出口30多噸至東南亞幾個國家，技術領先，工藝先進，質量達國際先進水準，價格僅為國際市場的二分之一至三分之一。當時，全國三泰芬產量只有600噸，我縣生產的也只有一小部分，由於市場前景廣闊，三泰芬「技改擴能」項目上馬，是勢在必行的事情。廠、公司和縣政府取得了一致意見，立即做出了決策，並建立了實施項目的領導機構。我作為行政負責人，自始至終參與其中。

　　該項工程在1990年6月至10月申請立項，獲批准實施。1990年10月至1991年10月，土建、設備採購、安裝、試車。1991年11月至12月，驗收、投產。為了搶進度，力爭早投產，我們採取了四個「同時」進行：一是可行性研究報告與初步設計同時進行。二是廠房建設與設備定購、安裝同時實施。三是報批手續包括徵地、用電、招工及培訓、資金籌措與工程建設同時進行。四是三廢治理綜合方案報批與實施同時進行。

　　1989年12月30日，縣農藥廠向省化工廳等主管部門報送了年產200噸（100%）三泰芬擴能技改項目報告書，江蘇省計經委經與省化工廳研究，於1990年6月23日批覆同意。江蘇省化工廳於1990年10月10日在南京召開了省化工設計院編制的建湖縣農藥廠年產200噸（100%）三泰芬可行

性研究（初步設計）審查會議，提出了審查意見，並在 10 月 17 日發出批覆文件。經過各方的共同努力，該項目如期建成，並達到了一次開車成功，生產出合格產品，順利通過了有關部門組織的竣工驗收。單這一個項目的利稅就解決了當時全縣三分之一的行政費用，為地方經濟的發展做出了較大的貢獻！

⊙唐燦順 1995 年國慶在無錫三國城留影

與此同時，本人還兼任縣牆體材料改革領導小組副組長、辦公室主任的職務。我主持召開了全縣各磚瓦廠負責人會議，組織與會人員考察生產新型牆體材料——KP1 二十孔空心磚的機器設備。同時，在全縣建立了牆改基金，全縣所有建築工程在審批時，按建築面積交納一定比例的資金，經牆改辦驗收，確實使用了新型牆體材料的，全部退回這筆錢。全縣新型牆體材料的使用出現了新局面，延續使用上千年的實心磚退出了歷史舞台。本人被上級主管部門——鹽城市建材工業局評為先進個人。

1995 年 8 月，我又一次走上了教師的崗位，擔任了鹽城市電視大學建湖分校副校長職務，分管行政，並承擔一些教學任務。

2003 年 2 月，本人獲得江蘇省建設廳頒發的監理工程師資格證書。2005 年 4 月 1 日，本人從國家公職崗位上正式退休。

從告別未名湖起，在幾十年的工作歷程中，我一直待在小地方，當個小幹部，做出一些小貢獻；一生雖獲獎多多，但是沒有大創新、大成果；生活平平淡淡，充其量造成一顆螺絲釘的作用。然平心而論，我幹一行，愛一行，專一行，成一行。雖然沒有給最高學府增光，但也未給她抹黑。

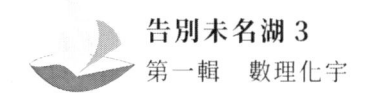

「三小」人生路，悠悠學子情。這是我——一個平凡北大學子的人生寫照，也正是這「小地方、小幹部、小貢獻」的人生經歷，造就了一個平淡無奇而又充實無比的我。這就是我給深情培養我的母校交的答卷，也是我給自己做的人生總結。

匆匆而過的歲月啊，平平淡淡才是真！

⊙ 1970 年 2 月畢業照

唐燦順，1944 年 5 月出生於江蘇省建湖縣。1965 年 8 月底入北京大學化學系學習。1970 年 3 月—1973 年 1 月在陝西省咸陽地區革委會政工組工作。1973 年 1 月加入中國共產黨。1973 年 1 月後，調回建湖工作，歷任辛莊公社革委會副主任、縣委黨校教育科長、縣工業公司副經理、鹽城市電大建湖分校副校長等職，高級工程師。2005 年 4 月 1 日退休，退休時任江蘇省鹽城市電視大學建湖分校副校長。

鐵馬冰河一夢空

——告別未名湖前前後後

張禹負

三別未名湖

「告別未名湖」？聽起來似乎很陌生。因為我總覺得未名湖就在我身邊。但仔細想來，在 1969-1982 年間，我確實有三次稱得上與未名湖告別的時刻。第一次是 1969 年秋的「戰備疏散」，我心想真要和蘇聯開了仗，洋鬼子肯定要向北京扔幾顆原子彈、氫彈什麼的。要是把未名湖炸沒了，那是剜了我的心頭肉啊！因此，出發前自己偷偷地跑到未名湖邊，告別了一番。1970 年春節過後我返回學校，發現未名湖毫髮無傷，虛驚了一場。

第二次告別，當然是 1970 年 3 月的畢業分配之時。1978 年我回到未名湖畔上二年制進修班，即「回爐」。一年後，也就是 1979 年夏天回家度暑假後回校，結束「回爐」生涯，轉讀研究生，中間相隔一個多月，可以不算一次正式的告別。

第三次則是 1982 年研究生畢業之時。這次既無大戰之憂，又無離京之悵，沒有產生「告別」的情感。此後，我常回北大看望老師和同學；1988 年冬到 1989 年夏在北大做「訪問學者」；2000 年又與戴樂蓉老師一起合作了幾個月，前後一年之久，幾乎每天進實驗室前後，都順道或繞道在未名湖邊轉上一轉。但 1982 年後我畢竟不再是「在編」的北大人了，該算告別了吧！

男兒何不帶吳鉤？

我在問誰？誰又曾問過我？

杜甫詩云：「漁陽豪俠地。」1947 年 1 月 21 日（陰曆臘月三十），我生於北京市平谷區（當時是河北省平谷縣）。古代此地大而言之屬燕國，小而言之屬漁陽。一條從縣城及京東諸地通往古北口的千年古道，在我家門前穿村而過，直達塞北；一棵樹齡 500 年以上的古槐守望著絡繹不絕的行人車馬。我，從呱呱墜地的嬰兒到進京求學的學子，18 年裡，渾身浸透著古道西風的蒼涼。

村東有一條泃河的支流洳河，由北向南緩緩流淌。通常是流水潺潺，水中碧綠的長草順流漂擺；兩岸楊柳依依，麥浪滾滾。這裡是我兒時戲水摸魚捉蟹之所，也經常來此割取「岸上青青草」，用以飼養家畜。夏秋時節，常

告別未名湖 3

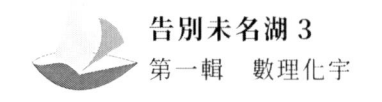

第一輯　數理化宇

有山洪暴發，濁流滾滾，一片汪洋。臨岸高坎上有我家祖墳，十幾代先祖長眠在此。祖墳周圍的二畝半薄田是土改前我家僅有的家產，從記事兒起（大約三四歲），我就在這塊祖業上開始學習耕耘。早年河上無橋，到了數九寒天，又有一番鐵馬冰河的情景。

我自幼深浸於古道西風之中，崇尚英雄豪俠。高中時代我對邊塞詩詞歌賦情有獨鍾。其中陸游的《十一月四日風雨大作》對我影響極大：「僵臥孤村不自哀，尚思為國戍輪台。夜闌臥聽風吹雨，鐵馬冰河入夢來。」

1965 年初春，我已年滿 18 週歲，恰巧空軍來到我們學校，從應屆高中畢業生中招收飛行員，我不幸因患慢性鼻炎，兩次到空軍總醫院體檢，最終還是被刷掉了。自此，卻點燃了我入伍參軍的慾望之火。首先，高考報名中前幾個志願準備全填軍校。但體檢後政審，我被限制報考軍校。我莫名其妙，但沒有完全絕望。

我的高考第一志願報了北京大學技術物理系核物理專業。物理以它縝密的邏輯思維（如牛頓）和天馬行空般的前衛理論（如愛因斯坦），使我著迷。我的物理老師認為我上北大沒問題。我心中暗喜，天真地認為：學好了核物理，必然能夠搞核彈，必然要到鐵馬冰河的古輪台故地附近的羅布泊餐風飲雪。

為了保險，高考結束後，我又回鄉報名參軍，聽說此次招兵的人來自裝甲兵，開著現代化的坦克在冰天雪地的西部邊疆縱橫馳騁，更能激發鐵馬冰河的萬丈豪情，或許還有「收取關山五十州」的天賜良機，以雪百年前被人奪走 170 萬平方公里的奇恥大辱。在我準備去縣裡體檢的前一天，村幹部通知我：臨時接到通知，你不用去體檢了。我又一次不明就裡。

第二天我還是去了縣裡，到學校看看錄取通知書來了沒有。老師見到我很高興，說我被北大錄取了。我懷著忐忑的心情拆開錄取通知書的信封，擔心的事終於發生了：錄取我的是化學專業而不是朝思暮想的核物理。

到北大報到幾個星期後，透過「內線」我終於弄明白了：之所以報考軍校、當義務兵、上北大核物理的願望連連落空，唯一原因是：政治上我的「密

級不夠」，我的一個舅父在我高考報名的關鍵時刻，因犯投機倒把罪被判刑七年。投機倒把的具體事實是倒賣青菜，總營業額「高達」四五百元人民幣！

未名湖：緣與夢

我第一次知道北大，知道未名湖是在 1964 年前後。當時北大化學系 1960 級一個班的學生到我們村搞「小四清」。那時我父親是村貧協副主席，我姐姐則剛剛高中畢業，響應黨的號召，放棄高考，回鄉「支援農業」，作為積極分子，和那幫學生打得火熱。所以學生們經常到我家談工作，閒聊，吃派飯。從他們那裡，我瞭解了北大、燕園、未名湖的一些情況。他們鼓勵我報考北大。

大字不識一個的母親也非常喜歡那些學生，跟我說：你要是能考上北大，跟他們一樣兒，多好！因此考北大也是母命。到北大之前，我只見過水坑、小河。湖泊，特別是那麼美麗妖嬈的未名湖深深吸引著我。老師和同學問我：為什麼你只報北大而不報清華？我的回答很簡單：北大有未名湖！

⊙張禹負著舊軍裝於傍晚的未名湖

雖然我曾有三別未名湖的經歷，但我的心從未和未名湖分別過。1970 年至 1978 年，我做得最多的夢就是回到北大讀書。夢中未名湖依舊，但總找不到我最初住過的 31 齋 226，即使找到 31 齋，也總是受阻於坍塌的樓梯和樓道。1982 年至今 30 多年中，我夢見最多的依然是北大，夢中的未名湖似

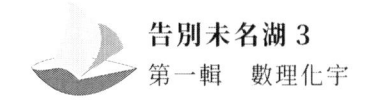

乎比現實的更加迷人，但夢中總是在讀博士，總是發愁因逃課太多，考試怎麼過關。

我近 20 年常常失眠，入睡時總想著亂七八糟的陳年往事，好不容易睡著，又往往被「囧夢」逼醒，無藥可醫。我常想：自己的一生中有沒有一幅最美好的畫面，躺到床上就一直想著它，美美地入睡，直到「自然醒」？想了好幾年，還真有。

排位第一的就是未名湖的畫面。畢竟我一生之中最美好的時光是在未名湖邊度過的，尤其是「回爐」進修班的一年和讀研究生的前兩年，復學夢想的實現以及對知識的飢渴感使我心無旁騖。並列第一的則是在古爾班通古特大沙漠中我躺在高高的「溫沙城堡」上欣賞「日月同輝」。

我們年級要在今年（2015）7 月舉辦入學 50 週年紀念活動，可惜我因故未能參加。抱歉之餘，特意獻上一首小令自娛娛人：

天淨沙　我的燕園四季

莊蝶晏燕蘇鴨，雨荷晴柳鳴蛙。

冷月清波映塔。臨湖軒下，任飛雪潤雙頰。

長城內外冰河渡

第一次鐵馬冰河的切身體驗是在 1966 年底，當時我獨自一人背著行李，在通縣、平谷、懷柔、昌平等秦漢漁陽故地東遊西逛。一日，大雪紛飛，漫山遍野銀裝素裹；接著北風呼嘯，「風頭如刀面如割」。我當天的目的地是潮白河西岸的牛欄山。當我來到潮白河東岸時，已近黃昏，渡口空無一人，只有一條破舊鐵船繫在岸邊，水面大部分已被岸冰、流凌封鎖。正當我「望河興嘆」時，一個年齡比我稍長的當地人也來到岸邊，原來是牛欄山中學的教師。

他弄了一根長約兩公尺多的木棍，我們倆解開纜繩，跳到船上，用木棍敲碎船邊的冰，奮力向河中央撐去。不料船到中流，木棍夠不到河底，前進不得，後退不能，時間一長，船周圍流凌結成了「冰島」。身處絕境，我們

仍談笑風生，說鐵馬冰河戍輪台不過如此。折騰了好一陣後，天色越來越暗，我們二人手腳甚至舌頭都被凍得不聽使喚了。此時我們看到一個人扛著長桿子遠遠地走過來，手裡還提著幾雙長筒雨靴，隔著老遠就衝我們喊：「你們不要命了！」他穿上筒子最長的一雙雨靴，踩破岸邊的冰，上了船，一邊敲冰一邊撐船，直到離對岸陸地不遠的地方。這時他讓我們換上長筒雨靴，把我們一個一個地背到水淺冰堅處，把我們護送上岸，然後揚長而去。

這般情景幾十年來時常浮現在我的腦海之中，去年年末，時隔 48 年，又一次回到我的夢裡。於是我填了一闋《清平樂》，獻醜如下：

清平樂　鐵馬冰河來入夢

夢迴何處？風雪漁陽渡。冰鎖孤舟寒透骨，談笑輪台堪戍。

年年易水悲歌，百無一用消磨。虛幻有門報國，頭顱付與荊軻。

1970 年 3 月，我被分配到河北省承德地區灤平縣。因為學校沒有把我的檔案和其他北大、清華同學的檔案一起送到該地，當地也就糊裡糊塗地憑我手中的報到信接收了我，並安排去插隊。兩個月後，我回到北大，見到當時管分配的軍宣隊員李胖發。他問我在幹什麼，我說，插隊呀。他連說錯了錯了，我到學校給你查查。兩天之後，他道出實情：原來的分配方案我是留在北京的，但有一位被分配到河北灤平的華僑子女堅決不服從分配，並找到某級僑聯幫她跟北大理論，最終把我和她掉了個個兒；我的檔案沒來得及寄走，仍留在北大。

北大和承德方面聯繫後，把我分配到縣農機修造廠，在該廠三年。然後上調到縣農機研究所。農機研究所按政府機構管理，所以我大部分時間是當「縣委工作隊」下鄉。1978 年 6 月，又把我調到縣水泥廠。

真是開歷史的玩笑：我生在貧下中農之家，受了 18 年家庭、社會教育，還有 17 年的學校教育；大學「畢業」後接受 3 個月貧下中農的「再教育」，接受 3 年工人階級「再教育」；然後「鹹魚翻身」，「教育」貧下中農 5 年，「教育」工人階級 3 個月。

1970年冬季，我還在農機廠「受教育」時，跟隨工人師傅開著鐵牛55型號的拖拉機去長城腳下的澇窪煤礦拉煤，回程中拖拉機陷在密雲縣曹家路（長城的一個關口）的冰河之中。我費盡周折，渾身是機油加泥水結成的冰。最後總算被同行的另一輛鐵牛拉了上來，又一次遭遇鐵馬冰河！確切地說：上一次是「鐵舟冰河」，這一次是「鐵牛冰河」。後來闖蕩新疆，則多是「鐵車冰河」了。

大漠黃沙如我家

1982年我研究生畢業，在輕工業部環境保護科學研究所工作了2年。1984年又調到當時的華東石油學院北京研究生部，即現在的中國石油大學（北京）。我期待著有一天「頭頂天山鵝毛雪，面迎戈壁大風沙」，「我為國家獻石油」！

1986年春夏之交，我從當時的石油部（我們單位的上級部門）教育司的一個北大校友處得知：正在選派中央講師團第二批人員。我問該校友：第二批是否還是去新疆？我們研究生部是否有名額？於是她把我帶到石油部機關黨委的一個負責人的辦公室。說明來意後，該負責人問我：你們研究生部沒有開會動員報名參加講師團嗎？我說：我沒聽過指示。她又問我願意不願意參加。我說當然願意。她說：你回去等著吧。

沒過多久，學校就通知我被批准參加中央講師團了，並且在一個全校大會上校領導表揚了我積極響應黨中央號召的壯舉；接著系裡還專門組織了歡送會，我真有點兒受寵若驚：至於這麼隆重嗎？後來我才知道：單位在沒有傳達上級要求的情況下，就向上彙報說「沒人報名」參加講師團。石油部機關黨委嚴厲批評了學校主管。我不經意地「出賣」了我們單位，不但得罪了校主管，更得罪了我們課題組老闆。我不知道以後這些年的種種遭遇是否與「兩個得罪」有關，但我至死不悔。

根據安排，講師團從7月造成8月進行一個多月的培訓，8月底出發，9月1日前到達預定崗位。我授完課，草草考試、判卷，並向新疆分團申請免

於培訓，提前去新疆與當地協調工作安排。1986 年 7 月上旬，我登上飛機，平生第一次踏上玉門關外的新疆大地。

到達克拉瑪依後，經聯繫，我和新疆石油管理局總局機關的一位副總工程師乘坐「陸地巡洋艦」前往一個大漠深處的鑽井勘探會戰現場，在一個鑽井隊混跡了十幾天。除去向鑽井隊長、技術人員及工人學習各種實際知識外，還經常翻越大大小小的沙丘，到周圍其他幾個井場接受「啟蒙」。

大沙漠的白天驕陽似火，特別是中午從井場回駐地吃飯的往返途中，頭頂炎炎赤日，踩著滾燙的戈壁礫石（為了墊路專門從遠處的戈壁灘拉來的），真是恨爹娘沒有給自己生出雙翅，只能抱頭鼠竄。

大漠的傍晚，無限美好。每日晚飯後，我總是在駐地四周高高的沙丘上極目遠眺。那時，橘紅色的太陽緩緩地落到地平線之下，涼風習習，身邊的紅柳隨風搖曳。日落後的氣溫稍有下降，略感寒涼。這時，我乾脆脫光了衣服（反正離我最近的人也在一公里之外），把自己的全身埋在溫暖的沙粒之下，仰望逐漸清晰的滿天星斗。

特別是在陰曆十五前後的兩三天，西邊的太陽還沒有落下，東邊的一輪圓月冉冉升起。真正的日月同輝呀！赤身裸體地躺在高高的「溫沙城堡」之上欣賞天下第一美景，給個國王也不換！

十幾天後，那位副總如約將我接回克拉瑪依。暑期餘下的時間，我大半都在新疆石油管理局勘探開發研究院提高石油採收率研究室進行「交流」。室主任是石油大學（華東）的畢業生，和我沾一點兒師生之誼。我和其他幾位研究室的主管及普通技術人員相處得也很融洽。特別與一位多年從事並主管提高採收率研究的勘探開發研究院的副院長，更是相見恨晚，他的辦公室就設在採收率室。

以後整整一年的時間，我除去給學生上課之外（本職工作），幾乎每天都泡在那裡，討論提高採收率研究中的理論和技術及實驗中的種種問題；和他們一起下現場，在戈壁灘和大沙漠中東奔西走。我向他們學習了不少東西，從自我定位的外行變成了他們眼中的內行。我也把表面和膠體化學、表面活

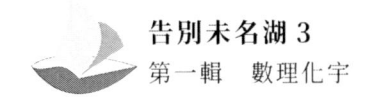

性劑物理化學、油田化學等專業基礎理論，透過小範圍的討論和全室範圍的講座的形式反哺之，也幫他們解決了一些實驗方法和技術方面的問題。他們都非常希望我永久留下來。

使他們產生這種想法的還因一個意外事件。一次，採收率室主任及十幾位員工帶著家屬，連我一共 40 人左右，乘坐一輛老舊的客車前往 100 公里之外的烏爾禾魔鬼城（雅丹地貌）遊玩。中午時分，客車在景區深處沙土小路上調頭時陷到沙窩子，大家想了很多辦法，費了不少時間，結果越陷越深。那時又沒有手機，司機和眾人都束手無策。

我看著一車的老小和午後的驕陽，只好「反客為主」了。我對大家說：「這樣吧，把剩下的礦泉水和食物集中起來，身強力壯的就不要吃喝了，留給孩子和老人。」然後，我叫上一個小夥子，與我一起在烈日下穿過幾公里的戈壁荒灘，走到一個道班駐地借了一把鐵鍬，又走到附近的公路上截了一輛牽引車，開到陷車處。牽引車的力量真大，只一拉，就把大客車拉出沙窩，引來一片歡呼。自此之後，他們更把我看成是自己人了。

1986 年 8 月下旬，我由克拉瑪依到烏魯木齊與講師團的大隊人馬匯合。本來是要在 9 月 1 日分頭奔赴各地，但突然天降大雪，道路阻斷，名副其實的「胡天八月即飛雪」。過了幾天，路況還不見好轉，去伊犁的人員只好改乘飛機；由於克拉瑪依早早就派了汽車來接我們，又不翻山越嶺，我們克拉瑪依小組 5 人就冒險乘車出發了。我們途經的準噶爾盆地被大雪覆蓋得嚴嚴實實，一路上儘是傾翻的運輸車輛。

回到克拉瑪依，人員安排作了調整，我由教師進修學院改派到克拉瑪依電視大學，擔任輔導物理化學，並開講「表面化學」。後來又到獨山子的新疆石油學校舉辦系列講座，其間還到附近部隊駐地探訪，給一些準備考軍校的優秀士兵作了幾次文化課的輔導。

有時，我騎著借來的自行車到天山腳下的牧場與哈薩克牧民廝混。牧民非常喜愛自行車，騎著我的自行車在坑坑窪窪的草原上驅趕牛羊；我則騎著他們的馬在開滿鮮花的山坡上「縱橫馳騁」，騎著駱駝四處悠閒地散步。

塔城國恥伊犁恨

還是在教師進修學院暫駐期間，我隨學院組織的教工暑期考察團（類似旅遊）前往邊境城市塔城。在塔城盤桓的幾天裡，為了零距離靠近邊境，甚至能在邊境線那邊的土地上踏上一腳，我和當地的農民混熟了，與他們一起割麥打場。麥田緊挨著邊境鐵絲網，鐵絲網的另一側則是一座座黝黑的木質瞭望塔，塔中有荷槍實彈的士兵監視著，我們不得越雷池一步。一種屈辱感油然而生，那一邊曾經也是我們的神聖國土啊！

1987年五一前後，新疆分團組織全體成員到伊犁開會。汽車走了兩天，路過幽深浩渺的賽裡木湖時，雖然臨湖的牧場已是綠草如茵，但湖邊還有一些殘冰未融。我用腳試了試湖水，冰涼刺骨，遺憾地斷了游泳之念。

這裡海拔兩千多公尺，四周冰峰環繞，據說即使是盛夏，水溫也只有攝氏10度。與它相比，古代被稱為瑤池、現在烏魯木齊附近的天山天池海拔還不到兩千公尺，湖面面積和蓄水量都比賽裡木湖小。因其處於西天山的高山盆地之中，為了便於與位於東天山的博格達峰下的天池（屬於商標侵權且獨霸）相區別，我稱之為「天湖」。

亦曾當場賦七律一首，現在只記得其中一聯，還是因為記得當時受到白居易「亂花漸欲迷人眼，淺草才能沒馬蹄」的啟發。此聯應該是：「天湖似鏡翻瓊嶺，牧草如茵露馬蹄。」

穿越森林草地交織的果子溝，到達伊犁。到了這裡，彷彿到了我的家鄉，樹木叢生，百草豐茂。特別是聽到了久違的蛙聲和蟬鳴，使人不禁淚眼模糊。除去開會，我們到伊犁的另一個重要目的是到中蘇邊境（現為中哈邊境；哈，即哈薩克斯坦，原為蘇聯的一個加盟共和國，1991年12月獨立；其東部原為中國領土，19世紀下半葉被沙俄強行占領）參訪，還可以到邊境線那邊走一走。本已事先聯繫好，但由於突發事件，邊境關閉，使我夙願再次落空。只好到翻著波浪的伊犁河邊徜徉，在葡萄架下的精緻小院中欣賞民族歌舞。但這一切都難以撫平我內心的惆悵……

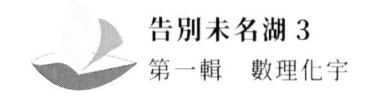

冰天雪地走南疆

　　寒假期間，我以進行基層教育考察和對學生家訪為由，沒有回京過年，而是和電視大學中從南疆來的學生們乘坐一輛破舊的大客車，開赴塔里木盆地各處。出發那天，克拉瑪依最高氣溫為零下 25 度，人的哈氣在車內鋼鐵材質的表面結成厚厚的冰霜，雖然大家都穿著皮毛做的衣服、鞋帽，還是一個個蜷縮著身體，不停地跺腳⋯⋯

　　「凍車」從克拉瑪依出發，經烏魯木齊、達坂城、托克遜、庫爾勒、庫車、阿克蘇、喀什，終點站是位於葉城縣城西南的柯克亞油田，花了五個晝夜（晚上往往到深夜才開到旅社住宿），行程約 2500 多公里。在柯克亞，我和石油工人生活在一起，特別難忘的是與他們在擁擠的宿舍中一起觀看當年（1987 年）的中央電視台春節晚會直播。適逢我 40 週歲的生日，萬里辭家西來，彭麗媛一首《你會愛上它》，使我熱淚盈眶：「它的綠洲，它的黃沙，它的胡楊林，處處如詩如畫⋯⋯噢，走上一走，夢中常思念它；看上一看，醒來時常想念它。啊！思念，如醉如痴，真的會愛上它⋯⋯」

　　次日，大年初一。我拖著疲憊的身軀，獨自爬上住處後面的一座小山的山頂。北望是無邊無際的塔克拉瑪干大沙漠，南面是覆蓋著皚皚白雪、雄偉壯麗、連綿起伏的喀喇崑崙山。上到山頂花掉了我 4 個多小時的時間和全部體力。到了必須下山的時刻，只好找到多雪的坡面，像坐滑梯一樣分段滑了下去。

　　到了平地，在黃沙和白雪中艱難跋涉，走近一個油井的值班房，一位維吾爾族的石油女工人把我讓進屋內，坐下來歇一歇，喝口熱水。漢族（及蒙、回等族）人員全都在休春節假日，值班的全是維吾爾、哈薩克等不過春節的少數民族。過了一會兒，換班的來了，我們坐上次程的班車回到駐地。此時，街上已鑼鼓喧天，漢族的長龍舞得正歡。

　　初六，我到指揮部告別，恰遇兩位和田來辦事的幹部。本來我計劃一兩天後去于闐（現改為「于田」）「家訪」及考察。他們則邀請我搭他們的「陸地巡洋艦」先到和田。到了和田，他們把我安排在政府招待所免費吃住。

其間，我還特意去和田河邊撿了半天石頭，可惜一塊和田玉都沒碰到。第三天，乘坐長途客車繼續前行，到達于闐。學生的家長是 50 年代從山東來支邊的，見到我如同遇到家鄉的親人。一位副縣長則熱情地邀我和他坐著一台 212 吉普到鄉下各地「檢查」工作。

到此為止，我圍繞著塔里木盆地的邊緣走了一個 C 型。回程中，我到家在喀什的一個維吾爾族學生家家訪、做客。他已是局機關的一名幹部，帶著我走家串戶，瞭解了一些當地維吾爾族的風土民情。在庫車逗留期間，我認識了當地文物管理所的所長。

他帶著我跑了好幾個佛教摩崖石窟。他弄了一輛車，把我拉到近百公里外的漢代輪台故城，對著斷壁殘垣憑弔一番。想到班超的投筆從戎，30 多年的輾轉征戰，從「不敢望到酒泉郡」，到最後終於「生入玉門關」……

此次南疆之旅，歷時一個多月，往返一萬多里。冰河雖在，大多有橋；再破的汽車也比騎馬舒適，也跑得更快。唯一有點兒驚險的是從烏魯木齊出發，翻越天山的冰達坂時，已是深夜。由於坡陡路滑，接近山頂時，車輪乾打轉，就是上不去。只好全體下車，推的推，拉的拉，把車弄到山頂時，都累得氣喘吁吁。我沒有立即上車，而是仰望幽藍的天空，看繁星閃爍，彷彿自己比任何時候離天都近，突然意識到：為什麼古人稱其為天山了。

輪台碧水英雄淚

說到輪台，最引人關注的還是唐代輪台，因為曾被岑參為代表的邊塞詩人反覆吟詠。疑似輪台的地點很多，其中最可信的說法是：唐代輪台就在離烏魯木齊市區十幾公里的烏拉泊。那裡的一個被廢棄的殘破土城，早在 1957 年就被評定為新疆文物保護單位，2001 年更被國務院公布為「中華人民共和國重點文物保護單位」。在我來往於北京 - 克拉瑪依的十幾年間，不下二三十次路過烏魯木齊，一般都停留幾天，每次幾乎都要去烏拉泊。在那裡吟誦岑參、陸游等人的邊塞詩篇，觸景生情，別有一番感慨。

如果是夏天，我去那裡的另一個目的是在烏拉泊水庫游泳。那些年，我簡直就是個游泳瘋子，走到哪兒就游到哪兒。記得講師團返京的前幾天，全

團去天山天池遊覽，我們幾個夥伴坐在一只小船上。看著碧藍的湖水，我心癢難耐。忽然看到一個女老外在湖中暢遊，我心想：老外游得，我就游不得？一下就跳到水裡。大約十幾分鐘後，一艘巡邏艇駛過來，大喊：「這裡不讓游泳，趕快上來！」由天山融雪彙集的天池，水很涼，我耐寒能力也快到極限了，便爬上了船；但還是提出了質疑：為什麼那個人遊泳你不管？對方答得理直氣壯：「她是外國人！」不禁想到阿Q的憤憤不平：「小尼姑的光頭，和尚摸得，我摸不得？」

⊙張禹負夫婦於深秋的喀納斯

在結束講師團工作的前幾個月，新疆石油管理局勘探開發研究院徵得我的同意後，和講師團新疆團部協商，正式提出把我留下。得到的回答是：「我們必須把全體成員一個不少地帶回北京。」電視大學的校長隨後要去石油部開會，他與我們研究生部的主管很熟，研究院就託他與我們單位協商。但一切努力都無果而終。於是，我在講師團的總結會上公開宣布：「即使我做不成新疆人，也要把我餘下時光中的十年，為新疆而工作，請大家監督。」

諾言不是輕易能實現的。從那時造成1999年12月底，12年半的時間裡，我常和新疆油田有科學研究合作，看起來我兌現了承諾，但「淨時間含量」不過三四年。1999年12月，我去新疆石油勘探開發研究院進行項目驗收時，又商定了2000年及以後的合作計劃，準備做幾個大課題，出成果、賺錢兩不誤。

已退休的原採收率室的指導員在塔里木油田開了一個公司，她也邀我一起去南疆施展拳腳。此時，距我退休還有7年多，且前有班超在西域馳騁到

70 歲之榜樣。我的鐵馬冰河之夢會一直追尋下去，唯願埋骨天山下，何須生入玉門關！

尋夢是要付出代價的。就在我從烏魯木齊返回北京的火車上，第一夜小感冒，第二夜轉成肺炎。忍過第三夜，下午到了北京西站就直接去了北醫三院，初診為急性大面積心梗，終診是多發性胸膜炎，即胸膜炎伴發爆發性肺炎、心包炎、心肌炎，然後房顫……

至此，我的天山南北尋覓殘夢之旅戛然而止。

我從不相信有神仙鬼怪，沒有什麼來世可待。但此篇拙文寫完後，突然想死前信它一次輪迴轉世又如何？設想死後我肯定屬於「怨鬼」一類，到陰間也許能碰到班超、岑參、陸游一類的「英魂」。能不能和他們相約，在恰當時機一起投胎，成人後共同在輪台故地幹一番「可歌可泣」的大事？有詩為證：

鐵馬冰河一夢空，英魂怨鬼九泉盟；

投胎須待危亡近，浴血輪台唱大風。

張禹負，北京平谷人。1947 年 1 月 21 日出生。1965 年考入北大化學系。1970 年 3 月 -1970 年 6 月在河北省灤平縣三道梁公社蕨菜溝接受貧下中農的「再教育」。1970 年 6 月 -1973 年 10 月在灤平縣農機修造廠接受工人階級的「再教育」。1973 年 10 月 -1978 年 5 月在灤平縣農業機械化研究所，大部分時間下鄉「教育」貧下中農。1978 年 5 月 -1978 年 9 月在灤平縣水泥廠工作。

1978 年 10 月考取北大化學系二年制進修班。1979 年 9 月考取北大化學系研究生。1982 年 7 月—1984 年 7 月在中國輕工業部環境保護科學研究所工作。1984 年 7 月到原華東石油學院北京研究生部，現中國石油大學（北京）任教。1999 年末患重病僥倖生還。後以半退休狀態熬至 2007 年退休，苟延殘喘至今。

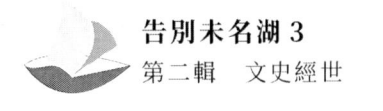

第二輯　文史經世

第二輯　文史經世

▌北大荒歲月和我的回歸

李永昌

因為當年「文革」鬥爭矛頭已公開指向所謂黨內最大的「走資派」——「中國的赫魯雪夫」劉少奇，被折騰得精疲力竭的大學生們似乎也愈來愈明白了些什麼，更多的人開始「逍遙」或回家。「革命」卻在升級：從「文化」到「武化」，從「旗手」號召「文攻武衛」變成老人家所說的「全面內戰」。北大校園面目全非：樓窗全用床板封閉，有的樓間竟架了天橋，遠程彈弓時不時在互相對射。

我住了多年的38樓，門窗沒有封閉，但據守在那裡的「衛士」一副凶神惡煞的樣子，不讓取東西，幸好一位低年級同學自願幫我從五樓找到所剩無幾的衣物，並拿下來。我有兩大紙箱馬列經典著作和歷史書籍已不翼而飛。想起1961年來北大上學的日子，真是天地翻覆！大學生們被運動得暈頭轉向，匪夷所思的小道消息天天傳來，除了憂慮還是疑慮。「杞人」已無力「憂天」，只能立即離開。

懷著疑慮、不安和僥倖的心情來到佳木斯

1968年8月，工宣隊進校前一週，我們幾個同學回北大匆匆辦理了離校手續，我懷著疑慮不安和僥倖的心情踏上了去黑龍江省佳木斯的行程。

二十幾個小時的硬座火車，困頓疲乏，又暈車，我肚子裡已經沒有可吐的東西。昏昏沉沉，我至今回憶不出第一眼看到的佳木斯印象。只記得先到市革委會組織組報到，一個軍代表接待了我，舉著我的《畢業生登記表》高喊：「我們佳木斯可怎麼分配你這個北大歐美史專業的學生？！」辦公室人很多，我就像一個棄兒一樣覺得十分難堪。他讓我暫時去市革委會招待所（佳木斯賓館）等待。

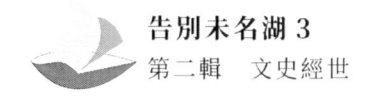

第一夜我久久不能入睡。我彷彿是夢遊，鬼使神差地來到這裡。夜深人靜，萬籟俱寂，不時傳來賓館前西林公園籠中獅虎吼嘯，彷彿充滿哀傷。往事一幕幕：小學、中學、大學、「文革」，親人、同學、師長、歷史、現時……命運將把我拋向何方？

佳木斯是合江地區首府，是北大荒的中心城市。電影裡說「北大荒，真荒涼，又有兔子又有狼……」其實，這裡並不荒涼：鐵路、航運和陸路交匯於此，浩瀚的松花江從其旁邊流過，黑龍江、烏蘇里江和松花江的大部分船舶都在這裡冬泊。

濱江公園風景秀麗，江中心的柳樹島，雖然只是個沙洲，自然而成，風光秀麗。冬天江封水凝，冰凍雪覆，江面車行如梭；春季冰雪消融，江面巨大冰塊緩緩駛來，宛如萬馬千軍，摧枯拉朽，雖無馬嘯車鳴卻也排山倒海。

我來時正是夏季，江面百舸爭流，汽笛陣陣，青年男女在滔滔江水中踏浪翻飛。傍晚，映襯著夕陽的餘暉，江邊的搗衣聲不絕於耳。平心而論，佳木斯是美麗的，山水散發著濃郁的北國醇香。後來我確實喜歡上了它，不是因為它風光旖旎，而是因為在那畸形的年代，我生命中的一段時間與一群同樣遭受命運折磨的人一起在這裡度過，心靈相通，友情延續至今。

⊙ 1961年攝於北大西校門

仁者愛山，智者樂水。可是，我心異常忐忑，命運不能選擇，山水又能怎樣？命運的襲擊使我身不由己地走到了人生的十字路口。

第二天起來，沿著賓館東側的大街信步走去。市革委會門前停著一排卡車，紅旗招展，「熱烈歡送知識青年上山下鄉！」「接受工農兵的再教育！」一大群人聚在那裡，熙熙攘攘：身穿綠軍裝，頭戴沒有帽徽軍帽的是即將踏上征程的中學生和來送行的親人，有的高興，更多的則是依依不捨相擁而泣。那段日子，我有幸目睹了這場大「革命」最讓人動情也讓人心碎的一幕幕場景。

浙江、北京、上海等地來這裡的知識青年多數去了邊境的密山、嘉蔭、寶清等縣和軍墾農場。我曾多次參加迎送來自江浙一帶知識青年的活動。後來有一次「學軍拉練」，沿途看到許多青年點，地處荒野深處，生活境遇異常艱苦。他們的主食也和當地百姓一樣，大多是玉米麵、高粱米，很少吃到白米。有的每天吃的竟然全是紅小豆！

收工回來，那些十六七歲的小青年無事可做，一排排懶洋洋地坐在窗台上，漠然地盯著北國落日餘暉下的天空，嘴裡胡亂地哼著流行歌曲，無所期待的眼睛裡放出無奈的光。發生在其他邊遠地區女青年被糟蹋的惡性事件不時地傳來，令人髮指。下鄉青年被剋扣工分，分配重活累活是常有的事。

在一次探親回家的火車上，我目睹一些年輕人手持鐵棍、皮鞭，無端地找茬對下鄉青年恣意毆打。兩個南方孩子已經皮開肉綻，滿臉是血，牙齒被打掉。一個可憐的孩子鑽到座位底下，死也不肯出來。乘警不管，旅客覺得這些孩子太可憐卻不能相助。

那個難忘的年代已經流逝。但歷史是有記憶的：全國幾千萬沒成年的孩子被迫遠離父母，奔向窮鄉僻壤，即便他們的理想純真高尚，表面上**轟轟烈烈**，雄偉壯觀，但個中的血淚和辛酸誰人不知？那些反映這段歷史的文學作品，讀來可歌可泣，又有誰能說它們所描繪的東西能有歷史真實的幾千萬分之一？

這期間，我認識了一個稍早從北京政法學院分配來的同學，在軍管會上班。他是撫順人，已經結婚，妻子是一個小學教師。「同是天涯淪落人，相逢何必曾相識」！我們一見如故。他的命運讓我羨慕：原公檢法已被砸亂，現在叫「軍管會」，與他的專業完全對得上。

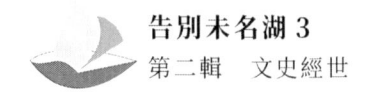

可他報到的第一天就提出：只要能回撫順，幹什麼都行，讓我感到非常意外。在遙遠的北大荒總算有了一個朋友，我們天天見面，天南地北，什麼都侃：對佳木斯的印象、當地新聞、北京往事、「文革」中的故事和對許多問題的看法……命運把我們擠壓到了一起。

我能去的師範專科學校、農校、農機校已統統解散。在賓館住了一個月，我帶的錢也快花光了，軍代表讓我到市革委會預支，但我心灰意冷，連與命運抗爭的勇氣都沒有了。最後兩所學校任我挑選：一個是市內的耕讀中學，一個是位於該市西南角的一所高中。

在那位同學極力勸說下，我決定去耕讀學校，至少我們可以經常見面。但好景不長，他在政府機關，近水樓台，很快就找到了與之對調的人，一個學習政法的大學生，對換到撫順氣象站工作！我只有堅守下去。

北大荒六年：沒有生鏽的「螺絲釘」

我不喜歡中學教師這個職業，卻無法選擇，一切聽從黨安排，被「擰到哪裡」就在哪裡盡職地做一個「螺絲釘」。1968年到1973年12月，我在佳木斯市一所耕讀中學當了近六年的教員，雖然沒有「閃閃發光」卻也不曾「生鏽」。不能自我選擇，也不能有自己的理想，是我們這一代人經歷的較為普遍的人生悲劇。

承蒙上蒼關注，在我非常矛盾和苦惱的時候，一個同事給我上了一課。他早我一年分來，中共黨員，生在革命烈士家庭。當過地質測量員，不到20歲入黨，畢業於某大學哲學系。他酷愛哲學卻不能從事這方面的工作，和我在同一所學校當教員。理想和現實之間巨大的反差，使他精神幾近崩潰，多次出走，行前燒掉自己的全部行李。

最後去了湖南參觀毛澤東故居，他曾滿懷深情、繪聲繪色地描述韶山的山水和竹林，說那是個「出聖人的地方」。他還打算去雲南大理，尋找一個世外桃源，開一塊田地，一邊幹活一邊研究哲學。學校主管發現後，立即發動老師四處尋找，直到後來接到湖南流浪人員收容所通知要學校去領人……他的故事引起我的強烈共鳴和震撼。

⊙在北大荒佳木斯攝於 1968 年冬

　　他為人正直，處事坦蕩，待人無私真誠，是那種既不知道什麼是陰謀，也不會搞陰謀，更不知道提防別人搞陰謀或者落井下石的人。看得出，一年多生活的激烈撞擊和打磨使他變得世俗了許多：成了家，妻子年輕漂亮，工作生活都進入常態。

　　第一次見面，他美滋滋地用手托起兒子：「看我們這兒子！」談起他的地貌測量和哲學，依然滔滔不絕：黑龍江的山山水水，地貌、經緯儀、閉合點……說到哲學，更是口若懸河，能整段背誦黑格爾、費爾巴哈、謝林、費希特的論述，視哲學如命，如醉如痴，忘卻了塵世的煩惱，彷彿他的精神和肉體都同時昇華到一個更高的境界，如同哲學一樣純真、無瑕和聖潔。可是，他的工作卻與哲學無緣！彷彿一個天外來客，不食人間煙火，並非他容不下這個世界，而是這個工作留不住他的心。

　　「曲高和寡」。在一個萬眾一心、一個思想、否認個性的時代，他無處發洩心中的鬱悶，他曾寫下「風颯颯，雪如篩，寒天枯木滿院栽。他年我若攜春過，報與千樹梅花開」的詩句。這首仿唐朝農民起義領袖黃巢的詠菊詩，本來是他心志的自然流露，但在那個特殊的時代卻被認為是他「野心」的「暴露」。

「牆倒眾人推」：黃巢的原詩裡不是還有「他年我若為青帝」嗎？你還想造反？「對現實不滿」和黃巢有什麼不同？「報與千樹梅花開」，你想「變天」，不是「復辟資本主義」又是什麼？一個邏輯思維縝密的磊落君子，在那些貌似公允卻巴不得踏上千萬隻腳的小人面前，竟拙嘴笨腮無言以對。那個年代，有些事真令人莫名其妙，哭笑不得。平心而論，他不就是為追求自己的理想？卻要付出那麼大的代價！

再見到他時，他往日的棱角和鮮明的個性似乎都已消磨殆盡。社會留給他的空間太有限、太狹小了。在號召大家都做「螺絲釘」、不提倡個性、甚至企圖消滅個人主義的時代，個人的期許和命運是不受重視的。每個人只需要接受「改造」或「接受再教育」，「解剖自己」、「狠鬥私字一閃念」，表現自己或張揚個性勢必成為眾矢之的。他為實現自己人生價值的鬥爭過早了，這也許就是他的悲劇所在。

按照毛澤東的「五七」指示，教育必須改革，學生不但要學文，也要學工、學農、學軍；農業大學辦在城裡「見鬼」，必須搬到鄉下；全國「學習軍隊」，機關學校都一律實行軍事化管理，按照連排班建制，中學高國中壓縮，實行九年一貫制（小學五年，中學四年），課程面向生產實際，改為「工業基礎知識」、「農業基礎知識」、「自然科學常識」、「社會科學常識」，有的地方另外增加了鄉土教材。

記得20世紀20年代的蘇聯就實行過類似的制度，激烈批判「資產階級教育體制」，宣告建立無產階級新的社會主義的教育體制，也曾實行「軍事化」管理，為「加快共產主義的速度」特別強調「綜合教育」和「勞動教育」，為讓學生觀察毛細管現象而叫學生用抹布擦地板。後來，蘇共中央認為這樣做是「把教育庸俗化」，予以廢止。

列寧說過：「在某種意義上可以說，東方各國的無產階級都要做俄國無產階級已經做過的事情。」從中華人民共和國建國後直到70年代以前，我們不是一直亦步亦趨地跟在俄國人的屁股後面走嗎？國家管理辦法、各項制度，實踐證明他們做錯了或已經糾正的，我們還要再做一遍，讓人不堪其憂。

我所在學校的主管對大學生非常看重。他無數次驕傲地宣稱自己是「趕大車」出身，沒有辦過教育，但他確信，只要是大學畢業就「什麼都能教」！大學畢業就是他心目中的「萬能教師」或者「萬金油」。那幾年，我先後教過社會科學常識、歷史、語文、地理、俄語、政治。他讓我教什麼，我就教什麼。什麼課沒人上，我就上。我正在講歷史，俄語沒人教，我就改教俄語。不久市裡俄語師訓班分來俄語老師，他們不願幹別的，我就去教政治。

　　1969 年，我在佳木斯結婚：臨時借附近一所中學一間女教師宿舍，兩張單人床並在一起，買了糖塊和煙卷、幾個好朋友湊錢送我袖珍合訂本《毛選》和毛澤東座像、竹條套的暖瓶以及一個搪瓷盆，學校革委會主任、工宣隊長講話，唱《大海航行靠舵手》。老五屆人結婚大多如此。

　　我的特色在於：那時中蘇邊界緊張，婚後第三天學校就讓我帶學生去佳木斯東數十公里處修「戰備公路」，連續十天，卡車接送；新婚妻子舉目無親，獨守空房，上演了一齣「新婚別」。工程完工，婚假到期，她如期返回遼寧省法庫縣農機廠。

　　最頭疼的就是當班導，和學生見面的時候，我真想哭！那時，媒體宣傳和樹立的也都是那些所謂「反潮流」的英雄，世代相傳的「師道尊嚴」被否定，老師一律是「臭知識分子」，在那無法無天的年代，老師要時刻準備遭到學生們的批判。無知和無畏是孿生的。學生可以隨意抓住老師的一句話，胡亂聯繫，批判「孔孟之道」。

　　有的學生想來就來，想走就走，有人勾引社會上的地痞流氓來學校尋釁滋事，正在上課，窗口就會飛進磚頭。遭學生侮辱和謾罵是家常便飯，我的眼鏡片多次被打破，鏡架常年用膠布黏著。為了防止遭襲擊，教師宿舍窗戶用鐵皮釘死，房間裡整天開著燈。說不定什麼時候還會有人砸窗戶，深更半夜，砸得鐵皮震天響，至今想來都覺得恐懼。

　　學校位於松花江邊，學生游泳司空見慣。一個男孩子，經常缺課，也從不請假。1970 年夏天的一個中午，他的父親到學校來找他，班導老師說他已經幾天沒來上課了，有同學上午還看見他在江邊游泳。到江邊一看，那個學生的衣服還放在那裡。我們幾個老師和工宣隊師傅們冒雨連續打撈了兩天，

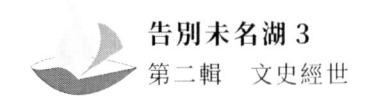

直到第四天下午屍體才漂上來。一個剛剛十三四歲的孩子就這樣過早地離開了人世。

佳木斯還發生過一起震驚全市的「特大反革命案件」，有人用紫藥水在大字報欄上的毛澤東像和文字上打叉，還寫了一些咒罵的文字，公安機關畫像並發動全市居民舉報提供線索，要求各單位必須晝夜 24 小時巡邏。學校指派我和另一個老師帶領十多個學生，白天上課，夜裡在零下近 30 度的嚴寒中沿學校周邊每隔一兩個小時就出去一趟，持續了近一個月。再就是當時還要「深挖洞，廣積糧」，全國城市都修築地道，學校師生在校園裡挖地道、燒磚，到處建起了小高爐，就像「大躍進」的 1958 年那樣，晝夜奮戰，起早貪黑……

忙碌和無數日常瑣事擠走了煩惱，填補了心靈的空虛，也拉近了師生之間的距離。學生們天真無邪，倔強誠實，從不服輸，即使氣得你死去活來，也會誘使你身不由己流著淚發笑。作為一個教師，為人師表，我從不做任何有傷學生自尊和侮辱人格的事情。

也許因為這樣，他們才敢於欺負我，為此我總是滿腹愁腸，受學生氣是有名的。想來不過是一種責任感，迫使我做很多本不想做的事情。我和我的學生在時而興高采烈，時而欲哭無淚的過山車般的情緒中相處，心靈交融，彼此間的感情異常真摯坦誠，至今無法忘懷。

專業回歸：工作調動和我的研究生生涯

1973 年 12 月，幾經周折，我總算調到位於鐵嶺的遼寧農學院馬列教研室任教。當時的大學生被稱為「工農兵學員」，黨員占大多數，使命是「上大學、管大學、改造大學」。我所在的教研室，「文革」中積累下來的兩派矛盾尖銳，我要麼違心地公開表示要「下鄉當農民」，要麼就得站在其中一派的一邊，否則我入黨無望。一個非中共黨員是很難做馬列教員的。

那時，在鐵嶺我連個家都沒有，妻子帶著兒子住在法庫縣農機廠宿舍。1975 年海城地震後，遼寧全省民兵展開搶修太子河堤會戰，我 4 月 8 日出發；我女兒 12 日出生，妻子去醫院的送接都是鄰居幫忙。工程極其緊張：夜戰、

天天出《戰報》,勞累之餘「雷打不動」學習「33 條」,破除「資產階級法權」、「割資本主義尾巴」,馬列課教員義不容辭要帶頭⋯⋯

直到工程的最後一天,新壩備土都上完了,我才向組織提出妻子生孩子,沒想到系主任反而質問:「怎麼不早說?!現在全面總結、評比,是最關鍵的時候,怎麼能離開?」教研室主任請示軍代表和工宣隊,准許我提前回家。我得以搭乘往回運餐廳炊具的卡車匆匆趕回家裡,除了必須收拾清洗妻子生產時的衣物外,更主要的是學生會戰回來我馬上有課,必須備課。

1976 年春,學校把我妻子調來,臨時安排了住處,我們結婚快十年了,總算有了個家。可是沒過兩個月,學校人事處和教研室主管又通知我,下「青年點」當一年帶隊幹部。當然少不了再次重複那些「準備接受組織考驗」的套話。我一走,妻子困難很多:她要馬上開始上課,壓力很大,還有老人和兩個孩子。學校幫我解決了多年分居問題,我不能再提任何要求,就下去了,兢兢業業地幹了一年。

聊以自慰的是:我從沒開過一次小灶,也沒陪過任何一次客人,與知識青年們一起種地、上山打柴,等等。按照慣例,新老帶隊幹部交接時要殺豬,把公社、大小隊幹部統統請來吃喝一頓,給「青年點」剩下的就只有一大盆豬油了!我和兩個點長商量決定:兩個點的兩口豬一個也不殺,也不請客吃飯,不能利用帶隊幹部交接把「青年點」吃光!這在帶隊幹部的歷史上肯定是絕無僅有的。但我沒想到,一年後回來,連個聽我彙報工作的人都沒有,我的入黨問題更是沒人提及。

蒼天有眼,科學的春天來了。1978 年國家開始招收研究生,我決定抓住這次難得的機會。當時,我的教學任務繁重,每天乘坐一個多小時的火車往返瀋陽和鐵嶺上課,沒有複習時間,但憑藉專業和外語實力,我如願以償地考取了北京師範大學世界近代史專業馬家駿、劉宗緒二位先生的研究生。但迫於家裡種種困難,我忍痛放棄了這個學習機會。

那一年北大歷史系世界史專業沒有招收研究生,否則我自信一定會考回母校讀研,而且即使困難再多我也不會放棄。上天眷顧,第二年,我所在的

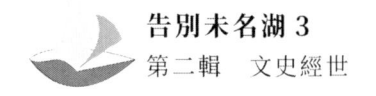

大學決定遷回瀋陽辦學，天賜良機，我再次報考，進入遼寧大學歷史系世界史專業讀研。十多年跌跌撞撞的生活終於結束，我又來讀書了。那年我37歲。

北大畢業前，我已經能比較熟練閱讀俄文專業書籍，我決定自學英語考生使用的四冊全英語教材。三年研究生畢業時，我參加英語考試，得了67分，是當年非外語專業研究生唯一通過第二外語考試的。我的碩士論文除參考大量俄文資料外，還查閱了幾本英文書籍和學術論文。遼大教授周傳儒和劉文英、武漢大學端木正、東北師大盧文忠教授參加了我的論文答辯或寫了論文評語，予以很高評價。

我回歸專業的願望依然很不順利。研究生一入學，導師就叮囑我準備畢業留校，成立基礎課教研室。可是畢業前夕，系裡卻突然通知我，導師的兒子本科畢業需要留校，必須擠占一個研究生的留校名額，他們希望我暫時去遼大馬列教研室，並苦口婆心地向我保證：不出三個月就把我調回歷史系。

我很理解他們的難言之隱，但總覺得受了嘲弄。我不想留遼大，更不想去遼大馬列教研室，理由是：我原來就在馬列教研室任教，是為了從事原來的專業才來讀研的。「欲渡黃河冰塞川，將登太行雪滿山……多歧路，今安在？」長風破浪無有時，那種傷痛可想而知。我深切體味到，在社會上，特別是知識界，有種種不盡如人意之處，實現自己純真的理想何其難啊！

據說由於一位主持工作的省委主管的堅持，我得以到遼寧社科院從事中俄關係史的研究。以後得知此人是陳北辰，已經故去。我心中永遠銘記這位達官貴人。

社會科學院名頭很大，似乎也轟轟烈烈，剛剛建院就有正、副九個院長，來自各方，矛盾重重，據說黨組會都開不了，傳言「九龍治水，大旱三年」。我去不久，正院長陳放突發心臟病故去，此後院長一兩年換一個，從沒有學術造詣深厚者，實際上成了省裡難以安排或暫時不便安排人物的臨時棲息地，機會一到，立刻另謀高就。某位省主要主管曾說：「哪朝不養士？！」省社科院成了收留門生食客的地方。

老五屆同學的分配七零八落，專業都不對，幾年之後我才與同學們逐漸取得聯繫，只能寫信，彼此傾訴衷腸，鼓勵勸勉，每一個字都浸透了環境的艱辛和各自奮鬥的酸甜苦辣。一個在鄉下任教的同學，寫信鼓勵我：「一切都將過去。有播種就有收穫，春天把種子種下去，秋天你就可以從壟溝裡扒拉出地瓜、馬鈴薯，還有各種東西，不是很有趣嗎？」我則沒有那麼豁達，似乎很久才找到那種超凡脫俗的感覺。

　　老五屆們心繫國家，不氣餒，不消沉，在與命運的抗爭中相互攙扶，艱難前行。儘管當時知識分子的社會地位不堪入目，那些「臭知識分子」，還是「聞著臭吃著香」。他們政治上遭受高壓，但依然有人追之若「星」，人類嚮往和追逐文化和文明的本性竟然如此頑強！不管一些人往他們身上潑灑多少髒水，他們的天然魅力無法抵禦！一些姑娘心甘情願嫁給那些被折磨踐踏的大學生們，並與他們患難與共。1978年招考研究生之後，老五屆各自經過了不懈的奮鬥，宛如大浪淘沙，絕大多數最終都找到了自己的位置。

　　對我來說，史學研究與其是一種職業，毋寧說是一種事業。它不是一種可以受僱於人的職業，更不能當成混飯吃的行當或謀生手段。史學的神聖就在於它的真實和客觀，在於必須秉筆直書。韓愈說：「為史者，不有人禍，則有天刑，豈有不畏懼而輕為之哉？」史學研究會讓一切懷有沽名釣譽之心的人感到羞愧和無地自容，會讓那些心存投機取巧和阿諛奉承的勢利之徒望而卻步。

　　為了從事自己喜歡的專業，我掙扎奮鬥了十多年，直到從莫斯科大學做訪問學者回來，1995年，我才重回遼大，真正開始從事世界歷史的教學和研究，圓了我世界史專業回歸之夢，成為北大世界史專業同屆畢業27人中唯一從事世界史專業教學和研究工作的。2002年退休，我把論文收集整理自費出版《獨步集》，給自己的歷史學科學研究和教學做了總結。

　　我在自序中回顧了北大的學習生活歷程和感悟：「我一生與歷史科學結緣，人生總是要謝幕的，因為上天留給每個參加演出的人就只有那麼幾年時間。」人到暮年回首往事，畢生情感榮辱也成了中性，大多已不具備感情色彩，喜怒哀樂都是歌。可見，歷史是多麼無情：它不相信溫情，不相信道德，

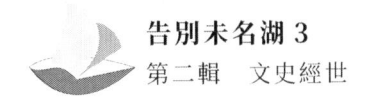

也不相信眼淚，一個真正對歷史有所感悟的人，不應該有個人的煩惱。歷史就是歷史，「北大就是北大！」

⊙ 1993 秋攝於俄羅斯莫斯科大學主樓前

幾十年裡，從學生到教師，一路走來，感慨良多。品味所見，人世多錯迕，但是，無論為人、治學、處世，必須為自己設置一個任何時候都不能踰越的道德底線。身處逆境，也必須要有一點古代文人具有的那種「出淤泥而不染」、清高、寡和、孑然自立的氣質。就像蘇軾在《定風波》詞中所描寫的那樣：道中遇雨，眾人皆狼狽，而他「獨不覺」，依然哼著小曲，緩步前行。我讚賞那種不媚俗、不從眾、清高寡合、心無俗事、眼無俗物、耳無俗聲、淡然堅守、「獨步天下」的大家風範！

我讚賞北大學子特立獨行的氣節：不羨慕官場，不巴結權貴，挺直腰板立世，更不為五斗米折腰。老五屆的經歷證明：我們不依附任何人，不攀龍附鳳，孜孜不倦，奮鬥不息，仰望無愧於天，沉思無愧於地，畢生保持北大人的節操和品格，尤其是在世風日下的時候！我堅信，人類追求文明和進步的腳步，終將滌盪一切霧霾、沙塵和沉滓！在經歷了「史無前例」的「文革」以後，難道我們不應該活得「更綠色」「更北大」一點嗎？

李永昌，遼寧朝陽市人。1961-1966 在北大歷史系學習，1968 年分配到佳木斯做中學教員，後調入瀋陽農業大學馬列教研室任教。1982 年遼寧大學世界近代史史專業研究生畢業，後在遼寧省社會科學院歷史所工作，1987 年評為副研究員，1993 年研究員。1993 年 9 月 -1994 年 3 月作為公派高級訪問學者赴莫斯科大學亞非學院學習。1995 年調遼寧大學歷史系，教授，2002 年退休。

　　主要從事世界近代史教學、中俄（蘇）關係問題研究，著有《旅俄華工與十月革命》、《末代沙皇尼古拉二世傳》、《獨步集》等等，參編金盾出版社出版的世界軍事後勤史叢書。在《世界歷史》、《史學理論》、《近代史研究》、《中共黨史研究》和《百年潮》等發表論文多篇。曾參加中央黨史研究室主編《聯共（布）、共產國際和中國國民革命檔案資料叢書》翻譯和中學歷史教材（河南大象出版社）世界史部分的編寫。

我與北大精神

楊如鵬

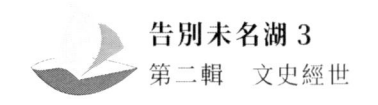

回顧如煙往事，北大精神是指引我不斷前行的重要動力。她使我在人生的幾個緊要關頭心中湧起難以平靜的波瀾，以至改變了我人生的軌跡。

勵志報考北大

我的少年時代是在北京西部山區度過的，當時家境貧寒。令我始料不及的是，比經濟上更大的困擾竟是走讀的「走」。

從我家到學校，多是山路，途中必須穿過一條令人生畏的山溝，山民稱之為「鬼溝」或「亂葬崗溝」。冬季及星月全無的晨昏，行至溝底漆黑一片，山風呼呼，草木搖曳，白中帶藍綠色的鬼火高低明滅，整條山溝籠罩著陰森恐怖的氛圍。頭一年走讀，對我無異於一種巨大的精神折磨，一度甚至冒出了輟學的念頭……

高二語文課講到《宋定伯捉鬼》。老師告訴我們：這篇課文選自《不怕鬼的故事》一書的首篇。該書序文，值得好好研讀（多年以後才知道，這篇署名何其芳的序文，是毛澤東主席提議寫作、親自修改並增加了幾大段重要論述）。透過反覆閱讀該書，此前折磨我多日的怯懦、消沉的心緒為之一振！此後每天穿越「鬼溝」時也有了如釋重負之感。慢慢地，我竟萌生了一個夢想：以該書編者為榜樣，成為一個有益於人民的編輯工作者！

高考選報志願前，語文老師找我談心，向我介紹全國最高學府北大的光榮革命傳統。他說，提倡不怕鬼精神，同北大的愛國、進步、民主、科學的精神是相通的、一脈相承的。魯迅先生曾經精闢地概括了北大精神的一個重要特點：「北大是常與黑暗勢力抗戰的，即使只有自己。」北大能夠「常與黑暗勢力抗戰」，不就是在頑強地「打鬼」嗎？他勉勵我再接再厲，高考第一志願就報北大中文系。有志者事竟成，我終於如願以償。

從一定意義上說，是北大精神啟示我從困厄裡走出來，於發憤中萌生夢想，並為夢想的起飛滑行找到一條寬闊的跑道。

考研奉調《紅旗》

⊙攝於 1968 年 6 月北大中文系畢業前夕

從 1962 年到 1968 年，我和北大的同學們在未名湖畔度過了六年難忘的青春歲月，對北大精神有了較深層次的體味。

1968 年 9 月畢業分配，我算是比較幸運的，分到了天津市教育局。先在一所中學政工組工作了幾個月，又到農村勞動鍛鍊了三個月，很快就被調到區委宣傳部搞新聞報導。這樣一幹就是近十年。其間，一直忙來忙去，寫了數百篇文稿，多屬時過境遷之類，不值得說道。

此外，還在五七幹部學校下放鍛鍊，在抗震救災中經受考驗，增長了見識和經驗。總的來說，所受的折騰不算多，經歷也相對平常，但沒有給北大抹黑。這當然沒法跟分配到邊遠、艱苦地方並拚搏出一片新天地的老五屆校友相比，故在此不做詳述。

1978 年初，傳來舉辦「回爐班」和恢復研究生考試的消息，我為此激動了好幾天。開始時，我一心想上「回爐班」，對參加研究生考試不抱任何希望，因為考研必備的複習用書都難以尋全。

第二輯　文史經世

正在這時，母校北大中文系幾位老師熱情鼓勵我報考，有的老師還寄來必備用書。這使我深受感動，心想，即使不成功，起碼可以多讀點書，總是有用的。於是，我向單位主管提出報考要求並得到同意，又有了家屬的支持，便趕在報名結束之前報考了北大中文系現代文學專業研究生。

初試、體檢、複試、口試逐一通過後不久，單位主管找我談話，傳達了《紅旗》雜誌擬選調我到其編輯部工作的訊息，一方面徵求我的意見，另一方面表示了極力挽留之意。這令我意外且欣喜，當即表示願意調到黨刊工作。

金秋9月，告別未名湖整整十年後，我懷著既喜悅又忐忑的心情到位於北京沙灘老北大舊址的紅旗雜誌社報到。喜悅的是，能到中央黨刊和老北大舊址工作，何等榮幸！忐忑的是，自己何德何能，唯恐有辱北大和黨刊盛名。就這樣，我少年時希冀成為編輯工作者的夢想變為現實。此後，北大精神又把我的眼界大大擴展，激勵我開始向新的精神高地攀登。

守望北大紅樓

《紅旗》雜誌（1988年7月改為《求是》雜誌）編輯部，位於北京東城沙灘原北京大學第一院（文學院）舊址。從編輯部辦公大樓內我所在的辦公室向南平視，著名的民主廣場和北大紅樓盡收眼底。1918年建成的北大紅樓，歷經近百年風雨，至今仍偉岸挺立，光彩照人。而我的居所在大院西側的宿舍樓，從陽台東望，紅樓的赤瓦坡頂赫然在目。

若將辦公樓、居所、紅樓三者連線，可略呈邊長各為一百公尺的等邊三角形。近年來，我的居所遷至京城北中軸線東側，紅樓、辦公樓、居所竟處於一條南北直線上。可以說，幾十年來，我人生的大部分時間都是在守望沙灘北大紅樓中度過的。

對於我，守望沙灘北大紅樓是一種剪不斷、解不開的緣分和情結。其實，這一情結始於1962年，至今已有半個多世紀了。

1962年我考入北大中文系不久，系裡組織新生到城中心區一處名為沙灘的地方參觀老北大舊址——北大紅樓。從此，我記住了：這裡是中國近代史和現代史的轉折點，是中國新文化運動的中心，是在中國最早傳播馬克思主

義和創建中國共產黨的重要基地，也是中國最早的教育中心、科學研究中心和文化中心，深刻地影響了中國近現代政治歷史和社會變革的進程。

她與五四運動、一二·九運動等民族的覺醒、悲壯的抗爭歷程相關聯，與李大釗、陳獨秀、魯迅、毛澤東等革命先驅者的偉業相關聯，與中國近代以來最傑出的知識菁英的學識相關聯，與科學與民主這兩面旗幟相關聯，理所當然地成為中國近現代史和中共黨史的一座豐碑，成為五四精神、北大精神以至中華民族精神的一個重要像徵，成為值得人們永遠憶念的一處紅色地標性建築。每次經過沙灘，我都會默默地向北大紅樓表示由衷的敬意。

幸運地進入北大燕園的莘莘學子，往往把戲稱為「一塔（博雅塔）糊（未名湖）塗（圖書館）」的三處景物目為北大的標誌，就像我當年一樣。而讀懂歷史的老北大人卻深知，北大的根在沙灘，北大的魂在紅樓，這裡才是北大的第一標誌和恆久的精神像徵。

直至前不久，還有一些北大的老先生和老北大人大聲疾呼，要求把沙灘紅樓和老北大舊址歸還北大。這當然是一廂情願、難上加難的事情，但亦足可說明，沙灘北大紅樓在北大人心目中所具有的無可替代的重要位置。

其實，每個人的心靈深處都有希冀守望、正在守望、曾經守望的美好的人或事物，只不過這種守望因人而異，「遠近高低各不同」罷了。

仔細想一想，我這些年對於沙灘北大紅樓，是一種怎樣的守望呢？應當說，有一個認知和實踐逐步深化的過程。始而是，作為一個北大人，我有一種優越感和榮譽感，因為只有少數校友才能有這種幸運。繼而是，因幾十年的人生際遇同沙灘北大紅樓結下不解之緣而感到自豪。直到現在寫這篇文章，我對守望沙灘北大紅樓的真正含義才更多了一些底蘊和凝重。

十幾年前，一位久未晤面的外地新聞界友人來訪，對我長期埋頭於黨刊編輯工作和理論研究，在表示佩服之餘，便問是何種力量促使我如此甘於寂寞。我下意識地指了指窗外。他表示不解：「你是說——天？」我笑道：「不！你看見對面那座大樓嗎？」顯然，他知道那是北大紅樓。於是，他點了點頭，似有所悟。

我如此深切地鍾情於沙灘北大紅樓，因為我領悟到，這種守望，不應是對於幸運之神眷顧的執迷祈望，不應是「青青子衿，悠悠我心」式的痴心盼望，也不應是「獨坐空堂上，誰可與親者」式的孤寂無望，更不應是「閒愁萬種，無語怨東風」式的惆悵怨望。

我如此深切地依戀於沙灘北大紅樓，因為我領悟到，這種守望，是對於崇高理想信念的篤守和熱望，是對於中國近現代史和中共黨史的展讀和傳承，是對於革命先驅者的緬懷和矚望，是對於聖潔精神高地的敬畏和堅守，是對於本職工作的恪守和盡責，是對於人生價值的探尋和思索，是面對喧囂困厄的守正和自強。

我們這個時代需要這種沉默的、積極的守望，這種守望感召我在充滿挑戰的征途上不斷前行。

感謝沙灘北大紅樓！感謝這崇高的精神殿堂！感謝老北大！感謝北大精神！感謝她陪伴我一起成長！我永遠珍惜這段時光、這份榮譽，無怨無悔！

在編輯崗位上

一個人幹哪一行，都會覺得不容易。瞭解編輯工作的人都知道，做好這項工作也不容易，做一個合格的黨刊編輯尤其不容易。初到《紅旗》雜誌編輯部時，我對此懵懵懂懂，束手束腳，不知從何入手。

在一次編務會上，一位老編輯語重心長地說：「要成為一個優秀的黨刊編輯，沒有十年八年的功夫是不行的！」這對我觸動很大。我細心觀察一些老編輯（其中不乏北大校友），他們政治強、業務精、紀律嚴、作風正的優良德才，令我欽佩不已。怎樣才能盡快成為一名合格的黨刊編輯呢？我曾出現過浮躁、惶惑和急功近利。

在主管和老編輯的幫助下，我首先從提高思想境界開始，自覺同心中的「黑暗勢力」作鬥爭。諸如認為「編輯是為他人作嫁衣，不上算」，「編輯是『萬金油』，頂多成個雜家」之類的名利思想，不就是要警惕和清除的心中的「黑暗勢力」嗎？我想到在北大紅樓中編輯最早的黨刊《新青年》的中國第一批馬克思主義者，想到從北大紅樓走出、為中國人民解放事業拚搏獻

身的革命先驅，想到黨刊工作者應該具備的素質，決心自覺淨化自己的心靈。在邊幹邊學中我逐漸體悟到，選擇黨刊編輯工作，不是選擇一種職業，而是首先選擇了一種崇高的責任和使命。從此，我逐漸適應並掌握了編輯業務。

真是功夫不負有心人。我沉下心來，紮紮實實地打基礎，基本通讀了馬克思主義經典著作，理論水準、業務能力和思想修養都有了長進。文學專業畢業的我，愉快地服從組織安排，長期做科教方面的編輯工作，組發並撰寫了多篇較有影響、有質量的稿件，受到主管和讀者的肯定。在28年的編輯生涯中，僅是自寫、與人合寫以及為領導人、知名人士代筆在本刊內發表的社論、評論和各類文章就有七八十篇。可以無愧無悔地說，我為黨刊的宣傳事業做出了應有的貢獻。

研究貴在開拓

在做好本職工作的前提下，編輯應該而且能夠在寫作和治學研究上有所作為。我在嘗試研究之初，深感其難，又是北大精神指引我走出困境，獲得敢於開拓的勇氣。在研究報告文學這個專題時就是如此。

我致力於報告文學的研究，緣起於1978年2月徐遲發表報告文學作品《哥德巴赫猜想》。此文一出，引起轟動，再現科學家動人事跡的報告文學作品隨之大量面世。由於編輯科技稿件的關係，又有文學專業和新聞工作經歷的背景，我很關注這類作品及其評論。同時感到，同報告文學創作的繁榮相比，對報告文學理論和發展史的研究相當薄弱。於是，我決定攻關研究報告文學。

我從掌握第一手資料做起，廣泛涉獵中外文藝理論、文學史專著和報告文學作品，在博的基礎上求專。我發現，中國現代文學史權威學者如唐弢、以群、王瑤、嚴家炎、丁易、田仲濟等先生，在其專著中都曾論及報告文學，但所引史料比較單薄，有的史料不夠準確，這些史料又被別人輾轉引用，以致造成以訛傳訛。要深入研究就不能繞過去，必須正視、質疑以至糾正之。這無疑會冒很大風險，還可能授人以「不自量力」的笑柄。

在治學上要不要提倡科學的獨立思考，不盲目迷信權威、名人呢？這時，魯迅先生對北大精神的另一個概括對我的啟迪意義很大：「北大是常為新的，改進的運動的先鋒，要使中國向著好的，往上的道路走。」「常為新」就是不盲從，不迷信，敢於開拓創新。

許多歷史事實告訴我們：真理之外無權威。世上再權威的學者，其研究總是有限的，需要在實踐中不斷充實和發展；對學術權威應當尊重和膺服，但不應盲目崇拜；學養深厚的權威學者對於他人確有價值的見解，也總是歡迎並予以正確評價的，而並不希求別人對自己一味崇拜和盲從。

我的上述體認得到了驗證。經過幾年業餘時間的潛心鑽研，我孜孜矻矻地撰寫出多篇論文，選出兩篇送請北大中文系教授、現代文學史權威嚴家炎先生，山東師範大學田仲濟教授等專家指教。他們予以熱情鼓勵，並推薦給有關學術刊物發表。在撰寫《報告文學若干史料考辨》一文前，我拜訪了多個著名作家，查閱了上世紀20至40年代的多種文學書刊，以確鑿的考證，糾正了中國現代文學史權威著作中所用報告文學史料的多處紕漏和舛誤，並指出其產生的原因。

這篇論文在《新文學史料》1982年第2期發表後，反響不小。另一篇長文《國際報告文學的起源、形成和發展》則於1981年4月在《時代的報告》上發表，較早對中外報告文學發展史作了概述。這兩篇論文被多家報刊和出版物全文轉載、摘發或引用。我編著的《報告文學縱橫談》、《中國報告文學論》等書至今仍被一些大學列為報告文學教學與研究的參考資料。

上世紀80年代初，我和尹均生教授斗膽提出一個新觀點：應把報告文學從散文中分離出來，視之為一種獨特的、獨立的文學形式。而文學理論界此前一直沿用的是「四分法」，即把文學作品的體裁從結構特點上分為小說、戲劇、詩歌、散文四大類。我們的觀點近年來已被文學理論界普遍接受，文學刊物也按新的分類法發表作品了。

在治學研究方面，假若沒有北大精神的啟示，我要取得一點開拓性的成績，顯然是比較困難的。

⊙ 2004 年於《求是》雜誌編輯部辦公室，窗外可見民主廣場和北大紅樓

在我人生的道路上，每當我處於最難堪、最迷茫的時刻，北大精神總是像良師益友如期而至，指導我、引領我勇敢地接受挑戰並戰勝不少困難和挫折。我體會到，北大精神並不是抽象的、虛幻的、不可把握的，而是北大人在一個多世紀的長期實踐中形成的，與時俱進的，包括思想、意志、品格、氣度、心理、追求等等獨特內涵的精神魅力。

我贊成把它概括為「三個優良」的合成：「愛國、進步、民主、科學」的優良革命傳統，「思想自由、兼容並包、堅持真理、追求卓越」的優良學術風格，「勤奮、嚴謹、求實、創新」的優良教學風氣。當然，每個北大人心目中的北大精神，不可能完全一致，而往往是見仁見智，各有側重，對每個人的影響也各不相同，但共同的感受總是居多。我堅信，我們北大人必能繼承和發揚極可寶貴的北大精神，為中華民族偉大復興繼續做出令世人稱羨的貢獻。這既是無上的榮譽，更是義不容辭的責任，也是高尚的精神需求和莫大的人生樂趣。

楊如鵬，北京市人，祖籍河北隆堯。曾用名楊儒朋、楊儒鵬。1962 年考入北京大學中文系文學專業。1978 年選調至《紅旗》雜誌（1988 年 7 月改為《求是》）編輯部。歷任編輯、副編審、編審、文教部副主任、科教部主任、正局級調研員等，現為《求是》雜誌研究中心研究員。國務院政府特殊津貼專家，科普文藝作家。傳略收入《中國當代藝術界名人錄》等。

1978 年後發表論文及各類文章數百篇，其中 30 多篇分獲中國新聞獎、全國省級黨刊優秀文章一等獎、中國科協好新聞編輯一等獎、國家自然科學基金委優秀新聞作品一等獎等。多篇論文被報刊及互聯網全文轉載、摘發或收入相關文集。

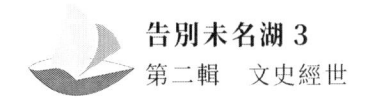

主要編著有《報告文學縱橫談》、《延安文藝叢書報告文學卷》、《中國報告文學論》、《高舉有中國特色社會主義的旗幟奮勇前進》、《北京史研究叢談》、《北大紅樓守望錄》等。

▎在龜茲故地農村的那些日子

伍席源

1968年12月，我從北京大學經濟系畢業，分往新疆，到了烏魯木齊以東200多公里的奇台縣，在新疆軍區騎兵二團的農場勞動鍛鍊。一年多以後，1970年春天，勞動鍛鍊結束，我又一次被分配，越分越遠，被分配去南疆的阿克蘇地區。那裡距離烏魯木齊1026公里，當時坐長途客車一般要5天時間。我離家鄉、離父母更遠了，正如唐詩裡所感嘆的：「寄到玉關應萬里，戍人猶在玉關西。」

到阿克蘇報到後，我又意外地被分配到地區革命委員會生產指揮組。正值「文革」時期，「大小都叫組，上下一般粗」，該組下轄工交、農牧、財貿、綜合四個組，我被分到農牧組。一年之後，這個農牧組又被改名為「地區革委會農業局」。我在這個「先組後局」的單位工作到1975年底，為之獻出了5年多的青春。

我從小生長在城市。儘管從中學時代起就經常去農村參加勞動，也曾在京郊高碑店公社做過9個月的「四清」，但畢竟不懂農業技術，只零碎地瞭解些農業生產常識。在農業技術人員成堆的農業局裡，我也曾暗地裡下過學點農業技術的決心，還書生氣十足地在新華書店買了本《怎樣種小麥》的小冊子，卻怎麼也看不進去。於是，在局裡也就難免扮演個打雜的「萬金油」角色。那年月，每逢春耕、「三夏」（夏收、夏種、夏季糧油徵購）、秋收等時節，局裡都要按地區的要求，抽人組成工作組下鄉。這種時候，那位參加過秋收起義、上過井岡山、在南泥灣開過荒的老局長，總是首先想到我這個單身漢，常常說：「下鄉小伍算一個！他一人吃飽、全家不餓，去鄉下同在局裡反正都一樣！」所以，每次我都順理成章地成為當然的工作組成員，很少有例外。

1974年3月，我又跟局裡幾位農業技術幹部一起，作為春耕生產工作組，來到了庫車縣的農村，在那裡住了三個多月，也就是一百多天。

地頭空轉

庫車縣，古西域（漢以後對玉門關、陽關以西地區的總稱）龜茲國（漢武帝時西域有36國，其中就有龜茲；東漢時並為十餘國，仍有龜茲）的所在地；1974年全縣人口24萬多（2012年度公安部統計人口數為47萬），名列新疆的第二人口大縣，僅次於喀什地區的莎車縣。這次，我們進駐了離縣城兩公里左右的維吾爾族村莊──沙合會大隊。這個名字聽起來怪怪的，是音譯，問過幾個人，都不知道原本是什麼意思。聯想起上一年到阿瓦提縣的黃工農場當春耕生產工作隊隊員，那「黃工」兩字也是音譯，還好，譯得挺謙虛的，否則，譯成「皇宮農場」，氣魄就大不同了。

那是一個突出政治的年代，本來是著重春耕生產，但上級非要套用「著重革命，促生產」的定式，規定工作組的任務是：「重批林批孔，促春耕生產」。我聽同去的一位維族幹部說：「孔子」這兩個字的發音，在維語中同「水桶」的發音差不多；後來又要批《水滸》，許多維族幹部十分茫然，實在弄不明白為什麼一會兒要批「水桶」，一會兒又要批「水壺」……這裡的大隊黨支部也按上面的要求，派了兩個年輕人辦起大批判專欄，無非是從報紙上抄些文章，貼在村裡商店外面的土牆上。那上面全是維吾爾文，我自然是一字不識，但我也從未看見哪位維吾爾族兄弟來看這些文章。顯然，農民弟兄認為這些東西不僅跟他們的生活毫不相關，反而使他們更加迷茫和糊塗。

⊙ 17歲的少年學子

　　地區及局裡，只是籠統地要求我們協助基層做好批林批孔、春耕生產，並未明確到底有哪幾條具體任務。帶隊的老王是個農技幹部，除了帶領我們種了一塊棉花試驗地之外，還把我們每兩人編為一組，各自聯繫一隊生產隊。這樣，任務似乎就比較具體、明確，好落實了。

　　我與老董聯繫第四生產隊。每天吃過早飯後，10點多鐘吧，我與老董便出發了。從大隊部步行近一個小時，還要穿過一片戈壁荒灘，才走到四隊。找到社員們勞動的地塊，和他們一起做個把小時的農活，再休息一會兒後，便請生產隊長過來，開始交談。那年我28歲，老董已40多歲，他是阿克蘇城裡土生土長的漢族，精通維語。我對維語一竅不通，但老董總是十分謙虛地讓我向生產隊長發問，我只好問問諸如隊裡耕地多少；種小麥、棉花、玉米各多少；生產進度如何，有什麼困難；幹部、群眾有些什麼想法和要求，等等。我問一句，老董翻譯一句，生產隊長再回答一句或一段，老董再翻譯給我聽。我彷彿成了個大首長。那位維吾爾族的中年隊長，嘴唇上方留著漂亮的八字鬍，一臉的謙恭與和善，而且百問不厭，始終微笑著。交談之後，也就是下午3點左右了，我們也就同隊長告別，飢腸轆轆地走向那塊戈壁荒灘，再次穿越它，返回大隊部。雖說是春天，陽光卻很強烈，我常常向北面望著那浮在地平線上的天山鐵青色的冷峻身影，心中湧動著陣陣空虛：這就是工作？這就是革命？這樣的日子日復一日，究竟有多大意義？天天在這地

頭東轉轉、西轉轉，對自己、對上級、對這些維吾爾族老百姓，究竟有什麼用？

灶頭做飯

回到住地，去各個生產隊的同事們也陸陸續續回來了。全天的第二頓飯，也就是晚飯，還早著呢！好幾位同事，睡了午覺起來，聚在一起打撲克。我有時參與其間，有時則捧著一本帶來的《史記選》，跟隨司馬遷神遊。

每天兩頓飯，那飯菜實在簡單：飯，有玉米粥（維語叫做「吾馬什」）或者湯麵；主食是饅頭或窩頭；至於菜，主要是帶去的鹹菜。當地農民沒有種菜的習慣，村子裡也就無菜可買，偶爾能在有些農民家裡買到一種有點像小水蘿蔔的「恰馬古」，可以煮進湯麵裡。記得上一年在阿瓦提縣黃工農場，地裡種著叫苜蓿的牧草，我們曾把剛長出來的嫩葉摘來煮在湯麵裡，味道還不錯。在這裡，有些農民有時需要一些現金，也會叫家裡的小女孩把雞蛋拿來賣給我們，一般是一角錢一個。所以，我們有時也吃炒雞蛋，這是最好的菜了。公社書記是個四川人，他捎話來說：公社有個豆腐坊，要我們每個星期去那裡買點豆腐，以改善生活。這個光榮的任務，也就由我來完成，因為我最年輕。每逢星期天下午，我就挑著兩只鐵皮桶，肩負著大家的希望，來回走十多里地，去公社買豆腐。在維吾爾族農村，能吃到又白又嫩的豆腐，已屬不易。

每天這簡單的兩頓飯，由大家輪流動手做。手藝高低，鹹淡稀稠，自然都不計較與講究了，即使偶遇意外不測，也只能得過且過。某日清晨，我起床後去廚房討點熱水，見老程正在灶上操作：手把著勺，嚴肅認真地、均勻緩慢地攪動著鍋裡的糊粥。老程是我們之中的長者，也許當天春寒料峭，他受點風寒，我見他鼻尖下懸著鼻涕，晶瑩剔透。正當我擔心地球引力作用可能使那鼻涕垂直降落時，說時遲，那時快，只見它不偏不歪地落入了那鍋糊粥之中。我十分淡定，立即裝出一副什麼也沒看見的模樣走出廚房，並下決心在飯前不對任何人說起此事。否則，那鍋糊粥怎麼辦？倒掉？大家吃什麼？豈敢如此浪費糧食？還有，能不考慮同伴們進食的情緒？一連串的具體問題！

我們所住小院的土牆外面，有一個池塘，新疆話稱為「澇壩」。它就是我們的儲水池，煮飯也好，洗涮也好，都得從這裡取水。這一帶最終的水源，其實就是天山上的積雪。春暖花開，冰雪消融，山上的積雪化成山腳下的河水，再透過人工修築的龐大渠道系統——總幹渠、幹渠、支渠、斗渠、毛渠等，流進城鎮、村落、田野。每個村子裡，都有若干澇壩，渠水奔流而來時，各家各戶都忙著把澇壩裝滿，然後渠水流向外村，十天半月甚至更長時間以後才能再次光顧。所以，土牆外那澇壩的水面上，常常飄浮著枯枝敗葉，還有無數的蚊蟲不知疲倦地飛來飛去。有一次，雪融的第二天清晨，我提著鐵桶去裝水，忽然發現水面上飄著一團黑乎乎的東西，巴掌大小，又薄又輕。我找了根長樹枝，把它撥過來一看，原來是一攤已被晒乾的大便，估計是哪個缺德鬼在乾涸的渠道裡拉屎，來水經過渠道時，便把這汙物沖進了我們的澇壩。奈何？水再髒也得用，除了澇壩，哪裡還有水？

村頭情暖

　　每天兩餐提供的熱量，似乎只能勉強維持身體所需，我老是覺得肚子空虛，裡面彷彿裝著飢餓感。每逢星期天，是當地居民們到庫車縣城趕「巴扎」（即趕集）的日子，我們也隨大流進城轉轉。快到縣城的一個路口，總有不少當地居民在賣自家釀製的酸奶，盛著酸奶的土碗就擺在塵土飛揚的地上，只是碗口上加蓋了一小塊圓木板。條件、環境是差點，無法同北京城裡賣酸奶的冷飲店相比，但這絲毫無損酸奶的魅力。我們工作組的同事路過時總是每人買一碗，毫不猶豫；酸奶下肚，人人都感到了極大的滿足。

　　一個偶然的機會，我與老董在從生產隊返回的路上，發現了一片新的天地。某日下午，又到了返回大隊部住處的時刻，我與老董拖著疲憊的身體準備開始穿越那塊戈壁荒灘。忽然，老董對我說：「你看村頭南面，好大一片樹林，還有當地居民的房子。我們乾脆先去找個當地居民家，討口開水喝，休息一下，再往回走吧！」我想，老董維語講得好，隨他去當地居民家喝水休息，也好。說話間，我們走到一戶農家門口，老董推開小院的木門，在院子裡用維語高聲呼喊著，大概是在問「有人在家嗎」之類。很快，屋裡走出

一位維吾爾老爹，面色紅潤，鬚鬢皆白，穿一身白色的粗布衣衫，可謂童顏鶴髮、精神矍鑠。他熱情地與老董打著招呼。

我打量著這小院，見院子很乾淨、清爽：葡萄藤纏滿了頭頂上的架子，幾乎罩著整個院落，強烈的陽光從葡萄葉的縫隙處射下來，已經變得幾分柔和；靠牆的一側有個大炕，上面鋪著氈子；大炕對面，有棵高大的桑樹，綠葉青翠欲滴，還吊著許多白色的桑葚……

老爹讓我們到大炕上坐下，又提來熱水瓶，給我們各沖了杯熱茶。我見那茶水有些發綠，還浮動著少許綠色的葉鬚。老董衝我說了一句：「茴香茶！」我呷了一口，一股奇特的清香回味無窮，又累又渴的我，精神頓時為之一振。

維吾爾老爹又從屋裡喚出一個巴郎（男孩），八九歲的模樣。只見老爹走到那棵桑樹下，把一張乾淨的床單鋪在地下，我正尋思他準備幹什麼之時，突然看見那巴郎很快竄上桑樹，站在樹杈處拚命搖晃左右的樹枝，白色的桑葚紛紛墜落下來，一會兒便在床單上聚成一堆。原來，老爹要用桑葚來招待我們。我拿起一顆桑葚細看，它與我以前在家鄉見過的桑葚頗不相同：以前見過的都是黑紅色的，這卻是乳白色的，個頭也要大些，表皮上還有些滲出的糖汁痕跡，糖分肯定多，吃起來肯定很甜。老董告訴我：可不能用手直接去拿，那會感到黏乎乎的；得找根樹枝上的小刺，把桑葚戳起來送進嘴裡！

喝了幾杯茴香茶，吃了不少桑葚，有種酒足飯飽的感覺瀰漫開來，我居然迷糊起來，在大炕上靠著土牆睡著了一會兒。醒來，特別地精神煥發，見老爹笑瞇瞇地看著我，那笑容是慈祥、可敬、令我難忘的……

後來，我跟老董又去過兩次。至今，那維吾爾老爹硬朗熱情的形象，還是那樣清晰；還有那葡萄藤下清爽安靜的小院，清香的茴香茶、甜蜜的白色桑葚等，在我心中永遠是一幅溫暖、醇厚的記憶……

心頭波瀾

平淡無奇的三個多月很快就過去了，轉眼已是初夏。用不著請示局裡主管，更不必驚動地區，大家一商量，決定結束工作，返回單位；因為根據近些年的經驗，地區也好，局裡也好，對這類工作組從來都是「只管派，不管收」

的。工作組裡唯一的那位女同事,立刻不顧勞累,自告奮勇地跑到縣城附近的庫車兵站,聯繫上兩輛軍車,第二天大家就搭乘部隊的卡車回到阿克蘇。這位女同事的歸心似箭,我非常理解,她是位母親,三個多月沒見孩子了,怎能不惦記?

回到局裡,一切如我所料,高層和同伴們也就是見面時問一句:「回來了?」每次都是這樣:地區派工作組時是一副鄭重其事的樣子,一旦下去了,沒見誰來檢查、指導、過問過;回來後也不見把大家召集起來總結一下,或者聽取一下大家的意見,研究一下這種工作方式是否需要加以改進、怎樣改進。把工作組派下去,彷彿就萬事大吉了,就對方方面面都交代得過去了。這令我想起前些年搞「反修鬥爭」時批判過的、所謂修正主義頭子伯恩斯坦的名言:「運動就是一切,而目的是微不足道的。」當然,這種想法只能悶在自己心頭,可不能隨便對別人講。

有時候,我又似乎很理解地區的那些頭頭腦腦。部隊來的主管總是一副重任在肩的樣子,張口閉口講的都事關「路線鬥爭」,對春種秋收這些事簡直不屑一顧;而原來就在地方工作的主管,受夠了運動的衝擊,彷彿都成了驚弓之鳥,處處謹小慎微,哪裡還有心思考慮什麼工作組不工作組的?!

聯繫自己,心裡難免還有更多的鬱悶:年年當這樣的工作隊隊員,意義何在?豈不等於浪費青春?再往深處想,每年或每次去的農村雖不一樣,但狀況也都差不多:以前全疆搞「好條田、好道路、好林帶、好渠道」等農田基本建設,其成果確實還發揮了作用,近些年似乎很難看見什麼新的東西;山河依舊,面貌未改,也沒看見什麼新的農業技術在較大規模推廣;農民的生活,也就是簡單地重複,很難說有什麼新的變化和改善,等等。所有這些,是「農業學大寨」能夠解決的嗎?當然,這些想法,也不可多說:你自己瞭解全局情況嗎?說話有充分的根據嗎?

有時候,我也捫心自問:當了那麼多次農村工作隊隊員,自己到底瞭解多少新疆農村的真實情況?對農民增添了多少新的認識?自己似乎也回答不清楚。許多年後,我才知道:也就是在那時候,隔著天山,在山的那一面,有位特別的漢族幹部在維吾爾農村裡生活並認真地思考著。他就是作家王蒙,

那時他正在屬於伊犁自治州的伊寧縣的農村，一個叫做「巴彥岱」的村子裡生活和工作，好像還擔任生產大隊的副大隊長。

他住在維吾爾族居民家裡，興趣盎然地瞭解村子裡發生和經歷過的一切；他刻苦學習維吾爾語，並如飢似渴地吮吸這塊土地、這些民族、這個區域千百年文明的精華，如此等等。當我知道這一切時，難免想起自己在龜茲故地農村的那些日子，兩相對照，自己都做了些什麼呢？看來，無論走到什麼地方，無論處在何種條件下，值得我們奉為楷模的能人志士、智者賢人，向來都是不乏其人的！

⊙ 70歲的退休老頭

伍席源，歷來填履歷表時都寫「籍貫四川省遂寧縣」，實際上在貴州出生並長大。1963年17歲時，從遵義市考上北京大學經濟系政治經濟學專業，沒想到進校後卻是「兩年讀書，一年『四清』，兩年『文革』」。1968年冬至那天畢業離校，奔赴新疆，先到奇台縣的7996部隊農場（後移交給8847部隊）勞動鍛鍊；後到阿克蘇地區農業局工作。1975年，調回貴州省遵義地區，到遵義縣委辦公室工作。

粉碎「四人幫」後，又不安分起來，於1979年10月考入中國人民大學政治經濟學系讀研究生，三年後的1982年畢業，獲經濟學碩士學位。此後，一直在貴州省委機關工作，受幹部「四化」浪潮所裹挾，歷任省委副祕書長、省委政策研究室主任、省委統戰部部長等職，並於2003年1月起任省政協副主席，還是第九、十屆全國政協委員。2007年初，退出領導崗位和工作崗位，自己的時間可以全由自己掌握了。

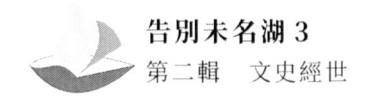

從燕園到深圳

祁念曾

情繫未名湖

多少次提起筆，想寫寫北大，那度過了我五年最寶貴青春年華的地方。但想來想去又不知從何處寫起，北大的博大精深，燕園的壯美妖嬈，豈是我這支拙筆所能寫得了的？恰好收到友人寄來的厚厚兩本《告別未名湖》，心想就從未名湖寫起吧！

在古色古香的北大校園裡，未名湖是一塊晶瑩剔透的翡翠。那一汪碧波粼粼的湖水，倒映著岸邊的紅牆綠瓦。莊重古樸的博雅塔，像一位飽經風霜的老人屹立在湖邊，訴說著世事的浮沉滄桑。湖岸的垂柳裊裊娜娜，像長髮飄飄的少女，散發著動人的青春氣息。當年我從大西北的黃土高原，以陝西省文科第一名的成績考入北大中文系，著實被未名湖的秀色迷醉了。

每天清晨，我夾著一本外語書，或者一部《詩經》、《楚辭》，來到未名湖邊輕聲吟誦，沉浸在知識的海洋裡，如醉如痴。在薄薄的晨霧中，湖邊是三五成群聚精會神讀書的莘莘學子，那份專注，那份真誠，構成了燕園一道最美的風景。上世紀60年代初期，北大學風之濃郁舉世稱道，難怪幾位歐洲留學生讚歎地說：「沒想到北大學生讀書這麼刻苦！」

未名湖邊，住著許多聲名顯赫的學界泰斗，我曾見過季羨林先生拄著手杖在湖邊散步，馮友蘭先生在草地上慢慢悠悠地打太極拳，王瑤先生坐在湖邊石凳上望著湖水沉思遐想。一次，我在湖邊見到楊晦先生，他正與家人拍照。他是我們中文系系主任，30年代與胡風、馮雪峰齊名，被稱為「中國三大文藝批評家」。如今享譽文壇的嚴家炎、胡經之、吳泰昌等人都曾是他的研究生。他笑吟吟地走過來，對我說：「來，幫我們拍個合影！」我惶恐地接過相機，一個剛踏進校門的大學生要為系主任照相，真有些不知所措。楊先生說：「沒關係，大膽照！」我鼓足勇氣，對好光圈，調好焦距，按下了快門。那一刻，楊先生蓬鬆的白髮、慈愛的目光也印在了我的心裡。

每當夕陽西下，未名湖便成了學子們的樂園。有人在這裡唱歌跳舞，有人在這裡誦詩拉琴。我們「五四」文學社經常在湖心島上舉辦詩歌朗誦會。謝冕先生是我們的指導老師，他那時才30多歲，風華正茂，把我們都看作弟弟妹妹。楊匡滿是我們詩歌組的組長，他和李觀鼎、王毅合寫的朗誦詩《讓青春閃光》轟動一時，曾在人民大會堂演出。

楊牧之、陶文鵬、郭永文都是當時文學社的活躍人物，那一首首充滿青春激情和生活氣息的詩歌，經過傅成勵聲情並茂的朗誦，贏得了聽眾熱烈的掌聲。我寫過一首《大學生進行曲》，經中央音樂學院程愷先生譜曲，成為北京大學生運動會的推薦歌曲。50年後，我和程愷再度合作，創作了一首《泰山，我為你歌唱》，發表於《歌曲》雜誌2014年第10期，成為山東省藝術節的推薦歌曲。

據說，原來燕園的這片湖水並沒有名字，是國學大師錢穆先生為其命名「未名湖」。如今，未名湖成了多少人心中的聖地。我每次去北京出差，總要去未名湖邊走一走，回味青年時代那難忘的歲月。未名湖啊，你是北大人心中的一池聖水，你永遠蕩漾在我的五彩夢裡！

《大海》的回憶

封面上，一片蔚藍色的大海，浩浩蕩蕩，無邊無際。一團團雪白的浪花，簇擁成兩個醒目的大字和一行小字——《大海——記朱德同志》。這是中國青年出版社出版的長篇傳記文學，作家劉白羽簽名寄贈給我。每當我翻閱這本書，就不禁心潮起伏，遐思聯翩……

那是「史無前例」的1967年的冬天，中國大地千里冰封，萬里雪飄。未名湖畔，枯黃的樹枝在寒風中瑟瑟顫抖。一天，系「文革」一位負責人把我叫到辦公室，交給我厚厚的一本影印資料，說：「這是黑作家劉白羽寫的《朱德將軍傳》，是為大軍閥朱德樹碑立傳的，現在由你來寫一篇批判稿，這是組織對你的考驗！」

我揣著這本影印稿惴惴不安地回到宿舍，便急忙讀了起來。劉白羽，這個名字我是很熟悉的。早在中學時，我就很愛讀他的散文和小說，他寫的《長

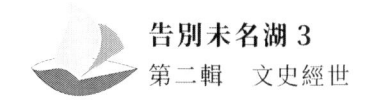

江三日》、《紅瑪瑙》、《平明小札》等作品都給我留下了不可磨滅的印象。他的作品，沒有低沉的嘆息，沒有無病呻吟的獨白，沒有銷魂蝕骨的溫情，有的是噴薄欲出的朝陽，撲撲跳動的火焰；是大海高山，莽原森林；是忘我的勞動，英勇的戰鬥，充滿了鼓舞人心、催人奮進的力量。

像這樣優秀的作家，怎麼一下子變成了「黑作家」呢？還有，朱德——這個偉大的名字，長期以來，更是像紅星一樣在我心頭閃耀。自我懂事起，毛澤東、朱總司令就是我最崇敬的偉人。小學課本裡《朱德的扁擔》、《母親的回憶》曾強烈地震撼我幼小的心靈，給我留下難忘的印象。我仔細讀完這本影印稿，朱總司令的光輝形象如同巍巍太行山屹立在我心中。我下定決心，這本影印稿一定要好好保存，決不能丟失。

批判稿我始終沒有寫。1968年北大發生了震撼全國的「三二九」武鬥。我在混亂中，帶著這本影印稿逃離了刀光劍影的燕園，回到老家當了「逍遙派」。畢業後，我被分配到陝西一家工廠接受再教育。這本《朱德將軍傳》始終沒有離開我，一有空就拿出來翻一翻，成了我在苦難歲月裡難得的精神食糧。朱總司令那堅定的目光，親切的笑容，始終在我心頭閃耀。

物換星移，大地回春，總算盼到了撥亂反正的一天。1979年我從《人民文學》上看到了劉白羽的文章，才知道這本《朱德將軍傳》是他1941年在太行山寫的手稿。「文化大革命」中，他慘遭「四人幫」迫害，手稿被人抄走，原始記錄本也無處尋覓，他被關進秦城監獄，想寫書已經十分困難，只能仰天長嘆，無可奈何。

為了讓《朱德將軍傳》早日問世，我把這本保存了12年的影印稿寄給了劉白羽。1980年3月，我收到他的回信。信中說：「你歷盡艱辛，保存了這本書，現在送給我，我十分感動，特別向你致謝。有了這本影印稿，對我是很大的鼓舞。希望能儘早把這一工作完成，以謝關懷者。」

⊙祁念曾 2015 年 2 月於深圳

1986 年，在朱德總司令百年誕辰和逝世十週年前夕，《大海——記朱德同志》終於由中國青年出版社出版。全書 20 多萬字，藍色精裝本，內有朱總司令的多幅照片。書的扉頁上寫道：「他像大海一樣廣闊，他像大海一樣深厚，他像大海一樣莊嚴，他像大海一樣雄偉。」這是對朱總司令最好的評價。這本書積蓄了劉白羽半個世紀的情愫，也經歷了難忘的歷史滄桑和時代風雨。

如今，這本書仍然是我經常翻閱的作品。我曾多次到北京看望劉白羽，和他成了忘年之交。他為我的散文集《紅燭之歌》題寫了書名，並為我的散文集《歲月如歌》寫了序言，發表在《中國新聞出版報》上，記錄了這段沉重的往事和難忘的記憶。2005 年，劉白羽因病逝世，我在《瞭望中國》和《中華魂》雜誌上寫了一篇《不盡長江滾滾流》，收入《白羽同志英名永存》紀念文集，由解放軍文藝出版社出版，作為對劉白羽永遠的懷念。

我愛《大海》，那洶湧澎湃的濤聲永遠拍擊著我的心弦……

我選擇了深圳

踏著新春的步履，不知不覺，我在深圳走過了 23 個年頭。

23 年前，我面臨人生的選擇。那時，我已從北大中文系畢業了 20 多年，在陝西一所大學擔任副教授和一份刊物的主編。當時，北京的一位老主管邀請我去辦一本刊物，山東煙台大學中文系主任孫慶升老師也邀我去任教，並兩次發來商調函。但更吸引我的卻是中國南方改革開放的窗口深圳。「東方

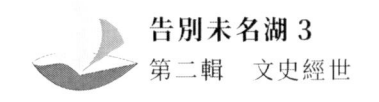

風來滿眼春」，鄧小平視察南方的講話振聾發聵，讓我對遠在南國的這座特區城市產生了一種異乎尋常的嚮往。

1992年春天，我擠上一列南下的火車，來到了魂牽夢繞的經濟特區深圳。我看到這裡到處都是熱火朝天的建設景象：一棟棟高樓拔地而起，一排排綠樹笑迎春風，一簇簇鮮花爭奇鬥艷，一條條道路伸向遠方……總之，兩個字：新奇！新的城市，新的人群，在創造著新的奇蹟，新的夢想。第一次走進新建成的主題公園「錦繡中華」民俗村時，我就暗下決心：這裡是偉大中國的縮影，我的後半生，就留在這裡了！

不久，我調進了市政府機關報深圳商報社，參與了《深圳晚報》的創辦，並擔任總編室主任。當時條件十分艱苦，50多個人擠在一家工廠的鐵皮屋裡，每人發了「三件寶」：自行車，電鍋，電風扇。白天騎著自行車去採訪，回來後自己用電鍋煮飯，晚上吹著電風扇寫稿。深圳的夏天酷熱難當，常常汗流浹背。膽大包天的老鼠在地上竄來竄去，我們只好「與鼠共舞」。在艱苦的採編工作中，我體會到一種前所未有的快樂。

新聞歷程就是一種心靈歷程，記者生涯也是一種探險生涯。日新月異的特區生活，總是讓人感受到新鮮的召喚和指引，努力尋找青春的激盪和鞭策。在商潮滾滾的深圳，我努力尋找那片文化淨土，保持一顆淡泊名利的平常心。雖然已兩鬢飛霜，我依然無怨無悔。我先後出版了散文集《藝術家的腳步》、《歲月如歌》，詩集《站立的河流》，論文集《新聞探索與實踐》等；2007年出版了100多萬字的《祁念曾詩文集》，榮獲首屆「中華之魂」文學作品一等獎，被《中國新聞出版報》譽為「時代的歌者」。

我家就住在深圳灣畔的碧海雲天社區。每天清晨，沐浴著清涼的海風，傾聽著紅樹林的沙沙低語，望著海上冉冉升起的紅日，我的心裡不禁泛起陣陣熱潮，真是「面朝大海，春暖花開」。感謝改革開放的偉大時代，感謝深圳這片創業熱土，我寫下了這樣的詩句：

啊，深圳，我選擇了你，

就選擇了我青春煥發的生命；

啊，深圳，我追尋著你，

就追尋著中國前進的腳步聲！

祁念曾，男，生於1944年12月，河南洛陽人。1963年考入北京大學中文系，1968年畢業，曾任《紅旗》雜誌社記者，《陝西日報》記者，陝西教育學院副教授，《惠州晚報》總編輯，《深圳晚報》總編室主任，《深圳商報》新聞研究室主任，高級編輯，中國作家協會會員。2006年退休，出版100多萬字的《祁念曾詩文集》，被評為首屆「中華之魂」文學作品一等獎。現任深圳經典文化研究院院長，教授。

我這十年間

王金苗

我是1963年9月進入北大歷史系學習的，到1968年6月，如果一切都正常的話，我該畢業分配了，照現在流行的講法，是進入了「畢業季」。但我們碰到的卻是非正常時期。大學五年，讀了兩年書，搞了一年「四清」，剩下來的，就是參加那場「史無前例的無產階級文化大革命」。在兩年多時間裡，對「文革」，我們從亢奮到疑惑直到厭倦。學兄學姐們陸續離開學校，我們也盼著早點走人。

接受「再教育」

過了一段時間，聽到一個好消息：1963級同學可以分配了。我們班多數分在華北、東北、西北的艱苦地區。我和黃申章回到浙江，特別幸運。

1968年12月，我辦妥了一切手續，揣著繼續「接受工農兵再教育」的「畢業證書」來到浙江。先在家裡小住幾天，然後到杭州，住進了招待所。分到浙江的大學生們陸續來了，中文系的萬漢生與我相識，他見到我，第一句話是：「翦伯贊自殺了。」我說：「毛主席不是說要把他『養起來』嗎，他怎麼會自殺呢？」許多年後，我才知道，那是在一場險惡的政治陷害案中翦老拒絕作偽證，才以死抗爭的。我和翦老在「文革」時期有一段短暫又特殊的相處。

在1967年系裡一次小型批判會後，我被指派送他回家。他已經被驅趕到東校門外成府路一處簡陋的民宅居住。在途中，我沒有像某些「革命闖將」那樣，按著他的頭，扳著他的手臂押解他，而是讓他走在前面，我跟在後面。走到大飯廳前樹林時，走來一群紅衛兵，有個人看到此情景，很不滿，惡狠狠地把翦老的頭按了下去。待他們離開後，我們繼續往前走。到了東校門，我說：「你自己回去吧。」他轉過身來，對我說：「你送我到家門口吧，巷子裡的小孩要欺負我的，丟石頭，還打人。」這樣，我又跟著他，直到他走進了家門。

我們這群分到浙江的大學生，在招待所住了一個多月，又登上北上的列車去上海，到部隊農場接受「再教育」。軍車把我們送到上海警備師農場，安頓下來後，便立即分班排：北大、人大、北京政法學院、北京廣播學院和中央財經學院等北京院校的學生編成一排。一排分四個班，我們北大的同學全在一班，其中有中文系的萬漢生、王翼奇、王英志，歷史系的我和黃申章，哲學系的李其祥和楊光澤，經濟系的翁仁良和林宣孔，圖書館學系的王金夫；在一班的還有廣播學院和中央財經學院的四位同學。

一班長是萬漢生，二班長姓楊，三班長姓畢，四班長姓羅。不久，好事者發現了「新大陸」，編出了四位班長的「雅號」，即「萬一」、「楊二」、「畢三」、「羅四」。來自南京大學、南京航空學院等院校的學生編成二排。一排、二排是男生排；女生不分南北，全部編在三排。

⊙王金苗 1968 年畢業照

　　這個連對外稱上海青浦部隊農場學生連。學生連實行軍事化管理：聽號聲起床、就寢；起床後出操、跑步；飯前排隊、唱歌，然後進飯廳用餐。軍事訓練有射擊、拚刺刀、投擲手榴彈等。1969年「一號命令」下達後，形勢驟然緊張。我們還進行過夜間急行軍演練。連長事先告訴我們要進行這方面演習。那天晚上，排長幾次跑來要我們早點休息。

　　半夜時分，軍號聲響起，大家迅速起床，摸黑穿戴整齊，打好背包，跑到外面，列隊、報數。連長宣布：「敵人進行『化武』襲擊，上級命令我們到××地集結待命。」隊伍迅速出發，一路上只聽到唰唰的腳步聲。走到某地，連長宣布：「停止前進！上級通知，敵方襲擊已處置完畢，命令我們返回原地。」東方既白，返回駐地。一檢查，有的同學背包帶散了，是抱著被子回來的。翁仁良居然穿著拖鞋，和大家一起往返跑了十多里地。

　　我們到部隊農場主要任務是學農。我們到農場時，已接近農曆年底，第一個農活是施「臘肥」。那天全員出動，每人一副糞桶，裝滿糞，挑到田頭，施到油菜地裡。糞擔上肩，多數人彎著腰，弓著背，咬著牙，挑著滿滿的兩桶糞，艱難地往田間走。整個場面，人來人往，熱火朝天，蔚為壯觀。一天下來，精疲力盡，渾身痠痛。

好在人多力量大，施臘肥的任務一天就完成了。以後接下來是學習，還繡毛澤東像「獻忠心」。到春暖花開時節，就整天整天地幹農活了。在一年半時間裡，我們先後種了兩季早稻、一季晚稻。晚稻收割後，還要種油菜。插秧、耘田、除草、施肥、打農藥、收割、脫穀等等，什麼農活都幹過。

部隊農場坐落在野馬浜，地屬青浦縣，但離松江的佘山很近。上海天文台設在山頂上，山腳下是集鎮。開始連部管理很嚴：星期天休息，外出要請假；一次只能外出兩人，限定時間；兩人回來銷假，另外兩人才能出去。不久就放寬了，星期天大家都能請假出去，只要晚飯前回來就行。佘山是我們星期天常去的地方。在那裡購物、逛街、寄信、寄錢；也可以去上海市區，跑跑南京路。雖然我們是被分配到浙江的，但還是發給了上海的工業券，憑券可購一些稀缺商品。經濟條件寬裕的同學買了上海牌手錶。那時，鋥亮的手錶戴在手腕上，很令人羨慕。

佘山鎮上有一家書店。店內有一櫃台，懸著一塊牌子，上書「工農兵請寶處」。櫃台上擺放著《毛澤東選集》、《毛主席著作選讀》、《毛主席語錄》，還有毛澤東塑像、馬列著作。還有一塊牌子，上書：寶書說「請」。開始我不明白什麼意思，再三捉摸才恍然大悟。在此，你如有需要，只能說「請寶書」，「請寶像」，絕不能說「買」之類「大不敬」的話。

農場的文藝生活十分貧乏，除了我們自編自演的節目，就是看「老三戰」，或紀錄片之類的電影。佘山有會堂，常有一些文藝演出。連部組織我們看過一場文藝演出，內容是農村一婦女難產，某正規醫院醫生不肯出診，赤腳醫生挺身而出，在電閃雷鳴的夜晚，冒雨出診。那個白淨書生模樣的醫生，說不願意出診的理由是「孩子又髒又臭」。看得乏味，有人提前退場。

連長、指導員、排長和我們的關係還算融洽。他們對一些事情的處理並不十分刻板，是有人情味的。學生連裡有一對大學生夫妻，來農場後長期分居。有一天傍晚，他們正在某處田埂上親熱，被農民撞見，儘管他們再三聲明兩人是夫妻，還是被當作流氓拉進了連部。連部研究後，專門撥出一間房間，讓他們每週住一個晚上。小夫妻「得隴望蜀」，乾脆每晚在一起，連部也沒有干涉。

連裡有好幾個同學打報告，要求回家結婚，照部隊嚴格規定，都沒有批准。有一個華僑大學畢業的歸僑生，看模樣已過而立之年，家住廈門。一天，一封電報打到連部，說他「祖母病危」；他正要離開，家裡又來了一封與原說法不同的信，事情穿幫了，原來是家裡要他回去結婚，電報使的是「苦肉計」。真相大白後，連部還是請示上級，正式批准他回家完婚。

第一份工作：公社文書

1970年5月下旬，「再教育」結束，我被分配到上虞縣小越公社當文書。到了公社這一層，所見所聞，常常讓我感到意外。縣內好多公社的「紅色政權」還沒成立。小越公社黨委、革委會雖然已經成立，但團隊成員不齊全，有人沒事幹，有事沒人幹。

在文書的位置上，我最怕向縣裡作情況彙報。那時會議特別多，層層傳達，先是縣裡開會，再到公社開會，最後大隊傳達到群眾。縣裡開會，公社有兩人留守，其中一人是文書。公社開會，文書忙裡忙外，好多事務性工作要做，對會議精神常常一知半解。層層傳達剛結束，縣裡電話馬上來了，要文書彙報，包括會議精神的傳達面，群眾的反映，典型事例，等等。剛到公社工作，第一次彙報時，我真不知道說什麼好，是有人幫我做傳達面（百分率）的估計，又幫我做群眾反應的彙總，算是過了關。

其實當時的會議，上面熱烈，下面冷淡。在公社開大會，上面作報告，下面開小會。到大隊一級開會，社員們都會參加，因為要記工分，但會開完就算完了。因此，每次向縣裡彙報，對我都是精神折磨。

有一次是例外，那就是1971年10月下旬，開會傳達有關林彪事件的中央文件。這個文件同樣是縣、公社、大隊層層傳達。但不像以往那樣，大張旗鼓，聲勢浩大，而是十分神祕。儘管當時各種小道消息滿天飛，但上面規定：在文件還沒有向大隊社員群眾傳達前，原先張貼在各處的林彪圖像和題詞一律不作處理。然而群眾反應很敏感，而且富有戲劇性。記得當時有這樣三個小故事：

啞巴來公社傳消息，告知林彪出事了。一天縣裡開會，傳達文件，主任老王和我在公社留守。這天下午，我們兩人都在辦公室裡。住在附近的啞巴來了，他平時就愛到公社轉轉。啞巴看到林彪的圖像，「啊啊」地叫著，張開雙臂，彎著腰，做出各種姿勢，表示飛機掉了，林彪死了。老王跟他開玩笑，把他的頭按下去，表示要「鬥他」。啞巴掙扎著起來，動作又重複了一遍。

婦女主任與林彪「面對面地鬥爭」。公社開會，分組討論，新宅大隊的幹部討論地點在我的辦公室，發言熱烈踴躍。大隊婦女主任第一個發言，她指了指牆上的林彪圖像說：「一副奸臣樣，你看看他的面孔。」

八旬老太到會聽傳達。這次各大隊開會，傳達文件，可以說是男女老少全部出席。人們拿著凳子、椅子，早早來到會場，唯恐聽不到文件的傳達。嶺南大隊有個老太太80多歲了，平時很少出門，這次她邁著小腳也到會場來了。有人說：「你這麼大的年紀也來了？」老壽星怕人說老，她說：「我還小呢。」

在「以階級鬥爭為綱」的日子裡，人們思維行事很怪異。一點點風吹草動，便是「階級鬥爭新動向」，時不時有各種各樣的「壞人」被送到公社來。有一次，群眾送來一個小青年，說他走進書店就翻書看個不停；走在街上，看到牆上貼的，落在地上的，凡是有字的紙，也會看個不停，而且嘴裡唸唸有詞；有人懷疑他是特務，正在蒐集情報。我們觀察了半天，認為他可能神經有毛病。不久，他的家人來尋訪，確認了那個小青年果然是個精神病患者。

改行當教師

我有過長期在農村工作的念頭。我沒有包隊任務，但時常到生產大隊去轉轉，學習、積累些農村工作的經驗。但後來改變主意，要求去當教師。書記老陳知道後，奇怪地問：「你幹得好好的，幹嘛要改行？」

原因很簡單：我分到小越公社後，結婚了，不久有了女兒；妻子是餘姚人，在一個公社當婦女幹部，還包一個大隊，每月有三分之一的時間要與社員同吃同住同勞動；女兒出生兩個月時，就寄養在一個農婦家裡。我們夫婦商量來商量去，決定我改行當教師，爭取調回餘姚。

請調報告很快批下來了。我執教的第一個學校是上虞縣謝塘中學。1972年4月，我到任後，教高二（畢業班）的語文，高一的政治，初一的歷史。

1973年2月，我調到餘姚，第一站是車廄公社初級中學。車廄公社地處半山區，離我妻子所在的公社有十多里路程。車廄國中在1968年創辦，開始是所增設中學，在一所小學邊上建了兩間教室及廁所。這就是學校的全部家當。初一、初二各一個班。教師六人，除了我，還有兩名剛從代課教師轉正的公辦教師；兩名民辦教師，是在本公社插隊的寧波知識青年；一名從外公社來的代課教師，是上海知識青年。我教的仍然是語文、政治和歷史。

兩年後，學校搬遷。貫徹「五七指示」，新校址選在一處山坡下，前不著村，後不著店，離公社所在地有五里多路。新校舍建有兩幢平房，一幢二層樓房，內設有六間教室，還有禮堂、辦公室及教師寢室等。不僅有國中，還有高中，學生多了，教師也增加了，學校被命名為「車廄公社第一中學」（另一處教學點為車廄二中）。

但在當時，經費不足，材料缺乏，搬進去後，我們傻了眼。屋頂蓋的瓦片薄薄的，椽子用竹子代替。僅有的玻璃先安裝了教師的寢室窗戶，教室的窗子都是用農用薄膜對付的。冬天來了，冷風直往教室鑽，只得請人做了一批竹匾擋風。二樓樓道很長時間沒有裝欄杆，走在上面，好像走在懸崖邊上。一下雨，校園內泥濘不堪，師生們利用勞動課，從附近溪坑裡搬來鵝卵石、沙子等填上，才解決了問題。

高中要執行「五七指示」，為農村培養「新型人才」，增加了農業知識、農用機具、製圖等課程。公社給我校撥了一些農田，作為學農田，我們因此又開設了勞動課。學生們上學時，既帶書包，又帶農具。學校還在附近一處小山包西側荒坡上，用一個冬天開荒，闢為茶園，播下茶籽。茶樹是喜陰作物，在山的西側開茶園實在不合適，但「大方向」正確，也沒人計較了。

到車廄後，出門見到的就是農田、山林、農舍、農民，教的學生大多是農家子女。在這裡，我不僅看到了當時社會基層的真實情況，也親身體驗了基層群眾生活的艱辛。農村、農民工作，看起來很受重視，教育活動（運動）的開展一個又一個，工作隊派了一撥又一撥，農村幹部工作勤勤懇懇，但農

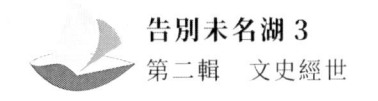

民對集體生產的積極性不高，集體經濟就是發展不起來。當時就有農民「出工不出力」、「出工磨洋工，放工打衝鋒」的現象。我到車廄後，可以說天天會看到這種場景。

當時對「包」、「包幹」這些詞特別忌諱。一次我帶學生在農田裡幹活，學生們幹活也是慢吞吞的。突然，有幾個學生對我說：那塊地「包」給他們，條件是任務完成了可以提前休息。我答應了。他們果然把一塊田很快平整完了。原來車廄這個半山區，有的生產隊的農田在山坡上、溪流邊，很分散，無法「大兵團作戰」。生產隊就以各種形式，把農活包給作業組甚至農戶，作業組和農民可以自行安排。學生提出「包幹」，不過是看樣學樣罷了。

我在車廄工作的五年多時間裡，最直觀的感覺是自己的生活每況愈下。浙江是魚米之鄉，但據說當時糧食要從外面調入。到糧站買米，卻要搭配蕃薯乾之類的雜糧。這倒也無所謂，最要命的是副食品的供應，開頭還能從供銷社買到豬肉，後來除春節憑票供應外，平時連豬肉的影子都見不到了。這裡的人喜歡吃海鮮，供銷社有時會供應一些帶魚之類的，但數量有限。中學餐廳和公社餐廳不屬一個等級，不列入「計劃供應」之列，要吃須自己排隊去買。僧多粥少，排隊的人時常發生爭吵。「一等社員開後門，二等社員靠排門（排隊），三等社員罵山門。」搬到新校舍後，離供銷社有5里路，聽到消息跑去，魚早都賣光了。「食無魚」，頓頓是青菜。嚥不下飯，只好吞開水，我因此落了個飯後就嘔吐的後遺症。

我到車廄的1973年，聞名於世的河姆渡遺址在車廄河姆村對岸的一處水利工地發現。河姆渡遺址經過幾期大規模的發掘，出土了許多文物，證明了長江流域和黃河流域同樣是中華民族遠古文化的搖籃。1977年，在發掘工地上，我遇到了在省考古隊工作、比我高兩級、考古專業畢業的師兄。「校友見校友，兩眼淚汪汪。」兩人交談了一陣，我萌發了「挪挪地方」的念頭。後來寫了報告，但是教師隊伍進去容易出來難。冠冕堂皇的講法是「教育工作很重要，教師一般不能調動」。當然有「來頭」和有「路頭」的，還是可以調到其他單位的，我與這兩頭都不沾邊。

⊙ 2013 年 5 月 4 日，北大二院會議室，王金苗（左）和張再鳴（中）、王青蘇（右）

在車厩這個旮旯裡，雖然訊息閉塞，還是得到了我們這批只讀了兩三年書的大學生可以「回爐」及考研的好消息。不過，我都沒有能搭上這兩趟車。

1978 年 8 月，我調到陸埠中學。從此，我專職教歷史，直到退休。

王金苗，浙江餘姚人。1942 年 3 月出生。1963 年考入北大歷史系。1968 年 12 月 -1970 年 5 月，在上海青浦部隊農場接受「再教育」。1970 年 6 月，分配至浙江省上虞縣小越公社當祕書。1972 年 4 月改行當教師，先後在上虞縣謝塘中學、餘姚縣（市）車厩公社中學、陸埠中學、餘姚中學任教。2002 年 5 月退休。手頭只有中學高級教師資格證書和三十年教齡榮譽證書，愧對母校。

我與歷史的不解之緣

黃申章

2008 年 5 月 4 日上午，雨後放晴，陽光和煦。我們歷史系 1963 級中國史專業的 19 位老同學從全國各地趕來，參加北京大學 110 週年的校慶。剛跨入二院大門，一幅「熱烈歡迎系友回家」的標語就映入眼簾，它讓我們思緒萬千，不禁勾起對 40 多年前，特別是「告別未名湖」後的回憶。

「文革」前，北大歷史系每年向浙江省招收兩名學生。命運之神竟如此垂顧，1963 年的兩個名額由同是餘姚中學的我和王金苗「承包」了。從此，我就和歷史有了不解之緣。

⊙ 2008 年北大之行

大學的前兩年，系裡給我們中國史班開設的基礎課是「三史」、「兩語」加寫作，「三史」就是中國史、世界史和中共黨史，「兩語」就是俄語、古漢語。當時教我們的先生都學識淵博，教態可親，對教學一絲不苟。他們不僅向我們傳授知識，更教我們如何做人。德高望重的周一良、邵循正、鄧廣銘、張芝聯先生，雖然沒有給我們上過課，卻是我們心中的偶像，我們深為歷史系有這樣的名師而驕傲和自豪。

特別值得一提的是馳名中外的系主任翦伯贊先生，他於 1963 年 12 月 19 日為我們新生作了一次報告，我聽得很仔細，記得很認真。翦先生語重心長地說：「歷史是座藏滿珠寶的大山，不要身入寶山而空返。學習歷史必然會碰到困難，你們要有爬高山、進地獄的勇氣。」他還諄諄叮囑我們：「要打好基礎，不要捨本逐末；要按部就班，不要好高騖遠；要有恆心，不要見異思遷；要有耐心，不要操之過急；要踏實學習，不要一知半解；要謙虛謹慎，不要驕傲自滿。」誰知這是翦老給我們作的第一次講話，卻又是最後一次講話。

1965 年秋天，我們到朝陽區星火公社搞「四清」運動，把階級鬥爭當作一門主修課來學習。1966 年 6 月 1 日，「全國第一張馬列主義大字報」的發表，把我們從鄉下召回北大參加「文化大革命」。在「你們要關心國家大事」的最高指示下，我們「拿起筆，作刀槍」，在「誓死捍衛毛主席的無產階級革命路線」的鼓動下，我們開始「橫掃一切」。

「文革」初期，我和另一位同學在三院（當時的歷史系辦公樓）門口張貼了一副對聯「廟小神靈大，池淺王八多」（一位「四清」工作隊負責人在

形容當地階級鬥爭複雜時用了這句話，我不恰當地把它借用過來）。後來毛澤東主席知道之後，改動一個字，把「淺」改為「深」，就變成了「廟小神靈大，池深王八多」！不曾想，我的衝動，我的偏激，我的無知，竟深深地傷害了許多教我育我的師長，深深地玷汙了北大歷史系這塊聖地，至今想來，我還懊悔不迭，自責不已。

1968 年下半年，工宣隊、軍宣隊進駐北大，他們主持和負責我們 1963 級同學的畢業分配。12 月上旬，我們惆悵地離開了學習和生活五年半的北大。事後才得知，翦老也於這一年的 12 月 18 日含冤抱恨身亡。

1969 年 2 月 1 日，我和一百多名被分配到浙江的大學生到上海警備區農場勞動鍛鍊。這個農場位於青浦縣一個叫野馬浜的地方。部隊農場將來自北京大學的大學生編成一個排，將來自南京大學的學生也編成一個排，女同學則編成另一個排，組成了一個學生連隊，排長以上幹部統統由軍人擔任。我們在這裡戰天鬥地，種稻種蔬菜。部隊主管要求我們「滾一身泥巴，煉一顆紅心」。我們在這裡除了緊張的生產勞動外，還不時穿插一個又一個的政治活動，如「三忠於」活動、憶苦思甜、「清理階級隊伍」、批判劉少奇的「公私融合論」等。到了「三夏」和「三秋」農忙季節，更是晴天大幹，陰天加油幹，小雨不停大雨照樣幹。

在部隊農場，毛澤東著作是我們的唯一教科書，軍隊士兵是我們的老師，田間地頭是我們的課堂。至於業務書、外語書，統統壓在箱子底下，我從北大帶來的幾本翦伯贊主編的《中國史綱要》、周一良主編的《世界通史》，就這樣一動不動地在箱子裡躺了一年半時間。若有人私下翻看業務書籍，便會被扣上「走白專道路」、「封資修陰魂不散」等帽子。但誰都明白：部隊農場不是我們久待的地方。一年過後，一種「等分配、候出路」的念頭在每個人的腦海裡不斷滋長。1970 年 2 月 21 日，師部首長宣讀了國務院和中央軍委頒布的「69056」號文件，規定大學生在部隊農場鍛鍊的時間是一年到一年半。6 月份，我們終於盼來了再分配。

我們有 4 位同學「充軍」到最偏遠的麗水地區，那裡山高水險，號稱浙江的「西藏」。分配無所謂學以致用：北大中文系的王翼奇分到麗水縣廣播

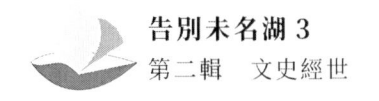

站；北大經濟系的林宣孔分到遂昌縣農機廠；人民大學工業經濟系的許國清分到地區針織廠；我被分到麗水地區師範學校和浙江省少數民族師範學校（該校是兩塊牌子、一套人馬，對外簡稱「麗少師」）。

這所學校是麗水地區的「最高學府」，然而命運多舛，在「文革」中大半個校址被賣給地區機床鍋爐廠，無奈中只好遷到遂昌縣西屏鎮（今劃歸松陽縣）原五七幹部學校辦學。經過全校教師長期抗爭和申訴（我們曾經給國家民委寫信，到浙江省周建人省長處上訪），終於讓機床鍋爐廠騰出一半地盤，1972年年底又搬回麗水三岩寺舊址。學生擠在光線很差、設施簡陋的大教室裡，男同學睡的是陰暗潮濕的大通鋪。雖然條件艱苦，但學生們積極向上、勤奮學習。在當時特定的歷史條件下，搞運動成了主課，教學則成了「副課」。

師生們常常下廠下鄉勞動，下基層宣傳，批林批孔，寫大字報，搞大批判。當時的歷史教科書，充斥著大量關於農民起義的內容。所謂的「儒法鬥爭」和「兩條路線鬥爭」，更把一部豐富多彩的人類文明史勾畫得乾癟、片面和了無生趣。學生說：「我們喜歡歷史，但不喜歡這樣的歷史書。」我上課儘量講得生動形象點，講得故事性強點，但囿於教材、迫於形勢，難以有施展的機會。

⊙北大老照片，攝於 1996 年

「書到用時方恨少」，在實際工作中我感到知識的困惑，很想探求真知。當時不斷有消息傳來，說我們1968屆以後的學生要回原校進修一年。1973

年 5 月 1 日，我鼓起勇氣給北大歷史系寫了一封信，懇切要求「回爐」學習。歷史系辦公室很快回覆了，說是文科沒有「回爐」的計劃。雖然消息讓人失望，但我矢志歷史教學、歷史研究的志向沒有改變。

1977 年，我調回家鄉餘姚，先後在江北中學、餘姚中學教歷史課，後任歷史教研員。「文化大革命」結束後，迎來了教育戰線的春天，也讓教師有了用武之地。中學歷史涉及到古今中外的經濟、政治、軍事、民族、文化和科學技術等方面的內容，是一門很強的綜合性社會科學。20 世紀七八十年代，高中文科學生要學習六冊中外歷史課本，大約有 60 多萬字，記錄的歷史大事有 400 多件，提及的歷史人物有 1000 餘人。

這麼豐富的內容，紛繁的頭緒，眾多的人物，常常給同學們的記憶帶來困難；感到困難的原因之一是他們記憶歷史知識的方法不得當。所以，學習歷史要講究方法，才能提高學習效率，增強記憶。古人云：「工欲善其事，必先利其器。」學習歷史，同樣要「利其器」，也就是要講究方法。我給學生介紹了幾種記憶歷史知識的方法，如字頭記憶法、特徵記憶法、數字記憶法、興趣記憶法、聯想記憶法、濃縮記憶法、方位記憶法、諧音記憶法、歌訣記憶法等等。

這樣一來，學生學習歷史不僅興趣大增，而且成效顯著。我執教的餘姚中學 1987 屆文科班，學生高考上線率達 90%，有好幾位還自願報考並考上了所謂的冷門專業——歷史系，其中一位上了北大，一位上了南開，一位上了復旦，一位上了廈大。這大概就是所謂的「親其師，信其道」吧！

1984 年，受餘姚縣（1985 年設市）委宣傳部的委託，我和王金苗一起籌建了鄉賢研究會，後又擴建成為歷史文化名城研究會。餘姚秦時設縣，隋唐時有「東南最名邑」之稱，明清時被盛讚為「文獻名邦」，歷史上名人輩出，嚴子陵、王陽明、朱舜水、黃梨洲是其中的佼佼者，號稱「四大名賢」。我和眾多文史愛好者，立足鄉土，用寫文章、編文集、辦講座、參與國際研討會等形式，宣傳家鄉的一山一水，弘揚鄉賢的傳統美德和才學。

有關部門評價餘姚歷史文化名城研究會做了一件「功德無量」的事。2006 年，我還參加了餘姚市陽明社區歷史文化研究小組，並被聘為顧問。這

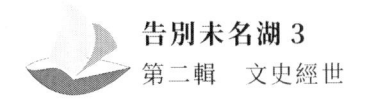

個歷史文化研究小組的成員多數是退休人員,他們憑著對家鄉的熱愛,為寫史育人服務,圍繞名人研究、歷史街區研究、望族研究、民俗民風研究等,撰稿成文,發表出版。

研究會創辦的《陽明史脈》半年出刊一期,至今已發行20期。以一個社區的規模和力量,辦出一份圖文並茂的刊物,在全國也是不多見的。無怪乎有媒體這樣評論:「小人物寫出了大文章。」我舞文弄史,筆耕不止,曾編印了一本十幾萬字的文集——《學史文拾》。也就是說,大學畢業後我的歷程、我的業務、我的愛好從沒有離開過歷史。

彈指一揮間,40多年過去了,我們已從當時的小青年轉瞬步入了花甲之年。令人欣慰的是:我們中國史班的同學都學有所成,學有建樹。我在同學中是平庸之輩,既沒有當過什麼長,也沒有成為什麼名人大家,更沒有做過什麼高官;但有一點可以自慰:我一直堅守在史學崗位上,沒有給母校丟臉,沒有辜負翦伯贊等諸位師長的教誨!

趁著北大110週年校慶,我在北京逗留了4天,每天都要到北大走走看看,暢遊西校門、辦公樓、圖書館、「百年大講堂」和新建的體育館,徜徉於未名湖畔、博雅塔下、宿舍樓之間……不斷地拍照留影,真想把整個北大裝在我的心裡。離開北大後,我還一直想著她,念著她……

⊙攝於2008年5月3日北大西校門。從左至右:蔣鵬、陳春惠、張再鳴、黃申章、王青蘇

黃申章,浙江省餘姚市人。1944年生,1963年考入北京大學歷史系。1968年底畢業,1969年到上海警備區青浦農場鍛鍊,1970年5月分配到麗

水地區師範學校。1977年調回家鄉餘姚任教,後任餘姚市教育局教研室歷史教研員。曾是浙江省歷史學會會員,浙江省儒家學會會員,餘姚歷史文化名城研究會副會長。

臨漳舊事

楊樹升

離校

「文革」已進入第四年的1970年,遲群、謝靜宜等把持下的北大工宣隊、軍宣隊還在沒完沒了地搞「清隊」和「大批判」,大家對此已是煩之又煩,厭惡之極。

再者,我們在校已五六年之久,經濟上又不獨立,因此急切盼望畢業的心情可想而知。我們歷史系當時就流傳這樣一些段子:「大學生,二十五,生活來源靠父母,手背朝下難開口,你說心裡苦不苦?」「特大喜訊:4600部隊快來支左啦!」軍宣隊老高在一次全系大會上說:「最近,學生嚷嚷說4600部隊要來北大支左。4600是哪支部隊?沒聽說過呀!問上級,上級也不知道。後來一打聽,鬧半天4600部隊就是4600分,460大毛,46塊⋯⋯」全場哄堂大笑。當時北京是六類地區,大學畢業生的實習薪水是人民幣46元。

春節前不久,真的傳來畢業分配的消息,同學們個個「漫卷行裝喜欲狂」,我們從房山縣霞雲嶺公社返回校園。

過了春節,畢業分配方案遲遲沒有音訊。後來才得知,方案幾經變動,最後除了極少數留校留廠外,全部發配到農村、邊疆的最基層。

學校當局乾脆利落地給每個人買好了火車票,限期離京!頓時,校園裡個個行色匆匆。即便如此,我與鄭振卿、徐博東、蘇啟剛、李勝利、張明華、俞新天、齊迎平等幾個好友還是匆匆去海澱留影一張,時間:1970年3月11日。

僅隔3天，1970年3月14日，幾經輾轉，我們8個分配到河北省邯鄲地區臨漳縣的北大清華所謂畢業生便出現在縣革委會政治部。接待我們的是一位中年女幹事，態度和藹：「我們已接到上級通知，知道你們要來……你們很幸運啊，今天報到可以領3月份全月薪水，要是晚兩天，過了15號，你們只能領下半月薪水了。」因此，雖沒有日記等文字記載，報到日期卻終身印在我腦海裡了。

接下來，對我們進行再分配。我與我女友郭月娥和清華的張××、季×× 分在城關公社西五岔口大隊，離縣城約八九里路。其他四個北大同學分在三個不同的公社，最遠的離縣城有40多里。

當晚住在縣委招待所。第二天下午，隊裡派的馬車便接上了我們。剛到村口，只見大隊支部書記帶領眾鄉親列隊歡迎我們：「歡迎歡迎，歡迎知識青年到農村……」我馬上下車，囑咐大家：快下車，快拿出語錄本。於是，我們舉著語錄本，高喊：「向貧下中農學習，向貧下中農致敬……」就這樣，開始了我們在農村難忘的一段生活。

在華北平原上

城關公社西五岔口大隊是當時縣裡學大寨先進點。該大隊與其它大隊不同的是：它只有大隊，下面沒有生產小隊，而是分為男青年隊、女青年隊、男壯年隊、女壯年隊四個生產單位。我和清華的張××分在男青年隊，住在離大隊部不遠的一間房子裡。郭月娥和清華的季×× 分在女青年隊，住一位當地居民西廂房的一間屋子。

「陽春三月，江南草長」，但北方依然春寒料峭，乍暖還寒。清晨，天剛濛濛亮，大隊部的喇叭便劃破寂靜的長空，先是一段戲曲伴奏，再來一句唱詞，接著大隊長就開始布置一天的工作：「喂喂喂，喂喂喂，上班啦，上班啦！男青年和女青年今天的工作是刨茅草，還是刨茅草啊！……」

臨漳地處河北省最南端，往南40多里便是河南省的安陽縣和內黃縣。所以，本地的方言其實是河南話，喜聞樂見的戲劇是豫劇。幾天後我才聽懂，早晨廣播的是豫劇《紅燈記》中李玉和唱的「我為黨做工作很少貢獻……」

一大早就被大喇叭吵醒，清華的老張心情十分懊喪：「吵吵吵，天還沒亮就把人吵醒，這是到了什麼鬼地方！」「老張，快起床吧。」我開玩笑地說：「廣播裡不是唱了嗎，『我為黨做工作很少貢獻』，就是叫我們趕快起床為黨去做貢獻哪！」

　　該村的西北面靠近漳河故道，沙質的土地裡有一種叫茅草的野草，不僅生長很快，而且扎根極深。每年開春先要把地裡的茅草根刨掉，然後才能種地。因此，刨茅草就成了我們到村裡幹的第一件農活。這可是個重活兒啊，一般情況下，一鋤頭刨下去，要刨一尺多深才能將茅草根刨出來；再深的便需輔之以用雙手使勁去拔去拽。一天下來，不僅手臂疼、腿疼，手掌也疼。對於初來乍到的我們，確是一種體力勞動鍛鍊。

　　3、4月份，除了刨茅草，村裡的重活還有修整水渠。寫到這裡，我想起曾看過的哈佛大學著名漢學家費正清的名著《美國和中國》。書中寫道：「在北京以南乾旱的華北平原──這很像我們中西部的景色⋯⋯」確實如此。本人現居美國芝加哥，夏季週末，驅車往西南約150公里的伊利諾斯河，或更遠一點的密西西比河釣魚，路上極目遠望，到處一片青紗帳。啊，真像我們插過隊的河北農村。但不同的並不只是書上所說的：「我們那塊玉米地帶的一個農莊，在華北平原卻是整整一個村落。」我以為最大的不同是華北平原乾旱，這點作者雖在書中提到了，但對美國中西部的不乾旱沒有提及。

　　美國中西部是美國的糧倉，冬天總要下幾場大雪，而入春入夏，該下雨時就下雨，基本上年年風調雨順。因此，在那裡看不到用於灌溉的橫七豎八的大小水渠。否則，一家農莊主儘管實現了機械化，也種不了中國一個村子的土地。有比較才有鑒別，我以為：中國的農田水利基本建設是世界上最偉大的工程之一，而這其中，中國農民做出了巨大貢獻。

　　就說說我們進村不久的修整水渠。北方的春天乾燥，颳起大風來塵土飛揚，遮天蔽日。人們勞累一天下工回來，一個個都成了土猴。再則，修整水渠需要大石頭，我曾和幾個男青年乘上拖拉機，西行50餘里，到京廣線的一個小火車站──講武城搬運石頭。把七八十斤的石頭一塊塊從火車車廂上

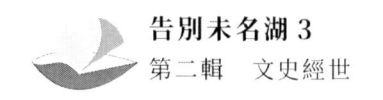

卸下來，扛在肩上，走下十幾公尺台階的站台，再走幾十公尺扔到拖拉機上。一天來回搬運幾次，覺得身子快要散架了，勞動強度可想而知。

進入初夏，是農村最忙的「三搶」季節。所謂「三搶」，即：搶收、搶打、搶種。就是搶時間，「人誤農一時，農誤人一年」。在華北平原，有的地方是拔麥子，有的地方是割麥子，臨漳是割麥子。沒想到割麥子的活兒難倒了我。我是左撇子，用右手割，使不上勁，用左手割吧，只能反著拿鐮刀，怎麼割怎麼彆扭。一壟麥子有三四百公尺，一眼望不到頭。眾人在麥田裡割麥子，就像在大海裡游泳，前後參差不齊，而我是倒數第一。抬起頭來，頗有「望洋興嘆」之感。急了，就用鐮刀砍，割麥子成了砍麥子，出盡洋相。

到了夏天，便是耪地保墒。赤日炎炎下，鑽進玉米地的青紗帳裡，真是體會到了「鋤禾日當午，汗滴禾下土」的滋味。年底回家休假，一進門母親大吃一驚：不到一年，怎麼變成了個印度人——父母親上個世紀30年代曾在上海生活，見過上海印度巡捕。

大隊黨支部書記張金堂是一個頗有見地的人。他說：「你們北大學生到縣裡可是頭一遭，要擱在古代，你們可都是狀元哪！」他要我們幹活時悠著點兒，時間由我們自己靈活安排。文中所說的重活累活都是我們主動要求幹的。到後來彼此熟悉後，他更說：「你們到這裡來幹什麼？說多少多少個農民才養一個大學生，我們指望你們給國家做大事，做重要的事，到這兒來一塊耪大地，那不是浪費了嗎？」這和遲群、謝靜宜等把我們當作修正主義「苗子」加以懲罰，形成多麼鮮明的對照啊！

順便說一句，到了村裡，當時二十四五歲的我們便被鄉親們在我們的姓前加了個「老」字：老楊，老郭，老張……這可是生平第一遭。

翻了車，打了蛋

「肥正月，瘦二月，不死不活三四月。」北方農村春天青黃不接，糧食不夠吃，有時就吃返銷糧。這些返銷糧除了雜交高粱，大部分是生的白薯乾。用這種白薯乾磨出的粉，蒸出來的是黑黑的饃，就是路遙名著《平凡的世界》中多次提到的「黑麵饅頭」。我們一開始是到各家各戶吃派飯的，吃的就是

這種黑麵饅頭，喝的也是這種白薯乾稀粥。沒幾天就覺得燒心，止不住吐酸水。好不容易熬到春暖花開，我們才漸漸告別了「黑麵饅頭」，迎來了「黃麵饅頭（窩窩頭）」，偶爾才能吃到「白麵饅頭（饅頭）」。

到了9月，河北省的大學生也被轟了下來。張××等四位同學加入了我們的隊伍，形成了一個8人的新集體，人丁興旺，好不熱鬧。不久，公社來了指示：你們自己開夥做飯吧。

自己做飯了，當然想解解饞，我們首先想到的是豬肉。在那個年代買點豬肉可是難上加難。縣食品公司在南街有個賣肉門市，每到賣肉的這一天，真是熱鬧非凡。買肉的人裡三層外三層地圍著，賣肉的人號稱「喜子」，他手持一把明晃晃的刀，時不時在一根鐵桿上鋼來鋼去，威風凜凜，如同古代大將軍一般環視眾人。

買肉的人群裡不時傳出「喜子，來一斤」，「喜子，來二斤」……我們也怯生生地喊了幾句，喜子終於瞥我們一眼，一看不認識，懶得再瞥第二眼。買不到豬肉，買點豬下水也行啊。「買豬下水？你們認識食品公司殺豬的嗎？」知情人對我們說。我們不認識殺豬的，自然也見不到豬下水了。

天無絕人之路。有一次，我在一家飯館看見有賣牛肉的，價格便宜得讓人不敢相信：五毛錢一斤。原來那時，本地人只認豬肉，什麼牛肉、馬肉、驢肉等都是牲口肉，上不了台面，所以便宜。再有，每月初一、初六是趕集日，在市集上可買到雞和雞蛋。買不到豬肉，吃雞肉也很不錯呀！豈止不錯，每年春節回京前，我總要買幾隻活雞帶著。為了便於攜帶，在臨走的頭天夜晚，把雞宰好收拾乾淨。哪知心慈手軟的我，連隻雞都殺不死，弄得雞咯咯亂叫。同院大娘慌忙跑到院子裡大喊：「快來人哪，黃鼠狼偷雞啦！黃鼠狼偷雞啦！」我也大聲喊：「大娘，不是黃鼠狼，是我！」……唉，鬧了一個「半夜雞叫」。

自從我們開夥做飯後，每到月初，管牲口和車輛的隊長便會給我們套上一輛小驢車。我們趕著小驢車，先去城關公社駐地領薪水，再去買些油鹽醬醋，最後到糧站，買好一個月的口糧返回。如是，月復一月，年復一年，我

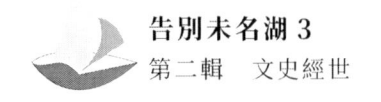

們自認為是個車把式了。可不是嗎？腰間纏根草繩，甩起手中的鞭子啪啪響：「得兒，駕，喔，籲」，還真像那麼回事。

有一次，我們熟悉的小毛驢公幹在外，管牲口的隊長便給我們套了一掛小牛車。照例是我趕車，清華的老張和我同行。到了縣城，領了薪水，買了雞蛋，該去買糧食了。車剛出西關，一輛拖拉機「叭叭叭叭」地迎面開來，那震耳欲聾的噪音一下子把小牛嚇驚了，狂奔不止。我幾次拉緊韁繩，試圖勒住它，但根本不可能。

兩個相反的力使勁拉扯，只聽「咔嚓」一聲，韁繩斷了，我整個人從車上摔下來。此時，老張仍坐在車上，伸著雙手大喊：「籲！籲！籲！」驚牛哪聽他的招呼，突然改變了方向，朝公路旁的坡下跑去。老張還算身手敏捷，在翻車的一剎那跳離牛車，車子從坡上嘰裡咕嚕翻了幾個滾，翻到了十幾公尺的坡下。車摔壞了，小牛也脫了套，翻起身來，反而好了，優哉游哉在一旁吃起草來。消息傳到村裡，支書自然批評了管牲口的隊長。鄉親們覺得好笑，編了一個《翻車記》的快板。記得其中有兩句：「翻了車，打了蛋，急得老郭（指郭月娥）眼裡直流汗。」

前幾年回國，見到了臨漳一位友人。從他口中得知，當年一起插隊的河北老張不幸得了癡呆症，很多事情都忘記了。但是，這位友人曾問他：「還記得楊樹升嗎？」他眼睛一亮：「怎麼不記得！我們在一塊插隊，一塊做飯，還一塊喝衡水老白乾啃雞爪子……」是的，那是我們一生中一段難以忘懷的歲月。

麥子黃，跳蚤王

過了3月進入4月，天氣漸漸轉暖。不知哪一天，我突然覺得身上奇癢，撩開手臂和大腿一看，長了一串串的紅疙瘩。天氣越熱，長得越多。癢了就抓，抓破了就流水，以致於感染化膿。晚上渾身又疼又癢，輾轉反側，難以入眠。我想：「我這是水土不服嗎？這樣下去該如何是好？」

終於堅持不住，進城去了醫院。醫生看了看說：「你不是水土不服，是跳蚤咬的。」麥收時正是跳蚤最多的季節。跳蚤起初寄生在老鼠身上，然後

才跳到人和牲口身上作惡。「麥子黃，跳蚤王」，麥子是一年中最早成熟的農作物，熬過了一個冬春的老鼠紛紛出來偷糧食。老鼠多，跳蚤隨之也多。

我回村後，一是每晚睡覺前緊閉門窗，滿地噴灑「敵敵畏」，一個小時後再大開門窗，換入新鮮空氣，果然見效。再就是儘量消滅老鼠。消滅老鼠的辦法有多種，我有特殊的一種——直接斬殺。我們住的房間，地面既不是磚地也不是水泥地，就是一般的土地，老鼠到處打洞亂竄，膽大妄為不怕人。有時從地上打個洞出來，還探頭探腦四處張望。本人從小學起就開始打乒乓球，而且是中國隊快攻式打法，加之又是左撇子，出手極快。事先準備好了一把鐵鏟，但見有老鼠鑽出洞口探望，說時遲，那時快，鐵鏟「嗖」的一聲飛將出去，老鼠頓時身首異地。就這樣，一次又一次取得對敵鬥爭的勝利。

鄉親們得知我深受跳蚤之苦，又教了我一些對付跳蚤的方法。比如，割麥子下工回來，先用臉盆盛滿水，然後抬起腳，對著臉盆使勁抖褲腿，只見一些黑黑的小東西紛紛掉到水裡。哇，這就是跳蚤！跳蚤掉進水裡便跳不起來了，一個個被活捉，這才見「廬山真面目」：與螞蟻大小差不多，但有一層硬硬的殼，又黑又亮。據昆蟲學家報導：按照身材體重的比例，跳蚤是世界跳高冠軍。

銅雀台情思

日月如梭，歲月飛逝。不知不覺我們已近古稀之年，那逝去的歲月彷彿已經十分遙遠，但不經意間說到臨漳，便會勾起無限的回憶。前幾天，家人與我通話時說：「在電視裡看到你插過隊的臨漳了，想不到曹操的鄴城和銅雀台就在那兒……」一句話，讓我驀然想起在臨漳生活中接觸的一個重要方面：臨漳的文物。

從臨漳縣城往西南約 40 里便是古代鄴城，當年我們在臨漳插隊時叫鄴鎮，是一個生產大隊。鄴鎮北面的一個村子叫「三台」，就是三國曹操時代的「金虎」、「銅雀」和「冰井」三台的舊址。「金虎」和「冰井」兩台已不見蹤影，唯有「銅雀台」還留下一個高高的土台子，拾階而上，只有幾間破舊的房子。

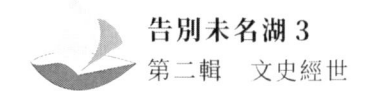

老百姓說：那是村裡的一所學校。公元210年，銅雀台建成後，曹植在那裡作了著名的《登台賦》；而被曹操重金贖回的蔡文姬，也在這裡演唱了她那感人肺腑、流傳千古的《胡笳十八拍》。「往事越千年」，撫今追昔，感慨無限。

我在歷史系學的不是考古專業，但對文物的重要性是瞭解的。在臨漳縣文化館工作時，有件事引起了我們的注意：農民在挖水渠時，挖出一面光閃閃的大銅鏡，他們以為是金子，砸碎了，一人分一塊。後據專家鑑定，那是東漢時期的，太可惜了。我們向地區文化局作了彙報。不久，從中國歷史博物館來了兩名專家，考察了鄴鎮舊城址等問題。他們很感慨：那一帶連老百姓蓋豬圈的磚都是漢朝時期的。為了保護國家文物，縣文化館專門抽出一筆經費，時不時去那一帶收購。我們不大懂，看著像文物的，就收集起來。在我離開臨漳時，已收集了相當一部分。

⊙楊樹升夫婦於美國芝加哥

從網上看到，現在那裡已經建有鄴城博物館和銅雀三台遺址公園。銅雀三台遺址公園於2011年成功躋身國家AAA級景區。我不知道鄴城博物館是否有我們當年收集的文物。我們夫婦將完全退休，下次回國不再匆忙，能有充裕的時間，重返留下我們寶貴青春歲月的臨漳大地，去見見村裡的鄉親，去會會當年的友人。當然也會去重登40多年前登過的銅雀台：「臨漳水之長流兮，望園果之滋榮——」

⊙楊樹升 1969 年於北大

楊樹升，男，生於 1945 年 10 月，北京人。1958-1964 年就讀北京大學附屬中學。1964-1970 年就讀北京大學歷史系。1970-1972 年在河北臨漳縣城關公社西五岔口大隊插隊。1972-1978 年任河北臨漳縣文化館館員。1978-1981 年任河北省社會科學院歷史所研究人員。1981-1987 年任中國人民大學二分校（北京聯合大學文法學院）教員。1987-1993 年任北京大學歷史系教員。1993 年赴美洋插隊。

滏陽河畔教書時

鄭振卿

1971 年夏天，離開未名湖已經接受了近一年半貧下中農「再教育」的 5 個北大同學，被再分配到衡水縣當教師。7 月 18 日下午，我懷著無可奈何而又興奮不安的心情，走向人生第一個職場——滏陽河畔河沿公社中學。

我乘坐的是河沿公社中學所在村一個生產隊的老牛小拉車，他們進城辦事，拉我是校長交代的捎帶腳。天氣太熱，下午 3 點多鐘了，我才上路。名副其實的老牛破車，慢慢騰騰，磨磨蹭蹭，我坐在上面感覺不免有些滑稽：出了燕園，先是火車，然後汽車，再是馬車，最後是牛車。

暮色降臨了，我問學校還有多遠，老李頭告訴我，快了——結果又走了一個鐘頭，才到學校。老李頭喊了一聲，誰在呢？！這時，黑地裡倒是有個人應了一聲，是個女的。她聽說是新分來的大學生到了時，趕緊去點了蠟燭。這時我才看清，是一個年輕女孩；後來知道，她是本村人，是位民辦教師。當晚，這裡停電，學校老師全都到公社開會去了，只有她一個人在。她問我是大學「語文系畢業的嗎」，我告訴她，大學不叫語文系，她說的可能是中文系，而我學的是歷史。她彷彿有點失望。

我們聊了一陣子，開會的老師們和校長回來了。這時已經 10 點多了，有的老師問我吃飯沒有，有人說，沒吃飯也不行了，這時候哪裡弄吃的？我趕忙說，不餓，不餓，明天與早飯一起吃吧。住的地方，倒是給我騰有一間屋，但沒有床。李校長與一個老師商量了一會，找了一塊舊木頭黑板，用板凳支起來，這就是我的床鋪了。

我到有生以來第一個工作單位的第一天晚上，就是這樣空著肚子躺在一個屋徒四壁的黑板床上，先是思緒萬千，後來就迷離迷糊了……

校舍素描

第二天，我才算看清了河沿中學的廬山真面目。它位於滏陽河北岸河沿村的西北部，沒有院牆。只有兩排房屋，南面一排，共有 6 個教室，3 個一體，分別坐落在東西兩邊，中間是幾十平方公尺的一片空地。作為教室，房子規格檔次還算可以，比我後來見到的許多公社中學由民房勉強改做的教室，真是「教室」多了。聽說原來這裡是 1958 年建的衡水縣河沿農中。教室後面有數間教師辦公室兼宿舍。所有的房子都沒有天花板，都是裸露著房梁、椽子和油氈。由於年久失修，每逢下雨，尤其是急風暴雨，房子就漏得厲害，真是「外面大下，裡面小下」。有一次，我把屋裡所有的能盛水的容器都動員起來，仍然捉襟見肘，只好讓人幫我把鋪板挪放在房子中間唯一一塊不漏雨的地方。

教室與宿舍都直通莊稼地，冬春種小麥，夏秋種玉米。這樣的絕對開放，空氣倒是新鮮，可村裡的牛、豬、狗、雞，也可自由出入。白天我們上課時，

常常看見它們從教室或宿舍前面大大咧咧，招搖而過。當我剛到學校把這些現象寫信告訴外地的同學們時，他們還誇我的信生動可讀，生活氣息濃郁，讓我哭笑不得。

我們的宿舍就等於處在荒野裡，夏天蚊蟲出沒自不必說，沒有蚊帳根本無法休息。令人恐懼的是，蛇也冷不丁地前來光顧。夏天的一個晚上，我們都在外面乘涼聊天，天晚了，有些涼，我同屋的李老師去屋裡加件衣服，進屋不久，突然聽到他大叫了一聲，就從屋裡竄出來了。我們趕忙跑過去，問怎麼回事，他戰戰兢兢地說：他摸著拉燈繩，開燈一看：是一條蛇在燈繩上趴著。等我們進去找了一個遍，卻沒找見。

屋子牆腳全是窟窿，有一百條蛇也都爬走了。那一晚上，怕蛇的我幾乎沒敢闔眼。還有一次，我正在一個教室裡上課，一陣狂風暴雨突然襲來，我去關教室門時，一條黃底黑斑色的蛇擠門而入，它在教室裡亂竄，女生嚇得喊爹叫媽，膽大的男生一擁而上，用磚頭砸，用棍子打，把這條蛇打死了。還有一個夏秋之交的晚上，我們在外面聊完天都要回去睡覺了，一位老師回屋以後，馬上又出來叫我們，原來他兩床被子之間臥了一條蛇，他拿開上面的被子後，那條蛇還懶洋洋地抬起頭，看著他，沒有要走的意思。這位老師倒不是特別害怕，他找了一根棍子，挑起蛇，送到院子裡，放走了。

後來瞭解到，這是附近幾個公社裡條件最好的中學了，我深感慶幸。

吃在河沿

原來學校沒有餐廳，後來老師增多，經過一番運籌，我們就單獨起夥了。炊事員的伙食由我們10多個教師負擔。那時每個吃商品糧指標的人，每個月只供應2兩油，根本就沾不著油星兒。儘管我們也想了多種辦法，提高膳食水準，比如自己種菜，但效果不太明顯。主要是肚子裡沒油水，口糧也不多，還大都是粗糧，老師們一個個饞得不行。

我摘了我們自己種的辣椒，用鹽水泡了吃。一度，那些本來特別怕辣的本地教師，都學會了吃辣椒。吃窩頭時就著辣椒吃，喝粥也撈幾根辣椒切了當鹹菜，彷彿這就是對肚子裡缺乏油水的補充。別人都有家，星期天可以回

家補充點油水，我無家可歸。有一陣子實在熬不住了，就自己買了一個小砂鍋，每逢星期天就買半斤豬肉，儘量肥一些，煮了吃一頓或兩頓，這樣一星期內肚子腸胃就好受一些。

大家都笑我是吃一頓，飽一週。記得有一個星期天，炊事員照例也回家了，只有中心校校長、本校校長和我三個人有事在校商議，校長提議說，中午咱們自己做飯得吃點好的，解解饞。商量了半天，每人烙了一張餅，多放一些豬油，叫油脂餅，吃著覺得那個香啊！這是我們在當時作為學校主管，唯一的一次「腐敗」行為。

糧票不夠，尤其是我這樣的單身漢，每月29斤指標，想吃飽那是天方夜譚。後來有人出了個主意，讓我去找公社糧站主任，說我們學校每年都要向他們上繳幾千斤糧食，能否給老師們照顧一點？糧站主任和我的關係還不錯，有時還開句玩笑，沒想到一提這事，他連連搖頭：你可別打這個主意，這裡的糧食一粒也不能動。咱可別為這個犯錯誤！我只好作罷。

後來看到一份資料說，20世紀70年代，世界衛生組織有個統計，世界各國，數中國人身體狀況最好，得高血壓、糖尿病、高血脂的人最少。我想，這裡的「最少」或許是真的，可是「最好」，卻值得懷疑。

初為教師

我到河沿中學的第二天，又來了一個同類，是河北大學中文系1963級的。他與已經在這裡任教並且負責教學的另一個老師是同班同學。

學校對我們的到來似乎準備不足。兩天了，老李我們倆同居一室，沒人找我們談話，也沒人安排我們幹什麼。急於投入工作的我們整天無所事事，煩惱不已。要命的是，我們除了一張床可以睡覺，其他的什麼也沒有，甚至沒有一張辦公桌，寫個信都沒地方。原來不明就裡，實際上那時候學校真是窮！原來「文革」中衡水阜城縣出過一個縣委書記，他創造了一條經驗，說不花國家一分錢，農民也可以辦教育。

結果河北省尤其是衡水地區推廣這個先進經驗，國家財政基本上不負擔中小學教育經費；而且搞教育大躍進，村村有學校，幾個村都聯辦國中，每

個公社都有高中。另外，為了所謂「減輕貧下中農負擔」，學校也不收學雜費。那麼學校經費何處尋覓？只有鬼知道！所以河北省凡是教育線上的人都罵這個縣委書記。

怎麼也得有一張辦公桌啊。當時正好「文革」中河沿公社中學成立以後第一屆高中生畢業，校長才領著我們倆到一個畢業班的教室裡，各自挑選了一張學生用的課桌（有抽屜沒抽斗），作為辦公桌。沒有備課本，也沒有教科書。備課本是我用白紙裁了訂的，找一位女教師要了些紅線，訂得就像線裝書一樣。原來是白紙，後來嫌貴，又改成更便宜一些的灰黃色的了。

有一段時間，學校裡只有兩個高中班，都是高一；兩個國中班，一個初一，一個初二。當時高、國中都是二年制。負責教學的老師暫時讓老李擔任高一一個班的語文課（他擔任另一個班），我則擔任初二的政治與歷史。我來到國中生的教室裡，一看到學生，就傻眼了：都是一群少年兒童呀！那年頭，小學都是 5 年制，國中生就顯得小多了。

沒有教科書，沒有教案，更沒有教學經驗，我何以面對這些文化基礎知識薄弱的小孩們？不管怎樣，我還是很努力很認真的。自己編寫教材，認認真真講解。上課之後我向他們徵求意見，他們說：一是聽不懂，二是說話太快。這可讓我為難了。講話快，我以後儘量放慢速度，可是沒有適合他們的政治教材啊。我自己編寫的教材對於這些少不更事的小小子、小丫頭來說，什麼路線鬥爭、經濟基礎、上層建築，的確深了一些。

好在時間不長，又進行了重新分工：我不再擔任初二的政治、歷史，也教一個高中班語文。教高中語文，這可不是鬧著玩的，咱不能誤人子弟啊！正式上課以前，我想學習學習，要去聽河北大學那位老師的課，他大學是學中文的。可他死活不同意，說我要去聽，他就不講了。我誠心誠意，他卻堅決不答應。沒有辦法，經校長協調，我去聽了一節另一個老教師的國中語文課。這位老師是衡水地區最著名的河北省重點衡水中學的老語文教師，可是聽了他的課，我卻大失所望，也大惑不解。他去講課，不帶教科書，也沒有教案，講台也沒上，只簡簡單單地交代了兩句，就讓學生們自己看書，一直到下課。

⊙前排左起第七位是鄭振卿

我沒辦法，只好模仿我讀中學時老師給我們上語文課的做法：講新課，先解題，交代時代背景，說生字，再解釋比較陌生的詞語，然後分析段落，小結大意，最後歸納主題思想。兩個星期一篇作文。記得有一次作文沒有比較理想的題目，適逢美國總統尼克森訪華，我就讓同學們以「尼克森為什麼訪華」為副標題，自己命名正標題，寫一篇政論文。這樣，年齡較大、知識層面比較寬的學生，只就題目來說，還是不錯的，比如「敵人一天天爛下去，我們一天天好起來──尼克森為什麼訪華」，「東風正在壓倒西風──尼克森為什麼訪華」，等等。在當時的語境下，這的確就算上等了。後來，我看到老李任教的那個班的作文題目也是這個，他跟我解釋：「我看這個題目不錯，就讓他們也寫它了。」

趙老師

這裡給大家介紹一位老師，就是我要聽課他一句話也不肯講的那位。他姓趙，「文革」前就是衡水中學國中語文教師，1963年河北北京師範學院中文系畢業。我剛到學校時，趙老師在教高中的農業技術課。

趙老師給大家的感覺，就是個怪人，一是他「髒亂差」的宿舍；二是他的任課，他是老牌大學中文系本科畢業的，基礎紮實，功底深厚，「文革」前在衡水中學也是語文教師，怎麼到河沿中學倒揚短避長教起農業科技來了？據說還是他主動要求的。三是他消極的生活態度，生活上極為湊合，不講究，不整理，邋遢成性，以至於到了沒人願意與他同住一間屋子的地步。一次去公社餐廳吃飯的路上，我表示希望向他們這些老教師學習教學經驗，

他嘆氣說：我們都老沒出息了！四是國中改為三年制以後，沒有語文教師，學校安排他擔任，他再三推辭，實在沒法，就敷衍塞責。

後來聽他衡水中學的同事老師說明，我才明白了其中的原委：趙老師從農村考上大學，很不容易。畢業後分到衡水中學當教師，他才華剛剛展露，就與「文革」不期而遇。這場劈頭蓋腦的惡風暴雨，讓趙老師先是丈二和尚摸不著頭腦，然後就是害怕恐懼。他看到許多老師都成了牛鬼蛇神，被關進了牛棚，他們在課堂上「放毒」的「罪行」跟自己差不多，留在外面的老師沒幾個了，就惶惶然不可終日。

本來老實巴交小心謹慎的他從來都是「馴服工具」，什麼事情都循規蹈矩不越雷池一步，造反派才沒把他揪出來。隨著運動高潮的到來，他總是戰戰兢兢，如履薄冰，後來幹脆自己就抱著行李進了牛棚。到「文革」後期「解放」牛棚裡的那些老師時，別人都走了，沒人搭理他。他就去找造反派頭頭問什麼時候讓他出去，對方厭惡地答道：「誰讓你進來的？！誰讓你進來，你找誰去！」

趙老師實際是讓「文革」的狂風惡浪嚇壞了，多少年後還心有餘悸。他認為：語文與意識形態聯繫比較緊，教這門課容易讓人抓住把柄，就主動要求教農業技術課。非要他教語文，就儘量少說話，不板書，更不寫教案，以免給人們留下可抓的辮子。其實，趙老師的業務底子非常紮實。他研究探討什麼問題，十分下功夫。他擔任農技課，下了很大功夫。他在自己的屋子裡培育種子和樹苗，他嫁接的果樹，都相繼開花結果。他講起來口若懸河，頭頭是道，學生們非常愛聽，也非常佩服他。

後來我們熟稔了，知道我對他挺尊重，就悄悄告訴我，說他研究文字很有心得：比如「且」字，凡上下沒有東西的，裡面都是兩橫道，比如「組」「祖」「咀」「沮」；有東西的，都是三橫道，比如「直」「真」「具」。還說他準備就類似的文字結構規律寫一本書，我非常贊同，說他的夙願一旦實現，就會給學習漢字的人極大的方便，功德蓋世。

給我印象最深的，是 1971 年公社一位副書記給公社直屬單位傳達「九一三」林彪事件時，裡面涉及到一首詩，就是唐人章碣的《焚書坑》「竹

帛煙銷帝業虛，關河空鎖祖龍居。坑灰未冷山東亂，劉項原來不讀書」。這位副書記看來也比較好學，傳達結束後，專門把趙老師留下來，問他這首詩的作者、全文、出處、含義等等。當時我就在旁邊，趙老師稍微沉吟一會，就把全詩一字不差地背出，並按副書記的要求，做了詳細的解釋。我嘆為觀止：他竟然有這麼強的記憶力和如此豐厚的學識！

學生印象

我到學校任教以後，沒想到學生的基礎是那麼差。後來才知道，學校兩個高中班的學生是未經考試、從全公社18個村湊起來的。他們的文化基礎知識總體較差，相互之間參差不齊，與大學「文革」中招收的工農兵學員差不多。有的學生的基礎知識差得離譜，常常讓人哭笑不得。比如，蔣介石，「蔣」字寫成了「將」字，一般的字，缺手臂短腿的有的是。語文課堂上常常為糾正錯別字占據大量時間。

最能反映語文水準的，就是他們的作文，實在是不忍卒讀，一篇文章能寫上千字、文字通順的極少。我回了一趟河南老家，把我們那裡國中生寫的作文拿到高中二班讀給學生們聽，他們都覺得水準太高了，認為是我親自寫的。文章的修辭就更談不上了。有一個學生，可能是看到有「駿馬飛騰」的詞，作文裡寫大好形勢就寫了「駿牛在田野上奔馳」。

他們的知識層面也窄得可憐，問同學們知道軍隊裡的十大元帥都有誰，說出幾個都行，結果有的學生說有當時正在挨批的林彪集團幾位大將吳法憲、黃永勝、李作鵬、邱會作。我給他們上政治課，講經濟基礎和上層建築的關係，怎麼解釋他們都聽不懂。

我後來進了學校革委會，負責教學，想摸一下學生們的語文基礎知識究竟如何，讓他們每個人寫出自己所在的省、縣、公社、大隊的名字，結果是錯別字甚多，不規範的字更多，很多字的筆畫都搞錯了。有的學生實際上是把一些人的胡寫亂畫當成了規範字來模仿。

學生裡也有一些學習基礎較好、理解能力強一些的，正常年代考上大學沒問題，但是寥若晨星。等到「文革」結束大學正規招生，他們已經拉家帶口、

成家立業了。而幸運地到公社當了「八大員」（農機員、電影放映員等等）的，由於在公社主管旁邊幹事，倒是有些機會上大學。可選「八大員」都是選出身好聽話的，沒有把學習成績放在第一位，成才也很難。

有一個學生，推薦上了清華，由於基礎太差，什麼也沒學會，畢業後到單位罪受大了。業務搞不成，只能做後勤。一個學習中上水準的學生，大學恢復招生後一連考了三年，才考了個地區師專。一直到兩屆以後，才有一些學生陸陸續續考上大學、中專。

教學質量與師資密不可分。由於盲目擴大建校招生，不少高中任課老師都是國中畢業，沒經過培訓就走向講台。即使這樣，由於河沿中學有我們幾個新老大學生，教學質量算是比較高的，周圍幾個公社的農民兒子國中畢業後都千方百計找門子來我們學校讀高中。

勞動雜記

那個年代的中學，無論學生還是教師，就像 1958 年我們上中學的時候那樣，勞動特別多。

學校自己有幾十畝地，由我們自己耕種，印象深刻的就是暑假裡，我們或者不放假，或者晚放假，或者早開學，在炎炎烈日下背著農藥桶給莊稼打農藥。麥收時，割完了，還要晒場，用脫穀機脫穀，直到裝好麻袋，送到公社糧站。公社按當時的收購價給點報酬，用於學校開支。

農村農忙季節，或者公社統一安排，哪個大隊勞力不足，就招呼我們帶著學生，某月某日幾點，帶著什麼工具，趕到什麼大隊什麼位置。挖渠，秋收，抗旱，農田基本建設，什麼都幹。有一次，我們給河沿大隊割苜蓿，是個大熱天的下午，不少同學渾身上下都被汗水濕透了。勞動結束後，我們到井台上用水車推了幾桶水，痛痛快快地洗了起來。洗的時候痛快淋漓，過了一會，難受開來，那個滋味，難以言表。後來知道，大汗過後，是不能用井水沖洗的，大熱用大涼一激，特容易受病。大家都仗著年輕，不然就麻煩了。

有一次，公社讓我們出動百十來人幫助另一個大隊平整土地，我帶隊去的。幹了不一會，就起了風，風越刮越大，最後有四五級的樣子。我與同學

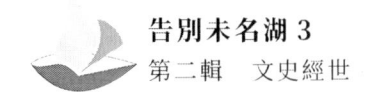

們一點也沒有受影響，幹勁十足，用小推車、鐵鍬平，把一塊農田搞得平展展的。結束時，大家都看著我笑。我不明白是怎麼回事，原來臉上頭上都是土。其實同學們都一樣，你看我，我看你，全成了土猴子。

有一次，學校廢棄的豬圈，裡面有原來的豬糞，有學生倒的垃圾，還有廁所裡流出的人糞尿，學校農田裡急用肥料，上午大課間，班上的同學們都去出糞，我也光腳跳進去與他們一起幹。上課了，來不及洗腳，就光腳上了講台。這倒不是作秀，那時候就是有這個心勁，覺得這樣才能密切聯繫學生，瞭解他們。

學生參加勞動就更多了。農業一旦發生什麼情況，公社就責令學校放假，三天兩頭就來一次。比如天氣旱了一些，雨下大了一些，發生了什麼病蟲害，農忙時哪個大隊缺勞力向公社求援等等。那時候我年輕，剛參加工作，凡是與勞動沾邊的事，只要我沒課，或者我主動請纓，或者委派我去，勞動比別人都多一些。

這樣倒是密切了與學生們的關係，也鍛鍊了自己的意志和身體，缺憾是少看了不少書——那年頭也沒多少可看的書。直到現在，我還特別懷念那些單純質樸的農村學生，有些學生幾十年來一直與我保持著聯繫。

政治風雨

在河沿中學工作期間，在風雲變幻的中國政治舞台上，我也算經過了觸目驚心的一幕幕，只不過這裡是鄉下，遠離政治中心，沒有在燕園搞「文革」那樣處於風口浪尖的切身體會而已。

第一件，就是林彪事件。那是我上班第一年，學校放了40天暑假加秋假。開學已是10月上旬了，我們幾個教師閒聊天時，都說：怎麼今年國慶節北京沒有舉行什麼慶祝活動呢？大家都疑惑不解。過了幾天，校長神神祕祕地跟我們說：中央可能有大事發生。再問，不多說了。又過了幾天，公社通知傳達重要中央文件，全體教師都要參加，一個也不能少。

公社祕書主持會議，還鄭重其事地宣布會場紀律云云。結果一念文件題目，大家都驚呆了，好像頭髮都豎起來了！整個傳達過程，鴉雀無聲。最後

主持人還再三強調，文件精神要保密。大家當然對林彪的出逃很不理解，可是在基層，事不關己，高高掛起，想打破砂鍋問到底的人不多，再說，也沒地方去問。

再就是批教育回潮。1973年，大學招生一改原先只是靠推薦的模式，加上了一個文化考試。我們做老師的，都舉雙手贊成。我們在教學實踐中，深知學生未經文化考試選拔入學，的確不是個事。大學生如此，中學生也一樣。那年衡水縣的文化考試題，政治語文自不待言，數理化卷子我都看了一遍，數學我還做了一遍，都非常簡單。結果大學招生文化考試結束不久，突然又傳達文件，要批教育回潮。當時兩個典型，一個是白卷英雄張鐵生，一個是河南唐河縣的一名中學生自殺，鬧得沸沸揚揚。

我在學校裡重點教學抓重點考試比較賣力氣，還有一位老師給我貼了一張大字報，意思是說我執行了回潮的教育黑線。這是我有生以來第二次挨大字報，剛看見時，心裡著實撲通了幾聲，因為出乎意料。後來我也沒太在意，是非公道，自在人心。批回潮對我們影響不是很大，學校招生仍然透過考試。你上面說的是高招，我們中學招生，該怎麼的還怎麼的。也可以說：山高皇帝遠，不像在學校遇到自己的觀點與中央「文革」不一樣了，就心裡發怵，戰戰兢兢的。

最後就是批林批孔了。批林彪，人們還好理解，他叛黨叛國還謀殺毛澤東，罪大惡極，後來又拉上孔子，就弄不清是怎麼回事了。由於「文革」七八年了，學校沒怎麼招生，也沒怎麼上課，許多人連孔子是什麼人都不知道。擔任國中一年級的一位語文教師，問我：「孔老二是誰呀？」我不由大吃一驚：怎麼連孔子都不知道哇？！所以才有了我應主管要求給河沿公社全體教師講課一事，實際上是一個講座，主要是解釋孔子是什麼人。

其實，我對孔子的瞭解，依然限於原先課本上那些東西，知道他是中國春秋時期的大思想家大教育家，著有《論語》。其他的東西都是從當時的《人民日報》上彙集整理的。沒想到，講座完了，舉座皆驚。驚的不是孔子為什麼與林彪一起挨批，而是我怎麼知道那麼多東西。足見當時基層教師隊伍知識層面的狹窄。

⊙ 2013 年春，鄭振卿（左）與郝斌老師游趙州橋公園

回想起這段教書的經歷，我感觸最深的就是教育被「文革」糟蹋得不像樣子，耽誤影響了一代人。記憶猶新的是，有一段時間，公社一位主管聽說我在學校工作很努力，私下對我說：「好好幹，有機會把你調到供銷社當售貨員去！」我哭笑不得。一個公社供銷社的售貨員，比一位中學教員的地位高，真是知識的悲哀，教育的悲哀。

鄭振卿，河南省新密人，1964 年考入北京大學歷史系。1970 年 3 月離開北大，到農村接受「再教育」一年多，後在中學任教 3 年，再後來走上行政工作崗位，自嘲「混跡仕途 30 多年」。

路漫漫而前行

陳宜恩

從北大同學那裡拿到一本《告別未名湖》，愛不釋手，經常翻閱，想從中找到過去同窗、農友的訊息和蹤跡。即使不是自己熟悉的名字，但校友們所寫的那段歷史卻是我們北大「老五屆」的共同經歷，特別親切。

同學勸我也寫一篇，我猶豫再三，遲遲不敢動筆。因為編入本書的絕大部分校友都有著傳奇的經歷，波瀾壯闊的人生。可以說：他們是時代菁英，是北大為之驕傲的「北大人」，但他們畢竟只是一小部分校友；一個更眾多、更廣泛的北大校友群體，則是在平凡的崗位上一幹十幾年，甚至幾十年，從當年的「天之驕子」到如今的小小「鋪路石」，他們雖稱不上社會菁英，卻是堅實的社會脊梁，在他們身上同樣折射出北大精神。想到這裡，我鼓起勇氣，拿起筆，寫下自己這段無法忘懷的經歷。

愴然離校

我出生於福建福清一個貧困的農村,是個地地道道的農民兒子,家中祖祖輩輩都沒有一個讀書人。考入北大的頭一兩年,我如飢似渴、孜孜不倦地遨遊在學海之中。以我政治上的單純與幼稚,那時根本沒有想到一場殘酷的政治鬥爭已經潛伏、醞釀、謀劃著,而且就在我們北大首先公開爆發!由此而蔓延禍及全國,釀成長達十年之久的史無前例的浩劫、殘暴和恐怖。「文化大革命」中,我像許多人一樣經歷了熱情關注 - 困惑不解 - 甦醒苦悶 - 觀望逍遙的歷程。

「文革」這場災難不僅使我們中斷學業、夢碎燕園,而且更殘酷的是從「天之驕子」變成社會所不齒的「臭知識分子」所受到的心靈折磨和精神摧殘。「民主無存科學死,蒼天不語子何求」,既然在學校已經無法繼續讀書了,那還留在學校何干?學校那陰沉高壓、令人窒息的空氣,我們巴不得一走了之。儘管前路是霧濛濛路漫漫,前景未卜,但我還是憧憬著外面的新鮮空氣。

已記不得我是怎樣告別了未名湖,彷彿那時候頭腦已經麻木了,只記得同學之間後走的送先走的,一批又一批用汽車送到火車站,每一個人都是淚流滿面,「執手相看淚眼,竟無語凝噎」,我想這一別也許是永遠(我們班上40位同學,竟然有10位已經去世,有的在百年校慶時,竟然也未曾見面)。我們悲愴地抹淚揮手告別,那情景真有點「念天地之悠悠,獨愴然而涕下」。我清楚地記得我們生離死別的日子是1970年3月16日。

武山紀事

離開北大,我的人生第一站是部隊的軍墾農場。我們98位北大畢業生被分配到0484部隊武山軍墾農場(位於江西省泰和縣)。一開始我們就過上軍事化的部隊生活:聽軍號起床就寢、上早操、天天聽新聞聯播、列隊唱歌後就餐、晚點名,等等。我們很快就適應了。

剛到農場時,我們吃菜全靠連隊採購人員(沈君,上士,又稱給養員)拉著小板車到附近的馬家洲市集或附近的生產隊去採購,餐餐是芥菜、蘿蔔、

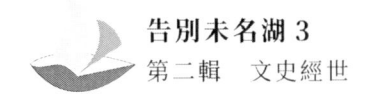

馬鈴薯、扁豆、南瓜之類。生活是艱苦點,但比起那時上山下鄉的知識青年要好得多。

我們連隊很快組織了副業生產。九班十幾位女同學為師部後勤部養了近百頭豬,連隊還自辦了養豬場,放養雞鴨,上山放牛(耕田種地用),每個班都開墾荒地,種上四季的各種蔬菜。自養的禽畜長大了,自種的蔬菜收穫了,我們自己也鍛鍊培養出了烹調高手,組織了炊事班,伙食逐漸改善,越來越好。餐餐四菜一湯,天天菜不重樣,以至在全師都出了名。

⊙ 1965 年在北大

連隊耕種和管理一百多畝水稻田、幾十畝旱地和幾百棵桃樹。我來自農村,這些農活對我來說不算難,但在農忙季節,連續做一個多月,也累得夠嗆。早稻春播時,江南雨季,陰雨連綿,清晨起床拔秧苗,凍得直打哆嗦;夏天「雙搶」(搶收、搶插),頂著烈日割稻,踩著打穀機脫穀,彎腰俯背插秧,一天下來沒有不腰酸背疼的。

農忙時,我是分在插秧組。插秧可是技術活,沒有插過秧的,即使拉了繩子也插不直,插的秧苗有的還會浮起來。我在家鄉有過鍛鍊,插秧得心應手,下到水田,一道插下來,人直往後退,秧苗整齊地往前延伸,直到地頭;走上田塍,伸伸腰、直直腿,看看自己「插的禾」(江西語),像欣賞一幅圖畫,一個藝術品。

在農場的 20 個月,我印象最深的有三段經歷:

第一段是養豬。1971年春夏,連隊安排我和中文系的申家仁到連隊自辦的小養豬場去養豬。養豬場共養著9頭大肥豬,一頭是四五百斤的大公豬,其餘是先後進圈的肥肉豬。每天上午首先的任務是清掃豬圈,把豬舍打掃得乾乾淨淨,幾乎沒有什麼臭味;之後要挑著籮筐到豬舍旁邊一個池塘裡下水打撈水浮蓮,連續打撈兩擔;然後是到「加工作坊」將其製作成當時非常流行的糖化飼料,即把水浮蓮切細,拌上糠,再放在大木桶裡壓得嚴嚴實實,蓋上塑膠薄膜,讓其發酵。第二天揭開薄膜,有一股香味和酒味。

　　給豬吃這種糖化飼料,一是節省了糧食;二是豬容易入睡,很快長膘上肉。我們還在豬舍外的桃樹林裡成功安排了豬的交配。餵豬之餘,我常搬個凳子,坐在桃園裡看書。有時望著藍天浮雲,有時沐浴著晨霧,一陣惆悵襲上心頭,心在低吟:荒煙、白霧,迷漫的早晨,你投向何方?無路的人呀!……青春呀,青春,你是過頭雲,你是離枝花,任風吹埋泥塵……

　　第二段是深山砍柴。在農場裡我是強勞動力,綽號是「小老虎」。1970年10月,連隊裡安排二排副盧建聲(地質地理系)、李仁杰(哲學系)和我等4個人到深山老林去砍柴。這可是苦差事。不管怎樣,我還是很高興「進深山,脫苦難」。這裡的高山峻嶺、深山老林,像湖北神農架的原始林區。

　　我們住在林區工棚裡,吃的是燉飯,菜湯是開水加醬油。記不得吃過什麼菜,反正肚子餓了,沒有菜也狼吞虎嚥。在林區,吃的比在連隊差多了,幹的卻是重體力活。每天四個人都進山,鑽進密林中,找那些枯倒的大樹,用雙人拉的鋸把它鋸斷,每一根都有幾百斤重,有的直徑有一公尺多。我們把鋸斷的木頭從山上推到山下,再推到板車可以進到的路口,然後用板車拉到汽車可以到達的地方。

　　拉板車是最苦的:一個人拉一輛車,一車裝一根或二三根木頭,都是七八百斤重,最重的足有一千多斤;稍有坡度就拉不動,必須前後車「拼車」,互相幫助;並且林間路猛,充滿危險。路程大概有七八里路,一個下午只能走一趟。我們在這虎狼出沒的深山裡幹了二十多天。人說「詩言志」,其時我寫了一首古風詩,反映了當時的心境:

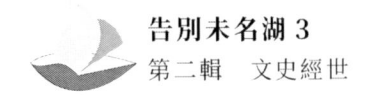

深山砍柴

千峰萬壑林森森，幽咽泉流鳥哀鳴。

魂魄難尋昨夜夢，苦汗空灑破衣襟。

春風秋月年年度，仰嘯長嘆聲聲驚。

不堪回首當年志，學子空有五洲心。

第三段是野營拉練。1970 年 12 月，我們學生連去井岡山野營拉練一個月。聽說要到井岡山野營拉練，一顆孤寂的心自然樂開了花。農友們一般都踴躍報名參加。整個連隊除幾個病號留守場部外，一般都「應徵入伍」。行軍的路線儘量按紅軍當年走過的「紅軍道」，這叫「坦途不走非為遙，但愛紅軍路一條」的拉練路線。我們登步雲山臨黃洋界，經龍源口到三灣，歷天河至永新，揮師寧岡、茅坪、茨坪……

炊事班把簡單的鍋、瓢等炊具也像部隊轉移那樣扛著、背著，隨大部隊急行軍，每到一地，「野炊戰鬥」就要打響。「戰時」流動性的伙食自然比在武山駐地要艱苦得多，一般是「就地取材」，向老百姓買點當地的青菜、酸菜、南瓜、大豆、豆腐之類，我們也吃得津津有味，高歌一曲拌飯香：「紅米飯，南瓜湯，秋茄子，味好香，餐餐吃得盡打光。」

最艱苦的是行軍。每天清晨，山川大霧迷漫，一聽到軍號響，就得立即起床，快速打點行裝，摸黑操作，手忙腳亂，個別人動作不熟練，穿錯鞋，扣錯紐扣，出些洋相都是家常便飯。在規定的幾分鐘內，急匆匆趕到集合地點。緊急集合演練之後，又趕回駐地，整理內務，捆好鋪在地上的稻草，打掃衛生。我們也像正規部隊一樣，嚴格執行「三大紀律，八項注意」。選擇的駐地，一般都是小學的教室，或鄉村的祠堂，群眾利益，秋毫無犯。

走的時候，班、排長還要徵求群眾、學校主管的意見，看有沒有違犯群眾利益的事情。早飯後，一天的翻山越嶺急行軍才真正開始。每天行軍七八十里，甚至更多里程。不幾天，同學們就累得夠嗆，不少同學腳上起了泡，泡磨破了，滲透出血水，走路一拐一瘸的；休息時用膠布在腳上一貼，休息後還是咬緊牙根，跟上隊伍前進的步伐。連隊文藝宣傳員一路為大家鼓

氣，高唱語錄歌、革命歌曲，儼然我們也是一支打不垮、拖不爛的紅軍隊伍啦！

野營拉練一個月，同學們都吃了不少苦，但都以堅韌不拔的意志，硬挺過來了。頭髮、鬍子長了，臉晒得黝黑，腰圍縮了一二公分，體重減了幾斤……但我們都這樣認為：苦難也是一種財富。古賢人的「故天將降大任於斯人也，必先苦其心志，勞其筋骨，餓其體膚，空乏其身，行拂亂其所為……」這也是千古至理名言。

我們在武山軍墾農場 20 個月，幾乎是與世隔絕。儘管在勞動時大家嘻嘻哈哈，有說有唱，儘管也有過少許的快樂、歡笑和幾對「同是天涯淪落人」的「抱團取暖」的愛情，但更多的卻是苦悶、孤寂、迷惘和夢想破滅的內心痛苦和煎熬。在那「萬馬齊暗」的處境中，同學們還是不甘於沉淪，暗中自我修學，不斷抗爭；雖然身處半封閉的軍墾農場環境，但思想還是無法禁錮的。

每天茶餘飯後，三五成群，漫步在黃土坡上、桃樹林間，互相交談時事政治、各地新聞，爭論對時局的看法，憂國憂民之情懷無時不在胸中激盪……可謂是：「風聲雨聲讀書聲，聲聲入耳；家事國事天下事，事事關心。」我同班的顏君（後來調回浙江玉環，任玉環縣委宣傳部長、玉環縣政協主席）在武山送別時填了一闋《水調歌頭》，詞云：

揮手男兒別，一曲送征輪。七年同學同志，相照肝膽真。紅土山頭白石，綠水湖邊碧草，杯酒共黃昏。思想稱海洋，談笑有風雲。

料我輩，又豈是，等閒人。讀書曾破萬卷，落筆走雄文。莫道而今半老，收拾平生殘志，尚可泣靈神。心底存紅日，冷眼看紅塵。

詞中描繪了一群武山北大人的精神生活和精神堅守。

小城春秋

我們盼望著再分配。1971 年 11 月，我們終於結束了軍墾農場生涯，像一棵大樹上的落葉被風吹飄落到不同的角落。這對我們大多數人來說，儘管

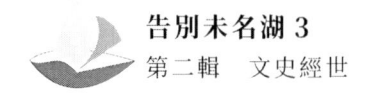

仍是一段人生苦旅，但畢竟從幾乎與世隔絕的勞改式農場中解放出來，可以和普通民眾生活在一起了。

我和幾個農友校友被分配到撫州地區南城縣。隨後，又有中國科技大學、北京郵電學院、南京氣象學院等院校的畢業生陸續被分配到南城縣，共20個「老五屆」大學生來到這閉塞的經濟很不發達的小縣。縣城只有一個影劇院，沒有澡堂，看不到像樣的水泥路，主街道還是用石板鋪就，凹凸不平。

一條塵土飛揚的公路，穿縣城而過，直通洪都機械廠（省屬企業）、通用廠。城南有一道明代古城殘垣，城北有一條奔流不息的旴江（即撫河，還稱汝水），浩浩蕩蕩，似乎在訴說著小縣城千百年的歷史、滄桑和辛酸。

我就在這裡開始了第二站的人生苦旅。我在南城縣七年多，就是縣革委會宣傳組的小幹事，抽調下鄉是常事。那時下鄉名目繁多，四季農時，春耕備耕要下鄉，「雙搶」（即搶收、搶種、夏收秋插）要下鄉，秋收冬種要下鄉，社會主義教育活動要派工作隊，等等。縣革委會還辦了一個農場，要輪流到農場勞動。雖然分配了工作，實際上是繼續接受「再教育」。歷次下鄉，宣傳組一般都是派我去；報導組經常派與我一起分配來的北大校友吳在慶，我倆成為最佳搭檔。

記得1973年夏秋間，我和吳在慶被派往徐家公社一個村，宣傳指導夏收、秋種工作。白天跟社員一塊勞動，晚上9點多鐘，組織社員學習，宣傳當時的農村政策精神。現在想來，社員起早摸黑地「雙搶」，到晚上七八點鐘才收工回家，吃完飯已是八九點了，已經非常疲憊了。

在這種情況下，組織學習活動，不僅不能起什麼實際作用，反而增加了農民的負擔，所起的作用只是擾民而已，何況宣傳的內容還多是一些「極左派」的農村政策。宣傳教育任務是縣委布置的，我們作為縣委機關幹部，不好公開抵制，但是我們深知農民的想法，在執行中就設法打些折扣，只是偶爾組織學習。

有時學習，只是隊長安排一下農活，說些農村的事情。那時，基層幹部作風還相當好，下鄉基本上和貧下中農「三同」（同吃、同住、同勞動）。

我們是剛從學校出來的「幹部」，就更是這樣。社員對我們特別熱情。記得有一次，我和吳君就住在一戶社員準備結婚用的廂房裡。

那是盛夏時節，房子熱得像蒸籠，酷熱難熬，屋內什麼電器也沒有，晚上我們只好打著紙扇，在屋外乘涼，數天上的星星，吳君輕輕地吟誦杜牧的《秋夕》詩句：「銀燭秋光冷畫屏，輕羅小扇撲流螢。天階夜色涼如水，臥看牽牛織女星。」似乎驅散了難熬的燥熱。

下鄉比較苦和累的是「雙搶」。我們總感到：主管一再強調要和貧下中農「三同」，而且我們拿了國家52.5元的月薪水，不去勞動，有點對不起老百姓。本地幹部可沒有那麼老實，不一定跟著下田勞動。我們都是儘量下稻田勞動。軍墾農場練就的那一套老把式派上了用場。彎腰收割稻子，踩著打穀機脫穀，常常是汗水、泥水一身濕透，口乾舌燥，腰酸背疼。吃派飯，更是一道難過的關，就是輪流到社員家用餐。

按當時的規定：每人每頓飯要交給社員一角五分錢，4兩糧票。當時正處於「文化大革命」的年代，「割資本主義尾巴」是那時響噹噹的革命口號，農民的生活物資極為匱乏，大多數人家的生活都很貧寒。但各家各戶對接納幹部到家吃飯，從沒有厭煩之意，都傾其所有，儘量安排好飯食，如用辣椒炒個田裡抓的泥鰍，炒個雞蛋或臘肉，加上一盆青菜，招待我們。這樣的招待規格，對當時的農民來講是不容易的，他們自己更多的是用辣椒、醃菜、米湯配飯吃。為此，我心中常有愧疚和不安……

在宣傳組，從事理論教育工作是我的第二個角色。1972—1973年搞「批陳整風」、「批林整風」，全國批判陳伯達的「天才論」，批判林彪反革命集團，在幹部中強調理論教育，要學習馬列主義。在北大學習的基礎理論，為我打下了堅實的理論基礎，使我一輩子受益。宣傳組的賴組長經常帶我參加縣委中心組的理論學習，我成了縣委中心組的學習祕書。

每一階段學習的內容、書目、要求都由我來安排。那一階段在縣委主管幹部中非常強調學習《反杜林論》、《哥達綱領批判》、《共產黨宣言》等，宣傳組就安排我到撫州地委黨校或講師團學習，學習後回機關給縣委主管輔

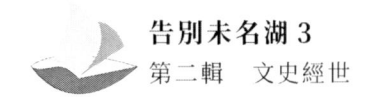

導。這些書目，我在北大時也沒專門學過，現在要給縣委主管輔導，著實捏著一把汗，趕鴨子上架，不上也得上。

除了參加上級培訓學習外，自己也得坐下來，潛心刻苦鑽研，在自己理解的基礎上，儘可能地聯繫實際進行輔導。有時學習輔導之後，縣委主管對宣傳組組長說：「這個年青人，還真敢講話！」組長笑答：「人家是北京大學畢業嘛！」這時，我也一臉自豪。

在南城工作的 7 年中，我的思鄉念親之情總是縈繞心頭。因要盡贍養父母和照顧家庭之責，我於 1972 年底結婚，1974 年我的第一個兒子出生。家庭的現實困難決定了我的人生道路。在南城的後幾年，我一直打報告，要求調回福清工作，南城一直不放人，而福清市的幹部又人滿為患，調動工作特別困難。經過不懈努力，我終於回來了！在我的家鄉——福清市當一個進修學校的教師，開始了我人生的第三個驛站。

人生感悟

告別未名湖之後，我在軍墾農場勞動近 2 年，再分配到江西南城縣工作 7 年多，調回福清市工作 27 年，2005 年退休，現已屆古稀之年。去年，北大經濟系 1964 級入學 50 週年，相約在臺灣，我撰了一副對聯：「六四年初識未名湖畔古今中外誦經典，五十載重聚日月潭上甜酸苦辣話人生。」回首幾十年走過的人生路，我們這一代的大學生，人人都有本「苦難帳」，個個也都有自己的「奮鬥史」。回首往事，我有幾點人生感悟：

一、有夢想，就有希望。看了《告別未名湖》一書，我瞭解了許多北大「老五屆」學子的行跡，聯想到百年校慶我們同學相互交流的酸、甜、苦、辣的人生道路和武山農友走出的不同人生道路，我深切感受到：同樣是一棵大樹上的枝葉，接受了同樣的陽光雨露，同樣經受了冰雪風霜的摧殘，但有的仍然留在樹上，來年春風雨露，又綠新枝；有的飄落凋零，碾作汙泥。我想人生也是這樣。

北大「老五屆」學子中的許多人，成為專家學者、教授名人；成了著名的作家、詩人、考古學家、收藏家、出版家和外交人員；有的是商界巨子，

事業成功；有的成為政界各級主管……歸結到一點，成功者一般都是在長期的艱苦環境中與命運作鬥爭，不畏艱險，不斷登攀，負重拚搏，創造了燦爛的人生。反省自己，我缺乏這種精神，面對現實喪失了拚搏的機會。

1978年、1979年這段時間，許多同學都在尋找機會，或「回爐」進修，或考研，迎來了命運的轉機。而我在1978年，為了小家之安，拚命申請調回家鄉。在這個歷史節點上，一個錯誤的選擇，鑄成了功不成名不就的平淡無奇的人生。

二、遠大的理想要和苦幹實幹精神緊密結合。1984年，幹部隊伍實行革命化、年輕化、知識化、專業化的「四化」方針，我們這些知識分子才有機會走上各級主管崗位。1984年，我被安排到福清市文化局任局長，此後的20多年，我都是在最基層摸爬滾打，面對人生。這正如馬克思所說：人們並不總是能夠自由選擇自己的職業，還在我們選擇之前，社會諸種關係的總和早為我們確定了。學校與社會、理想與現實的矛盾，使我走上並非自由選擇的人生之路，但既然走上這條道路，就要踏踏實實做事，老老實實做人，就要有敬業精神，盡職、盡責、盡心、盡力，在自己的崗位上創出業績。

三、可以不當官，但要做人。我在幾十年當基層幹部的過程中，不敢講「為官一任，造福一方」（各級為官者，本應造福人民），但卻信奉著「可以無官，但要做人」的座右銘。北大的教育給我最深刻的影響是首先學會做人。在當今之世，買官賣官、跑官要官之風盛行，可我在幾十年工作中，從未因工作調動、職位升遷而「入鄉隨俗」、出賣人格。這就是北大學子的人格操守和精神風格。也許正是因為這一點，限制了很多北大學子在職場上一帆風順的發揮。但我認為，靠「入鄉隨俗」、「出賣人格」而求得一官半職，到頭來還會是「爾曹身與名俱滅」的。我信奉清清白白做人，老老實實辦事，淡泊名利，寧靜致遠。

陳宜恩，1945年生，福建福清人。1964年考入北京大學經濟系。1970年3月到江西泰和武山軍墾農場勞動鍛鍊。1971年冬再分配到江西南城縣工作。1978年春調回福建福清縣，在縣教師進修學校任中學組政治課教員。1980年調福清縣委宣傳部理論科從事理論教育工作。1984年以後歷任福清

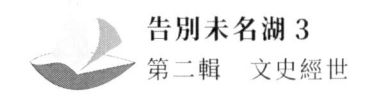

市文化局局長（二度），縣委宣傳部副部長（二度）、文明辦主任、融城鎮黨委書記等。2005 年退休。

⊙ 2014 年，北大經濟系 1964 級入學 50 週年聚會．相約在臺灣，攝於日月潭

畢業後經歷回顧

常紹舜

從未名湖畔走向社會至今已經 46 年了，這段經歷無疑是我一生中的主要部分，下面作些簡要回憶，既可慰藉平生，也可給同學們提供一點茶餘飯後的談資。

鋼廠鍛鍊

經過一個多月與當地教育局的交涉，1970 年 4 月下旬，我校畢業生有 12 人被分配到張家口寧遠鋼廠鍛鍊，我是其中之一。這個鋼廠原名寧遠鋼管廠，主要生產各種規格的有縫鋼管，原有帶鋼、制管、機修三個作業廠。1970 年張家口地委為了發展本地工業，在原廠基礎上擴建，增加煉鋼和新軋鋼（軋製線材）兩個作業廠，廠名也改成張家口寧遠鋼廠，約有 500 多人。我一開始被分配到帶鋼作業廠的冷軋組當工人，後來又被調出來參加新軋鋼作業廠的建設工作，直至其正式投產運行才離開。

對於到鋼廠當工人，我是很滿意的。因我出身農民家庭，自小參加勞動，北方農村的幾乎一切農活全都幹過，深感農村生活太苦，幹活累不說，整天吃粗糧，還無處洗澡。而到工廠當工人則完全是另一個樣：幹活雖然也累，但有細糧吃，且下班後能洗澡，然後就可穿上乾淨工作服享受生活了。特別

令我高興的是該廠工人的糧食定量很高，給我的每月定量是 65 市斤（重體力標準），終於可以吃上飽飯了！記得我上大學時月定量才 34 市斤，幾乎天天覺得餓。所以，我當時就下定決心要當一輩子工人，其他想法全無。

大概由於我幹活不惜力，再加上尊重老師傅，和普通工人關係也好，所以很快就獲得作業廠主管好感，不久該廠從張家口市分配來 100 多名中學生做學徒，我被任命為第二排排長，管理 40 名學徒工，從此當上了「常師傅」。後來我又被指定擔任外出學習軋鋼技術的學習隊長，帶領新老徒工到瀋陽軋鋼廠和石家莊鋼廠學習半年之久（每地 3 個月）。

我開始學的是軋鋼調整工（軋鋼作業廠最高技術工種），後又學習加熱爐軟化水處理技術（一門防止水管結垢技術），回廠後就投入設備安裝和試運行，直至正式投產。可以說我對新軋鋼作業廠的建設是流過不少汗的。

我在鋼廠工作期間曾發生過三次危險：一次是我在看工人用焊槍加熱一根凍住的水管時，水管突然爆裂，一股高壓蒸汽從我面前急速噴出，當時我只要再接近十公分，頭就會被嚴重燙傷。第二次是我在加熱爐旁操縱推鋼機前進時，突然推鋼機水管因受熱不均向上急劇彎成半圓形，我一看危險，立即拿起噴水管給其降溫，幾秒鐘後推鋼機恢復常態。

當時只要稍加遲疑，必然會造成推鋼機水管爆炸，我也難逃厄運。第三次是我在加熱爐下面風道中檢查鼓風機供風情況時（加熱爐溫度總是不達標），由於缺氧而一下子昏倒在地，幸被徒工及時拉了出來，才免於一死。如今想起這些事來，雖感到有些後怕，但覺得經歷一些風險也是一種人生財富！

我在寧遠鋼廠工作的兩年可以說是拼盡了力氣，雖然也吃了一些苦頭，但心情一直是愉快的。誰知正當我心滿意足的時候，1971 年底收到地區教育局的一紙通知：到張家口師專工作。這對我無疑是突然打擊，但無奈這是上級主管的決定，我只好告別情同父兄的作業廠老師傅和帶了一年多的男女小徒工們，坐上師專派來的一輛接我的小毛驢車，依依不捨地離開了鋼廠，到另一片天地續寫青春。（2014 年我偶有機會探訪該廠，卻發現其已改建成一所中學，原有設施竟蹤跡全無了。）

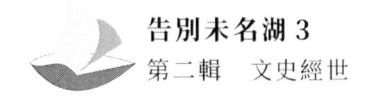

師專任教

　　1972年1月1日，我正式到張家口師範專科學校報到上班，成了一名大學「思政課」教師。說實話，對於到大學當教師，我很不情願。一是我拙嘴笨腮、不善表達；二是在北大搞了好幾年運動，沒學到什麼知識，無東西可教學生；三是當時知識分子被稱為「臭老九」，名聲不佳。但既然已經來到學校，也只好努力適應了。

　　我的第一項任務就是給學生講中共黨史，主要講十次路線鬥爭史。由於沒有經驗，怕被學生趕下台，我只好先寫出詳細講稿，甚至連開場白都標上了，然後再到課堂上念。幸虧當時各位老教師也都是透過這種方式講課的，再加上我準備的材料比較新鮮，北京話也標準，竟然獲得了學生和聽課教師的認可和表揚，這對我是一個很大的鼓勵。以後我備課更加努力和認真，時常寫講稿到凌晨一兩點鐘，教學效果也越來越好。

　　不久，毛澤東發出「認真看書學習，弄通馬克思主義」的最新指示，地區黨校舉辦馬克思主義經典著作輔導員學習班，我又被校黨委指定為輔導員去黨校學習。自此我一直擔任本校馬列著作理論輔導員工作，每週給全校教師輔導半天，同時繼續給專科生講思政課。在這段時間內，我最大的收穫是系統學習了馬克思、恩格斯、列寧和史達林以及毛澤東的理論著作，馬列主義理論水準有了明顯提高，這使我至今受益。

　　然而1976年時，由於我的一時衝動，寫了一張不滿校黨委教育改革工作的大字報，使我受到了長達3年的政治壓制，人生也陷入低谷。事情是這樣的：當時教育改革在全國如火如荼進行，各大學都爭先恐後地採取措施，改革教育體制和教學內容與方法，可是師專校黨委卻遲遲拿不出什麼辦法推進教育改革。我看到這種情況非常焦急，於是就在放暑假回老家的前一天，寫出了一篇題為「臨別贈言」的大字報貼在辦公樓牆上，希望校黨委去掉暮氣，拿出朝氣，推動人民的師專沿著教育改革的大道闊步前進，而不要把自己當成阻礙教育革命的堡壘（大意如此）。

大字報貼出後，我就回家了，並沒想到會有什麼影響。不料第二天早晨，我的好朋友黃昌錄老師跑到家裡告訴我：「出事了！」說昨晚校黨委召開緊急會議，研究你的大字報問題，認為這是反對黨委的事件，背後可能有「造反派」分子孫開秦等人的煽動。我當時一下子就懵了：怎麼能這樣說！我寫大字報根本沒與任何人商量，完全是自己憑著一股激情寫的，跟他們有什麼關係呢？而且說我寫大字報就是反對黨委也太上綱上線了吧！

　　但是不管我怎樣向主管申明情況都沒用，校黨委還是將情況報到了地委，而地委又認為這是階級鬥爭新動向，是被打倒的「造反派」組織企圖破壞張家口大好形勢的一次反撲，等等。迫於壓力，我在大小會上多次作檢查，但仍不能過關……

　　從此以後，我的境遇日差，原有的早日加入黨組織的夢想也成為泡影，終日鬱鬱寡歡，感到前途渺茫。幸虧當時廣大教師依然對我挺好，並沒有對我另眼相看，只是說我行為太幼稚了，是沒事找事；家庭對我也依然關心如故。這樣，隨著時間的推移，我的情緒才逐漸穩定下來，但除了努力講好課，教育好兩個女兒外，再也不想別的事了。

　　這是我在師專的一段難忘記憶。

　　1978 年，在鄧小平改革政策下，全國很多大學開始招收研究生，好幾個北大同學報名了，我妻子也勸我報名試試，我拒絕了。一是我根本就沒那個水準，不可能考上；二是我家當時已有 5 口人（岳母＋兩個女兒＋我們夫妻倆），我上研究生，一家人怎麼辦？再加上我妻子（張家口醫專教師）要去哈爾濱醫大進修，所以我就跟她說：「哪兒的黃土不埋人？我就安居在張家口了，你去進修吧！」就這樣過了一年。誰知第二年大學招收研究生時，妻子又動員我報考。鑒於前一年有一個 1965 級的北大同學都考上了，我覺得試一試也無妨，還可看看考研究生都出些什麼題目，於是就正式報了名，並開始了認真準備。

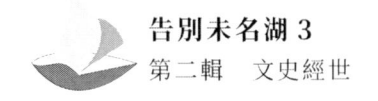

政法拚搏

1979年10月的一天下午，有人告訴我接到校人事處電話，讓我去領錄取通知書。我當時剛剛下課，一聽就愣住了！心想是什麼錄取通知呢？但馬上就又想到，會不會是研究生錄取通知書？我趕快去人事處查問，果然如此！

就這樣，我又成了北京政法學院（1985年改成中國政法大學）哲學教研室的研究生，開始了新的人生征程。

我原來以為念研究生很神祕，可是念了幾個月後，覺得也不過如此，無非就是聽課、看書、寫論文之類。導師組的導師學問都很深厚，每人教我們一門課：凌力學教授教中國哲學史，楊榮教授教馬克思主義哲學經典著作，劉聖恩教授講辯證唯物論，高建德教授則教唯物史觀，杜汝輯教授講現代西方哲學和形式邏輯。

這些導師除了教我們搞學問外，還經常教我們如何做人，令我們受益匪淺。我的論文指導老師是楊榮教授，她有一次給了我一小箱子經典著作摘抄卡片，對我學習和寫論文幫助極大。我們一共5個研究生（其中三個出身北大），畢業後全都當上了教授，還有兩人分別當上了中國政法大學副校長和副書記，這無疑與導師們的辛勤培育是分不開的。

1982年一畢業，我就留校任教了。由於我念的是哲學專業，就被分配到哲學教研室。可能由於我過去當過教師的緣故吧，不久就被提拔為教研室副主任、主任，後又被任命為政治與管理學系副主任，1988年春領導團隊換屆時升為系主任，直至1998年秋止，我在系主任崗位上幹了10年。

老實說，我並不是做系主任的材料。一是不會搞人際關係，說話太直，經常得罪人；二是沒什麼學問，除了北大牌子比較嚇人外，沒其他優勢；三是也沒有大的魄力，在創收上打不開大局面。幸虧老主任劉聖恩教授不斷指點迷津，有時還親自出馬，這才使政管系在創收、學科發展和科學研究等方面保持了全校一流水準。

這10年我經歷的事情真夠多的：先是處理青年教師查海生自殺事件，緊接著又遇到1989年春夏之交的政治風波，天天上廣場動員學生返校，然

後是不斷發生的創收糾紛和職稱評定糾紛，還遇到過幾個教師趁我外出開會時找校主管要求分家（政管系是在理論部基礎上組建的，因而一直與理論部合在一起，後來政管系幾個專業課的教師要求政管系獨立），最後是一個資料員因競聘崗位失敗拉著其丈夫深夜到我家裡鬧事……這些事情的發生和處理過程（簡直可以寫成一部中篇小說）使我身心俱疲，無暇自顧。所以我在56歲任滿兩屆時，就不由分說地辭職讓賢了。

關於查海生自殺事件值得說一下。

查海生（筆名海子）是安徽人，1982年北大法律系畢業，分配到北京政法學院學報編輯部工作。1985年時，科學家錢學森應邀到校參加法制系統工程學會成立大會並作報告，遂在政法學院引發了一場系統科學熱。當時查海生積極參會，並寫了一篇用「突變論」（系統科學內容之一）觀點闡述法的起源方面的文章。

由於我的研究生論文寫的就是系統科學方面的題目，並且當時正給大學生講「系統科學方法論」的課，所以看到他的這篇油印文章以後，就想把他調進哲學教研室，跟我一塊兒講這門課。同他一商量，他還真同意，於是就給他辦了調入手續（當時我已是系副主任），讓他到哲學教研室上班了。

查海生挺聰明，知識層面也廣。調入教研室第三週時，我讓他試講了一堂控制論課，內容講得比較準確，只是由於缺少教學經驗，用了不到半個小時就講完了，還剩下20多分鐘沒事幹，我趕快在後面說，讓同學們提提問題吧！結果學生也提不出問題，只好讓大家看看書才捱到下課鈴響。後來，他覺得課時不夠，又主動提出給學生開設美學課，哲學教研室也同意了。但自此以後，我就沒同他再進一步接觸。

1989年3月的一天深夜，我都要解衣睡覺了，突然電話鈴響起，我拿起聽筒問誰，什麼事，不料是保衛處打來的，問你們系有一個叫查海生的人嗎？我說有哇！然後對方告訴我說秦皇島火車站剛才來電話，查海生在他們那兒臥軌自殺了，要求學校派人前去處理。

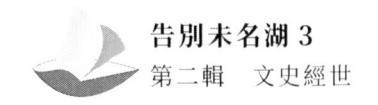

我一聽就傻了！心想怎麼會有這事！於是我放下電話，又立即給教研室祕書胡明（現已是校黨委副書記）打電話問詢（當時胡明住在教研室）情況，胡明並不知道這事，但說查海生昨天夜裡來過教研室，當時神色異常，總說有人要害他，還聽到一點聲音就驚恐地大叫。後來胡明讓他在教研室睡下，並安慰說保證沒事。誰知胡明早晨一覺醒來，發現查海生不見了⋯⋯

　　這事真夠大的！我剛被任命為系主任，根本沒有處理這方面事情的經驗，只好一方面請示校主管幫助，另一方面召開教研室會議，商量解決處理辦法。首先是派胡明和保衛處一人先去秦皇島處理屍體，同時通知家屬來京協商處理善後事宜，又派人拿著查海生的遺書和其他材料到安定醫院精神科，鑑定其生前精神狀況，最後是在校黨委何長順副書記帶領下，到山海關瞭解情況並辦理火化事宜，系工會和整個教研室則全體出動，用了整整半個月的時間才將事情辦完。在家屬安排方面，除了查海生弟弟留校工作的要求未能解決外，其父母對整個接待、處理工作也還比較滿意⋯⋯

　　就這樣，我系一個年輕有為的年輕教師——查海生離開了人世。後來我才知道他生前已經在新詩界小有名氣，並發表了不少作品，其離世後，中學語文書上還編入了他的詩篇，題目是《面朝大海，春暖花開》，影響也越來越大。不過在這之前，我對此卻一無所知，遺憾了。

退休如願

　　我一生無大志向，也沒有主動爭取過什麼，一切都是讓社會和家人推著走，隨遇而安。但從系主任職位上退下來以後，特別是退休以後，卻也生出了兩個願望：一是寫點文章，為社會發展做點理論貢獻；二是到世界各地遊一遊，瞭解一下不同國家的風土人情。可喜的是，我的這兩個願望都基本實現了。

　　首先，我從系主任職務上退下來以後，有一天突然感到自己以往寫東西太少了，除了主編過幾本哲學教材外，沒寫過什麼像樣的文章，對於各種社會問題也基本沒有發過聲音，這對於一個學者來說有點不合格。於是就想改

變這一狀況，把過去的一些思考整理出來，並發表出去。特別是退休以後，時間空餘了，這種想法就愈加強烈。

於是我就開始從小論文寫起，不斷地寫呀寫的，至今已在《社會科學報》、《中國青年報》、《環球時報》以及《哲學動態》、《理論探討》、《系統科學學報》等刊物上發表長短學術論文150多篇，還出版了《系統科學方法概論》、《四季論叢》等兩部專著。

這些東西雖然沒什麼水準，價值也極低，但其中所表達的觀點卻可保證是獨特的，而且從中國知網的收藏情況來看，在學界也有一定影響，個別文章還引發過一些爭論。這些年，由於年齡日高，精力不濟，文章有點兒寫不動了，但我仍沒有就此擱筆的想法，只是發表率日益降低罷了。不過我想：不發表也沒什麼關係，至少可以鍛鍊一下自己的大腦吧！以防得老年痴呆症！

其次，我自從2005年退休至今，足跡已遍布世界多地，先後與老伴一起自費參團去過美國、加拿大、巴西、阿根廷、埃及、土耳其、南非、澳洲、日本、韓國、俄羅斯、芬蘭、挪威、丹麥、瑞典、英國、法國、義大利、瑞士等，除了南極洲，其他幾大洲都去過了。2014年9月還與北大同班同學一起去了一趟臺灣，包括其西部的綠島和東部的澎湖都到過。未來的世界游計劃是東南亞和印度，以及國內沒有去過的地方。

透過旅遊，我領略了世界各地的大好河山以及風土人情：近觀了埃及金字塔，驚覽了伊瓜蘇瀑布，馳騁了澳洲草原，品嚐了真正的巴西烤肉，逛遍了土耳其的大巴扎，欣賞了北歐的峽灣景色，登上了非洲最南端的好望角，拜謁了列寧墓，遊覽了克里姆林宮，參觀了法國的盧浮宮和大英博物館，觸摸了義大利的比薩斜塔，觀摩了羅馬教廷內的宗教儀式，攀登了韓國的漢拿山，觀望了日本冒著熱氣的火山，瞭解了臺灣綠島監獄的殘酷，聆聽了澎湖灣的濤聲……

當然，除此之外，也遠望了巴西的貧民窟山，看到了巴西蓋著政府贈送的白床單露宿街頭的人，體驗了發展中國家公立和私立醫院的差別，感受了各國人民的友好情誼。這裡就說說到巴西公立和私立醫院看病的感受吧。

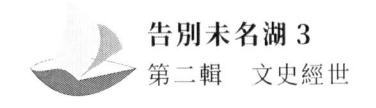

2006年春節，我和老伴參加了一個北青旅組織的到巴西和阿根廷旅遊團，因為人太少（只有6人），旅行社不派隨團領隊，但有地陪（當地導遊）接待，中間乘飛機和換乘飛機完全由我們自己負責。

到達巴西第一大城市聖保羅後，地陪王先生首先安排我們在一家中餐館吃午飯。由於一路顛簸，我感到有些餓，於是剛上好飯菜就大口吃起來，老伴見狀後幾次提醒我吃慢點，別嗆著。可她盡顧了提醒我，自己卻沒注意，用筷子夾了一塊魚肉，沒怎麼咀嚼就嚥下去了，結果被一根魚刺卡在喉嚨裡，反覆咳也咳不出來。

我有點發慌，趕快讓她張開嘴看，想用筷子把魚刺夾取出來，可是喉嚨裡什麼也看不到。於是又向飯店要了一杯食醋喝下去，也不管事。怎麼辦？只好等大家吃完飯安頓好後去醫院了。

聖保羅市的醫院有兩類：一是私立醫院，需要花錢；二是公立醫院，免費看病。所以儘管我們途中經過兩家私立醫院，都沒有進去，最後到了一家公立醫院。排隊看病的人非常多，地陪拿著老伴的護照進去交涉了十多分鐘才出來把我們領進去。可是醫生用鏡子看了半天也沒有發現魚刺，最後說，沒什麼大問題，吃幾片消炎藥吧。就這樣我們出來了。

可是回來後，一直不見好轉，但也沒加重，就這樣堅持旅遊了一天。次日坐飛機到里約熱內盧，老伴還是感覺難受，不敢吃飯，只是喝點水，吃一點泡發的餅乾充飢。於是我又嚮導遊提出看病要求。這次是晚上去的醫院，患者依然很多，導遊拿護照進去交涉後，我們就進去了，誰知值班醫生看了看後仍然說沒事，囑咐要多喝水。就這樣又從醫院出來了。

⊙ 2007年2月在埃及

第三天到了伊瓜蘇市，我老伴覺得喉部疼痛加劇，連喝水都難受了，於是我只好又找當地導遊王小姐要求看病，並提出要到私立醫院，不去免費的公立醫院了。導遊倒是很負責，當即帶我們去了一家日本人開的醫院。看病的人不多，醫生先是從外部看了看，也沒發現問題，後來又用一種喉鏡檢查，結果一下子就看到魚刺了，橫卡在喉部下面，從口中根本看不見。怎麼辦？醫生說，由於位置比較深，用鉗子是取不出來的，而且操作有危險，必須要用胃鏡才能取出。我同意了。

醫生做了一系列準備後開始操作，最終取出來一塊長15毫米寬4毫米的魚刺給我看，並說再不取出來就危險了。我們交了150美金費用，並給了導遊20美金酬謝，危機總算過去了。這件事使我們感到，巴西的公立醫院雖然免費，有利於普通百姓看病，但醫療水準也太低了，連一般的魚刺卡喉這樣的小患都看不了。後據導遊說，巴西有點錢的人大都不去公立醫院看病，怕耽誤了病情。我想將來國內醫療體制改革時，應該吸取這方面的經驗。

此外，到南非旅遊時，我們還遇到一次飛機快降到地面時突然又騰空而起的事件，結果飛機在空中又飛了20分鐘才降落，這把我們倆嚇了一大跳，至今難忘。至於旅行中掉隊、失聯等情況也有過幾次，不過最終都順利歸隊了。

常紹舜，男，北京房山人，1942年生。1964年9月入北京大學經濟系政治經濟學專業學習。1970年3月分配到張家口寧遠鋼廠工作。1972年調入張家口師範專科學校任教。1979年至1982年在北京政法學院讀研究生，次年獲北京師範大學哲學碩士學位（當時北京政法學院沒有哲學學位授予權，只好到北師大申請學位並答辯）。

畢業後留校任教，先後任中國政法大學哲學教研室主任、政治與管理學系主任。1992年晉升教授。曾主編過多部哲學教材，出版過兩部專著，在報刊和雜誌上公開發表大小論文150餘篇，主要研究哲學和系統科學問題。2005年退休，後被特聘為馬克思主義中國化研究專業博士生導師至今。

⊙攝於 1966 年 3 月

路

陳義成

我們的分配方案,經過一變再變,軍、工宣隊最後採取了最革命最徹底的「橫掃」方案——在校學生全部被掃地出門,一律發配到邊疆和農村,接受「再教育」、再改造。

傷別

要離校了,我有許多事要做,但最重要的兩件事必須做。

一件事,就是買書。讀者要問,就要被趕出北大,已無書可讀,怎麼還要買書呢?是的,經過「文化大革命」,中華文化、中華文明,已被摧枯拉朽式地橫掃一遍,除毛澤東的書之外,幾乎無書可讀了。許多人也都認清了形勢,舊圖書,甚至舊教材,都棄之如敝屣。可是,仍有那麼一些人,「賊心不死」,痴迷不悟,我便是其中一個。

我從小就愛讀書,上北大後,更是痴之若狂。除到圖書館、資料室借閱之外,我自己還節衣縮食,購得珍愛的幾十本,放置在宿舍的共用書架上。不幸,「文革」武鬥中,我們的宿舍樓 32 齋被對立面占領。我落荒而逃,珍愛的圖書自然也不知所終。

可是，我在離校前，竟然得到一次購書的機會。這是一次「暗箱」操作。「文化大革命」中，人民文學出版社還積存了許多珍貴圖書，怎麼辦？付之一炬或投入糞池，十分可惜。然而，誰還敢公開出售「四舊」？社內商議，像北大中文系這樣的單位，可能仍有喜之者、愛之者，可以暗中輸送給他們一些。出版社嘗試著輸送到北大中文系的圖書，被迅速瓜分一空。

他們又暗示：未得之而喜之者，可自行到出版社書庫購書。第二天一早，我就到出版社找到聯絡人，出示證件後，他賣給我精裝《紅樓夢》、《三國演義》各一套。《紅樓夢》是1957年版的「程乙本」，《三國演義》是1954年版的「毛本」，都十分珍貴。他小心翼翼地用牛皮紙包好，外面又用報紙包一層以作偽裝——那張報紙通欄標題「橫掃一切牛鬼蛇神」赫然入目。臨行，又叮囑我：「不可為外人道也。」

另一件事，就是向未名湖道別。就要離開北大了，我需要告別一下未名湖，憑弔一下未名湖，祭奠一下未名湖。

深夜，我離開宿舍，向未名湖走去。這早春的夜，涼如水。月，透過薄薄的雲團，灑下一把把銀沙，掩蓋了世間的骯髒、醜陋以及一切功過是非。一路上也特別的靜，那震耳欲聾的「打倒」、「橫掃」的叫喊聲、喧囂聲都停息了，已變成一個闃無聲息的世界。我的心也靜下來。

未名湖水面平靜，月光給了她撫慰。水面時時泛起漣漪，月影在水面跳動。博雅塔在水面投下一條長長的飄忽的倒影，它和湖水纏綿細語，似乎在申訴著什麼，評說著什麼。

⊙ 1970 年畢業照

　　我環湖踟躕著，忽然想起兩位前賢，一位是蘇東坡，一位是朱自清。蘇軾是獨步千古的少有的文學藝術家，詩詞文書畫俱佳。我既仰慕他的曠世奇才，尤其讚賞他行走於儒釋道之間、遊於物外的曠達性格。「烏台詩案」之後，他也常常感到無限的孤獨和憂憤。

　　他在黃州定惠院，深夜月下徘徊許久，寫道：「缺月掛疏桐，漏斷人初靜。誰見幽人獨往來，縹緲孤鴻影。驚起卻回頭，有恨無人省。揀盡寒枝不肯棲，寂寞沙洲冷。」這亙古的寂寞啊！這曠世的憂憤啊！我沒有蘇軾的胸懷，此時的心情，除了孤獨和憂憤之外，還有恐懼和惶惑。

　　朱自清這位現代偉大散文家，也曾面對殘酷的現實，在荷塘月色下尋找內心的寧靜。與朱自清，我也不敢類化。但此時的心境，卻有點像《荷塘月色》中描寫的那樣。我也似乎在擺脫世上的紛爭和喧囂，去迷醉自己的理想世界。然而卻又是匆匆告別這個理想世界。既留戀又離別，既嚮往又永訣！這是在憑弔一個夢，在祭奠一個將逝的過去和未來。

　　我踟躕著，眼前又突然浮現出中文系幾位導師和主任的面容。王力先生年逾 70，拖著略顯肥碩的形體，艱辛地伏在講台上講虛詞「也」字，發出抑揚頓挫的「呀，啊」的聲音；陰法魯先生，清瘦的身軀站在講台上，講古曲《廣陵散》怎樣用宮、商、角、徵、羽五音，一會兒壓低喉嚨搖晃著腦袋，哼出低沉悠長的樂音，一會兒伸長本已頎長的脖頸，唱出激昂高亢、直衝雲霄的歌聲……

突然，在我精神恍惚中，又出現一隊「牛鬼蛇神」的身影，戴著高帽，被押解著……裡面竟有禿頂只周匝有華髮的王力先生；還有系主任向景潔，穿著扯掉紐扣的深藍衣服，酷似囚徒的形影，蹣跚著……我心頭不由得一顫。

我坐在湖畔的石岸上，對著迷茫的湖水和塔影，呆呆地凝望，又想起我的身世和求學之路。我降生40天，父親就在抗日戰爭中為國捐軀。父親是出身地主家庭的知識分子，青年時期就投身革命。幾年後，母親又貧病憂憤而死。我生而失怙，繼而喪母，孤苦伶仃，寄人籬下，發憤讀書。雖簞食瓢飲，摩頂放踵，又何懼哉！

讀國、高中，年年考試不出年級前三名，並被評為三好學生，出席北京市西城區三好學生代表大會。我高考報志願時，第一志願是北大中文、歷史、哲學，依次是復旦、南開。這也是少不更事，自我狂妄。所幸，我以北大中文系1963級第三名被錄取。1963年是所謂「修正主義教育路線回潮」時期，基本上「只看成績，不問出身」。否則，我這個「黑五類」子弟，是不會登上北大殿堂的。入學時，真有一種「朝為田舍郎，暮登天子堂」的感覺。那是怎樣心潮澎湃的情景啊！面對這湖光塔影，在這科學知識的殿堂裡，那追慕前賢、誓接古今的情志，那仰望蒼穹、探索星宇的沉思，那「鐵肩擔道義，妙手著文章」的責任擔當，那「道之所存，國之所繫」的赤子心懷……

這一切，如在目前又十分遙遠了，都已化作逝水東去也。如今，只留下長長的嘆息、無盡的憂慮、無窮的惶惑、無止的疑懼！

「路漫漫其修遠兮，吾將上下而求索。」屈原等偉大愛國詩人為了探索人間正道，常以香草、美人喻理想、明君。1998年，北大百年校慶，在歡聚宴慶後數日，我獨自一人又重回北大，徜徉、徘徊於未名湖畔。想起當年告別未名湖時的苦悶傷別之情，又重溫了一下一個舊夢的追求和破滅，寫下了《月下》一詩。

月下

湖畔

塔影

第二輯 文史經世

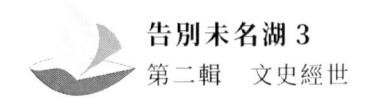

他獨坐在石舫上

「打倒」的呼喊聲

隨著日影西落

沉寂了

一切都歸於寧靜

月魂

穿過黑暗的雲

灑下

輕紗般的銀光

他迷離的眼神

仰望皓月

那一圈圈光暈

訴說著愛、美和高尚

月中走出一佳人

遺世而獨立

蓮步輕移環珮叮噹

鐘磬齊鳴仙樂飄揚

五千年文明麗影

攝人心魄的銀光

佳人投下

溫情脈脈的一瞬

五嶽生輝　四海湧浪

他血脈沸騰心馳神往

鵬飛高舉

搏扶搖九萬里

欲踵武前賢

溝通天地

迎接月宮女神

深邃溫暖的目光

天庭震怒

遽壓下一只

翻雲覆雨大手：

「大膽狂徒

人神阻隔

怎敢狂想」

九霄墜落紅塵

摔碎痴人之夢：

人神殊途

階級不同

況鬼魅又分「五類」

豈能互訴衷情

美人飄然而逝

臨行還在回眸

他悵惘徘徊

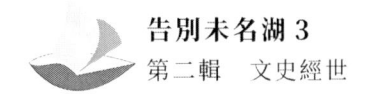

跌倒在湖岸昏睡

天雨雪盈尺

掩埋了階級「異類」

大地白茫茫一片

眼角凍僵了兩滴清淚

徬徨

　　1970 年 3 月 17 日，我和北大六十幾位同學，乘上北去的列車。火車奔馳一天一夜後，把我們甩在了名為「昌圖」的地方。面對白皚皚一望無際的冰雪和凜冽的寒風，我才從未名湖的夢中驚醒，就要真實地面對這「慘白」的現實了。昌圖，是蒙古語的譯音，意為「放牧的地方」。但此時卻沒有一根草，只有凍僵的白色大地。

　　接待我們的是一位姓姜的五七士兵，此人有著「極左派」的面孔。他宣布了再分配的方案：縣城不留、老中學不留、鐵路沿線不留。一竿子插到底，絕大多數同學都被發配到偏遠的公社，多是「小學升級」當鄉村教師。

　　縣教師培訓班卻留下 5 位，其中有我，受寵若驚。可能是我的「革烈」出身顯了靈光。讀中學、大學時，出身一欄我填的是「地主」，但都註明父親在抗日戰爭中犧牲，被追認為烈士。那個年代，「出身決定命運」，反動的「血統論」甚囂塵上，「龍生龍，鳳生鳳，老鼠生兒會打洞」。

　　我這「地主」的胎記似乎注定我一定要翻案想做地主。因此，我飽受歧視，無論怎樣肯學肯幹，怎樣表現積極，都無濟於事。它成為我一生中永遠也抹不掉的心理陰影。我想：既然有「革烈」出身，我就鮮明地填了「革烈」，以證明我的清白。

　　縣教師培訓班，只是在寒暑假才有集訓教師的任務，平時就是聽課、備課，倒也清閒。但縣教育局（當時稱教育組）經常派我們到鄉下「檢查工作」，主要是做文字祕書和拎包當差。

記憶中我的第一份重要差事，是跟著分管教育業務工作的孫敬副局長到金家公社中學「取經」——該中學是當時全縣教育系統學大寨、學農的典型。時值3月，當地氣溫仍在零度以下，可學校的溫室大棚溫暖如春。雜交玉米、大豆的小苗綠油油，長勢正旺。孫局長是個年過半百的老教育專家，看了溫室大棚，給予積極肯定，還一定要聽文化課。

　　校長無奈，只得跟著局長步入一教室。講的什麼課，我都記不住了，只感到一個字——「冷」。教室的門窗都沒有玻璃，釘上的塑膠布也被吹破了許多洞。師生蜷縮在裡面上課，用的是泥土堆的桌凳。生火取暖的爐子冰涼，只是擺設。學生戴著棉手悶子，露出兩個手指，僵直地捏著小鉛筆頭。臉蛋都凍得發紫，有的還流著鼻涕。聽完課，孫局長批評說：「這麼冷的天，沒有取暖的條件，學生怎麼上課？再困難，也該把千瘡百孔的塑膠布換一換。不該只顧溫室大棚，不顧師生健康啊！」

　　這次出差，我有兩點體會：一是真實地感到農村辦學條件的艱苦和學校學大寨的偏差；二是孫局長的真誠直率。他真是個敢說實話的守舊的書呆子局長。

昌圖十年，有兩件事值得回憶。

　　先說婚姻。我們北大學生這批「臭老九」，在一般百姓眼裡卻是香餑餑。尤其在這窮鄉僻壤的昌圖，哪裡見過這麼多北大學生！於是開始上演「搶新郎」一幕。教師培訓班的主管和老師主動給我們介紹對象。我找對象的原則是「兩高兩低」免談，可綜合為四點：一是自認「出身高貴」，而盛氣凌人者。一些人，堅持「血統論」，認為出身工人、貧下中農，是天生的主管階級，或革命有功，以元勳祖宗自傲，這些觀念如帶入家庭，夫妻變異為領導與被領導、主子和奴僕，這太可怕了。二是自認「沉魚落雁」，而頤指氣使。人們常說的「冰美人」，不過天生一副好皮囊而已，也不可取。三是唯利是圖，唯錢為尊，眼中只有利益。太銅臭了，不可相處。四是家長裡短，喋喋不休，不懂禮儀，太過俗氣，也難以忍耐。

我出身不高貴，忝列「黑五類」。相貌不驚人，五官還純粹。家境不富裕，心神卻豐沛。讀書不算多，卷帙常受累。性本愛丘山，清風明月醉。教師培訓班的主管和老師曾給我介紹兩個，按我的原則，終不合意，便婉拒了。後來鄭祥春走入我的生活。她雖無沉魚落雁之貌，卻也眉清如黛，臉潤似花。不張揚，性和善，沉靜穩重。她是瀋陽衛校學生，帶薪插隊昌圖。我們雖不能說一見鍾情，卻也是同命相憐（因她父親所謂歷史問題，全家到昌圖落戶）。正所謂「同是天涯淪落人，相逢何必曾相識」，便走在了一起，建立了家庭。翌年，便得一兒一女。每星期日及節假，都到岳父家團聚。種種美妙的情景，永遠定格在我們的記憶中。

　　再說六中。我曾隨教育局工作組到六中調查，陷入了一場政治風波。六中全稱是昌圖縣老城鎮六中，是一所完全中學（既有國中又有高中）。它是在昌圖縣獨立高中解散後的基礎上成立的，資格較老，規模較大，師資也比較雄厚。教師有 50 多人，多為遼大、遼師大畢業，更有東北師大畢業的，學歷最低的是師專畢業生。有國中班 12 個，高中班 9 個，學生 1000 多人。

　　因其老、大，問題也就比較多。加之，它受雙重領導——縣文教局和老城鎮黨委。「文革」中，工人階級領導一切，它更直接歸昌圖老城鎮農機二廠管轄。該廠也是工宣隊的派出單位。說起農機二廠，那是昌圖縣赫赫有名的工業企業，書記兼廠長李××赫赫有名。他家是當地赫赫有名的家族，勢力大，關係廣。

　　六中主管的任命，由縣文教局提名，老城鎮黨委同意，還需農機二廠點頭。這樣，六中的主管便和農機二廠有著千絲萬縷的聯繫。我們六中的××書記就是這樣，老師們對他意見很大，常有信訪告到縣文教局。因此，縣文教局派工作組到六中調查，我聽差也跟了下來。後來，乾脆把我撂在了六中。這也是照顧我，因我妻子在老城鎮醫院上班。

　　既然落戶六中，我就得好好幹。開始我做初三（3）班班導，並兼任兩個班的語文課。憑著北大中文系的底子，講語文課駕輕就熟。縣文教局、縣教研室來聽課後，大加讚賞。於是，開現場會，講觀摩課，聲名鵲起。我做班導工作也很認真，和同學們一起摸爬滾打。在學校學大寨過程中，憑著年輕

和不怕苦的勁頭，敢和學生挑起百八十斤土筐競賽。但我不諳政治，一切追求實事求是。

實事求是，是做人的根本，也是北大的傳統。有一次，工宣隊長找到我，要發展我班××入團。這個同學在班級表現平平，許多比她優秀的同學還未能入團呢，這讓我很為難。我只能按照標準要求，沒有照辦。我哪裡知道，後果極為嚴重。我得罪的不僅是工宣隊，更是農機二廠的主管。我後來才知道，那個學生是農機二廠主管的侄女。

對縣文教局的調查，××書記開始並不在意。因為過去也調查過，都不了了之。後來，老城鎮黨委也插手進來，鎮黨委書記趙智玉親自盯，聽彙報，並讓我當工作組祕書，負責整理舉報材料。我按政治、經濟、教學、生活等類別整理了一大本子，上報老城鎮黨委和縣文教局。我這個祕書，是主管指派，我把它看作是主管信任，誰知這是個極其危險的工作。有的老師暗地告訴我：「陳老師，你傻呀，這個工作你還敢接。六中的鬥爭極其複雜，你將來要吃虧的。」

這話果然應驗了。首先是我的入黨之事泡湯了。我的入黨申請，六中黨支部評議通過，報到老城鎮黨委，但入黨志願書在××書記手裡，遲遲不發。幾天後，氣候大變，站在老師們一邊的工宣隊被撤回，換上了保護××書記的新工宣隊。從此，我的噩運來了。不僅入黨一事告吹，而且，他們還加緊整理我的「黑材料」，突破口就是我的「出身」。

六中準備發展我入黨前，已派人到我家鄉外調過。我出身地主不假，但父親為革命犧牲也是真。共產黨河北定縣縣區委為我父親開過追悼會。工宣隊再次外調，回來後到處宣揚我的家庭出身如何複雜，伯父還做過國民黨縣長云云。鬧得滿城風雨，三人成虎。

亂扣帽子，亂抓辮子，無中生有，捏造罪名，是「四人幫」政治流氓們一貫的作風。1976年10月，「四人幫」倒台後不久，我激動地作詩一首，並主動在全校教職工大會上朗讀。其中有雲：

人民的銳眼

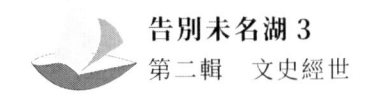

早就看穿了「四人幫」的

鬼蜮伎倆

這夥人間醜類

舞文弄墨

搖唇鼓舌

自詡為「真正的無產階級」

「正確路線的代表」

國家的「鋼鐵」棟梁

胡亂地抹了一道又一道

發亮的油彩

無恥地戴了一頂又一頂

閃光的桂冠

卻原來是

「拉大旗作虎皮」

「借革命以營私」

幹的是

雞鳴狗盜的

無恥勾當

……

工宣隊站在旁邊，怒目圓睜，咬牙切齒，認為我在影射他們，攻擊他們。老師們也嚇得瞠目結舌，面面相覷。我則義憤填膺，昂首走下講台。

鬥爭遠沒結束。工宣隊和××書記密謀數次，想出一計，利用教職工中他們的親信爪牙圍攻我。那時，批「四人幫」還沒形成高潮，工宣隊還沒撤出，

鬥爭形勢還不明朗。這時，八面城二中楊書記調入縣文教局駐六中工作組，堅決支持我和老師們的正義鬥爭。楊書記還因此背上了「反對工宣隊」的罪名。後來楊書記和縣局主管商量，把我調離六中，回到縣教研室任職。縣教研室的前身就是縣教師培訓班，工作性質也一樣。

離開了六中的政治漩渦，我痛定思痛，心中產生了許多疑惑。毛澤東派工宣隊進校，占領學校，占領上層建築，所謂「摻沙子」，所謂奪修正主義教育路線的領導權，怎麼具體到學校，就變了味呢？特別是老城六中，味就變得更大了。工宣隊和幫派勢力、地方宗族勢力結合，變成了鎮壓群眾、保護錯誤、迫害教師的工具，變成了幫派勢力、宗族既得利益集團的代言人。

這個決策的意義究竟何在呢？我又進一步想到，我們北大等大學學生為什麼會成批發配到邊疆、農村？我們為什麼會出現在這裡？本來是在共產黨執政的首都北京勤奮讀書，怎麼忽然變成修正主義苗子，資產階級知識分子呢？

疑惑啊，徬徨啊！這難道是上天注定的宿命？還是某種有形無形的力量的支配？我們的命運誰在左右？我們的人生之路應該怎樣走？

縣教研室的位置離鐵路不遠，我們常聽到火車的鳴叫和轟隆聲。我也常去呆呆地觀望一閃而過、南來北往的列車，於是有感而發，寫下了《小站》一詩。其中有云：

這是窮鄉僻壤的一個小站

他因為祖上的「光榮」

莫名其妙地被「時代」的列車

甩在這小站當了一名裝卸工

……

他日復一日年復一年地爬上爬下

裝上了木材，卸下了煤炭

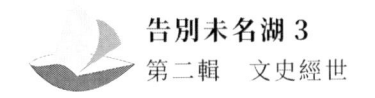

望著一趟趟呼嘯而過的火車

不知它們來自何方，又奔向哪裡

自己的命運也裝在火車上，來也懵懂，去也懵懂

……

奮鬥

「四人幫」倒台，鄧小平復出，取消「以階級鬥爭為綱」的錯誤路線，把主要精力調整到經濟建設這個中心上來。全國科學大會召開，發出「尊重知識，尊重人才」的號召，重提實現四個現代化，首先是科學技術現代化的根本任務。中國這列顛沛坎坷的列車，終於找到正確前行的道路。

我決意要離開昌圖了，我要去尋找人生新的路標，透過奮鬥去改變任人宰割的命運，體現我生命的價值。是時候了，時代要求我這樣做，也允許這樣做了。

透過同學的引薦，我很快在瀋陽找到了兩個接收單位。一個是遼寧中醫學院，教醫古文。我的試講已通過，材料已報省人事局，等候調令。一個是遼寧教育學院，教古代文學。可是，兩個調令在昌圖縣都被壓下了。省裡的調令被縣教育局扣壓。一天，縣局一幹事告訴我，看到我的調令在局長手裡。我急匆匆去要調令。

主管人事的局長說：「什麼調令？你以為你是誰呀？你是魯迅第二，還是高爾礎啊（局長真能編排，高爾礎自然是高爾基第二了），昌圖就容不下你啦！」我暗自叫苦，這調令是不會給我了。接著，縣教育局卻給我發了另一個調令，調我到新恢復的縣獨立高中任教導主任。不過，我並沒有到任。

另一個調令被扣壓在縣郵政局。從省人事局得知，我和我妻子的調令已發至昌圖。我妻子請了幾天假，收拾搬家。她單位一位號稱「運動樂」的同事叫嚷道：「準備走，看她有本事能求（「求」即「取」）來調令嗎！」他說話的底氣來自他的親戚是縣郵政局局長，他知道我們的調令已被扣壓在縣郵政局。後來，我們到縣人事局去問。縣局和省局電話溝通後，省局說：「丟

失是不可能的，調令都有機密編號。那這樣吧，你局開信過來，我省局接收就是。」

後來，我調到遼寧教育學院當老師，教古代文學，和我所學專業接近，和我的秉性也吻合。我高興地接受了，我的人生定位找到了。下一步就是踏踏實實、認認真真、勤勤懇懇地工作了。學院中文系古代文學教研室主任張化老師，學問很好，人尤其謙和厚道。他讓我選擇教學時段，我選擇了先秦和兩漢魏晉南北朝。

教學對像是中學老師的「專升本」教學班（學歷補償教育，是還「文化大革命」的欠債）。教學方式是以函授為主，面授為輔，除定期辦班和信函指導外，還要到各市地教學點面授輔導。這期間發生了許多難忘的故事。

一次，我和張化等老師去丹東市東溝縣大孤山教學點授課。一路火車、汽車、馬車，平路、山路、泥濘的沼澤路。突然暴雨又轉雪，冷風呼呼地吹，我的上衣已濕透，雪霰打在臉上，針扎一樣疼痛。我攙扶著年老的教古漢語的薛老師，艱難地頂風前行。不一會，前來迎接我們的學員們一陣呼喊，接下我們的行李、教材，把我們送到住處。

他們迅速地幫我們烘烤了衣服，端來熱騰騰的「臥雞蛋」，給我們去寒。接著，擺上了一桌「豐盛的晚餐」，都是時鮮的農家果蔬。這時，班長（一位頭髮花白的50多歲老師）舉杯說：「『有事，弟子服其勞，有酒食，先生饌』，這是孔老夫子的教導。我們不忘師恩，老師們不避風雨，辛辛苦苦來給我們上課，我們感激不盡！」

這是「文化大革命」以來我頭一回聽到這樣感念師恩的話。十幾年來，灌入耳膜的都是「臭老九」、「資產階級知識分子」、「打倒」、「改造」的惡狠狠的話語。在這偏遠的山村，我看到了人間的純美和真情，找到了做人的尊嚴，做老師的尊嚴。

我們在這個大孤山教學點連續講了7天課。嗓子啞了不知累，腿站僵了不知乏。薛老師年已60，學員們勸他坐著講課。他說：「老師講課必須站著，這是尊嚴。」

第二輯　文史經世

　　講古代文學，我們有自編的《中國古代文學簡史》和《古代文學作品選》。打倒「四人幫」後，全國都在撥亂反正，平反冤假錯案。文化領域是重災區，尤其要肅清其流毒。古代文學遺產，更是重中之重。「四人幫」之流，以「儒法鬥爭」、「批林批孔」之名，把儒家文化糟蹋得面目全非，給孔老夫子潑了太多太多汙水。這都需要正本清源，還歷史的本來面目，還孔子和儒家的崇高地位。

　　中國的傳統文化，是儒、釋、道合一而以儒家為正統的文化。孔、孟的「仁、義」學說，奠定了中國2500年來倫理道德和政治理想的理論基礎，是中華民族社會文化心理的最核心的基因。她哺育了以「仁者愛人」為中心的人道主義、以「家國情懷」為中心的愛國主義、以「四海之內皆兄弟」為中心的國際主義、以「殺身成仁、捨生取義」為中心的英雄主義、以「安貧樂道」為中心的樂觀主義，規劃了以「德治、仁政、選賢、與能、講信、修睦」為核心內容的天下為公的大同世界的和諧理想社會藍圖，以「孝悌忠信、仁義禮智」為做人修己之道的高尚人格範式，以及積極向上的人生觀、價值觀、苦樂觀、生死觀、榮辱觀、窮達觀和積極進取的自覺精神、自律精神、自強精神等等。這些都無不融化到中華民族的機體血液中、精神心理中、社會細胞中，成為中華民族生生不息、前赴後繼的共同理想追求，也是中華文明數千年綿延不斷、統緒不墜的根本原因。

　　我結合古代文學教學，在學院舉辦了孔子專題講座和《論語·侍坐》章的公開課。

　　孔子的專題講座，除講述孔子的生平事跡之外，主要分析評價了孔子的「仁」學思想，並力圖將傳統和現代聯繫起來。孔子的「仁」學，我歸納為6點：

　　1.「仁者愛人」是孔子「仁」學思想的基本點。就是把人當人看待，以人為本，尊重人格，體現了人道主義精神。它是春秋時期進步的民本思想在哲學上的反映。

2.「孝悌」是「仁」在家庭倫理關係上的體現，是促進人們「親親」的道德力量。它在當時，一方面有利於維護宗法等級秩序，另一方面則促進了中華民族「孝」文化美好道德倫理的形成。

3.「忠恕」是「仁」在社會人際關係上的體現，它是促進社會成員「親和」的道德力量。它在當時，一方面維護了貴族等級秩序，另一方面也促進了為人謀而盡「忠」，推己及人而為「恕」的社會美好道德的形成。

4.「克己復禮」是「仁」在社會秩序上的體現，意在建立一個文明有序的理想社會。它一方面表現了孔子的保守性，另一方面又反映了孔子的進步性。因為孔子的「禮」是有所損益的周禮，是對周禮的改造。它為中國社會禮儀之邦良風益俗的形成奠定了基礎。

5.「仁政、德治」是「仁」在治國理政上的體現，是封建地主階級的開明政治。這種開明政治，給以後的進步政治家、思想家以深刻的影響，它成為漢唐開明盛世和以後的清官文化的思想基礎。

6.「聖」、「賢」、「君子」、「士」是「仁」在理想人格修養上的標準。儒家的這種理想人格力量，孕育了後世一代又一代進步的政治家、思想家、民族英雄和傑出的作家、詩人。

這6條，雖不敢說是對孔子「仁」學思想十分全面、科學的概括，但都有翔實的孔子語錄為證，並參證了若干文獻研究資料。

《論語·侍坐》章的公開課，採取了以經證經的手法，即主要以《論語》中孔子的有關言論試圖辨證孔子「與點」的真實含義，以解讀《侍坐》章表現了孔子怎樣的人生態度。孔子在人生道路上，在仕途的進退行止上的原則是「義之與比」，唯「義」是存。能「求仕」、「為政」，則「行道」、「行義」，實現其政治理想和道德追求。

不能做官，或不可做官，就隱居以求其志，行義以達其「道」，即聚徒講學以傳道，整理六經以明志。這同樣可以達到「行道」、「行義」的目的。所以，夫子「與點」之嘆，乃退隱之嘆。

這一專題講座和公開課，轟動了校園，不僅學生聽，老師聽，主管也聽。因一時小有名氣，我又受聘為中央廣播電視學院（即後來的中央電大）兼職教師，主講「文選與習作」。錄課30餘節，透過衛星在亞太地區上空播放。

我又撰寫了有關孔子、《論語》的論文兩篇。一篇題為《夫子「與點」之嘆，乃退隱之嘆——論《侍坐》章究竟表現了孔子怎樣的人生態度》，刊載於《瀋陽教育學院學報》（2000.3），後被推薦為第三屆中國古代散文國際學術研討會交流論文，並入選該學會學術論文集《中國古代散文研究》（2000.8，安徽大學出版社），後又為國家教育部古籍整理研究工作委員會指導下的《古籍研究》收錄刊載（2001.1）。

一篇題為《辭富山海——談〈論語〉在散文發展史上的新貢獻》，初載於《遼寧教育學院學報》（1998.3），後推薦為第四屆中國古代散文國際學術研討會交流論文，在大會上發言交流，並收入《中國古代散文第四屆國際學術研討會論文集》（2001.12，中國文聯出版社）。又被收錄於中共中央黨校、北京大學、全國報紙研討會、團結出版社聯合編著的《中國社會主義精神文明建設寶典》（1999.6，團結出版社）。

在撥亂反正、肅清「四人幫」流毒中，為孔子正名，為儒家正名，為優秀的傳統文化正名，我是盡了一位「傳道、授業、解惑」者的微薄之力了。

隨著「專升本」學歷補償教育的結束，我們嘗試著舉辦本科後的高級研修班（相當於研究生班）。我開了兩門專題課：「中國古代散文發展綱要」、「古文概觀與文體筆法舉要」。經過數輪的講授，我對於中國古代散文的發展演變，以至於古代文學整體的流變演進，積累了一些體會，似乎看到了一些規律。這些規律，是否對中國文化的發展、繼承與創新，也有一些啟示呢？於是，我撰寫了題為《試論我國古代散文的發展規律》的文章，發表於《遼寧大學學報》（1998.3）。主要觀點有四：一是「散文的發展隨時代而變遷」；二是「散文的格調隨文論而變異」；三是「散文自身的發展由文質遞變走向文質兼善」；四是「散文自身的發展是一個傳承嬗遞、因革通變的過程」。

文章的發展，以及任何事物的發展，都隨時代而變遷，都有「傳承嬗遞、因革通變」的過程。1966年的「文化大革命」違背了人類文明進步的發展規

律，是對中國優秀文化傳統的嚴重破壞。有資料統計顯示：「文化大革命」使「國民收入損失 5000 億元，浪費和減收共計 13000 億元人民幣」。「文革」冤獄遍國中，包括劉少奇、彭德懷等黨和國家領導人在內，非正常死亡 2000 萬人。這損害是極其慘重的。然而，我認為最大的損害是文化的損害。優秀的傳統文化被埋葬，道德之根被挖去，信念之魂被放逐。「文化大革命」的歷史，是歷史的反動，是民族的倒退。

1980 年 10 月，我調到遼寧教育學院任古代文學教師，找到了我新的人生定位，直到退休這 20 餘年，是我奮鬥的 20 年，是我為中國教育事業、文化事業作貢獻的 20 年，也是我實踐人生價值的 20 年。我貢獻不大，所得不少。就榮譽稱號講：多屆院優秀教師，遼寧省直單位先進教師（1988），全國高等師範院校曾憲梓教育基金會優秀教師獎（1999）；就職務講，曾任學院中文系副主任、學院科學研究處長、教科所所長；就業務職稱講，副教授、教授、中國繼續工程教育協會基礎教育委員會學術評審委員會委員（2000、2001），中國古代散文學會理事（1997 至今）。

回顧一下前進的道路，實在是艱難曲折，有許多需要克服的實際困難，其中很多是人為的障礙。中國人前行的路上，背負的包袱太多。

⊙全家福，1980 年於瀋陽北陵公園

幹事業的路上，常有這種情況：有奮力前行者，有埋頭苦幹者，也有袖手旁觀者，還有冷面訕笑者，甚至有陰謀算計者。旁觀訕笑者、陰謀算計者，事情不幹，力氣不出，卻是挑毛病的能手，秋後算帳的行家。他們還善於說假話、空話、大話、套話，善於見風使舵、鑽營討巧。這些人在政治上一般

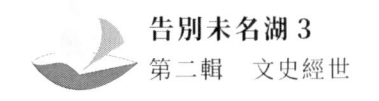

是吃得開的。大躍進時期,說大話、空話、不著邊際的話、吹牛皮的人,一定是左派、革命派。

「文化大革命」時期,說假話、瞎話、狠話、栽贓的話、罵人的話以及套話、歌功頌德的話、表忠心的話的人,更是響噹噹的革命派。「文革」後,風氣好了些,講實事求是了,但吃慣了那口政治飯的人,使慣了順風船的人,仍然積習難改。坊間不是流傳著這樣的話麼:「說假話,遲早要垮台,但不說假話,明天就垮台。」吃得開的人,不僅是政治上吃得開,還能「通吃」:政治上、業務上、財路上,甚至名氣上,都能吃得開。

⊙陳義成

但,人間正道是滄桑。鐵肩擔道義,真龍負乾坤;正道直行者,華夏鑄英魂。因作《贔屭頌——獻給我的民族,我的祖國,獻給四化建設的新時代》以抒懷,就作本文的結語吧。

序詩

贔屭,

你,本是龍的兒子,

卻受了那麼多重壓和欺凌。

可是，你昂著頭，

背上馱著中華民族的歷史，

在塑造一個永恆！

一、遠古的傳說

從遠古的傳說時代，

你降生了。

你生下來的脾氣，

就是能負重。

深潛入江河湖海，

托起大地和海洋。

有時你也發發脾氣，

那可就要海嘯山崩。

你的子孫繁衍在黃河長江，

黃河之水懸流千丈，

長江之浪鼓若山騰。

你這深潛九淵的神龍，

騰飛而起，

化作炎黃子孫奮進的圖騰。

二、屈辱的歷史

不知是哪一個朝代，

你被放逐在廟堂陵墓，

第二輯　文史經世

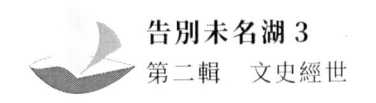

被塑成碑趺的形體，

馱起一根根高大的碑柱。

石碑上鐫刻著帝王高傲的名姓，

也鐫進了人民的苦難和愚昧。

石碑猶如一座座五行山，

封建的層巒是那樣沉重。

你周圍還長滿了雜亂的蓬草，

臉上爬上了汙穢的苔衣。

還有那恬不知恥的鳥雀，

不僅在你頭上築巢，

還叫出一陣陣沙啞的嘲弄。

你鎖住內心的憤怒，

默默無語。

重壓，算不了什麼，

你生來的本領就是能負重；

至於蓬草、苔蘚、鳥雀，

這些短命的蠢貨，太可憐，

盡可不去理它。

你在等待著，等待著，

等待著滄海橫流，

寰宇新生！

三、新生與永恆

幾度春花秋月，

幾番炎夏寒冬。

樹碑人枯了，

被樹的人也爛了。

那些歌功頌德的碑銘磨蝕淨盡，

連碑柱也坍塌摧崩。

只有你，

只有你還兀自坐在那裡，

傲視著這亙古長存的大地，

傾聽著人世間一幕幕醜劇、鬧劇的喪鐘。

地下的熔岩在燃燒，

大海在沸騰。

經歷了幾世幾劫的錘煉，

這得到了日月精氣的神物，

終於又站立起來。

掀翻了封建的重壓，

甩盡了世俗的污穢，

在血和火的洗禮中，

又涅槃新生。

這中華民族的脊梁，

這血管中沸騰著龍的血液的精靈

——贔屭,

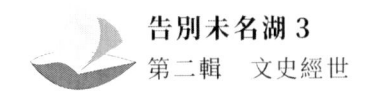

你挺直了身,

呼嘯而上,

又重成為炎黃子孫奮進的圖騰。

背負著中華民族的歷史,

向著復興的輝煌目標飛昇。

你建立的是萬世不磨的人類豐碑,

你塑造的是一個永恆!

陳義成,1942年生,河北定州人,中共黨員,教授。1963年考入北大中文系,入讀文學專業。後因病休學,再編入1964級古典文獻專業。「文革」在校滯留7年。1970年3月分配昌圖任教。10年後調入遼寧教育學院(後與瀋師院合併為瀋陽師範大學),2003年退休。先任中文系古代文學教師,後履任中文系副主任、學院科學研究處長、教科所長,兼任中國電視師範學院(即中央電大)「文選與習作」主講教師。

長期從事古代文學、古代散文的教學與研究。主要著作有《中外文學人物形象辭典》(「中國古代文學」部主編),《中國歷代文學經典》之《漢魏六朝文卷》、《唐宋文卷》(主編之一),《中國古代文學作品選》(合編),《中國古代詩文小說戲曲流變綱要》(合著)。論文50餘篇。曾獲曾憲梓教育基金會優秀教師獎。

夢斷大西北

董漢河

個人命運都受時代侷限,也總是和各自的不同夢想追求與機遇相關。

我是1964年從山東中山區考入北大中文系的。專心在未名湖畔讀書的頭兩年中，從未想過自己會到大西北工作終生，更未想過會為中國工農紅軍西路軍的創作和研究付出自己大半生心血。

這一切，都源於一個夢——最初是作家夢；後來則延伸為替失敗和被俘的西路軍男女將士鳴不平，並做些力所能及的事，以改變他們艱難屈辱的處境；再後來是深入探尋西路軍失敗的原因，總結西路軍失敗的經驗教訓。

然而，這個夢還沒有做完，我就因精力透支罹患腎癌，生命就像被突然而至的沙塵暴吹下懸崖，做了大半生的夢也不得不中斷。2013年12月4日做了左腎切除手術後，生命彷彿被掛在了懸崖峭壁的一棵樹上，暫時得以安全，卻仍在風雨飄搖之中。

欣聞《告別未名湖》要出第三集，回想起為圓夢大西北所作的幾十年奮鬥，特別是剛到大西北時那些艱苦難忘的歲月，夜不成寐，有不吐不快之感，不由自主地打開一年多裡經常塵封的電腦寫了起來。我期望此文不僅是「苦難記憶」、「精神堅守」「基層體驗」和奮鬥人生，亦能包涵對人生和社會的思考與感悟，為後人對那個時代的瞭解研究提供一點參考。

尋夢青海

1970年3月，北大老五屆中的最後三屆畢業生（文理科1964級和1965級，理科還有1963級）一起分配時，我主動報名到青海。其中有多種原因，諸如厭倦了「文革」，自己的原籍山東沒有名額等。但對我而言，去青海尋文學夢無疑是一個重要原因。

凡考入北大中文系的同學，多數都做著作家夢，我是其中之一。這個夢在最初的入學教育中，遭到迎頭痛擊。中文系的主管及各專業的教授代表大會小會做工作：中文系不培養作家，也不培養姚文元、李希凡式人物，培養的是語言、古典文獻和文學研究專業的專家學者。我被分配到文學專業，心中竊喜，學的畢竟是文學專業，當作家的夢並未完全破滅。課餘常看些當代文學作品，並偶爾搞一點創作。

「文革」初期,由於我出身貧農又是烈士子女,被中文系派去給工作組站崗,我積極又真誠,堅決執行規定:前來聲援北大「文革」的人,非軍人一律不准進門。我竟然將一位穿銀灰色中山裝的首長(事後才知道那是總參作戰部長雷英夫)擋在了門外,只準穿軍裝的警衛員進門去送聲援的大字報。期間還寫了首小詩《我守衛戰鬥的斯莫爾尼》,把「文革」比作蘇聯的十月革命。

但我不久就厭倦了。我雖然參加了反聶(元梓)派的群眾組織「井岡山兵團」,但基本沒在學校裡待。先是去太原印毛澤東詩詞註釋之類的紅色書籍,又回山東老家練了幾個月的書畫。新北大公社的「挖山」運動中,同班同學韓鳳辰給我寄了助學金,並寫信動員我「下山」(退出「井岡山」)回校。

我回信說:「找不到自己的崗位」,「君問歸期未有期,眼望北夜夜思。不忍揮刀向兄弟,但願燕園能統一。」武鬥結束回校後,班裡同學選我當了本班的三個大聯合委員之一,工宣隊對我很信任,曾讓我帶領班上同學參加過到中南海報喜之類的活動。但不久,我因看不慣個別工宣隊員對奚學瑤同學搞政治訛詐,藉口身體不好辭去了班上的大聯合委員。

⊙ 1965 年秋與北大同班同學游長城(後排右二是董漢河)

1969 年國慶節前後,中文系師生被疏散到北京郊區的平谷縣魚子山。記得語言專業的曹先擢老師曾在一天晚上約我在村邊談話,動員我寫入黨申請書,我真誠地說我還沒有和工農相結合,不夠條件。教民間文學的段寶林老師與我們文二(3)班一起活動。在上山為當地居民摘柿子的路上,段老師給我們講起他在「文革」前到青海採風的見聞和感受,說青海是詩歌的海洋,

並隨口唱起了一首藏族民歌：「天上的白雲啊，你要是一匹白駿馬，我願騎上你，飛到北京去……」

從此我就嚮往青海，做著一個浪漫的夢：期望有朝一日能到青海草原採寫詩歌，搞文學創作。因此，1970年3月，當我得知被分配到河北衡水地區時，便毅然向軍宣隊要求到青海去。到西寧市革委會政治部報到時，聽說把我分到西寧市五七幹部學校，我竟當場要求到草原牧區，惹得負責分配的幹部驚異不解地向我瞪大了眼睛……

事後得知，西寧是青海最好的地方。上一屆分到青海的同學，全都被派到黃河上游的尖扎縣部隊農場勞動鍛鍊，住的是地窩子，一個山東大學分去的學生奉召跳進黃河打撈木料時，被冰冷的洪水沖走，連屍體都沒找到！一個北大地球物理系的女同學在一次反動標語事件中，鑑定筆跡時竟被誤判成「反革命」，被抓進了監獄。

和我同乘一列火車分到青海的同學中，一個圖書館學系的男同學到格爾木報到，在西寧就給他發了一件皮大衣，以抵禦3、4月份依然襲人的嚴寒；學法語的葉薇薇同學（葉飛將軍的女兒），被分到海西的德令哈教中學。據說那是個被勞改農場包圍著的小鎮，她學的法語自然用不上。可見，分在西寧是莫大的幸運，難怪負責分配的幹部向我瞪眼睛哩。

寂寞高原何處話淒涼

西寧市五七幹部學校坐落在北郊二十里鋪西邊蒼黃的半山腰上，原先是園藝場，有千餘畝大田和果園。

青海高原的3月依然是寒冷的，對面的山頂上還留著大片白白的積雪，宿舍裡都生著火爐，大通鋪上鋪著麥草，上面是幹部學校學員們各自帶來的簡單被縟。我和大家一樣，只是鋪邊多了一個從北大帶去的大書箱，是用4塊錢買的火車裝運貨物的那種白木板箱。學員們也稱「五七戰士」，都穿著各色棉大衣。我穿的那件穿過8年多的黑棉衣，一直到6月份收割大豆時，早晚都還需要披上。

幹部學校四個連約二三百名市屬基層幹部，主要任務就是每天耕種管理這些大田和果園。最累的活是從一人多深的糞坑裡往外挖肥，還時常乘坐糞罐車進城，從公共廁所裡挖大糞。這種又髒又累的活每次都少不了我這個最年輕的「五七戰士」。那時西寧的公共廁所很簡陋，無水沖洗，我們直接在廁所後邊的大糞池中將屎尿挖進糞桶，再挑上停在路邊的糞罐車。為抵擋糞臭的熏汙，也為抵擋街上掩鼻而過的行人嫌棄的目光，我學會了抽煙。印象最深的是進南灘監獄為犯人挖廁所，惡臭難聞自不必說，那是我此生唯一一次進到監獄裡面，見到鐵絲網下高牆裡面層層森嚴的門禁，以及只留一個小窗口的禁閉室，的確有些陰森恐怖！

還有一件很重很累的活：背200斤的麻袋裝汽車，我幹過一次。那是在收麥子的時候，兩三個壯漢將裝滿麥子的麻袋架在我背上，我顫顫巍巍地背到汽車邊，再由兩三個壯漢抬到汽車上。

幹部學校的星期天，幾乎所有學員都騎自行車回城休息。我獨自一人留在幹部學校，常望著遠山出神。幹部學校對面的山坡一片紅褐色，寸草不生，回想起在未名湖畔讀書的幸福歲月，我感覺就像一下子到了荒涼的天邊一樣，心中油然生出幾句詞：「燕園一別兩茫茫，不思量，自難忘，寂寞高原何處話淒涼……」

一個星期天，我獨自一人遊逛到了坐落在西寧南川半山腰的烈士陵園。陵園裡荒塚纍纍，有一座圓碩的大土墓特別顯眼，墓前不大的石碑上寫著：「中國工農紅軍第四方面軍西路軍烈士墓」。我十分疑惑：紅四方面軍到過青海嗎？西路軍是咋回事？西寧市民政局來幹部學校鍛鍊的幹部劉振峰與我住同一個宿舍。他指著北面的祁連山告訴我：30年代，2萬餘名西路軍將士在祁連山北面的河西走廊打了敗仗，幾千被俘將士被押解到西寧，傷病員和老弱不能幹活者都被活埋了，西寧的西門外和南灘一帶有好幾個萬人坑，他參加過解放後的挖掘清理，起碼有一千多烈士的頭顱，還有些隨身的遺物。我恍然大悟，常獨自一人遙望北面的祁連山，想像著當年西路軍的悲壯和慘烈。這便是我調查研究西路軍最早的種子。

連裡有一個沉默的農工，使我非常好奇。他祖籍河北，40來歲，中等個，黑紅臉膛，筋骨精壯，幹活很賣力氣，但極少說話，每天早上例行的班前會上從不發言。他從河北原籍娶來的媳婦，皮膚黝黑體格壯碩，一隻眼睛裡有白花花。我私下問她和丈夫為啥不發言。她說：「小董哎，我們能發言說話嗎？」後來我才知道她丈夫是一名志願軍戰俘遣返人員。四連的苟指導員當過志願軍偵察員，從不勉強他們夫婦發言，似乎有所理解和同情。我對他們也有些同情，但想起司馬遷因為替投降匈奴的李陵辯護而遭受宮刑，不敢多話，但心裡卻久久疑惑不解：他是怎麼被俘的？被俘就一定會背叛嗎？遣返回國後就注定要遭如此境遇嗎？這些疑問，成為我後來撰寫《西路軍女戰士蒙難記》、《西路軍戰俘紀實》及研究西路軍戰俘問題的最初動力。

帳篷學習班

五七幹部學校勞動鍛鍊了半年多之後，同年10月，又讓我們幾個留在幹部學校的大學生下鄉近一年。第二年的麥收前夕，我作為幹部學校工作人員，又和幹部學校學員們一造成大通縣樺林公社下鄉鍛鍊。

樺林公社在祁連山南麓一條支脈的山腳下，是湟水河的重要支流北川河的源頭之一，雖然高寒陰濕，但風景優美，到處是美麗的樺樹林。樺樹林裡鋪滿了厚厚的樹葉，人走上去，十分柔軟舒適。我去的青山大隊滿目青山，山間常有馬鹿出現。據說馬鹿不受保護，開大轎車送我們下鄉的司機師傅，是復員軍人，槍法好，曾一次打過七隻馬鹿。

我住在一家回民大叔家，任務是用背簍往山上梯田送糞。雖說背簍不十分重，但山勢陡峭，小路傍著山溪崎嶇難行，走不多遠就已渾身冒汗。返回的路上，我不由冒出了如下的詩句：「山勢險，路盤盤，清早背糞去梯田。溪沿著路，路傍著山，山路盤旋上青天。心發慌，腿打顫，一筐糞肥一身汗。心煉紅，志磨堅，糞肥埋葬帝修反。」

傍晚收工回家時，房東柴草園裡多了一只小鹿，大家都很新奇，爭相引逗，見小鹿一條腿有些跛，便問咋回事。房東大叔說小鹿是他上山撿柴時撿的。鹿有個習性，產仔後總是把鹿仔藏在一座山上，自己到另一座山上吃草，

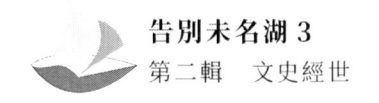

將肉食動物引開，以保護小鹿。大家都說要買了小鹿帶回幹部學校治療養護，未料翌日晚飯時房東就將煮熟的小鹿肉端上了飯桌。

原來身為回民的房東一家是不吃死牲的，所以趁小鹿還活著時宰了招待大家。大家都感嘆唏噓，為小鹿惋惜！青山大隊還有狍子、麂子之類的動物。但我沒見過，只見家家都有氣味濃烈襲人的麝香，那是山裡居民治療牙疼、腹痛等疾病的常備藥。

正當我沉浸在青山大隊美麗的童話世界裡時，樺林公社革委會招我到他們舉辦的帳篷學習班講課。革委會主任是土族人，姓陳，一手好槍法，下鄉時隨身帶一支小口徑步槍，從未空手而歸過。他告訴我，樺林公社多民族雜居，主要是漢族、藏族、回族，也有少量的土族、撒拉族。他讓我講一講，回族群眾能否在今年齋月白天破例吃點飯，要不收麥子沒有力氣。我答應試試看。

帳篷學習班就在公社駐地村邊的河灘裡。河水清澈湍急，河邊長滿一叢叢茂盛的馬蓮，藍白色的馬蓮花開得正旺。一座座白色的帳篷炊煙裊裊，就搭建在馬蓮花盛開的河灘上。旁邊的樺樹林裡，來自各個生產隊的幹部們席地而坐。一塊小黑板掛在樹幹上，就算是講台。我從地球的形成和人類的起源說起，談人類的各種信仰。還以農業生產為例講如何抓主要矛盾。隊幹部們都挺感興趣，這使我很欣慰。

有個叫趙連英的藏族老阿奶，給我留下了極深的印象。她斜披黑色大衣，黑瘦的臉像核桃皮一樣爬滿皺紋，許多細長的髮辮從黑色的氈帽下垂到腦後。她把毛澤東語錄背得爛熟，聽說是西寧市革委會的委員。課間休息時，她主動對我說：我們鄉下有的婦女不好，「四清」運動時，常去找工作隊的祕書耍鬧，讓那年輕娃出了作風問題，四清工作隊要開除那年輕娃的團籍和隊籍，我找了工作隊長給勸住了，只讓他下去勞動了幾個月。

趙連英的助手是個全身藏族服飾的少婦，面龐豐腴、皮膚白皙，不吭氣，只是抿嘴在一邊微笑。我拿過趙連英手裡的毛澤東語錄，讓她背幾段，果然名不虛傳。宣傳幹事劉保民藉機給趙連英和我及她的助手照了一張相，效果很好：夕陽的映照下我們每人身上都罩了一層銀色的輪廓。這張照片不久被

刊登在《青海日報》上，大意是說幹部學校學員和藏族幹部在一起學習毛澤東著作。

傍晚，每座帳篷門口都掛起了馬燈，高亢的河湟「花兒」（民歌）在夜空裡迴蕩。我也學著隊幹部們的腔調寫了一首「花兒」：「祁連山下的花兒鮮，滿河灘，聚來了生產隊的學員。河灘上帳篷一大片，樹林裡，掛起了小小的黑板……」

回幹部學校不久，西寧市革委會就通知，說樺林公社的帳篷學習班效果好，回族群眾麥收時沒有閉齋，促進了生產。幹部學校派我和教員陳振變重返樺林公社調查了一次，又遇到了一些內地少見的事，此不贅言。

蓄芳蘊小花

1972年夏天，我被送到青海省委黨校學習馬列六本書，並被告知，學完後要回幹部學校教這幾本書。這是我不曾料到的。之前，我對理論很頭疼，連文藝理論也不喜歡。但學習馬列六本書在當時是政治任務，我只得硬著頭皮去了，壓力很大，每天都認真聽課，記筆記。三個月的速成班很快就結束了，對我而言，學過的幾本馬列著作只是水過地皮濕，理解很不深透。幹部學校卻要我回去講《反杜林論》的哲學編、科社編以及《唯物主義與經驗批判主義》的真理章。這無疑是趕著鴨子上架！

我要求留在省黨校備課，以便就近請教省黨校的資深老師們。要求被批准，我又在省黨校備課三個月，逐字逐句地把分配我講的章節細細地摳了一遍，寫了十幾萬字的講稿，心裡這才踏實。到院子裡打羽毛球時，石油系統和我一起學習過的一位女幹部見了我，吃驚地瞪大了眼睛，說我都有了白頭髮，一下子老了好多。從此，我就成了幹部學校理論教員，光《反杜林論》的有關章節我就講過四遍。

沒料到，我的講課效果還不錯。可能因為我充分發揮上過中文系的基礎和優勢，領讀講解時，常用些深入淺出的比喻，學員們懂了，也就愛聽。我因此還被接到西寧衛戍區講過一次《反杜林論》，人家贈我一個筆記本，順便請我吃了頓便飯，我竟視為莫大的榮譽而長久不忘。

其實，最受益的是我自己。馬列主義那些深刻的思想，讓我不再輕視理論。馬列著作中嚴謹的邏輯性、隨處可見的唯物辯證法，以及某些著名的觀點，不但使我學會了撰寫理論文章，而且終身受益。不久我就學著寫了讀柳宗元的《封建論》的文章，被《青海日報》刊用，還寫了篇論楚漢成皋之戰的文章刊登在《青海通訊》上。

後者也與我當時研讀《史記》的基礎有關。這些當然都是過眼煙雲。沒想到，30年後，恩格斯關於歷史合力的思想，竟指導了我的西路軍研究和寫作。相關論文《西路軍的形成、失敗及意義》被中央黨史研究室主辦的內刊《黨史研究參考》刊用，送中央政治局及四大團隊黨員領導幹部參閱。

私下裡我仍然做著作家夢，除了即興寫點小詩之外，還讀了幾卷《魯迅全集》及《紅與黑》等經典名著，將《史記》中有關楚漢成皋之戰的資料摘錄了兩本厚厚的卡片，準備寫歷史小說。記得當時自己在一首小詞裡寫道：「蓄芳待來年。」意思是準備積蓄力量搞創作。

1977年毛澤東著作第五卷出版後，我寫了一篇讀後感，被甘肅省委宣傳部看中，先是把我借調到理論處幫忙，之後想把我留在理論處。我拒絕了，表示自己理論基礎很差，不適合，堅持要求到自己參與籌建的甘肅省社會科學院去。其實深層原因還是在追尋作家夢，若是說把我留在文藝處，我可能就答應留下了。

甘肅省社科院最初的領導多是革命資歷深卻文化不甚高的老幹部，有的讓我研究哲學，有的讓我辦雜誌，就是不讓搞文學創作和研究，認為那是文聯和作協的事。無奈之下，我只好答應先創辦《社會科學》。只辦了兩期我就受不了了，太費時間！於是我再三要求到了歷史所，研究紅軍長征在甘肅，背後依然隱藏著藉機搞革命歷史題材創作的動機。

從此，我開始了對西路軍的大量調查研究和採訪，多次到河西走廊、西寧、西安、烏魯木齊、北京、瀋陽、石家莊、江西泰和縣等地，查閱檔案資料，訪問西路軍倖存的將士。但除小冊子《董振堂》出版之外，發表的相關論文很少。

一家權威刊物的編輯部說，我的有關西路軍的稿件送審時，上級不同意發表。當年省社科院分管歷史研究的副院長及歷史所所長也告訴我，研究這個問題要慎重。但我並未猶豫，還是堅持這項研究。哪怕為此坐牢，我自己去，絕不連累別人！沒有經費，我就借各種開會的機會進行採訪。到江西泰和縣採訪歸鄉西路軍婦女團團長王泉媛，就是我去廬山開編輯會議時冒著酷暑獨自繞道去的。

9年之後的1988年，拙作《西路軍女戰士蒙難記》終於發表，轟動一時；發表14年後的2002年又獲第一屆徐遲報告文學獎。其實，這是一朵粗陋的小花，雖然是我多年追夢的結果，但文學觀照不足，只因蘸了眾多西路軍女兵的鮮血，真實地書寫了她們的戰鬥、抗爭和命運遭際，才震撼人心，有生命力。

更使我欣慰的是，西路軍流落將士的處境得到了改善，以謝老夫人王定國為代表的9名西路軍女兵聯名給我所在的社科院黨委寫信肯定我，有一個被俘後因赴緬甸抗日、落居雲南保山縣的西路軍新劇團士兵，竟用第一次領到的撫卹金買了茶葉給我寄來。初發刊物《西北軍事文學》主編賀小風帶兩個編輯到社科院為我請功。我希望這僅是一個開始，沒想到我之西路軍研究與創作的命運，也像西路軍將士一樣充滿坎坷。

永遠的愧疚與不解的遺憾

未能孝敬遠在山東老家的寡母是我永遠的愧疚！

父親在淮海戰役中犧牲時，我才3歲，哥哥10歲，母親36歲。雖然部隊和地方政府時有撫卹，但孤兒寡母的孤苦無助，只有親身經歷過才有切身體會。哥哥和我是母親的全部希望，是她生命的支柱。哥哥18歲當了煤礦工人後，母親常拄著拐棍到井口迎他下班，直到見滿臉烏黑、頭戴安全帽的哥哥從礦井裡上來，這才回家。

我考上北大後，她和鄉親們滿心指望我畢業後能讓她享福，沒料到我卻一翅膀飛到了遙遠的青海。這對母親是個巨大打擊！剛開始有人誤認為我是犯了錯誤被「充軍」到青海的，母親思想上壓力更大。當得知是我主動報名

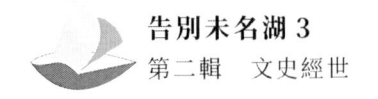

去青海時，又覺得我是「公家人」，公家需要到哪裡就去哪裡。從此，母親除了每月盼著我寄去的生活費外，還盼著我每年能回去看她一次。她晚年生重病時，我回老家伺候了她一個月。

離家時，她拉著我的手說：「漢河啊，你啥時候再回來呀？」我安慰她說：「娘，現在交通方便，你等著，我很快就回來看你！」沒想到，我走後母親就躺在床上不吃不喝，只兩個月就去世了！待我聞訊趕回家時，見到的只有南山上母親的新墳，和墳墓林間嘆息的山風。我長跪不起，想起了那句父母在不遠遊的老話，愧悔莫及，曾動心調回山東，好就近關照撫養我成人的哥嫂。

恰好此時濟南的一所大學政教系申請博士點，想調我去增加點力量。我欣然應允，要求社科院寄去我的檔案。時任省委常委和宣傳部長的石宗源得知此事後，親自到社科院挽留我。他說：「漢河啊，別看你是山東人，回了山東你就是外地客！」這話深深地打動了我。是啊，回到山東還能讓我搞有關西路軍的研究和創作嗎？朋友們也都挽留我。

於是我猶豫了，又留在了大西北。但我一直做著「三棲人」：社科刊物編輯、現代史研究員兼業餘作家。9年的主編生涯，幾乎讓我的研究與創作荒蕪了，每年最多只發表一篇學術論文，說得上的創作也只有一兩部雖然獲了點獎卻沒有名氣的影視劇（如電影《紅流》和短片電視劇《營救》）。

沒想到，在我退休一年後的2007年，全國社科規劃辦竟批准了我申請的課題「西路軍資料長編、研究述評及西路軍述論」。對我而言，這很可能是最後一次機會，彌足珍貴。我盡最大努力，用了6年時間想把課題做到最好。就在課題臨近完成時，我突然感覺精疲力竭，就像生命的燈油熬乾了一樣！睡了十來天之後，感覺精力有些恢復，又繼續以每天約千餘字的進度寫了下去。2013年6月12日，我終於寫完了課題的最後一個子項目「西路軍述論」。

翌日就住進了蘭州陸軍總院。做過各種檢查之後，醫生告訴我得了糖尿病和腎囊腫，讓我到泌尿科做腎囊腫手術。我以為腎囊腫無關緊要，堅決要

求出院把課題影印上交送審後再做手術。5個月之後,高職體檢的醫生明確告訴我:不是囊腫,是腫瘤!我立即住院,於12月4日做了左腎切除手術!

手術前後我不但從未畏懼過,而且很樂觀,認為還有一個腎,可以繼續工作。沒想到,術後元氣大傷,腰膝痠軟無力,不能勞累,只能做些力所能及的善後工作。求生是人的本能,我每天都做康復鍛鍊,盼望身體盡快好起來,但也對人生的最終歸宿想透了:陶淵明在《自祭文》中把宇宙看做人的「本宅」;恩格斯認為人是大自然的一部分;人終究要回歸大自然這一「本宅」,不同的只是早晚而已。

魯迅講:「悲劇是將人生有價值的東西毀滅給人看。」從三個方面看,我的人生也富有悲劇色彩:一是遭遇了「文革」;二是未能給寡母盡孝;三是還有一些沒有實現的夢想,就已罹患腎癌。

在離開這個世界時,很多人都會有遺憾。因為世界無限而人生有限,總有未做完而牽掛的事。我也不例外,有不解的遺憾:我以健康為代價完成的國家課題「西路軍述論」被鑑定為「良好」結項,相關出版社努力出版,卻至今不能如願;還有我2012年應央視軍事頻道之邀參與撰稿的專題片《西路軍》,有許多彌足珍貴的資料和思想,卻至今不能播出;至於十幾年前受到相關專家肯定的長篇電視連續劇《西路軍》,也一直被束之高閣。

這些作品全是探索歷史真相,總結歷史的經驗教訓,弘揚正能量的著作,為何不能與全國人民見面?我十分不解!原計劃待主客觀條件成熟後,寫一部以西路軍為題材的史詩性著作,但很可能因健康緣故成為我永遠的遺憾。

從上述意義講,我留在大西北終生為之奮鬥的夢並不圓滿,是個殘夢。因此,我將拙文題目定為:夢斷大西北。

⊙ 1995 年夏與西路軍女兵、謝覺哉夫人王定國合影

　　董漢河，本名董漢和，1945 年 10 月 4 日生於山東淄博，1964 年 9 月考入北大中文系。甘肅省社科院研究員，中國作家協會會員，享受國務院特殊津貼專家，曾任《甘肅社會科學》主編 9 年。出版著作《董振堂》《西路軍女戰士蒙難記》《西路軍戰俘紀實》《西路軍沉浮錄》《馬仲英》《西北生態啟示錄》等 9 種；主編《中國工農紅軍西路軍論文卷》三卷，編輯《陝甘寧革命根據地歷史資料選輯》五輯。

　　在《新華文摘》《人大複印報刊資料：中國現代史》《中共黨史研究》《中共黨史研究參考》等發表論文《西路軍的形成、失敗及意義》等 70 多篇。在《電影文學》等發表影視劇本《紅流》《大會師》等三種，其中《紅流》《營救》已拍竣發行並獲獎；另外發表散文詩、散文、報告文學、小說等百餘篇。共獲獎 19 次。曾榮獲甘肅省十佳出版工作者等榮譽稱號。

▌一個劇本的誕生

黃虹堅

　　告別未名湖後，我走向了實實在在的人生，在人間學習到學校裡學不到的各種知識，品嚐到書本教不會的各種滋味。這一路駐過不同的驛站，每一站都是一段風光和一種感悟。

　　如今已到了盤點人生的階段。對於我來說，在軍隊農場生活的半年，時間雖不長，但卻是我人生重要的一站。

北京的1970年，3月中旬，春寒料峭，連日是陰霾天，還常常風飛沙走。我和所有北大同學一樣，被一紙「六廠二校」經驗提前「四個面向」分配，到各省各地去「接受工農兵再教育」。

自1968年7、8月起，社會上開始宣傳「再教育」的理論。最高領袖毛澤東發出號令：「我們提倡知識分子到群眾中去，到工廠去，到農村去，主要的是到農村去⋯⋯由工農兵給他們以再教育。」年底，毛澤東又再發號召：「知識青年到農村去，接受貧下中農的再教育，很有必要。」曾震驚世界的各大學紅衛兵運動，便以分配的形式悄然結束了。

其時我並未有那種思想敏銳和高度，能洞察出什麼或抵制什麼，只是內心有一個真實的聲音告訴自己：這不是來北大讀書該有的結果。看現實是困惑的，看未來是茫然的，那些日子內心總糾結著不安與焦躁。心情和天氣一樣，終日都是陰暗鬱悶的。當時社會上虛幻的革命熱情，長期教育形成的思維方式，影響了我對這場分配的判斷。我並未意識到這是一個錯誤的年代對青年知識分子群體的輕待，思想活動末了總落實到「鬥私批修」，自覺去迎合社會上各種假大空的「再教育」理論。

那段日子，我只是獨自憔悴，並未參加各種告別聚會，也沒有關心其他同學的動向。曾到中文系男生宿舍32樓看過，各宿舍當時都是一片大潰退的狼藉，地上床上書桌上到處都是丟棄的書、資料和破衣爛襪，窗戶和門都大敞著，廢紙在風中打著旋兒飄起落下。班上還沒走的三兩個男生，誰都沒有心情，也顧不上和我說話。

在北航讀書的哥哥比我晚分配，他過來幫我收拾行李託運，留下了被縟說晚上還要睡覺，背包明早再整理吧。我擔心第二天趕不及，堅持讓他幫我裝好了背包，只留下一張海藍色的塑膠布。我愚蠢地以為，塑膠布既是不透風的，就能幫助我度過那一夜的寒冷。

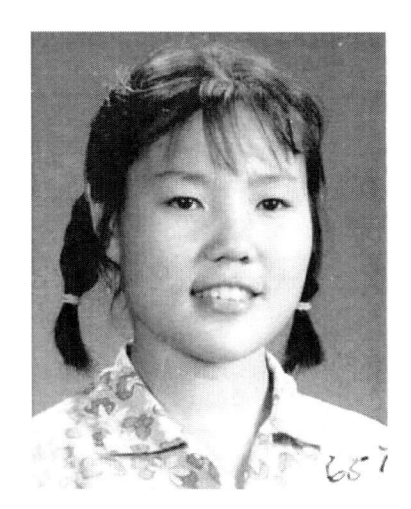

⊙黃虹堅 1965 年入學照

直到哥哥轉身離開，我才真正意識到，明天我就可能永別北京，將孤身上路到一個遙遠的地方去。送走他的那一刻，我才明確意識到，自己需要一個人好好哭一哭。

我 1965 年從廣州考上北大中文系，離校時被分配到廣東佛山地區，也算是「從哪裡來，到哪裡去」。分到廣東和湖南兩省的北大、清華同學，要先到廣州軍區 0646 部隊，接受軍隊的「再教育」（後來才知道，因為「二校」的分配太倉促了，省計委的分配方案來不及出台）。部隊駐在湖南省常德地區洞庭湖的西邊，那地方被稱為西湖。

我進入北大後，當過一名阿爾巴尼亞女留學生維奧萊塔的輔導員，一直住在西、東語系女生的宿舍 27 樓（舊稱 27 齋）。直到工宣隊進校實行「大聯合」，才搬回中文系女生宿舍 30 樓。那一晚 30 樓二樓我們文一（3）班女生宿舍只剩得我一個人。同班的女生有 6 名，來自北京的韓雁、李怡荃、王延平、江瑞娟（柬埔寨僑生）和來自蘇州的陸秀珍，她們都已收拾行李離開了。屋子裡黯淡的燈光，照著幾張雙層床和書桌。那床平日覆蓋著大夥兒花花綠綠的床單被褥，跳躍著生命的活氣，如今那兒只露著空裸的木板。

3 月深夜的寒意從心底升起，我抱著背包，披著在低溫中變得硬梆梆的塑膠布，全身打著哆嗦。樓道裡靜靜的沒有丁點人聲。我是多麼巴望有人像

平日一樣輕輕敲門，那麼我一定會留住她或他，用徹夜長談打發在北大最後一個漫漫長夜……樓道只是死一般的靜寂。我終於絕望。幾年前踏入北大時躊躇滿志，眼前卻沮喪冷寂。二者的落差以及對未來不可預測的惶惑，叫人內心百味雜陳。「就這麼走了嗎？」不斷的詰問，流露的是不甘和無奈。我擁著塑膠布似睡非睡地熬到了第二天天亮。

臨走那一晚，心態是兩個字：淒惶。

第二天到了北京火車站，走的人和來送別的人看上去烏泱烏泱一大片，大家都努力做出豪邁話別的姿態。記得有位法律系的廣東籍同學特意從人群裡擠過來，向我傳達了一位男同學的祝福。他們是中共黨史編寫小組的好友。這個細節的意義，我在一片喧嚷中也顧不上細品味，只含糊應了一聲。

火車開動那一刻才是真情的流露，車上車下好多人都哭了，有些人不肯放開好友的手，追著火車失聲哭喊。那一刻大家也顧不得扮樂觀演豪情了，都意識到別時容易聚時難。那一哭是為離別，為同學，也是為自己。

到了長沙火車站，我見到了來接學生的士兵。那場景也是一片亂哄哄的，只聽見軍隊呼喚自己連隊集合的一聲聲口哨和口令此起彼伏。大家在長沙一個碼頭上了一條機動木船，在水上要走一晚才能到達常德西湖的柳林嘴碼頭。走多長時間我已經忘了，但記得在湖南春雨連綿的季節裡，汙濁的河水翻著黃沙泥。

船進入湖區時，水的兩邊是用土坯砌成的農舍，低矮的土黃一片。當地居民們停住了手上的各種動作，呆呆地看著駛過的船，孩子們揮著手追著船走，直跑到喘不過氣。我們也呆呆地看著，船上很靜，只聽得見馬達的「轟轟」聲和木船破水而行的汨汨聲。

天是灰的，水是黃的，人和房子都是黯淡無光的。這個鏡頭永遠定格在我的記憶中。

上了柳林嘴碼頭，我坐上了部隊來接學生的卡車，先到師部所在地黃株洲，然後再下到女生連學二連。

連隊在一片空地上，是用紅磚砌成的兩排簡陋平房，平房前是空曠的泥地。面朝平房，左邊有一片小樹林，右邊是公路。進入平房，地面是泥地，用幾個磚垛支起了些毛板，搭成了一溜的大通鋪，這也就是我們睡覺的床。在我們之前，已有七機部的幹部和早兩年分配的大學生在這兒住過了。我們到達時，農場裡還有一小批人在，他們都穿著藍色的海軍軍服，但沒有帽徽、領章。

連長、指導員、司務長和四名排長都是現役軍人。連長姓陳，湖南人，個子不高，臉色和真正的黑人相差不太遠，圓睜的眼睛總是充著血，神色帶點怒氣，十足一個黑李逵。他有時會穿一雙家做布鞋，鞋面還繡著花。指導員好像姓徐，廣東潮汕人，人精瘦，眼睛顯得特別大，言行都很斯文。副指導員是江西人，姓歐陽，人好說笑，比較好接近。

他是工程兵出身，讓我們看他的十指和膝蓋，關節都是變形的，那是長年在水中作業的印記。司務長是客家人，高瘦，話少，話音很是溫柔。四個排長都很年青。一排長也是客家人，臉色紅白，眉清目秀的很漂亮，用今天的話來說是「小鮮肉」。二排長個子不高，湖南人，言行甚有連長的風格。三排長結過婚了，身材微胖，總是笑瞇瞇的，脾氣很好，他好像是江蘇那邊的人。四排長是廣東博羅人，臉色黧黑，五官分明。一開始酷酷的，後來和我們熟了，才露出大男孩的本性。

我們當面管他們叫排長，私下卻叫他們「弟弟」。

初見之下，我們覺得軍人態度都很親切，感受不到教育與被教育者身份的對立。

1968年廣州軍區在台山牛田洋的軍墾農場剛出過大事。台風海嘯來襲時，在各種雞血口號的鼓動下，一批接受「再教育」的大學生冒死跳下海去，保護圍湖造田的海堤，結果犧牲了83人（見陳樹仁著《牛田洋災難親歷記》，廣東人民出版社2009年7月版）。消息在當時保密，但還是不脛而走。痛定思痛中，有關部門曾檢討過對被教育者的態度，所以我們連的軍人除連長外，見面之初的笑臉都是真誠的。

分到同一連隊的還有廣州暨南大學的同學。暨大是僑委辦的大學,「文革」中背負了各種惡名,解散了,學生也被提前分配。她們比北大、清華的同學在政治思想上更單純些,生活上的考慮更實際些,也更能幹些。

全連隊共四個排十四個班,每個班十一二個人,加上軍人,整個連不到200人。

我被分在四排十四班,是這個班的班長。這個班是副業班,管種菜,供給全連的伙食。

副業班裡有清華的羅雪英、湯康恩、呂其炘……北大除了我,還有化學系1963級的周怡沁、生物系的蔡碧華,以及一位經濟系的同學,名字忘了。蔡碧華當時患著肝炎,生活中很自覺地與大夥劃清界限。另外就是暨南大學的曾紅櫻、郭碧英、黃月玲等。僑生回國都有過在「華僑補校」的一段生活,年紀相對大一點兒。同一個連隊的北大同學中,還有東語系的劉金鴻、西語系的吳萍萍、物理系的于惠莊、技物系的鐘富團、李克等。清華的有趙小瑞、陸平威、孫秀、羅波等。暨大的同學我還記得有劉蜜蜜,她後來在香港《文彙報》工作,和我有過工作的交集。

到連隊剛放下行李,司務長就招呼大家跟他去幹活,說我們這兒過去是男生連,沒有像樣的廁所和浴室,要去挑點杉木皮回來搭建廁所浴室。很多人都去了,為了表現出不怕艱苦,很多人還打著赤腳。那時大部分人也就二十三四歲,是今天人們眼中的孩子,大家認為自己一身嬌驕二氣,接受「再教育」的想法是真誠的。我就認為自己來自大城市,肩不能挑手不能提的,應該自找苦吃。

從連隊到湖邊,要沿著湖堤走很長一段路。湖堤外是洞庭湖水,湖堤內就是圍造的農田。過去說起湖,我想的是芭蕾舞劇裡的《天鵝湖》,閃爍的是深邃的藍。眼前的湖水一波波泛出的,卻是混沌的土黃。湖區春天的空氣是濕的,彷彿一掐就能掐出一把水。湖堤的泥和著水混成了一層泥漿,一走一打滑。

我是平跖足，赤腳走這一路提心吊膽的，不停地打趔趄。往回走時，肩上挑了兩捆七八十斤的樹皮，十個腳趾頭根本抓不住泥面，摔了好幾跤。很多時候知道自己控制不住，就隨它狠狠摔去，爬起來時全身都是泥和水。在初來乍到的熱情中，大家只是嘻哈一陣，不覺得有多大的痛苦委屈。

挑回來的樹皮堆成了一堆，工程兵出身的歐陽副指導員領著幾個排長和大學生，上上下下地忙活。只用了半天，平房後一百多公尺的空地上，就出現了一間用樹幹樹皮搭建的簡易廁所兼浴室。蹲坑是在泥地上挖的，大概有20多公分深，談不上有什麼下水道，那坑裡總泡著穢物，滿了附近的居民就來掏糞。每次上廁所都有一番思想鬥爭，得強忍那股濃重的臊臭。

每天有一名排長值更，大家隨著哨子聲起床，或是走路或是坐船到大田去種水稻，或者幹有關的各種活兒，我們副業班就留下來，在附近的菜地種菜。所謂菜地，也是從無到有。司務長領著我們先在地面上刨出一片鬆土，再起畦播種。他本是農家子弟，活兒幹得輕巧快捷，自然成了我們找差距的一個榜樣。那時我右腋下長了一個大癤子，灌膿時抽得一陣陣生疼。因為要堅持「一不怕苦，二不怕死」，強撐著不去看病吃藥，每天把右手支在腰間，那姿勢甚是威風，就這樣堅持到它自己萎縮痊癒。

沒有誰逼我，一切都是精神上的自覺追求。我內心的榜樣其實不是雷鋒王杰，也不是當時社會上宣傳的各種典型，卻是一些被視為「封資修」文學作品裡的人物。

那時精神上的榜樣，是俄國車爾尼雪夫斯基《怎麼辦》裡自找苦吃的青年革命家，他為了磨煉意志，故意睡在釘上釘子的木板上。還有屠格涅夫《前夜》裡的英沙洛夫，他在肺病的煎熬中仍激揚著高昂的革命熱情。再就是義大利伏尼契《牛虻》中的亞瑟，他那種超人的意志從中學時期起就令我折服。這些文學典型，始終暗中鞭策著我「做人要做這樣的人」。這是京劇樣板戲《紅燈記》裡李鐵梅的一句唱詞。

這些精神活動，我把它們保留在內心深處，是個人的隱私。我從未對誰、也不會在各種談「再教育」的場合提到它們。

湖區那段日子沒有陽光，菜不好種，播下的菜種剛發芽，根就讓水漚爛了。連隊初期吃的菜，都要到黃株洲的市集去買。司務長常帶著副司務長，物理系的于惠莊上路，常見到她挑著沉甸甸的菜筐從公路上走回來。最方便實惠的菜是馬鈴薯和洋蔥。很長時間裡大家吃的都是雞蛋炒洋蔥，廁所飄出的淨是洋蔥的氣味。我那段時間吃洋蔥吃傷了，以後聞到洋蔥就反胃，好多年都不吃洋蔥。

炊事班不少同學是暨大的，又有不少印尼僑生，她們按印尼風味把菜炒得又辣又酸。她們炒菜愛擱醋，還浮著一層紅辣椒末。這讓北方來的同學很不習慣。

吃飯時各班圍坐一圈，中間放的鋁盆有小洗臉盆大小，盛的菜是大雜燴。

女同學們每天從大田回來，一身都是汗汙，總要洗洗涮涮。連隊從廣州來的僑生，更是習慣了每天沖涼。但連隊沒有熱水供應。有人想出了辦法，開工前就把裝滿水的水桶拎到朝陽的位置，若那天有陽光炙晒，傍晚回來那桶水就有點溫度了，就這樣用它洗頭洗澡。遇上陰雨天，也只好用冷水對付。

臨離開北大時，有的同學從「支左」的8341部隊手裡拿到些向日葵種子，據說它們來自中南海，其時對大夥有一種精神的感召力。那種子播在宿舍平房前面，很快就發芽開花，最後長成的向日葵有一人半高，花盤也比常見的大。大家都由衷地欣喜，說到底是來自中南海的。那種感情在彼時彼地也不是造作，而是發自內心。

星期天休息。那天有男朋友的，就走訪男生連學三連，沒有的就留在連隊整理內務。南方來的女生特別愛乾淨，多利用那天洗洗涮涮，平房前拉起了一條條繩子，晾滿了床單被套和女生的衣物。僑生的用品多帶著異國的色彩圖案，風一吹，五光十色就在眼前飄動，那是平淡連隊生活中的一道風景。

有的同學愛結伴到附近的黃株洲去。當地居民拿著自家的蔬菜、雞鴨蛋、雞鵝鴨等農產品在那兒出售，形成了一個鄉間小市集。那年代好「割資本主義尾巴」，私人基本上不允許擁有農產品，更不允許拿到市場買賣。農民賣東西都是偷偷摸摸的，就只有那麼幾個小攤檔，生意不算紅火。當地居民看

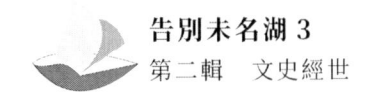

我們的眼光開始時也很是避諱，拿不準這些北京紅衛兵會不會找麻煩。大學生那時對政治已出現疲態，人也成熟了一點，沒人去製造事端。

有幾家小店成了大學生們的消費場所。那時大家拿著當地大學生試用期的月薪 42.5 元，除交幾塊錢伙食費，沒有家庭負擔的，就能剩下一筆很大的財富。那兒有兩三家小食店，其中一家專賣豬、牛雜碎。一碗下水雜燴，也就賣一毛多錢。鍋蓋一掀，香氣撲鼻，比連隊的大鍋菜誘人多了。那是很多學生，特別是男生打牙祭的據點。

黃株洲是師部所在地，開了一家由部隊經營的日用百貨店，賣點毛巾牙刷肥皂之類的日用品。當時尼龍襪剛面世，算是新產品，兩塊多錢一雙。我的錢沒什麼去處，就給家人買了幾雙。那些襪子顏色都有點兒「怯」，卻寄託了我對家人的思念，那種思念支撐著我在農場單調乏味的生活。

大田沒什麼活兒或是遇上雷雨天時，連隊就組織政治學習。哨子一吹，值班排長宣布：今天不開工，各班組織政治學習咯！一聲吆喝叫許多人暗喜，大家在體力勞動中已筋疲力盡，加上前景不明朗引致的心累，實在需要不時「學習」休息一下。

「學習」多以班為單位，學習「老三篇」和毛澤東的其他指示，內容一律都是「鬥私批修」，讓大學生找與工農兵的差距。晚上是「一對一輔導」，自己找夥伴談心，走的也是「鬥私批修」的套路。

很多同學喜歡在來自中南海的向日葵下一對一輔導。在一個講究象徵意義的年代，那個舉動反映出一種自覺的、集體性的曖昧。

北大、清華的學生自從工宣隊進校「大聯合」，幾乎每天都在進行那種單調刻板、千篇一律的思想彙報，許多人早已產生了厭倦和牴觸。現在在連隊還得重複這套戲碼，有時還要講些違心的話，不少人都覺得難以忍受了。

這部分同學到底受過校園崇尚自由的文化傳統熏染，內心堅持著一點小個性，自認為天將降大任於己，瞧不上這類小家子氣的思想檢討。我們幾個人動起了腦筋，想把「再教育」昇華到一個「高大上」的理論層次，以示與

眾不同。我們班的政治學習變成了比過去有趣得多的理論探討,好多人旁徵博引,談得不亦樂乎,津津有味。

班裡別校的同學比我們本分、踏實,她們對自己的檢討批判,都自覺遵循著一套模式:翻出思想深處的「一閃念」,找和身邊軍人的差距,提出今後迎頭趕上的一二三。她們對班內討論話語的改變頗不適應,漸漸地與我們有了間隙。有一位甚至一度以冷面相向,非常直率地批評我們二校同學身上有優越感,說感到我們打內心看不起她們。

連隊一級的幹部也期望著符合時代套路的思想彙報。他們的訓練和認知,決定了他們與北大清華同學的想法,是永不搭界的兩條河。這兩條河本可平行、平安地各自前流,但當時的思想氣氛容不得「再教育」領域的不同聲音。我們的言行招來瞭軍方的警惕和不滿。

在一次全連的思想彙報大會上,我們班的副班長,清華的羅雪英正在台上發言,彙報我們在理論上的一些想法。她說話有些激情,表達又很到位。今天看來,那些想法並未有什麼大逆不道的指向,更談不上思想突破。我們只是在當時允許的框架內,換了些比較新鮮的話語。

連長本在台前,他的臉一點點地變得更黑,最後終於忍不住,不顧大會還在進行,踩著他那雙繡花鞋「登登」從前面跑到隊伍後面,徑直跑到我跟前,點名叫著「14班長」質問:「你們班怎麼搞的?」我這兒還在為我們班代表的發言得意呢,一時讓他的反應弄懵了,只是含糊搪塞了幾句。

後來連隊表面上也風平浪靜,但我們都有個明顯的感覺:軍方對北大清華同學和對其他大學的同學,擺出了兩副面孔。連長有時甚至對我們一些人視而不見,平時和我們已混得熟透了的四排長,有幾天也恨不得躲我們遠遠的。在連隊表揚的,也多是其他大學的同學。又或時不時不點名地批評「有些人」如何如何。這讓我們感到苦惱和委屈。不就是想搞點新意思嗎?我們也並沒有背離大方向呀!

現在回想,軍方和我們都被裹進了一場莫須有的運動中,這運動有一套既定的程式和話語。我們賣弄了小聰明,把話說得與平時不同,這就衝擊瞭

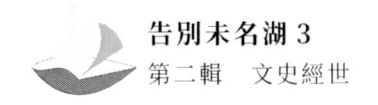

軍方的思維方式。他們的不安和反感,是因為我們破壞了他們的話語系統,他們感到受到了挑戰。

我們的「探討」也就自生自滅,無疾而終了。

把一撥青春期的年青學生困在一個艱苦單調的湖區,沒完沒了地鬥爭自己,也鬥爭別人,這令許多人思想苦悶,但又看不到出路,於是出現了一些異常的行為。

我們班有一名女生,總是在半夜裡悄悄爬起來,隔著蚊帳在自己的方寸床位打著手電筒寫什麼,又或者是收拾什麼。發出的悉悉索索聲在深夜聽來不勝煩擾。她的床位在窗戶旁。別人若在月夜裡睜開眼,見到清月下一個黑影,也夠驚悚一陣的。有同學透露,來農場前,這名女生好了多年的男友宣布和她分手了,她的精神深受刺激,常常失眠。

這一來大家就不好開口說她了。再說吃飯,她常常是扒兩口就宣布吃飽,趁著沒人的空檔跑回宿捨去忙她的事。在成天聚在一起的集體生活中,人與人赤裸裸地相對,很難有自己私人的時空。那位女生內心一定非常煎熬,渴望一個人靜靜地疏解內心。她帶點怪異的行為,其實很可以理解,也值得同情。

連隊裡還有名女同學有癲癇症,一發作便不停地在地上收縮伸展身體,嘴裡吐著白沫。為防止她咬斷舌頭,有人往她嘴裡塞進去一團毛巾。許多人從沒見過人這樣子發病,都很害怕,有的還直哭。平時和她要好的幾個女生更是哭得淒涼。她們的家人都遠在外國,上學期間相濡以沫,得了病互相照顧。眼下處在這麼一個邊遠偏僻的鄉下,她們的惶恐更甚了。

師部的救護車開來把她接走,看著在泥濘路上搖搖晃晃遠去的車子,我忽然感到被一種從未有過的情緒重重一擊,那是孤獨、惆悵、不安……

還有一件事,在連隊也引起了很大的反應。傳說有名女生患有麻風病。口耳相傳中,那種病和病人都被描述得十分可怕。據說麻風病人心理陰暗,他們不甘自己得這種病,會去觸摸水龍頭或別人的用具,故意傳播病菌,希望別人也落到和他們一般的田地。

她所在的一排排長奉命做她的工作，希望她自動脫離連隊，到附近的麻風病醫院治療。有些日子常見到一排長晚上和她在戶外談話，想起一排長那張漂亮的面孔和麻風病人紅瘀的臉，我心裡就有幾分不舒服。

　　那名女生長得高大，人平日沉默寡言的。

　　某一天，連隊裡見不到她了，傳說她終於接受治療去了。她也是孤身一人在國內的僑生，她離開連隊的消息不知為什麼讓我覺得傷感。

　　為了排解寂寞，我常給分在地北天南的同學寫信，書信來往最多的有西語系 1961 級德語專業的江楠生、數力系 1962 級力學專業的謝定國、中文系 1964 級語言專業的劉麗川……寫信和收信的快樂，是我在西湖那些日子的精神安慰。

　　我和他們的友情一直保持至今。

　　書信常來常往的還有一位很親切的兄長，他姓尹，是軍樂隊的一名雙簧管吹奏員。小夥子很善良，也愛表達，每次從北京來信總是五六張紙的，他的信開頭不是「毛主席教導我們說……」，就是「東風吹，戰鼓擂……」，該說的話卻始終沒說出來。

　　這無意中增添了我思想的寂寞和苦惱。

　　為了更徹底地「鬥私批修」，更好地向軍方學習，有的女生喜歡找排長一對一輔導，常可見到一男一女在向日葵下直聊到深夜。有月光的夜晚，那一對背影叫人不免生出些遐想來。

　　我們分在廣東的同學在西湖待到夏末秋初，那時稻子已收割完了，連隊前面的空地堆著打下的穀子。召回廣東後再行分配，我被分到廣東三水縣中學任高中語文教師，開始了我另一站的人生故事。

　　我們離開連隊後，分在湖南的同學還繼續留在連隊，前後共達兩年，青春的苦悶、躁動和人性的壓抑可想而知。後來我們聽說，一排長就在一對一的男女接觸中，對一位女生產生了感情。但或者只是襄王有夢，神女無意，這段感情沒有下文。一排長最後因此精神失常，提前復員返鄉了。

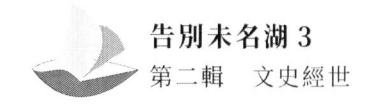

一個漂亮單純的客家小夥子情竇初開的一段感情被摧毀了。我沒有去追尋那個故事的細節，不管如何解讀，這都是一個悲劇，這是一個特殊年代的一個小故事，浸染了那個時代的色彩。

我後來到過北京電影學院文學系學習，學完後在電影製片廠任編輯。西湖生活是我一直想寫成電影劇本的題材。為了找到當年的感覺，我在上世紀80年代還特地回了一趟西湖。那時農場已交還地方，但還是一片靜默的土地。

一位當年從0646部隊轉業、留在農場工作的復員軍人接待了我，請我到他家吃了一頓飯。他的家和他的生活還沒有擺脫貧窮，但我感受到了他接待我的真誠和熱情。在他身上我看到了當年學二連一群軍幹部的影子。

他們都是純樸的人，和我們在一個謬誤的年代相遇，扮演了本不擅長的角色，和我們一起書寫了一段有點兒荒唐的歷史。

1990年，我回到了我的出生地香港，這才真正是「從哪裡來還回到哪裡去」了。在一個文字生存相對寬鬆的環境中，我終於把這段生活寫成了電影文學劇本，把它投給了臺灣的一個徵文比賽。為促進電影發展，他們那裡每年都有一個面向全球華人的電影劇本徵文比賽，從徵集到的劇本中評選出十名得票高者，評為「優良劇本」。

劇本截稿日是1992年的農曆大年初四。平日我在出版社上班，只有過年那幾天有較長的假期。那幾天，我沒有回內地陪父母和女兒，留在了香港官塘租住的小房間裡奮力衝刺。香港那幾天又逢春寒料峭，電腦寫作還沒有普及，我在原稿紙上大量地使用了塗改液，在風乾了的厚紙面上寫下一個個新句子。

一個劇本的誕生

⊙黃虹堅在香港中文大學教室裡

　　動筆時我常想起那一片湖的人和事，也想到了一個錯誤的年代對人性、青春、知識的輕侮甚至是摧殘，但我也就是在那兒收穫了刻苦、堅持和頑強，特別是文學創作必需的對人的同情和對人性的理解。寫作的那幾天我心情很沉重，反覆想到的是無數人在那個年代付出的各種犧牲。

　　但我也清楚地知道歷史沒有「如果」，生活也不會有「假設」，西湖的事就是這樣被我們真實地親歷了一遍。我的責任是留下一些真實的細節、氛圍，留下一點可供研究的文字，告訴後人：我們不曾遺忘。

　　我把劇本定名為《湖草萋萋》，題義脫胎於唐詩「芳草萋萋鸚鵡洲」（崔顥），宋詞「萋萋芳草憶王孫」（李重元）。「萋萋」形容草木茂盛，代表著壯旺的生命力。

　　劇本寄到了臺灣。三個月後我收到了臺灣的通知，打電話的女子開口就恭喜我《湖草萋萋》得了獎，獎金是30萬元台幣，她邀請我親赴臺灣領獎。

　　我鬆了一口氣。我知道，這一段歷史，只有「老五屆」這個群體經歷過的故事，已被我用劇本的形式作了記載。同期得獎的，還有後來由張藝謀導演、鞏俐主演的《秋菊打官司》，它的編劇是劉恆。

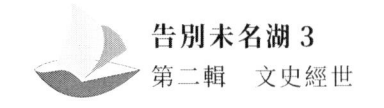

頒獎地點在台北臺灣「行政院」小禮堂，頒獎者中有後來的台中市市長胡志強，他那年是「新聞局」局長，其時風度翩翩，正當年富力強。

黃虹堅，廣東四會人，1947年9月生於香港，1965年9月考進北大中文系，被分配到文學專業。

1970年3月被分配到湖南0646部隊接受「再教育」，同年9月回到廣東佛山地區，被分到三水縣中學任高中語文教師。1972年調到縣教育局任調研員，此後抽調到縣路線教育工作隊長期下鄉。

1976年7月調往珠江電影製片廠任編劇，同年10月至1978年7月，被派往北京電影學院電影編導系進修。畢業後回廠，曾被派往深圳蛇口掛職體驗生活。

1990年移居出生地香港，曾任職出版社、報社和高等院校。現於兩所大學任兼職導師，教授語言、文學及師資培訓課程。

從事文學創作多年，作品含小說、散文、書評、報紙專欄及電影文學劇本多種。代表作有中篇小說集《桔紅色的校徽》、《我媽的老套愛情》；長篇小說《和誰在陽台看日落》；電影文學劇本《竹籬笆》、《湖草萋萋》；成長小說《十三歲的深秋》、《明天你就十五歲了》、《再見！喜多郎》。最新的長篇成長小說《月光下的奔跑》於2015年7月香港書展推出。

以上部分作品曾於內地、香港及臺灣獲得各項重要或較重要的文學獎。

中國網「女性論壇」曾於2013年5月舉辦「黃虹堅作品研討會」。

苦追不果與快速得之

申家仁

1971年10月底，我和王長發（北大64072班）同學一道，從武山軍墾農場再分配到江西九江教育學校（前身是九江師範學校，復辦招工農兵學員時按學科分科）。進校沒多久，我就向中文科黨支部遞交了人生第二份入黨申請書。

苦追不果與快速得之

我之所以這麼快就遞交入黨申請，與農場的一段經歷分不開。這年盛夏一個雷電交加的夜晚，我和施友鉭同學（現為福州市委黨校退休教授）擔心秧苗會被突然灌滿的大水泡死，不顧電閃雷鳴去挖開秧田的放水口。回來的路上，一個霹靂將我們肩上的鋤頭打飛，我們兩人被摜在泥水坑裡，半天醒不過神來。炸雷過後，連隊派人打著手電筒來找我倆。

事後連指導員動情地說：「那晚你倆經過的山岡曾雷電擊死過好幾人，全連為你們擔心。你們這樣不怕死，要不是師部有大學生接受再教育期間不發展新黨員的規定，就憑這一次的勇敢行為我就要發展你入黨。」他囑我一到新單位就提入黨申請，還說他知道我在北大就曾申請過，相信我再次申請，很快就會得到批准的。

我是一個貧農的兒子，從國中到大學都拿人民助學金，從小喜歡閱讀革命書籍，是黨和人民把我從一個放牛娃培養成人民教師的，我理所當然應當做一個革命者，成為黨的一分子。因此到九江教育學校不久，我就遞交了入黨申請書。我的申請很快得到中文科黨支部、工宣隊和學校主管的重視，我也非常努力地工作。

1972年春，我的新婚妻子江瑞娟（北大同班同學，時在唐山軸承廠工作）和岳母（時剛從柬埔寨遷居澳門）來江西探望我的時候，因為忙，我竟沒有請假陪同他們遊玩一天，他們自行前去廬山旅遊了幾日。這年9月長子江輝出生的第三天，我就帶學生下鄉「開門辦學」，請一位老奶奶代我料理月子中的妻兒。

但是，這年我未被批准入黨。幾個與我關係很好的學生黨員，不經意透露了這次不被批准的原因。他們問我怎麼現在連共青團員也不是，我就同他們談起自己入團的經歷。1959年我國中畢業前夕曾被評為「浠水縣紅旗青年」，讀師範學校時也曾多次獲得表揚，但因為愛說直話，多次因仗義執言與班導和團幹部發生口角。

畢業當小學老師後，還是未改個性太強的老毛病，遇事認死理，所以一直不被單位團組織接納。1964年底我因得罪所在學校的校長，被排擠出學校去當駐隊幹部。不料原駐隊幹部是一小學的老校長，他在生產隊裡與幹部群

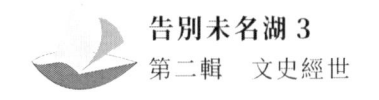

眾相處得很融洽，不願回學校，竟讓我頂替他當校長，居然還得到區新任文教幹事批准，我就當起代理校長來。我工作勁頭十足，各項工作出色，多年的入團申請終於得到批准，填了申請表格。

這年夏天，縣教育局推薦我參加高考，不曾想我竟考上北大。進京前轉團關係時，單位團組織說我不安心工作在職考大學，在青年教師中影響很壞，硬是不給我轉，還說沒有宣誓就不算是正式團員。在人才濟濟的教育學校，年輕教師幾乎都是團員，我卻是一個例外，怎麼可能這麼快就能入黨呢？

⊙申家仁 1970 年 2 月攝於北大西校門外西苑紅藝照相館

1973 年初，在部隊服役並提了幹的二弟寫信問我入黨沒有，這使我很羞愧。我是二弟政治上的啟蒙者。他小時候，我給他講了很多革命先烈的故事，啟發他的政治覺悟，如今他都入黨幾年了，我卻還在門外，因此入黨願望強烈。

我再一次遞交入黨申請書，同時也更加努力工作。學生對我的教學很滿意，我也非常關心愛護學生，得到同事和同學的一致好評。科工宣隊員對我也高度肯定，透露我的入黨申請即將得到批准。就在這當口，我的「毛病」又犯了，得知科支書調戲女學生，與他吵了一架。過後不久，學校要我這個

班導組織學生在班上開一個學生的批判會。該生私下散布學校領導人「文革」中在縣裡挨鬥的窘況。

我認為這位學生的言論雖然有損主管威信，但還不是思想政治上的大問題，個別批評教育一下就行了，頂著不組織批判會。我這就得罪了這位校主管，他一改先前對我的欣賞態度。接連發生了這兩件事，我入黨的事也就再一次告吹。

在九江教育學校，我同另外幾個青年教師比鄰而居，經常在一起議論時政。批林批孔運動興起後，更是經常在一起發牢騷說怪話：林彪怎麼同孔子扯在一起？儒家法家都是封建社會的意識形態，怎麼如今要抑此揚彼？暑假後學校新來的某位主管，是江西造反派頭頭、省革委會委員。他把我和王長發安排進「寫作組」，要我們寫文章開講座，批儒揚法，我們一再推託。

當時江西派性鬥爭激烈。這個頭頭幾次要我們幫他寫派性文章。我們受夠了北大兩派對立之苦，對江西的派性活動深惡痛絕，哪裡會給他寫這些東西？有一次這位頭頭把我們兩人帶到南昌會場，指望我們給他當「槍手」，無奈我們虛與委蛇，硬是不寫，使他十分惱火。

這年夏天，他便在學校掀起一場「打土圍子」的運動，把我和王長發等幾個跟他不合拍的青年教師打成「資產階級土圍子」，挑動一些人揭發批判，折騰了我們整整一個暑假。

這年秋季，被整得灰溜溜的我又當了一個班的班導。因為挨過那些人的整，所以我對當時鄧小平搞整頓十分擁護。我仿造鄧小平「把國民經濟搞上去」的口號，在班上提出「把教育質量搞上去」，努力讓學生多學點學好點，對學生要求很嚴。不料「反擊右傾翻案風」運動起來之後，這成了我的罪狀，學校的那個頭頭唆使學生貼我的大字報。這期間，學校發展了兩批新黨員，其中不乏跟風者拍馬者。看到這種情形，我申請入黨的心淡了。

與其跟這樣一些人為伍，還不如去做一個正直的普通知識分子。這年冬天，我到修水縣招生，到幾個鄉鎮調查推薦學員時，見到許多上海下鄉知識青年非常窮困潦倒，有的頹廢不堪。由此，我不得不對知識青年上山下鄉的

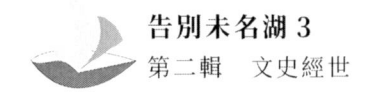

政策產生疑問，這些青年人的出路在哪裡？像現在這樣一直鬧下去，我們國家的出路又在哪裡？我心裡暗暗為黨和國家的命運憂慮。1976年1月周總理去世之後，這種憂慮，與日俱增。

這年夏天，我回湖北老家辦事，家鄉的大隊支部書記老蔡問我入黨沒有，我紅著臉說沒有。老蔡說：你七八歲就上台演《窮人恨》，很得土改工作隊喜愛，出身又這麼好，怎麼到現在還是個白丁？一準是像你父親一樣驢脾氣，跟主管擱不來。我的父親解放前當長工、佃農，解放初是民兵，土改積極分子，後來當互助組組長、農業初級社社長，1955年出席過全縣農業合作化先進人物代表大會。

但他一輩子愛說直話，比如說鄉農會主席原是個不務正業的人，讓土改工作隊很惱火，搞高級農業社時不願並大社，1958年竟反對農村吃大餐廳，這樣他當然入不了黨。1959年秋，他參加水電站建設，得病後回家沒錢醫治，加上飢餓，翌年春鬱鬱而死，時年才42歲。蔡書記說我要是像我的母親那樣為人，恐怕早就不是現在這樣子。我的母親生性溫順賢良，對誰都好，生怕得罪人。記得1951年土改時，我們東家（一個50來歲的女人）被拉上台鬥爭時，受過她剝削和喝斥的父親，要我去打一棍子替他出出氣，被我母親堅決阻止，說一個婦道人家，男人死了，田地不租給別人種，叫她怎麼辦？現在夠可憐了，還忍心打人家？母親在申家灣裡人緣極好，誰都不會說她的壞話。我雖然繼承了母親與人為善的秉性，但更多繼承的是父親的耿直倔強。

正如老蔡書記說的，倘若我更多的像母親，處理好人際關係，的確不是現在這情形。但是讓我心裡有話不說，一味去迎合別人，我怎麼也做不到。「不面譽以求親，不愉悅以苟合。」「受屈不改心，然後知君子。」老祖宗的話讓我自慰自勵。儘管入不了黨，我依然堅持革命信念和做人的準則。

這年9月毛澤東逝世，沒多久「四人幫」被打倒，我為黨和國家迎來新時代歡欣鼓舞。學校也出現新局面。緊跟「四人幫」的派頭頭被隔離反省了，我心情舒暢，工作勁頭很足。這年秋季學校新招了一個政治班，讓我當班導。沒人上黨史課，我自告奮勇，由語文改教黨史。班長宋才火（後為縣委書記

和市委書記）是學生黨員，鼓勵我入黨，我又一次寫了入黨申請書，並得到黨支書的鼓勵。但這年我還是未能得到批准。

原因是這樣的：1977年春我帶政治班同學到廬山腳下的星子縣「開門辦學」，在一個名叫「一見心寒」的地方，請當地一位老貧農控訴當年日寇在此地屠殺500多名無辜村民的暴行。不料這位老貧農還講出讓我們感到吃驚的歷史。他說民國27年（1938年），國民黨的薛岳將軍帶領部隊，在附近的東固山與日軍血戰五天五夜，當地百姓為軍隊送糧送水救治傷員。後來軍隊在鄰縣德安打了一個大勝仗，消滅日本兵1萬多人。

等中國軍隊走後，日本人在星子、德安縣瘋狂報復，「一見心寒」就是那時留下的。我們以前只知道共產黨抗日，而國民黨是消極抗日積極反共，這次老貧農的話，顛覆了以前我們所受的教育。學生問我怎麼回事，我說歷史就是歷史，看來國民黨也抗日吧。我後來講黨史課時，沒有強調國民黨不抗日。這被個別「極左派」的學生彙報到學校，主管倒也沒有批評我什麼，只是這年沒有吸收我入黨。

我沒有灰心喪氣，照以往一樣努力工作，學校主管也仍然重視我，九江師專成立之後，將我們夫婦分到師專，高考恢復，更任命我為師專中文系首屆（1977級）班導。我工作熱情空前高漲，邊教邊學，廢寢忘餐。我們在北大沒讀多少書，深感知識不足。為了盡快提高業務水準，我1980年到武漢大學進修。進修回校後，主講「馬列文論」，大量研讀馬恩列原著，理論水準提高了，也進一步堅定了自己的人生信仰，向黨組織遞交了平生第五份入黨申請書。

這時我擔任了一個有78人的大班班導，工作負擔很重，我毫無怨言，兢兢業業。但是，1982年秋季學校發展新黨員的時候，我仍然未能得到批准。後來我得知，是因為同教研室的一位平日見我一臉笑的同事，在主管那裡告了我一個刁狀，說我搞精神汙染。

為什麼會給我這麼個罪名呢？起因是這樣的：我在武漢大學進修那年，《長江文藝》雜誌刊登了熊召政的政治抒情詩《請舉起森林一般的手，制

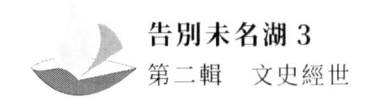

止！》，並展開公開討論，雜誌社約我寫篇評論。熊先生這首詩抒寫了對大別山老區人民長期極度貧困的憤懣之情，其中這段文字尤其讓我震撼：

十里車塵

怎蓋得住

土圓倉淒涼的蛛網

賣嫁女淚濕的衣襟

一笛秋風

不忍傳遞

報紙力奪的豐收

白髮飢病的呻吟

呵！我的親愛的

蘇區的人民哪

難道你們當年

用僅有的一根線

縫補紅旗的彈洞

用僅有的一把米

挽救飢餓的革命

就只是為了

換回這個千古不移的──貧困？！

我在武大進修期間，聽老師講解馬克思《1844年經濟學哲學手稿》，其中的異化理論，我覺得很有深度，把剛學來的異化理論運用到文學評論上，含淚寫了篇題為《形象的社會主義異化教材》的文章參加討論，高度肯定這首詩對「極左派」路線的鞭撻。我認為如果「社會主義」反而給人民帶來貧困，

這就不是真正的社會主義，這是異化了的東西，真正的社會主義應該給人民帶來幸福，給國家帶來富強。

現在看來，我這是對改革的呼喚，沒有什麼不對。文章發表後，那位告狀的同事還曾當面誇我這篇文章寫得好。我不僅用異化理論寫了這篇文章，還為學生開了介紹馬克思異化理論的講座。在當時的大背景下，我被舉報只好認栽。但舉報我的人很快就入黨提幹，我不禁憤然。

1983年，蔣築英的動人事跡，深深感動了我。特別是他終身願望是成為一名共產黨員，一再提出入黨申請，儘管努力報國，工作與科學研究均取得巨大成績，卻始終得不到批准，直到去世前單位才批准他填寫入黨志願書，死後追認為黨員，引起我強烈共鳴。我決心向我們這位了不起的英雄校友學習，「一片至堅操，那憂歲月侵」，再一次向黨組織遞交入黨申請。新來的系支部書記也很關心我，鼓勵我。這年九江市九三學社找到我，請我加入，我婉言謝絕，因為我的願望是做一名光榮的中共黨員。

這年，早就是江西人大代表的妻子江瑞娟接到組織部門通知，要她赴任市政協祕書長，還說我也可以離開學校到市裡做宣傳工作。到底是否離開學校？我們去請教老校長。這位解放前就讀南昌大學的老校長對我們的去留，沒有明確表態，只是含蓄地說，他這輩子革命道路選對了，但職業選錯了。意思是我們不應該從事行政，應該搞業務。聽了他的話，我們覺得以我們的個性的確不適合進官場，還是教書做學問的好。

於是，我們到組織部謝絕提幹，要求繼續留在學校當老師，這讓組織部長感到新奇：到組織部從來都是來要官的，還沒有來推辭官位的。可見我入黨動機純正，決不是為了當官。然而1984年發展新黨員時，我再一次沒有被批准，聯繫支書也很為我不平。後來得知，是有幾個人擔心我這個北大畢業的入黨就會上位壓著他們，投了反對票。

在這種被王倫式人物死死卡住的情況下，我產生離開此地到別處工作的強烈意願。於是開始聯繫接收單位，很快有幾家大學回函商調，經過反覆考量，我們挑選了新辦的佛山大學。1985年冬到佛山大學試教，順利通過。儘

告別未名湖 3

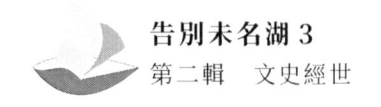

第二輯　文史經世

管學校主管一再挽留，但我去意已決。經過極為艱苦的努力，1986 年 8 月我們夫婦正式調入佛山大學中文系。

到佛山大學的時候，我已發表了幾篇還算有質量的論文，還出了兩本書，第二年職稱就得到晉升，是學校當時最年輕的副教授，有點小名氣。學校的民建、民盟等民主黨派負責人先後來家，邀我參加他們的組織。這年冬天，我應邀參加民盟的組織活動，因為校長是民盟的（後來為民盟中央副主席），我妻子也在民盟，儘管我還想入黨，但覺得參加民盟活動也無妨。

被邀請來參加民盟活動的學校黨委書記，看見我走進會場，感到很吃驚，馬上把我拉到一邊問我怎麼也來了，我說人家熱情邀請，哪好意思不來？書記當即問我是否有加入共產黨的願望。我笑著說多次申請都得不到批准，黨不要我呀。他說你再申請一次。這次活動後不久，我交了來佛山後的第一份入黨申請書，真的很快得到批准，1987 年 2 月我終於在黨旗下宣誓，成為一名中共預備黨員，一年後轉正。

⊙ 2010 年 10 月，申家仁和江瑞娟攜長孫回母校參加中文系百年慶典前，在天津車站留影

多年苦追不果，現在卻快速得之，讓我百感交集。照理說，來新單位後快速入黨我該激動，但是，我一點也不，更多的是憂慮。在現實生活中，正直而又真誠的知識分子，像我這樣曾經一再苦追不果的決不是少數，而那些跟風的、拍馬的、投機的、想當官的和道德水準不高的人，在某些地方倒很容易進入共產黨內。這種狀況長此下去，我們這個黨會演變為什麼樣的黨？

2003 年退休後，我長期住在加拿大，雖然脫離了黨組織，然而我的心一如既往。2013 年回國與九江師專 1977 級同學聚會時，同學們要我發表一點對時政的看法，我說，我雖然痛恨官場腐敗，不滿貧富懸殊，憎惡權貴利益集團，但我仍然擁護共產黨領導。我雖然欣賞三權分立的制度，但我不贊成中國搞西方式民主。

　　因為，中國離開共產黨的堅強領導，社會就會紛亂不寧，就沒有民富國強的指望。但是共產黨必須堅持自己宣示的信仰和宗旨，切實加強自身建設，接受人民監督，徹底清除腐敗，逐步推進民主，真正依憲執政，依法治國，不斷推進改革。不然的話，就會像蘇聯共產黨那樣失去民心，喪失執政地位。同學們笑著說，申老師你雖然離開了黨，但還是黨性不減吶！

　　申家仁，1943 年 1 月出生於湖北浠水縣西衝申家灣。放牛至 8 歲多始念小學，讀高小時因無條件寄宿，每天步行近 30 里，讀國中時常因交不起每月 3.5 元的伙食費被停夥。因不願再挨餓和餵三年蚊子，國中畢業後到不要伙食費並提供蚊帳的浠水師範讀書。畢業後在家鄉做小學教師 3 年，1965 年僥倖考入北京大學中文系。

　　1970 年到江西武山軍墾農場勞動鍛鍊 20 個月後恢復教師生涯，先後在九江教育學校、九江師專、佛山大學（現改名佛山科技學院）工作。寫過一些文藝學、美學、陶瓷史和政治學方面的論文以及一些文學評論，出版過《創作例話》（與江溶合著，中國青年出版社）、《世界文學名著誕生記》（與江溶合著，中國青年出版社）、《少兒家庭美育》（江西少兒出版社）、《石灣藝術陶瓷史》（合著，第一作者，中山大學出版社）、《嶺南陶瓷史》（廣東高教出版社）、《世說新語與人生》（上海古籍出版社）、《詩的美學品味》（中國文聯出版社）、《美學詩話》（江西教育出版社）等著作。參編多部教材和社科著作。因俄語已忘，英語不會，自學的日語太差，教授不曾申請轉正。忝為廣東作協會員，廣東美學學會理事。退休後，隨兩個兒子移居加拿大多倫多含飴弄孫。

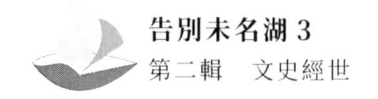

老北大的傳統精神與我的讀書治學之路

吳在慶

一

2007年11月，著名的現代文學研究和魯迅研究專家，我大學班導孫玉石教授來廈門大學參加紀念林庚先生（我在北大時的老師，上世紀三四十年代曾任教於廈大）的會議，會中他即自豪地向在場代表說：「我有兩個得意門生，即南吳北李。」吳指本人，李即我的同班同學，時為中國人民大學著名先秦文學專家的李炳海教授。2013年8月，北大中文系袁行霈教授（現兼任中央文史館館長）應國家漢辦和廈大邀請，來做題為《詩國》的學術講座。

講座一結束，我拜見袁先生，他欣慰地說：「你的成果很多」，並告知我的《杜牧集系年校注》剛獲得由國家新聞出版廣電總局、全國古籍整理出版規劃領導小組組織的首屆向全國推薦的優秀古籍整理圖書之一。能獲得母校老師的肯定，說明儘管我在北大求學時期因「文革」無奈荒廢了不少寶貴的學習時光，但在之後的日子裡，所幸還能在為人、工作、學習以及治學中發揮在北大時期已經服膺，並被潛移默化的老北大傳統精神，沒有辱沒北大人的盛譽。

我深知：我們老五屆的北大人雖然蒙受過「文革」的重重禍害，曾被人視為「處理品」，但我們畢竟曾浸潤過老北大的「科學、民主」與「勤奮、嚴謹、求實、創新」的優良傳統與學風，畢竟能在老北大傳統精神的激勵下，在曾經的艱難環境中，經過百折不撓的勤奮刻苦努力，而逐步取得一些堪可告慰母校與世人的成績，說明「文革」的狂烈風暴，並沒有摧毀北大老五屆學子心中的母校傳統精神。

二

1970年3月，我含淚告別未名湖，隨同近百名北大學子被發配到江西泰和縣0484部隊武山軍墾農場接受「再教育」，至今已經45年了。期間，我從農場再分配至江西南城縣（地處江西省東部、武夷山西麓、撫河上游）工

作 8 年，先後在縣委黨校、縣委教育組、報導組等基層單位有過近 2 年的工作經歷，隨後調至江西省共產主義勞動大學南城分校、南城縣新豐公社中學從教。

1979 年秋，乘著改革開放的東風，我從南城縣考取廈門大學中文系研究生，畢業後即留校任教至今。這離別母校的漫長歲月，是我求學燕園時間的 9 倍。然而就是這沉浸於燕園生活的 5 年，卻深深地影響著我的人生，特別是我的讀書治學之路。在這離開北大的歲月中，我心繫燕園，可謂魂繞神牽，深為年輕時代所熏染的北大傳統精神魅力所支撐與激勵。

誠如在北大 111 週年校慶時，我代表北大廈門校友會，在贈送母校的巨型獨山玉雕的儀式上所朗誦的《獨山玉雕記》所言：「猗旎未名，依依柳絲。亭亭博雅，神魂所之。百年名庠，有我恩師。我學我習，絃歌誦詩。科學真理，民主情思。自由思想，浪漫氣質。熏沐成材，如龍如騏。騰躍八方，情牽母慈。……望望燕園，眷眷情馳。」《獨山玉雕記》中我用了「科學真理，民主情思」來簡括北大精神，正是這一老北大的傳統精神魅力，一直浸淫著我在校乃至離校後的為人讀書治學之路。

三

上世紀 60 年代中我求學於北大中文系，曾以北大的學術大師、著名學者以及中國歷代的著名學者為楷模，孜孜不倦地沉浸於古今中外優秀的文學遺產中，以祈學有所成，實現「又紅又專」、「成名成家」的理想。可惜不久「文革」狂飆驟起，燕園時而可見拋棄路邊的狼藉書刊，文史樓學子們勤奮苦讀的燈光暗淡以致熄滅了，一場「焚書坑儒」的悲劇喧囂於中華大地，北大也變幻為所謂的「新北大」。

那一時代，注定我們理想瞬間的破滅與前程的昏昧，也注定了華夏大地再難有學術大師的出現。其時，身處所謂「封資修」最頑固堡壘的北大，我也有過氣餒與徬徨。然而，也許是所謂的冥頑不靈或是對舊北大精神傳統的依戀吧，一兩年後，「勤奮、嚴謹、求實、創新」的精神又在我內心深處死灰復燃。我和一些同學一樣，又偷偷地閱讀著專業書籍和當時有所忌諱的書。

⊙ 1968年攝於北京大學西校門內

舉例來說吧，其時曾有一種「天下沒有一本好書，只有《毛澤東選集》四卷」的說法，有一階段是不准讀所謂「封資修」的專業書的，而只能閱讀《毛選》四卷和《紅旗》雜誌，甚至對馬恩列斯著作也有所忌諱。記得當時我們處於軍宣隊和工宣隊的管轄下，我們班則被一位濡染「極左派」思潮的退伍軍人管制著，他時不時會君臨各宿舍突擊監察我們的舉動，狠狠施以「教育」。在嚴峻的形勢下，為了不虛耗光陰，我偏偏不識時務地偷看專業書籍。

晚上空閒時，我坐在旁側有書架（上邊特意放一台自裝的電子管收音機，開著）的床上閱讀如《國家與革命》、《唯物主義和經驗批判主義》、《自然辯證法》等書籍。一聽到「咔喊咔喊」的打釘牛皮鞋底重重踩地聲從門口傳來，立刻將書籍插入書架，裝著收聽中央人民廣播電台的樣子。「極左派」者破門而入，見我如此洗耳恭聽著紅色電波，也就無話可說，我以此免卻被訓斥一通。但因嗜讀「封資修毒草」的積習難改，我還是免不了被批評過。

有天晚間，我們寢室的四位同學除了一位正端坐著閱讀《紅旗》雜誌外，三位則斜倚在床上沉迷於小說。沒料到宣傳隊另一位老工人師傅突然推門進來，這下可抓住了活現行：一人讀著《西遊記》，另一人則迷入《世外桃源》，而我正津津有味地閱讀著法國小說《瘸腿魔鬼》。所幸這位老師傅還算宅心仁厚，只是嚴肅地批評了我們，並對閱讀《紅旗》的同學提出「最好看《毛選》吧」。

儘管有此遭遇，我還是本性不改，暗暗利用時間讀了不少專業古籍，乃至如《復活》、《戰爭與和平》、《安娜卡列尼娜》、《獵人筆記》、《簡愛》、

《飛鳥集》、《普希金詩集》、《草葉集》，以及莎士比亞戲劇等等外國名著。也正因這種在高壓下仍堅守住的惜時如金、酷愛讀書的北大人精神，在那踐踏知識，剝奪學生讀書權利的年代，我們還是打下了較為堅實的知識基礎。

四

離開北大後，在軍墾農場和再分配到南城工作的八九年間，知識無用論甚囂塵上，知識分子依然是「臭老九」；批判老教授大講「馬尾巴的功能」的電影《決裂》正在熱播；零分上大學的那個批判舊教育制度的「英雄」張鐵生正紅極一時。但在那個時期，我始終相信知識是人類的寶貴財富，那種「知識越多越反動」的論調是極為荒謬的。為了追求知識，我暗中儘可能利用時間勤奮刻苦地讀書。值得自慰的是：儘管客觀環境不容許我潛心於知識海洋中，但我並沒有虛度時光。

在軍墾農場接受「再教育」時，也不容許閱讀所謂「封資修」的書籍，但我還是祕密地把行囊中不多的專業書籍讀了個遍；實在沒有專業書籍可讀了，就借來法語課本，暗中學起。在南城縣革委會工作期間，經常要下鄉調查、採訪和蹲點，為了不虛度空閒時間，我經常帶書閱讀，《史記》就是我在一個多月的下鄉蹲點時通讀的。

在盛夏炎熱的鄉村，蚊子常會密集地叮咬人，我只好躲進悶熱的蚊帳裡，沉浸在太史公筆下的世界中。那時書籍是極為缺乏的，有位姓萬的鄉下中學語文老師藏了一些書籍，我常向他借閱，記得《海涅詩選》等書就是從他那兒借來讀的。

後來我調進當時作為辦學模範的江西共產主義勞動大學南城分校。其時，正值《決裂》演員到此校體驗生活以及此片公演。此校屬半工半讀性質的學校，農、林、牧、漁業勞動的時間實際超過一半，老師就像生產隊長似的，既要教書，更多的時間則是帶著學生學大寨似的戰天鬥地。我從縣委報導組調到這所學校，是因為黃校長想利用我的筆桿子來宣揚此校的教改業績。他沒料到我這「書呆子」根本不願做那樣的「歌德派」，竟連一篇吹捧文章也沒寫，反而利用他人打牌、打籃球的空餘時間「躲進小樓成一統」，沉潛於書海中。

所幸此校和我後來調入的新豐中學一樣，收藏有不少包括古代文史在內的書籍。這些書籍多年來基本無人問津，剛好滿足了我這飢渴的「書蠹」之需。於是我像高爾基所說的「就像飢餓的人撲在麵包上」似的啃起書來，如《諸子集成》、《三國志》、《世說新語》、《西廂記》、《紅樓夢》、《儒林外史》之類的文史典籍就是當時我閱讀的主要書籍。

更令人驚訝的是：在共大時，我竟然罔顧社會上熱火朝天的「批林批孔」（實際意在「批周公」）浪潮，不僅大讀上述書籍，而且竟然關在鄉間的陋室裡，讀了四遍《紅樓夢》，探究起《紅樓夢》來，終於有所新發現地撰寫了 18 萬字的《紅樓夢新探》。

現在看來，這已佚失的書稿儘管學術價值有限，但在那個踐踏知識和學術研究的時代，畢竟也算是個奇蹟！當然這也進一步充實了我的文史知識基礎，鍛鍊了我的文史研究能力。我在 1979 年能在眾多的考生中脫穎而出，一舉考上研究生，應該說與此前的刻苦讀書不無關係。當我考上研究生後，已經調任縣教育局局長的原南城共大黃校長對人說：「人家畢竟是北大畢業的，有真才實學。」他原是視我為「書呆子」的。

五

從 1979 年我在大學從事古代文學研究與教學以來，讀書與學術研究的環境和條件好起來了。為實現四個現代化、振興中華而讀書和研究成了知識分子的理想，老北大的傳統精神有了理直氣壯的發揚之機，我也就更加發奮努力地從事教學與文史研究。我個人的奮鬥目標也很明確：成為一名出色的文史研究學者，為唐五代文史研究盡綿薄之力。

35 年來，就是在這種精神的激勵下，我孜孜向學，從不懈怠。在讀研究生的三年中，我真是「一心只讀聖賢書」。儘管我家已有當時難得的彩色電視機，因長期缺乏文化娛樂生活，一般人自然多著迷於看電視，但我為了能有更多的時間讀書，探究學術問題，竟終日面壁苦讀，從不看電視節目。儘管我家就在海邊，而我非常喜愛家鄉藍天大海的壯闊景色，但我僅有幾次漫

步在海灘。在上世紀的八九十年代以至於本世紀的前十多年,可謂是我「焚膏油以繼晷,恆兀兀以窮年」的時期。

除了教學之外,我完成了 20 部著作(包括幾本合著),點校了《南漢書》、《九國志》等 6 部史籍,發表了近 290 篇論文。成就這些論著,該花費多少時間與精力啊!值得欣慰的是:我的不少重要成果是在出身於北大的著名學者的引導合作下完成的。

我的第一部著作《杜牧論稿》是作為廈大 70 週年校慶獻禮,經由學術委員會評選出的十幾部優秀著作之一,在第一屆《南強叢書》中出版。早年畢業於北大的著名文史大家繆鉞先生,是當時最著名的杜牧研究者。《杜牧論稿》即多受益於這位提倡文史結合研究方法的學者的教導。他為此書寫下了如此題識:「吳在慶君治學勤敏,於唐代文學致力尤深。近數年中,與余通書論學,新思卓見,頗多啟發。今吳君集其所撰論述杜牧詩文為《杜牧論稿》,極望其能早日刊行問世以嘉惠士林也。」

此書的序言乃 50 年代畢業於北大中文系的著名學者傅璇琮先生所撰。序文高度稱揚此書雲:「考證如何為理論提供事實的支撐,理論如何在考證的基礎上作出令人信服的闡述,我認為在慶的這本書是能夠作出回答的。我們的唐代文學研究界確實需要這樣踏踏實實的著作,而切不要放言高論而遠離實際。」

傅先生師從過以《八仙考》、《花蕊夫人宮詞考》著稱的北大著名學者浦江清先生,他的學風具有明顯的北大特色。我有幸跟傅先生一起撰著過《唐才子傳校箋》、《唐五代文學編年史》、《五代史書彙編》等書,這些著作多獲得了很高的學術評價與聲響。前一書獲全國首屆古籍整理研究二等獎,第二部書則獲第四屆國家圖書獎(共四部書獲此獎)。

在撰著這些書的過程中,北大人的愛國情懷,力爭學術上游的精神同樣激勵著我們。中國元代學者辛文房著有《唐才子傳》一書,乃研究唐代文學的極為重要的典籍,然而其中也有不少錯訛貽誤之處。為了更好地利用這部書來研究唐代文學,必須先對它進行嚴謹審慎地整理研究。以此傅先生決定邀約部分相關領域的專家和學術工作者對此書進行箋證。在撰著《唐才子傳

校箋》之初，他在給我的信中云：「前些年日本人做了一部《唐才子傳之研究》一書，厚厚一冊，對某些材料出處作了考訂，但較簡略，但就是這些，中國也沒有。為了在學術上爭口氣，我們也要搞出來，顯示中國學術界所能達到的水準。」他還提出：「如果搞得好，這部書將非常有用，也是我們貢獻於唐代文學研究界的不算小的成果。」這一「在學術上爭口氣」之精神，實際上也是北大學人愛國精神的體現，它同樣激勵著我致力於學術研究。

上世紀的八九十年代，除了上述著作外，我還在被譽為「唐代文學的重大成果」的《中國文學家大辭典·唐五代卷》中撰寫了八百多位作家小傳辭條，並出版了《唐五代文史叢考》（後增加了十多萬言的考證成果，成《增補唐五代文史叢考》）一書。這兩部著作花耗了我近十年時光。

在那些年頭，還沒有電腦，沒有網路，不可能用電腦來收集資料或打字，我只能一頁頁地翻閱大量的文獻資料，用卡片分門別類地記下那些涉及個人所關注的，或所研究的問題與人物的資料。在儘可能窮盡資料的收集後，再利用這些資料，細心縝密地進行研究。在那些時光裡，我對眾多文獻典籍記載的大量錯訛闕漏、歧異齟齬之處，廢寢忘食地一一細心探賾考索，甄辨求真。在旁搜博考、縝密推敲的基礎上，弄清了唐五代許多作家的生平仕歷及詩文作年等詳情，「從而給研究者提供了大量經過審慎研究過的可靠的相關資料」（見趙榮蔚《晚唐士風與詩風·緒言》）。

這一成果的取得確實是極為不易的，不僅耗時費力，而且其過程也頗為艱難辛苦。比如說《中國文學家大辭典·唐五代卷》中的作家陸龜蒙、皮日休兩人的小傳是我撰寫的，為了寫出他們的傳記辭條，我必須蒐集、閱讀、研究他們的文集，以及浩如煙海的文獻中所有相關文獻資料，這本身就要花費很多時光。而且這些資料中常因錯誤或記載不一，存在不少矛盾歧異之處，因此必須一一進行審慎細密的考證以分辨澄清，得出讓人信服的結論，然後才能寫進傳記辭條中。

其間常因一個疑難問題，我不得不花耗大量的時間與精力，為此弄得頭昏眼花，神勞力疲。光是一位作家的辭條，所花的研究時間已是不菲。更何況我承擔了八百多位作家小傳的撰寫工作，其中的辛苦艱難不難想像。然而

這一切我還是挺過來了,所以能如此,應該說老北大的傳統治學精神的激勵,在其中起著重要的支撐作用。

⊙ 2006 年任臺灣大學客座研究員時

談到老北大的學術傳統對我的影響,還得提及著名學者程千帆教授在《書紳雜錄·聞堂師語》(見《程千帆全集》第十五卷《桑榆憶往》)中的一段話:「周祖譔先生是浦江青的學生,傅璇琮先生也是跟浦江清學的,一個在解放前,一個在解放後。後來,周先生又培養出了吳在慶、賈晉華兩個,現在他們又和傅先生一起搞文學編年史。學術都是有淵源的。」其中周祖譔先生是我研究生導師,他是北大學者浦江青的研究生(浦先生曾為陳寅恪先生的助教,先任教清華大學,上世紀 50 年代初院系調整時調來北大)。程先生的「學術都是有淵源的」之說,無疑說清了我的學術淵源與治學路數,這正是源自北大的學脈與學術傳統。

吳在慶,男,1946 年生。1965 年考入北京大學中文系,畢業後赴江西武山軍墾農場鍛鍊,再分配至江西南城縣工作。1979 年考入廈門大學研究生,畢業後留校任教。退休前任教授、博士生導師。曾被聘為安徽師範大學、臺灣大學、逢甲大學(在台中市)客座研究員、教授。出版《杜牧集系年校注》、《唐代文士與唐詩考論》、《增補唐五代文史叢考》、《聽濤齋中古文史論稿》、《聽濤齋古典文學考論與解讀》以及合著《唐五代文學編年史》、《唐才子傳校箋》等 20 部著作,發表學術文章近 290 篇。曾獲國家圖書獎、福建省哲學社會科學優秀成果一等獎等。

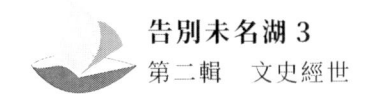

位卑未敢忘憂民

周炳華

　　1970 年 3 月，我從北大被分配到浙江金華地區革委會報到，隨後和數力系 1963 級的馮一丁、1964 級的黃根波同學一起被分配到常山縣插隊。常山是浙西山區交通不便、經濟落後的小縣，我們三人到縣內務辦公室報到後，被告知到溪口公社馬車大隊——一個離縣城二十六七里，血吸蟲病高發的山區村。第二天，我們帶著行李乘汽車去溪口公社報到，再搭大隊的手扶拖拉機到村裡。大隊已作了準備，安排馮一丁住在大隊會計的家，我們兩個男生住在一位生產隊長的家裡。

　　生產隊長家的房子倚山朝南而建，一排四間平屋。中間進門是「堂前」，用於會客和吃飯，西間是房東全家的臥室，東間是存放農具的雜物間，再東邊更矮小的那間是灶間。村裡的房子基本都是泥牆、泥地，屋梁擱上些沒有去皮的瘦小的杉木棍做椽子，連篾片都沒有墊，就稀稀疏疏蓋了層薄薄的瓦片，露出許多縫隙，讓我們在屋內也望得見陽光和月光，當然也難以完全擋住雨水。

　　房東已經把雜物間拾掇過，並準備了四條長凳、六塊尺許寬的松木板、一大捆乾稻草，還有一盞煤油燈、一條寬板凳和一條小板凳。我們先前都有過下鄉生活的經歷，卸下行李就熟練地架床鋪、鋪草墊、攤被縟，又另找了兩塊長木板架在各人的床底下，用來放鞋子和臉盆。因為這間屋子也是主人去廚房的過道，雖然還不到防蚊子的季節，我們還是找了竹竿早早撐起了蚊帳遮蔽。當地居民的口音好像是江西話，同是浙江人的我們竟聽不懂，多數居民也難以聽懂我們的普通話。

　　幸虧 40 多歲的房東隊長當過兵，聽得懂我們的話，還能講一些帶著濃重方言的普通話和我們交流。他性格豪爽，女主人也很和善。他們有個兒子 16 歲，正讀國中，伶俐得很，對我們的入住最為開心。此後，小孩子常常伴著我們，問我們北京的事，也給我們介紹村裡的方方面面，做嚮導，給我們帶來不少方便。

我們被分開在三戶人家搭夥，按當地幹部下鄉的做法，每天繳一斤糧票、三角八分的搭夥費。因為貧困，當地居民吃得不好，我搭夥那家更差，也更髒一些。早飯是雷打不動的蕃薯湯，其中摻和著頭天吃剩的少許飯粒；中午和晚上一般是蕃薯或蕃薯乾煮米飯。菜是自留地裡採來的，很少。由於主人起早落夜地參加集體勞動，沒有時間，也不敢好好地侍弄自留地，蔬菜自然供不上，而且只有辣椒、白菜、南瓜等少許幾種。收工後，我們會和他們一起在山上或路邊採些野蔥、野蒜，或者摘蕃薯葉、南瓜葉，作為補充。

唯一不缺的是辣椒，還是非常辣的那種，火辣辣地把我們從嘴唇、舌頭、喉嚨一直辣到肚子裡。灶台上常常有跳上去的雞覓食，自然難免把屎拉到鍋裡。女主人患有紅眼病，燒菜時受辣椒的薰嗆，總是一把眼淚一把鼻涕，不時用手抹，抹了再甩，少不了流進或甩進鍋裡。

她用小調羹舀上一點點茶油，澆在燒熱的鍋上，讓鍋底沾些油氣，接著放入辣椒和一簸箕菜，進行炒拌，再加少半瓢水煮一會兒。這幾乎是她天天不變的燒菜程序。這樣燒出的菜的味道可想而知，尤其是南瓜藤，毛刺刺的，難以下嚥。只有主人家來了親戚或請了篾匠、木匠做活時，才煮淨米飯，菜裡也出現些許薄薄的蛋片或肉片。

一次中飯，既沒來親戚也沒來師傅，飯桌上卻擺了一大碗辣椒炒豬肉，男主人還幾次向我讓菜，笑嘻嘻地問「好不好吃」。難得見葷，怎麼會不好吃呢？我自然回答「好吃」。下午出工，隊裡幾個小青年湊過來笑嘻嘻地問：「中午吃肉了吧？那是大隊牧場病死的小豬，扔在糞池裡了，被你主人用鐵耙撈走，放到溪水中沖洗，挖去內臟……」聯想起主人在我回答「好吃」時的一臉壞笑和房東的兒子居然一筷子未動，我恍然大悟。

由於不掙隊裡的工分不參加隊裡的分配，村民對我們客氣而寬鬆，平時也沒有人監管我們。但那時我們的熱情很高，自我要求嚴格，每星期只安排半天洗洗涮涮，每個月只用一天時間去公社領薪水、去縣城轉轉，一年中只在春節回家 15 天，其餘時間，都與居民們在一起「戰天鬥地」。

馬車大隊雖是山區，但稻作仍是主業，農活大多與種稻有關。在隊裡整整一年，從犁田、耙田、做秧田，下秧籽、拔秧、插秧、施肥、耘田、噴藥，

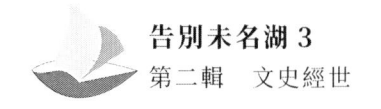

到割稻、打稻、縛稻草、疊草蓬,晒穀、扇谷、秤谷分配,所有與水稻有關的農活,除了挑谷擔一項外,我都做過。還要上山伐木背樹、下溪抬石築壩、田頭掘土挖溝。

我身子比較單薄,又在城裡長大,過去只在農忙時由中學組織到鄉下幹過農活,因此所有的勞動,幾乎都是咬著牙才堅持下來的。比如夏天跪在剛潑過人糞肥的水田裡耘田,同時承受烈日的烘烤、汗水的浸泡、惡臭的燻蒸、水蛭的叮咬吸血,那種情況讓今天的年輕人聽著都害怕。

最累、最危險的活兒當數上山背樹了:清晨草草吃過兩碗蕃薯湯,帶上幾個熅蕃薯當中飯,爬山越嶺約兩個小時(那是沒法子的,近處的山林早砍光了)才到目的地,沒開始幹活就已經飢腸轆轆、渾身乏力;但不容得我們喘息,就要將已被伐倒的樹木一根一根背到懸崖邊滾下山去。剛伐下的新鮮雜木死沉死沉的,我開頭還想挑一棵中等粗細的樹木背,抱了一下卻連起都起不來,只好挑小的。

山很陡,沒有路,長長的樹桿又常常被兩旁的樹木掛住,我走得跟跟蹌蹌,雙腿不停地顫。看其他當地居民,分明也感受到沉重,連平時最愛說笑的年輕人也面色凝重、大汗淋漓,除了大口喘氣,沒有一句話。最驚險的是背到懸崖邊聳肩將樹木滾下去的那一刻,極端疲勞的狀況下人已經站立不穩,稍有不慎便會連樹帶人一起滾下去。而如果真的從六七十公尺高的懸崖上摔下,那只有死!我親眼見到一位當地居民在聳肩放樹的時候,樹梢被旁邊的樹桿勾了一下,反彈過來把他掃倒,一只腳已經滑下了崖邊,幸虧那人敏捷,死命抓住了旁邊的灌木,才沒有掉下去。

但對我造成最大最長久傷害的活兒,是在濕地裡開溝排水。雜草叢生的濕地裡,釘螺分布最密,血吸蟲最多,很容易侵入人體。當時為了與貧下中農打成一片,我在這種地方幹活居然也赤著腳,沒有採取一點防護措施,不知道居民們幾乎個個都已經是血吸蟲病患者,也不知道血吸蟲特別欺負我們這些陌生人。

過了大半年,我們聽從一名公社幹部的勸告去醫院檢查了一次,確認我已被感染。醫生要我及早醫治,為了不影響插隊鍛鍊,減少住院治療時間,

我從幾種治療方法中選擇了「銻劑三日瘵法」，三天內往靜脈注入大劑量的毒性很強的銻劑來殺滅血吸蟲（這種療法因副作用太大且太過危險，據說後來已被禁止）。按照醫書上囑咐，採取這種療法的病人治療期間應該絕對臥床，否則很可能發生猝死，但當時我不僅要自己打飯菜、上廁所，還多次幫扶鄰床一名經常大量吐血跌下病床倒地呻吟的危重病號。

萬幸的是住院結束我終於沒出意外，但自那次治療之後，我常常虛汗淋漓，元氣大傷，對肝和其他身體器官的損傷則更長遠。前年遇到馮一丁同學，她對我那次治療受到的摧殘記憶猶新，說：「當時真傻，你住院我們也不曉得趁機來醫院照顧。」是的，當時我們誰也沒有想到要被照顧，更沒想過怎麼少幹農活偷懶輕鬆點，相反，我在醫院還想著早日出院去隊裡勞動，思想的純潔可見一斑。

我出院時，身體大虧，回大隊沒有直達車，步行了六七里，已經滿身都是虛汗，但看到居民們正在挑泥土，我放下挎包撿起一根扁擔竟也去了。從醫院回來，伙食當然不可能有什麼改善。我住宿的女房東關心我，回村第一天煮了一碗水煮蛋硬要我吃，提醒我剛從醫院出來一定要補一補，這樣我才從大隊代銷店買來兩斤雞蛋，交給她每天幫我煮兩個，算是搞了七八天特殊。

我們的插隊生活雖然艱苦，但隊裡下鄉知識青年所受的苦難更多。僅僅砍柴燒飯一項就使他們苦不堪言了：那裡雖是山區，但近處山上的樹木早都砍光了，要到十幾里遠的深山才砍得到柴。砍柴、背柴來回一趟要大半天，那累可想而知。剛砍下的柴很沉，背不了許多，砍一次燒不了幾天。

當知識青年們疲憊不堪、飢腸轆轆收工回來，心急火燎地生火煮飯時，那些遠未乾燥的青柴，卻只冒煙燒不旺火，他們總是被煙薰得淚流滿面，燒出來的也往往是半熟飯。常常是飯還沒吃，隊裡出工的哨子響了，他們只能餓著肚子出工。這樣嚴酷的生存壓力，加上苦海無邊的精神煎熬，那才叫苦！那一年，我天天感受、目睹農村的貧困，農民特別是下鄉知識青年的艱辛，真是銘心刻骨！

插隊一年期滿，我被分到常山電力公司。興沖沖地去公司政工組報到，迎接我的卻是當頭一盆涼水。組長看了介紹信，一臉的不屑，說：「你又不

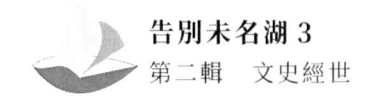

懂電，到這裡幹什麼？」我連忙表示「會向老師傅虛心學習」。他揚了揚我的「供給關係介紹信」反問：「拿著技術員的薪水去當學徒工啊？」說完乾脆不再理我，就和別人聊天了。

我強按怒火等了約莫半個鐘頭再催問，他才不耐煩地讓我下午來。下午，他說「大學生應該去艱苦的地方接受再教育，你去紅旗水電站吧」，並限定我乘第二天早晨6點多鐘的一班客車去報到。我不想和他多說什麼，轉身去汽車站買票。

我知道水電站一般都建在深山裡，可沒想到紅旗水電站離縣城會那麼遠。公共汽車呼哧呼哧地翻山越嶺3個半小時，才聽售票員報出紅旗電站所在的地名。我趕緊下車，走到電站時已是中午。電站書記告訴我，公司來電話讓我去一級電站上班，他已叫過一級站的段站長來引我過去。飯後，段站長來了，還帶了個民工幫我挑行李。我說自己拿吧，段站長說：「還有三四里路呢，還要爬一個很高很陡的嶺，我們兩個不好拿的。」果然，一出電站就要攀一條七八十公尺高的幾乎是垂直的崗，石階又陡又窄，我只拎了點小東西攀援就已經覺得很驚險，甭說挑行李了。

一級電站的宿舍建在朝東的山坡上，一排十間的平屋。面前有條沿山的水渠，急匆匆流著清水，那是一級電站的尾水渠，也是二級電站的引水渠。渠道再前面是條小路，小路再前面是一條寬不過三十公尺，深卻有四五十公尺的溪澗，澗底一個個深不可測的幽藍的水潭讓人毛骨悚然，洪水時節那奔騰咆哮驚濤擊石的場景更讓人膽顫心驚。

澗的對面又是巍峨的大山，山腰上有條蜿蜒起伏的砂石公路向深山延伸，一里多路後會經過我們一級電站的水庫大壩和發電機房。一級電站連炊事員共9人，主要負責兩台150千瓦發電機組及配電設備的運行維護。平時兩個人一班，一天三班倒，枯水季節則停機進行設備大檢修。電站前不著村後不著店，離最近的供銷社有8里地，於是上班之外還要種菜養豬，甚至還上山炸石採煤作為餐廳的燃料。

在電站，除了日日夜夜設備的轟鳴和嘩嘩的水流聲讓人心煩，最大的困難是生活的孤獨和枯燥。遠離家鄉的妻兒母親不說，在那深山冷坳，上班只

有兩個人，因為隆隆的機器聲無法多作交流；下班回到宿舍，除了每星期半天的政治學習時間之外，平時只遇見一二個工友。因為電站大多數工人是從當地農村招來的，他們下了班要麼睡覺，要麼就回家了。看書？除了《毛選》和幾本水電技術書之外，電站裡找不到其他書。

為此我哥曾寄來過一台收音機想讓我解悶，但我收到後發現這山溝裡連廣播信號都收不著。和外界的聯繫主要靠晚三天送到的報紙，還有看家人、同學四五天前寄出的信（如果我寄信，平信要來回走16里，掛號信或寄錢物要來回走60里路才能投遞）；再就是一兩個月去趟縣城見老同學、逛書店。一次得知晚飯之後放電影《看不見的戰線》，我和同事結伴跋涉30多里山路去小鎮上觀看，看完再打著手電筒跋涉30多里返回。站裡的幾本水電技術書，我看了很多遍，漸漸對小水電技術略知一二，後來竟好幾次被站長派去山區社隊幫助建造小水電站。

枯燥的日子裡也泛起過一些讓我難忘的波瀾。1972年夏天一個傍晚，我正赤腳趟在宿舍前的渠裡洗衣服，忽然從溪澗對面的公路上傳來撕心裂肺的尖叫，接著是聲嘶力竭的嚎啕大哭和澗底巨大的擊水聲。原來是公路上山民的手拉車隊中，有一個人和車一起落入了澗底！我趕緊跳上渠沿也就是深澗的邊岸，撥開草木往四五十公尺深的澗底張望，只見深潭裡飄浮著竹木的車架子，卻不見人影。

我急忙找了條岩石的縫隙抓著草木下去，跳進水潭，在深處摸到了墜落者，把他奮力拖到水潭邊。這時，驚慌失措的山民們也下來了，七手八腳地把落水的同伴背上澗。仔細看，他頭上有傷，估計不幸撞到岩石了，已經沒有了呼吸。而後發現，我的身上、腿上也被荊棘刮破好幾處，流著血，腳底進了枚刺，鑽心地疼。後來雖然敷了藥還是化了膿，讓我瘸了十來天。

而最讓我後怕的還是：溪澗邊縱橫交錯又陰涼潮濕的石頭縫裡常常盤踞著許多當地稱為「棋盤蛇」的毒蛇。據山民們講，僅那處縫隙中就會有十幾條吧，平時誰都不敢去，更別說赤著腳去爬，而我情急之下竟赤著腳就下去了，工友們說我好大的膽。

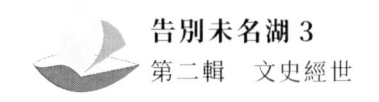

還有件讓我無法忘卻的事。一次,我採好石煤挑下山時,踩在鬆散的煤矸石堆上,滑了一下,當時就扭傷了腰,站不起來了,由工友們背我回宿舍的。深山之中沒有醫生可看,只有躺在硬板床上養。幸虧兩天後可以勉強起身了,不過自那以後我就落下了腰疼的毛病,直到現在還常常發作。

在一級電站,我工作努力,工友間相處也和諧,但從沒有安心過。我妻子從浙大畢業,經部隊農場鍛鍊之後,已經分配到了家鄉餘姚,以後又有了孩子,於是我極力要求調到餘姚工作。要調動成功,前提是調出地必須放人,別看當年分配時想拒我於門外,要求走時卻築起了壁壘。

從一級電站到紅旗電站再到縣電力公司、縣內務局主管,我一級一級、一次一次,來來回回、反反覆覆地要求,經過一年努力,常山縣終於開綠燈向餘姚發出了商調函。由於餘姚方面的工作還欠火候,在常山千辛萬苦爭取到的商調公函被無情地退回。這時,常山內務局主管把我調到內務局,我報到見到局長的第一句話竟是「以後請仍然同意我調回餘姚」。

此後記不清我給餘姚組織部門寫了多少封請求信,我妻子下班後抱著年幼的孩子去組織部要求過多少次,我姐姐也千方百計托關係找我調動的門路。我當時表態到餘姚後一定服從組織部門分配的任何工作,可是餘姚一直以「幹部太多」加以拒絕。有一次好不容易說定了去一個農村中學教書,臨發調令時教育部門卻又變了卦。直到輾轉找到縣委辦公室的一名熱心人士,在其幫助下,我調餘姚的事情才在1975年7月辦成。

我到餘姚後的第一份工作是去釀造廠中學當校長。學校只有兩個班、四個老師和一個工宣隊主管。我沒有課,開頭與老師談談心,聽他們的課,提點建議,給學生們講講話。兩三個星期下來感到無事可做了,正好廠裡要向制醬作業廠派工作組,書記親任組長,業務科長和我參加。

我們三人和工人一起勞動,工餘組織工人開會討論改進作業廠工作,開頭搞得很緊湊。一個月下來,該說的說得差不多了,書記和業務科長又去忙日常工作難得來作業廠了,卻不宣布工作組結束,把我撂在作業廠天天和工人一起背麻袋,推小車,搬酒罈,做醬油,做米醋,做麵醬。這樣過了將近

半年，書記說物料倉庫缺個會計，要我別回學校去倉庫，我就做了兩年多的倉庫會計兼發貨員，直到 1978 年被借調到商業局。

調商業局的機會很偶然：有一段時間我參加廠裡一個經濟犯罪的審查組，組長是個文化程度很低的作業廠主任，有一天向來廠檢查的商業局主管彙報，講了沒幾句卡了殼，要我接下去彙報。後來我得知就是這次彙報引起了局主管注意，回去馬上調閱了我的檔案，借調我到商業局人事股，1980 年我辦了調局機關的手續。

我離開北大之後，除了在農村和工廠 6 年，其餘時間都在縣級機關工作。縣級機關是國家很基層的機關，但從普通工人的位置看，小組、工段、作業廠、工廠、主管局，已經是高五級的機關了。我雖然也號稱北大畢業，但名不副實，不像別的同學有真本領，因此一向胸無大志；加上從北大起看多了世間的風雲變幻、宦海沉浮起落，功名心越來越淡了，覺得「高處不勝寒」，離政治的風口浪尖遠些也好；在農村、工廠吃過的苦又讓我記住了最基層農民工人的艱難，因此知足常樂，一直在基層機關工作竟很安心。

1983 實施幹部「四化」方針時定過提拔我的方案，本來可以升遷，臨公布時有人提出「北大出來的應該提防搞過打砸搶」而擱下。那時交通通訊不便，隔了半年才派了兩個人去北大調查，回來已經時過境遷，原定方案不再兌現。

不過我雖當了 30 年的小公務員，倒沒有渾渾噩噩地隨波逐流過，自己覺得頭腦一直是清醒的，眼界也是開闊的，儘管做過的都是小事，沒有大事，但凡事都會掂量掂量是否有利於百姓，如果有利會努力去做，有害就不去做。在複雜的環境裡能夠堅守職業道德，勤勤懇懇、踏踏實實地做事，對得起自己的良心，對得起養育自己的人民，也沒有辱沒北大的名聲。我自認為做過的較有意義的工作大概有這幾件。

第一件是盡力為上山下鄉知識青年解決困難。1973 年至 1975 年，我在常山縣內務局承擔上山下鄉知識青年工作，分管主管是個從生產隊上來的造反派，對具體業務不感興趣，日常工作任我安排。當地有六七百名來自杭州、

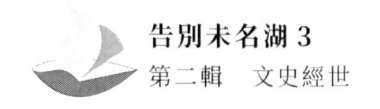

常山等地的插隊知識青年，由於我對他們的困苦比較瞭解，因此對這項工作充滿了熱忱。

藉著中央有個全面檢查知識青年工作的文件，我們從各部門抽來了七八名幹部組成3個檢查組，把檢查重點放在「妥善安置」上，特別把落實住房、建立知識青年餐廳作為整改內容。我和檢查組走村入戶，開各種座談會，發現問題，督促解決，總結典型，鼓勵先進。全縣24個公社，凡有知識青年集體安置點的大隊我都跑到了。

由於和插隊知識青年年齡相近，經歷相似，有許多共同語言，知識青年們願意給我講心裡話，我也努力幫助他們解決或緩解突出困難。看到全縣插隊知識青年住房基本落實，知識青年餐廳普遍建起立起來，突出的困難得到緩解，知識青年的眼淚可以少流，我由衷地高興。一兩年下來，知識青年們也把我當作自己人，一些知識青年稱呼我為「娘家阿哥」。

第二件是落實幹部政策的工作。1979年起我先後複查了商業系統中的「文革」案件、右派、中右案件及歷史老案近百件。不像其他地方有申訴才複查的被動做法，我是全面查找文書檔案，將所有案件登記造冊，不管被處理人有無申訴都逐一排查分析，該複查糾正的主動複查糾正。

在向黨委彙報複查案件時，我據理力爭，爭取在政治結論中不給人留尾巴，生活安置上多加照顧。我在全市的落實幹部政策大會上介紹過複查工作，撰寫的複查報告也作為樣板印發給各部門參照。由於我的工作出色，曾被浙江省委、省政府辦公廳評為信訪工作先進。

1984年我被調到人事局，並參與落實幹部政策辦公室的工作，吃驚地發現接觸的那些「文革」政治案、反右案几乎都不成立，其他政治性的歷史老案很多也是錯案，一些有才華有朝氣的同伴在一次次的政治運動中遭到打擊迫害，在沉重的壓力和惡劣的環境下埋沒了青春，失去了健康甚至生命。「這是個人的不幸，也是黨和國家的不幸。受到錯誤處理的人應該儘早給予平反，公正正義應該儘早回歸！」這是我當時的一份發言材料中表述的思想。

這樣的責任心和使命感鼓勵著我。我走南奔北、上高原下海島調查取證，有時連續幾天幾夜躺在火車座椅底下趕路，在辦公室加班加點更是常事，還要克服各種人為的阻力。那時不少人包括主管的思想還很左，當年錯案的辦理者或決定者還在職，平反冤假錯案的阻力很大，領導小組開會時常常爭論。有一次我彙報的一個案子因為涉及到撤銷原判，請法院院長列席。

那是個很簡單明瞭的案子，原判證據一點也經不起推敲，就讓人家坐了好幾年牢。可在會上那個院長還強詞奪理說什麼「當年的證據是不大成立，可現在改正的證據也缺少」。我怒不可遏：「當年沒有證據判刑就是現在改正的最大證據！」並質問院長：「如果你當年被冤枉成小偷現在要求改正，除了當年沒有證據，難道你還能提供得出其他沒有偷竊的證據？」

由於我主動、徹底糾錯的工作態度，那幾年，其他地方常見的申訴人一次次上訪，複查人一次次接待，一個案件往往拖一兩年才能改正，還要在結論中留點尾巴的被動情況在我這裡沒有出現。相反，好幾個被處理流放邊疆荒漠或窮鄉僻壤的複查對象，因資訊閉塞，連申訴還沒有提過呢，我已找去通知他平反了。好幾個複查對象平反後給我送來了大紅的感謝信。看著他們擺脫了多年的政治枷鎖終於放鬆的笑臉，想到他們歷盡坎坷今後能夠回歸正常的生活，我也感到由衷的欣喜和安慰。

第三件是努力改善家鄉餘姚的人才結構。餘姚雖稱「文獻名邦」，但大批外出深造的年輕人很少能回家鄉工作，加上長期排斥知識分子，久而久之，幹部年齡老化、文化低下，視野也不開闊。鄉鎮企業的蓬勃發展，又使專業技術人才非常緊缺。我參與人事局主管工作後，下決心逐步改善人才結構。1985年我們放寬了專業技術人員調入餘姚的條件，凡是夫妻分居或無配偶的一概接收並幫助落實合適單位；凡是夫妻同時要求調入的，只要有接收單位也予同意。僅半年開閘引流，就為一些單位調入幾十名骨幹。

我還加強與大學聯繫，向學生介紹餘姚需求狀況，吸引畢業生來餘姚工作。特別是1989年，全國範圍大學畢業生分配難，我市敞開大門引進了不少北大等重點大學畢業生。在畢業生的工作分配中，我嚴格堅持學以致用、優生優分。那些年主管學生分配，每年方方面面遞來的條子總有好幾十張，

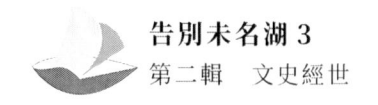

有時連書記、市長也會來電話過問，我寧願多費口舌向他們解釋，甚至不惜冒得罪人的風險，也要守住分配原則。對帶上禮物請託的，我更是一概拒絕。我認為，不讓畢業生初出校門就因我的失職和徇私情而遭到不公，這是自己應該守住的職業道德。時間一長，我在餘姚有了較好的口碑。每年來餘姚的畢業生也以百分之十幾的速度遞增，為餘姚發展增添了新生力量。

1992年我主持制定了當時力度很大的引進人才優惠政策，大力引進各類專業技術人才。《人民日報》等不少媒體常常大幅刊登我市的招聘廣告，我帶著用人單位把招聘會開到全國各大城市，讓不少單位招到了急需人才。我發起建立的人才市場和人才網站，在全國範圍內算是最早一批建立並有效運行的，為單位、人才的雙向選擇搭建了平台。我花了不少精力開展機關幹部和專業技術人員的繼續教育，根據全市的發展需要設置課程、找尋教材、挑選師資，在浙江省最早開設繼續教育的電腦課程，並和職稱評定掛鉤。那幾年，多位市主管也堅持聽課學習，幹部中學習新知識蔚然成風。

今年，我走出北大已經45年。回顧45年的滄桑歲月，我未能成就大事，倒也無怨無悔；未能給北大爭光，也沒給北大丟臉。在餘下的人生道路上，我會一如既往地、繼續快樂地挺胸走下去。

周炳華，1946生於浙江餘姚。1965年考入北大中文系，1970年3月提前分配到浙江常山縣插隊鍛鍊。1971年3月再分配到常山縣紅旗一級水電站當電氣運行檢修工，1973年調入常山縣內務局從事下鄉知識青年安置工作。1975年調到家鄉餘姚縣，先後任釀造廠中學校長、廠物料倉庫會計兼發貨員。1980年調商業局人事科，負責職工教育和落實幹部政策工作。1984年調市人事局任黨組成員、副局長。1995年任市科委黨組書記、主任兼市科學技術協會主席。中共餘姚市第十一屆市委委員。2007年退休，現居住杭州。

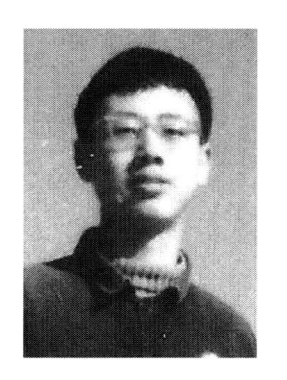

⊙北大學習時的周炳華

⊙現在的周炳華

▍舌尖上的記憶與感悟

——從未名湖到西雅圖

張杰

　　民以食為天。回顧離開北大以後45年的經歷，總也繞不開「飲食」二字。故作此文以溫故知新。它既是一個北大人的「飲食之旅」，也是一個北大人的精神之旅、涅槃之旅。

　　一

　　1970年3月，在遲群、謝靜宜等人的策劃下，最後一批北大學子被迫倉皇離校，絕大多數被趕到社會最底層，開始了人生苦旅。我和地球物理系的

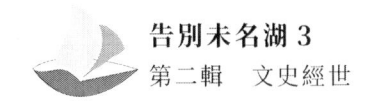

王發明同學被分配到遼寧省新賓縣大四平公社農中教書。大四平公社地處新賓縣與桓仁縣和本溪縣交界的大山溝裡。

據說，當年楊靖宇將軍的抗聯就在這一帶的深山裡堅持輾轉抗敵，可見它的偏遠和閉塞。學校很簡陋，一排陳舊的草房和一排新建的磚房之間，是一塊這裡難得一見的平地，立了一個籃球架子。這就是學校的全部。五間磚房是教室，泥地和灰牆還濕漉漉的，顯然是剛蓋好不久。五間草房，兩間打通了作教員辦公室，一間灶房，一間乒乓球室，一間教室。灶房分出半間，是我和王發明的宿舍。吃飯，我們在公社幹部餐廳搭夥。我們的戶口和糧油關係都落在公社裡。

1970年，「文革」正處於一個微妙的階段。圍繞著權力的授予與繼承，各方政治勢力明纏暗鬥，鬧得不可開交，百業俱廢，民不聊生。普通老百姓對無休無止、翻雲覆雨的政治鬥爭，已經開始厭倦了。

遼寧省當時正由毛遠新和陳錫聯主政，經濟接近崩潰，物資嚴重匱乏。

公社餐廳做飯的褚老頭最拿手的飯菜是貼玉米麵餅，熬玉米粥，醃蘿蔔條。中午則是高粱米飯、熬酸菜。一大鍋白水熬酸菜，臨出鍋，撒上一大把鹽，點上一點豆油。半個月吃一次白米飯，就酸菜湯，就算是改善伙食了。半年多下來，肚裡的油水早就被刮乾淨了，整天飢腸轆轆。

每天中午，還不到開飯時間，那些農民出身的公社幹部們就早早地來到餐廳，等著開飯。實在等不及了，又沒什麼東西可吃的，公社的褚副主任就跑到餐廳的菜地裡，摘一把小蔥，掐掉根鬚，蹲在地上，咔哧咔哧地嚼得挺香。

一天，幹部們實在饞得受不了了，由公社武裝部的幹事老董帶頭，帶了一把衝鋒槍上山了。下午回來，背下來一只熊崽子。第二天中午，餐廳改善伙食，蒸白麵饅頭，燉熊肉。那一天上午，公社裡的幹部都沒下鄉，不少人早早地就到了餐廳。開飯了，餐廳裡一下子變得像過節一樣熱鬧。一人一碗紅燒熊肉，兩個白麵饅頭，人人興高采烈，個個喜氣洋洋。

這是我這一輩子第一次、也是唯一一次吃熊肉。真正野生的熊肉。我應該承認，在我的生命體驗裡，這是一頓名副其實的美餐！那種沁人心脾、令人陶醉的感覺這輩子也不會忘記。畢竟已經半年多不知肉味了！在很長一段時間裡，那頓熊肉大餐都是人們在公社餐廳裡津津樂道的熱門話題。

歸根結底，這次熊肉大餐多少還是有些特權的意味。至於一般的村民百姓，他們連這點兒便宜也沒有，只能靠天吃飯了。尤其是學校的學生們，整天飢腸轆轆，湊在一起時，大多是談吃。這樣，哪還有心思上課？當時，填飽肚子是老老少少共同的願望和奮鬥目標。至於「文革」，已經很少被人們提起了。

學校有位學生叫姜成梁，聰明過人，文體兼優，是個天生的能人。在他的策劃和帶領下，幾個膽子大的男孩子，跟著他上山去抓獾子，吃獾肉，一個個小臉蛋兒紅撲撲、肉嘟嘟的，令人艷羨。他們的學習成績也比其他孩子好。學校偶爾和其他學校賽籃球，這幾個孩子在球場上生龍活虎，似乎有使不完的力氣。後來姜成梁因品學兼優，身體出眾，被部隊選中當了特種兵。在那年月，當兵可是農村孩子們最好的出路了。

1971年春節過後，我從北京返回大四平。臨走前母親把家裡僅剩下的8個雞蛋小心翼翼地包好，囑咐我帶走。那時候北京每家每月供應2斤雞蛋。回到學校，看到王發明瘦得皮包骨，我們拿上這8個雞蛋到了村裡唯一的小飯館。師傅接過雞蛋，很快炒出一大盤雪白微黃的誘人佳餚。炒雞蛋特有的濃香飄散開來，令人饞涎欲滴。

飯館裡的十幾個客人全神貫注地盯著那盤炒雞蛋，又打量我和王發明，毫不掩飾羨慕的神情。他們面前擺著的是高粱米飯和白菜湯。「多少錢？」「兩毛！」大師傅衝我友好地一笑：「張老師，北大來的！你在公社禮堂唱《智取威虎山》，我聽過。唱得真好！」

我們回到宿舍，看著王發明狼吞虎嚥，臉上泛起一絲紅暈，我說不清自己是高興還是難過。

離大四平大約 30 里有個村子，叫馬架子，村子裡有個中學，規模和大四平中學差不多。學校裡的語文老師叫王文太，遼寧師範學院中文系畢業的，和我年齡相仿，人高馬大，說話豪爽。有一天，我到馬架子中學觀摩王老師的語文課，下課後應邀到他家吃午飯。去他家的路上，我就在想，在這種上不著天下不著地的窮鄉僻壤，今天的午飯能吃什麼呢？

　　午飯端上來了。一大碗麵條，醬油澆汁兒，沒有蔥花，代替蔥花的是當地的野蒜。麵條上面是兩個似蝦而非蝦、似蟹而非蟹、油汪汪的泛著紅色的「水產物」，散發著誘人的香氣。

　　王老師看出我的好奇和猶疑，笑呵呵地大聲解釋說，素麵和醬油是他和夫人從瀋陽帶回來的。野蒜是上山採的。「至於這幾隻小龍蝦」，他指著麵條上面那兩個非蝦非蟹的東西得意地說，是他從村外的小河裡逮的。

　　王老師是遼南人，海邊長大的。他的夫人常老師來自瀋陽，典型的城裡人。從海邊和大城市來到深山裡教書，吃住是頭等大事，都要自力更生。租的是村民的房子，月租兩塊。吃則五花八門，來源不一。就說這幾隻「小龍蝦」吧，他說，有一次他們兩口子下課後散步，來到村外的小河邊。王老師眼尖，實際上是長期缺油少肉的煎熬使人對食物極其敏感。

　　他發現河裡有一種水生物，和他家鄉的特產小龍蝦很相似。他馬上次家做了個簡單的漁網，撈上來一嘗，還真是那麼回事！從此，他隔三岔五就撈「小龍蝦」改善生活，也用來招待客人。時間久了，這事傳到村子裡，村民們大笑，說：「這個王老師真是個寶！什麼都敢吃！河裡的東西，打死我也不吃！」

　　這一頓午飯吃得我百感交集。這一批在一場人為的政治瘋狂裡，被一小撮政治狂人和野心家趕下舞台、逐出中心的年輕知識分子，生命力是這樣的頑強，潛在的能力是如此巨大！無論環境多麼艱苦卓絕，他們總是能夠千方百計、想方設法地解決最基本的生活需求，延續生命，蓄芳以待！他們頑強地與命運抗爭著，入鄉隨俗而不墜青雲之志，一方面千方百計地求生存，堅持著生命的苦澀旅程；一方面苦苦地思索著國家的現狀，民族的未來；期盼著動亂有朝一日得以結束，祖國能夠撥亂反正，重新起航；個人能夠一展抱

負，與國家一起走向光明和輝煌！這種精神和兩千多年前那位為楚國赴難蹈艱、行吟澤畔、自沉汨羅的三閭大夫真是一脈相通，何其相似！

30多年後，我在回憶這一段生活經歷時，寫下了一首小詩：

蹉跎歲月說小村，轆轆飢腸畏黃昏。村名四平意難平，地在新賓人作賓。

憂世感時傷天下，問天詰地覓至真。唯願天公重抖擻，再開慈眼顧紅塵。

這就是我當時的生活和心情的真實寫照。一場人為的政治動亂造成的思想混亂和飢餓的記憶，令人終生難忘。

二

1972年春天，我奉調回到了新賓縣的「首善之區」新賓鎮。先在師範學校工作了半年，又來到一中教語文。

從1972年秋天到1975年底，我在新賓縣一中工作了3年零3個月。住在學校簡陋的宿舍裡，吃飯則在縣委餐廳搭夥。一日三餐，唱主角的仍然是高粱米和玉米麵。鹹菜條變成了鹹菜絲。肉和我們依舊緣慳一面。炒白菜是最高規格的享受。偶爾吃一頓肉包子，則如浴天恩，令人蕩氣迴腸。

飢餓和缺乏營養，在當時是一種普遍現象。老師們也不例外。

新賓地處遼寧省東部山區，是滿族和清朝的發祥地，山清水秀，資源豐富，旱澇保收，林、煤、水電、藥材、白米是新賓的幾宗寶。但是，當時拜「文革」所賜，新賓的老百姓捧著金飯碗要飯，民生凋敝，衣食無著。

教師們有固定薪水，有糧食供應，老百姓尊師敬教的古風猶存，日子還不到難以為繼的程度。除了思想的迷茫和混亂，老師們生活上最大的難處有兩個：一是缺做飯取暖的燃料；二是缺營養。新賓高寒，冬長夏短，四季燒炕。一日三餐更離不開柴火。新賓產的煤都調撥到了外地。於是，秋季上山砍柴、往山下背柴、往家裡運柴，就成了城鎮居民家家戶戶、包括老師們生活裡的頭等大事，也是一件令人頭疼的苦差。每逢此時，老師們各顯神通，想盡各種辦法，動用一切關係，找人工，借汽車，上山弄柴火。你看吧，上山時呼三邀四，意氣風發；下山時筋疲力盡，形同囚犯。

第二輯　文史經世

　　學校裡有一位教俄文的馬宏達老師和我投緣，他比我大幾歲，畢業於遼寧大學。當時俄語課已經取消了，他就在學校裡打雜。馬老師為人極老實，加上是地主出身，待人接物越發低調，一年到頭一身藍布褲褂，看上去像一個工友，平時幾乎感覺不到他的存在。我喜歡他的老實單純，我們很說得來。我曾經幫助馬老師打過一次柴。拉柴火的汽車是他的夫人白老師張羅來的。

　　我們早出晚歸，幹了一整天，累得夠嗆。在山上，我們吃的是白老師事先買好的糖和麵餅。兩毛錢一張，厚約五分，直徑不過半尺。白糖和白麵，兩面烤得焦黃，是新賓當時唯一的零售點心。到家後的晚飯以罐頭為主。罐裝的豬肉、沙丁魚、梨、桃。另有白米飯，醃白菜，涼拌蕨菜，紅葡萄酒，滿滿地擺了一炕桌。炕燒得很熱，屋裡很暖和。老馬給每個人都斟滿了酒，於是推杯換盞，大塊吃肉，大口喝酒。老實說，這在當時的條件下，已經算是很豐盛的一頓晚飯了。

　　這也是白老師的主張。她說，我們倆人的薪水加在一起不算少，為什麼家裡這麼寒酸，穿得這麼破爛？錢都讓我們吃了！穿得光鮮，看著漂亮有什麼用？吃飽吃好最重要！再說三個孩子正在長身體，沒有營養哪兒成？所以發了薪水，第一件事就是買罐頭。豬肉、魚、水果，只要商店有，我就買。老馬默默地聽著，神情是讚許的。

　　那一頓飯，我們主要談的都是和藝術、文學相關的話題，特別是俄羅斯文學談得最多。談起這些，老馬神采奕奕，判若兩人，不時吐出幾個俄文單字，真是口若懸河，舌燦蓮花，使人窺見了他當年的風采。白老師默默地聽著，一臉的虔誠、欽佩，說話的口氣也特別溫和。

　　那是一個令人難忘的美妙的夜晚。勞累了一天的身體，被熱炕烘烤得十分舒服。我們談的是與當下的中國距離遙遠、全無關涉的話題，心情特別舒暢。什麼「九一三事件」，什麼「反潮流的英雄張鐵生」都被我們忘得一乾二淨，扔到爪哇國裡去了。

　　新賓一中的黨支部書記老關出身於滿族正紅旗，是個有心胸、有能力的少數民族幹部。上任以後，在他的力主下，學校形成了一個不成文的制度：每到期末，都要請老師們聚一次餐。一來是感謝老師們一學期的辛苦，二來

是借此機會給老師們解解饞。每逢聚餐，學校上下一派喜氣洋洋。這在「文革」那種「極左派」思潮泛濫的環境和氣氛下，難得一見。因此，每次聚餐都是悄悄地進行。

聚餐的地點選在了遠離教學樓的倉庫裡，擺好桌椅，關緊門窗，老師們悄悄地來，悄悄地走，既不划拳，也不行令，老關幾句簡單的開場白之後，開吃！大家談笑風生，觥籌交錯，推杯換盞，喝的是從撫順和瀋陽淘換來的白酒，質量要遠高於本地出的地瓜酒。菜是六個：紅燒豬肉白菜粉條子、酸菜白肉粉絲、炒青椒馬鈴薯絲、紅燒茄子、炸黃豆、鮮族醃白菜。白米飯隨便吃。這幾樣菜在今天看來實在是不值一提，但在當時，卻是不可多得的美味佳餚。為了這一頓飯，老關和管後勤的叢樹君老師絞盡了腦汁，動用了一切關係。

細說起來，這頓飯還是蠻有名堂的。酸菜白肉粉絲，是東北的名菜。炸黃豆，聽似簡單而實有講究。需先將黃豆在淡鹽水裡浸泡一夜，待黃豆發起來後，瀝水陰乾。臨時放入熱油炸透，金黃酥脆微鹹，與油炸花生米異曲同工。最值得稱道的是鮮族醃白菜，與酸菜各擅其長，相映生輝。新賓滿族、漢族和朝鮮族雜居而以滿族為主。卻說新賓縣的鮮族同胞，能歌善舞，心靈手巧。他們在飲食上的一大貢獻就是鮮族醃白菜，簡稱「鮮族白菜」。

白菜是新賓人的寶。每年秋天大白菜一下來，各家各戶把家裡的大缸刷洗乾淨，在院子裡支上大鐵鍋，燒一大鍋開水，把整棵的大白菜用開水「炸一炸」，然後一層一層地碼放到缸裡。每層白菜之間，放上當地產的蘋果、紅辣椒和大鹽粒。愛吃蘿蔔的也可以放上大白蘿蔔。澆上涼開水，壓上大石板和石塊，蓋好。入冬以後，就陸續開缸，擺上飯桌。

鮮族白菜吃起來香脆可口，酸辣微甜，甜中帶鹹。看上去則潔白如玉，嫩綠如翠，紅辣椒發出誘人的光澤，不但有一種難以言傳的美妙口感，而且美觀大方，色彩宜人養眼。作為飯桌上的一道美味，它可以配其他葷菜，清香解膩；也可以自成門戶，獨當一面。一盤鮮族白菜，加上一碗白米飯，就是一頓很不錯的飯食了。

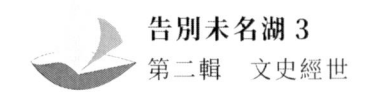

新賓的白米也有說道。由於地處高寒地帶，光照不足，稻子一年一熟，產量有限，也因此地力集中，白米的質量出色。再加上水好，蒸出飯來，晶瑩鮮亮，極富油性，糯香可口。鮮族白菜就白米飯，相得益彰。來了客人，再炒上一盤肉片，喝兩盅酒，則錦上添花，皆大歡喜。

　　鮮族同胞能歌善舞，也嗜酒好客。同事朋友之間經常找個理由就湊在一起喝一頓。醃白菜、白米飯、炒肉片、酒，足矣！客人無須準備其它禮物，一人一瓶酒。而且客人帶來的酒和主人家的酒必須都喝光。酒足飯飽之後，就在燒得暖烘烘的土炕上高歌狂舞，通宵達旦。更有甚者，能將家裡的土炕跳塌！

　　我在新賓一中工作的3年多時間裡，印象最深的一頓飯是應邀到我的同事張東鵬老師家赴「豬肉宴」。新賓的農戶，都有養豬的習慣。全家人一年的油水，都指著這頭豬呢。入冬以後，從新年到農曆正月十五，是家家戶戶宰豬的日子。新賓的習俗，一家宰豬，往往留下一半，醃起來，以備全家人一年之需。另一半則用來招待村鄰，圖個和氣，喜慶。村民們也有意把宰豬的時間錯開，安排得更合理，斷斷續續地熱鬧上一兩個月。

　　張老師家是「下放戶」，住在離縣城20多里的一個小山村裡。他的父親張大叔原來是撫順煤礦上的採煤工人，八級工，工段長，老黨員。一個月的基本薪水加上各種津貼補助，能拿100塊錢出頭，比一般的工程師還多。老人家在生產上是大拿，為人也厚道，威信很高。下放以後，薪水照發，又有「安家費」，在村子裡蓋了一座前後兩進的小院，幾間新房，養了豬。張大叔本人擔任了村黨支部的顧問，在村裡人人都高看一眼，日子過得不錯。

　　應張老師之邀去他家赴宴那天，下起了大雪。我們一行三人，騎著車，冒著大雪，翻山越嶺，一路攢行。雪很密，路上的積雪很厚，好在沒風。已經很久沒有像現在這樣自由自在、無拘無束地在大自然的懷抱裡撒歡兒了。眼前的世界銀裝素裹，純潔得令人心醉。我們不緊不慢地騎著車，呼吸著清新潔淨的山野間的空氣，漫無邊際地東拉西扯，不但不抱怨、反而十分感謝上天及時送來了這樣一場好雪，這樣清新的空氣，這樣的山和路。「文化大

革命」那些陳芝麻爛穀子，統統被我們甩到身後。我感覺自己一下子年輕了十歲。

　　進村了。到家了。我們整整騎行了兩個多小時，渾身上下，包括內衣內褲都濕透了。前院裡支起了一口大鐵鍋，鍋裡的開水冒著熱氣，幾個村民在臨時架起來的案板上收拾剛剛宰好的豬肉。一派過年時特有的喜慶氛圍讓人感動得眼眶發酸。張大叔把我們讓進了裡院的正房，房間裡溫暖如春。我們進了裡屋，上了炕，四仰八叉往炕上一躺，沒說上幾句話，就呼呼大睡起來。一覺醒來，內衣內褲、棉褲棉襖都被火炕的熱氣烘烤得乾乾爽爽，五臟六腑也被烘烤得溫暖熨帖，舒服極了。那種感覺是這輩子從來沒有體驗過的。

　　開飯了。一大盤一寸見方煮得爛熟的五花肉，一大碗醬油、醋、辣椒末混合的調料，一盆白米飯，一筐白麵饅頭。張大叔吩咐說：「多吃肉！饅頭和米飯吃不吃的不帶勁！」

　　這是我這輩子第一次，也是唯一一次吃剛宰好的新鮮豬肉。我夾起一塊豬肉，蘸了佐料，剛放進嘴裡，還沒咀嚼，那肉就自己融化了，滾進喉嚨，流入食管，進到胃裡。一股沁人心脾的濃香，讓我不由自主地叫了一聲：「好香的肉！」

　　就這樣，我們狼吞虎嚥，風捲殘雲，吃光一盤又上了一盤，還吃了若干的饅頭和米飯，喝了燒酒。酒足飯飽之後，趁著微醺，告別了張大叔一家，趕回縣城。

　　1975 年底，我離開新賓，從此再也沒踏上那塊土地。2007 年我回國省親，在我家社區大門口，見一位婦女推著食品車在賣小菜。小車收拾得很乾淨，玻璃窗上貼著六個大紅字：「新賓鮮族鹹菜」！再細看那位婦女，典型的鮮族人！我心裡頓時感到暖融融的，很激動。「你是新賓來的？」「是呀。」哪個村兒的？」「旺清門的。」「我在新賓工作過，是半個新賓人。我知道你們旺清門村。過去叫旺清門公社，離縣城不遠。」她眼光一閃，張大了嘴巴。於是我把我的經歷大概說了一遍。她笑得很開心，說：「你還真在新賓呆過！」非要我帶上一袋鹹菜回家吃。我婉拒了她的好意，祝她在北京一切順利。

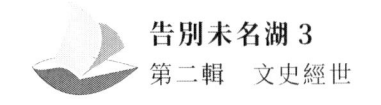

和這位鮮族婦女的邂逅，激起了我對往事的回憶和內心深處對新賓的懷念。於是，2008年9月，時隔33年後，我回到了新賓，見到了久別的老關大哥。縣政協和旅遊局在永陵的赫圖阿拉大酒店設宴款待我們父子一行。永陵供奉著努爾哈赤的先祖，是滿族的精神聖地。宴席上我們品嚐了滿族的「八大碗」，喝了當地最珍貴的酒。

滿族的「八大碗」，是滿漢全席的代表作，是滿族人祭祀天地祖先和慶祝年節假日，以及迎送嫁娶、款待貴客時最高規格的宴饗形式。它用料講究，烹飪手法豐富多樣，相傳始於努爾哈赤而大成於乾隆時代。它的閃亮再現，意味著改革開放30多年來新賓人生活的巨大變化。

6年以後，2014年9月底，我再次回到新賓。老關大哥在新賓縣最大的酒店宴賓樓設宴款待我。此時的新賓已面貌一新。酒席之豐盛，較之6年前的「八大碗」又勝一籌，琳瑯滿目，美不勝收。當年的同事們，或作古，或調走，老人已經不多了。

關大哥的女婿幾經周折找到了已退休多年的袁樹勳、李學綿、杜春宣三位老師。一番驚呼，幾度換盞，無盡的感慨，說不完的幾十年前的老話，分手時，我流下了惜別的淚水。在返回北京的火車上，我吟得二詩，錄在這裡，與大家分享。

其一

四十四載夢復煙，往事如珠月玉盤。飢腸難忘村四平，妙語自矜縣城關。

人參湯暖冰封夜，燉肉塊香雪滿山。人生何處不春風？晚歲回首笑倚欄。

其二

宴賓樓美秋風爽，萬里歸翁熱中腸。執手驚呼音容改，話別哽咽離緒長。

喜看新顏換舊貌，遙想前景披霞裳。果然龍脈好山水，余緒悠悠更輝煌。

有一點需要說明，「妙語」和「人參」兩句，指的是我曾經在縣委大禮堂，代表新賓一中，給撫順一市三縣的教師代表講授公開課，效果不錯，是

我在新賓一中執教三年多的得意之筆。新賓人善於種植人參，稱為「園參」。冬天極冷，我曾經花六塊錢買了一斤園參，熬人參湯，禦寒壯氣，苦中作樂。

三

　　1975年底，我想方設法調到了河北獻縣，在獻縣中學教語文。從這裡到北京，坐長途汽車，朝發而午至，比新賓要方便多了。

　　獻縣中學是縣裡的中心中學，設在縣城東大約一公里的教堂裡。這座天主教堂，就是在近現代中國宗教史上赫赫有名的「華北第一堂」。我和妻子住在學校裡。吃飯，平時就在學校的餐廳裡，週末則自己開夥。

　　當時，獻縣電燈尚未普及，僅縣城的機關、學校有電燈照明，出了縣城，一片漆黑，家家戶戶還在點煤油燈。離開電帶來的光明，文明的發展自然受到了桎梏。就說人們的飲食吧，學校餐廳一年到頭雷打不動的是一飯一菜：高粱麵的窩頭和醬油炒白菜。

　　這裡的窩頭有個特殊的名字：「捧子」！我想是因為高粱麵太鬆散，捏不到一起，只能用兩隻手一捧，放到籠屜上。蒸熟了，再捧起來往嘴裡送。至於炒白菜，有一點油，一點蔥花。菜快熟了，倒上一股子廉價的醬油，黑乎乎的。做完飯，刷好鍋，倒上一鍋水燒開了，老師們用暖瓶裝上帶回宿舍。

　　這裡的老師過著近似軍營的生活，一律住校而不自己開伙。吃小灶，被視為「資產階級作風」。週末，當地的教師回家，餐廳停夥，我們這幾個城市來的青年教師各自用自家的煤油爐做一點簡單的飯菜。

　　校長畢深志，50出頭，身材高大，白面長眉，是一位慈祥的長者。抗戰時期，他當過武工隊員，立下過戰功。我到學校不久，他就因為身體不好提前退休了。分別前他表示：「回村後，什麼都不再操心。吃玉米麵的饅頭，就醃鹹菜兒，挺好。學校這個高粱桿，我真吃夠了！」

　　就這樣，我們吃著高粱桿和醬油炒白菜，喝著刷鍋水，經歷了周恩來的逝世、丙辰清明北京人民反對「四人幫」倒行逆施運動，鄧小平的第三次被打倒、批鄧反擊右傾翻案風，唐山大地震、吉林隕石雨，朱德、毛澤東的逝世，

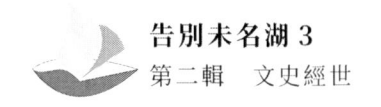

「四人幫」倒台、「文革」結束等一系列中國當代政治舞台上的重大、詭異事件，迎來了改革開放。

在這個過程裡，有幾件與飲食有關的事值得說一說。

首先要說的是學校的兩位奇人。第一位奇人我沒見過。在我到獻縣之前，她就離職回上海了。因此我沒記住她的姓名，也不知道她是如何陰差陽錯地從上海來到獻縣的。我只聽其他老師用或揶揄、或同情、或不解的口氣說起過她的幾個特點。

第一，她從來不吃學校餐廳的飯菜。每過一段時間，她的家人給她寄一些南方產的糙米、素麵和茶葉。素麵湯和糙米粥就是她一年四季雷打不動的伙食。因為吃得少，她每週大便一次。

第二，她一年四季戴著口罩，說北方風沙太大，塵土太多。她從來不喝白開水，每天用一個帶蓋的大搪瓷缸子泡茶。喝茶的時候，把口罩掀開一條縫兒，喝一口，然後又放下口罩，把嘴蓋嚴實。

第三，她從來不上課，學生們聽不懂她帶有濃重上海口音的普通話。縣教育局和學校的主管對她很同情，也很頭痛，終於經過層層審批，允許她提前退休，回上海了。她的薪水，由教育局每月按時寄去。也沒有多少錢，30多塊吧。她就用這點微薄的薪水在上海長住，無聲無息。

第二位奇人是傅震寰老師，湖南沅江人，天津某大學工程專業早期的學生。1957年被打成右派分子，下放到獻縣。幾經周折，在獻縣中學扎了根，管後勤，後來又兼管校辦工廠。老傅個子不高，皮膚黝黑，兩眼炯炯有神，走路腳下生風，笑起來兩個大酒窩，很有感染力。他嗓子沙啞，說話爽快，一口湖南普通話令人感到很親切。

對於學校餐廳的伙食，他沒有怨言。偶爾提起，也只是搖搖頭，作苦笑狀。每次回湖南老家探親，他都要肩扛手提回來不少臘肉、薰魚。週末，蒸上一盤，喝點兒酒，改善伙食。復旦畢業的姚重華和南開畢業的陳元康老師，是他的常客。我後來偶爾也獲邀出席。

這是我第一次品嚐湘西的臘味，我很喜歡那種特殊的熏香。幾盅酒下肚，大家的話多起來，往往是老傅眼裡閃著淚光，款款地回憶家鄉的山川人物，風土民情。後來我讀到沈從文先生的《邊城》和《湘西散記》，再回味老傅當年的話，才對他的思鄉之情有了更深的體會。湘西是一片神奇的土地。那山，那水，以至那裡的人物風情，都和那裡的臘味一樣，與眾不同，耐人尋味。

在獻縣工作的三年裡，還有一件與飲食有關的事給我留下了深刻的印象。有一天晚上 10 點多鐘，我忘記了是什麼原因，來到校長辦公樓所在的前院，看見學校管後勤的大李和老王，正在指揮學校的工人往校外拉磚頭。那些磚頭是白天大李組織學生從教堂的斷壁殘垣上拆下來的。趕馬車的工人是馬校長的外甥。教堂的磚頭是用三合土燒製的，又大又沉，質量上乘。

1966 年邢台地震，獻縣農村的房子震塌了不少，唯獨教堂的建築紋絲不動，一時傳為美談。大李見了我先是一愣，然後解釋說馬校長家的房子太老了，該修了，他忙於學校的工作，顧不上。學校決定給馬校長家送些磚頭，幫他解除後顧之憂，也是為了學校的工作。大李解釋完了，我沒說什麼，掉頭走了。

這位馬校長原來是基層的公社書記，不知透過什麼門路到了學校。他並不懂教育。

過了些日子，一個週末，學校後勤組買了一隻羊，宰了，組織老師們一起動手，包羊肉大蔥餃子，給大家改善生活。就在學校的前院，架起案板，支上大鍋，全校的老師們都來了，七手八腳，很快餃子就包好了，下鍋了。大李扯著他衡水縣的口音大聲宣布：「這頓餃子全校的老師和員工人人有份。包括老師的家屬。」又扭過頭對我說：「張老師，別忘了叫上你老婆啊！」一個肉丸的新鮮羊肉大蔥餃子果然是鮮香無比！大家談笑風生，努力加餐。

馬校長拎著一瓶酒，叫上學校的幾個主要主管，到他的小樓裡去聚餐。看著他們一行人的背影，我突然冒出一個念頭：這頓突如其來、名不正言不順的免費羊肉大蔥餃子，和不久前往馬校長家拉磚那件事有什麼聯繫嗎？妻子因為身子越發沉重，行動不便，不肯到院子裡來和大家聚餐。我裝了滿滿

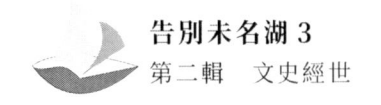

一飯盒餃子帶回去給她解饞。後勤組的王老師張了張嘴，想說什麼而終於沒說出口。

從北大到新賓，輾轉到獻縣，已經將近9年了。回憶這9年的經歷，我有一首小詩，多少道出了我的感受：

論食說飲恰九年，人鐵飯鋼非虛言。可憐熊獾入飢腹，無奈河產充海鮮。

新賓野味多情義，獻縣高粱少內涵。休說主義誇制度，一日三餐大於天！

改革開放、國門打開之後不久，我去縣城趕集，順便在糧店買糧食，看到櫃台上有多半張《河北日報》，顯然是賣糧食的人卷煙用剩下的。我順手拿起來掃了一眼，見右下角有一個一寸大小的廣告：文化部文學藝術研究院招收研究生。有戲曲、音樂、美術三個專業。

我眼前一亮，似乎看到了希望。於是拿回家仔細研究了一番，決定報考。接下來是寫論文、寄材料、收到準考證，先後兩次赴京考試，終於如願以償，於1979年陽春三月，在離開北大整整9年之後，我回到北京，重返文化藝術研究的第一線。在這之前，妻子已經遠赴內蒙古師範學院去攻讀外國文學專業的研究生了。

文化部文學藝術研究院後來更名為中國藝術研究院，設在後海恭王府裡。在這裡，我讀研，做研究工作，直到1990年到美國發展。

回到北京不久，在去北大看望老同學的路上，我巧遇當年中文系工宣隊的郭師傅。他在工宣隊裡比較年輕，思想比較開放，作風也比較樸實，和同學的關係不錯。我們就站在喧囂的馬路邊拉起家常。他居然還記得我的名字。說起當年畢業分配，他透露，原來的分配方案還是比較合理的，基本上做到了「人盡其才，物盡其用」，兼顧了國家對人才的迫切需求和大家的專業性質。你們中文系基本上都分配到了中央和北京的文化機構和報社。但是一次又一次被遲群、謝靜宜等人否定了。

最後，他們乾脆拋開上級主管分配的部門，自作主張，看著地圖，哪裡偏僻、閉塞、交通不便，就往哪裡分。當時他們許多工宣隊員對最後的所謂「畢業分配方案」也不理解，不能接受。但是沒辦法，手臂扭不過大腿。那

一陣子，工宣隊和軍宣隊內部非常緊張，擔心學生們會鬧事，沒想到會那麼順利。直到大家都離校了，他們才如釋重負，鬆了一口氣，覺得「北大的學生覺悟就是高！」他聽我說起離開北大以後的經歷，無限感慨而真誠地說了一句：「看來你們這些人是誰也攔不住的！」

認真說起來，這次人生的轉折，還是和一日三餐、柴米油鹽分不開。如果我那一天沒有去縣城趕集，沒有去糧店買那幾斤每個月限量供應的糙米，我的生活都不會是今天這樣。什麼恭王府的寒窗苦讀、與國內國際學術界的交往、跨洋過海的突圍、在美國的闖蕩和收穫，都不可能發生。

冥冥之中似乎有一種無形的力量在主宰著這一切。它往往在一些生活細節上，在一日三餐和柴米油鹽醬醋茶這些人們必需的日常事務上偶露崢嶸，如同電光火石一樣，一閃而逝。這就是人們所謂的「機會」和「緣分」。它是給有追求、有準備、有積累的人的禮物。而追求、準備、積累是我們唯一可以把握的事情。我為了逃避學校餐廳的高粱桿去趕集買糧食，卻在無意間抓住了改變一生的機會。道是無情卻有情，這就是獻縣3年多的執教生活留給我的最後印象。

四

1990年，我來到美國闖蕩江湖，轉眼已經25年了。從飲食的角度而言，這些年來入鄉隨俗，中西合璧；近幾年則隨著年齒漸增，中餐吃得越來越多，基本遠離西餐，呈現出飲食的回歸之勢。

美國的飲食五花八門，豐富多彩，幾乎囊括了世界各地的飲食文化精華。但是給我印象最深的，還是美國人對一日三餐的感恩態度。在這裡，餐前祈禱是一種普遍的文化現象。無論是數口之家，還是朋友之間的聚會，透過祈禱表達感恩的心情，在這裡是一道特殊的文化景觀。如果拋開它的宗教內容和色彩不談，這種對一日三餐的「感恩」心態具有普遍的意義和價值，值得學習和效仿。

它意味著一種健康的、積極的心態和生活方式。一個人，因為懂得感恩、常懷感恩之心而愉悅，謙恭，進取，忘我，樂於給予，自律嚴謹；從而越發

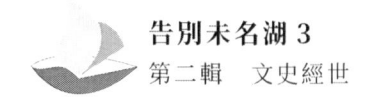

坦蕩從容、精力充沛地面對生活；越發懂得將心比心，以發自內心的憐憫和愛善待周圍的人們；越發自覺地堅守社會的法律和道德底線，不貪，不腐，不奢，不靡，不盜，不淫；從而為社會的整體進步提供了最基本的能量保證。二者互為因果，互相影響和促進，久之，則個人法制觀念和精神意志品質的提升、習慣的改變，將與積極健康的社會風氣的形成和整個社會的進步比翼齊飛，最終受益的是社會和全體民眾。

個人如此，一個肩負重任、以先進自我期許的政黨更是如此。

讓我們感謝人民，敬重祖國的江山，敬畏肩上的使命。

讓我們從一日三餐做起。

正是：

書劍飄零度華年，璧合中美說飲餐。牛排漢堡三明治，涮肉鍋貼炸醬鮮。各取所需樂陶陶，隨心如意情燦燦。三餐之賜需感謝，一念頓覺天地寬。

張杰，原名張秀利，北大中文系文學專業 1964 級 4 班。離開北大後，先後在遼寧省和河北省教中學。1981 年畢業於中國藝術研究院研究生院戲曲歷史和理論專業。文學碩士。中國戲劇家協會會員。北京市中日文化交流史研究會常務理事。1990 年移居美國。1993 年創辦西雅圖中國文化書院，熱心研究和傳播中國傳統文化。有多種中英文著作在中美兩國發表。

告別未名湖 3

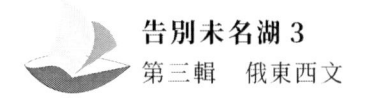

第三輯　俄東西文

第三輯　俄東西文

▌黃昏寄語

——人生宴席的留言

王逢麟

我的這些話原本是說給自己聽的，於是就有很大的自由空間；換言之，想說什麼就說什麼。

我年輕時總嫌老人囉嗦，如今已過古稀，竟也變得如此。尤其是多賴命運之青睞，有幸入了北大「老五屆」之列，要說的事兒似乎更多了些。

人生就像一場宴席，入席者會有酸甜苦辣之感：席上有人氣宇軒昂，春風得意；有人默默無語，獨吞苦酒；有人高談闊論，享盡佳餚；有人滿面愁容，低頭暗泣。我早已離席，步出餐廳，面對習習晚風，仰望幾抹餘暉，在我一生昏暝之際，回憶往昔，不禁自嘆！

回顧一生，我總結出四點體會，細細道來，或許對北大的後來者有用吧。

一、咬牙說

我上高中時，正趕上上海市青少年賽艇體校前來招生。同學們都因體力不濟（正趕上三年困難時期），不願報名。我心血來潮，一報就中，於是就糊裡糊塗地進了體校。我們的教練原是國家隊的，因身高不夠，被淘汰下放到地方當教練。他常年在江河訓練，皮膚晒得黝黑，一身強健的肌肉令人羨慕。他的口頭禪是：「在水上比賽，離終點不遠，最後衝刺時，往往是筋疲力盡、最艱苦的時刻。如果你咬咬牙，挺過來，你就能超越對手，贏得勝利。我們要的正是這種咬牙精神！」此話言簡意賅，誰知竟成了我以後奮鬥終生的座右銘。

我於1962年考入北大西語系法語專業，「文革」中和其他老五屆命運相同，被發落到一個縣級水泥廠看守倉庫。我在該廠待了整整八年，因成天

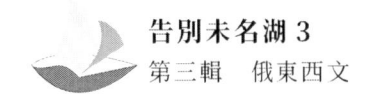

與那些幾噸重的機械部件為伴，倒使我有不少空閒時間讀書、聽音樂。下班後廠區水泥隨風飄蕩，四周都是水田，幾乎沒有文化生活，我就自學了風琴、夏威夷吉他和國畫。

我所在的崑山縣（1989年改設縣級市，仍屬蘇州市）屬江蘇省，離上海54公里，當時只有一條砂石路相通。因水泥廠離長途汽車站很遠，汽車班次又少，我只得騎自行車回上海看望家人。一年四季，最艱苦的是冬天：騎車單程需踩四五個小時，到家渾身都被汗水浸透，棉襖外面卻結了一層霜。有時實在太累，看到有手扶拖拉機經過，車速不快，我就不顧隨時會被擦身而過的卡車帶到車輪下的危險，拚命拉住拖拉機車斗，由它帶我一程，以便喘口氣。

1978年，全國大學開始招收研究生，第二年正趕上上海音樂學院在院長賀綠汀的提議下，破例招收音樂理論編譯研究生。賀院長認為：中國最早從事歐美音樂理論編譯的汪啟璋教授年事已高，為適應改革開放的形勢，必須抓緊時間，盡快培養出一批既懂音樂，又會外語的專職編譯人員，大量引進西方音樂理論，以完善中國的音樂教育體系。

⊙ 1962年於北大未名湖畔

音樂理論編譯是個綜合性專業，要求考生既要掌握兩門主要外語（英、法、德、日），又須熟悉音樂理論（作曲、音樂史和樂曲分析），甚至還要會演奏一件西洋樂器。我在北大的專業是法語，第二外語是英語，課餘在管

絃樂隊吹單簧管。當時演奏的不少是西洋名曲，樂隊最盛時還曾上演過貝多芬的《F 大調浪漫曲》。

我輕鬆地通過了筆試。水泥廠收到我獲准參加口試的通知後，還特地批准我提前三天回滬備考。我風塵僕僕地趕到上海音樂學院招生辦公室，正巧汪啟璋教授也在那裡。她和藹地對我說：「啊，你就是王逢麟呀？你是唯一的外省考生，今天總算見到你了！」汪老短短的幾句話，使我放鬆了不少。

那天的口試由汪啟璋教授主持，參加提問的有音樂學家錢仁康、譚冰若、廖乃雄，作曲家葉純之，編譯家朱少坤、顧連理、吳佩華等。口試結束後，考生可以有幾分鐘時間進行自我介紹。我的輔導老師、音韻學家朱少坤教授古文功底厚實，又寫得一手好柳體，對我出示的在水泥廠創作的兩首《憶江南》隸書詞畫軸十分讚賞。那時我已過了 35 歲，按規定須經上海市招生辦批准。我接到錄取通知書，在廠裡辦完清倉移交手續，趕到學院報到時，離正式上課只差兩天了。

我在縣水泥廠 8 年的艱難歲月裡，「咬牙精神」一直在支撐、鼓勵著我。以後我隻身闖蕩法國，白天在巴黎北部的巴黎第八大學聽課，晚上到巴黎西南郊的巴拉爾鎮（Balard）一家中餐館洗餐具，直到半夜 11 點才能收工。記得有一次，老闆要我把一桶桶 30 公斤重的菜油搬上樓，我幾乎被壓得支撐不下去了，那時我頭腦裡想的還是這種「咬牙精神」。正是這一精神，使我在異國挺了下來，拿到了法國頒發的國家碩士證書，為我之後投身音樂教育事業打開了大門。

二、插柳說

當時上海音樂學院剛開始恢復正常，各類教學用具嚴重缺乏，尤其是「文革」中許多鋼琴被砸，我們研究生也只能每兩人合用一架鋼琴。跟我合用琴房的叫李曦微，他原是廣西音樂學院附中學鋼琴的，「文革」中自學作曲，在研究生班師從譚冰若教授學音樂史。他為人爽朗，喜歡說笑。有時學習累了，他就給我在鋼琴上講解即興演奏技巧。

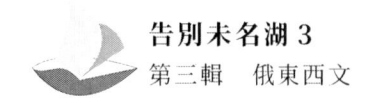

我那時主要精力都放在盡快恢復外語水準上，鑒於作曲四大件（和聲、對位、曲式和配器）是必修課，不得不學，但興趣不大。為了不掃他的興，我只好硬著頭皮，看他在鋼琴上示範如何運用各種作曲技巧進行主題變奏和即興伴奏。然而，出乎意料的是：他的「無心插柳」，竟為我二十年後在法國「柳成蔭」打下了基礎。

1988年，我在法國獲碩士學位後，一直找不到工作，一位好心的越南華僑見我無以為生，就收留我在他的鋪子裡當夥計。兩年後，我妻子多米尼克在報上看到巴黎東區缺少師資，所有科目都在招聘代課老師，就陪我前去應試，我居然被錄用了！從此，開始了我十年的「臨時工」生涯。我上午在一所中學教完課，中午只能在車裡吃開罐食品；下午趕到另一所中學授課；晚上疲憊不堪回到家裡，還得趕緊準備第二天的課程！

在這期間，為了成為正式教員，我曾兩次參加法國每年一度的全國教職會考（CAPES）。第一次初試被淘汰，第二次複試失敗。2000年，我已56歲了，最後一次與法國考生比拚。應試考生大都跟我一樣在中學代課，音樂水準大致相同。為了比出高低，教育部決定：口試採用考生無法事先準備的突襲手法；考試方法是考官讓考生在一疊歌曲樂譜中隨意抽出一份，只給考生一分鐘時間準備，就得上鋼琴自彈自唱。

我抽到樂譜後，先確定歌曲為G大調，根據中國常用的首調唱名法，很快找到主音把歌曲默唱了一遍，剛根據旋律定下和聲構架，時間已到。我坐到鋼琴前先即興演奏了前奏，隨後左手彈低音和弦，右手奏旋律，把歌詞唱完。考試評委就歌曲提問後，示意我退場。事後我才知道，這場考試好多法國考生因習慣使用固定唱名法，來不及找準旋律，或不熟悉鍵盤和聲，得了低分被淘汰。

我當年在上海音樂學院聽了李曦微隨意傳授的即興演奏技巧，竟於20年後幫了我大忙，使我以高分順利通過會考，獲終身教職。「無心插柳柳成蔭」，生活中有時漫不經心看到或聽到的「學問」，說不定哪天會有大用呢！

三、寬容說

　　如今我在法國已 30 年了，和其他外國移民一樣，也曾遭受過種族歧視。記得我第二年在中學代課時，家長會上有一名家長問我，憑什麼資格教他子女音樂。對這樣一個明顯挑釁的問題，我本可拒絕回答，但看到在場的其他教師正等著提問，為了避免把家長會搞砸，我還是耐著性子作了答覆。很長時間內，我對此事一直耿耿於懷：音樂本是國際語言，既無國界，也不分種族；誰有能力，誰就能教！年終開彙報演出會，我故意讓學生擋在我前面，我在後面讓他們隨我的鋼琴伴奏演唱。

　　演唱結束，家長們鼓掌時，站在我前面的學生突然退向兩邊，台下一看指揮並伴奏合唱團的是個中國人，掌聲更為熱烈。我從琴後繞到台前，和學生們一起謝幕。這時我心中的感受是：在不失人格和尊嚴的前提下，對人寬容更為可取！

　　我在法國只有一次招人辱罵，而作俑者竟是個剛滿 12 歲的法國女孩馬利翁（Marion）。事情的經過是這樣的：2001 年，我獲教師職稱後，被固定分配在巴黎東郊大城市謝爾市（Chelles）富人區的一所公立中學。這是我第一次作為正式教師任職，又是我將一直工作到退休的學校，因此我興沖沖地前往上課。

　　上午課間休息時，我在走廊聽到一聲尖叫：「Chinetoque！」四周的學生都驚訝地望著我，我憑直覺意識到自己被人辱罵了！這是我在新學校第一天上課，根本不認識學生。眼看上課鈴要響了，我就得回教室繼續教課，罵我的學生便會趁機溜掉而不受懲罰。我靈機一動，趕緊抓住身旁兩名高年級學生，問他們罵我的學生的姓名和班級，他們不肯說，我就把他們帶到訓導處，簡單陳述了事情經過，然後回教室繼續上課。

　　上午的課剛一結束，訓導主任就把一個留短髮、衣著整潔的初二女生帶到我面前認錯。飯後，消息已在教師中傳遍，教師休息室裡炸開了鍋。大夥兒在教工代表的帶領下，一造成校長辦公室施壓。校長當即打電話給馬利翁的父母，傳喚他們當晚到校解決問題。

晚上次到家裡，多米尼克問我新學校第一天上課的情況，我就把事情的經過告訴了她。她說這是對中國人十分侮辱的粗話，必須要求校方嚴肅處理，否則以後還會有其他學生效仿。第二天，我剛一到校，就見馬利翁已等在教師休息室門前，她交給我一封她父母寫的親筆信。信中除了道歉，還一再請求我從寬處理馬利翁。在法國，學生侮辱教師，最重可開除出校。

我深知開除將會給該生帶來什麼：她父母將不得不為她找一所離家遠，甚至學費昂貴的私立學校；被校方開除的劣跡還要載入檔案，這對她今後的處境和前途都將造成極不利的影響。我考慮再三，決定向校長提出「禁止入校，在家自習三天」的懲處方案。這類處分只需校長簽字，無須上報教育廳批准，也不會記入學生檔案，同時又能造成「殺一儆百」的作用。我的建議立刻被校方採納。為此，該生的父母特地帶女兒來學校向我致謝；此類事件以後再也沒有發生過。

回顧往昔，我悟出的人生哲理是：受人善待，念之；遭人惡對，忘之。

四、師恩說

我除了對北大後來的學子們寄予厚望，相信他們一定會有一個錦繡前程外，我還深深懷念當年培育我的前輩們，尤其是我的法語啟蒙老師俞芷蒨和國文老師袁行霈。

去年9月，我寫了題為《蘭泉秋冥》一文，向遠在上海的俞老遙寄思情：

自遷居楓丹白露，十月有餘。連日疲於安宅，無暇一探佳景幽境。一日，偶出園門，左折沿小徑繞至園後曠地；行百步，聞溪水潺潺。

遂溯流上行甚遠，終不得其源。乃駐步佇聽水鳴，清脆悅耳，豁然心領：余前曾戲改楓丹白露名，謔稱「藍泉」。今何不取其諧音，謂之「蘭泉」，以從屈子崇蘭之美？

歸途另闢他徑，偶得綠茵草坪。叢樹合圍，翠葉欲滴。驚見一木孑立，枝幹挺拔，孤傲不凡。令吾肅然起敬，何也？

當年初入燕園，承蒙先生孜孜教誨；又聞其夫蒙冤入獄，師仍獨立支撐，撫育二子。十年浩劫，備受摧殘；苦守門庭，不改其志。

每思導師以身立訓，為人師表。弟子今雖身處異國，難報其恩，然終以先導為榮，不敢懈怠。所授功課，猶在耳畔；前示訓誨，銘記心間。

或曰：業師謂誰？北大俞芷舊君也！

去年12月，我還寫了《喜見袁師題詞有感》一文，對健在北京的袁老表達我的感恩之情。

袁行霈老師一直是我至今崇拜而懷念的老師之一。

1962年秋初入北大，每星期一下午我都在一教階梯式教室裡聽袁師開講中國文學史。當時的情景，我至今依然記憶猶新。他身材高大，氣宇軒昂，斜倚在講台上，眼望天花板，朗聲背誦《鄭風·將仲子》：「將仲子兮，無踰我裡，無折我樹杞。……」唸完後，他又高聲朗誦白話譯文：「求求你小二哥呀，別爬我家大門樓呀，別弄折了杞樹頭呀！……」我聽得如癡如夢，正是在他的引導下，我步步踏入國學的深殿高堂！

每當遇到冷僻之詞，袁先生就會轉身在黑板上大筆一揮，書寫成字；筆鋒遒勁，入木三分。今承同窗轉來袁老墨寶，果然寶刀不老，力透紙背。至此，更激發了我對老師的一片懷念和感恩之情。

我謹在萬里之外，遙祝尊師福如東海，壽比南山！

人生就像一場電影：

嬰兒時，看到的是父母的笑容；

孩提時，感到的是兄妹的溫暖；

童年時，聽到的是夥伴的歡叫；

少年時，聞到的是同學的朝氣；

青年時，受到的是同事的關懷；

壯年時，想到的是子女的前程；

暮年時，悟到的是故人的叮嚀。

願我這番話，對北大的後來人能有所啟示！

2015 年 4 月 1 日寫於法國巴黎 - 楓丹白露「蘭泉居」

⊙ 2012 年攝於中國駐法使館

⊙ 2015 年 1 月 11 日，王逢麟（舉標語牌者）參加在法國巴黎共和廣場的反恐怖主義示威活動

　　王逢麟，吉林省長春市農安縣人，滿族。1944 年 4 月 20 日生於四川省成都市，1945 年隨父母遷居上海，在那裡讀完中小學，1962 年考入北大西語系學習法語。1968 年秋被分配到唐山草泊農場接受「再教育」，直到 1971 初；農場之後，被分配到江蘇省蘇州專區崑山縣水泥廠當化驗員，後當倉庫會計兼保管，整整 8 年。

　　1979 年考入上海音樂學院音樂研究所研究生班；1982 年曾被文化部派往巴黎音樂學院學習對位、曲式和鋼琴。1985 年 4 月，自費前往法國巴黎第八大學音樂系和巴黎師範音樂學院作曲系學習，1988 年獲法國國家碩士學位。2000 年通過法國「卡佩斯」會考，獲終身教職。從 2005 年起，先後在

巴黎 - 克雷泰耶高等師範大學和巴黎東部大學任教，直至 2010 年退休，享受法國教育部退休金。

跌宕起伏　無悔人生

林江東

告別了秀麗的未名湖，我人生的道路跌宕起伏，時而在萬丈深淵裡掙扎，時而在洶湧的波濤裡翻滾，時而在寬闊的大路奔跑，時而在蔚藍的天空翱翔……如今，一切皆歸於平淡、恬靜，但我依舊保持著一份純真的赤子之心，保持著對母校深切的思念。

農場鍛鍊艱難歲月

1970 年深秋，我和東語系日語班的同學們扛著背包，告別了美麗的北大校園，乘火車來到唐山，再乘大卡車風塵僕僕地來到柏各莊部隊農場，接受工農兵的「再教育」。秋天的柏各莊，一望無垠的稻田上殘留著一行行稻稭茬子，蕭瑟的秋風捲起了一陣陣黃色的風沙，兩棟用土坯和稻草搭建的簡易平房孤零零地坐落在稻田中間，這就是我們的新家。

柏各莊農場聚集著北大、北京外國語學院、北京對外貿易學院和北京廣播學院的應屆畢業生。一到農場，王連長就宣布了兩條紀律：一是不許私自聽收音機，不許戴手錶；二是不許談戀愛，不許男女同學單獨談話。

為了嚴格遵守這兩條規定，我和許茂雖然在學校已成為形影不離的朋友，現在近在咫尺，卻不能說上半句話。他被分在炊事班，成了「伙頭兵」，我則隨大部隊下地種水稻。每當清晨女生們扛著鋤頭、鐵鍬，踏著晨霧離開營地時，都能隱隱感覺到在炊事班的玻璃窗後有一雙眼睛在默默地目送。當我返回營地時，又總是看到炊事班的窗戶裡閃爍著一雙熱切而欣喜的目光。

4 月初，柏各莊一望無際的大地抹上了一層清新的淡綠，田裡灌滿了清亮的水。我們這些學生兵第一次挽起褲腿下水了！早晨的水田結著冰冷的薄冰，一腳踩下去，刺骨的寒氣從腳底襲來，使人不禁打寒顫。儘管如此，大

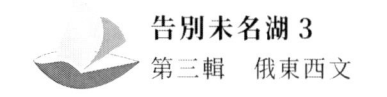

家都不顧寒冷，開始了一場插秧的戰鬥。有的同學站在田埂上把一捆捆秧苗扔到水田裡，我們幾個女生站在水田裡把秧苗打散，再一棵一棵地插進泥裡。

班長是外貿學院的黨員，她高聲喊：「姑娘們，咱們來個插秧比賽，看誰插得最快，最多！」女兵們都不甘示弱，加快了手腳的動作，彎腰時間長了，腰疼得像要斷了似的，但大家仍然貓著腰向前衝，手不停地把一棵棵小苗插進泥裡。

5月份，剛插上的秧苗迎著和風煦日搖擺著，千畝稻田披上了油綠油綠的新裝。但有時天氣突然驟變，一陣狂風暴雨昏天黑地襲來，大雨點砸到柔弱的小苗上，不少秧苗被風吹斷，可憐兮兮地趴在了水面上。一天下午，王連長召開全連大會，宣布根據上級的指示，在學生連隊中展開深挖「五一六」運動，要求每個人都要「背靠背」地寫出檢查揭發材料。

從此，一片濃密的烏雲籠罩了整個連隊。學生兵勞動歸來，失去了往日的笑聲，個個都變得沉默寡言。我說不清什麼是「五一六」分子，但在北大的「文化大革命」中，我留下了兩個致命的把柄：一是見過給林彪貼大字報，反對「頂峰論」的伊林、滌西，並和這兩個中學生談話半小時；二是在批判伊林、滌西大字報的油印材料上寫了「不要人云亦云」幾個字。

在巨大壓力下，我不得不把這兩個問題再次寫成了十幾頁的檢查材料，並痛心疾首地檢查自己如何如何缺乏階級鬥爭觀念。儘管如此，在檢查會上，排長和幾個同學還是厲聲指責我的檢查「浮皮潦草」、「沒有擊中要害」。

開展深挖「五一六」運動一個月後，一天，連長來到我所在的八班（由北大、外語學院、外貿學院的十幾個女生組成），宣布要給我單獨辦學習班，名為辦「學習班」，實則隔離反省。我被單獨關進一間潮濕又黑暗的小屋，屋內只有一張用兩個條凳一塊木板搭起的單人床和一套破舊的被褥。每天，排長、連長輪番訓話，逼我一遍又一遍地寫檢查。

一天，連長似乎得到什麼重要情報，十分得意地說：「伊林、滌西不過是個中學生，哪會有那麼高深的理論。而你，是北大這所名牌大學的『高才生』。他們的謬論不就出自你這個『黑後台』嗎？稍稍有點頭腦的人一看就

會明白的。」這句話像是巨型炸彈，把我炸得頭暈目眩。我百思不解，怎麼一夜間我竟然變成了兩個中學生的「黑後台」？

如果這麼推理的話，給林彪寫大字報就是我指使的。在「文革」時期，林彪是毛澤東的接班人，是大紅大紫的人物，誰敢給林彪貼大字報，誰不就成了反革命嗎？想到這兒，我全身毛骨悚然，不寒而慄。

黑暗的小屋裡只有寒冷、孤獨陪伴著我。我陷入了極大的苦惱與迷惘之中。部隊啊，部隊，過去只要提起這個字眼，我就倍感親切和自豪。因為，父親就是十幾歲參加二萬五千里長征的紅小鬼，就是軍方的一員。如今我卻成了軍方隔離審查的對象，而且竟然無中生有地把我說成是「黑後台」！想到這兒，我的眼淚像泉水一般唰唰地流下來。我反覆在心裡大聲疾呼：「真理何在！」在極度苦惱中我度過了五十個日日夜夜，不過即使再痛苦，我也絕不承認什麼「黑後台」的罪名。

一天，正當我偷偷落淚時，房門咯吱地響了一聲。王強躡手躡腳地走進來，遞給我一本《毛澤東選集》精裝本。「這是許茂叫我送給你的。想開點。」他急匆匆地說完，一閃身便不見了。我捧著這本書，又激動又驚異。

這本書，在大學裡，我不知讀過多少遍，又做了幾萬字的讀書筆記。它成了我的精神食糧，成了我的行動指南。就說見伊林、滁西吧，也是受了毛澤東《湖南農民運動考察報告》的啟發，才決定冒險去見的。

今天許茂託人送來這本書有何用意呢？我疑惑地打開書，只見裡面夾著一張紙條，上面的字跡飄逸且遒勁有力：「黑暗終會過去，光明即將來臨。實事求是，無私無畏。」我看著這張字條，像是聽到許茂刻骨銘心的囑咐。

它又像一顆火種，燃起了我心中的希望。我下定決心：不管有多大的壓力，也要實事求是，絕不承認自己是什麼「黑後台」之類的誣陷。我擦乾了眼淚，再一次按事實寫了一篇檢查。

一週後，隔離式學習班結束了，我又搬回了女同學的大通鋪房間。又隔了一個月，連長正式在全連大會上宣布：「林江東的問題屬於人民內部矛盾。她可以和大家同吃、同住、同勞動。」

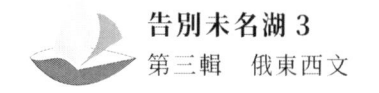

聽到這句簡短的話，我的眼淚又似泉水般奪眶而出。會場上黑壓壓地擠滿了男女學生兵，在遠遠的角落中，許茂明亮的目光射向了我，發出了衷心的祝賀。我也默默地在心中說：「我堅信實事求是就一定能勝利。」

⊙ 1971年在柏各莊農場

到了水稻收割的季節，柏各莊的大地變成金黃一片，黃燦燦的稻穗垂下了沉甸甸的頭。全連的學生兵展開了割稻比賽。許茂幫我磨快了鐮刀，我揮舞著銀晃晃的鐮刀，使出渾身的力量，一鐮割下去，稻稈齊刷刷地倒下一片。

儘管汗流浹背，手磨出了泡，腰疼得直不起來，但我沒休息片刻，總是割在最前面。於是，我成了女同學中的割稻能手。在年終八班的評選會上，同學們一致舉手推選我當五好戰士。當我看到齊刷刷舉起的十幾隻手時，不禁熱淚盈眶。真難以想像，這些年輕的女戰友們怎麼會有這麼大的勇氣，選一個差點被打成「黑後台」的人當五好戰士？我打心眼裡佩服和感激她們的正義感和膽量。

柏各莊兩年的艱苦歲月，終於挺過去了，我手上磨出了厚厚的繭子，心胸也被磨煉得堅韌寬闊。在冀東這片廣袤的土地上，留下了我們的汗水、淚水和寶貴的青春。

考研衝刺重返北大

　　1978年4月，正在保定河北電力學院任教的我，突然聽到了教育部發出的招收研究生的消息，不禁欣喜若狂。因為「文化大革命」的耽誤，我們這些1968年畢業的學生，名為大學生，實則只學了二年半，僅學了些哲學、黨史、文學史等基礎課，至於專業課日語，僅學了發音、基礎語法和簡單課文。

　　畢業後，竟然走上大學講台給學生講課，自己常為專業知識的貧乏而臉紅。十年來，我做過多少次重返北大的夢，現在國家真的給我們重新學習的機會，我能不躍躍欲試嗎？

　　這天夜裡，我翻來覆去地考慮是否報考研究生，久久難以入睡。這時的我已不是二十幾歲的年輕人了，記憶力減退，過去學過的似乎都還給了老師，而且兒子都快上小學了。三十幾歲的人能再次走上考場，與年輕人一起競爭嗎？孩子又怎麼辦？我反覆思索著，睡在身邊的老許被我翻身的聲音攪醒。他揉揉眼睛：「已經二三點鐘了，有什麼心事？」「我想報考北大研究生，同意嗎？」「猜到你想走這步棋，你中文底子強，知識層面寬，有考上的希望。我做你的堅強後盾，孩子我來管。你大膽地去考吧！」

　　一語重千斤，第二天，我便填寫了北大亞非研究所的報名表。剩下的事情就是準備應考了。北大亞非研究所的考試名目還真多，要考政治、寫作、日語、日本概況、中國歷史、世界歷史，列出的參考書十幾本。我離開學校已有十年之久，這些內容大都忘得差不多了，要在一個月把它撿回來似乎是天方夜譚。

　　從圖書館借來了十幾本書，擺在了桌上，我呆呆地望著這幾百萬字的書，直想打退堂鼓。這時，「生命不息，奮鬥不止」的座右銘在耳邊響起。「文革」期間，即使被打成「反動學生」，政治壓力再大，我不是也沒有壓彎腰嗎？農場勞動期間，上百斤的稻草我不是也咬著牙背上了幾十公尺高的稻草堆嗎？沒有走不出來的路，也沒有爬不上去的山。只要堅持不懈地努力，就一定能夠成功。我戰勝了動搖、畏懼的心理，全身心投入了備考之中。

但是，準備時間太短，我必須尋找捷徑。突然，我靈機一動，決定採取「重點擊破」的策略，即抓住與日本有關的政治、歷史、經濟知識去複習。我把世界歷史、中國歷史書中與日本有關的歷史事件都摘錄出來，什麼甲午戰爭、明治維新、抗日戰爭等等，整整列了十幾頁重點。每天，我就用幾個小時去背這個提綱，僅用了二十幾天，便把這個提綱背得滾瓜爛熟。

亞非所的招生簡章上還要求寫一篇有關日本研究的論文，但畢業後我從來沒有搞過什麼研究，這論文該如何寫呢？我走訪了河北大學日本研究室的史文清教授，向他請教。他慢條斯理地說：「選題要結合當前實際，中國要走向開放，就要研究國外的經驗，研究日本從鎖國到開國的歷史——」一語道破天機，我恍然大悟。

回家後，我列了三個題目「日本的開國與中國的開放」、「日本戰後經濟高速增長的祕密」、「研究日本的意義」。深夜，老許和兒子都熟睡了，整個宿舍樓已鴉雀無聲，我還在燈下翻閱參考資料，不停地寫著。清晨，當太陽升起的時候，我趴在桌子上睡著了。不知什麼時候，一條毛毯蓋在了身上。就這樣，僅一個多月的時間，我撿起了丟失的知識，還嘗試寫了幾篇文章，我自己似乎預感到可能有什麼奇蹟發生。

6月10日，我忐忑不安地走進設在保定二十二中的研究生考場，焦慮地等待發試卷。但從表情嚴肅的監考老師手中接過試卷，一看考題，我緊張的心情霍然消失了。中國歷史、日本概況的考題果然如我分析的那樣，幾乎每個題目都在我熟記之內，我略加思索便奮筆疾書。作文的題目是「日本研究的作用」，居然也在我準備之列，我稍加整理思路，便唰唰地寫起來。日文考題的文學性很強，但還能應付。只有政治的考題有些生疏，勉強填滿試卷。就這樣，我僅用了三個半小時就交卷了。

其後，我天天盼著錄取通知書，每天都感覺像度日如年。到了8月份，錄取通知書杳無音信。我決定到北京去打聽虛實。我惴惴不安地踏進北大一座幽雅的中式庭院，推開日本研究室的房門，一副學者風度的卞立強老師親切地迎上來。「卞老師，我的考試成績怎麼樣？」我開門見山地問。「因為是首屆招研究生，應考的有一百多人，而且是人才濟濟。這次選研究生是百

裡挑一啊。至於你的考試成績，雖說是師生關係，但現階段考分是絕對保密的。你還是回去耐心等待吧！」卞老師的話頓時讓我的心涼了半截。

告別了卞老師，我徑直走到火車站。我暗想：北京高手如林，恐怕我這研究生的夢要吹了。於是，逛北京的心情消失了，我連夜乘火車返回了保定。下火車時已是深夜2點多鐘，我又在車站捱到5點半，天色濛濛亮了，才坐第一班汽車回到電力學院的家中。當我拖著疲憊不堪的腳步邁進家門時，頭髮蓬亂，活像是從監獄裡放出來的犯人。「怎麼樣？」老許關切地問。「沒戲了。」我有氣無力地回答。老許從暖瓶裡倒了一杯熱水遞給我。「我會看天象，今晨的天像有大吉大利的先兆。」他一本正經地說著，拉我走到窗戶前。

只見遠處天際呈現出魚肚白，一縷紅色的霞光穿雲破霧地射出來，幾隻鳥兒撲打著翅膀從窗前飛過。老許閃爍著那雙機靈的大眼睛，神祕兮兮地說：「你看，那幾隻喜鵲朝北面飛了，這預兆著你要飛回北京啦！」我瞇細了雙眼極力遠望，半信半疑地說：「真會騙人，誰知那是烏鴉還是喜鵲。」不想小兒子光著屁股從被窩裡爬出來，一把摟住我的脖子嚷：「媽媽，我看清楚了！是白肚皮黑翅膀的喜鵲！」我的眼眶一下子濕潤了，心裡熱乎乎的。親人發自肺腑的話驅散了我的疲勞和沮喪。

三週後的一天，一封來自北京大學的錄取通知書擺到了我的桌上。老許洋洋得意地說：「這回該相信我會觀天象了吧！」我作出一副心悅誠服的樣子：「相信，相信！」但心裡明白，在人生的衝刺階段，靠運氣是不行的。真正要靠的是衝破世俗的勇氣，百折不撓的毅力，出奇制勝的策略。

犀利目光促我前行

1981年秋，研究生畢業後，我被分配到國家能源委員會外事局，再次告別了微波蕩漾的未名湖。一年之後，國家機構改革，能源委員會被合併到國家經濟委員會。我進入了經委外事局，開始了重大外事活動的翻譯工作。

1985年，金風送爽的季節，當時任國家經委副主任的朱鎔基率質量考察團訪問日本，我作為翻譯隨行。從日本的關東到關西地區，考察團的腳步走

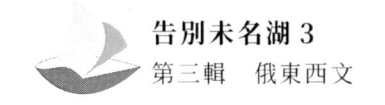

遍了日立、松下、富士通、全日空等大企業的作業廠、培訓中心和質量檢測中心，深入調查、學習日本質量管理的經驗。

在從東京飛往大阪的飛機上，我坐在朱鎔基的座椅旁。儘管考察的日程十分緊張，但朱鎔基主任的臉上沒有顯露出一絲倦容。他時而透過機窗眺望如雪的白雲，時而低頭沉思著什麼。這時，一位航空小姐帶著甜美的微笑送來幾份日文雜誌。我接過來一頁一頁翻看著，朱鎔基也隨手拿過去一本，饒有興趣地翻閱著。

突然，他的目光停留在一行標題上，似乎發現了什麼新大陸。「這標題是什麼意思？」他用略帶湖南口音的普通話問。這聲音似乎很隨意，但我聽起來卻像考官的質問。朱鎔基的身上有股一絲不苟的學習精神。每到一處參觀，他都要提出各式各樣的問題，使日方應接不暇。此刻，考察團的人大多都睡著了，他卻對這條標題產生了極大興趣。我趕緊接過雜誌，把那個標題仔仔細細看了好幾遍。

日文借用了大量的漢字，並利用漢字的偏旁部首創造了假名，又用漢字和假名組成了似中文非中文的句子。因此，學習日語乍看容易，其實很難。這就是日語界常說的「笑著進去，哭著出來」。這個日文標題，如果去掉假名，剩下的漢字就是「2000年日本地下電柱埋入」。就是這樣一個貌似簡單的句子卻讓我絞盡了腦汁。

我那時在國家經委工作三年多了，經常在朱鎔基身邊作翻譯，深知他學識廣博，英文水準很高。他出席歐洲經濟論壇時，直接用流利的英語講演。他對身邊的工作人員要求很嚴格，批評起來毫不留情面。他經常糾正英文翻譯翻得不夠準確的地方。對於日文，他雖然不懂，但他敏銳的目光能從外賓的面部表情中判斷出翻譯的正確與否。外事局的翻譯在他面前是絲毫不能打馬虎眼的。

正因如此，我反覆在心裡思索著這個句子，總怕拿不準，不敢譯出聲來。這時，我抬頭看到他等待而又懷疑的目光，似乎在說：「翻譯官，這麼簡短的句子都譯不出來了嗎？」強烈的自尊心使我只好硬著頭皮說：「它的意思是：到了2000年日本將把電線桿埋進地下。」譯出口後，我又猶豫起來，這電

線桿又高又粗,怎麼會埋進地下呢?這從邏輯上似乎講不通啊!但從語法和單字看就是這個意思,絕對沒有錯。我在心裡暗暗罵這位日文雜誌的編輯,怎麼會登出這麼刁鑽的標題!

朱鎔基聽後,沉思了一下,搖了搖頭說:「它的意思是否是到了2000年日本將用地下光纖和電纜替代電線桿呢?」剎那間,在他那炯炯有神的眼睛中射出一道犀利的目光,似乎能夠穿透浩渺的宇宙,預見鬥轉星移的未來。

那時,我根本不懂什麼叫光纖,又有倔脾氣,在沒有真弄明白之前,不願隨聲附和。我正在考慮如何回答之時,聽到一句簡短而又似重錘般的聲音:「今後多學習一些科技知識吧!」接著,一道犀利的目光射過來,似一把利劍,直戳我知識結構的最薄弱之處。頓時,我的臉漲得通紅,一直紅到耳根。坐在飛機的座位上,我心情久久不能平靜。在國家快速發展的形勢下,作為一個經濟部門的幹部,不掌握大量的經濟、技術新知識,怎麼能滿足工作的需要呢!

此後,那道犀利的目光一直激勵著我去學習新技術、新知識。在改革開放的大潮中,我學習、探討了國外技術引進的經驗教訓,又結合中國的國情,寫出了《關於技術引進最佳選擇的探討》的論文,1985年被國務院經濟研究中心組織的經濟改革研討會評為獲獎優秀論文。之後我又參與了「中國汽車發展戰略研究」、「國家訊息系統建設」等項目的調查研究工作,向國務院提出了積極的建設性意見。

⊙ 1985年在日本為朱鎔基主任作翻譯

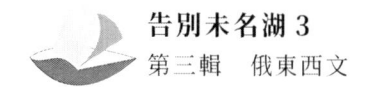

在國家從貧窮走向富強的階段，北大給予我們的知識有了用武之地，付出了汗水和智慧終於結出了豐碩的果實，我感到十分欣慰。人世變幻，歲月滄桑，那個金色的季節，那道犀利的目光一直激勵著我前行。

五十追夢跨界學畫

繪畫是從小就植入我心靈的一個夢。高三時，我曾夢想考中央美術學院。當同學們都拚命複習數理化準備迎接高考時，我卻在天津十六中的地下畫室裡練習素描，因為那是美院必考的科目。就在這緊要關頭，我突然患了急性中耳炎，住進了醫院。於是，我就央求父親帶著素描作品到中央美術學院替我報名。

兩天後父親來醫院看我，帶來了一個意想不到的消息：中央美術學院提前招生，現在初試都結束了。這個消息徹底粉碎了我的夢想。我只好掉頭開始複習功課。雖然複習的時間比同學們短，但好在有基礎，高考順利通過了。9月份，高考通知書發下來了，我居然考進了赫赫有名的北京大學。畢業後我當過教師、翻譯、公務員。到了知天命的年齡，那個深藏的藝術夢突然甦醒了，它搖撼著我的心，使我做出了一個令人難以置信的決定：跨界學畫，從頭再來。

我放棄了國家訊息中心貸款辦公室主任的位置，遍訪京城名師，開始學畫。1998年，我走進了中國藝術研究院設在恭王府的教室，第一次聽名師講繪畫課；1999年，又來到了夢寐以求的中央美術學院國畫進修班，聆聽了國畫系張立辰、郭怡宗、韓國臻等名家授課。

諸位老師講用墨的技法、構圖的技巧，並鋪開宣紙飽蘸濃墨，揮灑作畫。在老師的筆下，冷艷的梅、淡雅的蘭、挺拔的竹，栩栩如生地出現在宣紙上，其嫻熟的技巧令學生們讚歎不已。老師還特別強調畫國畫應有的心態：看淡名利，以灑脫、散淡的心態作畫。正如李苦禪先生所說：「格調無意氣不可寫，胸中懷名利不可寫，心中無寓意不可寫。」

作為一個年過五十的人，再次坐到學生的椅子上，我感慨萬分、思緒聯翩。大學畢業後，我曾坐過教師清冷而寂寞的椅子，也曾坐過政府官員繁忙

而權勢的椅子，還坐過公司老總豪華而熱鬧的椅子。人生的座椅在不斷變換，有升有降，有上有下。而今，放棄了權勢和金錢，坐在這裡，不僅可以學習畫梅蘭竹菊，還可以重新品味人生，實踐中國的古訓：「活到老，學到老。」

我忘記了自己的年齡和身份，頻頻向諸位老師虛心求教。回家後，立即鋪上宣紙，一張又一張地刻苦練畫。一個星期下來，畫稿就擺成厚厚的一疊。不滿意的畫就斷然撕掉，撕掉了再重新畫，可謂「廢稿三千」。三年下來，為練習畫畫就用掉了十幾刀紙（一刀紙 100 張），幾十瓶墨汁。

2000 年，我又來到北京畫院學習，成為了著名畫家楊延文、王培東老師的入室弟子。學習了兩年後，我選了幾張略微滿意的畫作送交王老師指點，老師看罷說：「已近形似，但形神兼備才能稱之為佳作，神似遠遠難於形似。」聽罷，我明白繪畫的道路還要更艱難、更漫長。

2002 年，我走進了中央美術學院胡偉工作室。胡偉老師是研究中國繪畫材料與表現的博士，也是當代畫壇吸收西方繪畫觀念的創新者。在他的影響下，我的繪畫觀念豁然拓展，技法也隨之大為豐富。我意識到 21 世紀中國繪畫要在東西方藝術的融合中尋求突破，於是開始了大膽的嘗試和創作。

2004 年，我把幾年來的創新作品彙集整理，在北京雲峰畫廊出版了第一本畫冊，舉辦了第一次個人畫展。至今，已在北京、香港、東京舉辦了 8 次個人畫作展覽，並多次參加國內外大型畫展。過去的老同事觀看我的畫展後說：「沒有想到十年間你華麗轉身，成為了畫家，佩服你的毅力。」著名藝術評論家王鏞評論說：「林江東的作品把中國壁畫、重彩和西方的抽象表現主義風格融合在一起，呈現了金碧輝煌的綺麗效果，表現出酣暢淋漓的情感世界。」

而今，往昔的淚水和汗水都已飄散，化作對人生磨難和奮鬥追夢的記憶。「不人云亦云」、「實事求是」、「執著追求」這種北大人的精神從我們跨進燕園起就慢慢融入了我們的血脈。即使告別了未名湖，北大精神仍然在我們的血脈裡流淌，直至貫穿了我無悔的一生。

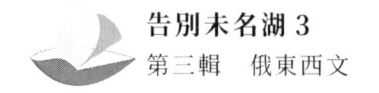

林江東，1945 年 8 月生於河北省平山縣。1963-1968 年，在北京大學東方語言文學系日語專業學習。1970-1973 年，任保定鐵路中學教師。1973-1978 年，任華北電力學院教師。1979-1981 年為北京大學亞非研究生，獲經濟碩士學位。1981 年 6 月，在北京大學加入中國共產黨。

⊙ 2004 年在東京參加「中國名家名作展」

1981 年 9 月 -1995 年，在國家經濟委員會、國家訊息中心歷任副處、處長、副局。1995-2002 年，在遠大集團、國華荏原公司（屬國華電力公司）工作，任總經濟師。1999-2002 年，中國藝術研究院，中央美術學院中國畫專業，北京畫院高級創作班進修。2002 年 7 月 -2006 年 7 月，常住日本東京中國駐日大使館。

2004 年 5 月至今，在北京、香港、東京八次舉辦個人展覽，並多次參加國內外大型展覽。2007 年 2 月，加入北京女美術家聯誼會，選為理事。

失之東隅收之桑榆

林友慧

1964 年，我在炎夏酷暑的餘威煎熬中收到北京大學的錄取通知書，真是欣喜至極。懷著對首都聖地的嚮往，對祖國一流高等學府夢幻般的憧憬，我

踌躇满志地来到燕园，住进了 27 斋 103 室。一個「齋」字就讓我感受到北大濃烈的書卷氣。

我從小在父親「萬般皆下品，唯有讀書高」思想的熏陶下，認為讀書是我的天職。中國上世紀 60 年代有個說法：99 個農民供養一個大學生！這給我的震撼很大，一輩子都鞭策著我以真才實學回報社會。我從小就崇尚「知識就是力量」，從此有了力量的源泉。

我被分配學緬甸語，全班 10 個學生，4 位老師任教。老師們勤奮、嚴謹治學；同學們滿懷雄心壯志努力為祖國而學習。「路漫漫其修遠兮，吾將上下而求索」，我堅定地行走在求學的路上。

「樹欲靜而風不止。」1966 年 5 月的「一張大字報」如狂風暴雨襲擊了燕園，真是風聲鶴唳、草木皆兵。從此教師不能教，學生不能學。東語系三大國寶都被打成反動學術權威，有些原本循規蹈矩的學生成了「跳梁小丑」，不時聽到有人自殺或死於非命的噩耗，還有學生被抓進了牢獄。我們班才 10 個人，就有 1 個被關了半年，1 個受其牽連。更可笑又可悲的是：兄弟班有位同學不小心吐沫濺到領袖肖像上，有人馬上站起來高呼「打倒反革命！」接著喊：「誰反對毛主席我們就和他親，誰擁護毛主席我們就和他拚！」激動中將「親」和「拚」兩個字說反了，一出口他自己就嚇得僵在那裡了。我很迷茫，我無法理解本是學術殿堂的高等學府，怎麼就變成充滿殺氣的地方。我消極了，也逍遙了，常常拿著當時能找到的緬文版材料，一個人坐在未名湖畔的小山丘上或小亭子裡讀讀背背，堅信學比不學好！

未名湖在落日的餘暉映照下波光蕩漾，湖邊翠綠的柳條依然在風中婆娑搖曳，博雅塔端正嚴肅地注視著他的學子。

1970 年 3 月，我和 37 位北大校友被分配到福建，進而被全部發落到一個在沙縣的軍墾農場，開始了學軍、學農的「再教育」生活。

軍墾農場艱苦鍛鍊

最先到這個農場的只有我們北大三十幾個同學，半年後又來了二百多個其他院校的畢業生，都被安排到遠離場部的高橋鄉。那裡只有水稻田，還有

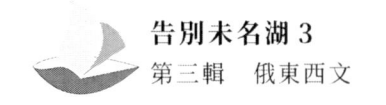

不少有鉤蟲的爛泥田。這裡原本是個勞改農場，條件較差，學生來後軍區調回了兩個連的士兵，他們的生產任務由我們頂上去，實行包田到班，勞動很繁重。

農忙季節，我們早上 5 點就下地，幹到 7 點多才回來吃飯，飯碗一放又得走。在日復一日的艱苦勞作中，我一個文弱女生竟然也能挑上百斤重的稻穀，能駕馭裝著幾百斤重物的板車，也能背著幾十斤重的藥箱在稻田裡來回穿梭灑農藥。我還學會了犁田，牛在前面走，我扶犁把子，平坦的黑土地在我面前開了花。

有一次，剛踏進一處水田牛就不走了，牛、犁和我都慢慢地往下沉。遇到這種爛泥，沉下去很危險。牛有靈性，它往旁邊一拐，將我和犁都拖了上來。話說「艱難困苦，玉汝於成」，在農場，我們學會了農耕，也鍛鍊了堅強，荒廢了專業卻學到一些農業知識，也是一個人生活財富的積累，只是對我們這些剛出校門的大學生來說，起步得如此艱辛卻是始料不及的。

北大學生受母校多元文化的熏陶，就是好學愛看書，這就犯了農場的大忌。我們的連長曾經說過：「你們就是書看多了，只要記住『完全、徹底』四個字就行了。」我母親重病住院，農場卻不准假探視。我找了本厚厚的《赤腳醫生手冊》，晚上躲在被窩裡看，不料被巡夜的連長看到，曾不點名地批評說：「你們就是有人不死心，有女生半夜還在看大本的書。」同學猜出是我，把話傳給我，讓我小心點。

北大同學不嬌氣，能吃苦，幹起活來有一股蠻勁。圖書館系的一位同學已經患有很嚴重的肝病，在全連插秧比賽中仍充分發揮閩南人善種稻的強項，拚了命爭得了第一名。不久，他手掌出現了蜘蛛痣，在農場得不到應有的治療，沒捱到再分配就因肝癌英年早逝。

我們的女班長，天天官能性嘔吐，吐得翻江倒海，可她還是天天上工，幹活總跑在前。本人有一次也因疲勞過度昏睡中醒不過來，嚇得同學們請來軍醫，過後也沒覺得有什麼，就又去幹活了。

北大人在勞動中依然關心國家大事，思想活躍又耿直敢言。有一天，省軍區來了一撥人，說是要清理「五一六」分子，北大學生成了重點，一個個找去談話，一個個摸底排查。據說有人檢舉我當過播音員，還懷疑我到福州大學演講過。那幾天，我走到哪裡，和誰說了話，都有人暗裡跟蹤。他們最後一個找我談話，一個年輕軍人直截了當地問我：「『文革』中是不是當過播音員？」我反問他：「你指的是哪裡的播音員？」他說：「比如大串聯時宣傳車上，你們聯絡站的播音台。」

我心裡一塊石頭落了地，知道他沒掌握我的情況，我就底氣十足地回答他：「沒有，我沒去過那些地方。」實則，我在市電台每天有2小時的播音。但是，此時此刻不能講出實情，否則，我的命運不堪設想。到年終評「五好戰士」時，北大學生只評了我一個。第二年，我從農場被分配到福州。

藥廠十年基層體驗

回到福州後，我又經過一番周折，再分配到福州製藥廠。到藥廠後，我是到勞工科報到，而幹部是要到政工科報到的。這時候我才知道：我們不僅專業被無理地抹掉了，連國家幹部身份也被無情地剝奪了。

最終，我被安排到廠部政工科搞團委、工會工作，一幹就是10年。剛到藥廠時「文革」還沒結束，不時要貼大標語，出專欄，我就提著漿糊桶忙碌；要開職工大會，我就清掃禮堂。一起幹這些活的還有另外兩位大學生；我們幹的是小學生都能幹的事，真是時代的悲哀！

不久，又派我下鄉當知識青年帶隊幹部一年，還是說要接受「再教育」。那時，我的第一個孩子剛斷奶，「服從組織需要」是我當時認為天經地義的事，我二話沒說，將孩子送到郊區鄉下媽媽那裡，狠狠心，含著淚就下鄉了。中間回來一次，孩子都不認得我這個媽了！作為母親，有什麼比女兒「不要你」更傷心呢！

一年後我回到製藥廠，還是搞工會工作。工會管的事很多：內有帳務、檔案、財產、圖書；外有廣播宣傳、文藝匯演、體育比賽、勞動競賽，等等。工作雖然繁雜，但卻簡單，只要用心就能做得好。大器具麼事都找我，我也

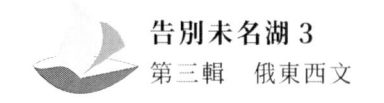

樂在其中。只是工廠在遠郊魁岐鄉，離家很遠，路上往返要兩個多小時，還要換乘一次車。

每天我都早出晚歸，披星戴月趕路。兩個孩子陸續出世，餵奶成為大問題，嬰兒白天吃不上奶。大孩子幾個月大時，手臂脫臼了，天黑我回到家才抱她上醫院，孩子淚流滿面，我心如刀割。第二個孩子出生不久就生病了，我忙著廠裡的事顧不上及時照看，小小的感冒卻引發扁桃體發炎化膿，醫生當即決定開刀。那一刀猶如利箭直刺我的心窩。

孩子的事不消停，丈夫又突發腦溢血中風，命懸一線，危在旦夕。我一天24小時在他床前當護工，送湯倒水、拿藥餵飯、端屎倒尿、給他按摩，晚上就在他床邊搭張竹板休息。3個月後，我扶他出院，走出醫院大門。在他住院期間，藥廠的主管和同事給了我有力的支持和無微不至的關懷，醫院也全力以赴地搶救，才有了他的生命重現。這份危難中的真情，永遠溫暖我心，激勵我一輩子恪盡職守、真心實意做人做事。

金融熔爐錘煉真金

1981年3月，我調到中國銀行福州分行（省行）。原先只是想靠家近點，方便照顧夫君，上班後才知道銀行是個技術性、專業性、政策性都很強的行業。我先在工會工作，很快感到自己需要重新學習，不能當門外漢。

北京大學博大精深的文化熔爐煉就了我的知識基礎，勤奮好學的學習風氣熏陶了我的求知慾望。我從《貨幣銀行學》入門，抓緊一切時間一切機會學習。那時還算年輕的我，幾乎擠掉了所有業餘娛樂時間學習。有時晚上孩子鬧，我就抱著孩子照常看書。行裡組織的業務講座，我是每課必到，認真做筆記。為了抓緊時間，雖然只有10分鐘的路程，中午我也不回家做飯，讓孩子跟我到餐廳就餐。

80年代初，為適應國家改革開放的形勢發展，中國銀行成立了「國際信託投資公司」，用以作為國家對外融資的主渠道。各省分行也相繼增設信託部（對外掛「信託投資公司」牌子），我被選調到福建省行該部任投資科長（主持全處工作）。當時福建處在改革開放的前端，港商、僑商紛至杳來，「三

來一補（來料加工、來樣加工、來件裝配和補償貿易）」如火如荼發展起來。政府官員、外資人員都找當時在國際上已享有很高聲譽的中國銀行要求提供「信託投資、租賃融資、訊息諮詢、對外擔保」等金融服務。

這可是國內銀行都沒辦過的全新業務，風險大、操作難，無章可循，無例可考。我剛走馬上任，就接踵而來三件棘手的事，有來自省政府的，有來自總行的，還有來自下級行的，必須一一認真面對。我從不推諉，經調查後向政府和上級主管如實稟報，得到肯定。這也增強了我深入開展業務工作的信心。此後，不管是項目評估，還是投資談判，或是招商洽談，對外舉債擔保，每一項工作我都是既當戰場又當課堂，邊幹邊學，不敢有半點懈怠。

在工作中，我深深感到主要是要把握住兩方面：一是要準確理解、認真執行國家的方針政策；二是要嚴格自律，不貪不佔。我從小在父親「禮、義、廉、恥」絮絮叨叨聲中長大，到銀行後各級主管又耳提面命地諄諄告誡員工要「遵紀守法，廉潔奉公」，這些都成了我的「緊箍咒」。

隨著工作的需要，我相應地進入了各投資項目的董事會，逢年過節企業送東西來，我轉手就給了行托兒所，合資方給董事的車馬費被我謝絕，還退回過合資企業分給的大額「三金」。業務要開展，人要潔身自律，這是我在信託公司工作的行為準則。我調離後，受外面經濟亂象的影響，這個部門也有人出事。我慶幸自己當初一直有行為戒律，而不濕腳。

1987年我再次下鄉扶貧一年。當時兩個孩子一個要升國中，一個要上高中，都處在關鍵時刻，而夫君因為有過一次大中風，平時我面對他都是提心吊膽的，若我走遠了，這個家怎麼辦？在組織面前個人是很渺小的，我還是服從組織需要到了平和縣（位於福建省南部，屬東南丘陵地帶，鄰接廣東省，距福州370公里左右）坂仔鄉任副鄉長。

平時我跟著書記、鄉長走遍了坂仔鄉的山山水水，利用在福州的關係為鄉裡解決了一些積重的難題。這期間我婆婆不幸得了癌症住院手術，我先生是獨生子，身體不好，自顧不暇，只能由我利用休假時間回來照顧。一個月後，我假期已滿，就請人看護她老人家，我又下鄉去了。書記、鄉長沒想到我在這種情況下還會再回來。在坂仔鄉，我加入了中國共產黨，並張榜公布。

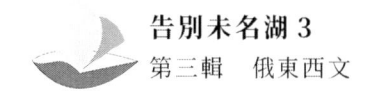

但福建省委有規定：這次下鄉入黨者須回原單位重新履行手續，我最終沒有履行這一「手續」。

回到信託公司，一次我去參加廈門感光廠的增資談判。談判已成僵局，焦點是感光廠要求按當下市場價，重新評估他們的廠房、機器設備，增大他們在合資公司的股份比例。我拿出「中行美元股本」的匯率變動情況，說明若按當時市場價，中行的股本也得重新評估。最終，雙方都認為我言之有理，維持原協議。

我從廈門「班師回朝」後即被告知要到閩江分行（福州市行）任副行長。那是新建行。俗話說「萬事開頭難」，我們經歷了艱難的創業過程。我上任後，分管會計科、電腦科、稽核科、國際結算科、工會、辦公室；行長若外出，他分管的信貸科也由我暫時負責。我深感自己的不足，不進一步充實自己是不行的。

我參加了福建省金融管理幹部學院金融專業的函授學習，兩年後10門功課全部通過全省統一考試。這期間我還到上海參加中國銀行總行和復旦大學合辦的行長崗位培訓班學習。在近3個月的停工培訓中，我彷彿又回到了北大東語系的課堂，「學習，學習，再學習」，是母校注入我血液中已成天性的追求，終生受用。

會計科是銀行「大管家」，運營過程中資金往來的明細核算和綜合核算最終都要統到這裡平帳；全行經營的成本核算、各項費用的管理和劃撥都是其職責。我主要抓緊兩項基礎工作：一是建章立制，建立健全各項規章制度；二是抓緊基礎設施建設，這是金融戰場上的「糧草」保證。由於各部門通力協作，在很短的時間內，各項應有的規章制度就建立健全起來。

我在市行工作6年，主持了6年全轄行的年終決算。年終決算是銀行業的一件大事，全年的經營狀況和結果都在這一晚見分曉。每到這一晚上，銀行大樓上下燈火通明，全員專心致志核算帳目……這一切至今歷歷在目。

第二項工作是銀行的基礎設施建設。我在主持這一工作的過程中，嚴格按程序辦，並圓滿辦成了建本部大樓的工程。在這個過程中，我沒拿過對方

一分錢。外商曾放風說要請我們去香港，我也沒接招。在簽約會上，對方看著我的鐵面，再降價12萬元成交。

儘管工作繁忙，我還得管好我的小家。丈夫因體力不支不能承擔任何家務，孩子尚幼，婆婆病後風燭殘年，我是家裡的強勞力。每天天不亮我就得起床，煮飯、洗衣服、整理房間，然後去買菜，準備孩子中午和一家人晚上的飯菜。

一切辦妥後，我匆匆扒幾口飯，騎上自行車上班去。每天中午不管盛夏烈日當頭，還是寒冬冷風凜冽，我都得騎車趕回家給孩子做飯。作為一個女人，要幹好工作，還要當好人妻、人母、人媳、人女，這一切，我都不敢懈怠，沒有怨言，只有愧疚，覺得哪一方面都不完美。

有一次，我接到平潭支行行長的電話說：福州市人民銀行進行稽核，遇到點麻煩。我立即趕到渡口，但因台風輪船停開；我不知平潭支行的人是怎麼說服船老大的，臨時為我們加開一班。我們是汽車連人一起上船，開到中途，只覺得船像搖籃似的大幅度搖晃，瓢潑大雨從車頂上衝下來，車窗外大雨如注，根本看不見外面的情景。到了岸邊，船老大呆坐在駕駛室，臉色煞白，喃喃地說：「好險啊，差一點點就翻下去了，我再也不開了，不開了。」

這時我們才知道：剛才根本不是什麼大雨，而是隨時可將人和船捲入海底的兇猛海浪，我們都有點後怕。關於福州市人行進行稽核遇到麻煩的問題，經過和人行的交流協商，我先做檢討（這也是我處事的慣例），最後取得人行的理解和寬容。

隨著業務的快速發展，銀行各方面的物質條件都逐漸得到改善。風雲變了，人也變了。獨斷專行、違法亂紀的事時有發生，觸目驚心，令人擔憂。我管財務，常常有一種被人綁架的感覺。面對反常的局面，我無能以對；同流合汙、沆瀣一氣，又不是我的本性；堅決抵制，撥亂反正，在「官大一級壓死人」的體制下，我又無能為力；潔身自好，委曲求全，也不得安生，有人處處擠兌你。我的低情商不足以玲瓏地處理好這一切，只得服從上級行的安排，回到省行本部國際金融研究所，從此鑽進了書堆，與文字打交道。

告別未名湖 3
第三輯　俄東西文

　　我始終抱著一個宗旨：給我一百畝地我可以耕好它，只給我三十畝地，我也一樣精耕細作。在國際金融研究所，我有很好的條件研究中國銀行歷史，研究國際國內金融動態、貨幣流向、匯率變動等對國內經濟金融的影響等。我秉承北大人「自強不息，開拓創新」的精神開展工作，組織人員審編原先已整理好的 80 萬字《中國銀行福建行史資料彙編（1949-1990 年）》初稿，並正式出版；我主持編印了《中國銀行福建省分行》業績畫冊，每年除認真完成總行的課題調研外，還撰寫了 20 多篇論文和調研報告，多篇論文發表在《國際金融研究》上並獲得銀行系統各級獎項。在行內主持舉辦「歐元及其影響」講座，講稿全文刊在省政協《學習》內刊上。

⊙ 2014 年在義大利比薩斜塔廣場

　　北京大學和中國銀行都有著傳承了百年的悠久歷史，積澱著深厚的中華民族文化道德底蘊。「書山有路勤為徑，學海無涯苦作舟」，是北大給我的學習啟迪；「遵紀守法、誠實守信、開拓進取、廉潔奉公」是中行教我做人履職的本分。我感謝北大和中行給了我這兩個法寶，讓我一輩子在滄桑歲月中安身立命，受益匪淺。

　　在經濟大潮中，銀行總要受到社會上一些負面的惡劣影響，金錢時時考驗著每個從業人員的良知。那個不守節的市行行長，最終因為經濟問題斃命黃泉。這時省行和高層都有人對我說：如果我還在市行，他不會走得那麼遠。現實沒有「如果」，事情的結果都不是偶然的，一定有它的必然性。我聊以

自慰的是對職業道德底線的堅守,也只有這樣,才能在物慾橫流的紛雜環境中安全轉身,平安落地。

退休了,回顧沉思自己一生的際遇,頗有感慨——離開北大丟了緬甸語,到了銀行讓我學到金融知識;鄭重其事地加入了中國共產黨,拿到的卻是民盟的黨票;在市行開拓,卻到了省行才評上「高師」。「失之東隅,收之桑榆」,不也是人生一大幸事嗎?!仰望高聳屹立的中銀大廈,遙想博雅塔的端莊典雅、未名湖畔的清風明月,突然一股暖流湧上心頭,北大學子加中行人的我,此生無怨無悔!

林友慧,1964-1970 年在北京大學東語系緬甸語專業學習,後在軍墾農場 1 年半、藥廠 10 年、中國銀行系統 22 年。歷任科長、副處長、市行副行長、省行處長,受聘副研究員。發表過 20 多篇論文,多篇得獎。曾任福建省金融學會副祕書長;民盟第九屆省委委員,連任二屆金融工作委員會主任;福州市第十屆人大代表;福建省第八屆政協委員,並任港澳台工作委員會副主任。

我和陳惠民

鄭克中

幾天前的一個晚上,我突然接到陳惠民從浙江雲和打來的一個電話,說要給我寄來一床被子。這使我和妻子頗感意外。這年頭千里迢迢,透過郵局

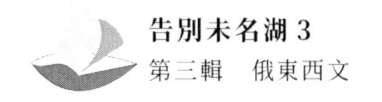

寄一床被子來，的確有些不可思議。然而等我把他的話聽完，再向我妻子敘說了事情的原委時，我們卻不由得都流下了眼淚……

我和陳惠民的友誼始於 1964 年秋進北大俄語系，算來已有 47 個年頭。那一年，開學報到的時候，我去晚了。等我被一位高年級的同學領到 40 齋外語系學生宿舍時，我住的那個房間其他四人早都到齊，我已沒有了對床鋪的選擇權——只能在靠門的一張雙層床上鋪打開我的鋪蓋卷，下面是五個人的行李箱和雜物。

同宿舍的五人，先後都見過了面，寒暄之後，各自忙自己的事去了。幾天生活下來，我接觸最多也最先熟悉的是靠窗左邊下鋪的一位同學，上海人，瘦高個子，白皙的方方臉，戴著一副像玻璃瓶底似的眼鏡。只要沒有課，他就整天像座石佛一樣坐在書桌前看書。看完一本，再到自己的箱子裡換一本，繼續看。你不主動和他說話，他基本沒有話說，有時專注得別人對他說什麼，他似乎都像沒有聽見，你還得把話再重複一遍；但此人做事卻很隨和，誰和他商量事，基本都會同意對方的觀點，按對方的主意辦。他叫陳惠民。

慢慢地熟悉了，我就問他在看些什麼書。他把書合上，我看到書名是《契科夫短篇小說集》，汝龍譯。我自恃在中學時讀的雜書比較多，除去我最喜愛的屈原、李白、杜甫、蘇軾、陸游、辛棄疾以及李清照等等，還看過《三國》、《水滸》、《西遊》、《封神演義》，甚至於那時已經成為禁書的《三俠劍》、《七俠五義》、《大八義》、《小八義》等，我也都看過——是在一個小學同學家蒐集到的。但有關外國文學，幾乎一無所知，對於高爾基、普希金，也只是知其名字而已。

好奇心使我和他攀談起來，見此，他走到我的下鋪，打開他的箱子，一下子翻出許多，什麼契科夫、果戈里、托爾斯泰……不一而足，還說：「你要是想看，自己隨便拿好了。」

我們系的全名是「俄羅斯語言文學系」。語言，只是我們入門的工具，文學才是我們應該施展才華、縱情馳騁的廣闊天地，只不過是後來的中蘇意識形態之爭作怪，把一切都改變了，我們也就等同於外語專科學校的學生了。

看到陳惠民這麼多的書，一本我也沒讀過，我知道，他才是真正有備而來的，不由得心生幾分敬意，而自己則是迷迷糊糊走進這扇大門的。於是我利用他的這個小小「圖書館」，從 A、B、C 開始補課。後來又知道，他在讀國中的時候，就已經寫出了後來在上海《少年文藝》上發表的文章了；而我上大學後的第一篇作文，卻被中文系老師叫去，數落個無地自容。來到北大，我才知道自己並不會寫文章。

原來的那個高傲勁也就像洩了氣的皮球癟了下來。漸漸地我體會到，要想寫好作文，還要去多讀一些近現代名家的作品，特別是國外名家的；要想寫好論文，必須多讀些大思想家的著作和論文。這還僅僅從寫文章技巧上來講，至於著作能否有價值，那就要看自己的思想了，有思想，即能提出某個觀點論證，或駁倒某個觀點，那就不是誰都能做到的了，沒有幾十年或一輩子的功夫，恐怕是不行的。

我們念書時的北大，也還算寬鬆。我記得，一個星期只有十節課，還有一天一節課也沒有。課餘時間都是自己的。於是我們整天都是「三點一線」——宿舍、閱覽室或教室、餐廳——連軸轉。陳惠民大多數時間願意一個人待在宿舍，而我則願意到閱覽室去，為的是，不想看專業書了，就去看點雜誌、報紙一類的東西。

整整兩年時間，大家在一起，生活得很愉快，後來就達到了不分你我、混吃混喝的地步。1966 年，臨近放暑假的時候，「文化大革命」爆發。隨後我父親被打倒，定性為混進革命隊伍中的階級異己分子、走資派，遣送回鄉，監督勞動改造。我的生活一下陷入困境。同學們給了我很多幫助，這當中就有陳惠民。

我記得，我特別稀罕他的那雙海綿拖鞋。我從山溝裡出來，沒有穿過拖鞋。北京天氣熱，穿拖鞋太爽快了，再加上我愛運動，常穿著他的拖鞋去洗澡、洗腳，在校園裡跑來跑去。後來那雙拖鞋乾脆就成了我的了，偶爾才是陳惠民穿穿，去沖個腳，然後他竟然還會放到我的床下。要說那鞋也真結實，臨到畢業，我們也沒有把它穿壞。現在大概找不到這樣的拖鞋了。

1966 年大串聯，我身無分文，被困在學校裡。直到 9 月底，才被三年級的一個同學叫去，隨他到東北快速轉了一趟。等我回來，床上不見了被子。有人告訴我，說是陳惠民因他自己的被子太厚、太沉，背上我的被子徒步串聯，長徵去延安了。等他兩個多月後回來，我的被子已經面目全非。你想想，整天用麻繩捆來捆去，什麼布料能經得住這番蹂躪呀？被面已經成了一條條布縷。就我那時的經濟狀況來說，是沒有能力再去買一條新被面的。

陳惠民的家也被紅衛兵給抄了個底朝天，生活同樣陷入了困頓。好在「天無絕人之路」，正在我愁眉不展的時候，另一個上海來的同學姚秋根，把一床上海農村家織布的被面送給了我。雖然是農村家庭自己織的那種粗布，但帶著花格子，挺好看，也很結實。

從前聽人說，不要和上海人打交道，說上海人吝嗇，小氣，難結交。可我的這兩位好朋友，卻偏偏都是上海人。從那時起，我對上海人就沒有了任何成見，直到現在。那床被面，我一直保存到 2007 年，才又送給山東一個朋友的農村親戚。

1969 年 9 月至 10 月間，我參加了北大外語系教改小分隊，也是背著自己的鋪蓋卷，先到唐山開灤煤礦，下井到施工面去掘煤；後又到唐山柏各莊軍方農場，去收割水稻，接受再教育；最後步行到了天津塘沽碼頭，當裝卸工人，又幹了半個多月。陳惠民則留在了學校。讓我驚奇的是，不知什麼時候，他竟然學會了俄文打字。他利用系裡的打字機，偷偷給我打了一張賀年片，讓人捎到了教改小分隊。賀年片是這樣寫的：

克中：

十月一日，我參加了國慶遊行，而「老秀才」（即岑萬宏，我們的另一位朋友——作者注）參加了焰火晚會。此後連續 3 天我們都忙於接待來自世界各個國家的代表們，雖然很累，但很滿足，有一種勝利的自豪感。偉大的詩人杜甫說：「每逢佳節倍思親」（誤記，當是王維的詩句——作者注），在這些激動人心的日夜，我一直在想：「要是我們能在一起在毛主席身邊和觀看節日的煙火，那該有多好呀！」1969 年 10 月 5 日。

這張刻有時代印記的賀年片，至今我還保存著。

大約是10月下旬，我回到了學校，讓我驚奇的是他正在看英文故事書。本來我們到三年級的時候要開第二外語的，但因為「文革」，課都停三年了，還談什麼第二外語！不知為什麼，他這時卻想起了學英語。中學時他其實學的就是英語，所以有基礎，很快就能看英文原著的小冊子了；而當時我對英語的認識，僅僅是字母而已。

他說：「英語比俄語簡單，你一學就會了。」為了鼓勵我也自學一下英語，他把英文字母用俄語發音對照，用打字機打出送給了我，還送給我一本英文小書《愛麗絲奇遇記》，希望我能很快看明白。誰知在校以後幾個月的日子裡，是整天的鬥私批修、大批判，不可能有學習的機會了。所以書和材料，我至今還珍藏著，就算留作對朋友的一份紀念，但英語對我而言，始終是一輩子的憾事！

1970年3月，我們這些「文革」時代的最後一批大學生，終於「畢業」了。我因為是「黑五類」子女，被分配到山東一個軍方農場，勞動改造了將近兩年，而後又被扔到山東最貧困的一個地方，當了一名農村教師，在煤油燈的陪伴下，又打發了將近9年的青春時光；陳惠民作為「白專典型」（只搞專業，不問政治），也被流放到浙江麗水的一個山村學校去了。那裡交通不便，畬漢雜居，畬族同胞還沒有自己的文字。用文人的眼光看，當屬地道的蠻荒之地。

他給我寫信說，他一個人教了兩三門課和好幾個年級的學生。後來當地好像是發現了他這個「人才」，就把他調出小山村，到了中學，當了一名高中數學老師。恢復高考後，有一次他給我來信說，他對自己的數學成就非常自豪，連數學系本科畢業的教師都會向他求教問題。上世紀90年代末，當我基本完成了我的著作《客觀效用價值論》，但需要建立起一個數學交換模型的時候，就想深入瞭解一下哥德巴赫猜想，寫信向他請教。他詳細地給我解說了這個問題的來龍去脈、解決它的難點所在，以及研究這個問題有什麼現實意義等等。從這裡我真的看到了一個數學家陳惠民。

後來，有那麼一段時間，知識分子忽然被重視起來了，陳惠民被調到雲和縣圖書館，後又被任命為圖書館館長、縣政協成員。一生愛書如痴的他，終於找到了自己的人生表演舞台。我的三卷本《客觀效用價值論》陸續出版後，他讓我給他寄去，作為圖書館的藏書。我沒有司馬遷將其著作藏之名山、以圖流傳萬世的自信。但在他那個山清水秀的風水之地，能給我的著作留出一個小角落容身，也算得其所哉了。幸福之中，依然留有遺憾。我給他寫詩道：

盜得天上曲，奏與人間聞。

不見鐘子期，寂寞撫瑤琴。

2007年，陳惠民把他以前的文章、著作集合成一本文集，叫《帶蜜的山花》，請我們的老師萬寧先生作序，我則給他寫了篇後記。

萬寧先生寫道：「俄羅斯文學史上，最催人淚下的一幕，是十二月黨人的妻子們——貴婦名媛送別甚至陪同丈夫慷慨奔赴西伯利亞流放，香消玉殞，變成了風雪掩埋的風流。我那可憐的學生，沒有父母相送，沒有姐妹相送，連一個女友也沒有。我只能用眼睛送別他，只能用心靈送別他。橫掃一切的暴風雪沒有放過這樣一個僅僅是愛讀書的學生。當微軟在比爾蓋茲腹中躁動的時候，當阿姆斯特登月散步的時候，我的大批同事和學生作為右派分子、反動學生和黑五類子女，踏上悲愴的流放苦途。」

「艱難困苦，玉汝於成。」不曾想，在那偏遠的流放地，陳惠民竟能利用圖書館作為舞台，上演了一出有聲有色的人生大劇。他採集民風，調查古蹟，整理畬民史話，為雲和的文化旅遊篳路藍縷；他用自己純熟的數學知識，和企業家合作，設計、推動雲和的木製玩具業走向世界，使之成為了當地的支柱產業，竟然吸引了中央電視台去給他們做了專題節目；他用超前的大視野，提出城市規劃必須以文化為靈魂，擯棄「千城一面」的發展思維，幫助雲和走出了一條具有獨特個性的城市發展道路。

在一般人的眼裡，圖書館的作用就是買書、藏書、借書而已，但是陳惠民卻結合社會經濟文化發展，為圖書館創造出許多新的功能：組織群眾開展各類文藝活動，參與社會各類評獎活動，舉辦各種會展，拍攝影視作品，開

辦講座，為鼓勵社會讀書而設立「愛才獎」，等等，一句話，凡是社會精神層面的活動，幾乎都有雲和圖書館的參與身影。正因為這些事跡，這個遠離浙江經濟發達地區的縣級圖書館，被國家評為一級圖書館，雲和也慷慨地以「特殊貢獻人才」的稱號，褒獎了這位北大學子。每年縣裡舉辦兩場春節招待會，縣委書記和縣長旁邊的座位，都是留給他的。

對此，萬寧教授動情而又富於哲理地總結說：「本書作者（陳惠民）逐漸認識到，命運安排他在中國一縣，做了一場有意義的實驗，用一生的探索，映畫出一點點生命的綺彩。北大以國寶級大師為榮，其學子多數身居高端；偶然的原因，一枚種子飄落到中國草根階層，營造出一派平淡中的絢爛。絢爛之極的平淡，也算是一個稀罕的傳奇故事吧。教師總是教導學生，要從小設計好人生。但事實是，很少有人能按照既定的設計程序演繹人生的。人生充滿戲劇變數，算命卜卦均不會導出精確的路徑。教育的要旨在於：熱愛人類文化，培育創新氣質——這就是教育的全部真諦和祕笈。僅此，人生也罷，民族也罷，無論摸到怎樣的一副壞牌，都能贏得一個較好的結果。這就是本書作者的戲劇命運，給予我們的深刻啟示。」

⊙ 2014 年秋於國家歷史博物館，從左至右：戚德平、鄭克中、陳惠民

今年 10 月初，北京姚秋根來電話，說要攜夫人回上海探訪故舊，還打算到浙江去看望陳惠民，問我能否同行。當時我恰好有事，脫不開身，只是讓他轉達我的問候。可能就在姚秋根回到北京不久，陳惠民就給我來了電話，說要寄一床被子來。看來被子的事一直藏在他心中，幾十年了，還念念不忘。他執意要寄來，還說什麼對不起。我知道，這是當我們都正走向暮年，他又

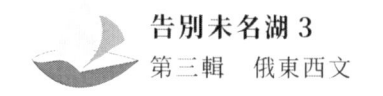

一次想給我留一個念想,留一個見證我們友誼的物件。他其實可能還想說:你為什麼不來看看我呢?

確實,我們天各一方,已經快半個世紀沒有見面了。在今天,任何為自己開脫的理由都不是理由。我應該盡快地去看望他。

由於用眼過度,他雙眼已近乎失明,但仍然還堅持工作,在電腦裡安裝了一套文字語音轉換系統,依然用電腦寫文章、繪圖,繼續為雲和的建設發展貢獻著自己的才智。他有一雙兒女,非常優秀,兒子在上海,女兒在美國,各自都事業有成。這無疑都繼承了他們夫婦的優秀基因。

我常想:上帝或許也有失誤,但基本是公平的。

鄭克中,1944年生於北京懷柔,後到張家口市入學讀書。1964年畢業於張家口市第一中學,旋入北京大學俄語系。1970年畢業,被分配到山東濟南軍區後勤部農場勞動鍛鍊。1972年再次被分配到惠民縣一農村中學。1980年考入山東社會科學院經濟所研究經濟理論。1988-1989年赴蘇聯莫斯科大學經濟系進修。主要學術著作有:《客觀效用價值論——重構經濟學理論微觀基礎》三冊、《論紙幣》等,對現存經濟學理論提出挑戰,得到了社會的認同和高度評價。退休後仍然筆耕不輟,建有自己的部落格,發表理論文章百餘篇,有較大的社會影響。

職業生涯的「始發站」

——在錦州實驗中學教書

馬成三

「非典型」的「老五屆」

本人 1964 年入北大東語系，1970 年 3 月分配離校，屬於「老五屆」。但是與高放教授概括的「五子」——「文革」前的「驕子」、「文革」中的「棍子」、被發配後的「棄子」、改革開放後的「才子」、退休後的「赤子」——之說相對照，本人好像屬於「非典型」的「老五屆」。

因為「文革」中基本屬於逍遙派，我自覺夠不上「棍子」。根據「四個面向」（面向農村、面向工礦、面向邊疆、面向基層）原則分配到地方，不到三年就返京歸隊了。分配地是遼寧省錦州市，工作是中學教師，從縱向與橫向比較看，可能也算不上發配。與季羨林、金克木合稱為「燕園三老」的散文家張中行（1909-2006 年），當年從北大中文系畢業後就曾到天津和保定當過中學教師，張老先生自己承認，謀得這個職位還是靠了「關係」的。何況錦州是我的出生地，蘇東坡有詩曰「樂莫樂於還故鄉」啊。

但實際上，我分配到錦州之後，心情的平靜很短暫，不久就陷入迷茫，時常有一種莫名的失落感。究其原因，可能因為上的是北大，自然「志存高遠」，念的又是外語（日語），有個學以致用的問題。因此在 1972 年底接到外貿部的調令時，心情酷似 1964 年夏接到北大的錄取通知書，重返京城後不由產生「春風得意馬蹄疾，一日看盡長安花」的感覺。

離開錦州後，本人一直在研究機構和大學工作，兩者都離不開寫東西。從上個世紀 90 年代初期起，主要使用日文發表文章和出版書籍。按照日本的習慣，出書時必須寫上作者簡歷，但是在迄今出版的十餘本日文書的作者簡歷中，在錦州市教中學的經歷一次也沒有寫進去。本人曾經寫上過，但是被編輯以篇幅有限、與專業無關為由省略掉了。

本人在錦州教中學的時間為 2 年 10 個月，在 47 年的職業生涯中只占 1/16。但是，那裡是本人職業生涯的「始發站」，許多情景記憶猶新。而且「始發站」的工作在性質上與「終點站」是一樣的，都是在學校教書。本人在《告別未名湖》中最想說的，就是始終沒能寫入作者簡歷的、在錦州實驗中學教書的經歷。

走出燕園的「第一課」

1970 年 3 月，我們「超期服役」半年多終於分配工作了。根據「四個面向」的分配方針，我被分配到遼寧省錦州市。分回遼寧，除了本人是遼寧出身以外，還與毛遠新主政遼寧密切相關。由於「停課鬧革命」和大學停止招生，加之大批教師被打成「牛鬼蛇神」，當時全國各地中小學普遍教師不足。

遼寧主管教育的省「文革」副主任（副省長），是大名鼎鼎的毛遠新。據說因毛遠新的力量，一下子有 500 多名北大學子（這肯定是空前的，也很可能是絕後的）分配到遼寧以解教師不足的燃眉之急。

1970 年 3 月 19 日早晨，滿載北大學子的火車從北京火車站出發，向祖國的東北方向駛去。由於人數多，學校為我們包了幾節車廂，這幾節車箱成了北大學生的專車。1970 年是十年動亂開始後的第五個年頭，「以階級鬥爭為綱」的氣氛依然籠罩整個中國，火車車廂當然也不例外。離校前的北大是軍宣隊掌權，火車車廂也有士兵頻繁巡邏，高度警惕星星點點的「敵情」。

離開越來越無聊的北大校園生活，我們終於要走上社會了。不知是出於解脫感，還是出於對新生活的憧憬，車廂裡的氣氛很輕鬆，有人談笑，有人看書。不料巡邏的士兵把眼光盯在一個同學看的《紅樓夢》上了，他不容分說地從同學手上奪過《紅樓夢》要沒收，聲稱《紅樓夢》是毛澤東批判的大毒草。

經過大批判的鍛鍊又通曉「最高指示」的北大學生立刻批駁說：毛澤東批判的不是《紅樓夢》，而是俞平伯的《紅樓夢研究》；毛澤東稱讚《紅樓夢》是本好書，說他至少讀了五遍，並且號召廣大幹部讀《紅樓夢》，要把它當歷史來讀。

那個士兵肯定沒有聽過《紅樓夢》是好書的「最高指示」，可能根本搞不懂《紅樓夢》與《紅樓夢研究》的區別，於是一個勁地批判北大學生「造謠」。北大學生則批判那個士兵「篡改最高指示」，一時把那個士兵弄得挺狼狽。後來來了一個長官模樣的軍人，表示小兵學習不夠，請求大家諒解，這場爭論才算平息。

但是，大家都心知肚明，這次「獲勝」並不僅僅因為有理，更重要的是因為人多勢眾；今後大家分散到不同單位，後果可能不堪設想。因為那時的中國到處殺氣騰騰，黑白顛倒、指鹿為馬的現象比比皆是，哪有「秀才遇到兵有理說不清」那樣簡單。火車上的這一小插曲，可以說是我們走出燕園、邁向社會的「第一課」。

背誦毛澤東語錄維持課堂秩序

當時分配到錦州的有 10 名北大畢業生，分別來自東、西、俄三個外語系。我們乘同一趟火車到達錦州（下車之前只與東語系的同學相識），報到時市教育口的負責人特意告訴我們，農村學校非常需要教師，並要求我們服從分配。

錦州屬於地區級市，除了市區以外還下轄幾個縣。聽了市教育口負責人的一番話，大家預感到很可能要去農村學校，有人開始祈願能夠分配到有澡堂子的縣城或者鎮中學，結果全部留在市區，這一分配結果真是令人大喜過望。

我們班三個人，分別被分配在位於市中心的實驗中學和錦州中學，其中我去的實驗中學緊鄰市政府，是始建於 1936 年的老校（前身是日本女子高等學校），在錦州市有相當的知名度，學生中有不少當地黨政軍主管的子女。

但是，當我帶著幾分期待走向人生第一個工作崗位時，也遇到許多意想不到的事情。報到的那天，看到許多學生拿著椅子走在路上，我很是疑惑。問學生為什麼拿椅子？學生答曰：因為學農要離校一個星期，老師怕椅子丟失，要求學生把自己的椅子拿到家裡。我當時心裡想，幸虧沒有要求把桌子拿回家，否則學生們，特別是女同學就苦了。

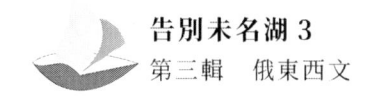

當時實驗中學為初高中四年一貫制，我一進校就擔任二年級的班導。無論是上課，還是管學生，對我來說都是挑戰。那時整個中國社會「讀書無用論」盛行，有不少學生（特別是男生）不愛讀書，課堂秩序混亂，教師在講台上講，學生在底下嘰嘰喳喳。

本人當時發明一個對付的辦法，就是高聲背誦毛澤東語錄：「加強紀律性，革命無不勝。」一遍不行背兩遍，兩遍不行背三遍。高聲背誦三遍「加強紀律性，革命無不勝」後，課堂可以安靜幾分鐘。嘰嘰喳喳到一定程度後，再次背誦語錄，一堂課常常如此反覆多次。

為了引導學生愛學習，本人在課堂上反覆批判「讀書無用論」。有的學生反問：「老師您在北大是學習日語的，不是也沒有用上嗎？」於是本人大講特講「寧可學了沒用，也不能讓國家用時無人」的道理。最有說服力的，可能是我被外貿部調回北京的這一事實。遺憾的是，那時距他們畢業離校已經只有半年了。

另一件令我感到震驚的，是與一個男生的對話。那個學生是工人子弟，他談起小學時鬥老師的種種招法，神情洋洋自得。他告訴我，他們幾個男生曾經讓老師脫光上衣趴在地上，學生踏在老師的背上行走，感到非常好玩。這一代人已經到了當爺爺的年紀，不知道他們怎樣對子孫講這一段歷史。

第一次見識「不正之風」

當時根據毛澤東「工人宣傳隊要在學校長期留下來，參加學校中全部鬥、批、改任務，並且永遠領導學校」的指示，全國大中學校都派有工宣隊（工人毛澤東思想宣傳隊）或軍宣隊領導學校。錦州實驗中學的工宣隊是由錦州紡織廠派來的，工宣隊不但擔任校級主管，年級的領導層（年級組長稱為連指導員）裡也有工宣隊參加。學校的第一把手──黨支部書記不是工廠派來的，但是由於工宣隊的人數多，權力相當大。

可能與工宣隊來自紡織廠有關，不少學生是紡織廠職工的子弟。三年級後半期，上邊開始陸續調學生到工廠或中專學校學習。按照當時的政策，學

生畢業後原則上都要上山下鄉，因此進工廠或上中專，是一般學生求之不得的。由於名額有限，競爭很是激烈。

我們班第一次得到的招工名額，由我與班幹部商量，給了一個學習認真、家庭生活困難的女同學。第二次機會是上中專，名額最初為三名。當時工宣隊的一位師傅找到我，問××同學（紡織廠職工的子弟）能否去得上，我回答說：我們班採取由學生投票互選的方式，推選結果不好預測。工宣隊師傅說，如果再給你們班兩個名額，××同學被選上的可能性如何？我表示感謝增加我們班的名額，但是仍然不能保證××同學一定能被選上，同時誠懇邀請工宣隊師傅屆時到現場指導。

投票推選的那一天，我特意等工宣隊師傅進教室落座後才作動員講話，然後進行投票。這樣做，是怕被懷疑動員講話有偏向誤導學生。在動員講話中，我多處引用毛澤東語錄，強調德智體全面發展的原則。選舉結果，那個紡織廠職工的子弟沒有獲得提名，工宣隊師傅悻悻地離開了教室。

「文革」期間雖然怪象叢生，但是公然以權謀私的現象好像還非常少見，人們的思想也比較簡單。工作分配時，上邊說是工作需要、組織決定，一般人不會懷疑有什麼貓膩。對於剛剛走上社會的年輕人來說，更不會想得很多。這次推選過程，讓我平生第一次見識了「不正之風」。透過這件事情，我領教了社會上的事情（當時還沒有「中國的事情」這一概念）還可以這樣辦。

學生其實很可愛

一些學生不愛學習，曾經令我感到頭疼，但是細想起來，淘氣的學生其實有許多可愛之處，有些事情令我很感動。

學校每年要組織學生學農和學工，其中學農要離開市區去農村，一般需要幾天時間。學農和學工期間都要有老師帶隊，學工地點在本市，由班導帶隊；學農要離開市區，有的班導是有小孩的女教師，帶隊的任務往往要交給我這樣的單身漢了。

有一次我帶外班的學生去義縣農村學農，第一天晚上就有女學生氣喘吁吁地跑來報告：男生與義縣當地學生打群架了。我匆忙趕到現場，看見雙方

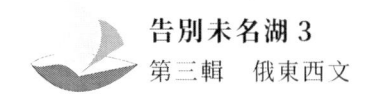

戰鬥正酣，雖然沒有達到頭破血流的地步，有幾個已經鼻青臉腫了。對方學生看見老師來了，如鳥獸散，我校的學生則站在那裡老老實實地聽我訓斥。

據學生交代，白天「行軍」時雙方隊伍發生摩擦，約定晚上對陣。我看著學生低頭認罪、老實交代的樣子，想到他們方才是那麼勇猛，若與我對陣，肯定個個是強手。他們之所以在我面前突然變成小綿羊，是因為他們把我看作老師啊。

男生有人吸煙，本人經常查煙，每到新學期開始更是要重點檢查。有一個男生平時經常吸煙，屬於重點檢查對象。新學期開學第一天，我首先看他的手，然後查書包，最後讓他掏空口袋。檢查結果證明學生清白，但他只是委屈地說：「我說沒有煙，老師就是不相信。」

事後想起來，檢查書包和口袋，有點「侵犯人權」之嫌，學生竟然不惱怒，足見心中尚存尊師之情。我曾經家訪過他的母親，給我留下的印象也非常深刻。她承認給兒子買過煙，她的苦衷是：「他已經上癮了，我不給他買，他就要自己弄錢去，要是偷別人的，那就作大孽了。」

那時當教師，管理學生好像比備課上課還消耗精力，而管理學生必須靠學生幹部。進入三年級後半期，學生幹部一批一批地被選走，教師的負擔大增。一個老教師好心地對我說：「不能把學生骨幹都放走啊，否則班級就亂了。」我感謝她的忠告，但是心裡已經打定主意：「好學生能走的都讓他們（她們）走。」對於教師來說，難過的日子是一時的；對於他們來說，失去機會，可能影響一輩子。

⊙ 2011 年 8 月回錦州時與當年的學生歡聚（右二為作者）

⊙ 2007 年 3 月，在靜岡文化藝術大學的畢業典禮上與日本學生合影

離開錦州以後，我與學生（主要是當時的學生骨幹）見過兩三次面，聽他們（她們）的回憶，感到教師的言行對學生的影響真不小。學生中有人當上了公務員或者企業的管理人員，有人發了小財。總體來說，當時比較優秀的學生，後來的發展也要好一些。

馬成三，1945 年生於遼寧省錦州市，1964 年入北大東語系日語專業。1970 年 3 月離校分配到遼寧省錦州市當中學語文教師。1973 年初進外貿部，在該部國際貿易研究所（現商務部國際貿易經濟合作研究院）從事日本經濟貿易、中日經濟貿易關係與中國的對外經濟關係問題研究。1978—1982 年曾在中國駐日大使館商務處工作。

歷任外貿部國際貿易研究所研究員、日本富士綜合研究所主席研究員、日本靜岡文化藝術大學教授等，現為日本福山大學經濟學部教授（2016 年 3 月底退休）、靜岡文化藝術大學名譽教授、中國國際貿易學會理事。

主要著作有《日本對外貿易概論》以及《現代中國對外經濟關係》（日文著作，下同）、《中國對外開放的發展》、《中國經濟的國際化》、《對華投資企業的勞動問題》、《圖說中國經濟》等。

我在攀枝花和 011 基地

楊萬樹

1965 年，我有幸考入北京大學俄羅斯語言文學系，距今已過 50 週年。50 年，半個世紀，人類歷史長河中的瞬間，但對於一個人，卻是最為寶貴的

告別未名湖 3

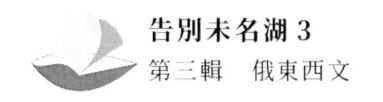

第三輯　俄東西文

大半生！我們已經從一個活蹦亂跳，朝氣勃勃的青年邁進了老年，人生短暫啊！離開北大，告別未名湖，年華遠逝，可閉眼沉思，回想當年情景，又好像還是昨天！想在如煙的往事中，裁剪一些當年片段，織成文字，留作紀念，又實屬不易！

　　1970年3月，北大、清華兩校畢業生，提前幾個月作為試點分配。分配政策是「四個面向」（工礦、農村、邊疆、基層），不考慮學以致用。我的分配通知書是：「到四川省渡口市（今攀枝花市）畢業生分配辦報到，先到成都集合。」到了成都後我才知道，北大、清華各有20多個畢業生分配到攀枝花，北大有西語系、東語系、俄語系、經濟系、哲學系、國際政治系、無線電系、技術物理系的同學，清華有工程物理系、土木工程建築系等專業的學生。

　　當時，成都到攀枝花還未通火車，成昆鐵路正在修建，所以這一路行程，要靠汽車在連綿群山中顛簸5天！我們艱難的歷程就這樣開始了。北大、清華的同學各坐一輛大卡車。行李就是座位。我們這輛車的司機是個因車禍有命案在身、正在監外執行、待立功贖罪的年輕犯人（這是我們一路和司機聊天後才得知的）。

　　一路上，大家的心都懸在半空。副駕駛座上有一位男生（記得是經濟系的蔡華江），一路給他倒水、點煙，甚至到路邊甘蔗地裡找人家收割剩下的甘蔗梢子給他解渴。總之，要讓他感到我們是尊重他的，我們是命運共同體，我們要一起安全到達目的地！這群「文革」前的「天之驕子」，「文革」後的「臭老九」，對自己的社會地位，開始無所謂了。前途未卜，路在何方，一片茫然。

　　但我們畢竟是受過高等教育的熱血青年，一路所見情景，真能感天動地。汽車每到一地，大家都會很虔誠地尋找烈士墓，採一把野花，祭奠那些為正在修建的成昆鐵路而犧牲的無數鐵道兵和民工。他們都很年輕，十八九歲，一個個鮮活的生命，就這樣長眠在這茫茫的荒野。從成都到攀枝花，一路上有多少這樣的烈士墓，已經記不清了。

我暈車，吐得翻腸倒肚，有時黃膽都吐出來，非常痛苦。但看到這些長眠在這裡的年輕生命，崇敬之情油然而生。在一般人眼裡，他們是普通士兵，普通工人，可在他們各自母親的心中，卻是整個世界！他們已經為國捐軀，而我們還活著，活著的人必須前行！

⊙ 1967 年與俄語系好友在人民大會堂前合影

到達攀枝花後，各連隊派馬車來接，我被分配到成都支援攀枝花建設的市建二公司四連，編號 10-2-4，跟我分到一個連隊的有北大東語系蒙古語專業的鄧佑宗和清華土建系的華鐵平。西語系的王棟華被分到另一個連隊，這個連只有她一個學生，那才真叫孤獨呢！為了驅趕寂寞，她在自己的工棚裡養了只小雞，每天下工回來，那只小雞就腳跟腳地不離她，唧唧唧叫個不停，像是向她訴說寂寞。王棟華像和孩子對話一樣跟它嘮叨，煞是熱鬧！這只小雞就這樣被她養大了，成了她宿舍的一道風景，一個明星！也成了同學們後來逗樂的一段笑話！我們連隊有三個大學生，相對熱鬧一點。大家可以在一起交流，切磋，遇事有個商量。

攀枝花地處川西大峽谷，屬於高山峽谷型亞熱帶氣候。這裡礦產資源極為豐富，具備建設一個鋼鐵基地所需的全部自然資源，尤其是釩鈦磁鐵礦，儲量更是驚人，據說兩代人也採不完！真是老天爺賜給的一個「聚寶盆」。國家搞三線建設，這裡是重要戰略基地之一。幾十萬人在這裡大會戰，地區偏僻，常常方圓幾百里見不到人煙；交通不便，愚昧落後，近血緣通婚嚴重，造成人口素質低下，想在一個村子找一個趕馬車的壯勞力都難。

幾十萬人的大會戰，碰到的最大困難是生活物資難以保障，尤其是蔬菜。因氣候炎熱，運到那裡的蔬菜常常在路上爛掉。白天在烈日下露天作業（溫度計在太陽下可以升到攝氏 50 度以上），揮汗如雨，體力消耗巨大，吃的卻只有粉絲、乾菜和鹹肉。時間長了，我的眼睛長了不少麥粒腫，此起彼伏，連綿不斷！去醫院看，醫生就給你割一刀，可憐我的眼皮呀，被拉過好幾刀！當時在攀枝花，如果能買到當地居民自產的木瓜，就算是運氣了！我第一次見到木瓜就在攀枝花，雖然覺得藥味很濃，但由於長期缺乏蔬菜水果，那藥味也是終生難忘的香味了！幾十年過去了，至今我還記得第一次吃的那個大木瓜的形狀。

在北大，工宣隊，軍宣隊把我們掃地出門；在社會，「臭知識分子」已是臭氣沖天；但在攀枝花，在勞動大軍中，我們並沒有被歧視。工人們待我們很好，手把手地教我們幹活，連裡的主管不時還會安慰我們幾句：放心吧，國家不會忘了你們的！耐心等待，總有你們的用武之地！當時，我們幹的是既沒技術含量，又是最髒最累的「普工」，如裝車、卸車，給砌牆的泥瓦工供應磚瓦沙石。

由於任務緊急，加班加點是常事。做完 8 小時，再加班 4 小時，一做就是 12 小時。沒做多久，我已經敢和那些男勞力比賽了。一堆磚，從一樓拋到二樓，看誰又快又準，最先拋完！由於過度疲勞，我常在休息的間隙，哪怕渾身都泡在汗水裡，只要能躺在一塊二三十公分寬的木板上，就會立即進入夢鄉！

工人們常年野外作業，生活枯燥，特別愛講笑話，開玩笑，自娛自樂。我向他們學習了樂觀面對生活的情懷。建築工人都是流動作業，居無定所，房子是給別人修的，廠房是給他人蓋的，而自己，修好了就得搬家，而且都是住工棚。他們常說：最大的願望就是能過定居生活，能有一處房子是自己的！那時候，攀枝花是實行「先生產，後生活」政策，幾十萬人不帶家屬，都是單身，我所在連隊工人們的家都在成都。有些老工人常年在外，孩子疏於管教，也有變壞的。休息的時候，我最多的工作是給這些文化較低的老工

人寫家信，幫助他們安慰家人，教育孩子。可以說我是苦口婆心，認真而真誠！

體力之苦，算不了什麼，最大的心事是這輩子到底幹什麼？總不能一輩子都當普工吧！我們深深感到學習專業知識的黃金時代已被耽誤，時間已經流失了。心中的失落和疼痛無以言表……

1973年8月，我被分配到攀枝花鋼鐵研究院情報室工作。1975年底，為解決夫妻兩地分居的困難，我離開了攀枝花鋼鐵研究院，調到航空工業部貴州省011基地科技情報所工作。

011基地，是對外的名稱代號，信箱也是代號，沒有具體單位名稱，是個神祕的地方。如今，那一層神祕的面紗早已蕩然無存。011基地是一個完整配套的戰鬥機設計、生產、試飛，最後交付空軍部隊使用的大基地。分布極為分散，兩個設計所和35個生產廠散落在8個縣、2個市，方圓720平方公里範圍內，工人和工程技術人員共有67000人。011基地科技情報所是基地直屬的獨立單位，它的任務是為全基地科學研究生產提供科技情報服務。

我是學外語的，在技術知識高度密集的國防科技產業面前，完全是個外行。可是在這樣的單位，偏偏要求你去協助解決內行人遇到的難題，要求我提供各專業出現的新產品、新技術、新工藝、新材料的情報。

011基地，是知識的搖籃，各級主管對自己隊伍業務能力的提高，幾乎是不惜代價的。

我剛調來4個月，安頓好孩子，就立即被送到北京航空學院（現北京航空航天大學）英語培訓班學習。為了廣泛蒐集情報資料的需要，我還參加了日語速成培訓班，挺有成效。聽、說的能力如何沒關係，只要能看懂，就能解決日文資料的鑒別和利用了。航空科技知識，我是從航空院校學生學的「航空概論」開始的，同時根據承擔課題的具體專業，缺什麼補什麼。

儘管年齡逐年增大，儘管有家務和孩子的拖累，儘管身體大不如前，為了三線生產的戰鬥機能夠保衛祖國領空的安寧，一切付出都是值得的。自從來到011基地科技情報所，我承擔的課題任務一個接著一個，從來沒有閒過，

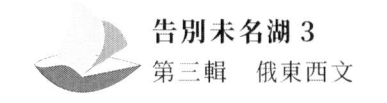

真是一種高強度勞動,多少時間都不夠用。圖書館和閱覽室像磁鐵一樣吸引著我,那裡成為我重要的工作場所。

我還是北京國防科技情報所、中國科技情報所、國家專利局的常客。我4歲的兒子和這些單位年輕的管理人員也成了好朋友。他和一些大哥哥、大姐姐有個約定:高層來檢查工作時,讓他躺在書架底層絕不出聲,高層走了再出來玩。有一次我把他放在值班室,托門衛大哥哥看著,結果,查完資料出來,孩子不見了,急得我一身冷汗。

正在焦急尋找時,他卻很高興地回來了,原來是這些大哥哥帶他開車去火車站運圖書資料去了。我有兩個孩子,姐姐比弟弟大6歲,那時女兒已上小學。我先生當時已是011基地科技情報所的所長,工作擔子很重,他負責照顧上學的女兒,也算是盡力了,兒子只能由我隨身帶。

上個世紀80年代,查找課題資料都是手工的,研究員必須充分理解課題的技術內涵,必須有外文的瀏覽閱讀能力,還必須具備圖書館學的基本知識,會利用各類中外文檢索工具書。否則,大海撈針,什麼也得不到。

在011基地科技情報所工作15年,有2個課題讓我終生難忘。第一個課題是航空發動機渦噴-7乙型單台壽命由100小時延長至200小時,全加力推力由6100公斤增加到7200公斤。完成任務的期限要求是一年。設計和工程技術人員組成攻關小組,日夜奮戰,但台架試車中發現發動機燃油泵和液壓泵不過關。總任務按時完成有困難。如果對兩泵的冶金和工藝標準進行調整並通過試驗,那將是遙遙無期。

基地科技處趙秉維處長要求情報所配合攻關,並指定我去配合。真是老天相助,我居然在北京國防科技情報所找到了當時蘇聯相同推力的航空發動機燃油泵和液壓泵的冶金工藝參數。資料經科技處推薦,發動機廠攻關小組採納,結果不到一年時間,發動機順利通過了200小時試車考驗。及時滿足了空軍要求和出口需要,為國家創匯數億美元。發動機能延壽到200小時,這是個重大突破,當年就獲得航空工業部科技成果二等獎。

參加攻關的人員很多，上級只允許上報不超過 5 名的獲獎者，我有幸成了獲獎者之一。獎勵是精神上的，雖然得到的只是一張航空工業部頒發的獎狀，但證明的是：我和攻關組並肩戰鬥，我也是他們當中的一員。同時也證明：科技情報是無價之寶。有人說過，獲得準確的情報，就像站在巨人的肩上，比巨人更高、看得更遠。

　　第二個比較成功的是一個民用課題。記得有一次，安順地區科委召開技術情報交流座談會，我參加了這次會議。科委希望我們軍工基地能為地方提供一種叫靜態爆破劑的技術服務。當地貴重石材儲量豐富，民工們要麼用炸藥爆破，廢料很多，浪費很大；要麼是人工開採，勞動強度很大，效率很低。這類民用課題，我只能在蒐集軍用課題資料時，捎帶蒐集。

　　中國和日、英、美以及蘇聯都有靜態膨脹劑的相關資料。資料翻譯分析後，我開始做實驗，調好各種不同配比的膨脹劑，裝進家用的石臼或其他容器。最初，陽台就是我的實驗室，半夜醒來都要去看一看動靜。

　　慢慢再移到山上試驗。經過無數次試驗對比後，我優選了一個最廉價、最簡單易行的配方，經過貴陽採石場、黔東南採石場現場實驗，最後透過地區科委現場技術鑑定，確認了這一研究、實驗成果，為地方開採大理石、花崗岩、玉石等貴重石材提供了一種安全簡便的方法和材料。小課題、大貢獻，這就是科技情報的威力。情報也就是現在的訊息，選準了，選精了，工作成功的捷徑就出來了。這項技術成果後來還被我所在單位有償轉讓了。

⊙楊萬樹　2014年攝於廣州

我在貴州三線軍工基地幹了15年，是終生難忘的15年。工作環境是「散、山、洞」，700多平方公里內都是工作現場。去黔西、大方（畢節市下屬的一個縣）的工廠，道路十分驚險，我都去過很多次。那裡是「天無三日晴，地無三尺平，人無三分銀」的地方。數以萬計的軍工人員，就生活戰鬥在那裡！

隨著世界國防科技的突飛猛進，海、陸、空、天一體戰系統的形成，「散、山、洞」的落後布局，早已不可持續。在國家的統一部署下，011基地也作了重大調整。

1988年，我妻子由貴州省政府外派到駐海南辦事處工作。1991年，我們再一次舉家搬遷，來到海南島。我在海南省外商投資服務中心工作10年後退休。

最後，謹以下面的小詩作為當年在三線工作的紀念：

難忘當年攀枝花，萬馬馳騁掘精華；

壯士血染荒野外，魂夢鋼材鐵臂抓。

黔路曲曲山重重，隊伍開進「散，山，洞」；

若問弱女因何故，笑指銀燕藍天中！

楊萬樹，女，1946年5月20日生人。1965年畢業於四川省自貢市旭川中學，同年考入北京大學俄羅斯語言文學系學習。1970年3月-1975年11月在攀枝花勞動鍛鍊並工作。1975年11月-1991年在航空工業部貴州管理局情報所工作。1991年獲航空航天工業部批准的航空科技情報高級職稱。1991年調海南省外商投資服務中心工作直至退休。

小小鋪路石

路世康

我於1965年9月考入北京大學東方語言文學系，被分配在朝鮮語專業班學習。在那個眾所周知的特殊年代，在燕園度過了將近5年的時光。1970年3月畢業，先後在營口、北京以及青島三地工作至今，已滿45年了。

這45年，我一直在基層從事中學教學、中小學教學研究及教學管理工作，沒能做出值得稱道的大事業，也沒有獲得世人矚目的高榮譽。但是，我像一塊小小的鋪路石，為許多學生及教學研究人員鋪設了多處通向成功的道路。

在這45年鋪路的風雨歷程中，我也取得了一些領先或具有一定首創意義的成績。今天回憶起來，古稀之年的我略感欣慰。我想：這或許正是北大人無論何時何地，身處何種境遇，都會不甘落後、奮發向上、自強不息的精神在我身上的一點體現吧！

用非所學，勇闖第一關

1970年3月17日，我帶著打翻五味瓶般的心情，告別了未名湖，默默地登上了開往大連的直快列車。次日，在大石橋火車站轉乘普通列車，一個多小時之後，到達我們的發配地遼寧省營口市。我們一行六人（都是北大東語系和西語系的校友），出站後問清地址，直奔市革委會報到。

先在市革委會招待所等候分配。人地兩生，更不知即將從事何種「革命工作」，每天除了吃飯、睡覺，就是在招待所周邊散散步。第五天，即我們永遠忘不了的1970年3月22日的下午，一位不知姓名的市革委會辦事員大

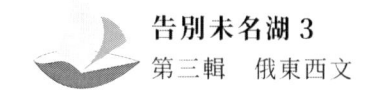

姐通知我們分配方案下來了，當即發給每人一張「介紹信」，特別強調限明天上午到學校報到。

我們六個人都是去中學當教師。我到營口造紙廠中學，離市中心最遠。那位大姐對我說：雖然遠點兒，但工廠的條件要比市屬中學好一些。我隨口道聲謝謝，也無心聽她解釋；只覺得可有工作了，像流浪者有了家一樣興奮。

第二天，我坐上頭班公交車去學校報到。報到時，接待的老師只問了願意教什麼課，之後就有駐校工宣隊一位師傅領我去工廠宿舍，安排了住處；又幫我買了飯票、菜票，要我下午到學校去。下午1點鐘，我徒步約20分鐘到了學校，以為學校會發課本，讓我備課。但是問起上午接待我們的那位老師，她說校「文革」還沒定呢，讓我們別著急。

接下來的一天我又到學校去，以為上課的事能定下來了。不料，學校主管安排一位工人師傅帶我和同來的另一位老師一起去工廠參觀。我們從製漿作業廠開始，直到選紙作業廠，參觀了整個生產流程。每到一處，都看到工人們在緊張地操作，很辛苦！

工作終於定下來了，叫我教一連兩個排（三排、七排）的語文課。工作定了，可實際問題來了：北大不是師範院校，我也不是學中文的，更沒有上崗前的實習，這語文課該怎麼教？我心中實在無數。先看教材。我該講《賣炭翁》的課文分析。我似乎本能地想起我的中學語文老師是怎樣教我們的，不自覺地進行模仿，我寫了個教案草稿，又反覆思索、修改，拿給一位語文老師看，實心實意地請他幫助；那位老師只略微看了看，就說了「挺好」兩個字。我想：可能因為我初來乍到，人家出於禮貌，不好說什麼。「醜媳婦總得見公婆」，還是靠自己吧。這天是週三，學校要求下週一接課，還有三四天時間，我不信備不好一節課。

於是，我反覆吟誦這首詩，回想起當初我的老師講課時，曾重點講過這首詩反映了詩人熱愛勞動人民的感情；當時正處在「文革」大講階級鬥爭的潮流中，我想應該講地主壓迫農民，得「突出政治」；還有，主人翁賣炭翁是勞動人民的化身，作品歌頌勞動人民的特點也得講。

經過反覆考慮，我從教生涯第一課的教案就確定了，共三個步驟：

（一）複習：

1. 板書生字、生詞，讓學生上黑板先注音，後朗讀；

2. 提問並解釋部分詩句的含義（為「作品分析」作鋪墊）。

（二）作品分析：以老師講為主，隨時提問學生。

1. 作品突出寫了階級鬥爭。

聯繫：不忘「以階級鬥爭為綱」；復課了，不忘「鬧革命」。

2. 作品歌頌了勞動。

聯繫：勞動光榮。勞動包括體力勞動和腦力勞動。學習就是一種腦力勞動，學生應當努力學習，「復課鬧革命」。

3. 作者熱愛勞動人民的高尚品格。

聯繫：向工人階級學習，向家長（大部分是工人）學習，「著重革命，促生產」；我們的「生產」就是學習，要好好學習，天天向上。

（三）布置作業：背誦課文，第二天檢查。

1. 課堂剩餘時間讓學生練習，並教學生背誦方法：先熟讀，明確意義，不要死記硬背；要幾句幾句地背，不要一下子背全詩。

2. 下課之前老師示範（一遍）。

1970年3月30日，我第一次登上講台，開始了我的杏壇生涯。

上課鈴響後，我走進一連七排的教室。一開始，還真有點兒緊張。我先板書，然後按點名冊叫學生上來板書。學生很聽話，我的心也放下來了，講課按原計劃（要講的都記住了，不用看教案）一步一步地實施。

我看看表，還差五分鐘下課，學生有點坐不住了，我學著當年老師常用的做法，拿起黑板擦敲敲講桌，還真管用，學生們立刻安靜下來，我做背誦示範。我按事先多次練習、自己感到滿意的語調、語速，從課文題目「賣炭翁」

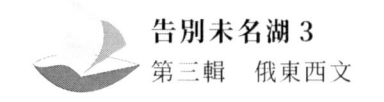

開始背誦，還沒背到一半，學生就熱烈地鼓起掌來。我停了一下，繼續背誦；剛背了兩句，又一陣掌聲。我又停了停，提高了嗓音，在學生的掌聲中堅持背完全詩，掌聲更熱烈了，連下課鈴響都沒有聽見。

第二天，我到三排去上課。這回心中有點數了，如法炮製。在示範背誦時，學生也高興地鼓掌，但總體感覺不如七排效果好。「一手有五指，不會一般齊。」我一面自我安慰，一面想找找原因。我自覺今天講得比昨天還熟練，教學效果怎麼不如昨天呢？百思不得其解，又不好意思問。當時就是這樣無知，連教學效果的個體差異性這樣的常識都不知道。

星期三沒有課，我繼續往下備課，主要是研究教材，寫教案。那時沒有教學參考書，更沒有與教材配套的練習冊，但也沒有主管檢查，一切由個人做主，能按照課程表去上課就 OK 了。

就這樣，每個班一週上課 6 節，第一週的教學就在匆忙之中過去了。我迎來了上班後的第一個星期日，休整一下，洗洗衣服，轉轉商店。踏上遼河之濱，總共還不過半個多月，我卻感覺像過了半年似的。

週一照常去上班。我剛推開辦公室的門，就聽見幾位老師正在談論什麼，我只聽清一句「震了」，不明其意。見我迷惑不解，蘇老師趕緊告訴我：「大夥正說您呢！剛才黃老師來了，說兩位帶排老師都向學校反映了，學生對新老師特別歡迎，說你的語文課講得真好，還要給學校兵團廣播站寫表揚信呢！」原來如此！我放心了，也第一次感受到成功的喜悅。

正式工作的第一週，除了備課、上課，別無他事。我留意同事們的談話，有時也問一問，旨在盡快瞭解有關情況。比如，剛才蘇老師說的「帶排老師」，我知道，就是班導。那時，學生「學軍」，學校仿照軍隊編制：造紙廠有三所學校，編為一個團，兩所小學分別為一營和三營，一所中學為二營；營下設連。

當時以連（相當於後來的年級組）為單位辦公，連長由教師擔任，指導員由駐校工宣隊擔任；當時營口實行的是九年一貫制，小學五年，中學四年。現在我任課的一連即中學一年級。每個教學班為一個排，班導就是排長，由

教師擔任；每個排還有兩個副排長，由學生選舉產生，男女生各一名。但「震了」，是什麼意思？看當時老師們的神態，似乎是褒不是貶，我沒好意思問。後來才知道：「震了」就是「震動」的意思，是誇有突出的成績，在群眾中引起了很大反響。

這樣，我參加工作的頭一個月，就算打響了第一炮，闖過了第一關。教了一個月的中學語文課，眾多學生的認可和天真活潑，給了我很大鼓舞和安慰，增強了我當好人民教師的信心。雖然遠離外語專業，用非所學，但眼前的工作我自以為還可以勝任，也初步感受到了工作的一些樂趣。

為用而學，功夫不負人

就在語文教學工作剛剛有點兒眉目的時候，1970年4月27日，我剛進辦公室，黃老師就來了，說主任找我。我立刻去了校革委會主任辦公室。鄭主任見到我，開門見山地說要調動我的工作。

原來是廠裡決定現任四連五排排長的李老師要走「五七道路」（即下鄉「勞動改造」），過了五一就得走；他教的工（業）基（礎）課由某政治教師接任，要我接原政治老師的課，並接任排長，下週一就正式交接。鄭主任還說：為了照顧我，這周的語文課就不用我上了。

上班剛剛一個月就要調整工作，這是我做夢也沒想到的。但是，在那個年代，沒有商量的餘地。我默默地回到辦公室，冷靜地想了又想，知道「知識分子」只能服從，別無選擇。離上新課只有一個禮拜的時間，我迅速排定了時間表：馬上去找李老師，瞭解班級學生情況；然後，去拜訪現在教四連政治課的老師，瞭解開課的內容和進度，並請教政治課的講法。

我從中學到大學都不大重視政治課，不像語文課，我一直喜歡，而且學的比較好，我的作文經常受到老師表揚，還常在學校板報上、班級牆報上刊登。讓我改教政治課，比教語文困難更大。怎麼辦？不接是不可能的。接，有兩種選擇：

一是應付，當時名曰「復課鬧革命」，實際上上課還是次要的，對上課沒有具體要求，能上課就行（但我認為早晚會不行）；

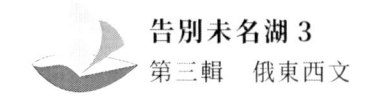

二是認真對待，從頭學起，邊學邊教。我選擇了後者。我知道這就等於選擇了自學。但我堅信知識和能力是後天習得的，我不信學不會，學不好。

當時三連、四連相當於高中，開設的政治課是政治經濟學常識和哲學常識，其中哲學常識我在讀高中時還學過一點兒，經濟學常識則根本沒學過。從次日起，我走上了艱苦的自學之路：跑書店，上圖書館，找同事，找老同學，借閱和購買（包括郵寄）關於馬克思主義哲學和政治經濟學的書籍，其中主要的有馬克思的《資本論》、艾思奇的《辯證唯物主義和歷史唯物主義》、上海師大編的《中國哲學史綱要》和恩格斯的《反杜林論》、季陶達的《英國古典政治經濟學》等。

每弄到一本書，我都如獲至寶，除了備課、上課，處理班級日常事務外，我的第一大事就是讀書，邊讀邊摘記要點，與教材關係密切的，還製成了卡片。除了讀與教學內容相關的書籍，我還向本校師範畢業的同事借閱教育學、心理學等方面的課本自學，一心一意，為用而學。我邊學邊教，努力做到上課、帶排（當班導）兩不誤。

1970年5月4日，我第一次講政治課，此後一直教政治課，直到現在。

1970年7月，我送走了第一個畢業班（僅當了兩個多月的班導）後，又被連續兩年安排在四連當副連長兼排長，每屆畢業時都是全校第一個落實分配方案（三分之一擇優留廠當工人，三分之二下鄉插隊）的排，成為學校唯一的連續順利送走三屆畢業生的「帶排」老師。

從1972年9月起，不讓我當班導了，先後把我調到學校團委任專職委員（書記由工宣隊擔任）、學校教改組（相當於教導處）任幹事和連長（其中有一年下設11個排，是本校有史以來最大的連），但一直兼著高中或國中的政治課，我已經把政教當作自己的專業了。

在忙忙碌碌之中，七年過去了。總的來看，還算順利。但是，我心中反覆想了無數次：難道中國的青年只要中學畢業就夠了嗎？如果是肯定的，那麼，中國什麼時候才能強大，才能立足於世界之林呢？就這麼受了九年教育，然後少數留廠當工人，多數下鄉參加農業勞動，總歸不是長久之計吧？

1977年秋季開學不久，收音機裡終於傳來了振奮人心的好消息：教育部開會了，決定恢復高考！1978年，中央又召開了全國科學大會，明確提出了「四個現代化的關鍵是科學技術的現代化」。這表明，國家要發展教育了，中國的教育終於走上了正軌，我們學校也按省市統一要求改為教研組制（我任政史組組長直到調離），書記、校長、教導主任、班導的稱謂都恢復了，市裡也成立了教育學院，加強師資培訓和教學研究，學校終於像個學校的樣子了！

　　教育的春天來到了，我感到就像撥開了萬里濃霧見到青天，心明了，眼亮了，渾身增添了無窮的力量。老師們也都幹勁十足，學生們的學習熱情空前高漲，家長們也都高興地說，這是他們的第二次解放。我至今還清楚地記得當時流行的兩句話：「粉碎四人幫，思想得解放」；「恢復了高考，學校上了正道。」

　　功夫不負有心人。1978年7月和12月，營口市教育學院對全市中學政治教師先後進行兩次業務知識考核（書面閉卷考試「辯證唯物主義常識」和「政治經濟學常識」），我分別以98分和96分（滿分均為100分）的成績奪得兩個第一名。

　　1978年夏季高考，我受營口市教育局的指派，去大連判卷（遼寧卷）。由於判卷高質高速，受到主持人的表揚。

　　1979年新年剛過，營口市教育學院建立了中學政治中心教研組，任命我為組長並聘為兼職教研員。

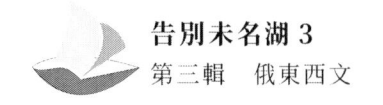

⊙ 1980 年營口市代表團全體代表合影，攝於丹東鴨綠江畔前排右一是路世康

1979 年 7 月，全市舉行政、語、數三學科第一次統一考試。我任政治課，並作考前輔導的學生孫艷取得全市個人總分第 1 名；同年 8 月，營口市舉行首次重點高中招生考試，我任課並作升學輔導的七年級學生政治學科考試總平均成績為 81.6 分，以 0.3 分之差位居全市第二名。

在 1979 年上、下學期的學前周，我曾應市教育學院之邀，為全市教政治課的教師作教材教法輔導。

1980 年 4 月，市教育學院安排我在本校上政治公開課，外省市代表 20 多人前來聽課，受到好評，是「文革」以後全市和本校規模最大的一次公開課。

1980 年 11 月，遼寧省中學政治課學會在丹東召開成立大會，營口市代表團共 6 人，我是營口市各中學的唯一代表。

1980 年 12 月，遼寧省營口市中學政治課教學研究會成立，我當選為理事；在會上的發言稿《我對備課的體會》，被選為大會交流材料。

1981 年 3 月和 4 月，我先後參與營口地區國中、高中政治學科教學和複習參考資料的編寫與審定工作，出版了《共產主義道德品質教育》和《中學政治複習參考資料》，共 15 萬字，是營口市恢復高考後的第一套中學教學輔助資料。

1971 年至 1980 年，我每年都被評為廠、校兩級先進工作者，是全廠「文革」後第一個加入中國共產黨的「老九」。

2001 年 8 月，應學生之邀，我專程去營口參加他們紀念高中畢業 30 週年的聚會。會上，只比我小 4 歲的一個學生朗誦了他寫的詩《贊鋪路石》。當他讀到：「你，堅硬、頑強；你，厚重、光亮，不論酷暑嚴寒，不懼風雨雪霜，哪裡需要哪裡搬，鋪在我們通往成功的大道上……」這時，我再也忍不住了，熱淚奪眶而出……

學用結合，更上一層樓

1981年1月，我利用寒假來北京看望岳母代我們照看的孩子。有一天，聽一位在大興縣（現為大興區）工作的老師說大興現在缺骨幹老師，北京市已同意從外地調人。我當時主要考慮到孩子的受教育問題，就寫了一份請調報告，附上了簡歷，交給了大興縣教育局。

沒想到，5月底北京就發來了商調函，通情達理的廠、校主管都同意了。1981年7月，我被調到北京市大興工作，安排在大興最早建校的采育中學。

在采育中學，我連續兩年擔任高中畢業年級的政治課，高考成績也有較大幅度的提高。我作為政治教研組組長，一改隨機聽課的傳統方法，開創了「全過程聽課」教研法；還首創了走出去，與兄弟學校交流的備課模式。

全組六個人，互幫互學，團結合作，多次被評為先進教研組。1982年我被評為校、鄉（現為采育鎮）兩級優秀黨員，大興縣「五講四美標兵」；1983年被評為北京市教育系統先進工作者。

1985年9月，我被調入大興縣教師進修學校。先當了兩年半專職中學政治課教研員，從1988年3月起，先後任中學教研部主任、副校長兼中學教研部主任和專職副校長，並一直兼做政治課教研員。

在這裡，年過不惑的我，以全縣最高分考入了北京教育學院政治教育函授班，在職學習，並以優秀的成績畢業，成為全縣第一個具有大學雙學歷的教師。

作為教研員，我特別注重把研究成果引進教學改革，並引導教師選擇研究課題，開展科學研究活動，曾在大興縣教科所組織的教育科學研究方法宣講活動中，被邀主講「行動研究法」。

在教學和教研第一線，我陸續制定了一系列對教研活動和教研員工作的要求和管理辦法，調動了教研員和廣大教師的積極性，促進了全區（縣）中學教學質量的提高。我還主持了一項為期九年（1993年9月—2002年8月）的中小學整體性教學改革——目標教學。這是本區（縣）時間最長、規模最大、成果最多、效果也最好的一次教學改革。

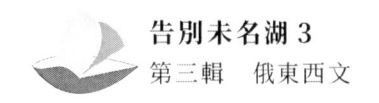

與這項改革第二階段的三個步驟相配合，我先後正式出版了三部目標教學專著（《目標教學簡論》，《目標教學藝術論》，《目標教學操作論》），這在北京市獨此一家，在全國也不多見。

　　由於我區中學目標教學改革的成果比較顯著，我先後榮獲北京市第二屆胡楚南中學優秀教學成果獎（1998年）和國際紫荊花教育科學研究成果獎（2000年），並被聘為香港現代教育研究會研究員。

　　2003年9月，我退居二線了。頭一年，忙於應一些學校之邀開辦科學研究講座，再版《中學政治選擇題研究》等。2004年9月，北大的老師推薦我去韓國人辦的青島南洋PLE國際學校，我在那兒工作了一年，主管應屆畢業生報考中國大學（留學）的一系列工作和負責對外聯絡，並教授「中國概況」課。

　　我至今忘不了2005年4月5日，我去上海為青島南洋PLE國際學校的學生報名，領取準考證（當時沒有網上報名）時的感受：39年前──1966年初冬「革命大串聯」時，我首次到上海，年21歲；今天，已到花甲之年，當年8個月的專業學習加上來青島之前一個禮拜的「臨陣磨槍」，在告別未名湖33年之後，竟是這樣終於「學有所用」，與我在北大所學的專業對上了。我不由得在上海英麗酒店寫下了感慨：「身出柴扉入京畿，有門報國不遺力。紫禁城頭揮巨手，未名湖畔生怪異。自信夜過日昇高，莫煩龍臥鳳飛低。百歲老嫗曾掛帥，花甲出征不足奇。」

⊙ 2000年在泰國曼谷舉行的頒獎大會

2005年9月2日，韓國大敬株式會社召開慶功會，慶祝PLE國際學校首屆畢業生全部考入中國大學留學，其中一人考入清華，三人考入復旦。就這樣，我又為外國學子當了鋪路石。

從2008年9月起，我在北京一所公立藝術中專學校擔任高中思想政治課教師。我透過課上教學和課下個別交流，很快瞭解到學生的特點和實際學習水準與能力。於是，我調整教學難度，選擇學生樂於接受的教學方法，精心設計每一節課，使教與學很快成為和諧的過程，得到學生的普遍認可。至今已進入了第七個年頭，是本校現任受聘教師中任課時間最長、年齡最大的人。

40多年來，我一直勤勤懇懇工作在基層教學和教研崗位上，沒有跳槽。我不怨天，不怨地，不怨人；不自卑，不自棄，不自滿；立足本職，竭盡全力，把事情做好。無論是在青年時代，中年時期，還是到了老年階段，我都努力以事實證明：北大人是優秀的，是牢牢立於不敗之地的人！

路世康，1945年11月生於遼寧海城大屯鄉，1965年考入北京大學東方語言文學系，分配在朝鮮語專業班。1970年3月，被分配到營口造紙工廠弟中學當教師。1981年8月調入北京市大興區（縣），先在采育中學任教，後調教師進修學校任中學政治課教研員、中學教研部主任、副校長。2003年9月退居二線，2005年正式退休。

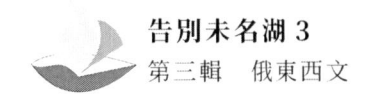

1985年以來，正式出版5部著作，發表論文70多篇，先後入選《中國教育專家與教育人才大辭典》和《中國專家大辭典》。

離別未名湖後的日子

張景瑞

我於1965年考入北大，被分配到東語系越南語專業學習。東語系外文樓就坐落於未名湖畔，我平時都是在未名湖鐘亭的松林裡複習功課和朗讀課文，日日面對著風光旖旎如畫的未名湖，「相看兩不厭，唯有敬亭山」般地度過了有節有奏、不足一學年的短暫讀書生活。但未名湖卻深深植入我的思維神經，成為我終生魂牽夢繞之地！

告別未名湖

1970年2月4日（農曆臘月二十八），軍、工宣隊突然把我們正在延慶縣新華營村「戰備疏散」的東語系1964、1965級同學緊急集合起來，宣布命令：立即撤離，接受新任務！什麼任務，隻字未提，神祕得很！大家紛紛猜測：肯定是中蘇開戰了，我們要奔赴前線了。當時，這些二十幾歲的熱血青年，認為能夠以身報國，個個興奮異常，甚至頓覺自己的形象都高大起來。行軍的路上是一路高歌，記得僅《畢業歌》就反覆唱了多遍，至今那「同學們，大家起來，擔負起天下的興亡，我們要做主人去拚死在疆場……」的嘹亮歌聲似乎仍然縈回在耳邊。

經過在大山裡的跋涉，夜裡我們到了一個叫做「西撥子」的火車站，統統被「裝進」悶罐車裡，有一個同學還自作聰明地說：運送士兵上前線都是這種車！當鐵皮車門從一側吱吱嘎嘎拉到另一側關上後，車廂裡立刻變得黑乎乎的，雖不能說是伸手不見五指，也基本上看不清東西。我們都坐在自己的背包上，可以說是人貼著人。火車時開時停，叮叮咣咣一夜。當車門再一次吱吱呀呀被打開後，我們都已不習慣外面的光亮，一個個揉著眼睛，靠車門口的同學甚至誇張地用手掌在額頭前上方遮著光線，像孫悟空似的向車外

眺望著，不知是什麼地方。下車後卻驀然發現對面站台上「西直門站」4個大字，短暫的一陣騷亂後便是一片歡呼：「我們回來了，我們回北京了！」

在站台上整隊出發，我們又是一路歡歌，回到了闊別5個多月的40齋宿舍，中午又吃到了學六餐廳可以分層的饅頭，就像流浪天涯的遊子又回到了母親身邊，吃到了母親親手做的飯菜一樣，那個興奮勁兒無以言喻！但很快我們便獲知：此次回校是畢業分配！分配之前，我們班同學又一起重走了臨湖軒、外文樓、圖書館、南北閣、勺園及鐘亭，最後又一起鬧鬧哄哄地登上了未名湖中的石舫。就在登上石舫的一剎那，突然一片啞然，誰也不再說話，其實每個人都心知肚明：我們這些被稱為天之驕子的北大學生，終於要被清理出門了！

⊙ 1968年在校時的照片

⊙ 1967年7月與同學在未名湖畔（左一為作者本人）

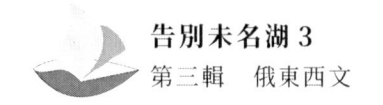

「輕輕地揮手，不帶走一片雲彩⋯⋯」我們將要徹底地告別未名湖了，到哪裡去，迷茫得很！畢業分配，畢業文憑呢？沒有！連畢業文憑都沒有，我們算什麼畢業生呢？也迷茫得很！大家望著眼前尚未完全解凍的未名湖水和湖對面的博雅塔，靜靜地站著，心中所想都是同一句話：

別了，未名湖！

軍墾農場的日子

1970年3月18日，東語、西語和俄語系的54名同學被送往渤海灘上的柏各莊（屬灤南縣，在灤南縣與唐海縣交界處）軍墾農場，編制是66軍197師589團3營學生連，簡稱1635學生連。任務是幹農活種水稻，接受「再教育」。

3月中旬，渤海邊的水田裡還結著薄冰，我們這些接受「再教育」的對象，要挽起棉褲破冰下水育秧。腳剛踩入水裡，腳心和腿肚子就像針扎似的鑽心疼。早晨，薄冰常常在小腿上劃出一道道的血口子；兩三分鐘腿就麻木得沒什麼感覺了。就是這幾分鐘卻像一個世紀似的難熬！許多女同學都因此落下了婦科疾病。

然而也有開心的勞動——挑秧：當挑著重重兩筐秧苗，走在水田間窄窄的田埂上，稍不留神，常常是一個屁股蹲兒，就四仰八叉地跌進水田，或馬失前蹄地臉朝下一頭栽進水裡，人立刻變成了泥猴子，爬起來時嘴巴和鼻子還往外吹著泥水泡泡！引得插秧的同學們一片開心大笑。實際田埂高出稻田水面僅有30公分左右，並無大礙，田埂上常被插秧同學惡作劇地潑上水，要的就是這個「效果」！但更為超體能的勞動是「上堆」，脫完粒的稻穀裝入麻袋，堆成五六公尺高的糧堆。

三個人一組，輪番往糧堆上扛麻袋包。200斤重的麻袋兩個人抬起，往另一個人背上一放，然後沿著鋪在堆上的幾塊長木板（跳板），一步一晃地攀上堆頂。一個微小的不平衡，便會閃腰，背上的麻袋會毫無商量地將你重重砸趴在稻穀堆上。我就有過三次閃腰被砸趴的經歷，至今雨雪天腰椎仍隱隱作痛，留下一生的紀念！

這些並不算什麼，最令人不能忍受的是沒完沒了的「再教育」。什麼「靈魂深處鬧革命」，好像念了大學就有罪了。連長更是左得出奇，專挑冰凍三尺的嚴寒日子挖魚塘，酷熱難忍的盛夏中午搞拉練，美其名曰「以苦為榮，以苦為樂」。連吃飯時也要一篇一篇輪番宣讀改造心得和「狠鬥私字一閃念」的文章；哪天幹活最累、疲憊不堪，哪天當夜準搞緊急集合，把被縟、衣物等打成行軍包背上，急行軍幾公里，折騰夠了才回來。

　　有一次是凌晨3點多搞緊急集合，急行軍幾公里後返回我們營房駐地時，天已經麻麻亮了，大家能夠看清楚對方，實在是一個個慘不忍睹：戴斜帽子、扣錯了扣子的，穿反了褲子的，光著一只腳的，背包沒打緊散了架子的，狼狼地抱著被子的……

　　真是五花八門，洋相百出。我們自己都忍俊不禁！然後連長便把連隊帶到營房前，逐一將這些人叫出隊列，點名數落。於是，這些同學都得「靈魂深處鬧革命」，深挖狠挖思想根源，寫成聳人聽聞的深刻檢查，開飯時當著全連人員宣讀。後來這種「靈魂深處鬧革命」演變成一種鬧劇。

　　坦率地說：多數軍人還是比較好的。指導員、司務長處事就比較穩妥，沒有那麼多「極左派」的東西和道道。部隊首長對我們也比較關照，記得1970年3月份我們剛到時，部隊就專門派了1個炊事班長，帶著2個士兵教我們做飯。炊事班長人極熱情，當時我在炊事班學白案，幾乎是他手把手地教會了我們做各種主食和菜餚。

　　我們在軍墾農場的一年半中，可以說既有艱辛、苦惱和無奈，也有那個年代特有的樂趣。記得1970年冬季長達兩週的拉練，我們幾乎走遍了唐山地區，作了半個多月的免費「唐山鄉村游」。這支軍不軍、農不農、工不工、商不商、學不學的奇特隊伍，走到哪裡，都引來許多好奇的目光：一百多號年輕的男男女女，個個渾身書卷氣，卻身著破舊發白髮灰的舊棉襖舊棉褲，衣服上是補丁摞補丁，補丁是「赤橙黃綠青藍紫」什麼色兒都有。

　　為保暖人人腰間都扎條腰帶、捆根繩子或布帶子，不管男女，人人頭上扣一頂式樣各異的帽子。就是這群看似在押勞改犯的隊伍，在軍隊的帶領下

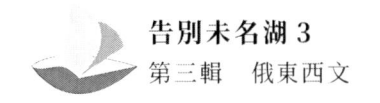

走起路來，卻步調一致，整齊劃一，氣勢昂揚，唱起革命歌曲和喊起口號來震天響，引得路人個個為之駐足。

終於在 1971 年 7 月末，我們結束了軍墾的日子。

在開灤煤礦的日子

部隊農場接受「再教育」後，我又到北京外國語學院「回爐」學習一年半。1973 年 5 月份，我和北外的郭煥廷同學被分配到燃料化學工業部，報到後被派遣到開灤煤礦。用北大和清華主要領導人之一軍宣隊遲群的話講：「臭老九」接受「再教育」是永遠不畢業的。果然，到開灤煤礦報到後，我們便被安排下井挖煤，接受工人階級「再教育」。

我第一次跟著老工人下井，首先換掉身上所有的衣服（包括內褲、襪子），在燈房領到一盞礦燈，從主井坐罐籠下井。所謂罐籠，就是把挖出來的煤提運到井上的裝煤大罐，工人上下班也用它作為上、下井的交通工具。當罐籠急速向黑魆魆的 1 公里多地心深處落下去時，我突然有失重的感覺，心立即緊縮起來，新奇、害怕抑或恐懼，真的是五味雜陳。

罐籠落地後，每人領一把大板兒鐵鍬，再坐半個多小時礦車沿巷道直達施工面。我的任務是鏟煤，即用大鏟子將煤鏟進煤溜子的傳送帶上，由傳送帶運到外面的礦車上。那種煤礦的大鏟子，鏟滿一鍬煤是 50 公斤，我只鏟了不到一小時，就已經是大汗淋漓、氣喘吁吁了，只能咬牙堅持。關鍵是煤層高度不夠，不能完全直腰，只能半貓著身體幹活，很快我就覺得頭暈眼花，幾乎要虛脫。好不容易熬到工間休息，我身子一歪，就四仰八叉像一頭死豬似的平躺在了煤坑裡。也就是年輕，休息後又揮動大鏟做了起來。

但很快我就飢腸轆轆，前胸貼後背，餓得虛汗直流。這時，只好使勁將腰帶連連緊勒了三扣，只覺得腰快被勒斷了，幹活速度明顯變慢。中午煤溜子一停，我迫不及待地抓起飯盒，掏出了饅頭，雪白的饅頭上立即便是五個黑黑的指印；接著另一隻手抓起第二個饅頭，自然又是五個黑手印。雙手左右開弓，輪番往嘴裡塞，三下五除二就將帶著十個黑手印的饅頭填進了肚裡！

下午下班時，50多歲不善言辭的隊長當著全隊工友的面，拍著我的肩膀說：「不孬！」這兩個字就是隊長對我第一天幹活的肯定了。

　　上井後，你不但不認識和你一塊下井的工友，而且連更衣間鏡子裡的自己也不認識了。身上除去牙是白的，眼睛除眼球有一點白色外，其他地方都和煤一個色，黑漆漆的，眉毛裡的煤末是任你怎麼洗都洗不淨的。在下井幹活兩個多月裡，我總是黑眼圈，身上帶著一股煤末子味。

　　當了整整一個月的鏟煤工，隊長給我安排了新任務，讓我巡迴看溜子。我知道這是隊長的關照，並且他一再叮囑：下井要緊跟他，不要亂走，要十二分注意安全。慢慢地我和全隊人員都混熟了，休息時工友們便讓我講外面的事兒。於是，我把所見所聞編成故事講，或說幾個謎語讓大家猜，甚至講小笑話。一個簡單的字謎或謎語，居然讓工友們興趣盎然，覺得很奇妙，很有學問。哪個工友猜準了謎語，便會一整天心情愉悅；一個簡單的小笑話，便逗得大家前仰後合。師傅們不但接受了我，而且成了朋友。他們多次請我到他們家，坐在炕上吃飯，還讓我給他們孩子和家人說謎語猜，儼然一家人似的。至今我仍懷念和感謝開灤煤礦的老工人們，他們是真正的產業工人，坦蕩、厚道、正直、仗義、古道熱腸！

　　三個月後，我和郭煥廷被調到開灤礦援外辦公室。

　　1976年7月12日，燃化部派我為來訪的越南化工考察團作翻譯。在開灤的5年工作中，這是唯一一次學以致用。就是這唯一的一次，使我躲過了一劫，得以死裡逃生！7月27日，越南代表團考察結束，次日啟程回國，我與他們當夜下榻北京飯店。28日凌晨唐山發生大地震，唐山黃大樓我的宿舍316房間，首波地震就墮到了地下室的鍋爐房，緊接著整個大樓崩塌，我同室的兩個室友無一倖免。7月28日，送走越南代表團後，我連夜搭乘救災車返回唐山，投入抗震救災。

　　震後我再沒有接觸過一天與越南語有關的工作，更沒有跨出國門一步。開灤在越南冒溪煤礦的援建項目，派駐的幾十口子施工專家、技術人員中，只有一個開灤煤礦送到燃化部訓練班、接受過越南語短訓的青年工人充作翻譯。對於這一點，我們兩個「臭老九」非常理解，時代大勢使之然也。

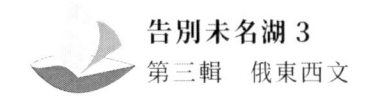

我與越南胡志明市北大校友會

在我離開母校整整25年後的1995年3月，已身為邢台市外辦主任的我，第二次專業對上了，作為河北省委書記程維高的隨團翻譯，在越南南定省籌備越南河北工業園區。次年，我被外交部借調到中國駐胡志明市總領館工作。在總領館工作兩個任期內，我有幸結識了胡志明市北大校友會的各位校友，在異域他鄉接續了我對未名湖的思緒和燕園情結！

胡志明市總領館首任總領事歐義，亦是北大校友。在2000年前總領館工作人員中，始終有三分之一左右成員為北大東語系校友，所以這裡的北大校友會活動非常活躍。每逢中國的重要活動，如國慶、香港和澳門回歸、北大校慶等等，都要組織慶祝和聯誼活動。

1998年北大百年華誕，該校友會又在胡志明市國家百科大學組織了隆重慶祝，不但請到了一些教育界領導參加，而且中國領館的北大校友全部出席，暢敘友情，回憶往事，個個激動得熱淚盈眶。他們屢屢提及許多我耳熟能詳的老師的名字，濃厚而深沉的師生之情溢於言表。當年留華越南學生是中國政府全包的，含全部的食宿、服裝和日常費用。

聚會時一位校友回憶他們在北大餐廳按定量吃飯的情形：月初米飯大肉，月中豆腐饅頭，月末鹹菜窩頭，最後鹹菜稀粥。引得一片善意的大笑。僅1965年就有280多名越南學生到北大留學，28齋整棟樓都是越南留學生，那時我們班男同學就和他們住在一起，所以有些校友第一次見面就互相認出了，更有一種親切感。

這些人多數走上了越南各級主管單位，成為推動越中友誼的中堅力量。每次校友集會，大家總是一次又一次地回憶起燕園的生活和對未名湖的眷戀，完全沉浸在幸福、愉悅之中。至今，我與胡志明市北大校友會會長阮善志先生、副會長陳春玉蘭女士以及阮玉璧先生、黎玉蓉女士等一大批校友保持著聯繫。據阮善志先生介紹，2000年前該市北大校友大概有110位之多。

「古塔倒映未名水，春燕斜剪楊柳枝」，這是我就讀北大時所寫一首詩中的兩句，在胡志明市北大校友會慶祝北大百年校慶時，我曾當場朗誦，引

起共鳴。又是 15 個年頭過去了，整首詩已經忘卻，只記住了這兩句，權作本文的結束語吧。

　　張景瑞，1945 年生，1965 年考入北京大學東語系。1970 年到柏各莊部隊農場接受「再教育」，1971 年到北京外國語學院學習。從 1973 年 5 月開始，先後在開灤煤礦、邢台市物資局工作，後在邢台市政府辦公室、市委辦公室任副主任，外事僑務辦公室、對外開放辦公室主任和旅遊局、商務局局長之職。

　　1995 年赴越南籌建河北工業園區，1996—2000 年借調中國駐胡志明市總領館任一祕銜領事。2005 年從邢台市發改委黨組書記、副主任崗位上退休。之後便受聘於大陸、臺灣等地公司或集團，駐越工作，2015 年 3 月回歸故里，含飴弄孫，安度晚年。

⊙ 1997 年和妻子呂淑琴在香港回歸慶典前留念

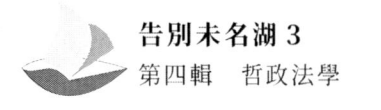

第四輯　哲政法學

▎哲學與人生

竇炎國

　　叔本華曾說：「哲學家的武器不是權威，而是理由。」這就是講，哲學家的責任和使命不在於苟營個人的地位和聲譽，而在於追尋並揭示世界所以如此的根據，以及世界應當如何的理由。我甚為贊同叔本華這一說法。

　　自1963年考入北大哲學系以後，以哲學為生便成為我矢志不渝的生活目標。40多年來，在追尋哲學的人生道路上我經歷了無數的曲折和艱辛，也有說不盡的甘甜和喜悅。

一

　　記得那是1968年12月底，我告別了尚未離校的幾位同班同學，告別了燕園，告別了未名湖，獨自一人踏上了奔赴大西北的歷程，我的目的地（準確說是駐系工宣隊給我指定的工作地點）是陝西咸陽。

　　坐在北京開往西安的列車上，趁著白天，我瀏覽著車窗外的原野、河山，希望能看到一點令人安慰的景色，但在北方的寒冬中卻找不到一點生機……視覺疲勞迫使我閉上雙眼。

　　漸漸地，隨著列車的晃悠，我的思緒也不禁跳躍起來：

　　——我們1963級的哲學原理課，先後由趙光武和高寶鈞兩位老師執教。趙光武老師對辯證唯物主義原理的論述周密而詳盡，高寶鈞老師對歷史唯物主義原理的分析精深而睿智，正是因著這兩位老師（當然也包括他們的助教徐大芩和徐明老師，以及後來所有給我們開課並給予我們教導的北大哲學系的老師們）的引領，我們這群剛剛離開中學的稚子，從此步入了哲學的理論殿堂。記得我的歷史唯物主義試卷曾被作為範卷在年級中公示，這件小事對

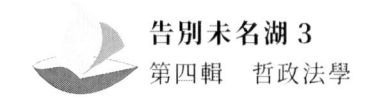

我產生了微妙的影響，它給了我去追尋哲學，思考哲學，並努力引申自己看法的動力。

然而，我們的課程終因「四清」和「文化大革命」而中斷了。1966年5月25日，聶元梓的大字報在北大校園引起轟動。當時，我與阮紀正、時永松等因身體原因正在學校休息，我們三人按照哲學系黨總支的布置，也寫了一張批評學校主管、但字數很少的「大字報」（後來也被列入了《北大大字報選》）。我們目睹了事件的全過程，我還參加了當晚在行政樓禮堂召開的全校學生幹部大會。

顯然，我們當時沒有也根本無法弄清事情的根由和實質，除了不明就裡的驚訝之外，也只是出於一種關心政治、關心國事的直覺和願望，完全缺乏判斷是非的條件和能力。正因如此，在38齋前突發的「六一八」事件（全校範圍以不同程度的武力方式批鬥各級校系主管）中，儘管內心並不贊同對趙光武、高寶鈞等老師的不文明揪鬥行為，但我們只是做了看客，而未曾採取任何行動。

不僅國家的事情我們搞不清楚，就連學校和系裡的事情我們也搞不清楚，只能就班級和年級裡的某些事情表達自己的一點看法，並貼了大字報。當然我們並不斷定自己的看法就是正確的，但不管怎樣都會引起被批評者的反感，這也十分正常。

——1968年，工宣隊進校，全權領導和管理學校的一切事務。我們的畢業分配也是由工宣隊主持搞的……

在不知不覺中，列車過了潼關和渭南，最終停靠在西安站。很快，我回過神來，想到的是要盡快轉車去咸陽。

二

到咸陽後，我才弄明白，這裡既不是我的工作地點，也不是勞動鍛鍊和接受再教育的地點。我還必須繼續趕路，要到咸陽地區下屬乾縣的羊毛灣去參加修築水庫的勞動。

天下著雪，在乾縣教育局，我得到一位工作人員（已經記不得他的姓名了）十分友好的接待。他說去羊毛灣有70多里地，尚不通汽車，只能靠兩條腿走，要我住一兩天，等天氣好一點，再等其他要去羊毛灣的大學生來後結伴同行。在這舉目無親的陌生地方，遇上這樣一位熱心腸的人，我十分感激，也放心地聽從他的安排。

羊毛灣位於漆水河上，上游寬達數千公尺的河谷，延伸到這裡一下變成不足一百公尺的峽谷，的確是一個修築水庫的好地方。當年到羊毛灣勞動鍛鍊的大學畢業生有300餘人，分別被編成十多個排，歸屬不同的民工團（以公社為單位）管理。我和北大歷史系、化學系、技術物理系、地球物理系的幾位校友，同人大、北師大、陝師大、西安外語學院的畢業生共30人被編成一個排，歸屬長留團；我被推舉為排長，人大黨史系畢業的李建國被選為副排長。

長留人民公社派駐的貧下中農代表叫王敦厚，個子不高，50歲上下。他人如其名，確實是位敦厚、純樸、正直、善良、勤勞的典型中國農民，給我留下了不可磨滅的印象。在他的關心和帶領下，我們長留排成為羊毛灣水庫工地的紅旗。

不久，羊毛灣水庫工地的一部分大學畢業生被抽調到21軍農場參加勞動鍛鍊。我們揮淚告別了王敦厚大叔，告別了羊毛灣，奔赴渭河灘塗的21軍農場。

在華陰縣城北面的渭河灘上，一字兒排開著21軍農場的五個分場，共有500餘名各地大學畢業生被集中到這裡接受再教育。我們被指派到四分場，先是參加秋收，接著（參與）蓋房，什麼活都幹，勞動強度極大，以至個個食慾旺盛，飯量驚人。像我這樣的書生，一頓飯竟可以吃5個大饅頭。幸好部隊農場口糧不是摳得太緊，這是比羊毛灣水庫工地優越的地方。

但是，一個嚴重的問題是住宿條件差，因為房子尚未蓋起來，我們只能住「夯土房」，即在地上挖個坑，上面搭個窩棚蓋，下面鋪些麥稭之類。住了沒有幾天，潮氣就往上泛。時間長了，極易得關節炎，我也未能倖免。但

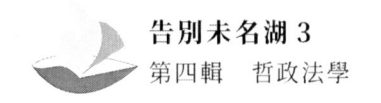

不管怎樣苦和累，我們都扛過來了，連分場鮑場長——一位團長級老軍人也十分動容地說：「你們這些大學生真了不起！」

半年後，我和歷史系1963級的臧振被分配到陝北榆林地區工作。臧振想先回四川老家看看，我則沒有心思回江蘇老家，於是再次獨自一人踏上了北去的征程。

途經延安，應延輝（一起勞動鍛鍊的戰友）的邀請，我在她哥哥家休息了兩天，然後直奔榆林。榆林城位於古長城腳下，城外就是無邊無垠的沙漠。走在這荒漠古城的街市上，我內心真的是倍感淒涼。令人奇怪的是，我再次被告知：這裡還不是我的最終歇腳地，必須繼續北上，到府谷縣去報到。

府谷縣是陝西省最北邊的一個縣，位於晉、綏、陝交界處，黃河就在府谷縣城下流過，對岸是山西省保德縣城（後來才知道，1962級的張維慶當時就在保德縣工作）。當我到達府谷時，反倒有了些許安慰：因為這裡看不到令人苦澀和恐懼的沙漠，卻看到了中華民族的母親河——黃河。

負責大學畢業生工作安排的縣政工組副組長翟雲生接待我時，表達了希望我到基層（公社）去工作的設想，徵求我的意見。我當即表示：不能再往下走了，因為對我來說，這已經是夠基層的了。我第一次，也是一生中少有的幾次對自己的命運表達意見並產生了效果——翟雲生十分通情達理，爽快地說：「那你就到縣廣播站工作吧。」

我在縣廣播站工作的近兩年時間中，得到了站長李寶山的信任和支持，因而得以對廣播的內容和形式做了一些改革。1972年，我被調到縣革委會政工組宣傳組（即後來的縣委宣傳部）工作，並於當年加入中國共產黨。開頭的一年多，我繼續做宣傳和新聞報導工作。我採寫的長篇人物通訊，曾被陝西省人民廣播電台採用；我採寫的農村中心工作經驗，曾被榆林地區主管機關內刊刊登。這些，對府谷這個偏僻小縣來說，都是增添光彩的。

當時，府谷縣的各個鄉鎮都還不通汽車，下鄉採訪就靠雙腳步行，一天走上四五十里乃至七八十里路是常事。記得有次下鄉，途經黃河支流黃甫川，要涉水過河。我一不小心，雙腳就陷入了泥沙之中。一著急就掙扎起來，誰

知越掙扎陷得越深，很快泥沙就沒過了雙腿。幸好對面水文站的一位師傅看到了，一面高喊：「快趴下！」一面奔過來把我拉了出來。他說，這是一條泥沙河，人陷入泥沙，不會自救又無人施救，後果不堪設想。想來真有點後怕，但這事並未妨礙我繼續與塞外風光親密接觸。

從 1973 年開始，我被要求轉向做理論教育工作，被正式任命為宣傳部理論教員兼縣委主管團隊的理論祕書。此後連續數年，我每年都到陝西省毛澤東思想學習班（即後來的陝西省委黨校）進修。記得當時主要學習《哥達綱領批判》、《反杜林論》、《國家與革命》等 6 部經典著作，聽了劉端芬、張瑞生等當時陝西省比較有影響的學者的講課。

從做理論教員開始，我總算有了務正業、謀正事的可能。但縣委宣傳部的工作主要還是實際工作，要務正業，就靠自己把握了。除了讀書，我開始考慮寫作。1977 年我在《陝西日報》發表了《堅決抵制資產階級思想的腐蝕》一文，曾被當時一些同事誤認為是批評縣委主要主管的。1978 年在《陝西日報》發表了《「變色蟲」考》一文，是諷喻林彪和「四人幫」的。

1978 年底，我被調到榆林地委黨校任哲學教員，這才使我的生活真正地與哲學掛上了鉤。當時，真理標準問題的討論已經在各地逐漸地熱鬧起來。儘管大家並不清楚背景與內情，但在經歷了「文革」以來的一系列風波之後，人們至少都有一些基本的政治敏感性和理論警覺性，因而能夠覺察出一點苗頭。

黨校主管把「實踐是檢驗真理的唯一標準」這一課交給我來講。作為北大哲學系畢業生，我深感責無旁貸，更需要認真擔當。為此我做了努力，效果也不錯，從校內的小課、大課講起，一直講到地委常委學習會、軍分區黨委學習會，還在地區機關大禮堂給全體機關幹部開了大課。

這是我務哲學之正業後所做的第一件值得記憶的事情：已經走過了而立之年，終於贏得了自己的哲學人生的第一次「出場」。儘管還只是一次追隨者和搖旗吶喊者的「出場」，但畢竟因其特有的重大啟蒙意義而對我此後的人生產生了相當重要的影響。

三

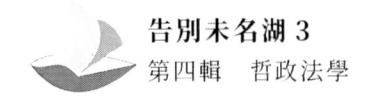

真理標準問題的大討論給人的最大啟示是：我們必須重新思考以往所做的一切。用哲學的語言講，就是必須對我們做過的一切進行反思，並以批判的眼光來審視現實生活。無疑，大討論又一次證明哲學的靈魂是反思和批判。然而，能否對社會生活進行反思和批判，不僅取決於態度，也取決於能力，取決於是否具備豐厚的理論積累和紮實的學術功底。對於我來講，在學術、理論的積累方面，過去已經浪費了太多的時間，而今真該急起直追啊！

1979年底，我有幸調回自己的出生地蘇州。從陝北的荒蕪曠野到江南的車水馬龍，生活環境的變化帶給我的主要還不是生存條件的改善，而是從事業務進修和哲學專業工作的嶄新機遇。為此，我採取低調處事的姿態，除了擔當工作任務之外，幾乎將全部精力都放在讀書、思考和積累上。不僅對先前的「讀書做官論」和「讀書無用論」不屑一顧，而且對後來的下海經商潮也視若無睹，真可謂「兩耳不聞窗外事，一心只讀聖賢書」。

從哲學原理到經典著作，從中外哲學史到馬克思主義哲學史，我儘可能地讀書，儘可能地做筆記。除了參加張岱年、湯一介等先生主持的中國文化書院的研修活動和到蘇州大學旁聽相關課程外，還儘可能去外地聆聽名家的報告和講座。

1982年，我被指派去南京參加江蘇省社科規劃會議。在307招待所，我與孫伯鍨老師邂逅，甚是驚喜。「文革」初期，北大哲學系曾組織一批師生整理編輯批判馮友蘭先生的資料，張世英、孫伯鍨等老師都參加了。我當時正在學校，也被要求參加，並承擔了一些任務，因此得以認識孫伯鍨老師。孫老師告訴我他從北大調回南大的經過，以及南大哲學系的一些情況。當時，他在馬克思主義哲學史研究領域已經頗有影響了。他推動了江蘇省馬克思主義哲學史學會的工作，我也因此參加了一些相關的活動。

有一次，我以玩笑的口吻說：「我們（指在江蘇的北大哲學系系友）就靠你啦！」孫伯鍨老師頗不以為然地說：「要靠自己！」他的這句話雖然並不中聽，但卻給人以深刻的教益：事業上的進步和成功，當然需要相應的社

會條件，以及師友的引導和提攜，但關鍵還在於自己的努力、奮鬥和拚搏，在於主觀能動性的充分發揮。我想這應該是孫伯鍨老師的成功之道和經驗之談，當然對於我來說也不可能例外。

1983年，我參加了在安徽合肥主辦的哲學史講習班，不僅見到了當時在安徽大學工作的金隆德、周繼旨等師兄，而且見到了張岱年、任繼愈、汪子嵩、黃楠森等導師。在北大之外，一下子見到這麼多北大哲學系的導師，真是難得，不僅讓我再次領略了哲學大師們超凡脫俗的風采，也更加鼓舞了我以哲學為生、恪守「淡泊明志、寧靜致遠」的決心和信心。

一分耕耘，一分收穫。十餘年埋頭讀書，使我對於哲學、對於馬克思主義哲學都形成了區別於以往傳統看法的理解和把握。

在與陸劍杰等合作主編的《科學世界觀和方法論》一書緒論中，我這樣概括自己的認識：「哲學既是科學理論又是意識形態的雙重屬性，決定哲學所追求的既是科學真理，又是關於社會進步和人類幸福的信念。」「馬克思主義哲學並沒有結束真理，許多原理、原則需要進一步補充和深化；同時也需要根據新的經驗和現代科學的新成果，概括出新的概念和原理。」

在《試論否定之否定的認識論意義》一文中，我借重德國古典哲學的集大成者黑格爾的觀點，把否定之否定當作辯證法的核心，並轉換為帶根本性的認識方法，即「具體（個別）──抽象（一般）──具體（綜合）」的認識方法。我對從世界觀到方法論的這一邏輯轉換的把握，是以近現代中國革命和建設實踐為經驗基礎的，同時也是與當代世界的全球化趨勢所構成的綜合性要求相一致的。

這些思想認識成果為我此後的學術活動奠定了比較可靠的理論和方法論基礎。

在離開燕園將近20年之後，我的哲學學術生涯才可以說是起步了。儘管與同時代的許多先行者相比，的確是太晚了，但這並不全是我主觀不努力的原因，我並不因此而氣餒。

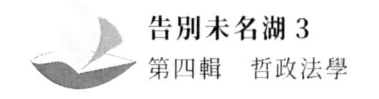

四

　　20 世紀 80 年代開始，中國社會進入了改革開放的新時代。社會生活因此發生巨大變化，深刻地改變著人們的思想觀念和生活方式，促使每一個人都自覺不自覺地去思考、去適應當下變化著的生活。也正是從這時開始，我的學術興趣和注意力逐步轉向倫理學。

　　這一方面是因為改革開放導致一系列社會倫理道德問題，令人震撼，作為有責任心和義務感的理論工作者不可能對此視而不見、聽而不聞；另一方面因為蘇南地區作為改革開放的前沿，具有得天獨厚的經濟、文化發展優勢，這為理論思維提供了極其豐富的素材，並直接促使我用更多的時間和精力來思考和研究「第一哲學」——倫理學（E. 萊維納斯語）的相關問題。我力圖以哲學工作者的特有視角來解讀當代中國社會進程中的某些重大問題，並試著給出理由。

　　我首先關注的是改革與道德、經濟與道德、社會發展與道德進步的關係問題。

　　當時的情況人們還記憶猶新：改革開放，就是允許甚至鼓勵人們去創業、去賺錢、去追求並創造物質財富。由此便導致一系列問題：什麼錢都可以賺嗎？為了賺錢什麼手段都可以用嗎？金錢和物質財富是我們的唯一追求嗎？對此，人們的看法五花八門。

　　一些實際工作者片面追求改革和經濟增長，很少顧及社會倫理和個人道德；而一些理論工作者要麼片面固執於已有理論而缺少創新思維，要麼不分青紅皂白地盲目鼓吹「惡」的歷史作用。面對此情此景，我基於對歷史唯物主義的理解，得以保持較為冷靜和清醒的認識，並在《關於歷史發展與道德進步的關係問題——與尹繼佐、何中華商榷》一文中對上述現象提出了批評。我認為：「正因為發展社會主義商品經濟的精神動力不能歸結為拜金主義和金錢至上觀念，所以對於當前的社會道德問題決不應當採取道德虛無主義的消極態度。」

顯然，追求金錢和物質財富在過去「極左派」時期被視為是一種「惡」，但在發展商品生產和市場經濟的條件下卻是天經地義，問題僅僅在於為什麼要追求金錢和物質財富，用什麼方式去追趕金錢和物質財富。如果借用中國古人的一個說法，那就應當是「君子愛財，取之有道」。

為此，在《改革的道德和道德的改革》一文中，我進一步提出並論證了「改革必須講道德，道德也必須進行改革」的觀點。該文當時未能找到願意刊登的刊物，不得已只能作為1990年出版的《道德心理學》一書的代序公開發表。為了展開論證經濟與道德的關係問題，我先後又發表了《重提經濟與道德的二律背反》、《馬克思主義還是康德主義——評「市場經濟與道德劃界」論》、《試論道德訊息反饋圖式》等文章，均被《人大複印報刊資料》《倫理學》轉載，引起了學界的關注。

要在改革開放和發展商品經濟、市場經濟的社會條件中堅持講道德，這確實是一個重大的實踐和理論難題。事實證明，計劃經濟時期的那一套觀念和做法是不能照搬的，需要探索新的思路和新的價值觀念。

為此，我從市場經濟是以價值規律和供求關係為槓桿，來支配和調節社會資源的配置和社會財富的合理分配的經濟關係模式這一基本認知出發，提出了「集體功利主義」這一概念，藉以概括當前中國社會生活的基本價值理念。在《試論集體功利主義》一文中，我強調：「把集體主義與功利主義結合起來，正是社會主義市場經濟對社會道德所提出的客觀要求。只有集體功利主義才能為社會主義道德提供全面和可靠的導向 - 評價體系。」

為了深入揭示集體功利主義的依據並論證其可行性，我用了近三年時間寫作了《情慾與德性——功利主義道德哲學評論》一書。寫作過程中，我既深切地體會了做學問的艱辛和苦澀，同時也感受了哲學思維的現實性和魅力。

該書出版得益於吳瓊同學的大力支持，他不僅幫助聯繫落實出版單位，而且還與我一起逐字逐句地斟酌前言中的提法，並請張岱年先生題詞。張先生的題詞是：「深入考察德性與情慾的關係，從而對於功利主義學說進行理論評析，具有重要的學術價值。」

⊙ 2014 年 4 月游蘇州石湖景區

　　上世紀 90 年代中後期至新世紀初，一方面隨著以市場經濟為導向的改革步步深入，社會經濟以前所未有的速度向前發展；另一方面，「一切向錢看」的思潮繼續蔓延，倫理困惑和道德危機愈演愈烈：人們大多遭遇過假冒偽劣商品的尷尬，也無不為見死不救、坑蒙拐騙、傷天害理等不道德現象而慨嘆。社會經濟與倫理道德兩廂悖逆的現實狀況，促使我從更高的層次上來思考和探析其中的原因。經過十餘年的思索和積累，才得以逐步形成比較系統的認識。

　　在《社會轉型與現代倫理》一書中我這樣表述了自己的看法：「我們對於社會主義倫理道德的傳統理解已經不能適應經濟改革和社會現實生活的實際需要了——這就是前述倫理困惑和道德危機現象的本質。」「中國社會的現代性轉型進程，迫切需要構建能夠與之相適應的倫理道德體系，以滿足社會發展的要求。」「經濟體制、政治體制的改革尚在進行之中，倫理道德體系的構建更有待時日；於是，這樣那樣的社會失範現象就可能不時地干擾人們的生活，並對社會秩序構成威脅。」該書的出版得到瞭解戰原同學的大力支持。

　　馬克思曾說：「哲學家們只是用不同的方式解釋世界，而問題在於改變世界。」顯然，我們不能滿足於對不道德行為的譴責，也不能停留於對倫理困惑和道德危機現象的原因解釋，還必須進一步尋求擺脫倫理困惑、克服道德危機、糾正不道德行為的路徑。這也正是我的倫理學研究所關注的更深層次的課題，即社會道德進步的規律性問題。

　　但是，哲學思維和理論探索是艱難困苦的，這不只因為學術需要積累，理論需要創新；而且因為積累要求超越，創新會遇風險。為此，我不得不又

花費了將近五六年的時間，關注並尋訪改革開放進程中萌發的社會道德進步的種種積極因素，同時逐步釐清自己的思路，努力從理論與實踐相結合的視角來引申關於道德進步規律性的結論。

在 2010 年出版的《倫理學原理》一書中確認：「每逢社會轉型期，社會道德也會隨之發生深刻的變革，經歷道德失範、道德重建、道德創新的過程，最終實現社會道德的重大轉型。」也就是說，社會道德的變革，即社會道德的轉型過程和轉型機制可以概括為道德失範、道德重建、道德創新這樣三個環節。

我力圖以此為擺脫倫理困惑、克服道德危機提供哲學 - 倫理學的論證。誠如有評論所說：「《倫理學原理》作為倫理學的通性讀物，對倫理學的經典理論和當代具有爭議性的道德問題做出了比較清晰、公允的說明，全書對倫理學理論的探究，基本涵蓋了當代倫理學的主要理論觀點，為探討具體的道德實踐問題奠定了必要的概念基礎。」

為了尋找擺脫倫理困惑、克服道德危機、促進道德建設的具體路徑，我還在經濟倫理（企業倫理）、政治倫理、社會倫理、道德教育、公民道德建設等方面也做了一定程度的思考和探索，並提出了自己的意見和建議。

而今我已年屆七旬，因此更多的是寄希望於中國倫理學的未來發展。為此，我在 2011 年發表了《論中國倫理學的發展趨勢》一文，表達了自己對於中國倫理學發展的期許。2011 年 12 月 27 日《深圳特區報》刊載《公共事件中的道德建設追問》一文引證說：「竇炎國在《論中國倫理學的發展趨向》中提出，世界性的經濟和文化態勢必將同中國自身的現代化進程一起直接制約和影響 21 世紀的中國倫理學的發展。」當然，我對中國倫理學發展趨向的基本判斷還有待於實踐和歷史的檢驗，但我始終堅信：伴隨著中華民族的經濟復興，我們必將贏得中華民族的文化復興和倫理道德的復興！

回顧自己的人生路程，特別是改革開放以來的哲學思維歷程，雖然沒有什麼驚心動魄的經歷，也沒有什麼可以驕人的業績，但是作為思想戰線的一名士兵、學術苑地的一名園丁，我倒也感受了奮鬥的快樂和收穫的喜悅，同時也贏得了自己的體會和心得：唯有心繫國家和人民，方能高度關注社會現

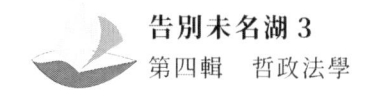

實生活而感知時代脈搏；唯有淡泊名利，方能專注哲學思維而寧靜致遠；唯有科學精神和思想自由，方能贏得理論創新而服務現實。總之，我的北大學歷始終是我的人生和哲學思維的不竭的精神動力。

竇炎國，男，1945年7月出生，1968年畢業於北京大學哲學系哲學專業，倫理學教授，知名學者。20世紀70年代曾在府谷縣委宣傳部、榆林地委黨校工作。後調蘇州，先後在蘇州市委黨校、蘇州鐵道師範學院（後與蘇州城建環保學院合併更名為蘇州科技學院）任教。90年代開始專攻倫理學，兼顧社會學的教學和研究。主持完成了鐵道部、江蘇省教委、省社科規劃辦的（各一項）立項課題研究，參與了《儒藏·鹽鐵論》的點校工作。發表學術論文80餘篇，出版學術專著6部。曾任教務處副處長、學報編輯部主任、主編、政治與公共管理系主任等職。

▌煉獄

沈耀才

1968年12月，我響應毛澤東向大中學生發出的「面向基層、面向廠礦、面向農村、面向邊疆」的號召，告別未名湖，走出燕園，奔赴青海，接受軍方「再教育」。

在人們印象中，青海一般和不毛之地相聯繫。古詩詞「青海城頭空有月，黃沙磧裡本無春」，此之謂也。

西寧位於青海東部，海拔2200公尺，空氣含氧量為沿海地區90%，越往西地勢越高，含氧量越低。我們正是年富力強之時，走路倒不覺得什麼，爬樓梯或上坡時就有些氣喘和呼吸不暢了。

我們200餘人來自北京大學、中國人民大學、南京大學、南開大學、武漢大學、蘭州大學、北京政法學院、中央財經學院等數十所大學，被安排到駐防在離西寧二三十里的大堡子公社的8064部隊鍛鍊。該部隊是汽車運輸團，俗稱九團，主要任務是向西藏運送各種物資。

我們分為兩個連：我在二連，全部是男生，又稱「和尚連」；一連為男女生混合連。

剛到部隊不久，就出了一件驚天大事：在女廁所發現「反動標語」——「打倒毛主席」！部隊便在女生中暗查，並讓每人抄寫一段文字上交，意在核對筆跡。此後便無聲無息，彷彿把這件事忘了。

部隊為我們發了皮帽子、羊皮大衣、大頭鞋。1969年春節一過，整裝待發的我們便向海南藏族自治州興海縣某地部隊農場進發了。

我們乘坐一輛輛軍車奔向目的地，過了湟源，就曲曲折折地上了日月山。日月山海拔3489公尺，南北走向，將兩側風光分割為完全不同的色調：東部農業區的村落、田疇、樹木……西部牧業區的帳篷、草原、牛羊……傳說日月山是文成公主進藏和親時摔碎的日月寶鏡幻化而成。

這裡還有著名的倒淌河，流向高原明珠青海湖。倒淌河也有一段傳說：文成公主到日月山時，思鄉淚水終日不絕，匯成小溪東流至長安，親人看到，傷感不已。文成公主祈求蒼天改變河流流向，天神、河神被其西行的決心和誠意感動，遂命河水掉頭，形成眾河皆向東流，此河獨西淌的古今奇觀，實際上是日月山上的冰雪融化成水西流而自然形成的。

過了海南州府所在地共和縣城不遠，再往西南方向走就沒有公路了，只有1959年部隊平叛時修的簡易公路。這裡空氣稀薄，含氧量低，當年的騎兵部隊，人和馬大多不適應，有些馬在奔跑中不傷而斃。可見此地生存環境之險惡。

汽車在懸崖陡壁間盤旋，令人頭暈目眩，甚至不敢往下看，生怕汽車掉下去，摔得粉身碎骨。幸好軍方的開車技術夠好，總算把我們安全送到了目的地——興海縣曲什安鄉（位於同德、河南等縣交界處）達密灘（也叫「白米灘」）的部隊農場。達密灘為藏語，即鬼灘之意。

　　一連住在場部，我們住在離場部二三里路的另一個地方。一連有平房住，還可自行發電，我們就沒有那麼幸運了，只能住地窩子。地窩子就是在地下挖個坑，再弄幾級台階供出入。地窩子上部有一根不粗的豎梁，再橫搭幾根木棍，堆上樹枝、雜草，上覆泥土。一個地窩子住一個班，土炕左右分開，中間有通道。每人炕頭牆上掏個方洞，用於放蠟燭或煤油燈。

　　這裡生活、交通極為不便，團部一般十天左右來一趟車，帶來連部和同學們所需物品及信件。因第二天車要返回西寧，大家便連夜寫信捎回；即便來了電報，也只能待在西寧團部「睡大覺」，等下一次來車才能帶來。

　　理髮要互相幫助，有的人怕麻煩，乾脆剃了光頭。這裡是無法洗澡的，因是黃河上游高原地帶，即便是夏天，水溫也只有十幾度，勇敢者只能在河邊用濕毛巾在身上擦一擦。長虱子是再正常不過的了，滿臉橫肉的張副團長「教導」我們說：這是「革命蟲」，表明教育改造有成果。

　　這裡荒無人煙，幾乎與世隔絕，甚至連藏民都見不著。青海省太大，有72萬平方公里，居全國各省、區的第四位，約占全國面積的7.5%；當時人

口才 400 萬，又大多集中在西寧及東部農業區。在藏區，一個縣的面積有內地一個專區那麼大，人口還不到 1 萬。

在這裡我們仍保持著「文革」的「革命傳統」，只要毛澤東發表「最新最高指示」，照樣傳達不過夜，敲鑼打鼓，甚至還跳起「忠」字舞。

我們拿的是臨時薪水，青海屬 11 類地區，條件艱苦，薪水比內地要高不少，吃飯要交錢。但是吃得並不好，大部分是馬鈴薯、胡蘿蔔。張副團長說：你們這些從城裡來的資產階級少爺、小姐，到這裡是接受「再教育」的，有好的也不給你們吃。到鍛鍊結束時，兩個連還結餘 1 萬多元錢的伙食費，也沒退給我們。

我們平常的任務是修幾里路長的水渠，還要開鑿山洞，把上游的水引下來，以便灌溉麥地。打通山洞的任務很艱巨，要用炸藥炸，再用鑽杆、鐵鎬等清理。山洞離我們的駐地有五六里，要跨過曲什安河。曲什安河有七八十公尺寬，沒有渡口，只是在河的上空架根直徑一尺多的粗鐵管，兩邊拉兩根鐵鏈子作扶手。起初走時，大家無不戰戰兢兢，拉著鐵鏈，有的甚至在鐵管上爬；後來習慣了，也就行走自如了。北大國際政治系的魯仁，是炊事班副班長，給工地送飯，挑著擔子，如履平地。

在短短一年裡，我們雖獨處一隅，但社會上的各種思潮及怪事，在我們這裡也有反應，甚至造成一些鬧劇乃至悲劇。

我們學兵連的連長、指導員、排長是軍人，副排長和正副班長由學生擔任。我是五班班長，屬於二排，副排長是南京大學中文系的陳宗立。一天晚上，我正在看 64 開袖珍本《毛澤東選集》，陳宗立到我們地窩子看了看，沒吭聲就出去了。

第二天，他悄悄告訴我，昨晚他化解了發生在我身上的一場政治風波。我大吃一驚，忙問是怎麼回事。原來我們班有個來自西北政法學院的學生，思想上左得很，但我是班長，不得不硬著頭皮和他打交道。昨晚我看《毛選》時，要用蠟燭，因床頭牆上的方洞下部不平整，就拿出用硬紙板做成的《毛選》書套，放在方洞裡，再在上面點上蠟燭。他便向陳宗立彙報，說我褻瀆

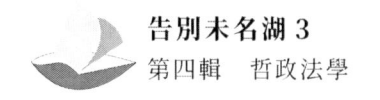

毛澤東。老陳認為我本身是在學《毛選》，蠟燭不是直接放在《毛選》上的，而是放在《毛選》的封套上的，談不上褻瀆，便向指導員作了彙報和解釋，指導員認同了老陳的看法，我有驚無險地過了關。

誰知，老陳祕密談戀愛被發現，倒是引起了一場不大不小的風波。

學兵連中，在學校就相好的有一些，但大部分是孤男寡女。兩個連隊共同活動時「和尚」們便對「女光棍」品頭論足。有一個女生叫李秀秀，西安人，哈爾濱黑龍江商學院畢業，長得白白淨淨，大眼睛，雙眼皮，老陳十分入眼。我和副班長南京大學歷史系的吳維朝，透過我們班「黑商」的同學為他倆牽線搭橋。在當時那種情況下，兩人都有「戀愛飢渴症」，一接上頭，便像乾柴烈火，迅速燃燒，晚上頻頻幽會，老陳常過了熄燈時間才做賊似的溜進地窩子。

一連連長是個挺有意思的人，在男同學面前經常開玩笑，甚至唱起他「獨創」的豫劇《花木蘭》：「你要不相信哪，脫開褲子看，一根衝鋒槍，兩個手榴彈，俺不是當年的花木蘭哪……」但他對男女同學談情說愛違反紀律又非常惱火。

一天晚上，他查崗發現李秀秀熄燈後很久沒回來，便緊急集合一連的人，兵分三路，往二連方向找人，並揚言：「老子抓到他們斃了她！」我們連發現老陳不在，也把大家叫醒，緊急集合，兵分三路往一連方向找。我帶五班沿水渠往北，正好碰見老陳慌慌張張跑過來。我低聲告訴他，連裡正查你談戀愛的事，你要做好應對準備。老陳在指導員和連長面前做了檢查，並沒有在全連面前當眾「出醜」；一連連長也只是口頭上發發狠，也沒拿李秀秀怎麼著。

我們連真正嚴重的事還在後頭。

一天夜裡，大家正在睡夢中，四班一個同學外出上廁所，還未回來，地窩子上那根不太粗的豎梁便塌了下來，幸好砸在中間通道上，未造成事故。大家驚魂未定，紛紛要求連裡向團部反映，用粗木頭當梁，提高安全度。團部指示：讓我們在黃河裡撈木頭。黃河裡怎麼會有木頭？原來這裡交通不便，

黃河上游果洛林場每到夏季便將好多木頭投放到黃河裡，木頭順流而下，在下游某個集中點再打撈上岸。

一天，我們班及其他班因加了夜班，都在睡覺，撈木頭的任務便落在了七班身上。七班班長曹萬芝是個非常好的山東漢子，山東大學中文系畢業，早已結婚，並有兩個孩子。他說自己游泳很棒，曾橫渡過黃河。別的同學還在岸邊做準備活動，他就躍入冰冷的河水中，並抱住一根木頭，拚命往岸邊劃。黃河水流比較急，還有漩渦，他折騰半天也劃不到岸邊，自己反而精疲力竭。

他決定放棄木頭上岸，誰知一個漩渦把他捲入河底，再也沒有冒出來。各班輪流到下游守候，祈望能找到他的屍體。整整一個星期，一無所獲。大家的心情都非常沉重，有一種壓抑已久而無法發洩的情緒在蔓延。我們強烈要求連裡和團部向上申報曹萬芝為烈士；團裡也努力了，但省上沒有批准，認為曹萬芝雖然表現很好，但撈木頭並沒有經過林場和有關部門的批准，是為了小集體而損害國家的利益。這使我們懊惱萬分！

這期間，還把一連的女班長陳明萱叫回西寧。陳明萱畢業於北大地球物理系，出身高級知識分子家庭；鍛鍊時能吃苦，髒活累活搶著幹，大冷天搬石頭手上都裂出了口子。

幾個月後，陳明萱突然被押到農場進行批鬥，說女廁所的反動標語是她寫的，是現行反革命。

原來，陳明萱回到西寧後，即被隔離審查，青海省軍區、蘭州軍區都來了人。他們說經鑑定筆跡，女廁所反革命標語就是陳明萱寫的，但陳明萱拒絕承認。誰知部隊也大搞逼、供、信，把陳明萱折磨得半死不活，還引誘她說：只要承認了，就寬大處理。陳明萱看不承認過不了關，又輕信了他們的承諾，左右為難中便承認了。承認後又反悔，認為自己不堅定，經不起殘酷環境下的考驗，要狠鬥私字一閃念，就推翻了先前的「坦白」。有關部門認為她出爾反爾，態度惡劣，硬是把反革命標語案定在了她的頭上。

批鬥會上，陳明萱被綁成「噴氣式」，批判者同仇敵愾，口誅筆伐，「千萬不要忘記階級鬥爭」、「打倒反革命分子陳明萱」、「無產階級專政萬歲」……口號聲此起彼伏。陸君安是她的同班同學，又是她的戀人，也不得不跟著舉拳頭，喊口號。會後，在各班的討論會上，我們和陳明萱熟悉的同學，都紛紛談認識，做檢查，說什麼階級鬥爭觀念薄弱、政治嗅覺遲鈍，反革命分子就在身邊，卻認為她表現很優秀。但私下，我們北大幾個要好的同學，還是不大相信她會是反革命。

1970年春節過後，我們鍛鍊結束，回到西寧，面臨著重新分配。大部分安排到州縣，北大中文系的王松齡分到郊區小學當音樂老師，圖書館學系的張金亮是北大武術隊的，就分到大通縣一小學當體育教頭，國際政治系的魯仁分到離西寧二三十里路的二十里鋪小學，什麼課都教。團裡的主管振振有詞：什麼叫學以致用？為人民服務，黨叫幹啥就幹啥，是最大的致用！我被分配到青海省群眾文化工作站（原省群眾藝術館），編輯《工農兵文藝》小報。

⊙沈耀才 2014 年 4 月攝於美國

在「一打三反」運動中，西寧大街小巷貼滿了布告，「現行反革命分子」陳明萱赫然在列。她被判八年有期徒刑，在青海省勞改局下屬服裝廠勞動改造。她表現良好，雖有上訴，均石沉大海。

1975年，鄧小平復出主持工作，陳明萱又寫了申訴材料。經西安、北京、瀋陽筆跡專家鑑定，陳明萱的筆跡與女廁所「反革命標語」有相似之處，但並非她所寫。平反通知下來，陳明萱已勞改了五年。恢復高考和招收研究生後，她考上了中國科學院大氣研究所研究生，後移居美國。

女廁所那個「反革命標語」原來是部隊來自陝西農村的一名汽車兵寫的。此案的偵破方向被他引入歧途，居然好幾年都安然無事，他不禁自鳴得意起來，在從西寧開往拉薩的汽車上，沿途他又多次散發「打倒毛主席」的傳單，最終暴露⋯⋯

沈耀才，1963年考入北大哲學系。2002年江蘇人民出版社退休，副編審。

坎坷曲折的圓夢路

於遠河

早在中學時期，我就對公、檢、法戰線產生興趣。1963年高中畢業，在填報高考志願時，我就把北大法律系作為了第一志願。9月，我如願以償地跨進了北京大學這個神聖的殿堂，進入法律系學習，開始憧憬以後成為一名社會主義法制的建設者。

然而十年「文革」浩劫，使我的夢想破滅了！1968年的寒冬，我含淚告別了未名湖，冒著凜冽刺骨的罡風，來到了關外山區——遼寧省建昌縣，在最貧困的谷杖子公社姚路溝大隊插隊接受貧下中農的「再教育」。我的心涼了，夢碎了⋯⋯

然而，生產隊裡可愛的村民們——不管是老的，少的，男的，女的，都是那樣熱情似火地歡迎我們，為我們安排了最好的住處，幫我們打柴，做飯；教我們做農活；晚間在一個大火炕上抽煙嘮嗑。我雖然沒有學會抽煙，但是已經能夠承受那濃烈嗆人的旱煙味。過年時，村民們請我們到他們家裡吃殺豬菜，喝酒吃餃子。誰家娶媳婦，我們也去喝喜酒，鬧洞房。

農民們把我們的心焐熱了，我們再也不怕塞外的嚴冬寒風，我們成了他們中的一員。記得一年元旦時，我去山裡打柴，傍晚回到家裡洗臉時，發現兩只耳朵都凍成了冰坨，在路上卻全然不知。

不過，在這裡我也深刻地體會到無法無天的「文革」，將社會主義法制徹底破壞了，公、檢、法被砸爛了，到處都在搞「群眾專政」。記得1969

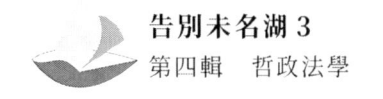

年開春,我被公社革委會調去幫助搞所謂「清理階級隊伍」,具體任務是調查一位在解放戰爭中起義過來的原國民黨部隊的連長,審查他在戰爭中是否有人命案子。

現在看來這是一個天大的笑話,軍人在戰爭中打仗能沒有殺戮嗎?況且黨的政策對起義過來的軍人是既往不咎的。調查這樣一個人有什麼必要呢?結果,我和另外一名同事按照他們提供的線索幾乎跑遍了半個中國,白白花費了公家近千元錢!那時的千元可真是錢啊!

1969年的10月,我們結束了在農村的被「再教育」,開始分配工作。當然,十年浩劫還沒有結束,公、檢、法還處於被砸爛的狀態,我不可能去從事政法工作。我被谷杖子公社留下來,安排在一個大隊小學做一名小學教師。我愉快地接受了這一安排,並且把我妻子也調到這個小學工作。學生們非常喜歡我們,我們也任勞任怨地工作,就想扎根在那裡了。在那裡我們生育了三個孩子。我們住在山溝農村,交通和醫療條件都很差,三個孩子都是在農村的土炕上請當地接生婆接生的。現在回想起來還真是後怕!孩子們大了也就在那裡上了小學。

1971年縣革委會調我到縣政工組工作,經常到下面調查研究,總結先進典型,撰寫有關他們的事跡和經驗。當時的文風極不正,總要求對典型無限拔高,寫些假、大、空的材料。我對此極其反感,就提出辭職不幹了,並請公社主任把我接回公社,仍然做教師工作。

由於我對教師工作認真負責,在教學上做出了一定成績,公社組織上把我提拔為公社小學總校校長,負責管理全公社8個大隊的小學教育工作。我經常騎著自行車奔走在谷杖子這個山區公社的8個大隊之間,檢查指導各個小學的工作;1973年還負責組織推薦了一個優秀農村青年上大學(當時稱「工農兵學員」),還積極推動對農村青年開展掃盲工作。然而,在當時的形勢下,要想真正做好教育工作談何容易?!

1973年6月,遼寧出了一個「白卷先生」張鐵生,被「四人幫」當作一塊石頭砸向了教育界。遼寧作為白卷先生的原產地,又有毛遠新的極力推崇,更是受害的重災區。1973年12月,他們又搞了一個「反潮流」的小英雄黃帥,

藉以大批所謂「師道尊嚴」，給教育工作造成極大破壞和干擾。當時我雖然不敢公開與「四人幫」以及遼寧的毛遠新搞的一套進行對抗，但也盡可能地進行了抵制。我從來沒有在教師中正面肯定和宣傳「白卷先生」和反「師道尊嚴」，而是努力抓緊各個小學的教育質量，樹立先進教師典型；組織教師進行業務考試，以促進教師提高業務水準。教師們晚上都到學校在煤油燈下備課。我亦堅持嚴以律己，寬以待人，和大家同甘共苦。

⊙攝於 1968 年離校時

1969 年 6 月，我妻子生第一個孩子的當天，她還挺著大肚子給學生上課，當天夜裡就生產了。孩子剛滿週歲，就送到了山東老家，托她外婆撫養到 6 歲，才被我們接回來。生第二胎是雙胞胎。按當時規定，可以休 72 天產假，她只休了 56 天即上班。我從老家把我母親接來幫忙照顧孩子，一家 5 口只靠我 43.5 元的薪水維持生活。

我妻子掙工分，幹到年底還欠生產隊 16 元錢！就是這樣，還比當地農民的生活水準高些。所以有位鄰居常到我家要苞米餅給她的孩子吃；還有的人向我借錢、借糧票（至今未還）；有的民辦教師到我家作客，見飯籃裡有大餅，也拿起來就吃。

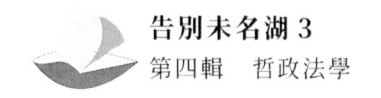

那時，當地農民的生活實在是太苦了！我在建昌期間，包括從1968年到那裡插隊接受「再教育」直至1984年離開建昌，總計16個年頭，結交了許多農民朋友和「布衣」先生，有許多至今還保持聯繫。我退休後去拜訪他們，特贈詞一首——《滿江紅：憶遼西》：

內亂正酣，罡風冽，赴奔塞外。進農舍，火盆熊旺，叟童歡快。從教為師不苟且，公正執法無懈怠。回頭看，曾做遼西人，十六載。

遼西友，恩如海；幫急困，慷而慨。似同胞一奶，桃園義在。淡飯粗茶同享用，麻衣布帽互穿戴。常緬懷，相交布衣淳，心澎湃。

1974年底，縣裡抽調我到縣五七幹部學校擔任教研室主任（後改為縣委黨校），我在那裡工作了5年半。

從離開北大起，整整12個春秋我再也沒有接觸法學書籍，更不用說是從事政法工作了！然而1976年粉碎了「四人幫」，1978年召開了黨的十一屆三中全會，結束了以階級鬥爭為綱；1979年頒布了中華人民共和國第一部《刑法》，全國各地公、檢、法陸續恢復，我要做一個社會主義法制工作者的美夢有了圓夢的希望，而真正機會的到來是意想不到的。

1980年的一天，遼寧省朝陽地區公署主管政法工作的副專員胡斌親自到建昌縣，要求調我到地區從事政法工作。但是，縣委書記不放我走，只答應讓我在縣裡從事政法工作。同年6月，我被任命為建昌縣人民檢察院副檢察長，分管刑事檢察工作。

這對我來說是喜憂參半：喜的是我終於圓了做政法工作的夢；憂的是由於十年浩劫，我並沒有學到多少法學知識，更沒有政法工作的實際經驗。怎麼辦？一是要在工作中學，在實踐中學，向老同事們學；二是我找到了比我先一步到法院工作的劉炎同學，從他那裡找到一本油印的刑法講義，如飢似渴地學起來，並且組織院裡的同事結合案件一起學。

那時我們對工作熱情都很高，學習的氛圍很濃厚。有一天中午，我騎自行車回家吃午飯，邊騎車邊思考法律和案子的問題，突然感到一列火車從我

身邊呼嘯而過，我一下子驚出了一身冷汗！究竟是在我過鐵路前還是過鐵路後火車從我身邊經過，我全然不知！慶幸的是我沒有出事。

由於我們認真學習法律，嚴肅辦理案件，我在院裡工作期間沒有出現錯案。記得縣公安局曾報請一件窩贓案的批捕案件，我們沒有批捕，退送公安機關，要求撤案。公安機關高層很不服氣，發動全局幹警一起討論檢察院為什麼不批捕，並找我們爭辯是非。

我們用學到的刑法理論跟他們說：窩贓罪成立的必要條件之一是犯罪嫌疑人必須「明知是贓物而予以窩藏」；而你們報送的案卷中正是缺乏這一要件，所以不能批捕。他們聽後心服口服。

還有一次，縣政法委開會決定：要求檢察院對一起打架鬥毆的當事人予以批捕。我們沒有「遵命」服從。在第二次政法委會議上，我力陳該案犯罪證據不足，不符合逮捕條件；政法委只好收回成命，避免了一起錯案的發生。

我在縣檢察院工作了三年。在這三年裡，我更加深切地感受到：十年浩劫使中國的社會主義法制遭到嚴重破壞，廣大幹部法制觀念極其薄弱；撥亂反正的當務之急，就是要加強社會主義民主法制建設。這三年也使我受到了政法工作實踐的鍛鍊，深刻瞭解了廣大幹部和群眾對法律的需求，為我以後從事黨校法學教學和科學研究工作奠定了基礎。

1982年在縣黨代會上，我當選為縣委委員。縣委擬提拔我為縣人民檢察院檢察長。1983年9月，縣委選送我到遼寧省委黨校學習，目標是培養縣團級主要領導幹部。而我不想當官，一心一意要做一名社會主義法制建設者。

於是，我利用在校學習的機會，跑遍了學校的圖書館，把能找到的法學教材都借來（當時法學教材極其匱乏），認真苦學，寫了10本讀書筆記。結果，在培訓班還沒有結業時，我就被省委黨校留下成為一名法學教員。

我是遼寧省委黨校第一名法學教員。我深感責任重大，困難很多。我當時就已年過40，人到中年，力不從心。但我不能知難而退，只能知難而進。我繼續發揚在幹中學、邊幹邊學、艱苦奮鬥的精神，一絲不苟地努力工作。黨校1984年4月開設法學課，當時是外請教員，也沒有法學教材。我的首

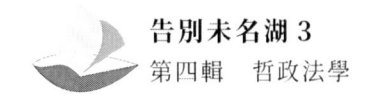

要任務是編寫法學教材，承擔起黨校全部法學課，甚至還要承擔一些校外的法律宣講任務。我沒有節假日，沒有星期天，起早貪黑，趕寫教材。

有一次晚上我在辦公室工作到深夜，想下樓回家時，大樓的大門已經上鎖了。我只好給睡夢中的哲學教研室副主任、負責領導我的關九英打電話，請他找人開了門，我才回了家。在不到兩個月的時間裡，我在關九英的配合下寫出了 20 多萬字的《幹部法學教學綱要》，使黨校幹部法學教育有了應急教材。1997 年上半年，我為完成省裡的一個重點課題——「國有大中型企業改革中的法律問題」，作為向十五大的獻禮，連續伏案兩個月，嚴重傷害了坐骨神經，坐不能坐，臥不能臥，治療了好長時間才得以恢復。

我在講課的同時，還配合關九英籌建黨校法學教研室，1986 年 1 月教研室正式成立。這是全國黨校系統首批省級黨校法學教研室。教研室成立後，我擔任副主任（1990 年後擔任主任直至退休），負責教學和科學研究工作。在教研室籌建特別是成立後，我們著重了師資隊伍建設。

首先明確每個教師的學科發展方向，成為該學科的骨幹教師；同時要求教師做到一專多能，逐步地能夠承擔其他課的教學任務。我們特別重視青年教師的培養，安排他們到律師事務所、法院或政府機關實習或掛職鍛鍊，深入基層調查研究，瞭解社會、瞭解群眾和幹部的法律需求，使講課能夠做到理論聯繫實際，更好地為社會主義法治建設服務。

我們還經常進行集體備課，研究教學重點、難點；到班級去瞭解、請教學員，使教學能夠更好地滿足學員的需要，提高教學質量。我們全體教員很快適應了黨校教學的需要，承擔起繁重的教學任務。我們為黨校培訓、進修等各個班次都開設了法學課，課時由 40 課時逐年增加到 600 多課時；課程內容由普及法律知識到教授法理學、部門法學和法學專題課。

從上世紀 90 年代起，黨校還開始招收研究生班，我擔當起帶研究生的任務。我自己承擔了法理學、刑法學、經濟法學等學科的教學和重點專題課的教學任務，每年講授幾百課時，最多是 1986 年，講課 400 多課時。

黨校法學教研室籌建過程中的另一項重要任務，就是為全省黨校系統培養師資，為適應全省黨校法學教育奠定基礎。1985年先後舉辦了兩期法學師資班，65名學員畢業後充實到市縣兩級黨校擔任法學教員，基本解決了市縣兩級黨校法學師資力量不足的問題。1988年4月，又開辦了一期經濟法師資班，使學員們能夠勝任經濟法的教學任務。

　　我們教研室成立後，更重要的任務是編寫全省黨校系統法學教材。我負責組織全省20名優秀法學教師參加在我撰寫的《幹部法學教學綱要》的基礎上編寫《幹部法學教程》，1986年10月完成付梓出版。這不僅使遼寧省黨校系統有了統一的法學教材，而且進一步提高了全省骨幹教師的教學科學研究水準。

　　黨校的法學教學與普通大學的法學教學有很大不同，其重點和特點是要為黨在社會主義初級階段的基本路線和黨在不同時期的中心任務安排專題教學；在專題課中，要特別注意理論聯繫實際；理論不僅指法學理論，更要有政治理論、掌握政策；實際主要指社會主義建設事業的實際、社會主義民主法治建設的實際以及在校學習者的實際需要。

　　所以，對法學專題課的要求很高，難度很大。講好專題課不僅要有深厚的法學理論功底，還要有很強的黨性原則、敏銳的政治嗅覺以及一定的政策水準和很強的社會主義法治理念。我個人特別重視加強這些方面的修養，把教研室的教學重點放在安排好講好法學專題課上。

　　我緊緊圍繞黨在社會主義初級階段的基本路線和黨在不同時期的中心任務，先後安排和主講了「社會主義民主法治與資產階級民主法治的根本區別」、「社會主義市場經濟必須與法制建設同步進行」、「堅決貫徹、實施黨的依法治國基本方略」等10多個專題課，取得了較好的教學成果。我還受遼寧省人大常委會有關部門的邀請，為他們組織的市縣人大主任學習班講解地方人大和政府組織法、人民法院組織法、人民檢察院組織法等法律問題。

　　我在科學研究工作中，先後主編了10本符合黨校幹部法學教育的黨校法學教材。我獨自完成了遼寧省重點科學研究課題「中國大中型國有企業改革中的法律問題」，與他人共同完成了國家重點科學研究課題「中國地方法

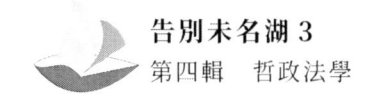

制建設」。我還主編了《國際市場法律實務手冊》、《企業法律管理》、《黨政工作人員法律意識修養》等法學著作，發表了 80 多篇論文和調查報告，比較深刻地闡釋了依法治國方略的內涵和基本要求，闡釋了市場經濟和公司制的有關法律問題等。

2002 年退休後，我繼續關注中國的法治建設。2006 年 8 月國家頒布了《中華人民共和國各級人民代表大會常務委員會監督法》以後，我撰寫和發表了《用社會主義法治理念解讀〈監督法〉》一文。

此外，我還積極參與社會上有關法學研究團體和有關國家機關的法學研討活動。我曾參加北京世界法律大會；曾擔任中國幹部法學教育研究會（籌備）常務理事、遼寧省黨校系統法學研究會副理事長、遼寧省法學會常務理事、遼寧省人大理論研究會常務理事、遼寧省地方立法研究會常務理事、遼寧省經濟法和行政法研究會常務理事；還曾被聘為遼寧省社會科學「十五規劃」項目評審組成員、瀋陽市人民法院專家組成員等。我被遼寧省委黨校評為優秀科學研究人才、先進工作者、中共中央黨校函授學院先進工作者。

回顧離開未名湖的 40 多年，無論是在接受貧下中農的「再教育」中，還是在做小學教師、做縣委黨校教員期間，我都沒有灰心氣餒，而是任勞任怨、熱情奔放地做好本職工作，獲得了群眾的認可和組織的信任。在終於圓了自己的夢，能夠從事政法工作或法學教育工作的時候，我雖然已到中年，但仍然急起直追，發奮努力，刻苦鑽研，做出了比較優秀的成績。這些都與我在北大受到的教育和熏陶分不開。

雖然「文革」干擾了我在北大的正常學習，但北大仍然賦予了我忠於職守、淡泊名利的品格，使我具有了刻苦鑽研、嚴謹治學、力戒浮躁的精神，使我具有了艱苦奮鬥、甘於清貧、拒絕貪腐的品質，使我能夠作為一個社會主義法制工作者奮鬥終生，圓了自己的青春美夢。我感激北大，感謝北大，懷念北大！

2013 年 9 月，我們法律系 1963 級的同學們又匯聚北大，重遊校園。在未名湖畔，我心潮澎湃，填詞一組，以志紀念。現錄之如下：

長相思·重沐北大風（四首）

慶賀法律系63級同學於2013年9月16-19日回燕園聚會，填詞贈恩師學友。

其一

日光長，月光長，十幾春秋寒苦窗。赴京別故鄉。

新同窗，好同窗，未名湖波博雅光。厚書濃墨香。

其二

天蒼黃，地蒼黃，餐廳東牆黑浪狂。燕園變暗涼。

師迷茫，生迷茫，何故刀槍進課堂？同窗相鬩牆。

其三

心兒傷，情兒傷，打起背包奔遠方。天涯路漫茫。

人自強，我自強，北大學人陽氣剛。雄鷹展翅翔。

其四

起春風，沐春風，萬眾歡呼震太空。東方騰巨龍。

朝陽紅，夕陽紅，你我龍鍾似嫗翁。重沐北大風。

於遠河，1942年4月生於山東文登。1963年9月入北大法律系學習。1968年底到遼寧省建昌縣接受「再教育」。1969年底分配到該縣農村小學做教師。1980年任建昌縣人民檢察院副檢察長。1984年到遼寧省委黨校任教；被聘為法學教授，擔任教研室（部）主任，直至退休。

⊙作者近照

艱苦的歲月難忘的磨礪

——在「北大荒」部隊農場接受「再教育」追憶

張萬平

前些年，電視劇《闖關東》熱播。它以生動曲折的故事情節揭示了清末民初那段塵封的歷史，也勾起我對上世紀60年代在「北大荒」接受「再教育」那些艱苦歲月的回憶。雖然二者不可相提並論，但那段難忘的經歷早已成為我抹不掉的記憶。

「下關東」：分配黑龍江

1963年秋，我考入北京大學國際政治系。三年級時我正在參加「四清」運動，已填寫《入黨志願書》即將解決組織問題之際，「一張大字報」把我們召回北大，「史無前例」的「文化大革命」把北大拖進派性武鬥的深淵。曠日持久的派性鬥爭弄得人們精疲力竭、煩不勝煩，儘管大家仍在喊著「將無產階級文化大革命進行到底」，心中卻盼望儘早結束那種荒誕不經的局面。

1968年下半年，我被分配到黑龍江省3065部隊農場。定下來後，我馬上次老家告訴父母。父親在我們村裡當隊長，思想開通，支持和鼓勵我去。父親還說起他年輕時曾打算「闖關東」，到了火車站，因念及親人又折返回來。這時，父親特意去市集買來山羊皮，讓我母親為我縫製了皮坎肩。我從未去過黑龍江省，只聽說那裡是「北大荒」，很遠、很冷。我懷著朦朦朧朧

的印象和各種猜想，回北大託運行李，告別母校和首都，於 12 月 26 日啟程赴東北報到。

當時，只有尚未離校的同班同學孫忠祿為我送行。我帶著「今日君送我，它日誰送君」的離情別緒與他揮手惜別，登上北去的列車。到唐山又中途下車，告別父母親、姐姐等親人和家鄉唐山。車過山海關時，唐人「西出陽關無故人」的感慨湧入腦際，我不由信口湊出「北出榆關（山海關之古稱）無故人，今天我也下關東」的詩句。

列車越向北開，感覺天氣越冷。12 月 29 日夜，車到哈爾濱，嚴寒罡風就來了個下馬威：冷風撲面，寒氣襲人，剛下火車就像掉進大冰窖。到出站口就看到 3065 部隊接待站，迎上前來的軍人馬上給衣著單薄的同學披上羊皮軍大衣。我的心裡也立刻暖和起來。

人員基本到齊後，師部舉行了歡迎會。師首長在講話中鼓勵我們好好接受「再教育」，也表示他們一定很好地完成這項政治任務；學生代表也表了決心。然後宣布連排建制。此前黑龍江省已組建軍農一、二連，我們來自京、津、寧、滬等地的 140 餘名大學生則組建成軍農三連。全連分 4 個排（一個女生排）、12 個班（三個女生班），每班 10 餘人。連長，正、副指導員，通訊員、衛生員均係士兵，組成連部；各排長及司務長、上士（給養員）、炊事班長和兩名炊事員也是現役軍人；各副排長和正、副班長則由大學生擔任。我被分配到 11 班。

我們在哈爾濱的師部軍訓一個月。後來才知道，3065 部隊是 23 軍的一個師，是一支有著光榮傳統的英雄部隊；其前身曾是老紅軍，歷經抗日戰爭、解放戰爭和抗美援朝，正承擔著防禦「蘇修」入侵的繁重戰備任務，現又肩負起對大學生進行「再教育」的光榮政治任務。

部隊得知大家幾乎全未到過東北，便決定先在哈爾濱營房集訓，進行形勢任務教育，開展憶苦思甜活動，組織軍事訓練，端正接受「再教育」的思想動機，加強組織紀律性和集體主義觀念，以增強體質，提高適應北方氣候的能力，從思想上、物質上做好去部隊農場的準備。

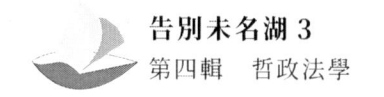

我們按班、排天天出操、走步、跑步、喊口令、唱歌、整內務；一日三餐部隊多有關照，除細糧、菜餚定量供應外，粗糧隨便吃，都能吃飽；部隊士兵還多次帶領我們購買棉大衣、大頭鞋、狗皮帽子、棉手套等禦寒物品。

集訓結束，為解決到駐地後連隊的伙食問題，由男生各班抽調人員組建炊事班。我考慮到炊事班軍方成員多，更便於向軍人學習，就報名並經連隊批准成了炊事班的一員。春節前十來天，軍農三連全體「士兵」打著紅旗，背著背包，告別營區、師部、哈爾濱，乘火車經哈齊線、齊嫩線、至雙山站下火車轉乘汽車，來到我們的駐地 3065 部隊農場。在這裡，我們即將成為響噹噹的軍農士兵。

「革命化」：荒野度春節

我們的駐地在「北大荒」（舊指黑龍江省嫩江平原、黑龍江谷地和三江平原廣大荒蕪地區，近幾十年已進行墾殖）西部的嫩江平原上，東南距哈爾濱市近千里，西南距齊齊哈爾市約數百里；當時有幾棟「板夾泥」、「草辮房」的簡陋土坯房，裡面有「對面炕」和火牆。原是廢棄的勞改農場，後來變成 3065 部隊農場的一個生產點，成了我們接受「再教育」的地方。

剛到農場時，條件簡陋，物資匱乏，大家立即投入了緊張的勞動。宿舍牆壁透風，得找東西堵縫隙；燒炕倒煙，得掏爐灰通煙道；打算天暖後修房子，得到沙包上打眼、裝藥、放炮、備料……儘管各種農活瑣碎忙累，大家勁頭還挺足。

正值「三九」隆冬，從西伯利亞刮來的強勁冷風寒流越過大小興安嶺橫掃嫩江平原，白天最高氣溫也就零下二十度上下，夜間則降至零下三四十度。若天氣「變臉」，十來級大風咆哮，漫天大雪翻捲，暴風雪晝夜不停，四周白茫茫一片（人們謂之「白毛風」、「大煙炮」），道路被掩埋失，行人車輛都有生死之虞。哈爾濱的寒冷與這裡比起來，簡直是「小巫見大巫」。

我穿兩身絨衣、一身棉衣、一件棉大衣，還凍得嗓子眼發緊，脊背發涼，只好再穿上母親縫製的皮坎肩，才有所緩解。

為取暖和做飯，各班每天都要到附近的小山上砍樺木、灌木做燒柴。這些活男同學幹都很費勁，但女同學也不甘示弱。我挑著豬食去餵豬時，常看到她們也腰繫草繩，頭頂皮帽，抱著樹幹，俯首躬身，艱難前行，竟然能把整棵樹拖回駐地。我由衷慨嘆「巾幗不讓鬚眉」！

　　由於大家都是年輕人，活累，飯量大，全連約160人，一頓午飯，200斤白米都不夠吃。人多吃得多，當然也拉得多。廁所就是一個深挖的大坑，上面鋪上木板，留出間距，再用木板圍就而成。天寒地凍，滴水成冰。糞便排出就被凍上，很快就突破腳踏板，形成「糞峰便山」，如不及時清除，就會影響後續者排洩。

　　於是各班輪流清理廁所，不少人都主動搶著幹。凍結的糞便硬得很，一鎬下去，只留下一個白點，濺起的糞渣卻飛到衣服上，沾到臉上和頭髮上，甚至鑽進脖領裡。大家全然不顧，有的用撬棍撬，有的掄大錘砸鑽杆子進行鬆動，還有的把糞便一塊塊地搬運出來堆放好，待開春種菜做肥料。幹這種活，大家的「認識高度」是：糞便雖然臭，但換來的是思想覺悟的提高。

　　除十八里外農場場部外，我們駐地附近方圓百里幾乎沒有人煙。由於要取文件、報紙和信件，連部通訊員小樊每天都背著槍徒步去場部，路上時而有野狼出沒。誰寄信或買牙膏、牙刷、毛巾、肥皂等，全是請他代辦。他每從場部回來，大家總是立即圍上去，領取急盼的家書和托他代買的生活必需品。

　　2月17日，農曆春節到了。那時舉國都在力倡「革命化」，部隊也號召我們過「革命化」的春節。因此，春節那天該出操還出操，該「天天讀」還「天天讀」，該幹農活還幹農活，該掏廁所還掏廁所。連隊處在渺無人煙的「北大荒」荒原上，除了呼呼的大風聲，四周靜悄悄的，缺少鞭炮聲和歡樂的節日氣氛實屬「正常」。

　　唯一不同的是：生活略有改善。連隊剛組建，沒家底，這裡的伙食大不如在師部集訓期間。由哈爾濱帶來的蘿蔔、白菜、馬鈴薯全凍透了，化凍後再做菜，吃起來真是索然無味，還容易反胃。幸虧司務長、上士操心費勞在

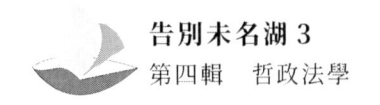

炕頭上生了些黃豆芽，特意安排了肉絲炒豆芽、豬肉燉粉條，算是春節的加餐。

「每逢佳節倍思親。」在茫茫荒原上過「革命化」的春節，沒人說什麼，但彼此都心照不宣，默默地思念著自己遠方的親人。

炊事班：廚灶「煉紅心」

在部隊農場接受「再教育」，無論是參加各種學習教育活動還是勞動鍛鍊，目的都是讓我們「改造思想」，煉就「紅心」。炊事班與其他班排的區別是：天天與鍋碗瓢盆打交道，陣地在廚房灶前。「做好飯菜，餵好豬牛，煉就紅心」，就成了我們的戰鬥口號。

剛到農場時，基本上都是吃「二米飯」（即先把高粱米煮個半熟，再配上白米做成的飯）。炊事班有兩口二十四沿的大鐵鍋，做飯、炒菜都是用大鐵鍬翻動。做飯時，滾開的水放入淘好的米後，半天上不來熱氣；米煮得差不多時，需用幾鍬煤壓住鍋底下的火苗把飯燜熟。這時，火大糊鍋，火小夾生，壓不住火串煙，火候很不好掌握。

初做「二米飯」時常半生或焦臭，大家只好硬著頭皮吃。凍菜難吃，我們就學著在炕頭上生豆芽，練習磨豆腐，學著做黃豆醬。天氣冷，豆漿隨磨隨凍，一斤黃豆居然磨不出一斤豆腐，幾乎全成了豆腐渣。為改善生活，司務長去百里外的農村買來大豬，殺豬吃肉；還買來幾十頭小豬餵養。上士曾帶我們去用黃豆換豆腐、豆腐皮和粉條，為防止豆腐上凍，常把自己的軍大衣脫下蓋上；他還多次夜間去打狍子，雖都無功而返，但清晨回屋時隨手摘除鼻下鬍子上待化冰塊情景歷歷在目。

我與韓德勝除餵豬外，還負責燒火炕和到灶上打下手。幾十頭豬散養，定時餵些雨淋過的麥子，飲些餿水和清水；殺豬改善生活時，自己也曾操過刀，雖屠技不佳，但也有些成就感。晚上燒炕，儘管自己睡炕頭，熱得大汗淋漓，睡在炕另一頭的人說冷，還得儘量多燒。木柴潮濕，常常倒煙，嗆得眼淚、鼻涕一起流，我依然堅持。

一次我做白米飯，碰巧火候掌握得好，大家都誇飯好吃。3月1日，我值班炒豆芽，因放的鹽水多，火壓得早，又忙於切菜、燒炕，結果到了開飯時間，豆芽炒得欠火候，不少人嫌硬退了回來。當晚全班召開「鬥私批修」會，大家對我提出批評意見，我也上升到未能做到「完全徹底」、「精益求精」的高度進行「自我革命」。司務長說各班對我們嚴格要求是對我們的極大關懷，只有學習紅寶書，對照思想和行動深刻檢查自己，才能在廚間灶前「煉就紅心」，改造世界觀。

1969年3月，中蘇在珍寶島發生武裝衝突，3065部隊下屬連隊曾參與作戰，珍寶島十英雄之一華玉杰曾來農場介紹用火箭筒拼刺刀、近距離炸毀蘇軍坦克的英雄事跡。「九大」會議上，毛澤東提出他贊成這樣的口號：叫做「一不怕苦、二不怕死」。春回大地，我們播下小麥、大豆、向日葵、各種蔬菜等希望的種子。「清理階級隊伍」，逐人總結剖析成長歷程，聽取群眾當面評議，有人反覆幾次才過關。

夏收時節陰雨連綿，收割機進不了地，珍寶島自衛作戰參戰部隊紅一連、紅二連來農場休整參加夏收，幹活就像作戰打衝鋒。大家決心學習珍寶島英雄，我也處處以英雄為榜樣「練就紅心」。做病號飯，擔心飯涼了，我就不穿棉衣先送去，雖身上涼颼颼，但心裡熱乎乎。我與老陳原為燒磚的二排做飯，後來為在豆田鏟草的戰友送開水，一次步行十幾里不停肩，只是在大家喝完準備潑掉前自己才捨得喝幾口。

對我「煉紅心」更有促進作用的是：夏至那天下到水井裡刨除凍冰。我們連隊只有一口38米深的水井，因水量有限，僅能供全連一百五六十人吃飯、洗菜用；各班除洗刷可取少量井水外，其餘只能到附近的水泡子裡取水。許多男同學不得不自發而不情願地剃成光頭。這口井上有一架鐵轆轤，上面有蓋，打水時至少需要四個人同時推搖，直徑一尺多粗的轆轤，鋼絲繩上、下排滿兩層才能抵達水面。同時吊下兩個空桶，打上來時才能湊上一桶水。還因水桶上升時搖搖晃晃，水潑灑在井壁上，遇冷結冰，井口越來越小。水桶下不去時，就需要有人騎著水桶下井刨冰，然後再把浮冰撈上來，以免水面封凍。這種事既難做又有風險，大多是炊事班長和小郭、小李（軍人）去做。

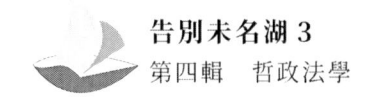

記得一次班長下去刨冰，不慎弄濕了大頭鞋，還把腳凍了。我見他們有的比自己年齡還小，很過意不去，幾次躍躍欲試，都未實現。

6月21日那天夏至，打水時水桶又被冰卡住了。班長終於同意了我去刨冰的請求。於是我騎著兩個水桶，一手攥著鋼絲繩，一手拿著鐵鎬，同班戰友把我從井口繫到井下。時值盛夏，我穿著單衣，只覺得涼氣襲人。離井口五六公尺處，我環視週遭，看到冰凸幾近封堵井筒的一大半。井筒窄，冰層厚，真不知從何下手。

幸好到了夏至，地面暖和，冰塊不太堅硬，我才找到薄弱環節開始刨冰。我揮動鐵鎬，連刨帶撬，冰塊開始鬆動脫落。我由左向右，由上到下一塊一塊地刨，不禁覺得胸內燥熱而皮膚陰冷，手臂酸熱而雙腿冰涼。大約刨了近半個小時，終於把封堵的冰層刨通了，露出了圓形木質的井壁和水面上堆積的浮冰。

我在井壁邊約一尺寬的木樁圓台上站好，把鐵鎬放進水桶，押了一下鋼絲繩，上面的人得到信號，就把水桶搖了上去；一會兒換下個大笊籬，我拿起來開始撈冰，倒進水桶，裝滿後押一下，他們就搖上去。這樣往返了十多次，才把浮冰撈乾淨。這時我定定神，向上看高高的井口處只有一個小亮圈，往下看黑森森的水面好像是無底深淵，覺得神祕莫測，不由得有些膽寒心驚。這口井到底何時何人所建？

我正想著，運我的水桶已經下來了，還沒等我騎上去，上邊的同事們就開搖了。我一著急，就用雙手緊攥住鋼絲繩，屏住氣，保持引體向上的姿勢，持續了幾分鐘才到達井口。同事們看到我這樣上來，倒有些吃驚和後怕。我邊笑著說「沒事」邊向前走，突然覺得兩條腿好像有點僵硬不聽使喚了。我想：時值夏至尚且如此，隆冬臘月下井刨冰，該多不容易啊！

可是，他們誰也未提起過。上來後，我口渴難忍，又找不到水喝，就隨手拿起鍋裡準備化水的冰塊嚼了幾口，當時沒感覺，卻為幾個月後的牙疼難忍埋下了禍根，幾年後我的右後槽牙竟然炸裂脫落了。對於當年夏至天我所幹的那件有點冒險的「豪情壯舉」——井下刨冰，同事們倒肯定是「煉就紅心」的成果。

難忘懷：風雪嫩江原

1969年7月，連部決定對炊事班部分人員換崗，我又回到了11班。如果說在炊事班是身在廚灶「胸懷全國」的話，那麼在軍農班則可說成奔走於嫩江平原「放眼世界」了。

先是在百里外的雙山火車站搞裝卸。我班的任務是把農場運到的小麥、大豆卸下汽車，裝上火車；把火車運來的石頭、磚瓦、煤、石灰、水泥、大缸等物資裝上汽車，運往農場。為減少鐵路占線時間，不分晝夜，車來就是命令。每人只有一塊二尺見方的黑布和一副手套，別無其他勞保用品。遇到幾百斤重的大石頭，就幾個人抬離地面，一人鑽到石頭底下，靠軀幹的力量硬挺著裝上汽車。

我也曾搶著鑽和挺過。裝糧食，兩人搭起200斤重的大麻袋，一人從底下彎身扛在肩上，腳踩著斜放的踏板扛到火車上碼放好。這些活又重又累還有危險，但別人能做的，自己也一定做到。裝卸散碎物資，煤灰、白灰，粉塵，遮頭蓋臉，簡直變了個人，但大家都以能站在「下風頭」為榮。一次我鬧了牙痛（這是夏至下井刨冰啃冰塊惹的禍），吃不進飯、睡不好覺，還要做重活，眼冒金星，班裡怕出事故，特准我假休息。我在公路邊搭輛貨車去九三農場醫院，吃了幾片藥，才止住疼痛。

我們在鐵道邊行走時，曾有人蔑視地稱我們為「二勞改」（指刑滿釋放的勞改農場留用人員），我們便以「我們是軍農爺」予以自嘲和還擊。天冷了，有工作，就大幹一場，出一身大汗；車走了渾身冰涼，真是「冰火兩重天」。勞動之餘，我配合炊事員小蔡養了一頭豬，幾個月由190斤長到490斤，殺了卻是痘豬，只好將肥肉熬了一大缸葷油，大家吃饅頭時沾葷油。這樣當裝卸工，一做就是三四個月。

嫩江平原霜早、風急、秋短，9月23日即下了第一場雪。在雙山車站完成裝卸任務後，11月份我又隨軍方組成宣傳隊，頂風冒雪到德都縣團結大隊幾個村屯幫助建立貧協、健全基層黨組織，也近距離地接觸了室內井、馬鈴薯窖、酸菜缸、狗拉爬犁等東北風俗。我曾和軍方一排長、四排副同住在一

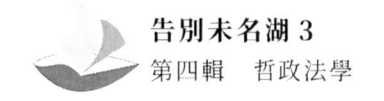

位達斡爾族老太太家的北面炕上，南面炕上則住她和她的小女兒及五六歲的外孫。

住「對面炕」雖是當地習俗，但畢竟還是因為窮，這個老太太家的炕中間連個遮擋的布簾都沒有。我們幾個人很不習慣，沒辦法，只好和衣而臥，結果都生了虱子。老太太說話我們聽不懂，全靠她小女兒做翻譯。王華放（中國人民大學新聞系畢業，後任哈爾濱市委副書記、政協副主席）等同學曾收集到當年日寇731部隊在此地用人體做細菌戰試驗的罪證，這個達斡爾老人就是那場災難中死裡逃生的見證人。

我們走街串戶、訪貧問苦，做黨員、幹部、老貧農的思想工作，同時宣傳戰備形勢；遇到一些矛盾和糾紛，也參與排解。一位女社員屢遭其身為民辦教師的丈夫毆打，她忍無可忍向我們哭訴，工作隊和生產隊長讓我處理。我打著「貧下中農領導一切」的旗號，嚴肅批評了這位民辦教師，警告他如此行為難以「為人師表」，必須悔改，否則後果嚴重。最後他向妻子認了錯，也向我們做了保證。豈不知，斷這種家務事時，我不但尚未成家，而且還沒處過對象呢！

在嫩江平原的農村工作月餘，我們重返軍農連駐地。接著是搞復收，把大田裡脫過粒的小麥、大豆秸稈運到水泥場地再復脫一遍，以求顆粒歸倉。這時已經入冬，風雪又襲嫩江平原。我們就從雪下扒拉出麥豆秸裝上爬犁，大家稱之為「與天爭食」，「雪中奪糧」。白天還好點，夜晚冷風刺骨，裝車一身汗，車走渾身涼；裝車時麥秸、豆秸的屑片夾雜著塵土四處飛揚，不僅弄得灰頭土臉，而且鑽入口鼻眼中，還與貼身的汗水攪和在一起，疼癢難忍。

一四川籍的軍人嫌用叉子挑太慢，乾脆就鑽進豆秸堆裡用頭拱著往爬犁上裝。有時居然扒出尚未脫過粒的豆枝堆。我們還曾為伐木時樹杈著地、樹幹掄起擊中腰部犧牲的黃元華同學輪流守靈，等待他遠在浙江的老父親前來處理後事，並用汽車將其遺體運至嫩江火化。透過整黨評議，原來的預備黨員得以轉正，並吸收我班副班長宋世亮一人入黨。副連長與我談話肯定我的進步，表示名額所限，鼓勵我到地方繼續努力，爭取早日入黨。

這年春節我們仍在連隊駐地度過，當然還是「革命化」的春節。不過由於一年的辛勤勞動，住房已換成磚瓦的了。無論大田作物還是瓜果蔬菜都喜獲豐收，加之餵養的十幾頭豬長得膘肥體胖，每頭重達幾百斤，雞成群，蛋成堆，所以這個春節生活不錯。各班大盆盛菜，大家大塊吃肉，每人都能「努力做」。許多人各展才藝，舉辦了高水準的文藝演出。

⊙ 2013年相聚合肥。從左至右：高再春、李海文、張萬平

春節過後不久，連隊宣布「再教育」結束。我們再次被分配到黑龍江省各地。我和劉大學、郝志剛、楊星辰、韓德勝幾位軍農戰友分到尚志縣小三線軍工廠工作。後因父母年高，也為解決兩地分居，我於1974年底調回唐山，工作到退休至今。

人老難免憶舊。大學畢業後在3065部隊農場度過的那些日日夜夜經常浮現在我眼前。那種「臭老九」接受「再教育」的特殊經歷和高強度的艱苦勞作，那些嫩江平原上的疾風驟雨和暴雪嚴霜，改變了我們的人生軌跡，對我們的成長和日後工作帶來重大影響，打上了深刻的烙印。我想，對這段歷史不是簡單地否定或肯定就完事的。

從宏觀和時代潮流看，那是錯誤路線和左派的思潮的產物，我們受到過不公正的對待；但在特殊的環境下，我們每個人都經受了磨煉和考驗，變得更加自信和堅強，也更有責任心和敢於擔當，因此以後都成為各個崗位的骨幹。今天我們回顧過去，總結經驗教訓，是想讓後人走得更快捷、更堅定、更順暢。聽留在黑龍江工作的戰友說：昔日的嫩江平原已發生巨大變化，由農場而形成的大小現代化城鎮拔地而起，當年荒涼的「北大荒」已是富裕的「北大倉」，他們邀我再回去看看。「北大荒」是我灑過汗水、留下青春的地方，至今仍有我的戰友和校友，我真想回去再看看他們，也渴望一睹「北大荒」的新貌。

　　張萬平，1945年生，河北唐山人，1963年考入北京大學國際政治系。歷任黑龍江省9246工廠弟校教師、宣傳科幹事；唐山市內燃機廠政工科、唐山市機械局組織科幹事；唐山市委工業部（經濟部）組織科長；唐山冶金礦山機械廠紀委書記、高級政工師。所寫論文曾獲河北省思想政治工作研究會優秀成果獎，或刊登於有關紀檢刊物上；所寫數百首詩詞在報刊發表或刊載於數十種詩詞集，分別獲獎及榮譽稱號。

告別未名湖走進「心世界」

徐岫茹

　　「人心比任何地方都更炫目，也更黑暗；精神的眼睛所注視的任何東西，也沒有人心這樣可怕，這樣複雜，這樣神祕，這樣無邊無際。有一種比海洋更宏大的景象，那就是天空；還有一種比天空更宏大的景象，那就是人的內心世界。」（雨果）作為一名心理工作者，幾十年來與人的心靈打交道，我對這段話有著刻骨銘心的認知與體驗。

坎坷、磨礪與成長

　　記得1964年高考時，我懷著好奇心，將心理專業填為第二志願，9月進入北大哲學系，就讀心理學專業。進校第一課進行的是「專業思想教育」，就是讓我們安心學好這個專業。我的第一志願是中文系。班上的其他同學也

幾乎都是被分配到這個專業來的，對學心理學專業難免有些牴觸情緒。我當過班上的文體委員。由於對文藝的愛好，大一時我參加了北大文工團舞蹈隊，沒想到這段經歷對我以後的工作非常有幫助。1970年春天告別未名湖時，前途未卜，我不能想像今後是否還能夠學以致用。

1970年3月，我離開燕園到江西安義6011部隊農場勞動鍛鍊。記得剛去農場下水田時，我被咬得全身是包，蚊子、小咬、牛虻，水蛭，還有不知名的各種小東西，都會攻擊我們。收稻子時，還常常有小蛇來襲。有一位男生放馬時，就被一種毒蛇咬傷。雖然每天提心吊膽，但我們還是越來越坦然。尤其是夏季的「雙搶」，早上3點多鐘就要起床幹活，冒雨勞動更是常事。我這個在北京長大的女孩，一年後逐漸適應了南方的潮濕氣候，還被評為「五好戰士」。

有了一定的社會閱歷，還要經歷坎坷與磨難，才可能真正理解並與他人的內心親密接觸，這是做一個心理諮詢師起碼的條件。

勞動近兩年後，我被分配當老師。剛開始時極不適應，甚至有些緊張、口吃。但世事的磨礪使我放下一切私念，尤其是「不能給北大丟臉」的信念一直支持著我，並想方設法當一個好老師。其實，我還是非常幸運的，我分配的單位是贛南師範專科學校（後升格為贛南師範學院）。1972至1978年，我每學期都要帶學生「開門辦學」，走遍了贛南的大部分山區縣。

在與學生相處中，我成為學生的知心人。學生中有一半左右是上海知識青年，無論男生女生，有什麼想法都願意跟我說，在他們眼中，我這個小老師就像大姐姐一樣。有的學生年齡比我還大，有非常豐富的社會經歷，有的學生已經成家立業，甚至還有的學生因家庭拖累，不得不中途退學。他們有許多苦惱和個人發展的難題，希望能向人傾訴。這為我以後從事心理諮詢工作做了很好的鋪墊。

因為當時無法學以致用，將我分配到藝術系，我教過語文課、文藝理論課，時間較長的是教舞蹈課，也叫排練課。因為要培養中小學音樂、美術老師，學校要求學生學會創作和排練文藝節目，要學一點舞蹈基本功，還要會做各種小節目的編導。我到學校圖書館查找相關資料，找到了不少有用的參

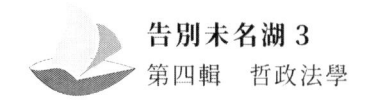

考書。我當初在北大文工團的所學所得也派上了用場，並且得到老師與學生們的認可。每年下鄉開門辦學，我們都組織學生排練節目，要自己創作、排練。因此，每次開門辦學，我們非常受歡迎。

1979年下半年，師範院校開始恢復心理學課程，我終於「歸隊」了。在老教師的帶領下，我邊學邊幹，講授最基礎的普通心理學課程。教學中我想方設法透過各種簡單的心理遊戲、小測試及身邊的實例，結合學生所學的專業知識等，啟發學生領會教科書的內容，學生反映良好。

1978年北大心理學系為老五屆辦「回爐班」時，我因剛生孩子，失去了進修機會。1979年和1980年，我兩次參加研究生考試，雖然三門專業課成績都考到90分左右，但因外語和政治的分數較低，還是沒有被錄取。後來聽說，北大心理系的老師願意多招一名研究生，但上級不批准，只好作罷。

1983-1985年，我曾借調到中國社科院青少年研究所工作。當時正值全國「嚴打」，我參與了「全國青少年違法犯罪調查研究」項目。有一次去武漢監獄調查，那裡關押的都是重刑犯。正值數九隆冬季節，武漢下著很大的雪，又沒有供暖，晚上蓋兩條被子還覺得很冷，白天穿著借來的軍大衣。我抗著嚴寒進行了大量問卷與個案調查。許多獄警很奇怪：「那些罪犯，從不跟我們說實話，怎麼見了你們跟見了親人似的，能夠暢所欲言呢？」他們並不知道我的心理學專業背景，也不知道我是多麼耐心而誠摯地與服刑人員談話的。

那次工作環境惡劣，但收益很大。不少所謂犯罪嫌疑人是被冤枉的，但在「嚴打」的社會情境中，無法爭辯；我們作為局外人，也不便說出自己的看法。當時社科院青少年所想把我留下，但恰逢機構改革，人員精簡，青少年所被合併撤銷。

1985年5月-1987年10月，我通過面試和試講，進入位於河北廊坊的中國人民武裝警察部隊學院，成為一名副營職教員。這個學院剛成立，從地方招聘了許多教員，這樣我就成了一名現役軍人。雖然我在這裡只有兩年多，但在部隊這座大熔爐裡，我與學員們一起出早操，舉止均要體現軍人風範。

我承擔了犯罪心理學課程。借調時的經歷對我很有幫助，但武警的工作，如邊防、內衛、消防等我仍一無所知。

在每週兩次對學員的課外輔導和學員晚自習的時間，我都啟發學員講述他們在邊防第一線稽查偷渡、走私、販毒的種種經歷；承擔內衛警戒工作，他們也有許多精彩的故事。這樣，學員為我提供了大量第一手訊息，充實了我的授課內容。

同時，學員也非常願意與我拉家常。當時正是部隊裁軍時期，許多學員是從野戰部隊來到武警的，很不適應，有對前途的擔憂，面臨種種考驗和苦惱。我與學員的互動，實際上也是一種心理輔導。

當時，廣播電台正在連播軍旅作家錢鋼的小說《唐山大地震》，其中講到唐山監獄的武警部隊成功轉移犯人，並組織他們抗震救災，非常感人；我將小說的有關片段錄音，在課堂上播放，並結合犯罪心理學的知識加以詮釋，教學效果比較好。在學院推出學員對教員的功能測評中，學員給我打了很高的分數。因此，我在1986年受到嘉獎，並被批准入黨。其實，我很願意在武警學院幹下去，但為了孩子的上學和照顧母親，在1987年我選擇了轉業回到北京，兩個孩子的戶口和上學問題都解決了，我也不再漂泊。

心理諮詢：讓我瞭解中國人民與國情

回北京後，我進入中國健康教育研究所工作。這是衛生部的直屬單位，接納了不少轉業軍人。1988年4月，我工作的研究室與北京西城區衛生防疫站合作，在熱鬧的西單路口開設了名為「行為健康指導中心」的心理諮詢門診。當時主管並不支持，也不理解。開始時，我們像做地下工作一樣，輪流去那裡值班，只是兼職做這方面的工作。但社會反響強烈，由於媒體的大量報導，引來了全國各地的大量來信、熱線電話與來訪者。

從事心理諮詢工作30多年，我個人共計接待面談諮詢者4000多人次；回覆心理諮詢信和電子郵件5000餘人次，熱線電話更是不計其數。這項工作社會影響廣泛，因此也帶動了方方面面的工作。應媒體之約，我至今已發表科普文章2000餘篇，發表論文30多篇，被評為全國先進科普工作者。

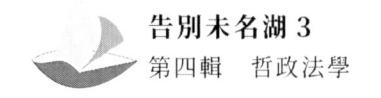

參與培訓授課每年在 10-20 次；出版心理健康科普書籍 20 多種；參與編寫的教材、科普著作多達四五十種。為提高工作效率，我從 1994 年開始購置並學習使用電腦，雖然有不少困難，曾經將數萬字的書稿「丟失」，但我還是不信我學不會，半年後我終於可以熟練地使用電腦。

社會上的種種問題，都可能彙集到心理諮詢之中，這使我瞭解了國情與民眾的苦惱，也深感自己責任重大。有人以為我們做心理諮詢，整日接受許多負面訊息，是否也會使自己沮喪消極、心情不悅？其實，恰恰相反，由於瞭解和體悟到別人的苦難，洞悉了大量的社會問題，反而會使自己工作更有動力，更加努力提升自己的人格，並感到與他人相比，個人的挫折失敗都算不了什麼，會活得更充實，更有生活質量。我的感悟如下：

1. 社會環境不安定，造就精神疾患大國。

在心理諮詢工作中，我見證了大量社會動盪的後遺症現象。這些社會動盪衝擊了各種人群，並造成一些人的精神家園毀滅，精神崩潰。例如，有迫害妄想的精神病患者，多半是下鄉知識青年，或是在「文革」中被抄家、親人受到迫害和批鬥的。尤其是一些高學歷、有才華，而家庭出身不好的人，成了社會動亂的犧牲品，值得同情，令人憐念。我只有鼓勵他們重振精神，從頭再來！

2. 家庭婚姻低質量，導致人格病態。

由於社會傳統觀念與經濟發展的影響，中國人的家庭婚姻危機問題比較普遍。過去是高穩定、低質量的婚姻；改革開放後又走向另一個極端，家庭極不穩定的狀況突出，尤其是婚前同居、婚外情、包二奶、離婚潮等，在全國都出現了。我自己也深受其害。我的前夫是北大校友，因幼時父母病亡，他三兄弟由大媽撫養長大，形成了多疑、怪癖的人格缺陷；他在中科院獲得大氣物理學博士學位，1985 年去美國不久就提出離婚，我的家庭也破裂了。

我 1990 年再婚，先生畢業於清華，但他也是一名心理疾病患者，是一位心理諮詢來訪者介紹我認識的。他是一個非常有才華的人，動手能力非常強，口才也很好，但在企業中不被重用。他的廠長是個沒文化的大老粗，書

記是個專門整人的貪官。在那樣的環境中，他堅持技術革新，雖然也有成績，但精神上也非常壓抑。他的前妻是患乳腺癌去世的，也與企業的整人與不公平待遇有關。他患有較嚴重的強迫性思維與情緒障礙，喪妻後他過了 10 年單身生活，獨自將 3 個孩子撫養大，很不容易。雖然不少人給他介紹過對象，但對方都嫌他孩子多，經濟條件也不夠好；遇到我後，因我們很談得來，志同道合，他說遇到了知音，而獲得新生。

他退休後參與了我的大量心理方面的工作和為農民工服務的公益事業，並與我合作共同授課、著書，被別人稱為「清華北大黃金組合」。但前些年的生活磨難，也給他的健康埋下隱患，2007 年他被診斷為結腸癌，雖積極治療還是發生了癌變轉移，於 2012 年 5 月去世。

在心理諮詢中，我遇到的除青少年問題外，第二位的就是婚姻家庭危機問題。家庭的不穩定同時也直接影響對孩子的教育和對老年人的贍養。

3. 教育制度不科學，影響人生選擇發展。

心理諮詢接待的重點人群是中小學生與他們的父母，還有大學生和中青年，35 歲以下的求詢者占到 70% 左右。例如，有所謂「好學生心理綜合症」，多是社交恐懼症、焦慮症、抑鬱症、強迫症、神經衰弱等；而那些「壞學生」，多半是多動症、逃學、攻擊性強、問題少年等等。究其根源，正是將學校和學生分為三六九等的應試教育。有些問題影響到他們成年後的發展。

4. 心身健康被忽視，「東亞病夫」仍存在。

近年，國民的壽命更長了，但心身健康卻存在諸多問題。這與整個社會的福利保險制度有關，同時，也與人們的「健商」較低有關，即與健康觀念的不科學有關。

一是及時行樂，有錢就要享受；

二是喜歡攀比，愛面子，別人有的自己也要有；

三是不懂愛護自己，缺乏個性，活給別人看……

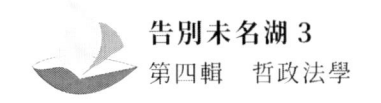

因而，各種心身疾病、富貴病高發。為賺錢拚命而致病，然後用錢買健康、付高昂的醫療費——這類怪現象比比皆是！這也警示我們：建立健康的生活方式，才是生命健康之本。我在心理諮詢工作中，遇到過許多名人、明星，他們名聲遠揚，但往往心身健康狀況不佳，也有許多個人煩惱無處傾訴，難於排除。

5. 個性尚未被解放，人人都有苦衷和煩惱。

隨著國家經濟的發展，人們的物質生活水準不斷提高，但人們的個性尚未真正解放：學生學習為就業，中青年奔波為生活，老年人健身為長壽……那麼，「我」是誰？我想成為一個什麼樣的人？我喜歡什麼樣的生活？我的興趣是什麼？我想做什麼？可能許多人從未想過，也不知如何擺脫當前某些習慣性的惡性循環。

因而，中國人的創造性、創新激情，改變陳舊生活方式的勇氣尚難充分表現，自然會有各自的苦衷與煩惱，而心理服務的嚴重欠缺，又會加劇人們內心的困惑與迷茫。

6. 未雨綢繆中國夢，精神家園應建設。

實際上，人人都有自己的夢想，只是不少人不願想，不敢想。如今中國人對「習李執政」充滿期待。我曾經有一個想法：當清華人與北大人聯手治理國家，中國才有希望。如今這一點已經實現，並顯示出極大的威力和國際上的認可與點讚。

我們每個人也要有自己的努力和追求，國家才能更好。每個人都應有自己的精神家園，這個精神家園就是指自己的精神寄託與終生的期待和理想，如果沒有任何想法，一個人的軀體就會成為無靈魂的空殼。

第二青春在退休之後

退休之後，是人生的「第二青春」。我在對老年朋友的心理講座中是這樣講的，我自己也有這方面的深刻體會。退休後，有了充分的時間和空間，

可以做自己過去想做而沒有時間做的事情，關鍵是要保持良好的心身健康狀況，有充沛的精力。

我於2001年7月退休。有同事提醒我：你的正高職稱未解決，是否應該爭取一下？我們單位的職稱評定是由中國預防醫學科學院的專家組承擔的，我的外語口說不過關，而且科普著作也不算專業成績，所以，我沒有申報正高職稱。

當然，我知道有些同事是透過各種「拉關係，走後門」的方式，評上了正高職稱，就是請幾個專家填寫一個表格而已。但我覺得沒有這個必要，那張紙也並不一定就代表一個人的水準。退休後，我有機會在全國婦聯、北京市婦聯，老年大學，各區縣社區及教育部門等參與心理、家庭婚姻方面的各類項目或培訓工作，還在全國網上家長學校、全國家教網及心理方面的網路等，都有一些工作可做。

退休後，我發表了共約600篇科普文章，出了5本有關心理健康與家庭教育的科普著作；我的部落格瀏覽量達到100多萬人次。所以，比起我喜歡做的事情，職稱並不重要。如今，我的生活很有規律：一般是上午寫寫文章，中午休息一下，下午出去走一走，鍛鍊一下，再上網看看新聞，聽聽音樂，看看書報等。為家裡買買菜，照看一下小孫子，也是對生活的調劑。有社會活動就去參加，生活充實而有意義。

總之，我們北大人要活得精彩，有價值，盡自己能力為社會做些有益的事情。我永遠不會忘記博雅塔的風姿和未名湖的漣漪。讓北大為我們老五屆驕傲，我們也會努力為北大增光。

徐岫茹，1946年5月生，北京人。1970年畢業於北京大學哲學系心理專業。曾在江西贛南師院、中國人民武裝警察部隊學院任教。

1987年10月開始在中國健康教育中心工作，副研究員；曾任學校與心理健康教育研究室副主任、心理諮詢中心副主任等職，曾參與世界衛生組織多個有關學校健康教育、健康促進的科學研究項目，遍及全國20個省市。2001年退休。

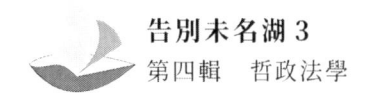

曾任北京市家庭教育研究會常務理事，中國心理干預協會常務理事等，中國科普作家協會會員，曾被評為全國科普先進工作者。

⊙進北大時的我

⊙現在的我

平平常常才是真

胥正範

時光荏苒，光陰似箭，轉眼之間，從大學畢業至今已40多年了。我從紮小辮的姑娘變成了老太婆，實現了我當年立下的「忠誠黨的教育事業，從黑頭髮幹到白頭髮」的誓言。有首歌唱道：「生活就像爬大山，生活就像過大河……」我認為，跋山涉水自有其樂，它使人堅強、豁達、充滿活力，使生活充滿韻味。它給我帶來好心情、好心境。回首我的教壇30多年，平凡而平凡，但我沒有空虛，沒有失落，我感到坦然、滿足、幸福。

「幸運」的分配

1970年3月，我離開了北京大學，被分配到了遼寧省盤錦墾區。經過近一個月的勞動鍛鍊後，正式分配工作單位。分配時，一同勞動的北大、清華的70多名同學，就我一人分到了大慶六七三廠（現遼河油田的前身），其他人大多數分到農村中學。大家送來了羨慕的眼光。因為一般而言，工廠總比農村條件好。

我之所以如此「幸運」，我想，無非有三條理由，一是畢業鑑定上有「五好戰士」榮譽；二是我在勞動中不怕髒和累，尤其是會用水桶把深水井的水提上來，挑到當地居民的水缸裡；三是發第一個月薪水時，多給了我一張五角的，我毫不猶豫地送了回去，負責發薪水又參與分配的那位同事對我說：「你不送回來，我就要用自己的錢墊上了。」可能從此他對我有了好印象。他曾當面誇我：「若你在戰爭年代可以當女游擊隊長。」當時，分到其他單位，薪水僅43.5元；而我到油田，薪水加上野外補貼則有64元，另外還發給一些蚊帳、雨靴、棉工服等勞保用品。所以，大家說我是「幸運」的分配。

報到第二天就上講台

遼河油田剛剛建立不久的第一所子弟學校——紅村學校正缺教師之際，我去報到了。校長問我：「你是學什麼專業的？」「學哲學的。」「讓你教數學。」我以為他沒聽清，又強調說：「我不是數學專業的。」校長說：「你學哲學的也能教好數學。去聽我一節課吧！」我跟他去了教室。下課後他告訴我：「你備課吧！明天你接著上。」於是，我就在報到的第二天登上了講台。

在「四人幫」大肆宣揚「白卷先生」、「不學ABC，照樣幹革命」的年代裡，我在為傳播知識而盡力。我經常家訪、個別輔導，一週18節課，三個年級三種教案，每天要認真批改150份作業，還當著班導，操心受累，不比別人多拿一分錢的報酬，團團轉超負荷。十年的中學教師生涯中，我連婚假、喪假都沒休，兩次56天的產假都是提前一週上班。孩子一歲時，我利用餵奶的法定時間去給一位癱瘓的老太太扎針灸；有時把一歲多的孩子鎖在家中，去參加夜戰、大會戰。

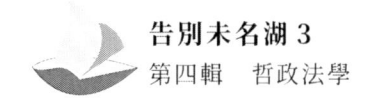

1975年，我累垮了，得了腦血管病，右半身癱瘓，也僅僅休了80天病假、稍有恢復就上班了。我在中學教過數學、語文、政治、歷史、地理、物理，幾次油田全國統一考試中我的學生的成績名列前茅。如今，也可以說桃李遍油田吧，因此，我感到欣慰。

住房的變遷

當時，油田總部設在紅村。紅村——這是帶有「文革」色彩的名字。在茫茫的鹽鹼地上，建起了一些平房和臨時板房，總部機關就在這簡陋的板房中。當時的紅村，要說好一點的房子，除了機修廠的大廠房、地球物理的實驗室，就是子弟學校了。學校共有兩排平房教室，兩側的教室分別做了男女教師的集體宿舍，七八個人住在一起，倒也熱鬧。

後來又蓋了一排教室，但地面全是爛泥。校長向井隊要了點水泥，提議發揚大慶艱苦奮鬥精神，自己動手抹水泥地。於是，我和學生去撿碎磚瓦片，填平砸實後灌進和好的水泥。我也幹起了瓦工活，與學生們一起抹好了地面。

當我抱著剛出生40多天的大兒子從山東老家回紅村時，孩子他爸爸住在集體宿舍；原來我在集體宿舍的床位也沒有了。我只好把孩子放在另一個女教師的床上。校長安排我與另一位孩子媽媽住在與教室相鄰的一小房間內。但這不是長久之計，孩子一哭，就會影響學生上課。當時，學校要蓋乒乓球室。我與學生和泥脫土坯，曬乾後壘成了簡易土坯房。房頂上蓋上油氈紙，中間豎了幾根木頭，釘上草墊子隔開，大的一邊是乒乓球室，小的一邊就是我的家。

沒等牆乾，我們就搬了進去。屋裡太潮濕了，地上一踩一汪水，早上醒來，被子、衣服都是濕乎乎的。我只得利用休息時間，與學生一起去建築工地推來白灰廢渣，墊在地上，再鋪上油氈紙，雖說是下雨時漏雨，但總算是有了自己的住房。

後來，機修廠分給我家一間半土坯房，但要自己抹牆、安電燈、鋪地。紅村學校的老師幹這些活，並不發怵，好像是輕車熟路了，兩三天就收拾利索了。經過這粗粗的「裝修」後，我搬進了新家。

經過 40 多年的建設，盤錦已成了新興的石油城，並且成為全國提前進入小康的城市之一。由於工作變動等原因，我共搬過十次家。畢業前夕我們去房山縣山區、到昌平機車車輛廠勞動鍛鍊，我初步學會了安插座等，至今受益。

　　每當搬家時，我能修好幾個插座，連上電燈和幾個台燈。我家的住房條件不斷改善，一次比一次面積大，一次比一次條件好。現在我家三室兩廳，建築面積 138 平方公尺。對比以前的住房，我非常滿足。

都說我像個農村姑娘

　　我生在一個普通的農村家庭，吃苦受累是平常事。剛到紅村學校那幾年，「大戰紅五月」之類的會戰特別多，生產一線的突擊性任務以及農業生產任務，學校師生也要參加。雖然我以前並沒有幹過水田活，但平整稻田、插秧會戰從不藏一點假，並很快就能適應。而且我又是班導，更要吃苦在前，以身作則。修台田時，我抬著滿筐稀泥，扁擔都壓斷過。

　　雨後，廁所的大坑滿了，我站在最前沿，與學生一塊掏。還有一段小插曲，叫做「不怕蛇的故事」。在一次水田勞動中，我班一個小淘氣，拿著一條活蛇嚇唬女同學。我走上前去，要了過來。我拎著蛇尾巴，把這近一公尺的水蛇甩了幾下，走了一段路，遇見一位拿鍬的工人師傅，讓他把蛇砸死了。這一來，學生們議論紛紛，說「胥老師不怕蛇」。

　　「遼十一井」井噴，隨時有著火爆炸的危險。我與學生去給搶險隊送水，由於我身上沾上了許多原油，清場的人誤認為我是搶險工作隊員，只把我的學生清出了場地。當時三公尺高的大壩上，躺著許多筋疲力盡的搶險隊員，他們等著喝水，而一個大保溫桶卻在壩下。

　　我一著急，竟一個人抱著盛滿水的大保溫桶上了大壩。至今，我仍感到奇怪，當時我哪來的那麼大的力量！那次搶險表彰簡報中，受表揚的名單中有我。那時，許多人說我不像個名牌大學生，倒像個農村姑娘。

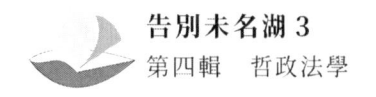

心理平衡處事寬容

北大德高望重的哲學泰張岱年先生，經常用《易經》中「天行健，君子以自強不息；地勢坤，君子以厚德載物」來勉勵學生。我把這句話作為自己的座右銘：對本職工作兢兢業業，從不懈怠；對同事、朋友，真誠、熱情，為人正直、寬容、善良。1980年，我回北大母校進修一年，如飢似渴地汲取知識營養，攻讀經典著作，考試成績優秀。可以說進修讓我這只笨鳥插上了翅膀。

到油田黨校後，我先後講過本科、大專函授班的馬列原著、哲學原理、西方哲學史、現代科技、倫理學、心理學等十幾門課，參加過十本書的編寫，被評為副教授，也曾被評為局三八紅旗手、局優秀教師。另外，在多次知識競賽中取得好成績，在慶祝1997香港回歸和1998年社會主義精神文明建設知識競賽中，我與教研室的同事齊努力，又是必答，又是搶答，都獲得了第一名。主持人稱讚我「寶刀不老」。

⊙回北大參加系慶

我對調薪水、評先進等則持一種超然態度。弘一法師有句名言，「事能知足心常愜，人到無求品自高」。哲學家斯賓諾莎曾說：「心靈的安寧和身體的無痛苦是人生最大的幸福。」我認為自強不息與厚德載物是相輔相成的，二者不可偏廢。過分自強容易把身體搞垮，宏圖大志無法實現；而無所事事、只求安逸寧靜更是不可取的。

倒過來我最大

北大哲學系 80 週年、90 週年、百年系慶和 1998 年北大百年校慶時，我都回京與同學們歡聚一堂。同學中有的是省部級、廳局級幹部；有的是大學的校長、系主任，絕大部分是有官銜的，而我只是一個普通的園丁，最大當到教研室主任。我戲稱，按職務排，「倒過來我最大」，但我不覺得遺憾。社會是個大舞台，主角配角都得有，鮮花還得綠葉襯。當元帥固然好，可士兵也得有人當。以平常心處事，也無所謂高低貴賤。我偏愛平凡。

我有稱心的工作和融洽的人際關係，還有一個被街道、社區多次評為「五好文明家庭」的溫馨的家。婆母 96 歲，身體硬朗；我和老伴都是副教授；兩個兒子都是大學畢業，業務骨幹；孫子孫女活潑可愛。一家人樂融融共享天倫之樂。我每天鍛鍊身體，看書、看報、上網。人變老是自然規律，可貴的是老而彌堅。閒暇時間，我學外語、學五筆打字，寫日誌，寫部落格。活到老，學到老。

我熱愛生活，不斷有所追求，有所收穫，生活得很充實。一個人不論順境逆境，不論職務高低，不論何時何地，不論為人處事，都應保持一顆平常心，平平常常才是真。我體會到，這才叫生活，這才叫幸福。

胥正範，女，漢族，中共黨員。1946 年 11 月 3 日出生於山東濰坊一個農民家庭。1952 年 2 月 -1958 年在寒亭鎮讀小學。1964 年從濰坊一中考入北京大學哲學系哲學專業。1969 年畢業分配到遼河油田。1970-1980 年在遼河油田紅村學校教中學，桃李遍油田。1980 年調入遼河油田黨校（現名遼河石油職業技術學院）。1981-1982 年回母校北大進修一年，攻讀經典著作。

在遼河油田黨校主要從事教學工作，先後教過本科函授班、經管大專班的哲學原理、馬列原著、西方哲學史、管理哲學、領導科學、現代科技、倫理學、心理學、美學等課程。參加過《毛澤東思想發展史》、《馬列哲學原著難點解析》、《現代科技》、《馬克思主義哲學簡論》等 10 本書的編寫，在《社會科學輯刊》上發表過論文。曾任哲學教研室主任、黨支部書記，職稱副教授；社會兼職是遼寧省省黨校系統哲學研究會理事。1998 年退休。

最喜歡的格言是「天行健，君子以自強不息；地勢坤，君子以厚德載物」。在北大學習時喜歡長跑、游泳；自1980年以來，愛好氣功，持之以恆，在一些氣功雜誌上發表過短文；懂點醫學，有時用按摩或針灸為他人解除病痛。

北京人─鐵嶺人─祖國孝子

馬克光

落葉飄零

從北京站坐上遠去的列車，我走向剛剛聽說名字卻對那裡一無所知的地方。雖然「到祖國最需要的地方去」的豪情還未消退，但我已對前程感到茫然。早就應該明白了：未來的命運已由大局注定，而自己只能像一片落葉一樣隨風飄蕩而已。我1970年3月17日凌晨到達鐵嶺，報到後被安排到鐵嶺縣第二招待所參加「學習班」。這個班的宗旨是透過思想政治工作動員說服分配到鐵嶺縣的25名北大同學一律到農村學校當教員。這個方案對我們來講是很難接受的。一是落差大：從首都名校直接分配到縣，又一律到最基層甚至最落後的農村當教師，這與全國各大院校的分配方案截然不同，更是歷屆北大畢業生從來沒有過的極端特殊分配方法。

我們隱隱約約地知道，這是「六廠二校」的核心領導人對北大學生的「特殊照顧」，我們這些學生其實成了政治鬥爭的犧牲品。二是自卑感強：當時知識分子已被搞得很臭了，「老九」的稱呼已經流行，從心理上想擺脫知識分子的身份是我們這批學生的普遍想法，當教師就意味著把「老九」的帽子

牢牢戴在自己的頭上，鐵定成為被改造的對象，所以寧可去煤礦下井也不願意當教師。

縣委組織部也知道大家不會愉快地接受，於是透過「辦班」的辦法做思想工作，做通一個分配一個。期間，一部分同學認為這個方案不符合上級規定，祕密到省軍區上訪。據他們回來說：省裡的確有這樣的文件，這樣，大家再也無話可說，只能任憑隨意處置了。

在「辦班」期間，縣委組織部幹部科科長講明分配方案，即一律到農村當教師，並反覆說明遼寧省要普及九年一貫制（小學五年，中學四年）教育，農村很需要教師的道理。3月25日通知我到橫道河子公社中學，順便介紹說：「那裡有山有水，是雷鋒生活戰鬥過的地方」，後來我才知道，那裡是大山區，是全縣最貧困落後的地方。給我的介紹信上寫的是到橫道中學當教師，其實當時那裡還沒有中學。

在縣組織部的安排下，我坐上去橫道河子的汽車，離城越來越遠，眼前的山越來越高，道路越來越崎嶇不平，汽車越來越顛簸，氣溫似乎也越來越低。走了近2個小時，才到了目的地。下車後，我沒有看到車站，只見南北都是大山，山溝中間有一條東西走向結了冰的寬闊的大河，汽車就停在大河的冰面上。我小心翼翼地下了車，心想，這就是我工作的地方？我的心涼透了。反差也太大了！

想當初，一個農民的兒子考上了北大，是多麼令人高興的事啊！上學後的新環境、新生活多麼令人振奮！「文革」開始後，作為毛澤東親自接見過的紅衛兵，我可謂紅得發紫，有時頭腦膨脹得不知天高地厚，覺得自己無所不能。後來，我才慢慢地領悟到，「文化大革命」的一個重要內容就是「拆除知識分子爬上精神貴族的階梯」，也隱隱約約地體悟到：青年學生也屬於「知識分子」的範疇，工宣隊、軍宣隊進校後，也曾公開宣傳我們這些知識分子是「接受再教育」和被改造的對象，「臭老九」的帽子似乎也不好摘掉了。到今天這個地步，並不是什麼特殊例外，而是按照當時左的理論有計劃安排罷了。

一番感慨後，我再看看 30 多公尺寬的冰面，心想：這也不錯，夏天在這樣寬闊的大河裡游泳該是多麼愜意啊！後來才看到，當春天冰雪融化了以後，以前見到的大河不見了，眼前不過是一條抬腳就能邁過去的小河溝而已。好在有人來接我到橫道小學，這裡就成了我安身立命的地方。它決定了我今後十年的命運，甚至也決定了我後半生的命運，即離開了養育我的故鄉北京，從橫道小學開始，我成為一個名副其實的鐵嶺人。

學有所用

我的派遣證寫的是到橫道公社中學當教師，其實全公社只有九年一貫制的增設學校。公社主管決定讓我先作為「貧下中農宣傳隊」隊員到本公社武家溝大隊參加勞動和搞「一打三反」，當時流行的口號是「接受貧下中農的再教育」。1971 年春天，我被安排到橫道河子村的學校當教師，任八年級班導，並教語文、俄語、政治等課程。1972 年 9 月，橫道公社中學成立，正式名稱是「鐵嶺縣第二十中學」，我任九年級班導並教語文、俄語等課程。

語文、俄語是主課，加上政治課，好像和我的哲學專業還算對得上，另外的課程就是「鴨子上架」了，什麼生物、地理、生理衛生、戰地救護，還有軍事體育，等等。說也怪，教這些課程的時候，我心裡並沒有把握，出乎自己預料的是得到了充分肯定和較高的評價，我的信心也漸漸增強起來，心態也好多了，幹勁也越來越足了。

回憶起來，當時踏實工作的動力大概是這幾個方面：一是畢竟受過黨多年教育，起碼的政治覺悟還是有的，「為人民服務」的想法在心目中還有著一定的地位，一如報到時縣委組織部的同事所說：「這裡是雷鋒生活戰鬥過的地方」，從雷鋒的故事裡也獲得了不少政治滋養；二是在最基層，強調對知識分子改造的氣氛並不濃，精神枷鎖不是那麼重，普通百姓並沒把我們當「臭老九」，當自身感到一些輕鬆時，自然就有了幹勁；三是到一個自己並不熟悉、條件又十分惡劣的地方工作，難免有情緒低落的時候，但看到學生們那天真爛漫的小臉和對自己近乎崇拜的神情，又想到他們家長的期望，怎能忍心讓他們荒廢下去；四是在比較中心理得到了平衡。由於命運相似，我經常接觸瀋陽來的下鄉知識青年，其中有 1966 年高三畢業生，他們的年齡

和我差不多，只是由於「文化大革命」失去了考大學的機會，我和他們比起來優越多了，起碼有一份穩定的薪水收入。於是，又有了知足的感覺。以上這些大概就是我那個階段的精神支柱吧！

我在工作中得到的表揚越來越多，有時也覺得自己是多面手和高質量的「萬金油」了。但有一件事又給我稍許驕傲的情緒澆了一盆冷水，使自己又變得清醒起來。一天，主管通知我：有一位老師臨時生病，需要我代一節小學一年級新生班的課。

我想：都是剛剛入學的小孩子，可能就教幾個字，憑我的文化水準，應該完全沒有問題。一位老師向我交待了要上的課程，領我到班上說明情況並向同學們介紹了我後便離開了。看著一張張天真的小臉都看著我，我心裡很高興，決心好好上這堂課，讓他們看看我這個代課老師的水準！我按要求講解這節課的內容，講解了幾個生字的讀音、筆順、字意；課堂上鴉雀無聲，我講得津津有味，孩子們聽得聚精會神，我心裡也暗暗得意。

進入課堂練習階段，我要求孩子們把今天學的字寫在練習本上，他們都聽話地照做了。不一會有一個小孩做完了，下了座位走到我跟前說：「老師，你看看我寫得對不？」我看了看，真的不錯，就說：「很好！很好！」我萬萬沒想到，一下子又有好幾個孩子下了座位，都跑到我面前，把自己的作業本舉得高高的，爭著搶著喊著讓我看，一下子課堂亂了套。

這還不算，有一個小孩說要上廁所，我同意了，接著就有好幾個孩子說也要去，有的根本不經過允許，甚至根本不說一聲就跑出去了。課堂亂成一鍋粥，孩子們到處亂跑，我只好也跟了出去。這節課徹底失敗了！我自己也感到灰溜溜的。

事後，一個有經驗的老師告訴我毛病出在什麼地方，應該怎麼辦。我也徹底佩服那些有豐富經驗的一年級老師了，剛剛滋長起來的一點傲氣都煙消雲散了。於是我更明白了一個道理：做什麼事情都有其自身的規律，幹好什麼工作都不容易，「隔行如隔山」，一點也不假；就是同行內的不同分工也有各自的特點，「看事容易做事難」，千真萬確。此後我更加虛心向老教師

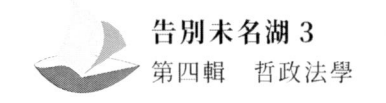

們學習，更刻苦努力地工作。以後若干年的工作都比較順利，大概和這次的教訓有聯繫吧。

我很重視文化課教學，甚至參照「文革」前的教學大綱來安排教學計劃，這種做法後來被批判為「資產階級反動路線的回潮」。然而，這些做法的成果卻在幾年後表現出來，當高考恢復時，一些學生考入了高等院校和中專。十一屆三中全會以後，全黨的工作中心轉移，糾正「文革」左的路線，大力「撥亂反正」，我的思想也隨之有了很大轉變，並按照黨的正確路線和指導思想去做好教學工作。1978年初，我作為副校長和支部副書記主持學校工作，不久又正式成為校長和支部書記，直到1979年末。我在這裡一待就是十年，也可以說自己最好的年華都交給了我曾經不看好的一個叫橫道河子的地方。

順路而行

來到全新的環境，我工作日漸穩定，也逐漸瞭解到要調離這個地方的可能性絕對為零。蓋14個圖章，這對兩眼一抹黑的我來說是完全辦不到的。走後門，沒有；四處鑽營，不會；唯一的辦法就是踏實工作，或許可能有轉機！人生如走路，此後的若干年，我要麼是組織上給設定的路，或是各種因素綜合作用陰錯陽差所形成的路，要麼是表面上可以自由選擇，實際上沒有更多選擇而必須就範的路。我沒有膽量辭職下海，也沒有膽量走特殊的路，尤其是北京來的學生，所謂回家鄉更是難上加難！所以，我大體上是沿著客觀環境所形成的路前行的，就是順其自然吧！

工作開始了，不管怎樣，我要求進步的思想還是很強烈的，很快就寫了入黨申請書。1972年末，中學原負責人調走，上級從外地派一位高層來我們學校主持工作，公社黨委派組織委員來到學校，宣布上級的決定，並正式通知我成為一名共產黨員，我實現了多年的夙願，心裡當然高興。可讓我萬萬沒想到的是：在教師大會上宣布任命我為校革命委員會副主任。這是我參加工作以後第一次「被重用」。

雖然只是一個小小的職務，但當時對我來說卻似乎是「天降大任」一樣，我更加自覺地好好工作，也取得了一定的成績。這也和當時我的一點思想活

動有關。想當年我所就讀的高中就是一所北京農村的增設中學，師資力量和教學水準與通縣縣城的高中根本無法相比，畢業生考上高質量大學的可能性很低。

可是，我們趕上了一個好機遇，就是北大、清華等學校的學生右派摘帽以後到我們學校任教，他們努力工作，我們認真學習，教學質量大提高，我們這些學生才有了考進好大學的機會，我能夠考進北大也是借了這些老師的「光」，這種感恩的心態也是我當時好好工作的一種動力。我當時想：我雖然不能和當時教我的老師相比，但是也要像他們一樣盡心盡力，使我的學生們也能從我身上借點「光」。

到了 1978 年，學校主要高層調走，我從內心不想接班，因為當了一把手就更難離開這裡了。縣教育局請出縣委文教部一位有老紅軍資格的副部長找我談話，在他的面前，我完全喪失了任何講價錢的資格，想推辭的話全部咽到肚子裡，只好接受了。不久，我報考研究生時，按當時的規定：考大學、中專報名時必須得到上級主管的批准，而報考研究生則沒有這樣的規定。我按規定報了名參加了考試，當收到報考學校調檔通知後，縣教育局高層故意混淆二者的區別，強調事先沒有得到局裡批准，不予送檔。

在這以前，縣委宣傳部新部長上任，人員大換血，要人的標準是「和當地沒有瓜葛、有胡茬的大學本科畢業生」，我大概符合這個標準，於是 1979 年 7 月下了調令。可是，縣教育局拖了幾個月仍堅決不放。當教育局得知我考研調檔後，對能否徹底留住我也沒有把握，所以當縣委組織部再次催要人的時候就答應了，我才調到縣委宣傳部。這是一次陰錯陽差、費盡周折而又是經組織程序的調動。

雖然到宣傳部只是一個科員，但和我所學的哲學對得上，又何況由鄉進城，這在當時是許多幹部教師求之不得的好事，我當然是很愉快地接受了。不久，當時在遼寧省教育學院工作的校友丁廣舉來到鐵嶺說明，他向遼寧教育學院推薦並得到校方的授權，同意調我去那裡工作，只要我同意，接收是沒有問題的。在這意外的機遇面前，看似好像自己有了選擇的權利，其實我

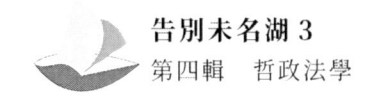

心裡清楚，宣傳部剛剛把我調來，又從縣裡為我爭取到第一批蓋成的樓房，是萬萬不會放我走的。我只好婉言謝絕，再一次沿著現成的路順道前行了。

1983年，在沒有任何徵兆的情況下，縣委任命我為縣委黨校校長。事後我才知道事情的來龍去脈。縣委常委會例會研究幹部，擬定我們科的科長（股長）去黨校任副校長（黨校校長通常由縣委主管兼任，而專職主要負責人為副校長），當得知這位同事不願意去黨校後，縣委常委們特別是縣委書記很生氣，當即否決了任命決定。這時有人提議說：他們科裡還有一個條件差不多的人。他們所說的這個人就是我，常委們經過研究，當即決定讓我去縣委黨校工作，而且直接任校長和黨委書記。

這是縣委常委會議很少見的「臨時動議」提拔任命幹部的特殊事例。由一般科員直接成為黨校校長，對我來說當然是好事，可縣委黨校是由五七幹部學校沿襲下來的，「文革」中建校的硬性規定是必須離城市（鎮）十里開外，這是有些人不願意去那裡工作的重要原因。我當時的心態是謹慎快樂，從一個科員一下子當黨校校長，能否勝任也的確沒有把握。好在以前有當中學校長的基礎，在這個節骨眼上又只好順路而行了。

在縣委黨校工作三年後，春節我請假回北京老家，節後回來，從同事的口中得悉縣委已經調我到組織部工作，過了兩天得到正式通知：到組織部任分管幹部的副部長。去組織部工作，我想都不敢想，更不可能不知深淺地提出要求，這又是一次意料之外的調動。

到1987年秋，市委決定全市各區的常委組織部長進行大交流，我是副部長，當然與我無關，可是方案公布了，又是在我沒有思想準備的情況下，市委決定調我到離我居住的鐵嶺城150多里的康平縣任縣委常委兼組織部長。

這是至今我印象最深刻的一次提拔，又是一次遠距離大跨度的調動，其背景和原因至今我也不完全清楚。後來，鐵嶺市委又決定我任鐵嶺市委講師團副團長，以後又任團長，我在那裡工作十幾年，直到2002年退休。

在工作單位和工作崗位上，我基本上是沿著客觀條件形成的路走過來的，可以用「一步一個腳印」來形容。我做到了盡心盡力，紮實工作，沒有特別出色的成績，但大體上都是勝任工作的。作為老五屆中的一員，在「文革」後人才青黃不接的背景下，我造成了鋪路磚、墊腳石的作用。

⊙ 2008 年遊覽吉林龍潭風景區

　　我幾十年沒有取得重大成績，也沒有犯過什麼錯誤，這是我一直心安的。可是，用大是大非的標準衡量，我對自己的評價是很低的：從國中開始趕上「三面紅旗萬萬歲」，到高中時期則受到「反修防修」的教育，「文化大革命」中受左的思想影響更深。

　　可以說：從少年開始到青年時期，我一直是左的思想路線的擁護者和追隨者。改革開放以後，我雖然在思想上也能隨著形勢的發展而前進，但由於多年受到左的思想影響，形成了某種思維定式，在新事物、新任務面前，常感力不從心。這樣的思想基礎決定了我不可能做出什麼突出的工作成績。

　　但有一點是可以驕傲的，就是在道德上嚴守做人的底線，著力向高尚看齊，力爭做一個有道德的人，是我一直追求的目標。「為人民服務」的思想一直在起著作用。無論是對祖國和人民，對親人和家庭，還是對同事和朋友，我都忠實誠懇，光明磊落，沒有什麼遺憾的地方。

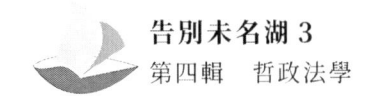

退休後至今十多年來，我雖然離開了工作崗位，但心並沒有清閒下來，仍時刻關注著國內外大事，關心著祖國的發展，做著「中國夢」。我認為：自己是一個祖國沒有白白培養的孝子吧！

馬克光，1942年4月8日出生於北京市通縣（現為通州區）馬頭鎮（現在為潞縣鎮）馬堤村。1959年前先後在原籍讀到國中，同年升入永樂店中學讀高中。入學不久因病休學二年，其中一年支援首都建設，在北京第一建築公司木材加工廠當臨時工。1961—1964在北京市通州區永樂店中學讀書。

1964-1970年在北京大學哲學系讀書。1970-1979年在遼寧省鐵嶺縣橫道河子鄉當教師。1979-1983年在鐵嶺縣委宣傳部工作。1983-1985年在鐵嶺縣委黨校工作。1985-1987年在鐵嶺縣委組織部工作。1987-1988年在康平縣委組織部工作。1988-2002年在鐵嶺市委講師團工作。2002年退休。

我的哲學之路和人生感悟

吳志雄

年輕時曾在中國著名的三所重點大學的哲學系學習，研究生畢業後一直在大學任教，一生從未發表過一篇哲學文章，儘管學業中斷了14年（包括「文革」前1年、「文革」10年及「文革」後3年），可在年近50時順利晉升教授，這就是另類的我。

我雖已辦理退休手續幾年，但從未在家賦閒；我雖未寫過哲學文章，卻從未停止過哲學思辨。如今，自覺已近垂暮之年，時不我待，寫篇回顧哲學之路的文章，談點人生感悟，是其時也，算是對人生的交代吧。

毛澤東的一句話把我引上哲學之路

少年時期我就讀於詔安縣中心小學，青年時期我就讀於福建省的一所重點中學。我各門文化課都學得不錯，不僅文科的功課學得好，數理化乃至生物各門理科的功課都取得了優秀成績。1964年，即將參加高考時我猶豫徬徨了：我該報考文科還是理科？此時，我從毛澤東的著作中讀到一段話：「什麼是知識？自從有階級的社會存在以來，世界上的知識只有兩門，一門叫做生產鬥爭知識，一門叫做階級鬥爭知識。自然科學、社會科學，就是這兩門知識的結晶，哲學則是關於自然知識和社會知識的概括和總結。」「哲學則是關於自然知識和社會知識的概括和總結」，正是毛澤東的這一句話，把我引上了哲學之路！

我毅然選擇哲學作為自己今後的主攻專業，並把北京大學、南京大學、中山大學依次列為報讀的學校（後來我有幸在這三所學校學習，巧的是這三所大學簡稱為北大、南大、中大，在地理位置上處於中國的北部、中部、南部，因此我曾笑言年輕時讀過南、北、中三所大學）。記得當時國家有規定：報考哲學和經濟學的考生還須加試數學。這對於我來說是好消息，我的數學功底本來就很不錯嘛！

我輕鬆愉快參加當年的高考，覺得門門功課都考得不錯。果不其然，我接到了北大的錄取通知書。如願以償，第一志願實現了，已讀了13年中小學（我4歲開始讀小學，因年齡太小，小學一年級重讀1年）、時年還不到18歲的我躊躇滿志踏進了金字塔！

毛澤東的一句話使我遠離哲學

第一學年的學習生活既緊張又有趣。我們不僅學習了辯證唯物主義的基本原理，還學習了生物學、心理學、邏輯學等課程。我和大家一樣，如飢似渴學習：每節課搶坐前面幾排，聽課時專心做筆記，課後忙於整理筆記、複習、閱讀參考資料……記得有一次聽關於地球形成三大假說的講座，我們都聽得津津有味，天完全黑了，沒有一個同學起身趕去餐廳吃飯（當時學校餐廳開膳時間有嚴格規定，真的是過時不候）。

好景不長，第二學年我們便開始停課了，先是被分遣到懷柔縣等地的深山溝裡當「四清」運動的工作隊員，接著便被捲入「文化大革命」的漩渦。

在「文化大革命」中，我們天天都要重複學習毛澤東語錄。其中的一條「共產黨的哲學就是鬥爭哲學」，使我從此遠離了哲學。毛澤東對這一句話的解釋是：「與天鬥，其樂無窮；與地鬥，其樂無窮；與人鬥，其樂無窮！」1964 年他在《關於哲學問題的講話》中還說了這麼一句話：「研究哲學的人，第一位是哲學？不是，第一位不是哲學，是階級鬥爭。」當時關鋒等人還極力鼓吹「讓哲學從哲學家的書本裡和課堂上解放出來」。

「極左派」思潮愈演愈烈，「文化大革命」首先在北大爆發，而哲學系則是燃爆點。剎時間，北大哲學系的 22 名正副教授全被打倒了，這一切對我產生了極大影響。我先是牴觸，爾後感到恐慌。還在中學階段，我看了不少古書（我記得讀高三時班導在我的學期評語中寫了一句話：「喜歡讀古書」），儒家的傳統文化和中庸之道深深烙在我心中，我只想潛心做學問，從未想過去鬥爭。

我出生於小土地出租者家庭，在那大講家庭出身、唯成份論的年代裡，似我這種家庭出身的人，且不說沒有資格去鬥爭別人（在「文化大革命」中，紅衛兵組織對我關上大門，因此我未參加任何一個紅衛兵組織），還得時刻提防被人鬥爭。

1968 年工宣隊、軍宣隊進校後，紅衛兵組織不存在了，但鬥爭非但沒有結束，還有愈演愈烈之勢。在「清理階級隊伍」的最初一個月裡，慘遭批鬥

後不堪其辱自殺而死的達 20 多人。其中最為血腥恐怖的一幕我至今仍記憶猶新：早晨 8 點左右，我和幾位同學在 38 樓 314 宿舍裡聊天，突然聽到外面傳來「啪」的一聲，聲音很大很沉悶！不好，又有人跳樓自殺了！我匆忙下樓，看到相鄰的 39 樓樓下躺著一具 30 多歲男子的屍體，腦骨破碎，從頭顱流出的血，既有鮮紅的，又有近乎黑色的淤血，當中還有白花花的腦漿⋯⋯其狀慘不忍睹！而就在此時，校革委會的人聞訊趕來了，他撥開圍觀的同學，手揮著小紅本毛澤東語錄，挺直身體對屍體喊著：「偉大領袖毛主席教導我們說，千萬不要忘記階級鬥爭！」我不忍再看下去，悄悄走了。

後來一打聽，跳樓自殺的是地球物理系的一位年輕講師，據說是「橋牌俱樂部」的（4 個年輕教師只因平時不夠關心政治卻喜歡聚在一起打橋牌而得名），被當作走「白專道路」的典型揪出來。他被隔離審查後十分沮喪，那天早晨他去學生新飯堂（似乎叫學五飯堂）打飯，趁看管他的專案組學生不注意，拔腿拚命往 39 樓急跑，跑到最高一層（第六層）文娛室的陽台，迅速翻過半人高的圍欄便頭朝下縱身一躍⋯⋯這種血腥鬥爭的場面令人不寒而慄，它促使我對「鬥爭的哲學」由厭倦到恐懼，我下決心遠離這種鬥爭哲學！

基辛格的一句話影響我一輩子

1970 年 3 月，毛澤東的一句話讓北大、清華的在校生全「畢業」了（全國其他大學的學生當年 7 月才「畢業」，因未發畢業證書，所以畢業二字應加引號），我們被遣往四面八方祖國各地。我到江西的部隊農場鍛鍊，說是部隊農場，其實是勞改農場，把勞改犯轉移到別處，我們這些大學生來接班，部隊派來一批連排幹部和班長帶領我們進行「脫胎換骨」的改造。我們每天從事的除了各種重體力勞動，便是沒完沒了的「鬥私批修」。

記得有一天，部隊派李文忠烈士的弟弟李文紅給我們作「活學活用毛主席著作」的報告，這位剛入伍的新兵慷慨激昂地說：「毛主席著作一天不學習不進步，兩天不學習要退步，三天不學習沒法活。」頓時掌聲四起。「極左派」時代的豪言壯語，我只當笑話記住了，並未對我後來的人生產生什麼影響。倒是大洋彼岸一個外國人說的一句話，對我產生了重大而深遠的影響。

1971年10月，我結束20個月部隊農場的勞動鍛鍊，因表現不錯，被分配到江西省上饒市革委會工作。1974年底的某一天，我在《參考消息》讀到時任美國國務卿兼總統國家安全事務助理亨利‧基辛格博士的一句話：「知識分子的頭腦是蓄電池，不停地充電，又不停地放電。」我覺得這句話很有道理。充電，就是學習，充實知識，提高本領；放電，就是工作，把學到的知識和本領應用於工作。學習是為了工作，工作之後不忘學習，這就是學習和工作的辯證關係。正是在這句話的影響下，我養成了終生學習和積極工作的良好習慣，學習和工作都是我生活的第一需要！

我早年曾混跡官場7年：1972至1975年在江西省上饒市革委會政治部宣傳組工作，1977年革委會撤銷，我轉至中共上饒市委宣傳部工作，直至1979年考取研究生為止。在這幾年裡，我擔任市委常委的專職理論輔導員，始終從事理論宣傳工作；在這幾年裡，我有空就如飢似渴學習，平時除給市委常委當「小先生」外，還深入基層到處作輔導報告，真的是不停充電、放電。

在官場裡，我確實很受重用，但我的入黨願望卻不被理睬。1975年2月下旬發生的一件事，深深刺痛了我。當時上饒市委召開市委工作會議，會議開了三天，每天都由我一個人在台上作理論輔導報告，市委書記主持會議，9位市委常委坐在我身後的主席台上，那時的我不失為會場上的一顆耀眼明星。

可在會後，有人議論道：「要求參加會議的必須是基層單位的黨員革委會主任，不是黨員的革委會主任不准參加會議。可在台上作報告的那個人就不是共產黨員！」朋友把聽到的議論告訴了我，我頓時覺得自己在官場裡扮演一個十分尷尬的角色，自此萌生去意。可當時命運並不掌握在自己手裡，我只好忍著。白天風光，晚上自嘆，不識時務的我強忍了兩年。

1978年，機會終於來了，國家在「文革」後第一次招收研究生，我決定報考酷愛的邏輯專業（念中學時我購買並閱讀了幾本邏輯學著作，讀大學時我擔任邏輯學科代表）。這是個冷門專業，招生極少。好不容易在中國社會科學院的研究生招生目錄中找到「中國邏輯史」專業，我很興奮，毫不猶豫報考了。初試（筆試）考了政治、外語、形式邏輯、古文幾門功課，我均取得好成績。

中國社會科學院派人來到江西我工作的機關對我進行政審,不久,我接到了赴北京複試的通知書。可在複試之後,我和另一位北大的老同學丁咸同都稀里糊塗落選了。我硬是嚥不下這口氣,第二年繼續報考邏輯專業的研究生,終於被中山大學哲學系錄取了。

就這樣,我於1979年9月來到中山大學,進校不久即被告知:畢業後留校任教。離開仕途專心致志做學問,這正是我所希望的,於是我爽快答應了。三年研究生生活十分緊張,又十分充實。我第一學年在中山大學學習外語和專業知識,第二學年被送到南京大學,師從數學系莫紹揆教授學習數理邏輯,同時在南京大學哲學系進修,第三學年撰寫碩士論文,每天都在不停「充電」。

1982年我研究生畢業後留校任教,在此後的7年裡,我給研究生、大學生講授數理邏輯、普通邏輯等課程,其間在省級以上學術刊物公開發表了十幾篇邏輯學論文,在當時中國的邏輯學界頗有點名氣,被推選為(全國)中國邏輯史專業委員會副主任、廣東邏輯學會副會長。80年代後期,我加入中國共產黨,順利晉升副教授,可謂「雙喜臨門」。

就在此時,中山大學復辦行政管理專業,我與哲學系的一些老師參與其事,不久即被調到新成立的行政管理學系任教,一幹就是18年(2006年10月辦理退休手續後返聘,繼續任教1年)。在新的專業領域裡,我努力耕耘,多少個寒暑假,我經常看書、寫作到天亮。我曾暗暗立下目標:拚到50歲,升上正教授。功夫不負有心人,我又如願以償了。現在回頭一看,改變專業後居然在第五年順利由副高晉升正高,真的很不容易!

我除了講授行政管理專業的一般課程,還為研究生和大學生開設一門特色課程——監督學。1994年,由於教學的需要,我深入研究鄧小平的監督思想,寫成一篇論文《論鄧小平同志關於民主監督的思想》。

中山大學把此文當作學校的代表作提交國家教委,經嚴格遴選,此文又被當作國家教委的代表作送交中央,於是我有幸出席了當年12月在北京人民大會堂舉行的建國後規格最高的一次理論研討會——「學習《鄧小平文選》和建設有中國特色社會主義理論研討會」。會後,此文作為全國第一篇系統

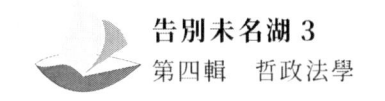

深入研究鄧小平監督思想的學術論文，被《光明日報》等十幾家報刊全文刊登或轉載，並收入《鄧小平建設有中國特色社會主義理論文庫》（紅旗出版社，1995年9月）、《鄧小平理論研究文庫》（中共中央黨校出版社，1997年8月）等大型文庫。

也許機緣湊巧吧，我隨之被推薦擔任中央紀律檢查委員會、國家監察部廉政研究所研究員。從此，我專志於監督與反腐敗的研究，如今還繼續擔任廣東省監察學會（中共廣東省紀律檢查委員會主管）常務理事、廣東省人大制度研究會（廣東省人大常委會主管）理事、深圳市監察學會（深圳市監察局）特聘專家顧問。多年來我屢有監督與反腐敗的文章見諸報刊，至於接受媒體的採訪，那就更多了。

回想離開北大後44年半的生涯，可用一句話概括：我就是一個蓄電池，不停充電，不停放電。

人生的三大感悟

我一生雖未寫過一篇哲學文章，但年輕時所接受的專業訓練卻使我從未停止過哲學思辨，這些思辨最後沉澱為處世之道、工作之道、養生之道三大感悟。

（一）「不能太當回事，也不能不當回事」——我的處世之道

這句話也常被我說成「不能太在意，也不能不在意」。我認為，對己、對人、對事、對物都應如此。

先說對己。小時候受過良好的教育，畢業於重點大學，獲得較高學位，這固然值得慶幸，但不能太在意。否則，不但邁不過自己所設的坎，人家也未必把你放在眼裡。為什麼當今屢有博士生自殺？其中一個重要原因就是他們太在意自己的博士頭銜，放不下身段，邁不過心中的坎。但話說回來，既然你有幸畢業於重點大學，就不能把往昔太不當回事，而應努力拚搏、不斷進取，既讓自己的人生綻放光彩，又不給母校丟臉。

次說對人。比如：主管當眾表揚了你，你如果太當回事，洋洋得意，肯定會脫離群眾，最後成為孤家寡人；但如果太不在意，肯定會辜負主管的希望，不利於今後的進步。又比如主管當眾批評了你，你太當回事，心事重重悶悶不樂，勢必被精神重壓壓垮；但也不能把主管的批評不當回事，否則今後沒有好果子吃。

再如：俗話說「誰人背後不說人，誰人背後無人說」，如果你對周圍人的議論太在意，勢必整天提心吊膽謹小慎微生怕行差踏錯，這樣會活得很累很痛苦；但如果你太不在意，把人家的議論全當耳邊風，那麼剛愎自用的你遲早要嚥下苦果。

再說對事。以疾病來說，這是每個人都會遇到的，特別是對重病，既不能太當回事，也不能不當回事。記得讀大學二年級時，我與同學們一起走出學校去當「四清」運動的工作隊員，在懷柔縣琉璃廟公社西灣子大隊，我與農民過著同吃、同住、同勞動的「三同」生活，沒過多長時間便染上急性黃疸型肝炎。

1966年春節前夕返校檢查身體，醫生不容分說把我強制住院留醫。當時大家對肝炎十分恐慌，我也不例外，得知自己傳染上了，精神十分緊張。白天整天臥床，晚上整夜失眠，治了一年，病情非但不見好轉，還加重了。我當時被診斷為早期肝硬化，送到地壇附近的北京市傳染病院治療。到了那裡，我經過幾天思考，終於大徹大悟了：對疾病不能太當回事！白天，我偷偷溜出病房，乘公共汽車到各公園或鬧市區遊逛，晚上次到病房倒頭便睡，完全忘記自己是個病人。

原以為無藥可治的我，沒想到過了一個月抽血化驗，結果顯示病情大有好轉。於是我又堅持四處流浪一個月，居然痊癒出院了！後來我又融入大集體之中，與同學們一樣勞動鍛鍊，經受艱苦生活考驗之後，我身體越來越好了。離開北大至今，在這40多年裡，我未住過一天醫院，未打過一次點滴，如今68歲了，身體還很硬朗。

對疾病不能太在意，但也不能一點也不在意。防病治病，還是要講究科學。對疾病如此，對戀愛、婚姻又何嘗不是如此？有的人一失戀就自殺或殺

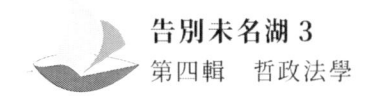

人，這種人對戀愛太在意了；又有一些人閃婚閃離，這種人對婚姻太草率了，根本不當一回事！

最後說物。以對待金錢來說，我認為正確的態度也應是「不能太在意，也不能不在意」。對金錢太在意，每日裡被金錢所驅使，當一輩子守財奴，這種人即使有錢也不幸福。當然，對金錢也不能不在意，揮霍浪費也很可恥。

（二）「不能不認真，也不能太較真」——我的工作之道

對工作必須嚴肅認真，一絲不苟。幾十年來，我養成了嚴謹的工作作風，用以治學和教學，獲益匪淺。我也常以此教誨我的研究生：我身上沒有什麼好學的，要學就學我嚴謹的作風。我始終認為，有認真的態度、嚴謹的作風，未必就能把工作、把學問做好，由於主客觀條件的限制（如個人能力差、客觀條件不具備等），結果不能如願。

但沒有認真的態度、嚴謹的作風，是斷然做不成事的。當然，在工作中也不能太較真，在非原則性的問題上，對同事尤其是對下屬不妨多留點情面，適當退讓和妥協，日後才好相處，這樣對共同完成今後的工作更有利。

（三）「不要閒著，也不要累著」——我的養生之道

⊙ 2014 年於中山大學（廣州）校園

這包含兩層意思。

首先，身體不要閒著，也不要累著。退休前我每天不是工作就是學習，日子過得很緊張，但每天我都抽空去戶外鍛鍊，決不當「宅男」。退休後，我也不賦休在家，無所事事的日子不僅會使四肢生鏽，還會使大腦生鏽。

我被一所民辦大學聘為校長助理，一直幹到今天。充實的生活使我幾年來一直保持著良好的生活方式和健康向上的心態。當然，在工作中長期堅持拚命，透支了體能，這也很不可取。退休前可拼但不可搏到盡，退休後更要量力而行，此所謂「不要累著」。

其次，頭腦不要閒著也不要累著。年輕時要勤於學習、勤於思考，這既是工作所需，也是健康生活所需，白天合理用腦，有利於晚上睡眠。年老時也要學習，也要思考，這可防止大腦退化，預防老年痴呆。

學習與思考，任何時候都能使人調整好心態，保持積極、樂觀、向上的心理和情緒，而這正是身心健康所亟需的。當然，學習與思考也要講究度，過了度輕則失眠，重則患心理疾病，最終只能毀了自己。

後記：修改拙文後，我打電話向原北京大學地球物理系1965級學生、現定居香港的繆慧思女士求證，她經與同學核實後打電話告訴我：那位在「文革」中跳樓身亡的年輕教師，是該系有名的才子、業務尖子李其琛，死時僅32歲，大家至今仍深感惋惜。真是：往事何堪追憶，令人不勝噓唏！順向繆女士致謝！

吳志雄，男，1946年9月出生於福建省詔安縣。1964年考入北京大學哲學系。1979年考取中山大學哲學系邏輯專業研究生。1982年畢業獲碩士學位，此後留校任教，先後在哲學系、行政管理學系從事教學與研究達25年，歷任講師、副教授、教授。退休後又擔任廣州一所民辦大學校長助理5年。

在國內學術刊物上發表邏輯學、行政管理學、監督與反腐敗的學術論文60多篇，參編12本學術專著。曾擔任（全國）中國邏輯史專業委員會副主任、廣東邏輯學會副會長等學術職務，現仍擔任廣東省監察學會常務理事、廣東省人大制度研究會理事、深圳市監察局（監察學會）特聘專家顧問。

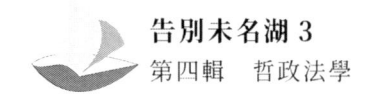

我的同學韓茂華

朱昌徹

韓茂華1945年3月20日出生於內蒙古五原縣塔爾湖鎮的一個農民家庭，1964年考入北京大學哲學系哲學專業一班，是我的同班同學。在我的記憶中，韓茂華身高173公分，瓜子臉，皮膚比較白，頭髮像綿羊毛，先天性捲曲，平時很注意自己的外表和形象，穿著整齊清潔，喜歡經常梳頭，是我們年級的美男子。韓茂華學習非常勤奮，很少參加體育鍛鍊，為此同學們給他取了一個綽號「老夫子」。

「老夫子」在現代中國是個貶義詞，一般是指知古不知今，「四體不勤，五穀不分」的讀書人；在中國古代卻是褒義詞，指學問很多，品質高尚的老先生。中國歷史上，第一個被尊稱為夫子的是孔丘。孔丘的學生都叫他夫子，在《論語》一書中曾31次出現過夫子的稱呼。

與孔丘同時代的老聃、墨翟，孔丘之後的孟軻、莊周、荀況、楊朱、惠施、孫吳、孫臏、申不害、尉繚、韓非等一大批大知識分子都被稱為夫子。我們叫韓茂華「老夫子」，既不是尊稱，也不是貶義，而是純粹開玩笑。

其實，韓茂華很少鍛鍊身體是有客觀原因的。他小時候曾得過小兒麻痺症，留下一點殘疾，不能和大家一樣跑跑跳跳。不過他的殘疾不明顯，我們都不知道。如果知道，肯定不會給他取老夫子的外號。

1966年6月「文化大革命」爆發，學校停課「鬧革命」。韓茂華給我印象較深的有幾件事：

一是1966年7月12日，地球物理系學生陳必陶貼出一張題為《造工作組14個大反》的大字報，說北京新市委派到北大領導「文化大革命」的張承先工作組執行了一條鎮壓革命群眾的反動路線。這張大字報像5月25日聶元梓等七人的大字報一樣，轟動了整個北大。張承先來北大剛剛一個月，怎麼就執行了反動路線？絕大多數師生不同意陳必陶的看法，寫大字報進行批駁。只有少數人讚同，支持陳必陶，韓茂華就是這少數人之一。

二是張承先工作組被中央文化革命領導小組趕出北大後，北大成立了聶元梓為主任的文化革命委員會。聶元梓關注的是如何深入揭批陸平、彭佩雲的「反革命罪行」，對於北大校外正在興起的紅衛兵運動一點也不敏感。北大遲遲才成立紅衛兵組織，成立之後也沒有多少社會影響。而這時的清華井岡山、北京地質學院東方紅、北京航空學院紅旗、北京師範大學井岡山等大學紅衛兵組織到處造反，搞得轟轟烈烈，社會影響極大。

這就引起北大學生的不滿，北大是「文化大革命」的策源地，怎麼能落後於其他大學？一些激進的人認為聶元梓壓制了革命群眾，執行了資產階級反動路線，開始起來造聶元梓的反。他們自發成立「東方紅」和「紅旗飄飄」兩個紅衛兵組織，揭批聶元梓的路線錯誤。聶元梓自認為她是毛澤東樹立的紅旗，執行的是毛澤東革命路線，反對她就是反對毛澤東，反對黨中央，因此想方設法鎮壓這兩個紅衛兵組織。她們探聽到兩個組織的核心人物私下有對林彪、江青和中央文化革命領導小組不滿的議論，便要把他們打成反革命集團，把「東方紅」和「紅旗飄飄」打成反革命組織。

一時間，北大校園裡到處是聲討兩個組織頭目的大字報和大標語。韓茂華參加了「東方紅」，當時精神壓力很大，一天到晚很少說話。幸虧他與同學關係融洽，我們年級的同學品質都不錯，沒有一個人趁機整他，所以他始終沒有受到太大衝擊。

三是大學一年級時，韓茂華經常接到一個女同學的來信，那時大家都知道他在讀中學時就有女朋友了。他的女朋友叫白晨燕，紅衛兵大串聯時期，到北大找韓茂華，在 38 樓二樓走廊裡碰到我，問我韓茂華住哪個房間。我把她帶到韓茂華所住的地方，韓茂華非常大方，給我介紹說：「她叫白晨燕，我的中學同學，也是我的女朋友。」我仔細端詳了一下，只見白晨燕白白的皮膚，瓜子般臉蛋，中等的個子，苗條的身材，戴一副白色鏡框眼鏡，十足的美女一個。她與韓茂華非常般配，真是天生一對，地造一雙。我當時對韓茂華特別羨慕。

1970 年 3 月，我們畢業分配了。韓茂華家在山西，本應分到山西工作，他卻去了內蒙古自治區。據說是因為女朋友白晨燕前一年分配在內蒙古工作，

他是奔白晨燕而去的。初到內蒙古，韓茂華分配在鄂托克旗。在鄂托克旗，他一幹就是14年。但他畢竟是北大才子，很快脫穎而出。1975年10月，他光榮加入中國共產黨，不久被提拔為鄂托克旗黨委宣傳部副部長。1983年機構改革時，他當選為鄂托克旗黨委書記，此時才38歲，是我們年級較早當縣委書記的。後來他被內蒙古自治區主管看中，調到自治區黨委宣傳部當研究室主任，再後來提拔為自治區黨委宣傳部副部長，內蒙古自治區社科聯黨組書記，自治區黨委祕書長兼辦公廳主任，自治區黨委常委。

1996年，韓茂華調到銀川，任寧夏回族自治區黨委副書記。在這個位置上他幹了10年。按慣例，2006年他本應擔任寧夏回族自治區人大常委會主任或自治區政協主席，解決正省級待遇。不知什麼原因，自治區主管卻讓他擔任自治區黨委農村工作領導小組組長，寧夏黨建研究會會長。韓茂華不計個人得失，擔任農村工作領導小組組長工作認真負責，經常深入農村調查研究，指導工作。我們現在在互聯網上仍然能夠看到他經常下鄉指導工作的新聞報導。

韓茂華雖身居高位，對老同學卻一直非常熱情。1995年我們班的王逢文同學帶廣東社科院一幫人去呼和浩特出差，受到他盛情款待。2004年韓茂華出差到廣州，又派祕書給王逢文送去一些寧夏土特產，王逢文深受感動。我們年級二班同學王新天，家住寧夏回族自治區吳忠縣農村。韓茂華就任自治區黨委副書記後，他致信祝賀。韓茂華立即覆信說：「我到寧夏後即到處打聽你，希望你能回寧夏看看。另，令堂大人住吳忠什麼地方，請告知。我到吳忠時一定拜訪。請代問在河北工作的各位同學好。」

不久，他就將一床毛毯和一些藥材交給哲學系1963級同學柳錦柱，委託他前往吳忠農村看望王新天年邁的母親。1999年，王新天夫婦回寧夏探親，受到韓茂華熱情款待。兩人離開寧夏時，韓茂華讓他給我們年級在石家莊工作的幾個同學每人帶去一份禮品。韓茂華深厚的同學情不但感動了王新天，而且感動了第三者的我，我在寫這段文字時，眼睛裡含著熱淚。

2004年哲學系90週年系慶，韓茂華在家人陪同下參加了慶祝大會和我們年級的聚餐。這是我們畢業34年後的第一次見面，也是最後一次見面。

當時我看他身體不錯，精神狀態也很好。誰知過了8年，北大哲學系百年系慶時，他卻沒有來。王新天向柳錦柱一打聽，才知韓茂華病重躺在重症監護室，靠輸液維持生命。聽說他病重，到會的同學心情都很沉重。王新天更是惦記在心，不久他到銀川看望韓茂華。

⊙韓茂華（右）與王新天

　　韓茂華妻子白晨燕給王新天簡單介紹了他的病情和病因：韓茂華得的病非常奇怪，到北京最好的醫院檢查，也沒有查出病因，更沒有什麼好的治療辦法。北京的醫生說，這種病患病率是幾萬分之一，全世界都沒有搞清病因，沒有根治的良方。其臨床表現是肌肉逐漸萎縮和無力，全身不能動彈，不能吃東西，智力、記憶和感覺卻沒有很大問題。

　　醫療界的解釋是患者的大腦、腦幹和脊髓中的運動神經細胞受到侵襲，感覺神經則沒有什麼損害。白晨燕說，韓茂華小時候曾得過小兒麻痺症，治療一段時間後以為好了，實際上個別人晚年可能復發，甚至更加嚴重。估計韓茂華這次得病的主要原因就是當年的小兒麻痺症沒有根治，誘因是擔任農村工作領導小組組長後，換了辦公室。辦公室剛剛裝修不久，韓茂華就住了進去。他又是一個工作狂，每天在辦公室工作到深夜。

　　長期在甲醛味濃烈的辦公室工作，加上過度勞累，造成了韓茂華的不幸。白晨燕最後帶王新天走進重症室看望韓茂華，只見他靜靜地躺在病床上，閉著雙眼，臉上戴著一個大口罩。白晨燕對他說：「王榮來看你了。」韓茂華似乎聽見了，微微睜開眼睛看著王新天，但是他無法說話。

兩個月後，王新天從吳忠返回石家莊途中再次看望韓茂華，感覺他的狀況比兩個月前要好些。當白晨燕告訴他「王榮又來看你了」時，韓茂華微閉的雙眼流出了兩滴眼淚。估計他很想和王新天說說話，可是病魔奪去了他說話的能力，因此他內心非常痛苦。王新天用紙巾揩拭他臉上的眼淚，安慰他好好治病就告辭了。

　　回到石家莊，王新天把上述情況和白晨燕的電話告訴了我，我立即撥打白晨燕的電話。老白在電話裡把韓茂華的病情和病因給我講了一遍。打完電話，我在網上查了一些資料，猜想韓茂華得的是漸凍人症。英國著名物理學家霍金就是得的這種病（當年我們在校時的團委書記、後來的北大副校長郭景海老師好像也是因這種病去世的）。

　　這種病人類目前無法治療，病人平均成活期為三年。看了這些資料，我的心情非常沉重。茂華啊，你太不幸了！老同學不能來看望你，只能在遙遠的江西為你祈禱：但願你能出現奇蹟，多活幾年。

　　2015年春節以後，我接到同班同學周振國（曾任中共河北省委宣傳部副部長）的電話，說韓茂華同學不幸於2015年春節前逝世。我當時眼淚奪眶而出，難以自禁。

　　韓茂華逝世後，官方媒體正式報導：中國共產黨的優秀黨員、忠誠的共產主義戰士，內蒙古自治區黨委原常委、祕書長，寧夏回族自治區黨委原副書記韓茂華，因病醫治無效，於2015年2月9日凌晨1時17分在銀川逝世，享年69歲。韓茂華病重期間和逝世後，習近平、劉雲山、趙樂際等中央高層和有關部委高層分別以不同方式表示慰問、哀悼，並對其家屬表示慰問。韓茂華遺體送別儀式於2015年2月11日上午在銀川殯儀館舉行。2月12日，韓茂華的妻子在親屬的陪同下，來到黃河甘肅寧夏交界處，將韓茂華的骨灰，一抔一抔撒入黃河。奔騰不息的黃河水帶著他的骨灰，流向寧夏、內蒙古、山西……回到了他生前工作和生活過的地方。

　　「後事辦理一切從儉，省去一切沒必要的程序，節約國家經費，節省大家的精力。」這是韓茂華在生命最後時刻留給家人的囑託。只有簡單的告別，沒有悼念活動，唯一留下的，是將他骨灰撒入黃河的前一天，刊登在《寧夏

日報》、《內蒙古日報》上一則簡單的訃告。那是在告知遠方的朋友，他已經走了。

我相信：黃河是茂華生命的起點，他從這裡起步，又在這裡歸去。滾滾的黃河之水，見證了一位北大學子為國為民紮實奮鬥的人生……

朱昌徹，男，1946年11月6日出生於江西省南康縣龍回鄉一個貧困的農民家庭。1964年考入北京大學哲學系哲學專業，1970年3月19日分配到黑龍江省嫩江縣工作，在嫩江縣工作5年多，在江西省贛南醫學專科學校工作5年多。1980年考入南京大學哲學系中國哲學史專業研究生，1983年獲碩士學位。同年8月分配到江西省贛南師範學院當老師，歷任政教系副主任、主任、贛南師範學院副院長，1996年評聘為哲學教授。社會兼職：江西省教育學會副會長、江西省哲學學會理事等。著有《中國古代思想家》等四書，學術論文30多篇。

在30多年的工作中，嫩江縣的5年最刻骨銘心。回顧在嫩江工作的經歷，我深深體會到，有志改造中國的大學畢業生，一定要先到基層鍛鍊。在基層工作若干年，可以更多地瞭解中國的實際情況，學到更多解決實際問題的本領，和老百姓之間會有更多共同語言。

韓非子說：「宰相起於州部，猛將拔於卒伍。」這話很有道理。

⊙ 2014年10月朱昌徹返校參加1964級同學入學50週年聚會

磨難中的道德堅守

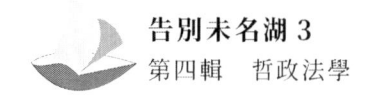

劉旦元

1970年3月14日，我同300餘名北大同學一起，告別學校美麗的未名湖，登上了前往貴州的火車。我們將要在中國經濟社會發展最滯後的省份之一的貴州省，以「處理品」、「臭老九」的身份，開始不知前途是什麼的新生活。

我們真是「處理品」、「臭老九」嗎？

黃果樹瀑布蕩滌心中鬱悶

我得到的是到貴州省安順市報到的報到證，然而到安順市報到時卻被告知，要先到安順地區報到，由地區再行分配。一種被欺騙了的鬱悶心情油然而生，但投訴無門，我只得聽天由命。

我和歷史系的彭恩泰、數學力學系的周慶善三人被分配到了鎮寧布依族苗族自治縣。地區分配辦的人告訴我們，鎮寧縣好，有世界著名的黃果樹瀑布。

鎮寧縣好嗎？縣城裡除縣委、縣政府是磚木結構的樓房外，全是石塊砌成的房屋。房屋頂上全部用不規則的薄石板做瓦，犬牙交錯地覆蓋在用細木棍做的檁條上，其總重量是常規瓦片的好幾倍，如果發生地震，後果不堪設想。

這樣一座石頭城既反映了這裡布依族和苗族同胞利用自然資源的聰明智慧，造就了這樣偉大的文化遺產，又反映了這裡經濟社會發展落後，人們尚無能力改善已與現代生活不合拍的工作和居住條件。縣城裡沒有百貨大樓，沒有電影院，沒有自來水，沒有……這就是我們到的「好」鎮寧縣。

到鎮寧縣報到的第二天，我們三人就步行17公里，來到了黃果樹瀑布。

黃果樹瀑布位於鎮寧、關嶺兩縣境內北盤江的支流打幫河上游的白水河上。白水河流到這裡遇到多層斷崖而形成九級瀑布。黃果樹瀑布是九級瀑布中的最大一級，是中國第一大瀑布，也是亞洲最大的瀑布。瀑布落差74公尺，

寬81公尺。抬頭望去，只見河水從斷崖頂端凌空飛流而下，傾入崖下的犀牛潭中，勢如翻江倒海。

水石相擊，發出震天巨響，騰起一片煙霧，令人驚心動魄。欣賞著瀑布的景色，我忽然覺得，平靜流淌的白水河遇到斷層，瞬間一落千丈，彷彿從天上落到了地上，這不是跟我們從「天之驕子」一下子變成了「處理品」、「臭老九」的命運一樣嗎？白水河的隕落，化成了美麗的瀑布，綻放出絢麗的光彩。我們的人生之路，也應該如此！

不畏艱難的挑戰

我們三人都被分到縣裡唯一的中學——鎮寧民族中學，此時學校還籠罩在「文化大革命」的氣氛中，沒有學生，教師天天政治學習，進行「清理階級隊伍」的揭發批判。感覺無聊已極之時，縣裡要我們三人到六馬區去參加「一打三反」工作隊的工作。

六馬區位於鎮寧自治縣南部，距縣城約70公里，當時轄板樂、良田、簡嘎，打幫、樂運和喜妹等好幾個公社，布依族、苗族等少數民族占90%以上。1935年4月，紅軍一、三、五團由貴州惠水、廣順一線南下，分三路進入安順境內，途經六馬區。良田公社境內至今還留有當年紅軍活動的遺蹟。

我們來到六馬區，看到解放這麼多年，這裡文化教育仍十分落後，生產力水準低下，刀耕火種還十分盛行，群眾生活十分艱苦，不由得感慨萬千。最讓我們感到難堪的是找不到廁所，要方便得滿山遍野地找合適地方，當地少數民族同胞此時還認為用人糞尿給莊家施肥不衛生，不建廁所積肥。

所謂「一打三反」是指：打擊反革命破壞活動、反對貪汙盜竊、反對投機倒把和反對鋪張浪費。在這樣一個封閉落後的地方，實際上，除打擊反革命破壞活動外，我們的主要任務是制止單幹（現在看這個任務是錯誤的），制止毀林開荒，制止種植鴉片。

工作隊由縣委副書記肖岳亮親自帶隊。一天，肖書記找到我說：「在壩草公社的一大山埡口上，發現了一條反革命標語，是用鑽杆戳在一塊大石頭

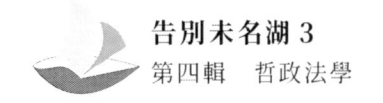

上的。縣公安局的羅偵查員已經到壩草公社去了，你去配合他破案。」我是共產黨員，這樣的任務落在我頭上是理所當然的。

⊙ 1965年6月在北大未名湖

　　從區裡到壩草公社有50多公里，沒有公路，山路正好是當年紅軍到壩草渡口渡過北盤江時走過的路。我找了一根一公尺多長的木棍就上路了。我走的時候已是下午，走了20來公里，天就黑了，摸黑再走幾公里，就來到了良田公社所在地。

　　所謂公社所在地，不過是有幾家農戶和一個賣小商品的供銷社而已。我到供銷社買了飯吃完，問投宿之事，營業員說：「住一晚2角錢，但前晚上我們這裡一個值班的營業員被人殺死在樓上房間裡，還沒有破案，你敢住麼？」我回答說：「這前不靠村後不靠店的，不敢住又能住哪裡呢？」供銷社是一棟有點年頭的木結構二層樓房，牆壁上還隱現出當年紅軍留下的標語。我要了一間看似結實一點的房，用桌子把房門堵死後，倒床就睡著了。一夜平安無事。

　　第二天一早起來繼續趕路，一出門就看見當地居民的菜地裡有一條足有5尺來長的烏梢蛇在徐徐蠕動，好像要捕捉什麼東西。第一次看到這麼粗壯的蛇，我既亢奮，又緊張，心想今天一定要注意防蛇。不出所料，路上幾次碰到蛇，有一條蛇竟從我的腳尖前橫竄過去，我驚出一身冷汗。從良田公社到壩草公社約30公里，基本是山間小路，1958年大躍進時修的一段毛坯路，也已是茅草叢生。

我不認識路，只能估計著方向前行，偶爾碰見割草砍柴的當地居民，得知沒有走錯，真是喜出望外。一路基本都是往下走，海拔高度越走越低，氣溫越來越高，汗越出越多，口越走越渴，在火辣的陽光炙烤下，我頭慢慢地感到發暈，腿開始發軟，自己感覺快支持不住了！忽然，眼前一亮，前方不遠處出現了一條大河，啊，到北盤江了！我抖擻精神，沿著江邊的小路，終於找到了一棟破舊的茅草房——壩草公社的辦公室。進屋後，我顧不得寒暄，直接要水喝，加一點鹽，一碗接著一碗喝了個飽。謝天謝地，沒有中暑，沒有虛脫！

第二天，縣公安局的羅偵查員帶著我和公社幾名幹部一起來到一個叫道谷埡口的地方。埡口上有一塊大石頭，上面醒目地刻著「堅決打倒×××」幾個字。喲，真是一條反標！我給反標和現場拍照後，大家用鑽杆把反標銷毀了。

回到公社，羅偵查員要我立即把膠卷送到30多公里外的貞豐縣公安局洗印出來。啊，又是一個艱巨的任務！4月的北盤江水清流緩，在當年紅軍渡江的渡口，小小的渡船很快把我送過了江，可一上岸就得沿著約60度的陡坡往山上爬，直到爬上一個叫坡門的寨子才歇口氣，回頭看，北盤江就像一條小溪流。路上渴了，喝稻田裡的水，顧不得水裡有像紅線一樣的蟲在游動。

餓了，忍著，路上沒有人家，有錢也買不到食物。常常是耗費了相當多的精力登上一個山坳，一打聽，路不對，又懊喪地下山擇路重走。傍晚時分，終於到了號稱「小貴陽」的貞豐縣城，望著城裡逐漸亮起的燈火，疲憊的我感到很驕傲，北大學子——「臭老九」，也能像當年紅軍一樣，艱難險阻難不倒！

把洗印好的膠卷和照片帶回公社後，羅偵查員跟我們一起分析了案情。反標的字跡有一定的功力，是有一定文化水準的人作的案，在這個偏僻落後的公社，有文化的人不多，多數村民連漢話都不會說，所以，排查的重點放在了公社裡幾個有疑點的文化人身上。

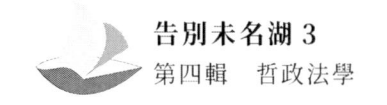

我分到了去查××大隊會計的任務。不入虎穴焉得虎子，我決定直接住到這個會計家去，像現在很多影視劇裡描寫的臥底那樣。然而，這個決定可讓我吃了這一生中難忘的苦頭。這個大隊會計也同其他貧困村民一樣，家裡窮得叮噹響，全部家當算起來，不值幾個錢，最值錢的是一頭牛，當時也許能值 200 來元錢。

　　會計把我安排在他家樓上住，所謂樓，就是在木房的橫梁上鋪一排細竹作為樓板，走在上面，晃悠悠的，一不小心，腳會插入竹子與竹子的縫隙間。在細竹上鋪一張蓆子就是我的床了。晚上，我睡在床上，不一會，無數蟲子來咬，一咬一個包，奇癢無比，徹夜不能入眠。第二天我把蓆子拿來一看，媽呀！席縫間無數小蟲，黑壓壓的在爬動，看得我一身都起了雞皮疙瘩。我把蓆子往地上一搣，蟲子掉下了不少，一會兒就跳不見了。這時我才明白，原來是跳蚤作孽。

　　我在會計家「潛伏」了半個月，與他們一家人同吃（幾乎每天吃的都是豌豆、苞谷，沒有蔬菜，也沒有一丁點油，吃得大便都拉不出來），同勞動（天天與他們一起出工，幫他們掙工分）。他們見我能吃苦，沒有架子，很信任我。我想，幸虧他們不知道我的任務，不然會怎麼樣呢？我仔細觀察了他們一家的行為，分析他們的思想，感到他們雖然很窮，但他們對毛澤東，對共產黨，對新社會是熱愛的，特別是我悄悄地反覆查對了會計的筆跡後斷定，這個會計不是作案人。

　　透過不斷地排查，案件最終破了，案犯是一個走親戚到壩草的雲南人。

　　工作隊結束，我得到縣裡通報表揚。肖岳亮隊長說：「沒想到北大的學生這麼能吃苦，這麼勇敢！」

說真話，不說假話

　　1974 年 4 月，我調到了貴陽市花溪區教育局工作，歷任教研室主任、副局長、局長等職務，先後被選為花溪區第八、九、十屆人民代表大會代表，並被選為中共花溪區第四屆區委委員。1993 年 5 月我又調到貴州省教育科學研究所，先後任副所長、所長職務。北大「愛國進步，民主科學」的精神始

終是我履職盡責的精神支柱,「說真話,不說假話」是我在工作中一直堅守的信條。

1981年,花溪區第八屆第二次全體會議最後一天的議程是進行幾個決議的表決。對於財政預決算的決議草案,我在分組討論時就提出了不同的意見。我說:「『百年大計,教育為本』,這不能只是一句口號。日本戰後在一片廢墟上迅速成為經濟強國,其重要的原因之一就是勒緊褲腰帶辦教育。花溪區財政的決算和預算均沒有體現這一點。特別是預算的教育經費,單是發公民辦教師的薪水都不夠,何況還有那麼多危房要消除,那麼多學校要興建。教育的欠帳那麼多,不能視而不見!麥坪鄉彭官小學教室垮塌砸死學生砸傷教師的悲劇不能再重演!預算應該修改!」

然而,主席團拿出來表決的決議草案依然原封未動。表決時,當會議主持人最後喊「不同意的請舉手」時,我將手高高地舉了起來……我是花溪區人大歷史上第一個投反對票的人,儘管這一行為在當時還不能為大多數代表所理解,後來對我個人的仕途也帶來了不利影響。隨著時間的推移,要勒緊褲腰帶辦教育的意識在花溪逐步深入人心,教育經費開始不斷增加。

2004年6月,中央電視台「焦點訪談」欄目揭露了貴州省安順市寧谷鎮在「普九(普及九年義務制教育)」中造假的行為。這一節目的播出引起了貴州社會各界特別是教育界的震動。節目播出的第二天,省教育廳黨組立即召開黨組擴大會,商量如何面對這一問題。某副廳長定調說寧谷造假的問題是貴州省「普九」中的個別問題,不應以此否定了我省「普九」的成績,也不要因此干擾了我們的工作,只要嚴肅處分那幾個造假的幹部就行了。按常理,黨組擴大會是輪不上我們非黨組成員發言的,但我覺得這位副廳長的發言會把會議的方向引偏。「說真話,不說假話」的信條讓我實在忍不住了,於是馬上發言表示不同意見。

我說:「我的發言不是要否定我們教育廳為完成『兩基』攻堅任務做出的巨大努力。我要說的是『普九』中造假不是個別現象而是普遍現象。」我列舉了兩個例子:「某某市的教研室主任告訴我,他原來所在的縣在普九驗收時,第一個學校剛驗收完,車子馬上就把課桌凳運往第二個學校迎接驗收。

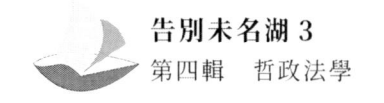

某某區的教研室主任告訴我，普九驗收前，他們教研室下去包片的任務就是幫助鄉鎮『科學地造假』。」「其實，廣大教師對『普九』中的造假行為是非常反感的，是嗤之以鼻的，造假現象不下大力糾正，實際上嚴重影響了教育廳的形象，影響了黨和政府的威望！」

我最後說：「造假的原因很多，但最主要的原因是我們定的指標太高，下面盡了最大的努力都完不成，只有造假。所以問題出在下面，根子在上面。不應簡單地處分下面造假的人。應該抓住中央電視台曝光的契機，在全省開展擠乾『普九』中的水分的活動。」我發言之後，會場沉靜了許久……當年9月，我要退休了，廳長找我談話：「你敢講真話，這是難能可貴的！」我說：「如果教科所所長都不說真話，怎麼能為教育廳的決策服務！」

三瓶茅台酒的故事

上世紀80年代到90年代初，茅台酒，無論對薪水微薄的我或者對花溪大多數教師來說，都是昂貴的。我在花溪區擔任教育局局長期間，有過三瓶茅台酒的故事。

第一瓶，退還了。那是1984年8月一個星期六的下午，我拖著疲憊的身軀從鄉下查看學校危房回來，看見家裡茶几上放著一瓶茅台酒。我問妻子：「誰送來的？」妻子說：「是一個女的，30歲左右，我不認識。她說是石板鄉的老師，放下東西就跑了，追都追不上。」哦！我明白了，是石板小學的一位老師。這位老師的丈夫在省級機關工作，家安在貴陽城裡，有兩個孩子。為方便照料家庭，她一直想調到城裡學校工作。由於她是學校的教學骨幹，學校捨不得放她，教育局也就一直卡著不放。

最近，她丈夫接受了到西藏工作三年的援藏任務，她又提出了調動申請。前兩天，教育局開會研究教師調動問題，有300多位農村學校教師要求調到貴陽或花溪鎮上，會議只同意了少數幾個人的調動，其中包括這位教師。

第二天，這位教師又來了，我嚴肅地對她說：「你先把酒收回去，我們再談調動的事！」她見我態度堅決，只好將酒收回包裡，以忐忑不安的目光看著我。見酒收回，我態度轉而和藹地說：「教育局已經同意了你的申請。

支援西藏是全國人民的共同義務，你妻子代替我們履行了這個義務，我們也有義務幫助你克服家裡的實際困難。」「是真的嗎？」「千真萬確！」「局長，我妻子回來時，一定請你去喝這瓶茅台酒！」

第二瓶，上交了。具體時間記不清了，只記得是一個做基建的包工頭送到我辦公室的，他想從我這裡突破，讓他承包教育局新建學校的一項較大的工程。80年代後期，隨著教育經費的逐步增加，我們教育局每年都有200-300萬元左右的基建維修經費。

為了使自己處於超脫的地位，以便監督好這來之不易的經費的使用，我給自己立下了規矩：不插手經費的具體安排，不插手施工單位的選取，不個人決定任何一個項目的立項與否，不接受任何一個施工單位的「好處」。遵循規矩，我把茅台酒交到了局黨總支紀檢委員處，並叫人告訴那個包工頭，請他按教育局規定的程序辦。

第三瓶，收下了。1991年3月的一天，我卸下教育局的主管職務後，懷著坦然的心情回到家中。一進屋，磊莊中學的王××老師和她的丈夫就迎了上來。王老師情緒有點激動地對我說：「局長，以前我們不敢來，我們知道你的為人，怕來了碰釘子，找沒趣。現在你不當主管了，是平頭老百姓了，我們也就沒有什麼顧慮了。今天我們送你一瓶酒，以表達多年積攢在心底的感激之情！」

說著，王老師從包裡拿出一瓶茅台酒，夫妻倆一起慎重地交到了我手裡。王老師是貴陽城裡下到花溪黨武鄉的知識青年，與當地的農村青年羅××結了婚。恢復高考制度後，王老師考取了貴陽師專，畢業後分到磊莊中學任教，她的丈夫卻一直在黨武鄉當民辦教師，保持著農民身份。受良好家庭教育的影響，王老師不為世俗觀念所干擾，沒有因身份和地位的變化而對丈夫產生二心。

我很讚賞王老師的品行。1987年，區裡有了部分民辦教師轉正的指標，我力排非議，將王老師的妻子轉正為公辦教師，就此改變了王老師全家的命

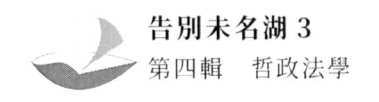

運。三年多了,這件事我從未給王老師講過,也逐漸在我心裡淡忘了。在我「下台」後的第一天,王老師夫婦來了,我明白他們的來意後,深受感動,感受到了教師們對我的真情,這酒我收下了⋯⋯

這瓶酒我一直保存著。

1970 年 3 月從北大畢業,一轉眼,45 年過去了。45 年在磨難中的道德堅守充分證明,我們不是「處理品」,不是「臭老九」!

劉旦元,男,1944 年生。1964 年考入北大國際政治系,1970 年 3 月畢業。曾任貴州省鎮寧縣民族中學教師,貴州省貴陽市花溪區教育局教研室主任、副局長、局長,中共貴州省委黨校教師,貴州省教育科學研究所副所長、所長等職務。獲中學高級教師職稱和特級教師榮譽稱號。

領銜主持過多項國家級和省級科學研究課題的研究,其中全國教育科學「八五」規劃國家教委重點課題「貧困地區實施初等義務教育研究」和全國教育科學規劃「十五」國家重點課題「貴州省實施『普九』攻堅計劃經費短缺問題及對策研究」獲貴州省哲學社會科學優秀成果三等獎,貴州省教育廳 2012 年重點課題「貴州省高中課程改革背景下大學招生考試改革方案的研究」獲貴州省哲學社會科學優秀成果二等獎。

⊙ 2013 年 5 月在北大未名湖

夢裡何曾別燕園

陳世崇

依稀就在昨天。

但已是 45 年前的事了！

可不是嗎？我是 1970 年 3 月 13 號離校的，到今年 3 月整整 45 年了。

我是 1964 年 9 月入學的，在燕園學習、生活了五年半，對母校有了深深的感情。

但我卻是忍著心頭之恨離開的。

正是這恨，讓我斷然放棄了留校的機會。

那是畢業前夕，工宣隊管分配的一位師傅（那時北大是毛澤東思想宣傳隊領導一切。進駐學校及各系的宣傳隊由 8341 部隊的軍人和工廠的工人師傅組成。國際政治系的工宣隊前期由 618 廠派遣、後期由木城澗煤礦派遣）找我談話，問我願不願留校，我說不願意。他很驚訝地反問：「你不願為毛主席抓的點作貢獻？」

「六廠二校」（北京二七機車車輛工廠等在京的六個工廠和北大、清華兩校）當時可是毛澤東親自抓的「文化大革命」重點單位！我聽出了師傅驚訝中那頂政治帽子的份量，於是趕緊申明：「不是！我是覺得自己不夠格。」

我對師傅說了假話，其實，我是因為氣憤而負氣不願留校的。

3 月 11 日公布分配方案（據說是第三分配方案。因第一、第二分配方案中有國家、省市機關和一些科學研究單位，被軍宣隊中說話算數的那個人給否了：知識分子接受再教育怎麼能坐機關？北大、清華要帶頭「四個面向」。於是，有了第三分配方案，北大、清華的畢業生統統分到縣級以下單位，有的直接分到生產大隊），我被要求 3 月 13 日必須離校赴接收單位報到。

離校時，我把自己所用的所有講義、書籍，包括被臥都送了人，孑然一身離開了燕園，負氣地想就此了斷關於北大的一切記憶。

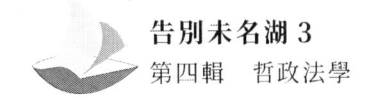

我被分配到北京二七機車車輛工廠。北大一起分到該廠的還有中文系的曾鎮南、歷史系的吳國良、哲學系的任寶崇，以及清華的20名畢業生（當時的說法這叫「六廠二校」內部分配）。我們24個人被安排在工廠附屬技校裡辦了一段時間的「學習班」，臨近公布分配方案，又變了。

在那高喊著「工人階級領導一切」的年代，原來工廠裡卻不是工人說了算，而是軍宣隊說了算，二七廠的軍宣隊又恰恰和北大的軍宣隊來自同一部隊。一看我們這24個人的分配方案，軍宣隊的高層又說話了，而且更給力：臭知識分子接受再教育怎麼能到科室？統統分到最髒最累的作業廠！於是我們再一次被「二次分配」，並且是一步到位。我和曾鎮南（現在已是全國知名的文學評論家）被分配到了全廠最髒最累最沒技術的貨車解體作業廠，掄大錘。

火車貨車車廂壞了，拉到廠裡來修，首先要拆解，貨車解體作業廠就是幹這活的。車廂裝過水泥、裝過礦砂、裝過農藥、裝過魚蝦、裝過煤炭、運過生豬或者牛馬……誰能說清那些殘缺不全的車廂都運過什麼呢？車底板上「瓷」著厚厚一層污垢，看不見鉚釘無法拆解。可這層污垢難弄得很呢，鐵鏟鏟不動、高壓水龍頭沖不開，只有一個辦法──用高溫乙炔氧氣槍燒，將污垢烤成粉末，用高壓風吹掉，然後用氣割把鉚釘切開再進行拆解。

作業廠一直沿用的就是這種辦法，一吹風，塵土飛揚，鋪天蓋地，對面看不見人，酸辣腥臭各種怪味都有，刺得人喘不過氣、睜不開眼。據有關部門測量，粉塵大於國家標準最高值的兩千倍！雖然有關部門把肝炎的標準提高了再提高，作業廠裡還是有百分之三四十的人被確診為肝炎，我也「有幸」忝列其中。

前面說，我是因為氣憤而負氣不願留校的，這氣憤其實緣於一件小事。那是畢業前不久，有一天我在39樓前看到一位宣傳隊成員在訓斥我們系的老師，老師們排成一隊，被要求這樣站、那樣站。那位宣傳隊員一會兒喊「立正」，一會兒喊「稍息」，純粹是在折騰人，達不到他的要求他就像訓孫子樣地訓人。

看到這一幕，我的心被深深地刺痛了：北大是全國最高學府，這些教職工是培養菁英者的菁英啊，在這裡卻沒了起碼人的尊嚴！也許宣傳隊還要永遠領導下去的，誰知道呢。惹不起，咱還躲不起嗎？但在那個時候，我這種想法不敢對人說，更不敢對宣傳隊說，於是我就撒了謊。

⊙戴上北大校徽照的第一張像

　　可孫猴兒無法逃出如來佛的手心。二七廠和北大的軍方宣傳隊都是來自同一部隊，你不願做孫子還得做孫子，我無法逃脫再次被二次分配的命運，到最髒最累的作業廠接受改造。我初到作業廠時，有的工人對我說：我們這裡都是從農村來的壯工，沒什麼文化，只會賣力氣；這裡有文化的人都是「人渣兒」——地富反壞右呀、黑幫呀什麼的，你們北大的高才生到我們這地兒，是不是犯了什麼大錯誤呀？我能說什麼？只好苦笑說：「沒有。」可那位工人用疑惑的眼神看著我：「是嗎？！」

　　但我不得不承認，幹活我不如從農村來的壯工，十幾磅的大錘掄不動，幾十斤重的風錘抱不穩。掄不動也得掄，抱不穩也得抱，一天活幹下來，腰酸背痛不說，渾身上下一層灰土，吐口唾沫都是黑的，從頭到腳一個色兒，對面站著，如果不開口說話，誰也看不出對面是個大活人。

　　一個1968年畢業進廠的國中生，幹了兩年，有天站在待修的破車廂上，看著前面的車修好了，後面又來一輛，待修的車輛長長的一溜見頭不見尾！心想這哪是一個頭啊，越想越覺得人生沒了前途，一陣暈眩，就從車上掉下來摔了一個腦震盪。

就是在這樣的環境裡,我幹了兩年,說心裡不鬱悶那是假的。記得第一年的中秋節那個夜晚,我們北大來的四位同學,相約來到盧溝橋下的永定河灘上,遙望長空皓月,卻沒有半點兒詩意逸情,有的只是面對現狀的苦悶和對前途的迷惘。大家有一句沒一句地閒聊著。「現在要是和蘇修打起來就好了!」有人說,「我們還能上戰場,殺敵立功,就是死在戰場上也比在這裡憋著強,是不是?!」

沒有回答,只是一陣長長的沉默和大口喝酒的「咕嘟」「咕嘟」聲,平日很少沾酒的四個人喝下了三瓶葡萄酒和一瓶白酒,醉臥沙灘。不遠處,那刻有乾隆御筆「盧溝曉月」的石碑,在朗月下靜靜地聳立著。突然間,一向腼腆不愛說話的任寶崇站了起來,跟跟蹌蹌,邊唱邊跳起了《我是非洲黑姑娘》。鬱悶哪!現在想起那時情境仍不免一陣心酸。

鬱悶歸鬱悶,但不能就此消沉。北大五年多出來,幹力氣活兒不如農村來的壯工,我認;若讓人說北大培養出來的人是廢物,我不認。潛意識中「北大人」這三個字給了我一種自尊、一種力量、一種勇氣、一種毅力。我力氣不如人,就多吃苦,別人三錘能搞定的活兒,我就咬牙砸十錘。日復日,年復年,我的努力漸漸贏得了工人們的理解和認可。1972年,我加入了中國共產黨,是24名北大、清華來的人中第一個被批准入黨的,鑑定中給我的評價中有這樣一句話:「他比工人身上出的汗還要多!」

但出汗多、能幹活畢竟不是北大人的特長啊,這話讓我自慰更讓我自悲,在北大學的專業在工廠裡派不上用場。風雨曠野,四顧茫然,「日暮鄉關何處是」,真有種不知歸宿在哪兒的感覺。我在想,在學校學到的知識還能不能有點用、做些其他的事兒呢?我們不是可以寫寫嗎?寫點東西吧。兩年多的時間,瞭解了工廠的許多人和事,還是有東西可以寫寫的。我在迷惘中又重拾作家夢。

1973年,我發表了第一篇小說。1974年我被調到北京市文化局創作評論組(同來的24名北大、清華學生,我是第一個被調出的)。1978年我被調到《北京文學》編輯部。在中學時代,我曾有過許許多多的夢想,想當外交家、科學家、大偵探……作家夢也是其中之一,但此時舊夢重溫,已沒了

少年人天馬行空的浪漫，也非做「人類靈魂工程師」的情操所支配，有的只是一個身處困境又不甘自暴自棄的北大人的無奈選擇。

但時勢很快把我從這方向引開了，又把我引向了北大，引向了國際政治。

「文化大革命」結束，鄧小平的改革開放得以實行，1978年北大招收研究生，我的師兄馬子富等人已捷足先登考入了北大。我那幾近泯滅的心願突然又猛烈地生發出來：我要回北大！

此時我才深深地理解什麼叫「抽刀斷水水更流」。

其實，我的北大情結從來沒斷過，即使在那畢業之初負氣離校之後。分到工廠後，我曾多次從幾十里之外的工廠騎自行車到北大，不找任何人，只是一個人悄悄地在校園裡轉悠，尋找那已漸行漸遠卻愈發難忘的記憶。記得有一次我回北大，在西南校門處碰到了李學文老師，我向前跟他打招呼，沒想到他卻擺手示意我不要說話。

待走近了，他悄聲告訴我：「我正在接受審查。」那時學校和社會上正在清查「反革命組織五一六」分子，他成了被懷疑的對象，怕連累我，悄聲說了那句話後就匆匆離開了。那天，我在未名湖畔的山坡上坐了很久，心中充滿了悲哀，說不清是為母校、為師長、為鄉下的父母，還是為自己。

我說這事，是在「文革」未結束之時。「文革」結束，宣傳隊撤出，北大的氣氛就大不一樣了。於是我回北大的次數也多了些。記得有一次我在校醫院門口碰到了老系主任趙寶煦教授，趕忙下車向前打招呼、問好。我想，在校時我是一個普普通通不起眼的學生，和趙教授沒有過單獨接觸，他不會對我有什麼印象的。趙教授在我心目中是個學貫中西、德高望重的大學者。

我對趙教授的崇敬之情起自我們入學之初的迎新會上，趙教授朗誦了賀敬之的《三門峽——梳妝台》：「望三門，三門開：『黃河之水天上來！』神門險，鬼門窄，人門以上百丈崖。黃水劈門千聲雷，狂風萬里走東海。」那飄逸超然而又飽含激情的學者之風，使我這個剛從鄉下來的孩子有種震懾感。近半個世紀過去，至今猶餘音在耳。

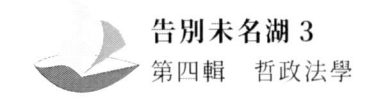

後來又聽說趙教授的文章寫得好，很有影響力。當時我聽人簡述了趙教授寫的兩篇雜文內容，不禁為其精到而獨具膽識的見解所折服，一種高山仰止之感油然而生。現在竟然與自己敬仰的趙教授邂逅了，但多少年過去，我本來在校時就不受人注意，不知趙教授是否曾有印象，於是在問候之後，趕忙作自我介紹。

　　沒想到，我剛說了句「我是64級的陳世崇……」趙教授就非常親切地打斷我的話說：「知道，知道，你現在在北京文聯工作。」說著，還拿出隨身帶的圓珠筆和小本遞給我：「把你的電話和通訊地址寫下來。」他那對學子的關愛之情，溢於言表。我有些激動。

　　辭別趙教授之後，我又到未名湖畔坐了許久。這一次我想到的都是同學誼、師生情，往日那些溫馨的事兒。其實，人的心底是很柔軟、很敏感的。趙教授那瞬間的關愛一下子就撫平了我多年的傷感。我又想起昔日在校時同學間互幫互助的許多事來：誰因故缺課了，別的同學就會替他記課堂筆記、幫他補課；誰天寒缺衣了，你送件棉衣、他送雙棉鞋，難關也就過去了。

　　有件小事我至今記憶猶新：有個星期天的早晨大家還沒起床，不知誰喊了一聲：「快起，女同學來了！」宿舍裡一片慌亂，大家起來不約而同做的一件事是各自把髒衣服、鞋襪，還有髒被縟藏到床底下或別的不易被找到的地方。女同學是來幫男同學洗衣服的。她們常常是星期天一早來，把髒衣服拿去，洗淨晾乾，到晚上再送回來。

　　我們班只有房玉珍一個女同學，可那天來的卻是一大幫：有高年級的師姐，也有低年級的師妹，我記得的有高再春、賀曉明……還有一位叫岡崎初枝的日本留學生。「娘子軍」闖進各個男生宿舍搜查一通，滿載而去後，男生宿舍裡笑成了一片：沒有髒衣物或有髒衣物卻沒被搜去者洋洋得意，被搜去者成了被嘲笑的對象，很是尷尬。

　　我想起此前探望沈仁道老師的情景，那時我還在工廠，沈老師住中關村教工宿舍，一定要留我吃飯。吃的是餛飩，師母還頗帶歉意地對我說：「聽說你要來，我們倆就商量，你是北方人，愛吃餃子，可我們倆都是南方人，平時淨吃米飯，不會包餃子，就給你包餛飩吧。」我已經離校這麼多年了，

老師們對我還如此牽掛和關愛，不僅使我當時激動不已，更使我終生難忘。那是我至今最難忘的一頓飯。

這又常常勾起我對在校時師生情的溫馨回憶。我在中學時學的是俄語，到大學改學英語後，開始時真的很吃力，主要是讀音過不了關。鄭培蒂老師犧牲自己的休息時間，給我開小灶，課外給我作個別輔導。鄭老師有時到我們學生宿舍來，也有時把我叫到她的宿捨去，她那裡有一台台式磁帶錄音機，讓我一遍一遍地讀，她一遍一遍地幫我糾正，然後放錄音對比著讓我聽，再幫我找出問題所在。

如此這般地過了一段時間，經過鄭老師的辛勤幫助和我自己的努力，我的英語學習成績有了進步。有次小測驗，得了個班上第一名，班導方連慶老師知道了，特意把我叫到他的宿舍兼辦公室談話，大大鼓勵了一番。

這些溫馨的回憶更加激發和堅定了我的決心：一定要回北大，而且就考國際政治系的研究生，跟隨可敬可愛的老師們重新學習，把在「文革」中失去的東西補回來！做一個名副其實的「北大人」。我購買和尋求我認為必要的所有學習資料，並到母校找到方連慶教授請求他的指教。那時我已結婚生子，兒子還小，妻子不同意我考研，為此我向她發了脾氣：「我不能失去這個機會！這事兒你不要攔，你也攔不住，我一定要回北大！」那一段時間，在工作之餘，我近似瘋狂地啃讀著這些書籍、資料，為報考研究生盡著最大努力作衝刺。

但最後，卻沒去考，我是「自願放棄」的。這決定緣自冬天的一個夜晚。那是一個北風呼嘯的黑夜，兒子得了急病，送醫院去看，醫生檢查後說，可能是大腦炎，得趕緊去傳染病院！那時急救車不管送，又沒有出租車，我和妻子抱著孩子坐公交車去了傳染病醫院，經過各種檢查、開了藥，等回來時早過了夜間11點，公交車收車了，十幾站地的路程，只能走著回來，頂著刺骨的北風，我和妻子替換著抱孩子，等到了家，兩人已是筋疲力盡。看著躺在床上的兒子，妻子淚流不止：「你要上學走了，再遇到這事兒該咋辦呀？！」當時，我坐在床沿上，久久沒有說話，看看兒子，再看看妻子，最後說了句：「不考了……」

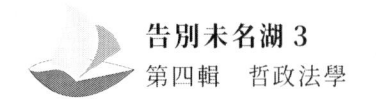

前面說了，我是1974年調入北京市文化局創作評論組的，但這與我發表沒發表過小說無關，其緣由是我在一次座談會上的發言。《北京文藝》雜誌因刊登吳晗的《海瑞罷官》，「文革」初期被勒令停刊，1972年復刊，改名《北京新文藝》，試出版。1974年初，在二七廠組織了一個座談會，請一些人對幾期試刊提意見。

沒想到我在會上的發言引起了刊物主管高層的注意，會後透過市委宣傳部幹部處，派人到二七廠指名要調我。那時我正做著作家夢，想在廠裡多生活幾年，積累些創作素材寫點小說什麼的，搞文藝評論非我所願，於是懇請廠政治部主管到市委宣傳部替我說情。廠主管去了三次，最後告訴我：「看來不行。市裡說了，你是黨員就要服從組織分配！」於是我只好到市文化局創評組從事文藝評論。

1978年我又調到《北京文藝》（後改名《北京文學》），歷任小說組編輯、副組長、組長，編輯部副主任、主任，執行副主編。1985年起我主持雜誌社全面工作。這一段時間，《北京文學》被業內稱為全國文學雜誌的甲級隊，也有文章稱其為《北京文學》的第二個高峰。但在1989年風波後情況突然發生變化，當時市委主要主管欽點某文學名家到《北京文學》占領陣地、任主編，並授予其對市文聯和《北京文學》主管團隊人事安排有決定性發言權。

這位主編是我十分尊重的作家，我聽過他講的創作課，是我的老師。但作為編輯，我與之文學觀念不同，很難按其辦刊方針編刊。於是，不到一年，我被撤掉了編輯部主任職務，任專職副主編。雜誌社實行的是編輯部主任負責制，主任是法人，主持工作。這個專職副主編是為我新設的，不審稿、不編稿、不參與雜誌社決策，有人戲稱我是《北京文學》的「專職政協委員」。

即使如此，還是認為我待在《北京文學》仍不合適（聽說是因每年年終考核，群眾投票，我的得票率還是蠻高的，被視為不穩定因素），1993年我被調離《北京文學》，到文聯的另一家刊物《北國風》任社長兼主編。當時，這家刊物的境況十分困難，用文聯內部一位瞭解情況的人的話說：「那是一個打死也沒人願去的地方。」

怨天尤人，我認為不應該是「北大人」的品格。從進入北大的那一天起，我就認為「北大人」應是最優秀的。任何時候都不要埋怨命運的不公，任何時候都不要放棄努力，我始終相信：努力總比不努力好——因為人生的轉折也許正是由於你比別人多作了那麼一點點兒努力。

　　因此，這個「打死也沒人願去的地方」，我去了，當時我就想：也許這正是證明自己價值的地方。我與同事們經過半年多的艱苦努力，在《北國風》的基礎上，創辦了《北京紀事》。又過了半年多，《北京日報》上登載了一篇文章，題目是《〈北京紀事〉為什麼火遍京城》。

　　等我離開《北京文學》一段時間後，文聯的主管才告訴我：「其實主編對你的意見就一條——不聽話！」我對這位主管表示：主編說的這是真話。作為文學刊物的編輯，我始終認為：要尊重文學，要對讀者負責。不唯名、不唯利，還要不畏權，認為對的，就要敢於堅持，為什麼要聽誰誰的話呢？！正因為有此認知，我在工作中難免使人有被冒犯之感。

　　為此我吃的苦頭，遠不止以上說的這些，但我從不後悔。有的主管說我「犟」，也有的主管說我「直」。犟也好，直也罷；喜歡也好，不喜歡也罷，要我改卻難。一位校友曾與我議及工作中的種種不快，其中說到社會上對北大人的「成見」之類的東西。我對他說：「不要看主管眼色，只看工作，憑你的本事把工作幹好，幹得比別人都出色！主管可以不喜歡你，但又不得不用你。這才是北大人！」這也是這些年來我自己在工作中遵循的原則。

　　1995年，經過考核和民意測驗，我被任命為北京市文聯黨組副書記。2000年又兼任北京作家協會分黨組書記。2004年在北京市文代會上被選為北京市文聯副主席。2006年退休。

　　45年前，我因「北大人的尊嚴」而沒有留在北大；45年過去，回首往事，卻驚奇地發現，支撐我走過半世風雨人生路的精神力量裡，時時有那「北大人的尊嚴」。偉人有言：人是需要有一點精神的。獨立思考，認為對的敢於堅持；在工作和事業中，不固步自封，不甘人後，敢為人先。

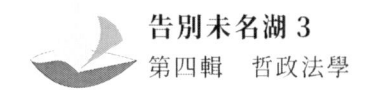

這是不是就是「民主與科學」精神浸潤的結果呢？不管別人認為是還是不是，但我認為是。45年來，我就是遵照這種精神的指引，去做人，去做事。風雨半生，無值得一說的建樹，沒能給母校增光添彩，但自認為也沒給「北大人」丟人現眼，於是，如今便也就有些心安理得地安度晚年了。

⊙退休後的「新職業」

年屆古稀，夜間多夢。常常夢迴燕園，在未名湖畔，與同學們高聲唱著我們剛入校時唱的那首歌：「我們這一代，豪情滿胸懷，走在大路上，東風撲面來……」在夢裡，我們還是那群風華正茂、志存高遠的年輕人！從入校到「文化大革命」開始雖不足兩年時間，可這卻是映照我整個青春最美好的回憶，也正是這段時間，鑄就了我人生的基調。

感謝母校對我的賜予！

陳世崇，河南濮陽人，1964年入北京大學國際政治系學習。1970年分配到北京二七機車車輛工廠，幹了兩年鉚工，做了兩年宣傳幹事。1974年調北京市文化局從事文藝評論。1978年調《北京文學》做編輯，1985年2月起主持雜誌社全面工作，1988被評聘為副編審。1993年調《北京紀事》，任社長兼主編。1994年被評聘為編審。2001-2006年任《北京紀事》主編。1996-2006年任《東方少年》主編。

北京作家協會第二、三、四屆理事，分黨組書記（2000-2006）。中國作家協會會員，中國作協第五、六屆全國委員會委員。曾任北京市文聯副祕書長、黨組副書記、駐會副主席。2006年退休。

個人發表作品150餘篇（部），有散文集《拒絕瀟灑》、歷史小說集《唐初那些事兒》。

友情與愛情

殷福保

人和動物不一樣，人不但有豐富的物質生活，還有多彩的精神生活。友情與愛情就是人的精神生活的重要組成部分。我願把我告別未名湖走上工作崗位前後的一段情感經歷如實地告訴大家。

一

1970年3月14日，我和北大化學系的女同學小游在北京站登上了南行的列車。車上有近三百名北大各系畢業生，都是被分配到貴州各縣工作的。我和小游分配到印江縣。離開北京前的一天，小游的幾位同年級女同學找到我，對我說：「我系的小游和你分在同一個地方。她男朋友小齊被取消了分配，留校接受隔離審查。聽說他反林彪，是個現行反革命分子，你一定要好好關心小游，多多照顧她。」小游、小齊和我早就認識。對小齊的遭遇，我深表同情。

列車吼叫著往南飛奔。同學們有的在看書，有的在交談，有的凝望窗外。我則閉目沉思，想起了這次畢業分配。北大、清華是毛澤東親自抓的點，比全國其他大專院校提前幾個月分配。兩校軍宣隊強調這次分配不搞學以致用，只對階級鬥爭這個口，大部分畢業生要去農村基層。分到貴州的同學全部直接分到縣以下，大中城市一個不留。

我就讀的國際政治系是在周恩來總理親自關懷下於60年代初創建的，培養國家緊缺的人材。但是急需的部門單位一個不分，不需要的農村卻硬塞，

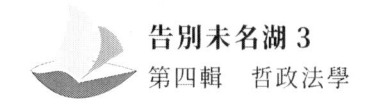

這不是浪費人才嗎？我感到非常不理解，甚至氣憤。不理解也要執行！氣憤又如何？反抗就抓起來。氣不過跳樓？照樣執行。服從分配實出無奈。

我又想到了我的初戀。我原來的女友是我高中同學，我們同一年進京，她在一所工科大學學習。我們談了兩年，感情很好，情投意合。隨著「文化大革命」的發展，社會動亂愈演愈烈，北京紅衛兵分裂成「天派」和「地派」。

她參加「天派」，我參加「地派」，我倆見面就吵，終致斷絕了往來。想到這裡，再聯想到小游與她男朋友的處境，一種同命相憐的感覺油然而生。我想，這都是「文革」惹的禍。我深深地嘆了一口氣，不知不覺中進入了夢鄉。

列車到了湖南嶽陽，小游把我推醒，說：「你的家鄉到了！」我向她介紹起岳陽的基本情況和風土人情。我們還談起了屈原、杜甫等歷史人物在岳陽的活動，交談了各自對《岳陽樓記》主題思想的看法。她說：「我在中學時讀過《岳陽樓記》，也讀過屈原的《離騷》等著名詩篇，對古人的求索精神和憂國憂民思想印象深刻，終生難忘。」一路上，我們談古論今，古代的故事，今日的生活，「文革」見聞等等，無所不談。

⊙ 1964 年 9 月攝於初入北大時

列車到了廣西桂林，我和小游以及另兩個北大同學下車換車。我們利用空餘時間遊覽了桂林幾個風景點。第二天，我們乘開往重慶方向的列車到了遵義，又換乘公共汽車到達印江縣城。

印江縣城坐落在萬畝壩子之中。壩子周圍是高入雲端的大山，印江河清澈見底，河水緩緩從壩子中間流過；周圍山坡上的層層梯田開滿了金黃色的油菜花，像斜掛在天邊的一幅巨大的油畫。

我們對印江縣城的第一印象：美。

二

我和小游到縣革委會組織組報到後，被安排到縣招待所暫住。過了幾天，縣革委會第一副主任瞿大國和縣革委會常委、政治部主任盧雲程來招待所看我們，說了一些鼓勵的話，並通知我們去桅杆農場勞動鍛鍊。

桅杆農場地處梵淨山山麓西南方，周圍山深林密，有一條羊腸小道通往江口縣德旺鎮。有人介紹：那地方有老虎、豹子、狼、狗熊、野豬等猛獸活動，還有土匪出沒，路上一定要小心。一天，我們帶了行李坐班車到德旺下車。我到供銷社買了兩根木扁擔。我們各自整理好行李，挑著擔子往桅杆農場行進。中途遇到一個砍柴的農民，向他打聽有關情況。他說：「大白天很少見到野獸，但是要提防土匪。」

他揮動砍刀，給我們削了兩根木棒（大概類似於林沖的哨棒），並告訴我們：「不要大聲說話，以免暴露你是外地人。見了可疑的人，要抓緊木棒，露出凶相，讓別人怕你！」我齜牙咧嘴表演凶模樣，那人說：「要得！」小游笑彎了腰。我們重新整理了一下行李。我把我的軍帽給小游戴上，把她的兩根小辮塞到軍帽裡，使她變成了假小子。我們抓緊趕路。沿途群山巍峨險峻，危岩犬牙交錯，林木陰森，山道彎彎。一路上提心吊膽。

看看已近黃昏，我肩膀已磨得腫痛，感覺擔子越來越沉。如果天黑前不能到達農場，後果不堪設想。我們又穿過一片山林，爬上一個山坡，氣喘吁吁，汗流浹背，實在走不動了。正準備休息片刻，只見遠處山林中竄出一隻

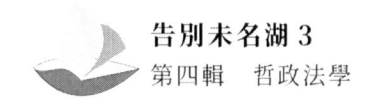

黃色的野獸，在樹叢中時隱時現，向我們衝來！我們迅速丟下擔子，緊握木棒。

我判斷：這傢伙體形大，黃色，不像狼、豹和野豬，可能是隻老虎。我把小游推上路邊的一棵大樹，囑咐她無論如何不可跳下來，老虎不會爬樹。我又拾起幾塊石頭放在身邊。等我走近些才看清原來是條黃牛。黃牛後面跟著一個小夥子，個頭不高，腰繫一根草繩，手持一把柴刀。他走近我們說：「你們是北京來的吧，場主管要我來接你們，等了好一會兒了。」

我們在他的帶領下，又走了一段山路，爬上一座山頭，走下一個山坡，終於到達了桅杆農場場部。

三

剛到農場，一些農場職工見到我們就像看見了外星人，有的向我們投來異樣的眼光，有的翻白眼，有的扮鬼臉，還有的走近我們握握手，說：「犯了錯誤不要緊，跌倒了再爬起來！」有一個年近五十的女職工袁婆用衣袖抹著眼淚說：「大老遠從北京來，作孽啊！」

桅杆農場原來是勞教農場，地處印江、江口、石阡三縣交界處的梵淨山山麓。規模很小，才幾十個職工。職工中一部分是勞教留場人員，一部分是三年困難時期餓死了父母的孤兒，還有一部分是安置的難民。外來人員有八個人：我、小游、歐陽忠之（同濟大學畢業）、陳鳳鳴（北京農業大學畢業）、胡利英（陳鳳鳴的女朋友），還有三個來農場指導階級鬥爭的縣革委會委員。

三個委員白天在密室策劃，晚上召開批判鬥爭大會。場主管打倒了，就揪鬥一個姓龔的會計，號召職工揭發。我們幾個「臭老九」只聽不發言，這是我們商定的對策。

生產勞動是我們每天的必修課。我們第一次參加的勞動是施肥。把牛糞挑進冰冷的水田中，用手把牛糞撕開，再一把一把地撒到田中。我要小游悠著點，注意休息，她不聽，一幹一整天，雙腿被水蛭咬得鮮血直流，也全然不顧。小游如此拼命，使我擔憂起來。我想起了一個悲慘的故事：我的一位學兄張玉良 1968 年在東北一家軍墾農場勞動鍛鍊，有一年 4 月，同場的一

位女生來了例假還到冰冷的水田裡插秧，連幹五天，引起大出血，不幸身亡。我想，這種悲劇決不能在桅杆農場重演。我向場部反映，建議在勞動中採取措施照顧女職工和女學生，保護她們的健康和安全。場部採納了我的意見。

農場沒有浴室，洗澡不方便。小游愛乾淨，到了夏天，她收工回場後愛去農場的水庫游泳。我擔心她的安全，每當她去游泳，我就站在遠處，目不轉睛地注視著浮在水面的泳衣。

她對我也很關心照顧。桅杆農場勞動強度大，定量的糧食少，伙食又不好，我總感到肚子咕咕叫。細心的小游發現了，每餐都把她的飯菜給我一半，我不要，她就生氣。夏天氣溫高，她買了冰糖和苦丁茶，製成清熱的冰糖茶給我當飲料喝。我的一件黑棉襖又髒又破，我要她幫我丟了，她卻和胡利英一起把它洗得乾乾淨淨，補得利利索索，成了一件「工藝品」。我又穿了七八年，一直捨不得丟。

我們不但在生活上相互關心，而且在思想上相互幫助，相互鼓勵。一有空我們就坐在一起談心，談讀書心得，談人生理想，談國際形勢，談國內政治，談父母的養育之恩，談朋友的深厚情誼，等等。我們成了無話不談的朋友。

當我們談到「文化大革命」的現實和小齊的處境時，小游總是雙眉緊鎖，憂心忡忡。有一次她對我說：「我的命很苦，我還在襁褓之中，父母為找工作去了臺灣，幾十年音訊全無。我從小由姑父母帶大，他們視我如己出。姑父是革命教師，對我影響最大。可是因為我有海外關係，受到社會歧視。小齊是個很優秀的青年，豪爽、正直、善良，我很愛他。但是他口無遮攔，議論了林副主席，被人告發，莫名其妙地被打成了現行反革命。我真的想不通。」說著，情不自禁地流下了眼淚。

我安慰她、鼓勵她，要她丟掉思想包袱，勇敢地面對現實。我說：「小齊是我的朋友，我也瞭解他，歷史將還他清白！」她說：「我知道你在安慰我，但現實社會冷酷無情，小齊凶多吉少，前途未卜。」

就在我們到達貴州的時候，北京發生了一件震驚全國的事件：在北京工人體育場召開了十萬人大會，公開宣判寫下反對「血統論」文章的青年遇羅克死刑。「血統論」更加猖獗。當時，全國到處抓「炮打中央「文革」」、「攻擊無產階級司令部」的現行反革命分子和「五一六分子」，大批幹部群眾慘遭迫害，有的被判無期徒刑，有的被殺害。凡是反林彪的都判了重刑。我知道，在這種社會背景下，我對她的任何安慰和開導都是蒼白無力的，她承受著巨大的心理壓力。

但是，我們對國家的前途、人民的命運並沒有完全喪失信心。我們互相關心，互相鼓勵，努力減輕心理壓力和負擔，勇敢面對現實，期待國家有一個美好未來，等待歷史翻開新的一頁。

四

1971年春天，我和小游回到了縣城，正式分配了工作，我分配在縣革委會組織組（後為縣委組織部），她分在縣造紙廠。我們繼續往來，關係密切。小游參加現代化新紙廠的籌建工作，成了廠裡的技術骨幹。我在本職工作上積極肯幹，成績突出，受到群眾好評，被評為全縣「學習毛著積極分子」，受到表彰。新縣委成立時，我作為正式黨代表，參加了縣黨代會。小游寫了入黨申請書，積極爭取入黨。

1971年9月13日，發生了震驚中外的「九一三」事件，林彪在蒙古溫都爾汗附近墜機身亡。我們歡欣鼓舞，興奮不已。我們敏感地意識到，我們國家的政治生活將發生變化，知識分子的命運將發生改變。我對小游說：「快跟小齊取得聯繫。」她說：「我們兩年沒通音訊了，他的情況我一點兒也不知道。」

我打算盡快把小齊的具體情況瞭解清楚。重點瞭解兩個問題：一是案件是否結案、情況如何？二是小齊是否仍然愛小游？

我寫信給北大的兩位好朋友，說明了我的意圖，請求他們幫忙。他們對小齊的案件進行了全面瞭解，關於小齊對小游的態度，他們進行了巧妙的試

探。過了一段時間，他們寄來一封掛號信，告訴我：「一、小齊的案件一風吹，他將留北大化學系任教；二、小齊仍然深愛小游，非常在乎她，惦念她。」

小游在杭州的叔叔也親自去北京瞭解相關情況。他回家後高興地宣布：「小齊是個好青年，侄女眼光不錯！」

小游和小齊重新取得了聯繫。更使人高興的是：小游與離散幾十年的父母和哥哥也取得了聯繫。她父親是臺灣的一位法律專家，他關心祖國統一，反對「台獨」，為兩岸的交流和合作做了許多有益的工作。

1977年，小游離開印江去北方工作，最終調到北京。後來小游夫婦先後去美國留學，都獲得了博士學位。畢業後他們留美國工作，加入了美國國籍，小游成了美國著名科學家，至今仍在工作。

我們兩家雖然遠隔千山萬水，但聯繫不斷。2004年9月，小齊、小游夫婦來中國探親，邀我和妻子以及陳鳳鳴夫婦、歐陽忠之在湖南張家界會面。我們相聚三天，同遊武陵源勝境，暢談友誼，激動不已。我還作了一首抒懷詩：

游張家界有感

2004年9月9日

黑髮不為老年增，歷經風雨二毛生。老友相距數萬里，隔山隔水難隔心。
紅葉灼灼白露至，相約旅遊張市行。黃龍洞中觀美景，將軍岩前留合影。
太子山上攀險道，寶峰湖畔賞蘆笙。夜來旅店談往事，不覺天亮聞雞鳴。
君子之交重友情，不以升沉中路分。有人不解其中意，唯重權力與金銀。
知心摯友情無價，友誼之樹最長青。時逢揮手心難平，送友情同嶺上雲。
不言西出無故舊，五洲處處有知音。車前告別情難禁，欲裝強顏笑不成。

五

1971年11月，我過完27歲生日，已步入大齡青年。我的一些朋友和同事看我仍然孑然一身，光棍一條，都很關心和同情。他們先後給我介紹了幾

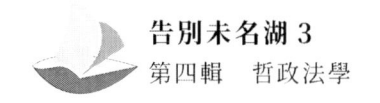

個對象，有醫院醫生，有中學教師，有機關幹部，有已參加工作的上海知識青年，個個年輕漂亮，各方面條件都不錯，但我對她們都沒有什麼感覺。

一次偶然的機會，我在印江縣城碰見了上海第二醫學院（現為上海交通大學醫學院）分來印江工作的施家鳳，立即被她所吸引。這是我和她的第二次見面。第一次則是1966年夏天的一天，當時我在北大上學，上海一位女紅衛兵來我系找她在上海浦東高橋中學讀高中時的同班同學張茅良（我們國際政治系1965級學生），張當時到外地串聯去了，我接待了她。她身材嬌小，嗓音清脆，衣著樸素，兩條短辮烏黑發亮，兩眼炯炯有神，舉止優雅，活潑大方。

這是我對她的第一印象。我們在北大相識，三年後又在印江巧遇，有種「有緣千里來相會」的感覺。張茅良是她的高中同班同學和同鄉，又是我的大學同系同學和朋友，在我們的心目中，張茅良成了不出面的紅娘和月老。從此我們加強了聯繫。她在合水公社衛生院當醫生，我在縣機關當幹部。平時我們書信往來，節假日則常常見面。

很快我們墮入愛河。由於我倆信仰相同，經歷相似，年齡相近，處境相同，性格相合，脾氣相順，彼此共同語言較多，很談得來。在當時艱苦的環境下，我們互相鼓勵、互相支持、互相幫助、互相照顧，感情愈來愈深。

在此基礎上，我向組織寫了報告，請求批准我們結婚。縣革委會政治部的肖文玉大姐代表組織簽字：「同意殷福保同志和施家鳳同志結為革命伴侶。」並加蓋了公章。1973年1月，我倆在印江登記結婚，建立了美滿幸福的家庭。

我們婚後的生活苦澀而又艱辛。妻子婚後不久懷孕。但合水衛生院條件差，沒有自來水，沒有電，她工作很忙，還要隨時下鄉出診。有一次，大山裡的一個農婦難產，她背著藥箱前去搶救，不慎跌倒，滾下山坡，差一點流產。預產期快到了，我去接她進城，她挺著大肚子走了40里山路。

為了照顧她，我母親從千里之外的湖南嶽陽老家趕到印江。1973年11月，妻子產下一個男孩。因患乳腺炎，奶水不足，同事、朋友和縣主管給予多方面幫助和照顧，幫我們渡過了難關。

產假還未到期，妻子帶著嬰兒匆匆趕回合水衛生院，我母親隨行照料。合水衛生院有三個外地醫學院分來的畢業生，一個跑到澳門去了，再也沒回來，還有一個辭掉工作去了香港，只有我妻子仍然在堅守、堅持。因為病人多，醫生少，她經常忙得顧不上吃飯。

為了減輕妻子的家務負擔，每逢星期天（那時實行單休日），我就去合水看他們，備好水，劈好柴，買好菜，當天趕回縣城，來回要走80里路，往往是天未亮就出發，天黑了才回城。從合水回縣城，扒山溪是必經之地。那地方右邊是一丈多高的絕壁，絕壁上面是斜坡，坡上長滿林木；左邊是懸崖，懸崖下面是深淵。周圍數里無人煙。一天黃昏，我背著書包，戴著手錶從那裡經過，有人從絕壁頂上用樹疙瘩向我砸來，我頭一偏，躲過一難。

劫匪看未砸中目標，慌忙逃進山林。我跑到朗溪區委報案。一位幹部告訴我，不要戴著手錶走路，要知道，搶得一塊手錶，其價值等於一個農民兩年的勞動所得。當時當地一個壯勞力苦幹一天，所掙工分不值兩角錢。

縣主管知道我遇險，非常重視。縣委副書記張懷德（老八路，北京昌平人）說：「國家培養一個人材不容易，對他家應照顧一下。」沒過多久，妻子被調到印江縣人民醫院工作，解決了我倆分居兩地的問題。

在印江工作期間，我虛心向幹部群眾學習，積極主動工作，多做實事、好事，受到大家好評。1973年10月，我被提拔為中共印江縣直屬機關黨委副書記，主持工作（黨委書記因病全休）。

1976年2月，地委組織部下文，調我到銅仁五七幹部學校任校黨委委員、政工科副科長。1979年被調到銅仁地委宣傳部工作。這時，十年動亂已結束，鄧小平恢復了工作，「四人幫」已被逮捕法辦。國家提倡尊重知識，尊重人才，政治形勢發生了深刻變化。1981年，銅仁地委選送我到中央黨校理論幹部訓練班學習（1981.9-1982.1）。當時胡錦濤在中央黨校第二期中青年幹部培訓

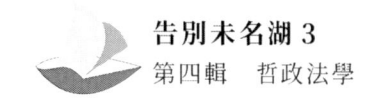

班學習，貴州省的李元棟、朱厚澤和他同在一個班。有一次我和貴州學員去看朱厚澤時，見到了胡錦濤，算是與他有一面之緣。

1983年，中央黨校和中央組織部聯合舉辦「第一期（正規）培訓班（1983.9-1985.7）」，省委組織部和銅仁地委推薦我報考。因我的兩個小孩還小，妻子在醫院住院部上班，經常值夜班，培訓班學習年限又長，我感到家庭困難多，準備放棄。妻子卻鼓勵我去報考，她說：「機會難得，去報考吧！」她幫我找相關教科書和複習資料並承擔了所有家務，讓我安心複習。

透過考試，我取得優異成績，被中央黨校錄取。我去北京後，妻子把我岳父接到銅仁幫助料理家務。岳父年老多病，有一次生病住院，她既要照顧老父，又要帶好兩個小孩，還要堅持本職工作。遇到值夜班，她就把兩個小孩帶到值班室，讓兒女睡在值班床（單人床）上，她坐在椅子上打個盹，常常通宵不眠。

妻子的艱辛付出，保證了我在中央黨校安心學習，取得了較好成績。畢業前夕的5月11日，黨校常務副校長蔣南翔在一次全校大會上提出，要從培訓班挑選幾位優秀學員留校工作，我是擬留校學員之一。6月28日上午，王震校長接見部分學員，我是其中之一。

中央黨校學習畢業後不久，胡錦濤於1985年9月7日主持貴州省委常委辦公會議，研究決定調整銅仁幾大領導團隊，我進了地委領導團隊，被提拔為副廳級幹部。又過了兩個月，中央黨校通知我去中央黨校理論研究班學習，學制三年。黨校一位同事告訴我，這次學習結束，將正式調入，先把黨組織關係轉去，其他關係暫保留在銅仁。

我跟妻子商量。我說還要學習三年，困難太多了，不去算了。妻子猶豫了一下說：「還是去吧，看看情況再說。」

離家之前，我教育兒子：「爸爸不在家的時候，你一定要尊敬外公，關心媽媽，照顧妹妹。你是家裡的男子漢，一定記住我的話。」

才滿12歲的兒子拍拍胸膛：「你不說我也知道，你去吧，別囉唆！」

1986年2月下旬，我又回到了中央黨校。我被分配在理論研究班國際政治專業組。研究人員共三名：張璉瑰（朝鮮問題專家）、岩本生（國際關係專家、教授）和我。我的導師是林利研究員（老革命家林伯渠的女兒）。我感到非常高興。

學以致用的研究工作是我夢寐以求的夙願。名校環境，名師指導，這是多好的條件啊！我暗下決心：一定要勤奮學習，刻苦研究，把過去耽誤的時間搶回來。我給時任貴州省委書記的胡錦濤寫信，彙報了學習班的情況和我個人的學習打算。4月16日，胡錦濤親筆給我寫了回信，鼓勵我要「發奮學習，立志攻關」，並囑咐我一定要學好外語。

我在中學時學習俄語，在大學和中央黨校培訓班學習英語。為了研究工作的需要，我必須把丟了20多年的俄語重新撿起來。於是我惡補俄語，幾乎所有空閒時間都在背俄語單字和課文。透過幾個月的努力，我可以借助字典翻譯一些俄文讀物，信心大增。

正在我發奮學習、刻苦攻關的時候，一位來京出差的同事告訴我：「你的兒子和女兒差一點淹死！」我大吃一驚，打電話問妻子，妻子說：「怕影響你的學習，沒給你說。其實沒有人家說的那麼嚴重。現在幾句話說不清，等暑假回家再說吧。」回到家，我問起此事。妻子告訴我：兒子和女兒都很聽話，很乖。兒子聽說投稿有報酬，畫了一幅漫畫投給《銅仁報》，結果得了兩元稿費，全部給了我，要我買點好吃的。

女兒那麼小，上學自己走，從不要大人接送，還幫我做家務。當然，他們年紀小，不懂事，有時懷著好心做錯事。有一次，兒子聽說大山腳下有一個山洞，裡面有寶藏，就邀了兩個小夥伴鑽進山洞探險、尋寶，弄得全身濕透，灰頭土臉。還有一次，他尋思要釣一條大魚給媽媽和外公改善生活，他知道上海人喜歡吃魚，於是拉起妹妹去錦江邊釣魚，想釣一條大魚給媽媽和外公一個驚喜。結果塑膠桶和涼鞋被水沖走，幸而他們兩個沒出事。

我聽了妻子的介紹，對兒子和女兒的安全深感擔憂。兒子的一個小夥伴黃毛就是不小心淹死在錦江裡的。我的一個好朋友李能民醫生，原來在印江工作，後來調到銅仁衛校任教，也是在錦江裡淹死，連屍體都沒找到。有一

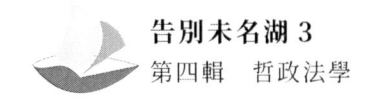

年，銅仁三中有個男生去九龍洞遊玩，不小心掉下深淵，摔死了。再看看妻子，人瘦了一圈，精神疲倦，面色憔悴，像變了一個人似的。

妻子人到中年，上有老，下有小，工作擔子和家庭擔子壓在她柔弱的肩膀上，讓她喘不過氣來。她的支撐力已到極限。於是，我無奈地做出一個決定：退學。當年下半年，銅仁地委書記錢仁洲進中央黨校進修班學習，我托他辦好了退學手續。

回到銅仁後，我先後在地委祕書長和地委宣傳部長的崗位上幹了6年，1992年被調到省機關工作，提升為正廳級幹部，直到2008年退休。退休前我當了23年廳級幹部，其中16年為正廳級。當官不是我的意願，更不是我的所長，但參加工作後大部分時間待在官位上，這也許是歷史的誤會吧。

所幸的是，我有一位好妻子，她是我的賢內助，不但在生活上關心照顧我，而且在政治上支持幫助我。我的一些上司和同事因搞腐敗，有的被判無期徒刑，個別的被槍斃。而我，堅持廉潔從政，始終兩袖清風，最後得以安全著陸。

多年來，我們環境艱苦，生活清苦，工作辛苦。我和妻子不怕吃苦，相濡以沫，不離不棄，戰勝了各種困難。我們的體會是：苦中有樂，樂在苦中。我們很苦，但很快樂，很幸福！

殷福保，1944年11月生，湖南嶽陽人，研究員，中共黨員。

1964年考入北京大學國際政治系。1970年3月分配到貴州省印江縣工作。曾任中共貴州省印江縣直屬機關黨委副書記、中共銅仁地區五七幹部學校黨委委員、政工科副科長、中共銅仁地委宣傳部理論科科長、副部長、中共銅仁地委委員、地委祕書長、地委宣傳部部長、中共貴州省社會科學界聯合會黨組書記、專職副主席、貴州省人民政府發展研究中心（省政府研究室）副主任（正廳級）、貴州省政協委員、省政協文史與學習委員會副主任等職。2008年退休，定居上海市。

⊙殷福保、施家鳳夫婦（2014年攝於貴陽市）

我的人生履痕

吳關和

　　1965年，我考入北京大學國際政治系。在北大老五屆這一群體中，算不上佼佼者，但我要訴說半個世紀的人生經歷和感悟，以期對後人有所勉勵。

一場噩夢

　　正當我們置身燕園，沐浴著黨的陽光雨露，享受著美好的青春時光，醉心於知識海洋，在夢想的道路上努力拚搏、立志成才之時，1966年5月，我們遭遇了「文化大革命」。它導致我們珍愛的學業被荒廢，健全的身心被摧殘，理想的翅膀被折斷。同年12月下旬，我轉抄了幾份大字報，又將一份油印傳單上的史達林三段語錄（摘自《史達林全集》第九卷的《關於反對「左」右傾機會主義的鬥爭》一文）加以轉抄後貼在原學六餐廳門口西側南牆上。就是這一舉動，成了我後來遭受打擊迫害的「罪證」。1967年2月下旬，我被系裡一些人指控為「炮打林副主席」，那份傳單以及我的三本日記本被抄走。

　　隨後在39號樓北牆外側的牆腳處刷出「吳××炮打林副主席罪該萬死」的大標語。我被逼迫寫「檢查書」，被打入另冊。在我住宿的門口貼了通令，禁止我參加一切活動。長時間精神折磨和人格上的侮辱，令我心灰意冷，幾近窒息和癲狂，甚至閃過輕生的念頭。但是，最終還是理智戰勝了愚蠢，我

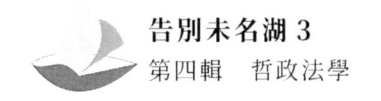

堅強地活了下來。1969年春，駐系軍宣隊、工宣隊在調查核實的基礎上，推翻了原來對我的指控，在全系師生大會上，以「事出有因，查無實據」的結論宣布將我「釋放」，予以平反，同時還關心和要求我「放下包袱，輕裝上陣」。

無論怎麼說，對我來說這都是「文革」中遭遇的一段不堪回首的往事，難以磨滅的記憶。經過時間和實踐的雙重檢驗，「文化大革命」對於全國人民都是一場大劫難。它導致我們學業被荒廢，青春被糟蹋，身心被摧殘，人生走向被改變。北大「老五屆」顯然是嚴重的受害者，承受了根本就不應該由我們承擔的苦難。

「畢業」分配

1970年3月初，我們從勞動鍛鍊的北京市木城澗煤礦撤回學校，等待命運的安排──所謂畢業分配。那時我還沒有完全從受傷害的心理陰影中走出來，只能消極等著任人宰割。幾天後，駐系軍宣隊、工宣隊公布了分配方案和具體要求，強調：「要服從分配，務必在三天之內離校。」我們班33位同學，除一人留校外，其餘同學均被按照「四個面向」的原則遣散到全國各地。我和同班的張茅良、王春庭，還有同系1964級的趙岩九、李任生，被分配到江西。

我們國際政治系被分配到江西的五位同學，報到證上居然寫著不同的報到單位和地址──江西省軍區、江西省革命委員會、江西省南昌市革命委員會。我們分別到了報到單位，卻均被告知到省軍區招待所去集中；這時我們才明白那樣寫報到單位，只不過是掩人耳目的文字遊戲而已，我們又一次被捉弄、折騰了。先期到達南昌的近百名北大同學，由專車直接送往位於贛中泰和縣的0484部隊農場；而由於各種原因晚幾天到達南昌的幾十名北大同學（其中包括我，我是因順路而回上海老家，住了三天），則被送到了位於贛北安義縣的6011部隊農場軍訓三連。

由此可見，我們北大「老五屆」，在北大的最後結局是被當作「棄子」而掃地出門，正是：「雨打浮萍上下翻，生死沉浮兩茫茫。京城一場春秋夢，前程莫測自埋單」。

農場歲月

一到部隊農場，我們當即投入了春耕生產的準備工作，開挖排水溝，平整土地，積肥育秧，把農田一畦一畦整理好。後來，我們全部轉移到了軍馬場。1970年4月中旬，我被抽調到場部軍人服務社（商店），做採購員兼營業員，負責採購副食品及小百貨，為千餘名部隊士兵、幹部家屬以及大學生們的日常生活提供服務。進貨多的時候，用手扶拖拉機裝運；少的時候，就用自行車帶回來。在江西，大部分地方是丘陵，雖說這些土丘不算高，但上坡也夠費力艱難的，只能使勁推車往上行走。

在農場，我們經歷了種種艱辛。在插秧時，大家面朝水田背朝天，汗流浹背，披星戴月，辛苦勞累是自然的。當然，累一點、髒一點是正常的。蚊蠅和水蛭的襲擊也是災難啊！蚊蠅隨時叮咬；可惡的是那些水蛭和不知名的昆蟲（上海話叫「田山小」的），只要聽到有水聲響或聞到什麼味道，它們就會發動進攻，悄無聲息地叮上你的腿，拚命地吸血，或者是突如其來地咬你一口。還有一種「冷漿田」，淤泥很深，差不多有兩尺左右。插秧時，不僅在水田裡移動雙腳相當費力，而且腿腳在這麼深的淤泥裡真感到透心涼，常常會抽筋，鑽心的痛。對於這些，我都挺過來了。

這個農場實際上是個軍馬場。我離開軍人服務社後被抽調到「公馬班」。「公馬班」有兩位軍人（當正副班長）和四名大學生，專門負責飼養管理兩匹種馬，一匹種驢，及十匹左右有點殘疾的馬和騾子。每天早晚要有四個人遛馬或牧馬，一人餵馬、打掃馬廄，一人休息（「馬無夜草不肥」，故六人輪流值夜班，餵馬，第二天休息）。

這期間我遇到幾件事，吃了不少苦。有一次，軍馬場一百多人幾乎全體出動，步行到10公里以外的干洲鎮去搬運毛竹。到了目的地，大家你一根、我一根地搬了就走，我也不例外。我們步行四五十里路，餓著肚子，硬是把一根根六七十斤重的新鮮毛竹搬運回來了。

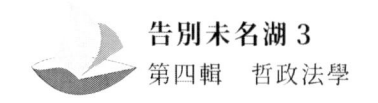

在「公馬班」，第一次遛種驢時，我遇上了「驢失前蹄」，導致我手掌挫傷，崴了腳脖子。還有一次，在徒步遛馬時，水牛群突然沖過來，那匹有點跛腳的雪青馬受了驚嚇，拚命從我手中掙脫了韁繩，狂奔而去。我束手無措，焦慮不安。等到我回到軍馬場，雪青馬早已回到馬廄，幸好「老馬識途」，我才沒有背負什麼「罪名」。

1971年11月中旬，我們在接受「再教育」長達20個月之後，終於進入再分配。我被分配到了上饒市第三中學。

杏壇耕耘

儘管我從來沒有當教師的思想準備，但被分配到了教育戰線，也就只能無可奈何地就範，努力做好本職工作。

1972年春，我們三中高中部5個班近300名師生在遠離市區5公里左右的農村分校邊教學邊勞動。在此，我們遇到了三大問題：第一個是教學問題，師資水準不高，教學時間也無保證。當時，高中學制為兩年。以「工業基礎知識」和「農業基礎知識」取代原來正統的物理課、化學課、生物課。政治課開設政治經濟學常識和辯證唯物主義常識。我教政治課，這兩門課程我沒有學過，只好邊自學，邊教課，盡力而為。很多時間我是帶領學生行軍拉練、到農村、下工廠、進礦山、晚上挑燈夜戰填溝壑，進行建校勞動，美其名曰學工、學農、學軍。第二是勞動強度大的問題。天旱時，靠近水庫的梯田，要先用水泵將水往上抽，然後用小水車一級一級地往上抽水，很累（只能一個人使用，相當費力，幹十分鐘就得換人）。割稻子時，田裡的水是不能放掉的（因為稻子收起來以後馬上要耕地，接著種二季稻），必須一邊割稻子，一邊用「大窩桶」把穀子摔打下來，然後把濕漉漉的穀子裝在籮筐裡挑到晒穀場上去。這樣，汗水、泥漿混在一起，人們面目全非。第三是用水問題。分校擁有一口水塘和兩口水井。深的井是保證師生員工吃喝用的；不太深的井，一天一晚只能出幾百斤水，供部分師生洗臉、刷牙用；大部分師生員工洗臉、刷牙、洗腳、洗衣服等用水，只能依賴離分校二三里的「小水庫」解決。

1981年春，我擔任學校工會主席時，有人向我反映說：有人送購物禮券給學校的幾位主管。經調查核實，確有此事。我公平合理地處理了此事，迫使他們把禮券退還給了百貨商店，並取出現金後退給了送禮的人。此事惹怒了學校主管，他們居然要撤我的職，並要我交出工會印章。我據理力爭說：「我沒有做錯。工會主席的職務，不是我想當的，是經過群眾選舉、學校黨支部同意、市教育工會批准的。要撤職，也必須經過必要程序。」此事也就不了了之。

　　1983年6月，鑒於學校裡正副校長均已臨近退休年齡，需要推舉校長或副校長。當時，我是學校工會主席，又是三中成立以後第一個被批准入黨的新黨員，在民主測評時得票率最高。隨後，組織上又進行了具體的考察調研，只是由於我下定決心要調回上海，而另選了他人。

　　1983年8月中旬，我作為上海市農場局引進的「科技人才、教育人才」調到了上海市五四農場中學工作。第一年，學校安排給我的任務是：高一兩個班、高三和初三各一個班的政治課教學，外加高一化工職業班的班導工作。雖然課時量不算多，但橫跨幾個年級，課頭多，而且我任班導的部分學生在學校住宿，總工作量還是蠻大的。

　　1988年8月，我調離農場中學，回到了我的家鄉——上海市南匯縣（2011年改設南匯區，後併入浦東新區）。至此，我在華夏大地上轉了一圈，闖蕩了一番，歷練了幾回，終於回到了家鄉的懷抱。

　　在上海市南匯縣三灶中學，我工作了17年，除從事教學工作外，還兼任一些學校行政管理工作。先是在教務處負責安排課程和調代課工作，爾後又增加了學籍管理、招生、師訓幹訓、檔案管理、人事、教科學研究等工作。我總是默默地努力把各項工作做好。

　　上世紀90年代中後期，三灶中學終於由中下水準上升到中上水準，「擠入」了南匯縣前三分之一的行列（當時該縣有35所中學）。由我執筆撰寫的三灶中學英語課題組的教科學研究論文刊載在由上海市教委、上海市教育發展基金會編輯的《上海市「綠葉計劃」成果集》上。

在30多年的教師生涯中，我教過的學生早已走向社會，奮戰在各條戰線上。他們中有的當了主管幹部，有的當了教授，有的當了醫生，有的出國留學，有的當了各級公務員……在他們所取得的成績裡，凝結著我的一份心血。看到他們的成長進步和為祖國做出的貢獻，我感到無比欣慰。

人生感悟

我半個世紀的人生路，見證了時代變遷，承受了世態炎涼，感受了人情冷暖；可以說是風風雨雨，坎坎坷坷，從而鑄就了一段「不可遺忘的歷史」。

在人生旅途中，從青春年少到白髮蒼蒼，能有幾回搏？哪個不經歷從青澀到成熟的過程？在人生旅途中，儘管充滿著太多的變數，「人生不如意事十之八九」，幸運之神對每個人眷顧的機會並不均等，命運常會捉弄人。由於每個人主觀條件和客觀因素的不同，各人的人生軌跡和人生結局自然也不盡相同。不努力必定不成功，努力了就有成功的可能。

人生有夢，夢連夢；人生無夢，空對空。由於「文革」這場大浩劫，我心中的夢想曾被碾碎。我從教30多年，不時有學生來信來電來人問候、拜望，我也曾兩次前往江西上饒，看望早年的學生。師生相聚，同敘情誼。現在，凡是熟識我的人，絕大部分還是尊稱我一聲「吳老師」，我深感親切和溫暖。作為老師，永遠被學生記得，就是人生的輝煌！

我盤點人生：悲哀過，但不失人格；自卑過，但並不沉淪；忍耐過，但並不軟弱；傲然過，但並不傲氣。

北大給我留下了一連串美好的回憶，也留下了一連串痛苦的記憶。但「北大精神」總在我心中，我沒有辱沒母校的聲譽。

滾滾長江東逝水，是非成敗轉頭空。風雨此生復何求？無怨無悔度春秋。侍弄花草與果蔬，關注運動與養生，適度網路與旅遊，熱心書法與繪畫。未來的路在自己的腳下延伸，心在路上奔馳飛揚，繼續追逐新的夢想，創造精彩多味的人生。

吳關和，男，上海市南匯縣人。中共黨員，中學高級教師。1965年考入北大國際政治系。1970年3月-1971年11月在江西省安義縣6011部隊農場鍛鍊。1971年12月-2005年8月先後在江西省上饒市三中、上海市五四農場中學、上海市浦東新區三灶學校任教。

⊙攝於1965年

⊙2008年攝於北大校友橋

告别未名湖 3

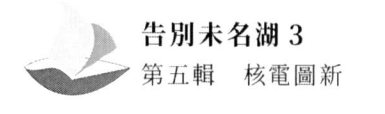

第五辑　核電圖新

第五輯　核電圖新

回憶黃澤平同學

楊邦俊

黃澤平是我難以忘懷的一個大學同班同學。他是福建人，卻比多數福建同學個子高。個頭約 175 公分，且五官端正，高高的鼻梁，清癯的面容，輪廓分明的臉龐，堪稱一表人才。我們常一起去上課，一造成圖書館，為此還留下了幾張照片。

黃澤平是一個善於學習的人，他的高考分數是我們 1963 級全國文科考生第三名。我們曾在一起討論過如何做學問。他計劃編纂一部《世界名人大辭典》，每個條目字數限制在 500 字左右，一律寫在卡片上，將來再按姓氏筆畫或字母順序排序。他已蒐集了不少外國名人的資料，鼓動我做中國的，還讓我看了他做的資料卡片。我覺得可行，為買卡片去了一趟王府井，買了幾百張，4 角 100 張，花了我近兩塊錢，這是我第一次為學問做的投入。

他還給報刊投稿，鼓勵我也投，我試著給《人民日報》投了一篇，內容是唱革命歌曲的思考，如今看來寫得相當幼稚，結果沒被採用。他主張多與名人接觸交流，一次中國文學史課間休息，我與他向任課老師川島先生請教問題，先生邀請我們去他家做客，我認為先生說的是客氣話而沒去，他卻認為這是向名家求教的機會，回來後還向我講了向老師求教的情況。我和黃澤平在一起，我受他影響較多，他顯然比我成熟。

黃澤平跟我有一個愛好——洗衣服。星期六下午或星期天，我倆經常在漱洗間的水池邊碰面，我倆還爭論過誰洗衣服內行，我說我媽就是以漿洗為生的，我十一二歲就下河幫助母親幹活，他只好甘拜下風。我洗衣服總是採取有節奏的動作，一邊洗一邊合著節拍唱歌，他覺得不錯。我倆都不把洗衣服視為勞作，反而認為是一種享受。

在我的印象中,黃澤平在政治上比我要求進步。他總是說一些進步的話,做一些好人好事。他頗有抱負,閱讀了大量馬列著作和哲學書籍,想像著將來要幹一番大事業。那時的北大對政治教育抓得很緊,每個星期五下午都集中起來政治學習,我很少發言,如「破私立公、大公無私」,我個人做不到,所以不表態。又如「做黨的馴服工具」,我覺得自己也做不到。黃澤平卻不然,每次開會都積極發言。他經常在我面前講他學習毛澤東著作的體會,講如何樹立正確的人生觀和世界觀,但往往遭到我的嘲諷,我知道他骨子裡跟我一樣,是一個小資產階級,離大公無私還遠得很呢。

按照「階級鬥爭是大學生的一門主課」的指示,1965年11月,我班同學被安排到北京朝陽區高碑店人民公社某大隊參加農村社會主義教育運動。這個大隊主要種蔬菜,一個勞動日在一元五左右,社員生活水準遠遠超過一般農村。隊上女青年擇偶,一般選擇城裡的幹部、工人,對大學生更是青睞。我年底調到大隊,參加李雪峰主持的華北地區一百個大隊的社教運動調查。1966年春節以後我聽說黃澤平出事了,他因主管青年工作,和一個女青年來往密切。春節那段時間,他倆偷偷約會,有親熱表示。

有一天被人發現,女方的父母為了保全女兒的名聲,叫女兒控告黃澤平猥褻她。當時我將上交大隊的男女雙方談話記錄看了兩遍,明明白白是兩廂情願的事,其過程也很簡單,而且雙方都沒有越界,但還是被當成違紀大事。黃澤平無比羞愧,為使對方不失面子,把「責任」一概攬到自己身上。

⊙楊邦俊(左)、黃澤平(中)、賴柏年(右)

我記得在大隊部研究時，工作隊主管說這種事發生在青年人身上是可以理解的，但影響太壞，於是決議把黃澤平開除出工作團，讓其提前回學校。

一個心志甚高的人，就因為青年期的一時感情衝動而墮入了萬劫不復的深淵！黃澤平羞愧難當，孤零零地回了學校。當時正是「文化大革命」的前夜，任何一點風吹草動都成了階級鬥爭的新動向，北大黨委正為高考中收錄了部分成績優異的地富反壞右子女而難脫干係，這時有誰敢為這個出身地主家庭的黃澤平說話呢？最妥善的處理方式是將其開除，勒令「退學」。

1966年6月1日晚，中央人民廣播電台播發了聶元梓等7人的大字報。6月4日，我們匆匆從社教駐地趕回學校，黃澤平已回福建老家了。我們很快投入到一場史無前例的運動中，我們的校長、教授、老師一個個被揪出來打倒，人無靜時，校無寧日。黃澤平的事自然被淡忘了。

大約是1968年初，系裡來人叫我去辦公室辨認一份字跡。據說來人是公安部的，拿了幾張照片，一張拍的是一份名為《警鐘》的刻印小報，問我像誰寫的字。我一看就說：「是黃澤平的字。」他的字體工整秀麗，筆畫特點很突出。後來又叫來幾個同學辨認。當時系裡的人告誡我們不能跟別人說這件事。後來我隱隱約約聽說黃澤平在家鄉成立了一個組織，還印發小報，公開為「文革」中被打倒的黨政軍要人抱屈，並給各地黨政軍主管郵寄刊物，提醒他們不要坐以待斃，要奮起與中央「文革」抗爭。

此事震驚中央，謝富治親自過問，公安部限令破案。福建省公安廳調動一切力量破案。據說是一個偶然的機會，一個辦案人員向黃澤平過去的同學出示了照片，這個學生是復旦大學的，他看了照片後說上面的字很像他中學同學黃澤平的字。辦案者沿著這個線索查到北大，最後盯住了黃澤平。

據說公安廳的人沒有立即抓捕黃澤平，而是跟蹤偵察月餘，搞清楚了與他聯繫的所有人，並跟蹤他到福州及其他縣市郵局去郵發傳單、刊物，他前腳將印刷品扔進郵筒，人家緊跟著就將其一一取出，待所有證據確鑿，便將其一網打盡。此案涉及人數過百，被同時處以極刑的有七八個人。此案被稱為當時由公安部部長謝富治親自督辦的全國四大要案之一。

我班有位來自上海的女同學周松齡，貌似文弱，但內心堅強。不僅學習刻苦，成績優秀，而且極重親情，極富同情心。她有個三哥，地質學院畢業後被分配到貴州山區搞水文地質工作，「文革」中因莫須有罪名被批鬥，悲憤至極，在一個風雨交加的夜晚，登上他們地質隊駐地旁的一個山頂，墜崖而亡！1993年，周松齡從深圳（她曾任教於深圳大學中文系）趕往雲貴高原，歷盡艱辛，終於在一個布依族山寨的碧水潭前坡地上找到她三哥的葬身之地，並把骨殖帶回。

我們班哪位同學遇到困難，如今已經身在國外的周松齡只要聽說，一定會熱心給予幫助。2006年，周松齡聽說了黃澤平同學的事，便一個人跑到福建山區，多方尋訪，終於找到福建閩清縣黃澤平的老家，探訪黃澤平的姐姐，從而使我們對黃澤平的事情有了進一步的瞭解。

⊙楊邦俊近照

原來，1966年3月黃澤平被學校「勒令退學」後回到閩清，先是住在縣醫院當護士的姐姐黃澤蘭家。醫院院長看重他，在住房緊張的情況下，還撥出一間房子讓他住。不久，黃澤平當上了當地農中的教師。「文革」中他竟敢反對江青、林彪以及中央「文革」，為被打倒的黨政軍「走資派」喊冤叫屈，一下子成了福建省最大的「反革命案」的主角。

他的一個叔叔、兩個鄰居、一個高中同學都與他一起被處以死刑，不少人受牽連被開除公職、投入監獄。此事當然也株連其家人，他父親被多次拷

打審問，以至掃地出門（死於 1996 年）。他弟弟原是小學教師，也被開除公職，回家務農。

黃澤平在獄中不願「悔改」，只求一死。閩清是個貧困的山區縣，其縣城至今仍是那麼古僻陳舊，黃澤平以優異的成績考入北大，從崎嶇不平的山路中走出來，眼前曾是一片充滿幻想的新天地。他躊躇滿志，決心在將來的歲月中幹一番事業。豈料時運不濟，命運悲慘，成了政治犧牲品。

黃澤平是 1970 年 2 月 28 日被處決的，當時全國開展了聲勢浩大的「一打三反」運動，要求各地要殺一批、關一批、管制一批。全國逮捕反革命及其他犯罪分子 28.48 萬人，其中 9000 人被處以死刑。黃澤平是以反革命罪被處決的。十一屆三中全會後，黃澤平反革命案被推翻，說是為老一輩革命家鳴不平，宣布無罪，但仍堅稱他有反對三面紅旗的錯誤。

政府發了 1000 元作補償。他父親捧著鈔票悲痛欲絕，「我不要錢，我要我的兒子！」歲月易逝，黃澤平已離去 45 年，但說起黃澤平這個北大學生，縣城裡無人不曉。

他姐姐黃澤蘭當年在縣醫院當護士，月薪水 41 元。黃澤平上大學時，她節衣縮食資助他。黃澤平犯了案，她免不了受弟弟株連。她熬過了常人難以想像的苦難歲月，至今想起弟弟的事，仍是心痛難忍。

在我班同學中，上海女同學朱天眷逝於唐山大地震，根源在於自然災害，而黃澤平的悲劇卻源於政治動亂。

一個有前途的國家或民族，其國民必然有理性和科學的心態，他們有強烈的主體意識和獨立的判斷能力，不唯上、不唯書、不人云亦云、不盲目崇拜，以客觀、冷靜、嚴謹、批判的態度面對自己和外部世界。他們用自己的頭腦思考問題，並敢於表達自己的思想和主張。「文化大革命」扼殺了國民的理性心態，並用暴力和政權的力量製造了一大批奴性十足的「順民」，任何敢於表達自己獨立思想的人，在那個是非顛倒、黑白不分的瘋狂年代只有死路一條。

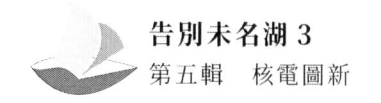

楊邦俊，男，四川省樂山市人。1943年10月生，1967年9月畢業於北京大學圖書館學系，現為西安思源學院圖書館館長，研究館員。多年從事漢語教學和圖書館學研究，出版著作7種，發表論文30餘篇。

五台山下

俞小平

我於1963年考入北京大學技術物理系放射化學專業，滿心想著苦讀6年之後，進入一個學院或科學研究院什麼的，為國家的科技事業做點貢獻。不幸在1966年與「偉大的無產階級文化大革命」迎面相撞，陷入「文革」的瘋狂漩渦。先是革別人的命，然後是革自己的命。到了1970年3月被工宣隊一腳踢出北大。工宣隊總算還有點「革命人道主義」精神，分配方案照顧有戀愛關係的同學。

我的女友，無線電系羅文迪由於至今都不清楚的好運，直接分配到山西省太原第二熱電廠。我們系沒有太原名額，就把我分配到山西省忻縣地區（後改稱忻州地區，2000年成為地級忻州市）。也罷，忻縣到太原只有60公里。在與相處6年多的同學們依依不捨地告別後，我從北大漢中分校出發，在報到證規定的5天有效期內趕到了忻縣，一同去報到的北大同學有20多人。

初到繁峙

等了幾天之後，忻縣地區革委會副主任，一個部隊幹部，召集我們宣布了分配方案。我們被兩三個一組地分到下屬各縣，只有無線電系的兩個同學有幸留在忻縣，分到地區無線電廠。有一對男女同學被分到偏關縣，發牢騷說：「叫『關』就知道夠遠的，還是『偏』的！」那偏關縣位於忻縣地區最西北端，北邊是內蒙古的準格爾旗和清水縣，西南邊是河曲縣，山高水遠，周圍都是山西省著名的窮縣。山西民歌唱道：「河曲、保德州，十年九不收。男人走口外，女人挖野菜。」

我與兩個同學分在繁峙縣，看看地圖離太原約200公里，我離羅文迪又遠了。想想分配到偏關的兩個同學，想想在校分配時就被打發到四川甘孜、

阿壩州的同學們，我怎麼還敢抱怨呢？顯而易見的是，這樣的分配方案明擺著這裡根本不需要我們。雖然前途未卜，但身為實習生，國家 23 級半幹部，不服從分配是不可想像的，何況前面還有那 42.50 元的月薪水等著我呢。

　　同往繁峙縣的兩個同學：一個是物理系 1964 級的男生，一個是西語系 1965 級的女生李綠寧。到了繁峙報到之後，接待人員告訴我們：這裡已經來了一批山西本省的大學畢業生，都在一個叫做「鰲子頭」的先進大隊勞動鍛鍊，等待分配，你們也去吧。第二天，我們就跟在載著我們行李的大車後面，沿著慢慢上升的緩坡，上了鰲子頭村。我們被安排住在社員家裡，與領隊的縣幹部見面，與先來的大學生們互相介紹。我們又一次的「再教育」開始了。例行的田間勞動，例行的政治學習。日子就這樣一天天地過去。

⊙ 1969 年校管絃樂隊部分隊員在北大二體樂隊排練室前，左上角第一人是俞小平

　　半個多月以後，我們得到通知回縣分配。那個物理系的男生分在城關小學（後來很快調到城關中學教物理），李綠寧分在商業局，而我沾了技術物理系「技術」二字的光，分到縣水泥廠。李綠寧到了商業局無處打發，叫她到大街上的一家商店去做售貨員，北京來的大學生做售貨員，當時轟動全城（縣城的城牆是正方形，邊長 500 公尺，居民也就是幾千人）。有個老太太見了李綠寧說道：「閨女，過得慣嗎？」關懷之情，溢於言表。

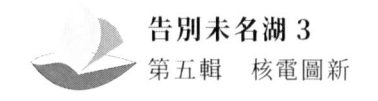

在大同太原實習

　　我要去的水泥廠當時連地址都未確定，我是第五個報到者。見到廠長，他安排我與一個本地幹部去大同紅旗水泥廠（大同市屬企業，不是那個著名的中央企業大同水泥廠）實習。過了五一節，我和新同事張世和結伴去大同。廠方安排我管水泥原料和產品的化學分析及工藝配料，張世和負責水泥產品的物理試驗。對於我這個化學專業出身的大學畢業生，學這些當然是小菜一碟。張世和有高中畢業的底子，學水泥物理試驗也不算吃力。我們兩人很快就上了軌道。

　　四個月的實習結束後，我們回到繁峙。當時水泥廠的臨時廠址就在五台山山腳下。我在大同已經對本地的水泥原料做了化學分析和工藝配比，就在我們住的小村裡，砌了一個一公尺高的試驗性立窯。不知道從哪裡弄到一個汽油桶大的小球磨機，用柴油機發電機供電，磨出生料，用手搓成球狀，入窯煅燒。忙了一天一夜，卸出的熟料看著挺像那麼回事。我帶著熟料再去大同紅旗水泥廠，我自己做化學分析，該廠職工為我做物理實驗。結果是物理強度合格，安定性不合格。物理強度合格，說明我的配料正確；安定性不合格，說明這個小不點的立窯窯溫不夠高。在大同廠工藝技術員的幫助下，我修改了配料方案。

　　這時水泥廠已經招收了幾十個農村青年，廠主管又派我和張世和帶領他們去太原市政水泥廠實習，學習立窯操作。我和張世和仍然在實驗室裡實習。

選址建廠

　　半年之後培訓結束，我帶著工人們回到水泥廠的新廠址，見到了縣裡派來的新任水泥廠黨支部書記趙天青。支部書記實際上掌管本廠大權。這個新來的書記可是個能人，他是本地幹部，快60歲了，參加過抗日戰爭，見多識廣，在本縣關係眾多。在實地勘察了石灰石礦點（這是水泥的主要原料）、評價了原料和產品的運輸途徑後，他向縣裡提出：水泥廠不能建在離主要公路15里的山腳下，而要建在京原公路（北京到原平的公路）和正在施工的京原鐵路旁邊。

因為從山腳順坡向下運石灰石比從公路向上運輸其他物資容易得多。趙天青的建議極為重要，涉及水泥廠的成敗。於是廠址選在京原公路旁邊的砂河鎮，在繁峙縣城東邊 30 公里。40 多年過去，這個廠仍在那裡，已經擴建為一個較大規模的回轉窯水泥廠了。

水泥廠旁邊的村子叫做常勝號，我們都借住在社員家裡。最先動工的工程是生料和產品兩個球磨機的混凝土基座，所有職工都參加了施工。我們從早到晚，冒著春天的風沙，每天辛苦攪拌、澆灌混凝土，所有工作都是人工完成。半個多月的風吹日曬，大家都在風沙中曬成了醬油色。我的皮膚顏色算是最淺的，可是到了太原，沒有人的臉色有我這麼深。

接下來的工作是建住房、作業廠、倉庫，與我關係不大，我乘著這個功夫與羅文迪回南京結婚去了。繁峙人戀家戀土，不願出門，都覺得我們離家那麼遠來繁峙工作不易，主管們對部下的假期也就放得較寬。婚假期間我們賴在家裡長達 40 天，一半在南京，一半在北京。梁園雖好，不再是我們的久留之地。我與羅文迪在太原依依不捨地分手，回到繁峙。

在我請假的這段日子裡，廠裡已經靠北邊建起了一排平房，當地人稱「排房」，作為辦公室、職工宿舍、夥房以及我的化驗室。廠區中間規劃為生產區，也在陸續興建幾個作業廠和倉庫。廠裡架了電線，打了機井，解決了供電、供水。建設立窯還要等很長時間，我們在廠區的南端，在地上挖了一個坑，用耐火磚砌了一個半球形的水泥煅燒窯，叫做「地窯」，因陋就簡地開始了水泥生產。

原料的工藝配比是我的工作，同時我與張世和開始籌建化驗室，多次到太原購買化驗室儀器設備和化學試劑。幾個月後，我們的化驗室正式開始工作，指導生產，檢驗產品。因為是用地窯煅燒，窯溫控制較難，生產出的水泥標號不高，但也是合格產品了。過去繁峙要用水泥，都要向上級申請，到大同或太原去拉貨。現在本縣自己能生產了，就近取貨，我們的產品自然不缺銷路。

在此後的兩年半時間裡，我們的水泥原料一直是用這種土造地窯煅燒的。同時我們也在此期間完成了立窯建設，由於配套的鼓風機和成球盤等設備一

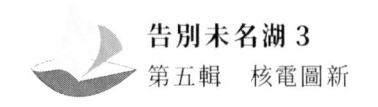

直未能到貨，直到我離開繁峙，也沒有等到立窯開工投產，這是我心中的一件憾事。由於資金缺乏，我們廠的大多數工作都靠人力完成。球磨機作業廠裡塵霧瀰漫，工人們僅靠普通棉紗口罩防塵。

我看到《小水泥通訊》上的一篇文章說：「颱風就是揚灰廠，下雨才是水泥廠。」真是再確切不過了。我們廠的基建投資總共不過 20 多萬元，都是趙書記到處求爺爺告奶奶求來的，防塵的旋風收塵器和布袋收塵器我們買不起，還是慢慢來吧。

繁峙的山、水、人

繁峙縣地處山西東北部，在太原東北方 200 公里處。北面是恆山，較為平緩，南面是五台山，雄偉陡峻。北、東、南三面為山勢環繞。從同蒲鐵路的原平來往此地比較方便。我到那裡之前已建有瀝青鋪面的京原公路，我在那裡時修通了京原鐵路，從原平越過代縣就到達繁峙縣境。在恆山和五台山之間是一片平川地，向東北方向越走越高，在東端被山嶺封閉，其間的通道就是著名的平型關。

華北的大河滹沱河從此發源，向西南流淌，過了原平才掉頭向東流入河北省。滹沱河流過砂河附近時滲入地下形成暗流，在地下潛行 30 里後又流出地面。平常河床裡滴水皆無，附近的砂河橋形同虛設；可是當上遊山洪暴發時，洪水洶湧而下，幾乎要沒過橋面。按氣候論，繁峙縣已是高寒地區。我初到那裡時，1970 年 9 月 30 日下了入冬第一場雪，而 1971 年 5 月 1 日下了開春最後一場雪。冬季氣溫常低達零下 20 多度。本地人以火炕、狗皮褥子和羊皮大衣禦寒。南面的五台山如一道屏障聳立，出山的唯一通路是從砂河鎮通往五台的砂五公路。

都說五台山裡有巨大的國防戰備基地。水泥廠坐落在京原公路和砂五公路的路口，我經常看到長串的軍車開進開出，尤以夜間為多。五台山是中國四大佛教道場之一，山頂上有數十座寺院，離我的住處不過數十公里。由於心情不佳，我從來沒想著上去過。北面的恆山山勢和緩得多，我曾多次乘長

途汽車來往於砂河和大同之間，見過著名的懸空寺和應縣木塔，也就是路過而已。

繁峙縣富有鐵礦，當年就有一個國營鐵礦在開採。砂河南北兩面的山裡都有鐵礦，因為品位低未能大規模開採。在北面山上義興寨有金礦，當年也因為探明儲量少、品位低未能開採，改革開放後，那裡開發為山西最大的金礦。五台山區有大片國有森林。林區出產的五台山蘑菇，簡稱「台蘑」，其口味不亞於著名的張家口口蘑，是我探親假帶給父母的難得的美味。

繁峙縣縣辦工業少得可憐，除了已有的農機廠和兩個小鐵礦，就是我們這個在建的水泥廠了。其他幾個小廠也在陸續籌建，始終動靜不大。繁峙縣不產煤，好在山西到處都有煤礦，煤炭供應不是問題。雖然繁峙是高寒地區，冬季嚴寒，由於煤炭供應充足，我倒是沒有挨過凍。

繁峙縣民風淳樸，我這麼說未免老調常談了，但這是實話。農民生活在中國社會的最底層，天高皇帝遠，說話做事都很實誠。我們廠的工人都是本地招來的，掙這每月二三十元的薪水是走後門搞關係搶著來做的。即便這樣的低薪，也比在村裡當社員修理地球要好得多。當地農民把幹活叫做「受苦」，自稱「受苦人」。

一天下來幹完了活，就說「受下了」。水泥廠的工人，有幾個都四十多歲了，沒結婚，討不起老婆。有的就去搞人家的老婆，時不時給女方點錢物，幫著補貼家用，當地叫做「拉邊套」，都是公開的祕密，多半發生在男人無力養家的家庭。當家男人也就是睜一眼閉一眼，形成實際上的一妻多夫。農村裡文化生活極其貧乏，僅有的新聞來自廣播喇叭。

偶爾砂河鎮來了電影放映隊，周圍村落的農民都來觀看，那架勢就如同過節了。有一回放的是《紅色娘子軍》，小青年們第一次看到女人穿短褲。每當女兵們大腿踢起，看電影的小青年們就要齊聲吆喝一聲：「吆！」

在水泥廠的日子

剛到水泥廠籌建地址的村子時，白天忙著幹活，夜間我一人坐在土炕上，就著煤油燈讀書打發時間。夜間四下里萬籟俱寂，除了偶然的幾聲狗吠，能

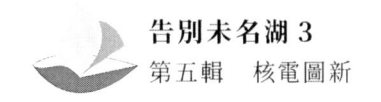

聽到的只有自己耳中的本底噪音，在無聲的環境中彷彿無限地放大了。父母遠在1000公里以外，同學們已經星流雲散，文迪在200公里以外。我要在這裡過一輩子嗎？「臭老九」的前途在哪裡？

待到1972年3月，我們的女兒在南京出生。我們夫妻兩地分居，沒有能力帶她，只能把她留在我的父母家裡了。女兒出生18天，我就離開她返回繁峙。兩個月後，文迪也流著淚離開了萬般不捨的嬰兒回到太原。女兒的戶口也隨其母落在了她從未去過的太原。我隔幾個月就找機會去太原出差，那就是我們夫妻團聚的日子。

我是吃「公家糧」的幹部，每月30多斤的糧食定量。與過去在南京、北京不同的是，繁峙的糧食定量有它特殊的比例：高粱麵、玉米麵、白麵、小米、黃米麵和莜麵，一共有6種之多。高粱是雜交高粱，比例高達41%。我要是自己開夥，就得每月拿6個糧袋去買這6種糧食，總共不過30多斤。食油每月3兩，肉類沒有穩定供應。我在水泥廠的餐廳搭夥，把糧食供應本交給餐廳大師傅，免了我每月提6個口袋去買糧了。

雜交高粱產量高（其實這個產量高在繁峙也是假的，繁峙無霜期短，雜交高粱沒成熟就受凍，產量反而很低，只是上面指令種植，不敢不種），但是消化吸收率很低，因為含有單寧，口感很差，吃在嘴裡如同嚼泥，做飼料豬都不愛吃。凡有可能，我總是跟大師傅商量，給我玉米麵貼餅代替高粱麵飴餎。蔬菜常吃的是大白菜燉馬鈴薯，一大鍋煮熟了，上面澆半勺在火上煉熟的豆油，這就是全廠一百多號人的午餐菜了。

這樣的飲食營養顯然不夠。每年我回南京、北京探親回來時，勒在肩上的兩個旅行袋裡裝滿了吃的：白米、素麵、香腸、香肚、醬油膏等等，在以後的一年裡細水長流地補貼我的伙食。在村子裡可以向農民買到雞蛋，偶爾黑市上有高價豬肉。我還時不時地與廠裡的職工們一起聚餐，鍋裡煮的是大白菜、馬鈴薯和黑市上的豬肉，再來一瓶白酒，當地叫做「打平夥」，解解饞癮。說起來有點惡心：黑市上的豬是吃人的糞便長大的，這樣的豬肉公家是不會收購的。

即便有些額外補貼，我在繁峙的時候營養狀態仍然很差。太原是省會大城市，物資供應比繁峙好得多。每次我到太原去與文迪團聚，總要在她那裡吃上一星期，乾枯的臉上才會有些光澤。1972年繁峙大旱，糧食收成只有常年的一半。剛剛入冬，農民就有要出外逃荒的跡象，上級立刻調糧來救災。這對我們吃公糧的倒是一件好事：調入的糧食大部分是玉米，免了我吃那41%的雜交高粱麵。

水泥廠雖然是個工廠，但周圍都是農村農田，廠裡的工人也都是農家子弟，所以我是完全待在一個農村的環境裡。農村的好處是很少講政治，除了必須宣讀的報紙、文件，當地人很少談論政治，最多的議題還是生活，張家長李家短的。山西農民雖然貧窮，卻有著深厚的文化傳統，對受過高等教育的大學生有著天然的尊重。

我到繁峙時24歲，在廠裡，除了支部書記趙天青、廠長和副廠長三個人管我叫「小俞」，其他所有的人，無論年齡大小，無論幹部還是工人，都叫我「老俞」。當地稱呼人以「老」字開頭是一種對人的尊重。人家敬重我，我也不能讓人失望，「老」就「老」吧。

水泥廠所有的職工，除了我，都是繁峙縣人。趙書記實際上是全廠大拿，所有大小事務都是他說了算。他是個很聰明有經驗又有智慧的人，雖然獨裁，決策卻沒出過錯。沒有他的強勢領導，水泥廠不會那麼快就投產。趙書記患有肺氣腫，身體不好，縣裡把這份工作交給他，也是因為繁峙一個窮縣辦廠不易，要依仗他的能力，他也確實盡了全力做好工作。

廠裡幾個幹部開會討論工作時，他說到興頭上，會當眾把背心脫下來撓癢捉虱子。好在都是男人，沒有性騷擾問題。關於虱子，繁峙人的說法是：虱子是肉裡長大，從毛孔裡鑽出來的。大凡能人都有脾氣，趙書記脾氣也不小，職工們包括幹部，沒人敢在他面前惹事。他對我十分尊重，從來不對我發脾氣，即使有不同意見，也總是用商量的態度與我談話。趙書記如此待我，全廠自然沒人跟我過不去。尊重讀書人，是當地農民千年來的傳統。

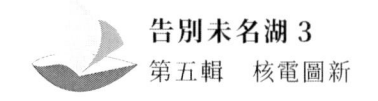

通往北京之路

我一個人單身在繁峙工作，文迪在太原，女兒在南京。我們一家只有在去南京探親時才能團聚，一年一次。每隔兩三個月，我的妹妹就寄一批照片給文迪，聊以安慰她思念女兒之心。

女兒的出生是一個好兆頭。她出生後不久，我岳母就告訴我一個好消息：北京京郊正在擴建北京石油化工總廠，需要大批工程技術人員。當時抽調了蘭州、吉林、大連等老石油化工企業不少職工，但仍不足數，有關主管們把腦筋動到了我們這些在「文革」中被胡亂分配的老五屆大學生的頭上。

總廠的方案上報燃料化學工業部批准後，國務院下令北京市給總廠500個進京戶口名額，總廠就撒開網在全國各地撈人了。我岳母得到這個消息後，託人為我和文迪提出申請，幾經周折，終於被批准。

那時個人若想調動工作，首先要本單位同意放人，然後才談得上有單位肯接收。我在繁峙縣上上下下跑了多次，終於得到本廠主管的首肯，又得到縣工業局的放行，縣主管批准也就順理成章了。各級主管雖然不太想讓我調離，可也沒有過於強留。

一個重要的原因是：晉北地區山地縱橫，交通不便，本地人大都覺得熱土難捨，不願離鄉。我這樣的外地人到他們那裡工作，本地人都覺得不易。將心比心，對我也就同情了。

心憶繁峙

1974年我離開了繁峙。在以後的幾年裡我老是在想著：我應該離開繁峙嗎？從小學到大學我受的教育是：為人民服務，到祖國最需要的地方去，做一個永不生鏽的螺絲釘，黨把你擰在哪裡你就待在哪裡。到北京去，到全中國物質條件最好、文明程度最高的首都，是大家都嚮往的事。

可是繁峙呢？繁峙縣水泥廠呢？那個貧窮落後的山區縣份，不是也需要我嗎？可是我願意永遠待在那裡、吃那41%的雜交高粱和每月3兩豆油嗎？我願意我的妻子和女兒跟我來做繁峙人、在繁峙待一輩子嗎？我的腳已經走

出了繁峙，我的思想仍然在兩難中徘徊。後來讀了一些網上的論文，論及這樣的情況是典型的雙重人格的困惑。我們中國人，在毛澤東時代或多或少都具有雙重人格，否則很難在那樣的社會生存下來。

俞小平，男，1945年生於江蘇海安，1963年從南京九中畢業，考入北京大學技術物理系，由於「文革」的動亂，1970年始得畢業。1989年移民美國，現居美國加州聖巴巴拉。

1970-1973年，山西省繁峙縣水泥廠技術員。1974-1982年，北京燕山石油化學工業公司前進化工廠技術員。1982-1989年，冶金部建築研究總院環保所工程師。1991-1998年，Chevron石油公司Gaviota石油初煉廠化學師。1998-2001年，Capco環境分析實驗室化學師。2001-2014年，NuSil科技公司研發部高級化學師。2014年退休。

⊙ 2011年俞小平與妻子、女兒和外孫女在美國加州曼哈頓海灘

回眸一笑百感生

——我這四十五年

馬士林

也許有人可以設計自己的人生，但人生充滿了太多的變數和未知。特別是我們這一代人，無論你曾經有過怎樣的理想與抱負，也不管你當初對未來有過多少期許與設想，在「革命需要」和「一切聽從黨安排」的堂皇名義和冷峻現實面前，走什麼路，做什麼事，都不是自己所能選擇和決定的。有時竟會完全出乎你的意料，讓你徒喚奈何。

一

　　整整45年前的1968年12月，面對「四個面向」、「三個不留」（即「面向農村、面向邊疆、面向基層、面向工礦」和「省地市三級不留人」）的畢業分配政策，我的眼前是一片迷茫。而背著「臭老九」的辱名，去「接受貧下中農的再教育」，其心情恰如我在《淚別燕園》一詩中所云：「笑臉含悲楚，豪言掩苦愁。未來飄渺渺，前路漫悠悠。難捨東操場，留連文史樓。燕園揮淚去，湖畔幾回頭」，充滿了淒楚與悲涼。當我與分配在甘肅的唐又興（現居美國）和分配在新疆的宋學忠（惜已作古）結伴西行，第一站到達西安時，我曾陪唐、宋二位在大雁塔匆匆一遊，並留影惜別。這時，我才意識到，我們是真的被逐出北大，拋向社會了。是可謂：「難忘當日依依別，無盡悲情淚眼中。」

　　12月26日，我來到了距西安100公里以外、坐落在秦嶺西麓的周至縣西駱峪水庫，同發配來此的200餘名大學生一起，被安排與工地上的民工同吃同住同勞動。周至縣本名盩厔，古意山曲為盩，水曲為厔，故又名二曲縣，倒確是個山明水秀的好地方，只是當時哪兒還有那份閒情逸致去欣賞？不過，由於從離開北大之日起，我就做好了吃苦受罪以「脫胎換骨」的思想準備，所以，水庫工地的日子，比我預想的要好得多，甚至有點「夢裡不知身是客，一晌貪歡」的況味。

　　雖說「三餐工地進，一夜草棚居。血染拳中鎬，汗和腳下泥」，苦是苦了點；也有過1969年元旦清晨，一夜大雪將工棚壓垮，我們和民工統統被暴露在光天化日之下的驚險一幕，但是，飯餘工間，民工們湊過身來低聲安慰幾句、開導一番的那份真誠和善良，還是十分令人溫暖和感動，儘管是把我們當作犯了錯誤、發配勞改的落難之人。尤其是工程隊裡那幾個喜歡熱鬧的小青年，總愛聽我唱歌，跟我學歌，讓我講一些不犯忌的故事、笑話，後來竟成了好朋友。

　　他們不時從家裡帶些紅薯、乾饃之類的小食品，給我充飢。許多年後，我在西安還遇到其中的一位，倍感親熱。他後來當了兵，又復員回到家鄉，生活一直比較困難。我給他幫過一點小忙，他總是千恩萬謝，反令我於心難

安。更由於已將出路看穿，既然是「省地市三級不留人」，那無非就是去做一名「縣鄉小吏」和「孩子王」罷了。無慾則無憂，反倒一身輕鬆了。

是年 10 月，陸軍第二十一軍的華陰農場向水庫要勞力，我毫不猶豫地就報了名。其動因說起來既簡單又可笑，就是聽說部隊農場可以放開肚皮盡飽吃。這樣，我們西駱峪水庫的 100 名大學生就變成了華陰農場二分場的學生連。

華陰農場位於華山腳下，渭河南岸，本是八百里秦川的良田沃野、膏腴之地。上世紀 60 年代，黃河三門峽水庫下馬後，作為預設的庫區而荒蕪成十里蘆蕩，一片汪洋。「文革」中，為解決軍隊的農副食品供應問題，據說經周恩來特批，准許駐陝部隊在此興辦農場。不錯，農場的口糧（僅限粗糧）倒是管夠吃的，但農場的活兒也是足夠受的。

現在回想起來，最苦的活兒莫過於頂著深秋凜冽的風霜，站在沒膝甚至齊腰深的冰冷刺骨的泥水裡，搶收頭年種下的黃豆和高粱。「男子猶難忍，女生倍苦淒」，不少女同學因此而落下隱患、暗疾。最髒的活兒自然要數為修建營房而到火車站去拉煤卸灰。當我們「麻袋頭頂披，草繩腰間繫」，灰頭土腦，蓬頭垢面，經過華陰縣城時，總有當地居民指指戳戳：「看，軍隊又押了一車勞改釋放犯！」我們聽了，也只能報以苦笑或哈哈一樂。

也難怪路人如此，我們那時的形象，恐怕不會比勞改犯強多少。最重的活兒就是為修築「生產堤」掘土運泥，不說別的，單是那根用尚未乾透的橡子砍削而成的抬杠，就有十幾斤重。一筐泥土裝滿，兩個人抬上肩，搖搖晃

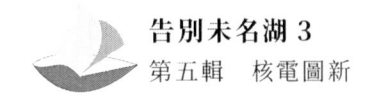

晃，跌跌撞撞，每走一步都要鼓足全身力氣。肩膀壓腫了，磨破了，就含淚忍著，咬牙挺住。最難受的活兒則是深夜站崗，凌晨換哨，那個痛苦勁兒實非語言可以形容。那些日子，我與華山朝夕相伴，默然相對，也曾無數次地想過，有一天一定要登上西嶽，一覽諸峰景色，閱天下風光。但那一天是哪一天？我卻全然不知。

在農場，無論多苦、多髒、多累、多難受，都不能喊叫，不敢懈怠。因為其時全國上下正在大力宣揚毛澤東「一不怕苦，二不怕死」的「最高指示」，軍隊尤甚。死且不怕，遑論苦哉？此外，則是意識到，我們將從這裡接受再分配，因此，也有著意表現的「私心雜念」在內。其實，說到底，不過是希望分到西安周圍而已。

以至連裡傳出二十一軍要在我們中間選人入伍的消息，我都認為與己無關。直到我被列入推薦名單，還不敢相信自己會有如此幸運。因為在連隊推薦的三人中，另兩位都是中國人民大學畢業的學生黨員，一位任排長，一位任文書。而我既非黨員，又非幹部，真正的「普通一兵」。若論勞動表現，我也絕不是最突出者。

思來想去，大概與這麼幾件事有關吧。一是在給連裡的小廣播撰寫稿件過程中，連隊幹部發現我還「能寫」，便讓我臨時代理過一段時間的文書。二是分場為參加1969年春節總場組織的文藝匯演，讓我參與編創節目並親自出演。據說有關主管看了，認為我還有那麼點「多才多藝」，還是個「人才」。

因此，在勞動鍛鍊即將期滿的時候，省畢業生辦公室要農場報送一份經驗材料，在《陝西日報》上刊登。連裡便決定由我和另兩位同學（即前述人大的二位學兄）一起擔當此任。材料完成了，我的「筆桿子」的名聲也就傳開了。如果說，古人是投筆從戎，我就是「攜筆從戎」了。正是手中的這支筆，讓我叩開了我未曾想也不敢想的軍隊的大門。而此後每遇山重水復，也是這支筆，開路架橋，引我渡向柳暗花明。每當此時，我總是深深地想起我的母校：雙湖峪小學、子洲中學和北京大學，並深深地感恩她們那慈親般的哺育與賜予。

二

　　1970年5月，我被分配到軍政治部宣傳處搞新聞報導。後因無人會攝影，處長便派我到《陝西日報》攝影組學習了三個月，回來後即主搞新聞攝影。剛到部隊，一切都是那麼新鮮，那麼動人。軍旅生活在我的面前展開了一幅色彩斑斕的壯美畫卷，一種由光榮感、神聖感和責任感交織而成的激情在周身奔湧，使我急不可耐地想在這廣闊天地裡一試身手。於是，我背上採訪包和照相機，一頭紮到基層，走到士兵們中間。

　　好幾個元旦和春節，我都是在連隊同士兵們一起度過的。三年間，我跑遍了二十一軍駐守在陝甘寧三省區的所有團隊及其下屬的戰功連隊、先進連隊。我深愛這份工作，更珍惜其來之不易。與之同時，軍營火熱的戰鬥生活和士兵們吃苦耐勞的優秀品質、無私無畏的革命精神以及樸實、忠誠、正直、豪爽的思想品格，深深地吸引了我也打動了我，使我情不自禁地要歌唱他們，為他們歌唱。「筆蘊深情歌將士，文含心血譜華章。」

　　於是，在工作之餘，出差途中，我便開始寫一點詩歌、散文、歌詞之類的東西，在軍隊和地方的一些報刊上發表，漸漸地在軍裡和蘭州軍區有了一點小小的名氣。記得軍政治部曾規定，新入伍的大學生，都要到連隊當兵一年。當我向主任提出時，這位老首長只說了一句話：「你不是成天都在連隊嗎？」

　　1971年5月至10月，我被蘭州軍區選送到中央電視台軍事組學習電影攝影，1973年5月即被借調到新成立的政治部宣傳部電影攝製組，做編輯和攝影工作，攝製過一些部隊題材的專題片和資料片。1976年機構調整後，我被安排到政治部文化部。「主業」變成寫工作計劃、主管講話、總結報告以及經驗材料等，所幸「副業」（業餘文藝創作）還一直未荒，且所寫作品多有獲獎，在部隊中產生了一定的影響。

　　蘭州軍區12年，我基本上可以說是順水順風。機關工作的一套已是駕輕就熟，得心應手，職務也調至副團級。繼續幹下去並得到提拔，已是毫無懸念、無須費力的了。然而，恰恰是由於這順、穩、平，讓我逐漸產生了一

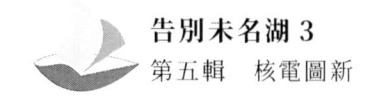

種疲勞感。年年如此、缺少變化的工作，愈來愈感到單調、枯燥，甚至無聊，並開始懷疑其是否還有意義。

而此時，時代的車輪已經駛入現在公認的中國歷史上最好的 80 年代，地方上解放思想、改革開放的熱潮一浪高過一浪，令我十分嚮往。端的是：「厲行改革洪波起，帆影槳聲令我迷。已覺營中天地小，便思牆外世界奇」，軍營高高的圍牆，再也無法鎖住我那一顆狂跳的心。加上我與妻兒已十年分居，這種「牛郎織女」般的生活實在令我難以繼續下去了。於是，1983 年，我毅然決然地做出了轉業的決定。儘管當時內心也曾十分矛盾、複雜，也曾幾度猶豫、動搖；儘管領導上許以副處長直至處長之職，最終我都未為所動，令許多戰友大感不解，甚為惋惜。

而在我已經到西安市委報到後，恰逢由我撰寫解說詞的大型電視片《我愛祖國大西北》進入後期製作階段，軍區政治部來電商我回去。這部電視片是我的告別軍旅之作，是留給我依依不捨的部隊的小小禮物，我自然情有獨鍾，責無旁貸。誰知在最後審片時，軍區新來的政委得知我要轉業，堅決不准放行。軟磨硬泡了半個月，險些讓我轉業一事化為泡影。

三

到西安市委正式上班後，我才發現地方與部隊有著太多的不同，從工作節奏、辦事效率到人際關係、福利待遇都有著太大的落差。這是一段令我倍感煎熬的日子。我懷念軍營的一切，甚至懷疑自己當初做出的抉擇。懊惱與痛苦的心情，一直糾結到 1986 年 3 月我調往陝西省公安廳。請求調動給出的理由是解決住房問題，實則是種種的不適應。

到省公安廳後，環境有所改變，我那顆躁動的心也漸漸安放了下來。我冷靜地思考並總結了在市委辦公廳將近兩年中不成功的經驗教訓，決定從頭做起。而在這裡，我也十分幸運地遇到了此生最為敬重的一位高層——公安廳長王維明。他雖係老幹部，但思想敏銳，作風凌厲。決策中點子多，觀念新；工作上講效率，要速度。我在任省廳研究室副主任後，無論是起草廳裡的文

件，還是為他準備講話、潤色文章，總是盡心盡力，提前完成。這大概是這位老主管賞識我的主要原因吧。據說，在對我的使用上，他幾次力排眾議。

1988年4月，他又破格提拔我到宣傳處任處長。回歸宣傳老本行，於我自然是輕車熟路。但為報答王廳長的知遇之恩，我還是時時用心，處處著力，倍加勤勉。僅僅半年時間，各方面都有了明顯改觀。是年10月，陝西省委組織部來公安廳搞民意測驗，推薦「第三梯隊」人選。連我自己都不曾料到，我會忝列四名「後備幹部」之一。

因為我不是公安行伍和政法科班出身，1990年初，省委組織部決定讓我到公安基層帶職鍛鍊。在為省級機關同時下派的50名處級幹部送行的會議上，我還被指定作為代表發言。對於仕途前景，所有認識我的人幾乎沒有不看好的。

從1990年1月至1993年5月，我在西安市公安局蓮湖分局代職副局長，主要是進一步學習業務，熟悉基層，瞭解幹警。在此過程中，我逐漸發現，現行公安主管管理體制和運行機制中存在的一些弊端，長期困擾著各級主管和廣大民警，亟需破解或尋找破解的思路和途徑。在這種情況下，我感到自己有責任為他們呼籲，為他們代言。於是，不揣冒昧，連續寫出了一批針對熱點、難點問題的工作研究和帶理論探討性質的文章，引起上級主管機關的注意和廣大民警的好評。其中《解決警力不足問題的現實態度和根本出路》一文，得到了當時公安部主要主管的重視與肯定，在多次會議上提及此文，並在公安部所有的報刊上予以刊登。

不少省市公安刊物以至《新華社內參》也先後轉載，在全國公安系統反應強烈。此文的要旨是「向素質要警力」，以後被公安部黨委採納，提出了「向教育要素質，向素質要警力」的口號。此外如《基層工作憂思錄》發表後，《人民公安》雜誌的記者還專程來西安對我進行了採訪。蓮湖分局三年，每年都有省委和市委兩級組織部門來考察，結果都是一片叫好聲。我在離開蓮湖分局時說過一句大話：「我不能保證蓮湖七百多名幹警人人都說我好，但我相信沒有一個會說我壞。」口氣是大了點，但至少說明我在做人做事上是有足夠底氣的。

告別未名湖 3
第五輯　核電圖新

　　1993年底，回到省廳半年之後，我未能按照原定的計劃進入省廳領導團隊，卻被安排到西安市公安局任副局長。個中原委，自是一言難盡。我曾經對人說過，這不是我的原因。現在看來，與自己亦不無關係。「皆言材大難為用，孰料腰粗方可遷。」因為我明明知道官場上是有「潛規則」的，可我就是沒有按此規則行事，結果當然可想而知。無獨有偶，在市局副局長任上的第9個年頭，我被要求提前退居二線。此時的「潛規則」已昭然若揭。當「德才不再作參考，未到年齡照動刀」時，我還是依然如故。咎由自取，怨不得他人。

　　有人說，警察是個風險職業。沒錯，這風險不僅來自與違法犯罪作鬥爭中的流血犧牲，也來自手中所握公權力的誘惑。值得慶幸並聊以自慰的是，在風險面前，我秉持了做人的原則，堅守了良知和道德，經受住了考驗，把握住了自己。市局八年，歷經兩屆，雖無顯赫政績和大的作為，卻也幾次立功受獎。其實，此時此刻，功名於我已無足輕重了。因為從來市局之日起，我對前程早已不存任何幻想。

　　但有一件事倒是值得一提：那就是從我50歲開始，我所分管的這六七個部門中的處、科長一二十人，年年都要歡聚一堂，為我祝賀生日。而尤於我退居二線後更為隆重、熱烈，且一直延續至今。我在《生日聚會》一詩中有過描繪。有知情者說，在市局歷屆正副局長中，能享此殊榮者，只我一人，還說這是人格的魅力云云。「美我」者，「私我」也，豈可當真？

　　2002年退居二線之初，我還真有點難以接受，許多人也為我鳴不平。但說實話，從政確非我所長亦非我所願，當官也多少有點「人在江湖，身不由己」的無奈。從本性上講，我是個書生，我真正的興趣和樂趣還在於讀書、寫作，還有遊山玩水。因此，能夠重新回到曾經那麼熟悉的書桌和剛剛結識的電腦前，無疑是一種難得的享受，也正是自己多年來所求之不得的。如此良機，看似人為，實則天意，反倒令我心生感激並倍加珍惜。

　　正是「也曾立志將國報，未敢偷閒少辛勞。天降我材非雞狗，心輕汝輩若毫毛。側身官場多煩惱，為伍權謀甚煎熬。上賜良機安可失，重歸書屋樂逍遙」。故而，從我改任巡視員至退休的4年中，我只做了一件事，那就是

編輯出版積我40年筆耕成果的《大理河文集》。同時，也完成了走遍中國大地的夙願，去了歐美俄、東南亞等不少國家。

四

2007年5月，我還車交房，正式退休回家。我謝絕了許多朋友的盛情邀請，再未「出山」，去「發揮餘熱」。我知道，有人看中的不過是我所擁有的「資源」，即使是那些真心誠意者，我也不想再去操那份心，勞那個神。做一名普通的退休者，回歸老百姓，小攤買菜，超市購物，排隊看病，刷卡坐車，挺好！

除了讀書、寫作、健身、旅遊等這些賞心樂事外，主要任務則是給一雙兒女「打工」。兒子和女兒分別在美國和加拿大讀完MBA。現在，兒在紐約，女在溫哥華。我和老伴已經幫他們看大了我們的三個孫子，其間辛苦，自不待言。但溫哥華島上的碧海青天和生猛海鮮，新澤西丘陵中的森林湖泊和陽光爽氣，足慰勞累。垂釣和打網球是我之最愛，種菜、養花也是樂趣所在，在那邊正可大顯身手。而吟詩作賦、含飴弄孫，又得以附庸風雅，盡享天倫。有朋友戲言，這是「神仙過的日子」。神仙不敢比，我只覺得已經很奢侈、很滿足了。

45年間，我和班裡的多數同學失掉了聯繫。2006年寄贈拙著時，還有好幾位未能找到，不勝遺憾。同學中出類拔萃者甚多，而尤以李永長的英年早逝最令人痛惜。永長兄在校時與我關係最好，情同手足，畢業後也始終保持著聯繫。他才華橫溢，膽識過人。不僅在「文革」前夕，以「方史」的筆名，撰寫了那篇討伐姚文元、為吳晗的《海瑞罷官》辯白的檄文，在《人民日報》發表後，輿論一時為之震動。進入新華社後，宏文泉湧，大作迭出，影響甚廣。在新華社湖北分社社長、亞太總分社兼香港分社副社長等任上，頗多建樹，是新華社當時年紀最輕的分社社長、高級記者和享受國務院特殊津貼的專家之一，無愧北大驕子、楚地才俊。可惜天不假年，中天隕落。我雖泣血吟詩一首，猶難盡痛悼之情：

一

惱恨天宮少棟梁，收吾手足不商量。長歌當哭痛之後，時念如煎思未央。
荊楚俊才懷銳志，燕園健筆顯鋒芒。姚文仗勢揮金棍，方史單槍挑霸王。

二

因文罹禍因文福，落難窮鄉起僻壤。喉舌半生言百萬，聲名三地譽八方。
早知有恙狂工作，曾信無風阻遠航。免我掛牽音信斷，又為中華哭創傷。

在西安，我雖先後接待過多位同學，但因當時公務在身，照顧不周，總覺歉疚。曾想著在退休之後的某一天，至少是在考入北大 50 週年的時候，與北大 1964 級的兄弟姐妹們歡聚一堂。豈料世事滄桑，歲月無情。同學中不少人或因年高，或為染疾，或有不便而未能如願以償，只能在書中重逢聚首了。

「攜筆從戎誠意外，許身藍盾豈初衷？可知衛士命中定，應信情緣天作成。」其實，45 年間，我也曾有過兩次「改換門庭」的機會。一次是中央電

視台軍事組有意調我去做文字編輯；一次是粉碎「四人幫」後，北大曾致函蘭州軍區政治部，商我回校任教。前一次被我婉拒；北大商調一事，部領導竟壓下未與我提及。

其實這位老首長多慮了，即使談了，我也不會離開那時還深愛著的軍隊的。還有，我離開西安市委時，省上有三個廳局先後來考察，我卻因一偶然機會改去了公安廳。這難道不是命中注定嗎？鬼使神差般地，脫下軍裝又著上警服，則更加讓我相信，「人民衛士」是我此生擺脫不開的宿命。因此，若論人生成敗，實乃天也，命也，運也，非人為也。

今天，當年燕園裡意氣風發的同學少年，已是鬢上堆雪、眉間染霜的古稀之人了。回眸這一路走來，真的是百感叢生。此生雖然沒有成為作家、學者，似有負母校期望，有違個人初衷；說實話，我也非常羨慕同學中那些著書立說、成名成家者。但有一點可以告慰母校的是，每當有人用或讚歎或驚訝的口氣介紹或詢問我是「老北大」的時候，我感到更多的是要做得更好，與眾不同。我也時刻堅守著即使不能為北大爭光，也絕不能給母校丟臉的信條，直至今日。

儘管有「成也北大（做事），敗也北大（做官）」一說，也由於很多人還很難將「北大人」與軍人、警察聯繫在一起，也讓我有時很尷尬、很無奈；好在我至今仍以曾是一名軍人為榮，也不以警察終老為憾，且自認於曾在頭頂高懸的軍徽、警徽和當年胸前佩戴的校徽無違無愧，便也無怨無悔了。更何況，在中國這個「官本位」的社會裡，儘管我的官職不過芝麻綠豆大，然而，無論如何，我還是個幸運者。當然，說「既得利益者」亦無不可。但我又始終是改革開放無條件、無保留的熱烈擁護者和堅定支持者。因為，民主與科學的北大精神早已深入骨髓、溶進血液，本性難移了。

馬士林，男，漢族，1946 年 11 月 17 日生於陝北子洲縣。1964 年考入北京大學，就讀於圖書館學系，1968 年年底畢業。退休前為西安市公安局副局長，後改任巡視員、西安市警察學會副會長兼祕書長，二級警監。

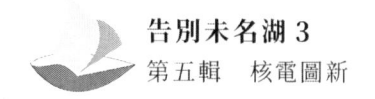

一蓑煙雨任平生

——半個世紀的回顧

張金亮

初上高原

1968年12月中旬，離開北大的我，從山東老家乘上西行的列車，奔赴工作崗位——青海。那時，青島到西寧還沒有直達火車，一般要經過一兩次轉車，需要三四天的時間才能抵達。

⊙張金亮 2005 年於桂林

那幾年，我們這些北京的紅衛兵，走南闖北，增長了不少見識。尤其是1966年秋天的新疆之行，讓我親身領略了大西北的群山、大漠、戈壁、草原，對赴青海有了一定的精神準備。離家的時候雖有些許難捨的惆悵，但「火紅年代」的激情，很容易被點燃，「最高指示」、革命歌曲一旦在廣播裡響起，自己又禁不住熱血沸騰，義無反顧地踏上了「革命的征程」。

在大雪中我踏上了西行的路。歷經山東、江蘇、安徽、河南，雖有些高聳的山脈，但與陝西西部、甘肅境內的大山相比，堪稱是「小巫見大巫」了，尤其是華山向西，天水一帶，山高谷深、隧道相連，仰首難見天日，偶見牧童牽牛從懸崖峭壁間翻過而神態從容，又見甘谷一帶用石頭蓋地壓土保墒，均為平生所未見。西北的艱苦與豪壯，一頁頁向我們展開……

隴海路幾次接近黃河，但到了甘肅境內我才真正領略了與黃河並行的壯觀。過了蘭州，火車沿黃河支流湟水西行，漸入青海境內。這裡既有高山深谷，又有阡陌縱橫；片片相連的果園，低矮的土頂平房冒著裊裊炊煙，在暖暖的陽光下透出濃郁的生活氣息，遠不像我想像中的人煙稀少草原蠻荒之地。

從火車上還可以見到這裡不同於內地的穿著：蓋著黑蓋頭的回族婦女、身著藏袍皮衣的藏族牧民，與漢族民眾共同來往於熙熙攘攘的鬧市裡……這時，列車乘務員告訴我們，終點站西寧到了。

車站上到處可見內地分來的大學生。我與一位戴著「北京地質學院」校徽的大學生聊，他說他們學校一下子來了50多人。我們這些素不相識的大學生一起找到省人事廳大學生分配辦公室報到，從分配名單上查到我們火車上認識的幾位大學生一同被分配到 8064 部隊。

8064 部隊駐紮在西寧西郊，是蘭州後勤部隊的一個汽車團。我們先在省政府第二招待所集結，編成班、排建制，領到了軍用皮大衣、皮帽子、大頭皮鞋等裝備，然後進駐部隊營房，編成兩個「學軍連」，由軍人任連排長。經過一段時間的學習、適應，接著進入了緊張的冬季訓練。

西寧市地處青海省東部，海拔二千二三百公尺（東西部相差近一百公尺）。在青海，這還算氣候比較好的地區。白天與北京、山東的氣候相差不大，但夜間冷到零下十六七度。新兵訓練又常在凌晨出操或半夜「緊急集合」，更會感到特別的冷。

營房附近的路都是砂石路，大頭皮鞋的鐵釘碰在碎石上，撞得火星飛濺。所幸伙食甚好：有充足的牛羊肉、青海湖產的湟魚、45 斤的定量等。這對剛從「三年困難時期」熬過來、常覺吃不飽的我們來說，著實解決了一件頭等大事！

一到部隊，我們便積極建議成立籃球隊、排球隊。當時正值迎接「九大」召開（後來是慶祝），部隊組建了「學軍連文藝宣傳隊」，編排了許多舞蹈、合唱、獨唱節目和大型歌舞劇《收租院》。我的武術在這裡也派上了用場：

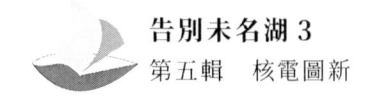

用毛澤東詩詞《蝶戀花》伴唱的武術舞，是受歡迎的節目之一。我還是《收租院》中男主角「張鐵匠」的飾演者，並由此得了這個綽號。

我們這個演出隊在西寧市廠礦機關、海南的草原牧區演出兩個多月，共五六十場，直到後來上級通知停止演出，回到生產第一線，我們才趕赴鍛鍊地點——海南州興海縣白米灘農場。

海南州在西寧西南，中間要翻越著名的日月山、倒淌河，距青海湖亦不遠。但那不是旅遊的年代（我過了十幾年才看到青海湖），部隊幹部只是稍作介紹。當時還沒建日亭、月亭及文成公主展覽館，我們只在日月山頂的紀念碑前稍停、瞻仰。石碑記載了當年部隊修建青藏公路的艱難經歷、付出的巨大犧牲。我們隨後一路向西南，抵興海，過茫茫草原野馬灘，開到了興海縣的黃河邊。

白米灘位於曲什安河與黃河的交匯處。黃河以東是同德縣，以西是興海縣。野馬灘海拔 3000 公尺，但下到黃河谷地只有二千七八百公尺，故能生產小麥。「白米灘」（音譯）在藏語中是「鬼灘」的意思。黃河在這裡拐彎，圍成了一片人跡罕至、榛莽叢生的荒灘。後來 8064 部隊在此修路築渠，引曲什安河上游高水位的水灌溉，建成了約 5000 畝地的大農場。

我們學軍連來農場後，分駐兩地。一連駐場部（含一女生排），二連在水渠中間。除女生排住在場部的一排平房外，所有的男生都住「地窩子」。這種「地窩子」是在黃河邊的砂石地裡挖出來的地下窯洞，七八公尺長、三公尺寬、二公尺深，上面搭上橫梁、椽子，鋪上麥草，塗上泥，蓋上土，便成了冬暖夏涼的地下窯洞。每個洞住一個班，每人只有七八十公分寬的土炕。

這兩個學生連，一連負責大田整修、播種，我們二連負責維修渠道。渠道全長約六七公里，上游借曲什安河的高水位，透過簡易隧道把水送上各種管道、渡槽、明渠，翻山越嶺，送到「白米灘」的耕地裡。複雜的水道因構造簡陋常出毛病：一會兒是隧道塌方，一會兒是明渠滲水。塌方需要停閘、進洞，將塌下來的碎石清理出來；滲水需要夯實加固。有時出現水渠決口，便要連夜搶修、日以繼夜，如同戰鬥一般緊張。這裡海拔甚高，氧氣缺乏，幹重活容易氣喘吁吁，個別身體不好的還會休克，施行緊急搶救。尤其是清

除塌方，更要冒很大的風險。在洞子裡作業，隨時可能有碎石落下。這對我們可說是生死的考驗。

排長讓我們高唱著主席語錄歌「下定決心，不怕犧牲，排除萬難去爭取勝利」進洞排險，那氣氛真有些悲壯！高原的氣候多變，一會兒是太陽曝晒，一會兒又陰冷難耐，內衣濕透只能靠身體焐乾……幸好我們是青年人，日復一日也就習以為常了。還有用水的問題：我們雖然守著黃河，但下到水邊取水要走百十公尺「之」字形的石頭路，有的同學身體欠佳或撒懶，一兩天不洗漱也是常事。在這種條件下，幾個月下來，內地城市來的「小白臉」們很快黑得與當地農民無異了。

這裡的黃河水流湍急，又清又深呈藍綠色，令人想到「藍色的多瑙河」。收工之餘我們常下到河邊洗涮散步。河這邊沒有商店，偶爾到河東的「卡里岡」商店去，要坐當地人的羊皮筏子，那可真叫驚心動魄！好在我們不少人會游泳，膽子還大一些。正因為此，部隊嚴禁我們下河游泳。儘管如此，我們的七班長為修地窩子，到河裡撈木料竟被急流沖走了（這裡的黃河水太涼太急，木料又太大）。忘不了那個出事的傍晚，我們沿著黃河往下游奔跑、尋找，大家高喊「七班長！七班長……」黃河嗚咽，晚風淒厲，這位寬厚熱情的山東居民再也沒有回來，這成了我們永遠難忘的悲慟！

春去秋來，我們收穫了一二百萬斤小麥，還種植了幾乎可以自給的蔬菜，養了幾頭豬。「清理階級隊伍」、「冬季拉練」之後，我們迎來了第二次分配。

人生低谷

1970年2月，我們接受第二次分配。我被分配到西寧以北40多公里的大通縣。相對於分到高海拔地區的同學而言，我算是幸運的。我們9位「白米灘戰友」來大通報到後又接受了第三次分配。我與大部分同學一樣，下到了最基層——人民公社。我被分到縣城以東20公里外的東峽公社任文衛、青年幹事，開始了又一段艱苦的人生磨礪。

大通縣城周圍是山，一條北川河南北貫穿。城中海拔二千四五百公尺，城東有座巍峨的「老爺山」（因山頂原來有關老爺廟而得名）。從老爺山腳

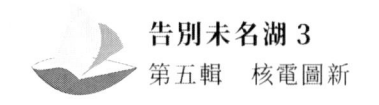

往東，有條簡易的砂石公路，沿著東峽河蜿蜒東去，公路兩邊又是連綿的山巒。

我到公社「赴任」是搭乘拉化肥的拖拉機進山的。當時春節剛過，兩邊山上白雪皚皚。我先是見到了在蘇聯小說裡寫過的樺樹林，接著又見到了一望無際的松樹林。在冰雪世界裡閃出那一抹連天的綠色，著實讓我十分興奮：我先是想到了俄羅斯的樺樹林，又想到了曲波筆下的《林海雪原》……

然而，現實的生活卻不那麼浪漫：首先是人地兩生語言不通。原來在部隊農場，大家都講普通話，夾雜些各地方言也很習慣。而在這裡，全是本地方言，有時夾雜些藏語，聽起來半數不懂，十分吃力。更要命的是吃飯問題，不僅遠無法與部隊相比，甚至與內地農村也大不一樣。

主要是很少有蔬菜，只有 30 斤糧。在公社裡也只能炒點馬鈴薯、給點酸菜。到了鄉下，更是只有青稞麵乾糧（類似大麥麵一樣的粗糧）、煮馬鈴薯，偶爾有點酸菜。這時正值春天，見不到新鮮蔬菜，肉、蛋更是奇缺。

我第一次下鄉是跟著公社副主任到我們「蹲點」的大隊。從海拔二千六七百公尺的公社一直向上爬，歷時兩三個小時，真可謂飢腸轆轆。到了一家大隊幹部家吃午飯，迎接我們的是火炭上燒煮的一罐老茯茶水和一盤青稞麵的冷鍋盔，沒有任何鹹菜之類，只有靠茶水裡放鹽下飯。幸好晚上有一頓青稞麵粗麵條加點馬鈴薯絲還算不錯。

晚上與藏民擠在一個炕上，陳年的老羊皮襖的怪味，老主任不斷抽煙打不著打火機的「噼啪」聲，還有在身上隱隱作祟的虱子……令人徹夜難眠。第二天還是這樣，還要參加一定的勞動。這第二次「受教育」真不知道到哪年月才算「畢業」呵！

好在每十天還有兩三天回公社開會、休整的時光。回去之後，首先是滅虱子，其次是稍稍改善一下生活，另外重要的是找些有文化的年輕人聊聊，瞭解一些時政新聞。當時，大中專畢業生分到公社的還不少：衛生院、學校、銀行代辦所、商店等單位都有。我透過自己分管的工作和體育活動走出去，逐漸結交了不少朋友，人生的局面漸漸打開了。

這時期，縣上也不時開一些會議，舉辦一些活動，諸如文教、宣傳一類的公社幹事會、通訊員培訓班、樣板戲培訓班之類，聚集了不少年輕人；我還有留在縣上的幾位同學的人脈關係。靠著他們的幫助，在縣城我找到了人生的另一半並安了家。在人生最低谷的時候，能解決「生活問題」也屬不易。人生，總算展示了它美好的一面。

中學執教

由於愛好，我有時到縣城中學表演武術，有幸被該中學的校長看中。1972年底，該中學的一位體育教師調省體工隊任教練，於是調我到縣中學教體育。這讓我在北大武術隊練武、打球的特長派上了用場。我在這裡任教並組訓武術隊、排球隊，同時研究田徑、球類、武術的競賽規程、裁判法。先後擔任過省級比賽的田徑裁判、排球裁判、武術比賽的副裁判長等工作，嘗試了體育工作的艱辛與樂趣。

從公社幹部到中學體育教師，是我人生走出低谷的第一步。在美麗的老爺山下、北川河畔，在芳草如茵的草地上（這裡後來被闢為大通公園），帶著武術隊的小隊員們習武練功、登山戲水成了十分值得回憶的美好經歷！當時我還帶過一個國中班，當了三年的班導，成了真正的「孩子王」。4年之後，因為工作的需要，我改教語文。在中學的7年間，我歷任年級組長，還代理了一年的總務處主任。粉碎「四人幫」後又主辦刊物《學習與批判》，在忙碌的歲月中迎來了改革開放新時期的到來。

重返大學

1977年國家恢復高考，1978年恢復研究生考試。這對我們這些被「文革」耽誤甚多、渴望讀書深造的年輕人來說，無疑是福音。我當時想報考圖書館學系，但幾所大學都需考英語，只好報考中文。憑藉中學對古典文學的愛好，拚搏了幾個月後，考取了青海師範學院中文系古典文學專業。

這是個兩年制的研究生班，一共招收了七名學員，主要是培養大學教師的。由於時間短，外語改為自選（當時教育部規定「三古」專業可自選），主要閱讀書目是在古典文學、古漢語、古代史等方面，當然大量閱讀代表作

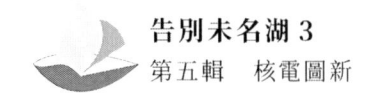

家的經典著作是最主要的。我的主攻方向是唐宋段，有時間通讀了唐宋代表作家的全集或選集。因為自己在北大只讀了兩年書，與中文有關的也只學了中國文學史和漢語寫作，文藝理論、現代漢語、外國文學等課程則需要補課，這就需要比別的同學投入更多的精力。

研究生的第四個學期是寫畢業論文。我選擇了南宋號稱「中興四大詩人」之一的范成大，探索了「范石湖」田園詩在中國田園詩發展史上的重要地位，由此也研討了中國田園詩的發展歷程。

1981年春天，我研究生畢業並留校任教，主講「古代文學」中的唐代部分，還承擔了1979級輔導員，開始學習和適應大學的教學與管理。

上個世紀80年代初，正是「撥亂反正」、大刀闊斧進行改革的年代，各部門幹部開始實行「四化」，年輕化、專業化等成為選拔幹部的主要條件。我在1984年1月被任命為青海師範大學中文系副主任兼黨支部書記（翌年改為總支，任總支書記），負責系黨政、學生工作。原來的系主任、書記都是由老教授、老革命幹部擔任，而自己以39歲年輕教師履此要職，真有些「芒刺在背」的不安。當時中文系受「文革」的影響，派性依然嚴重。

我跟另一位副主任（同年任命，黨外人士，負責教學科學研究等）採取「尊重教師，消除派性，增強團結，搞活工作」的指導方針，透過各種教學、學術活動，調動大家搞好教書育人工作的積極性，使政治氣氛逐漸融洽，教學科學研究成果頻出，研究生培養的專業不斷拓寬。

在學生方面，我們在全面貫徹「德智體美勞全面發展」教育方針的基礎上，響亮地提出「能力教育」，即強調師範教育中師資能力的培養（這與後來的素質教育不謀而合）。透過開展各種教學、科學研究比賽活動，舉辦著名教育家、電台播音主持人的講座，學生講演大賽，各類書法比賽，各種文體活動等拓展學生們的視野，強化他們的能力。每年元旦、五四等重大節日，中文系自辦大型演出，節目長達兩三個小時，相聲、小品、歌舞、獨唱、器樂等湧現出不少人才；講課、板書、備課等教學基本功比賽也定期舉行，體育活動也開展得豐富多樣，而且在全校各種比賽中屢居前列。

當時的中文系成為高考報名的首選專業，並在社會上享有很高的聲譽。20 年後，當時的畢業生大多成為中學、大學的骨幹教師、校長，出現了很多的處級、廳級幹部。他們回憶自己的成長經歷，都十分讚許當時中文系的培養模式，稱為他們的口頭表達、文學功力、組織、宣傳、社交等方面能力的提高打下了良好的基礎，也難以忘懷那段艱苦條件下，同甘共苦、攜手奮進的崢嶸歲月！

作為「雙肩挑」幹部，我們備課、科學研究要比教師付出更多的辛勞。白天大部分精力放在行政、學生管理、參加或組織各種會議、活動上；備課和學術研究主要靠晚上或節假日。而評職稱主要看上課節數、門類、論文和專著。

我們戲稱之為「扛著袋麵與一般教師賽跑」。我當時年輕氣盛，不太在乎，居然拼出了些論文和專著，並於 1989 年晉升為古代文學副教授，成為青海師大當時最年輕的副教授。從 80 年代中期開始，我還擔任青海省唐詩研究會的副祕書長、全國唐代文學學會理事等職。在體育界，也曾擔任過西寧市長拳研究會的祕書長。

回歸故里

改革開放的浪潮波譎雲詭，計劃經濟下的人事管理漸漸開放出「人才流動」。東南沿海的開放政策吸引著全國各地的人才學子。偏居內陸、氣候經濟條件遠差東部省份的青海在人才競爭方面顯示出很大的劣勢。繼大學生報考內地研究生的熱潮之後，青海培養的研究生也紛紛到內地考博或謀職。青海大學的大部分中年骨幹來自內地大學，亦想調回原籍。作為在大學中層管人事的幹部，我面臨著十分尷尬的局面：一方面大力培養人才，一方面卻不得不放走人才。服務了二三十年的老同事需要照顧，剛剛畢業的研究生更有精力和條件「鬧著先走」。

年過 40 的我也曾抱「埋骨青海」的壯志想長留青海，但 25 年的思鄉情結實難割捨。尤其是高原缺氧、冷暖多變的氣候已經向我的身體發出了多種警示。所以，我在 45 歲之後也開始了調回原籍的努力。當然，要調回內地，

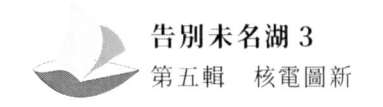

只能以教師的資歷安置，青海師大的幹部級別只做介紹。我毅然接受了這場考驗，幾經波折於1993年與妻子一同調回山東濰坊。

從省屬重點大學調回地級大專是對我的又一次考驗，不僅政治上的副處級待遇沒有了，學術上也失去了省級重點大學的優勢，對外的學術聯繫幾乎需要重建。作為一個外地調來的教師，雖有過昔日的「輝煌」，但此時一切需從頭再來。在陌生的人際環境裡，我默默地埋頭備課、上課、搞學術研究，很快得到了大家的認可。

這期間，體育愛好又給我幫了大忙：一年一度的田徑、籃排球比賽，平時的武術、長跑鍛鍊使我在系裡系外很快結識了不少朋友。這在很大程度上消除了自己的孤獨與失落，而且提高了在學校的知名度。一年之後，我重被任命為中文系的副主任（正科級）；又過一年，提升為系黨總支書記。此時，教學、科學研究、行政管理諸方面又恢復了昔日的平衡，我找到了過去的一些「感覺」。

山東大學的學生，在知識水準和整體素質上，稍優於青海學生，但在普通話的普及與日常運用上存在著很大的差距。主要原因是這裡的教師絕大多數是本地人，都說本地話。上課時除語彙上稍有改變外，語音上仍是山東調。各級主管也只有少數人講普通話。

幸好學校十分重視普通話的訓練與考評。與我搭檔的系主任也是北大中文系的畢業生，能講比較好的普通話。我們因深有同感而共同狠抓全系師生這一塊「短板」，要求50歲以下的教師參加普通話測試，50歲以上的教師儘量說普通話。提倡多查字典，上課儘量用比較「典範的現代白話文」語彙來表述。對學生則要求進入教室後一概用普通話交流，並用「扣分制」來制約講方言的不良習慣，納入當時全校實行的「千分制」管理體系。幾年下來，中文系學生的普通話水準有很大的改觀，年輕教師講普通話也漸成風氣。

從1995年到2000年，昌濰師專經歷了升本科、合併大學改學院兩大跨越。這中間經歷了主管部門的多次評比審查，全校上下為此做了大量的基礎性工作。2000年，國家教委同意將原昌濰師專、濰坊高專、渤海教育學院等院校合併為濰坊學院，遷入新校區進行擴大重建。

經過這些年努力，學校已發展成為占地 2100 畝、學生 2 萬多人、63 個本科專業，23 個院系，涉及理工、文史、經管、農業、法律、教育、藝術等 16 個門類、面向全國招生的綜合性本科學院（中文系改成「文學與新聞傳媒學院」）。

近幾年，學校正在培養研究生，提高科學研究院室水準等方面努力發展（濰坊市也在北部濱海區劃撥土地 5000 畝為學院發展備用），爭取盡快升格為綜合性全日製本科大學。

漫步夕陽

我於 2001 年退居二線，2005 年正式退休。退休之後的生活以讀書報、唱歌、舞劍、打球、旅遊為主要內容，偶爾也寫點詩詞或小文章。2000 年到 2008 年，我的女兒、女婿在廣州從事網路工程商務，並在當地購房定居。他們的新房位於白雲山腳的竹韻山莊，是個有亭台樓閣、泉水叮咚、十分清幽的山間別墅社區。

每年冬天我與夫人在這裡過冬並幫他們帶孩子，夏天回濰坊，過著候鳥式的生活，並順便遊歷了廣東、福建、廣西、海南等南部景區。但後來女婿工作轉到北京，我們又以居濰坊為主，每年在北京住一二個月。每年我們安排二三次外出旅遊，出境遊已到過港澳台及俄羅斯等地。

2009 年，我得以重返北京，住在朝陽區的百子灣路蘋果社區，真是感慨萬千！當年我們幾位北大同學曾在這裡下鄉勞動，那時候這裡還是一望無際的玉米地，而今早已是高樓林立、車水馬龍的繁華地帶。偶爾去頤和園途經北大，回憶當年出西門長跑至頤和園，能遇上幾輛汽車？！沿途的池水、蘆葦、北京鴨、京西稻一派田園風光，還有中關村、海澱一帶的菜地等早已蕩然無存。回憶北大的生活，尤其難忘的是在昆明湖裡游泳，在北大三院門前的大柳樹下練武，在未名湖湖心島上過的第一個中秋……

當年看似尋常的生活，成為今日古稀老人們珍貴的回憶。親愛的同學們，昔日的韶華，可能已變成今日的枯槁，黑髮已染上白霜。但我們的心還保存著當年的激情！讓我們重新規劃「夕陽紅」的歲月，給生活增添一些亮色、

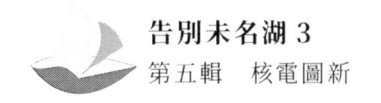

一些樂趣、一些激動。回憶一切美好，忘卻一切不快，追求共同的健康、快樂！

張金亮，男，1945 年 1 月出生於山東壽光。1964 年 8 月考入北京大學圖書館學系，1968 年年底畢業，分配赴青海。先被安排在 8064 部隊農場鍛鍊，一年後再分配至青海省大通縣東峽公社任青年幹事。1972 年底調往大通縣第二中學任教。1978 年考入青海師大中文系讀古代文學研究生，畢業後留校任教，1989 年晉升古代文學副教授，歷任系副主任、總支書記。1993 年調回原籍山東濰坊，歷任昌濰師專中文系副主任、支部書記、濰坊學院文學院總支書記等職。

▍艱辛難斷文字緣

趙華

在 1968 年 12 月一個嚴寒的冬日，我們這屆畢業生淒然告別未名湖，按照「四個面向」到基層去「接受工人階級和貧下中農的再教育」。我這個北京人能被就近分配到天津市，已經是受照顧了。具體去向？鹽場；工種？鹽工。這都是到了天津之後的事兒了。

離京前，我又一次到了琉璃廠、榮寶齋，在那裡的街頭徘徊。這裡是我打小就經常光顧的地方。我喜歡來這裡看名人字畫、書法、篆刻，喜歡瀏覽這裡的店鋪牌匾。這裡連著我對書法、篆刻的愛好。當然，所有這一切，此

時都讓位於「紅色」詞語、「革命」口號了。我來到這裡，也許是下意識地與我的文字夢告別。

一

我對文字感興趣是從小開始的。我家祖居北京。聽長輩說，我家是滿族皇姓旗人。祖上是「從龍入關」的一位鐵帽子王，籍入宗人府。世事滄桑，家道中落。辛亥革命時，許多旗人改姓。我家也不得已棄愛新覺羅氏而取百家姓之首「趙」字為姓。到我父親這輩，沒沾過皇姓的半分光，只受過這皇姓的萬般苦和怕。

父親經的事多，有感於世事滄桑，希望自己的孩子們都能為國家勤勉做事，盡力學點真本事，到什麼時候都能有飯吃。我哥哥考了北京工業大學，學技術，稱了父親的心。我的學習成績最好，但我卻任著自己的性子，完全憑個人興趣，與什麼書法、篆刻、文字學結下了不解之緣，思想起來還真有點對不起家父。但這也是沒法的事。我打心眼兒裡就喜歡這些玩意兒，自打一沾邊，一生都沒丟下，任怎麼艱難困苦，也沒能斷了這份夙緣。

1949 年，6 歲的我上了基督教識字班，那裡的女老師寫的毛筆字特別漂亮。1950 年我上小學，有位滿族鄰居，我管他叫全大叔，當時他在英國駐京代辦處做中文祕書，寫得一手秀美工整的硬筆楷書，令我著迷，我便專心致志地跟著學。全大叔認為我是個材料兒，著意培養。他的兒子和我同班，但他認為自己的兒子沒這天分，不教。

他不僅教我寫毛筆，還教我臨、拓古人書法。到小學三年級以後，我已形成習慣，每當外出春遊或搞什麼活動，我會帶上幾頁白紙和幾支鉛筆，在別人遊玩時，我就去尋找古碑之類，去拓碑、碣上的字，拓得最多的是乾隆的字。由此，我對文字、書法的興趣愈濃。

1956 年小學畢業，我和校友阮祖望同被保送上國中。他是北京二中，我是大同中學。1962 年祖望保送入北大數力系。我對京劇也很感興趣，當時的中國戲曲學校（中國戲曲學院的前身）招生條件很嚴苛，但一旦考上，則國家全包（學員的吃、穿、住全由國家負擔，更不用交學費了）。

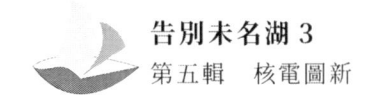

這對生活緊迫的我很有吸引力。我便放棄了大同中學，轉而報考中國戲校京劇科。那一年考生 6000 多人，京劇科招生 68 名，我有幸「高中」！同班同學有後來擔任中國戲曲學院副院長的趙景勃等。當時學校的藝術氛圍對我的書法愛好有所促進，學戲的同時，我一直未中斷對書法、篆刻甚至繪畫的學習。不幸的是，兩年後，因練功傷腰，「戲途」中斷，只能重上普通中學。好在成績仍然優秀，國中升高中又是被保送，1964 年高中畢業考上北大。

⊙ 1964 年在北大

在國中時，美術老師看我的書法、篆刻、工筆畫有一定基礎，給以重點關心，還為我爭取到一個暑假期間到北京市少年宮跟專業老師學習篆刻的機會。由於我要和哥哥一起利用暑假勤工儉學補貼家用，只好忍痛把這個機會讓給了另一位同學。暑假過後，當這位同學向我展示他從市少年宮帶回的許多印拓，其中有著名畫家、篆刻家魏常青、徐之謙、傅抱石、婁師白等大家的作品時，我羨慕不已，並全部借來欣賞臨摹。多少個夜晚，在家中昏暗的燈光下臨摹篆刻，手指被刻刀扎破，也興趣不減。

二

隨著年齡的增長、理解力的提高和接觸面的增大，我對書法、篆刻的興趣逐漸發展為對文字研究的愛好，而且逐漸由興趣轉向自覺。到高中階段，我已經不斷去琉璃廠、榮寶齋、三聯書店、商務印書館和一些舊書店，尋找有關書法、篆刻和文字研究的書刊，還借過《文字改革》之類的雜誌看。

1964 年高中畢業時，我毫不猶豫地把北大圖書館學系作為第一志願。入校後，深感北大是個知識的海洋、學習的殿堂。

　　老師悉心相授，同學們刻苦攻讀。這優良的學習風氣，深深地感染著我。當我學到劉國鈞先生的「中國書史」時，欣喜至極，這正是我夢寐以求的課程。如果說書是中華文化、中華文明的載體，那麼文字便是其中最重要的元素。「中國書史」就是一部中華文化史，其中就包含著中國文字的發生、發展史。在這裡，先生們帶領我們走進了中國文化的殿堂，使我們瞭解了文字產生的六種形式——「六書」，我們看到了甲骨、簡牘、鐘鼎、竹帛，還知道了古印度的貝葉經、古巴比倫的楔形文……

　　鄭如斯先生曾帶我們到榮寶齋現場看木刻套色水印、古籍修補，聽專家講古籍鑑定、鑒賞知識；還帶我們到中國歷史博物館參觀甲骨文、金文、簡冊、卷軸、書畫等。當時我最喜歡的課是「中國書史」、「中國通史」、「中文工具書」。它們直接引導了我對文字學的學習和研究。「中文工具書」中的字書、辭書、韻書則更是明明白白的學習工具了。別人有大志，想大事，我則專注於我的文字學小天地，鍾情於我的「雕蟲小技」。系資料室的參考書很多，但考慮到常用，我還是到舊書攤上買了許慎的《說文解字》。

　　透過先生們的指教，也加上自己的揣摩，我越來越強烈地感到，漢字是中華文明的主要載體，也是我們祖先對人類文明的一大貢獻。我們中華民族先人們在生活生產中創造了充滿魅力的文字，曾經將 9350 個古文字條分縷析出 540 個偏旁部首，探尋著文字發生、發展的規律，指明了識字的途徑。到《康熙字典》已收字 47000 多個，偏旁部首則進一步簡化為 277 個，進一步方便了人們對文字的學習使用。

　　中國進行的文字改革為全民族更好地學習文化知識、提高整體素質作出了新的貢獻。在大學時我的專注點已逐漸轉到對甲骨文、金文（鐘鼎文）的學習鑽研上。中華文明為人類文明作出了巨大貢獻。僅就漢字而言，國內有的少數民族的文字就借用了漢字的偏旁部首，儒家文化圈內的國家更是大量使用漢字或借助漢字發展了他們自己的文化。香港籍全國政協委員曾憲梓先生曾說，漢字應是中國人獻給世界的第五大發明。

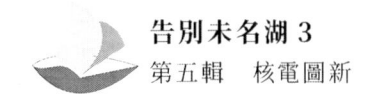

此言有理。對漢字追本溯源的研究，也是在探尋人類文明的源頭，同時也是與古人對話，向先人學習。漢字可謂「無字不成趣，無字不含理（禮）」。我打聽到俄語系一位同學有一函數冊的《鐘鼎籀（zhou）篆大觀》，便借來用雙鉤白描法，影拓了其中最令我著迷的6冊：《毛公鼎》、《散式盤》、《虢季子白盤》、《唐嵫台銘》、《篆法指南》、《唐拓石鼓文》。為此花費了數月課餘時間。同班劉喜申同學還幫我拓過。我的興趣全在這裡。賞幾行古拓，與古人對話，刻一方印章，作內心獨白，自覺心曠神怡，樂趣無窮。我多麼希望將來能到一個專研古文字的館舍，在那裡學習，研究，為社會服務，與我鍾愛的甲骨文、金文、書法、篆刻相伴一生！

三

然而，「文革」禍起，美夢破碎！我面對的已不再是什麼甲骨文、金文，而是凜凜海風，茫茫鹽灘。離校時我雖然悄悄地把幾件寶貝（包括書、拓本、刻刀）裝進箱子帶到鹽場，但開始不敢讓人知道。而且，我也是真心實意地去接受「再教育」，狠狠改造自己。

三九嚴冬正是鹽場產硝的季節，我推著300多斤重的獨輪車運硝，走在半公尺寬的鹽田埂道上，稍不留神便可能摔進旁邊的鹽池。上工時，天寒地凍，大家穿著大衣、棉衣、絨衣、襯衣、背心，推了幾車之後，身上開始發熱冒汗，於是由外到裡，一件件脫去，最後往往只剩下背心，頭上、背上依然熱氣騰騰。

熱天晒鹽季節，從清晨4點到上午10點，我拉著2公尺寬的大耙，耙遍40個鹽池，每個鹽池160平方公尺，破開那經日晒變濃並結成板塊的鹽，以使其增大結晶面，提高質量。這是鹽場最苦最累的活。每個月糧食定量74斤，還不夠吃。每幹完這多半天的活，我都會躺在地上，燙烤我受過傷的腰！

一位工人師傅心疼我，用水籠帶給我做了條護腰板帶，真是繫在腰上，暖在心上！我還幹過「挑溝」的活，其實就是給鹽田中的「舶運溝」清淤。我和工友們赤身露體站在齊腰深的鹽滷溝中，用鏟子把溝底側的鹽泥切鏟下來，用力甩向溝兩邊，如同一幫原始人在拚搏。

我還當過縴夫，拉著運鹽船掙扎前行——如果俄羅斯大畫家列賓能有幸置身現場，肯定會畫出比《伏爾加河上的縴夫》更為傳世的大作。經過寒風吹，烈日晒，我們已經鍛鍊成了一幫「非洲人」，只有牙是白的了。外人叫鹽工是「鹽驢子」，然而「市人爭睹目，我自無愧怍！」只是與我的甲骨文、金文、書法、篆刻分手，心有不甘！

這段我也沒白過，除去鹽池賣力，勉自「改造」，我還發揮自己的京劇特長，為工人們演唱革命樣板戲選段，受到大家歡迎。在北大時，在校文工團京劇隊擔任業務隊長，排演《紅燈記》時，我演李玉和，曾得到校友們的鼓勵。沒想到在鹽場又找到了舞台。

這使我較快地與大家融為一體，也為我私下裡看點書創造了一個較好的小環境。先是看雜書，唐詩、宋詞，抓住什麼看什麼，只為目快，小解對文字之渴，直到最終又歸於甲骨、金文、拓帖，為工友偶爾操刀篆刻。工人師傅們也不把我當外人，沒有任何人說閒話了。

四

1971年4月，我被抽去參加下鄉工作隊，幹了半年。這半年老老實實當工作隊，泡在農村，沒時間想別的。好在到這年11月，就進行再分配，文科生統統當老師。我被分配到漢沽一中政教處，老師們待我很好。我教過高三語文。後來又先後到了區圖書館和地區科學情報所，在這些單位擔任業務負責人。在幹好本職工作的同時，我可以名正言順地「重溫舊夢」，業餘時間放心大膽地鑽研甲骨文、金文了。

1972年到1982年這10年間，我感到在文字方面有較大提升。在此期間，我應邀開過中國通史、傳統文化方面的講座，其中已經包含了中國古文字的內容。1979年我報考北京大學圖書館學系中國書史專業研究生，雖然專業成績優秀，但那年沒招俄語生。對我而言，這考試和給人家講課，首先是促進了自己的學習。

1982年秋以後，我先後被調入三個圖書館、情報處。無論在哪裡，我對古文字的研習一直沒中斷過，直到1998年提前退休，把全部精力投入研究

文字。這時，我對金文的結構大都爛熟於心；平時索書的朋友不少，也能做到稍加思索便可提筆而就。金文，已經是我心中的朋友了。因工作需要，我給出國人員講「中國傳統文化」，分了幾個專題，雜而不厚，但反映積極。當地大學城聞訊聘我為客座教授，先後為十餘所大學講授中國傳統文化，其中學生最感興趣的是「文字與書法史」；給考古專業專題講授的「金文選讀（考古）」「金石篆刻（考古）」，專業性很強，學生們學習興趣濃厚。

至於「唐詩宋詞賞析」、「京劇賞析」、「周易」、「中西方文化比較」等課，則是一般性的知識介紹和自己研習過程中的心得體會了。此外，我還時而參加書畫大賽，主要是與同好切磋，促己之學習。有一次居然還獲得中日書法大賽銀獎。

⊙趙華數年前在紹興蘭亭

在這些年對中國文字研習的過程中，我發現，這極為「邊沿」的學科，這本來不應帶任何政治、功利色彩的文字，有時也不能不受社會政治甚至權勢的影響。

盛世興文，末世焚書！文字和讀書人往往興衰相伴。帝王可隨意造字，寫錯了不僅不糾正，還能作為美談，流傳後世！至於近人，也有胸無點墨的權勢者錯字連篇也無人敢言！有的有權有勢的書法白痴竟能獲得「書法家」名頭，其「書法」還有人重金購買，更甚者寡廉鮮恥地到處題詞徒留笑柄。好在黨的十八大以來整風肅紀，上述歪風邪氣斂聲匿跡。無論如何，縱觀數千年人類文明史，包括中華文字在內的中華文化、中華文明生生不息，從未

間斷,而曾經輝煌一時的古巴比倫的「泥板書」(楔形文字)、古埃及的聖書,卻從盛到衰。

中國的象形、形聲、會意、指事、轉注、假借文字文化的傳承,雖經一路坎坷蹣跚走來,不僅沒有消亡,而且凝成千姿百態、百花爭艷的真草隸篆形體,留下極其寶貴的書法篆刻古蹟,還有發展至今豐富多彩的文化藝術作品,足以證明中華民族源遠流長的文化、文明生命力之頑強。作為文化、文明傳承的主要載體,漢字無疑居功至偉。作為中華兒女、炎黃子孫,真應為此而驕傲、自豪!我能與偉大磅礴的中華文字朝夕相伴、心神相通,真是緣分不淺,有福、有幸了!

這裡還想補充一句。上述常說的「六書」,我認為能稱得上造字法的實有「四書」,即指事、象形、會意、形聲,至於假借、轉注,則不過是用字之法。另外,長期以來,大都認為甲骨文早於鐘鼎文。學者駱賓基先生則堅持這兩者基本是同時期的。我經過多年研習,心摩手追(寫書法),越來越贊成駱賓基先生的觀點,感到二者主要在於功用上的區分:甲骨文用於占卜,而金文用於記事、記功。

還有,漢字之所以生生不息,關鍵在於它能不斷適應社會的發展和人類的需求,所謂「日新月異」「與時俱進」;而這種「新」和「進」是繼往開來,是繼承發展,是堅持了一定的規矩和法則,而非胡編亂造、瞎塗濫抹。我們漢字從象形而漸抽象,由古拙而漸圓潤,繼而逐漸變為易寫易刻的方形文字(其中,「隸變」成為古今漢字的分水嶺),我們的先人為之付出了多少辛勞,耗費了多少心血!要弘揚中華文化優良傳統嗎?那就首先從正確、規範地讀、寫、使用漢字做起吧!對老祖宗留給我們的這份寶貴遺產,要倍加珍惜啊!說這些,也是意在求得各方師友、方家的指教。

自 1968 年底離開燕園,至今已 47 載矣。當年,敬愛的老師們不僅給了我們知識,給了我們不懈追求的精神和繼續學習的本領,更用北大精神感染著我們,教我們如何做人。我們系的開創者,也是中國敦煌學的奠基人之一的王重民先生,在「文革」後期全國折騰「評法批儒」時,只因沒有遵照「四人幫」在北大代理人的旨意鑑定有關古籍,以致被辱被批。王先生堅守學術

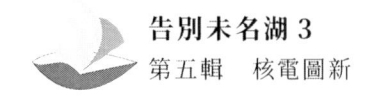

良心，寧死不屈，以死抗爭！王先生永遠讓我們懷念！如今我已年逾古稀，許多事漸漸遠去。唯有對母校、師友和校友們的思念以及與文字之緣的記憶，揮之不去，老而彌深……

趙華，北京人。1964年考入北京大學圖書館學系。1968年12月畢業分配到天津市。開始到鹽場勞動；再分配參加工作，先後在中學、圖書館和科技情報部門工作，退休前擔任某部所屬研究所情報處長，副研究員。

人生旅驛第一站

鄭木勝

告別未名湖，我覺得自己長大了。從此便開始了跋涉、奔波、奮鬥。命運之神牽著我的手，從一個驛站到另一個驛站。

洞庭西湖，是我結束學生時代、走入社會的人生旅驛第一站。

1970年3月16日，我們這幫分配湖南、廣東兩省的北大、清華的學生，隨同接送我們的部隊士兵一路南下，到長沙後在湘江渡口上船，走了10多個小時的水路，抵達常德和漢壽交界的洞庭西湖軍方農場。

我們接受「再教育」的洞庭西湖農場，在我們到來之前，是一個勞改農場。為了接納我們這幫「臭老九」，勞改犯轉移到別的地方，把偌大的農場騰出來。我們入住的宿舍，是勞改犯的「教育堂」。當我們扛著行李進宿舍時，「教育堂」三個大字赫然在目。後來，在學生們的抗議下，部隊的同事才將「教育堂」三個大字悄然抹掉。

「教育堂」是一間200多平方公尺、四面土磚牆、葦稈和稻草蓋頂的大草房。我們入住之前，士兵們已沿牆打了木樁，釘上木條，架上木板，成了一個四面環繞的大通鋪。房子的中間，也架了一個通鋪，每人分得一個長約兩公尺、寬不足一公尺的鋪位，這就是我們的安居之所。

窮學生行李不多，像我這樣窮酸的，有一個裝書的紙箱，一個裝幾件舊衣的小木箱。富裕一些的，有一兩個皮箱，或是藤子箱之類的箱子，或再加一個皮革的手提袋。這些行李，放在靠牆一頭的床邊，大家也都相安無事。

我們連3個排9個班100來號人，就擠在這200多平方公尺的「教育堂」裡。白天尚好，各人幹各人的活計，「教育堂」是空的，因病因事請假的同學，可享受這住所的「寬敞」。可到了晚上，情況就大不一樣了。10點鐘吹熄燈號，大夥都得上床躺著。

　　這時，我便會想起家鄉的晒魚場，一條一條鹹魚擺在沙灘上，跟我們這樣的場景無二。夜深了，但夜深人不靜。有磨牙的，咯吱咯吱；有說夢話的，大呼小叫；有打呼嚕的，鼾聲大者如雷，小的如拉風箱，抑揚頓挫；房外的溝渠和稻田裡，蛙聲此起彼伏；遠處，不時傳來一陣雞鳴狗吠。

　　因為白天的勞動強度很大，我基本上是沾上床就睡著，受此影響幾乎沒有，只是幾次上崗放哨，聽著這一番說不出滋味的聲響，不禁唏噓，心想：這可苦了那些患有神經衰弱、經常失眠的同學了。

　　或許因為上述情況讓一些經常失眠的同學受不了，或是同學們對此提了意見，連隊決定再建一間宿舍。連長、指導員看好日子，全連一起動手，挖土打磚，編葦織席，不久便準備停當。宿舍的位置選在河邊大堤的一片灌木草地，動土那天，在灌木叢地下，挖出兩條一公尺多長、鋤頭把子般粗的金環、銀環蛇，一窩小蛇和一些蛇蛋。打殺那些大蛇小蛇時，有的還吐著信子，令人害怕。現在想來，還心有餘悸。

　　離開北京的時候，我想，3月的湖南，應是鶯飛草長，春暖花開的時節，該可以脫掉棉衣棉褲了。其實不然，洞庭湖邊，水田漠漠，蘆荻蕭蕭，鶯不見飛，草不見長，花不見開，朔風如刀，春水砭骨。北京屋外寒冷，但房裡有暖氣；而湖南屋裡屋外一個樣，便覺得在湖南比在北京更冷，棉衣棉褲脫不得，少穿一件就感到寒氣逼人。

　　湖區多雨，一下就是十天半月，如范仲淹在《岳陽樓記》所敘：「若夫淫雨霏霏，連月不開；陰風怒號，濁浪排空；日星隱曜，山嶽潛形；商旅不行，檣傾楫摧。」這種又濕又冷的天氣，令人更覺難受。但是，不管晴天、雨天，我們都得下田，除非大雨傾盆的時候，才能回宿舍躲雨。大雨稍停，又得繼續趕播趕插。我們一個連隊管四五百畝稻田，如果清明前不把秧苗插下去，清明後插的秧苗結穗便少，甚至顆粒無收，我們豈敢怠慢農時？

⊙ 1966 年春節，鄭木勝在天安門前留影

在水田裡幹活，首先遇到的是水寒如冰，手腳在冰水裡凍上幾分鐘，便都成了紅蘿蔔。為了對付這寒冷的泥水，同學們各出奇招。經濟好些的，買來厚襪長靴；經濟差的，找些廢棄的塑膠薄膜，像懶婆娘裹腳一樣，從腳板到小腿層層裹住。穿著長靴或用塑膠薄膜裹腳下田，一可以禦寒，二還可以防水蛭。

說起洞庭湖邊的水蛭，真有些嚇人。此前我聽說過海南的水蛭個體大，沒想到洞庭湖邊的水蛭個頭也很大很長，一只水蛭二寸長、半寸粗。有一天，我們一幫同學下田，插了一會兒秧，有位同學說頭暈，跟跟蹌蹌走上田埂。

這時，眼尖的同學發現他的小腿肚子上有兩條吸飽了血的大水蛭，大夥七手八腳地幫他掰，可就是掰不下來，水蛭的吸盤緊緊地吸附在他的小腿肚子上，就像長在上面似的。一位有經驗的同學立刻找來大把煙絲，把水蛭捂住，又掰又扯，才把水蛭撕下來。大家又用石頭狠狠地把水蛭砸死。

由此，對付水蛭成了一個新課題。有的說，抓了水蛭最好用火燒死，讓它成灰，如果打成幾截，水蛭不僅死不了，還會一條變為幾條。而我卻由此想起老家流傳的一個故事：有一農婦，上山割草，口渴了到小溝裡喝水，沒

想到把水蛭卵喝進肚子裡，水蛭卵便在她的體內孵化繁殖，小水蛭寄生在她的腦顱裡，從此以後，她便常常感到頭皮奇癢，癢了就燒水洗頭。

有一天，其夫從村外回來，一進家門看到她又在洗頭，以為老婆有什麼不軌，不禁大怒，氣沖沖地一把抓住她的頭髮；沒想到，這一抓，把整個天靈蓋掀了起來，發現滿腦子水蛭蠕動，才明白了妻子天天洗頭的原因。想起這個故事，每次下田，我都告誡自己要特別小心，眼看四面，耳聽八方；收工後，便一再洗手、洗腳，心想千萬不能沾上水蛭卵子。

春播春插完成，連裡開表功大會，沒想到我受到了表揚，報師部批准，連隊予以嘉獎。原因是在春種期間，我既沒有穿長靴，也沒有用塑膠薄膜裹腳，而是赤腳下田，表現了不怕苦的精神。還有就是在活學活用毛澤東思想講用會中，我講了上面那個水蛭的故事，怎樣從害怕到不怕，狠鬥「私」字一閃念。連長、指導員當場表揚我，說我思想境界很高，表現了不怕死的精神。

我們連與我同時受到嘉獎的，是無線電系一位養鴨子的同學，戲稱「鴨司令」。「鴨司令」受嘉獎的原因，是他不懼惡臭，用小刀為吃得太多差點撐死的鴨子開刀，救了鴨子的命。在放鴨子時，他在蘆葦蕩裡撿回大量野鴨蛋，改善連隊生活，是胸懷集體的表現。現在看來，我們倆受連隊嘉獎的事跡甚是荒唐滑稽。

清明過後，農事稍閒，我們的農活是巡田管水，蒔田除草，清塘，把魚塘的表土晒乾，作為稻田的肥料。清塘這個活兒，大夥都樂意幹，積極性很高，因為清一口塘，大魚上交，一二十斤小魚雜魚歸連隊處理，幾口塘清下來，我們餐餐有魚吃。

吃不完的魚，我們就用廢棄的小船蓄水養起來，需要時隨撈隨吃，還經常送一些給在造紙廠的北大、清華的同學。他們那個連隊說是在造紙廠工作，實則是砍蘆葦和扛蘆葦，為造紙廠提供原料而已。砍扛蘆葦時，撿些野鴨蛋是有的，但要像我們這樣有魚吃，可就難了。

說起抓魚的事情，還有一件事使連長、指導員十分難堪，而我們卻大飽口福。一天晚上，幾位巡田的同學發現溝渠裡有一條大魚，幾人圍追堵截把它捕獲，高高興興抬回連隊廚房，心想明天全連同學可以美餐一頓，並能得到連長、指導員的表揚。

　　此事報告連長、指導員後，只見他們臉一黑，急匆匆趕到廚房，一看火冒三丈，說這是種魚，命令趕快把它抬回魚塘去。這幾位同學手忙腳亂，匆匆把魚抬回魚塘。奈何這條大魚離水時間太長，一命歸西了。他們又匆忙將魚抬回連隊。連長、指導員立即向師部報告，師部首長急令他和捕魚的學生抬魚趕赴師部。

　　在師部首長一頓訓斥後，連長、指導員作了檢討。首長姑念幾個學生不識魚蝦，沒有不良企圖，而種魚自己也有「錯誤」，不甘在小塘度日，誤入歧途，故從輕發落，只批評了幾句。死魚被抬回連隊，作桌上餐，第二天中午，全連同學嘗了一頓美味烤魚。

　　農閒時節，雖說農活少點，但突擊任務是常有的事。突擊任務一來，農閒便變成了農忙。1970年春天，我們種稻連隊完成了搶播搶插之後，接到的突擊任務就是參加全師的種棉大會戰。

　　棉田距我們連隊的住地大約有10多公里。我們每天都得凌晨5點起床，匆匆吃完早飯；然後摸黑趕路，8點到達會戰地點，領到任務後即開始幹活；中午12點吃午飯，稍事休息又繼續幹，完成劃定的片區任務後才能回住地。第一天到棉田，舉目一望，無邊無際，紅旗獵獵，銀鋤飛舞，高音喇叭播放著革命歌曲，有時則廣播會戰中的好人好事和各個連隊的種植進度。收工是在傍晚6點以後，踏著暮色往回趕，一直到星月滿天才回到住地。

　　種棉的會戰，是種完一個片區就轉移到另一個片區。未種的片區離連隊越來越遠，我們在路上花的時間越來越多，起床的時間越來越早，收工的時間越來越晚。同學們調侃說是「兩頭黑」。時間長了，大家的體力都透支了。走在路上，只要前面稍一停住，後面的人便會拄著鋤頭或鏟把睡著了，甚至還有同學邊走邊睡。幹活的時候，只要一吹休息號，同學們把鋤頭、鏟子就

地一丟，躺在地上便呼呼大睡。收工回到連隊後，許多同學草草吃點飯菜，不洗澡，身子一倒便又睡著了。

　　農場的勞動是繁重的、艱苦的，生活是簡單的、寂寞的。如有星期天可以休息，很多同學會選擇睡覺，並會從早睡到晚，連飯都不吃，把那些失去的睡眠時間補回來。當然，也有進行其他活動的同學，其中有兩樁事，轟動了整個師部。

　　一樁是在農場接受「再教育」的一對戀人，男的分在蔬菜連隊，女的在女生連。一個星期天，兩個連隊都休息，男生和女生相約到菜園的瓜棚裡親熱，沒想到讓一位小士兵看到了，報告了上級首長，他們被逮個正著。

　　於是師部指示：以此為典型，在各個連隊開展反對小資產階級思想的教育。事後我對此事進行點評：在農場接受「再教育」，苦了一對對戀人。像我這樣的光棍，雖沒有約會的甜蜜浪漫，但也沒有相思的牽掛和煩惱，更沒有挨批的憋氣和難堪，甚好！甚好！

　　另一樁事也發生在星期天。造紙連隊的一幫學生，到農場附近黃珠洲公社圩上一間小飯館改善生活。學生們三杯酒下肚，牢騷怪話一大篇。飯店裡的食客駭然，見這幫人身穿破衣褲，頭戴爛草帽，腰間紮著稻草腰帶，以為勞改犯跑出來了，便挺身以實際行動捍衛「無產階級專政」，沒想到這幫「勞改犯」中有身手不凡者，乾淨利落地把侵犯者打個狗啃泥。

　　混戰之際，店家也站出來指責「勞改犯」，「勞改犯」壯著酒膽，三下五除二，把小小酒店打了個稀巴爛。事後，部隊的同事到酒店賠禮道歉，賠償店家損失，並告知黃珠洲的群眾：現在農場裡的人物，已不是「勞改犯」而是「大學生」了。此事後的一個星期天，我專門到小店看了看。可憐做小本生意的小店，遭此大難，被損壞處還未完全修復，而店家見到我們，也比過去客氣多了。

　　春往夏至，轉眼到了夏收夏種的「雙搶」時節，早稻要搶收、搶晒；晚稻要搶播、搶種。單從這個「搶」字，就令人感到時間之緊迫，勞作之繁忙，再添一個「雙」字，便是加倍的緊迫繁忙了。

告別未名湖 3
第五輯　核電圖新

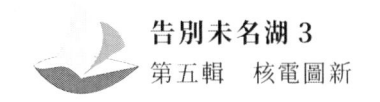

　　湖南的天氣，冬天為冰箱，穿上棉襖棉褲，還覺寒氣刺骨；夏天是火爐，凌晨三四點躺在涼蓆上，還汗流浹背。「雙搶」期間，為了避開酷暑，我們起早摸黑歇中午。每天早上 5 點起床，5 點半出工，8 點開早飯，飯後幹活到 12 點。午間休息 3 個小時，下午 3 點出工，一直幹到晚 8 點。但是，這種好日子不多，繁重的任務接踵而至。

　　一旦有緊急任務，中午的太陽再毒，也歇不得。連長、指導員可憐這幫學生哥，便在飯菜上做文章，由原來的一天三餐改為一天五餐。然而「食補」不如「睡補」，十天半月的連續作戰，傷病員越來越多，戰鬥力越來越弱，勞動時間長了，插秧的進度反而慢了，每到休息哨子一響，大家爬上田埂，找個有樹蔭的地方一躺，便呼呼入睡，直到十分鐘休息完畢，連長、指導員、排長、班長將學生一個個叫醒，學生哥才兩眼惺忪地拖著疲憊的身子，無精打采地下田去。

　　我在洞庭西湖農場的半年時間，可謂功德圓滿，完美收官。我參加了早春的搶播搶插，參加了全師的種棉大會戰，參加了盛夏的「雙搶」。我沒有請過一天假，沒有一天不出勤，而且出勤還出大力流大汗，日子都是在「搶」中度過。

　　「一寸光陰一寸金」，我搶了很多的光陰。至於黃金，一個子兒不剩地全部貢獻給了農場。8 月中旬，分配到廣東省的同學接到廣東省革委會的通知，到廣東相關地、市、縣報到。我終於扛著行李，走出這厭倦之地。

⊙ 1992 年 5 月，鄭木勝陪國家計生委主任彭佩雲到基層調研

分配到湖南省的同學還繼續留場接受「再教育」。在我離開農場不久，聽留場的同學說，廣州部隊的主管曾到農場師部召開士兵座談會，士兵們反映：他們當兵到洞庭西湖農場，沒摸過一次槍，沒打過一發子彈，他們最大的願望，是部隊放三天假，讓他們好好睡一覺。

我走後一年半，分配湖南省的同學才得以再分配，結束在農場的「再教育」生活。這一年半的時間，我不知道他們是怎樣熬過來的，但他們都熬過來了。

鄭木勝，男，1947年生，廣東陸豐人。1965年考入北京大學圖書館學系，1970年3月被分配湖南洞庭西湖軍方農場，同年8月再分配到惠州市工作。1984年後，歷任廣東省計劃生育委員會辦公室副主任、主任，廣東省計劃生育委員會副主任；汕尾市副市長、市委副書記、市人大常委會常務副主任（正廳級）；廣東省人口和計劃生育委員會黨組副書記等。2008年退休，現為廣東省老區建設促進會副會長、廣東嶺南詩社副社長、廣東省作家協會會員，著有詩集《走出風雨》、《我心如風》等。

與延安有緣的七彩人生

叢維維

「畢業」的心情

1970年3月初，8341軍宣隊先於全國所有大學，將「文革」前高考制度下最後幾屆招入北大、清華的全部在校生迅速做了安置，不像是分配，稱為發配更合適。對絕大多數當年以本省市最優成績、懷著夢想考入中國最高學府的青年來說，做夢也想不到會有這樣的「畢業」，有一種畢其夢想於一夜的感覺。

退休後，上網時我偶然讀到校友回憶文章《一朵溜溜的雲》，實在震驚！我們這批同學中竟然有人面臨如此悲慘的命運，讓我心情久久不能平靜。作為和聶永泰同時發配出去的我，真算是幸運了。當然也有極少數真正的幸運兒是留校、去北京酒仙橋一帶部屬企業的。

告别未名湖 3
第五辑 核电图新

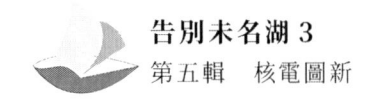

我至今無法明白：當年在大家都沒有五年成績單的情況下，挑選幸運兒的標準或「潛規則」是什麼？例如，1965 級無線電系從陝西錄取的僅兩人，是我和後來出任方正總裁的張玉峰。入校時我在 1 班，他在 3 班，還常鄉黨長鄉黨短地互稱，「畢業」時他有幸留校，而我和其他六位同學去了陝北。

從此，我和這位鄉黨天上地下、天各一方，再也沒有見面往來。現在看來，比起當年分去康定、甘孜、阿壩、諾爾蓋、馬爾康等極偏遠以及 1968 年就發配到牛田洋犧牲的同學們，我知足了。雖然牛田洋犧牲的八十幾位大學生中還沒列出有北大畢業的，但逝去的那些年青學子，如果靠學問和才能留在北京，沒準還真有陳景潤這種人物。如果當年選定幸運者哪怕是像中六合彩一樣摸號進行，我也認為公平了，不會再說這些牢騷話。

我的幸運與知足得益於本人的「紅二代」基因。軍宣隊、工宣隊進校後，舉辦了所謂的「可以教育好的子女」學習班，記得我是和國際政治系的賀曉明（賀龍元帥的女兒）分在一組，同組的還有原北京市副市長趙凡的女兒趙潔平，原廣東省委宣傳部長、《三家巷》作者歐陽山的兒子等。

印象中好像「可教育」也是分等級的，不夠行政 9 級（即副省級）以上，其子女怕是不夠此「教育」資格的。我可能是剛剛有幸套入這個小圈子吧。我父親在「文革」一開始各地學北京打「三家村」那陣子，就被西北局劉瀾濤以舍車馬保將帥的方式打倒了。其實這之前他剛剛從 1959 年右傾機會主義分子的名分下解脫，擔任西安市委主管文教的常委沒多久。已於 1998 年去世的父親有很多故事。

他抗戰時從延安被派往晉西北，西安解放前又路經延安被派往西安，由一頭毛驢駄兩個筐，一邊放三歲的我，一邊放兩歲的妹妹丹丹趕路，那是我第一次進出延安。父親叢一平的事，有興趣者，只要 Google 或百度搜一下便可瞭解。他去世時，作為西北局老上級的習仲勛從深圳親筆傳真發了唁函。

我第二次去延安是「文革」大串聯時，我二度出京串聯，剛抵西安，廣播中說偉大領袖號召學紅軍進行步行大串聯，我就約了兩個高中同學，每人打一個背包，開始步行串聯。記得那是 1967 年初，正是天寒地凍的三九天，我們三人由西安北上，經一個星期步行到達延安。我們住進延安大學接待站。

在天寒地凍的延安待了沒幾天，還沒參觀完所有帶「聖」字含義的舊址，接待站就發出通知：凡北大來的同學必須立即回校參加什麼軍訓，並發了汽車、火車票。我便告別了那兩個同學，匆匆回校了。當時真的一點都沒想到，這塊「聖地」就是我北大畢業還要再來的地方！如果沒有緣分，又怎麼會讓我與這片熱土有第三次更親密接觸？

「拚爹」改變命運

從北大653分校分去延安的有三人是我們班的，除了我之外，另外兩位是已經確定戀愛關係的陳聯強和張言。路過西安時我回家了一趟，直奔西安附近的周至五七幹部學校，看望了正在那裡接受勞動改造的父親。西安市直機關沒有被「解放」任用的幹部都集中在那裡。我告訴父親：我被分去延安，但不知會去幹什麼工作。

父親說：吃點苦，鍛鍊一下有好處。接著又說：鍛鍊歸鍛鍊，國家花錢百裡挑一培養一個大學生，還是應放在最適合的崗位，發揮各自的特長，否則是人才資源的浪費。他還讓我不必急，他的一位解放初同在西安市委工作的老友高朗山已「三結合」進入省革委會，其曾說過恢復工作後要大辦電子工業。

父親說：「作為老陝北人的他，要在延安建電子工廠，不知情況如何了。你從小就喜歡擺弄無線電，他可能需要這種人。」其實高叔叔的女兒和我小學同班六年，我也見過他本人。有了這個訊息，我轉憂為喜。另外，父親還告訴我：他剛進西安在西北局青年幹部學校做校長時，學校的一個中層負責幹部，山西人，叫劉舒昌，現已「三結合」進入延安地區革委會任副主任，讓我到延安後有什麼困難可去找他，他會幫助的。就這樣，我從懷著沮喪的心情去看望老父，一下子信心滿滿地告別，走上了人生征程。

在冰凍三尺的銅川，我會合陳、張二人同赴延安後，發現從北京燕園校區還有四位校友已先於我們抵達延安縣委招待所。他們是化學系劉鐵鋼、物理系汪仲誠，還有地質地理系黃水光、郝靜（又一對戀人）。他們中已有人

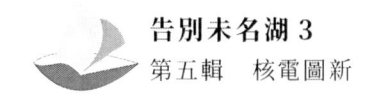

去縣革委會組織部私下打問過了，說我們是直接分到延安縣的，縣上打算讓我們去幾個公社「擴增」中學——實際上的小學任教。

這可愁壞了剛進延安的「北大七君子」。很快熟悉起來的七位同學商量怎麼辦時，我建議只有退一大步，爭取一些時間，才可能改變現有方案。怎麼才能做到呢？要以更革命的理由使現在的方案擱置一段時間。

我們一同去縣組織部，我對接待的負責人說：我們有幸來到革命聖地延安，因為毛澤東說「北大池深王八多」，我們曾受封資修多年熏陶，不能馬上帶著這些影響去基層學校影響下一代，最好讓我們先接受一段時間貧下中農的「再教育」，然後才有資格去做教師。我們你一言我一語地還說道，一定要讓我們正式工作前充分地吸收這裡的革命精神。

接待我們的人思索了一下，讓我們在招待所住兩天，等他向縣主管彙報後再決定。我想，只要我們七人不分散下去，我就一定有機會讓大家一起擺脫當教師的命運。當時我心裡想：憑什麼一樣條件考進北大，有些人就比我們高貴，就可以留在北京，而我們就要來到山溝？用策略改變這種人為的不公平有理！

很快，縣上來人通知我們，滿足我們接受「再教育」的良好願望，將我們分成兩組，先去縣裡最北邊毗鄰安塞縣和子長縣的兩個公社「蹲點」，並介紹我們下去之前先去南泥灣拜訪當年的老勞動英雄楊步浩。我們步行去了南泥灣，聆聽了老勞模濃厚陝北口音的長談。據說老楊頭解放後還隻身上北京，隨身帶一張當年和毛澤東的合影照片硬是進了中南海。

我們向縣上彙報說：受到了一次深刻的革命傳統教育。很快，縣上準備了一輛麵包車，滿噹噹地載著我們七人和全部行李，送我們去公社。我和陳聯強、黃水光被安排在貫屯公社所在的村裡，兩位女士和並非她們戀人的汪仲誠、劉鐵鋼四人被送到和我們隔了幾道山梁的下坪公社。

在陝北土窯洞的那段生活中的酸甜苦辣，作為我人生柳暗花明的轉折，留給我一生深深的記憶。在貫屯公社，當地居民安排我們住進一孔多年沒住

人的舊土窯洞裡，三人並排睡在一張土炕上。土炕有可燒水做飯的灶頭，我們燒了一些柴草，驅趕一下久未住人的陰冷潮氣。

後來得知：公社幹部將我們視為縣裡派下來的幹部，又是北京分來的，關鍵在於我們每月直接由縣裡發薪水，並不與公社、生產隊爭經濟利益。我們去時恰逢開展一個名為「356」，即1970年中央3號、5號、6號文件的宣講運動，當時確實有其他由縣革委會派下來專門宣講356號文件的幹部，可能在公社幹部眼中，我們同樣是上面派下來的，甚至還有什麼特殊使命也未可知。這種沒人向你發號施令的感覺真不錯。我們對公社主管帶有商量口吻的一切安排都樂意服從。

這裡每個村裡都有北京來的插隊知識青年，在後來修水壩、造梯田的勞動中我們結識了不少知識青年。對我們不愁溫飽，不愁工分，有薪水、有糧票的皇糧待遇，他們羨慕至極。這給了我一種安慰：比起留校的幸運兒們，命運固然對我們不公；但比起這批年齡僅小我們1-5歲的從小生長在北京的高、國中生，我們就知足吧！這種比我們更殘酷的安置，對他們真的「很有必要」嗎？看來，上層沒有像對中學知識青年一樣安置我們這批「棄兒」，「小子，就知足吧！」

我從小就只對理工感興趣，卻無奈捲入「史無前例」的大動盪。國中學平面幾何時，我對歐幾里得幾何完美的千年不衰的公理體系及邏輯結構崇拜至極，以後我凡事都會想到，是否符合基本邏輯，是否有自相矛盾的破綻。

「可以教育好的子女」辦班時，我頭腦中一直繚繞著青年人不能如此歸類的邏輯常識問題。我們這批是「可以教育好的」，必然有一部分「不教育就好的」，毛遠新等就是吧？！一分配就能任遼寧省軍政主要主管。問題在於用此分類法把所有同齡人涵蓋進去，也必然會有一批「永遠教育不好的」，如此明顯的邏輯問題，當時居然沒一人敢給統帥提個醒。

這次住進陝北窯洞，我們看到解放20多年後的延安除城區外，其他廣大地區仍沒有照明用電。開始我們用一只墨水瓶裝足煤油晚上照明，但燈下看書時間久一點，第二天一早兩個鼻孔就形成兩個黑圈。後來，我們用薪水

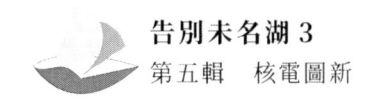

買了帶燈罩的煤油燈及手電筒，情況略好一些。我們的吃飯靠入夥公社小餐廳，交足糧票和錢，經常吃的是「鋼絲餄烙」。

當時正值農村青黃不接，當地農民一般早沒有了像樣的糧食。我清楚地記得我和縣醫院一位姓萬的醫生深入到遠離貫屯幾道溝梁的農戶家，親眼看見社員家都在吃玉米磣磣，實質是苞米棒子去粒後的棒子芯，硬是磨碎，和鋸末一樣，一小堆一小堆地放在大鍋屜上，鍋裡加水蒸，也不知怎樣算熟，只有木屑氣味。解放20多年了，曾經的邊區人民有時還吃這種東西度日，我震驚了。已記不清我當初是如何吃下這比吃過的任何憶苦飯都難以嚥下去的東西。

在貫屯的日子裡，我真實感受到了周圍溝梁高坡分散的土窯（也有少量石窯）裡的當地居民、知識青年的真誠可親，樸實好客。看到他們的真實生活，我心中的怨氣少了很多，不過並沒有忘記抓緊機會為我們七人的重新分配而行動。算起來我們這種「插隊式」生活持續了三個多月光景。在此期間，我兩回獨自一人返回延安城。

第一次直奔延安地區革委會，順利找到劉舒昌副主任辦公的石窯。我毫不掩飾地說明來意：我們七名分配來的北大同學是好幾個專業的，都希望得到一份能充分發揮專業特長的工作，特別是聽說延安有新建的無線電廠，我們有三人是無線電系畢業的，最好能去該廠工作。

我還強調不是為我個人，是為了七個北大人。劉舒昌乾脆地說：你先回去，等我們向延安縣瞭解一下情況後再想辦法。他還帶我在地區革委會的小餐廳吃了一餐客飯。我很快告辭，連夜趕回貫屯。另一次是求見來延安檢查工作的高朗山，爭取去延安無線電廠工作的機會，我完全按設想反映了我們的想法。

兩三個月後的春暖花開之季，當縣革委會再次通知我們七人返回縣機關安排工作時，命運真的改變了。我們三個無線電系的如願進了地區管理的延安無線電總廠；物理系汪仲誠去了延安縣廣播站；化學系劉鐵鋼和地質地理的黃水光、郝靜也都安排在縣的工業管理部門。總之，都留在了延安市區的機關事業部門。我們七位在工作的新起點上都看到了新的希望。

事實證明，爭取到了如此不算壞的工作崗位，為大家後來各自走出更精彩的人生道路減少了很多麻煩。我也為自己在非常時期的這次「拚爹」，成功解決了七位北大人的分配難題，內心感到欣慰。

⊙七位北大老五屆同學留影延河邊。

後排右起：張言、郝靜、黃水光、劉鐵鋼。前排右起：陳聯強、叢維維、汪仲誠

柳暗花明後的七彩人生

在延安工作期間，我們七人常有往來和交流。1978 年前後恢復考研和考「回爐」進修班後，汪仲誠直接考取北大物理系研究生，後來又拿到美國田納西大學的博士；劉鐵鋼考上北大化學系進修班；黃水光和郝靜夫婦調到大連某科學研究單位；陳聯強、張言夫婦調回陳的家鄉福州，分別在福建省電子研究所及福建省電腦公司工作。

我從延安借調加入設在西安交大的彩色電視會戰小組，先後在接收機和中心設備研製組完成過 PAL 中心同步機的若干具體電路，與此同時有機會進修了工科無線電技術的大量基礎和專業課程，1978 年考上西北電訊工程學院（現西安電子科技大學）的 1968—1970 級畢業生無線電技術進修班。它比北大進修班遲一個月開辦，並且最好的一點在於：全國各重點理工大學的「老五屆」畢業生都可參加考試。北大考入的還有我們系 1962 級郝立中、1964 級董為民。

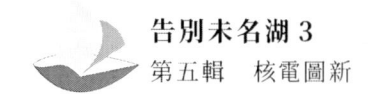

西北電訊工程學院管理十分嚴格，我們兩年差不多學了二十幾門課，都非常實用。這次進修結業之後，我直接進入陝西師範大學物理系無線電教研室，開始了大學教學生涯。我的基本考慮其實很簡單，就是為瞭解決生活問題。當時我的女兒已經出生，她媽媽是到陝南鳳縣山區插隊 4 年的知識青年，推薦上了陝西師大，然後留校教英語。

我們兩人若能在同一單位工作，可有一小套住房，生活會方便很多。我放棄當時如日中天生產海燕彩電的無線電一廠的技術工作，接受了陝西師大一次專門考試後，開始新的教學工作。

在陝西師大，我一開始為 1977 屆大學生「電子線路」課輔導批改作業，接著給專科班直接開「數字電路」，後來又開設「電子線路」實驗。很快又為了拚講師著重英語。1984 年前後學校對海外學術交流驟增，不斷有校內組織的英語托福及教育部的 EPT 英語考試，成績不錯的都有機會了，當時感到校內一派蓬勃向上的氣勢。

1985 年初，我妻子被派往澳洲阿德萊德南澳高等教育學院讀碩士，緊接著下半年美國北愛荷華大學（University of Northern Iowa，簡稱 UNI）和陝西師大的交流也升級了。該校成立時屬州立師範性質大學，教育類學科強而有特色。該校 Educational Media Center 相當於後來國內大學都建立的電教中心，當時的主任 Robert Hardman 教授來我校訪問講學時，我全程陪同並進行了大部分口譯。

他回去後很快就來信邀請我去他們中心做訪問學者。在北愛荷華大學，我從 1985 年 10 月一直工作學習到 1987 年元月回國。1986 年後半年，在澳洲完成學業的妻子也有機會到學校和我會面。

我們 1987 年初一道回校後，工作有了新起色，都拿到講師職稱，開始向副教授拚搏。全國各重點高等師範院校在華南師大帶頭下都建立起電化教育系，陝西師大從物理系直接分出一個電化教育系。

剛從美國進修回來的我理所當然地成了該系教學骨幹，一開始就和華南師大合招碩士研究生的電教系，竟直接將李運林教授的課在他開個頭就回廣

州後全交給我講授。回國後的教學重擔和兩本出版物為我的副教授評審打下了基礎，也為我 1992 年調汕頭大學做了鋪墊。

經過我一番艱苦努力，人生又一次也是最後一次工作調動完成了，北大同學錢昌本在關鍵時刻幫了我。我 1992 年調到汕頭大學電教中心，開始在廣東近 20 年的工作，直到退休。此間我目睹了 IT 技術，特別是多媒體個人電腦與網路技術的突飛猛進。

我努力追趕時代的腳步，從傳統的電化教育觀念，轉換到以多媒體與網路技術為先導的現代教育技術。同時，我從不拒絕做非常具體細緻的技術推廣工作，讓汕大大部分教師都樂意接受以多媒體電腦為核心的教育技術設備。最使我感到欣慰的是：女兒在我們調往汕頭那年，正是要考高中的關鍵時刻，她十分爭氣地在新環境下僅三個月就以非常優異的成績考入汕頭一中，並於三年後以潮汕第二的高考成績被清華計算機系錄取，我在北大破碎了的夢想似乎在下一代得以實現。

回顧此生的遭遇和故事，平凡又不平淡，與當年那些幸運兒相比多了一份奮鬥，老了也多了一份滿足。人類技術發展中技術跨度最大的歷程都讓我經歷了，從兒時玩礦石收音機，直到晚年玩筆記本、平板、智慧型手機；從上網建校友錄、建 QQ 朋友圈直到微信朋友圈，如此豐富多彩的、始終貼近我從小愛好的一種生活，算得上是七彩人生了。在網路時代，同學、同事、好友的距離更近了，很多事就像是在昨天。

謹以此文感恩從離開北大跨進延安開始就給了我支持和鼓勵的父輩，以及共同奮鬥的同學，特別要懷念去世的好友錢昌本同學。40 多年多彩的職業生活，有你們的身影在不斷地鼓勵著我。願此文能為《告別未名湖》續編提供一個獨特的視角，「老五屆」中也有本來不幸運的幸運兒。

⊙和退休後的錢昌本夫婦（右側二位）在廣州的最後一次相聚

丛維維，1946年5月生，祖籍安徽安慶。汕頭大學新聞傳播與現代教育技術中心副教授。1965年考入北京大學無線電電子學系。1970年畢業，先後在延安無線電總廠、西安無線電一廠工作。1978年調陝西師範大學，先後在物理、電教系任教，期間在西安電子科技大學回爐班學習兩年，美國北愛荷華大學工作進修14個月。1992年調汕頭大學，先任電教中心副主任，後專門從事現代教育技術推廣。

曾參加西安交大彩色電視攻關會戰，獨立完成中心設備中同步機部分電中安裝調試。在西安無線電一廠完成油井遠動裝置研製。在陝西師大教學第一線承擔多門基礎、專業基礎及選修課教學，並有教材、譯著論文發表。

衣帶漸寬終不悔為伊消得人憔悴

馬光文

　　人的一生，有時真具有某種戲劇性。尤其青少年時期，由於機緣巧合，某個偶然因素，對某個事物產生了好奇與興趣，便終生追求，乃至影響一生事業與生活。中間或因客觀情勢所迫，不得不中斷，但稍遇適當氣候，便會「死灰復燃」。這恰如邂逅一位美少女，頓生愛慕之心，或暗戀，或傾訴，即便沒有結果，也始終掛懷，「為伊消得人憔悴」，但卻是「衣帶漸寬終不悔」的。

衣帶漸寬終不悔為伊消得人憔悴

　　1965 年 9 月，我從河南農村來到北京大學無線電電子學系學習，住在 39 號樓二樓。同宿舍的冷君，來自上海，見多識廣，非常能侃。一年級上學期的一天，冷君又神侃起來，話題從清華到北大，從工科到理科，從無線電系到物理系，漸漸地聊到了愛因斯坦的相對論及周培源先生。冷君講，當年（？——冷君也說不清）中國只有半個相對論專家，就是周老，北大除周老外，沒人能開得出相對論課程。

　　我後來才知道，其實冷兄的很多訊息並不確切。但在當時卻引起我對相對論的極大好奇，第二天我就到圖書館借有關相對論的書，只是太專業的，我完全看不懂，即便是科普性的，也得反覆思索，才似有所悟。比如狹義相對論原理，認為所有慣性參照系對一切物理規律都是平權的，不存在特殊慣性系。愛因斯坦曾設問：自然界為什麼會偏愛某個慣性系呢？這確實從我內心深處引起共鳴。

　　繼而看廣義相對論的介紹，愈加晦澀難懂，比如看到說物質引起空間（時空）彎曲，我覺得不可思議！以我當時的知識基礎，可以理解一個兩維的「面」彎曲，因為有第三個空間維度可以提供那個「面」彎過去的餘地；但一個三維的空間已經把我們的生存空間塞得滿滿的，哪裡還有它彎曲的餘地！我覺得那說法近乎胡扯。但我的一個信念是：這些物理大家是不會胡來的，便耐著性子看下去。

　　果然，那極其生動巧妙的類比使我茅塞頓開。設想電影幕布上的影像是實實在在的鮮活的生命，擁有和我們三維人類一樣的智慧，自然，他們也精通幾何學（歐幾里得），知道三角形內角和為 180 度。只是他們是兩維生物，只有長和寬的概念，沒有厚度的概念。如果與幕布垂直的方向吹來一陣風，使幕布變成彎曲的凸面。我們的兩維影子生物再作測量，發現三角形內角和不再是 180 度。起初他們可能認為是自己的測量存在誤差，經反覆提高精度作測量，依然如故。

　　他們起初百思不解，後來，那些極度聰明如類似高斯、黎曼及愛因斯坦者流，意識到可能是他們的空間彎曲了，彎向他們自己感受不到的那一維去了。這彎曲在我們三維人看來極易理解，但對兩維影子「人」，確實需要超

695

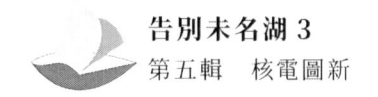

凡的抽象思維能力。自此，我便對相對論有了極大興趣，暗自決定在學好本專業知識的情況下，一定自修相對論。

⊙這是北大學生證上的照片。由於畢業後顛沛流離，學生時期的照片唯餘此一張。

　　一年級下學期，剛開學不久，也就是1966年初，突然聽到黃一然副校長要給我們作報告。結果知道為了備戰的需要，1965年北大已在陝西漢中建設分校，校址選在距漢中15公里的連城山下，前鄰褒城，左傍褒水。建成後，數力系的流體力學專業、技術物理系及無線電系將遷往新校。

　　我們一年級作為先頭部隊馬上要遷去漢中，邊學習邊勞動建校。5月份，所謂的「文化大革命」開始，我們重又回到北京。舉國鬧鬧騰騰中，個人渾渾噩噩，是幾年青春的蹉跎。到1969年10月，「戰略疏散」，我們又遷往漢中，直至次年畢業離校。

　　說實在的，我當時真是厭倦了那場毫無休止的運動，也厭倦了學校生活，巴不得趕快離開。當時的分配方案其實就是沒有方案，有幾個省份就是全部去部隊農場勞動，有幾個省份是去農村插隊到生產隊務農。無線電系1964級的段海章兄、高振才兄，都是河南居民，我們三人一同到南陽地區上山下鄉安置辦公室報到，後來到西峽縣田關公社河上村插隊，與先幾日到來的北大化學系張大椿（南陽市人），北大地質地理系張振國（我鎮平高中的同學）同在一個知識青年小組。

插隊的那些日子，也自是快樂，雖然勞動強度極大，但對於我，卻也不在話下。我們也天南海北地神聊，我自然也極願扯到相對論的話題。有時也聊專業，但突然失落感會重重襲來：啊！我們畢業了？我們都學了什麼？我們的學習機會就這樣失去了，我們的青春已經虛度，我們的夢就這樣破碎了！其實當時也沒什麼大的夢想，這一代人，多不功利，只是好奇心強，想探求科學，尋求理想。若只為生活計，倒也沒太多痛苦，大家也都不富裕。但一想到自己的志趣及永不會泯滅的好奇心，內心的苦悶便無以言表。

兩年後，也就是1972年，插隊大學生面臨再分配。西峽當時是文化相對落後的山區縣，「文革」中中小學教師發回原籍，西峽師資失去大半。根據河南再分配方案的精神：西峽插隊的大學生原則上就地分配到中小學當老師。我們很恐慌，不願再到被認為是「臭老九」窩的地方。我當時心目中理想的方案只是到縣有線廣播站當一名普通職工，已不敢有其他奢求。當時之慘，可見一斑。

還好，後來我被分到國防工辦報到，然後分去一個山溝裡的三線廠——國營雲光儀器廠。從此有了時間，也有了一定條件，可以買書讀書。為了不辜負「北大畢業生」這塊牌子（這其實就是自己的一點自尊），我一改從不用功的毛病，如飢似渴讀起書來，凡與「電」字沾邊乃至與數理沾邊的書，都買都看。這期間，我先後在電話班和電工班工作過。可能是北大人具有的刨根究底、執拗的特點使然，遇有電器故障，我不急於瞎碰亂觸地動手，而是先思考分析原理、原因，再去排除故障，下手往往準確而徹底。

一次工餘，我在廠閱覽室翻看雜誌，看到一篇翻譯的科普文章，內容是介紹宇宙大爆炸的，屬於廣義相對論宇宙學，重又觸動了我興趣的神經。只是當時「科學的春天」尚未到來，中國科學研究，尤其基礎理論方面仍處於幾乎停頓的狀態，此類書籍根本買不到。我內心那泛起的波瀾未經高潮便又趨平緩。

1974年，因工作調動，我來到舞陽鋼鐵公司機修廠。當時整個公司處於基建階段，未投產。職工半日政治學習及搞大批判，半日做土石方工程。我也還有時間繼續補充知識營養。期間，留在漢中分校的好友孫君告知，學校

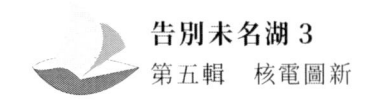

按照二次復出的鄧小平指示，準備招我們重返校園，補足專業課程，系裡已經在準備教材，還給我寄來了《電動力學》等教材。

我異常興奮，日夜在啃這些難度很大的所謂物理類專業的四大力學。可惜尚未及返校，反擊右傾翻案風開始，鄧小平重又被打倒，我的求知慾再次受挫。那失望似乎比高考落榜還要大，此後我多次做夢重返校園，醒後自笑這真是白日夢！

1977年，「四人幫」已倒，高考恢復，研究生招考也擬恢復。我膽小，不敢報考。之後1977、1978兩屆研究生合併招生，重啟報名程序，熟人紛紛催勸：千萬不要再錯過報名日期。有人甚至說過，老馬若考不取，舞鋼沒人能考取。此話傳入我耳中，令我異常感動！我自認也就是一高中畢業生，無非是曾經考入過北大，遇問題思考深入些而已，竟被人如此高看。好吧，為了他（她）們的好意，不知天高地厚地報考研究生吧！

我從舞陽乘車到平頂山，查看研究生招生目錄，中科院理論所戴元本教授的相對論天體物理專業使我很是嚮往，但沒勇氣報，報了我們系鄭樂民教授的波譜學專業。考後覺得很不理想，有些題不會做，還有會做但由於粗心做錯的，異常沮喪。我自認初試肯定落敗，不可能有複試希望，於是專心準備「回爐班」考試。未幾，複試通知竟然下來，我措手不及。赴京複試，確實暴露差距，未被錄取。後據留校在京的同學曹君說，計量科學院和郵電科學院爭欲調劑，但無下文，我也未打聽。

一日，我正在挖土，有電報來，是北京鋼鐵學院研究生招生辦公室的。電文稱：「擬錄取你為我院金屬物理專業研究生，是否同意急回電。」我說不出當時是什麼心情，金屬物理？我不知道自己已學些啥，要學些啥，頗為猶豫。別人替我興奮，「回電呀，同意呀！」說來也邪，當年舞鋼真的只有我一人被錄取為研究生。

「回爐班」錄取通知先下來，我去了「回爐班」。未幾，北鋼的研究生錄取通知經河南轉到北大。我又猶豫起來。同學勸：可別學老蔡（蔡履中，無線電系1963級才子，當年考取新鄉師範學院物理系研究生，放棄讀研而

讀「回爐班」，翌年考入山東大學讀研究生），還是去讀研吧。我就這樣去了北鋼，師從馬如璋先生。

馬先生學術造詣很深，為人謙和，而治學嚴謹，師德高尚，是中國穆斯堡爾譜學在金屬物理研究中應用的開創者，在師生及同行中享有很高威望。馬先生對我很好，一同輔導我的還有我們北大物理系早年畢業的學長趙鐘濤老師。趙老師正直，親切，也很值得尊敬。可惜我可能是對相對論興趣未泯，抵消了當時所從事專業的興趣，沒繼續跟馬先生讀博，實在是辜負了他們，至今仍覺有愧。

我當時的方向是穆斯堡爾譜學，所選課題是用穆斯堡爾譜及艾克斯射線衍射研究半硬磁合金的磁硬化機理。在準備論文的緊張階段，一次我在五道口科技書店看到新出的溫伯格著、鄒振隆等譯的《引力論與宇宙學——廣義相對論的原理及應用》一書，如獲至寶，立即買下。此書以後成為我為研究生講相對論課程的教材，現在還伴隨著我，已然韋編三絕矣。

1981年碩士研究生畢業後，我不願去分配方案中的中南礦冶學院，馬先生幫我聯繫回河南，到鄭州大學物理系任教。當時鄭大的幾位老先生成立了一個相對論研討小組，幾位骨幹是上世紀50年代初吉林大學物理系研究生畢業的前輩。幾位先生對我很是器重，聽說我對相對論感興趣，便極力拉我「入夥」，倒也正中我下懷。

自此，相對論的教和研，成了我的正規職業。真是有趣，相對論本與我無關，讀無線電，「文革」，插隊務農，工廠做電器安裝與維修，考波譜學，讀金屬物理研究生，前後歷時16年，哪一項與相對論沾邊？僅僅因為1965年跟同學的一次聊天，也許他已經早不記得這次聊天了，竟然在我內心埋下一顆好奇與興趣的種子，雖未遇合適土壤而沒能及時發芽，卻歷久而不衰，終於發芽。我自己也覺奇怪。

很快，我開始主講物理專業的電動力學課程，後來又講授研究生的相對論課程及招收引力專業的研究生。20世紀80年代末，我看到加拿大物理學教授Wesson基於量綱分析提出一個新的引力理論，即五維空-時-質理論，

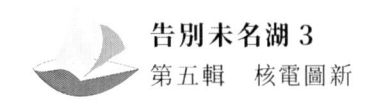

因為質量與一些物理常數可以組成一個具有長度量綱的量，恰如時間與光速常數可組成長度量綱一樣，他就把客體質量對應於第五維坐標。

我覺得有趣，但慮及坐標可以任意變換，原點可以任意選取，故質量對應於坐標並不合適，提出應把質量對應於第五維一段線段的長度。接著意識到既然物質分布影響幾何，那麼對應空間第五維的客體質量就受到宇宙物質分布的影響，這正好體現了愛因斯坦也深受影響的馬赫原理，馬赫原理不就是認為客體的慣性質量由宇宙物質分布決定嗎？我的文章在國際期刊發表，深得國際同行讚許。

2010年我申請退休，現已退數年，回憶起來，也常愧沒大成就。但轉念想來，正是大好青春的12年被無端浪費，能到今天，夫復何求！我講授難度很大的課程，深受好評，院系主管多次動員申報教學優秀獎，我每每堅辭。我的科技論文曾兩度由科技文獻檢索中心檢索為鄭大數量質量（引用率）前兩名，被加拿大同行讚為有「good idea」。副高及正高職稱評定時，我兩度被推薦委員會排序第一。

曾被任命為物理系負責科學研究工作的副系主任，後自知無力貫徹上級教育理念，兩次書面請辭，得以卸任。也曾被推舉為省重點學科負責人，後辭讓只願居第二。延聘三年後，經書面申請才獲准退休，更復何求！

寫下這篇流水帳，自己來讀，也覺得確實無可稱道，自然也就缺少精彩之筆。有大成就者，自然多多，也自有官方為之立傳。碌碌如我輩者，應也不少，我們的平凡行跡，如能反映那個時代北大人乃至全國所有大學生的遭際，供後來者研究，供時代反思，即便淺陋貽笑，又何悔焉？

馬光文，河南鎮平人，1946年生。1965年入北大無線電電子學系學習，1970年畢業後曾先後到農村插隊及到工廠工作。1978年入北京鋼鐵學院金

屬物理專業讀研。現已退休，退前為鄭州大學物理系教授，從事理論物理學教學及科學研究。

⊙ 2014 年 6 月獨登華山。此為在長空棧道上

⊙ 2014 年 6 月在華山百尺峽

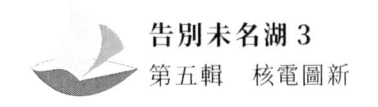

吃水不忘挖井人

唐士豹

中學時學的俄語，到現在大都還給老師了。奇怪的是，有些句子不僅沒忘，而且還朗朗上口，尚可以馬上念出來：「Когдавыпьётеводу，незабывайтекого，ктокопаетколодец.」就是其中的一句。究其原因，除了該句語法較難，含有從屬句以外，能夠讓人記住該句子的根本原因，還在於它的中文詞義——「吃水不忘挖井人」。

不知從哪年開始，北大新生入校時，在南校門的林蔭道上就會拉起「今天你以北大為驕傲，明天北大為你而自豪」的醒目橫幅。剛入校時，我確實曾為是北大人而驕傲，但沒有讀完書就被發配到基層接受工農兵「再教育」去了，驕傲勁一下子沒了，滿腦子只留下「依了你們就依了大地主、大資產階級，就有亡黨亡國的危險」的時代烙印，成為「臭老九」中的一員，時不時還有「他是北大的」、「臭老九」等話語傳到耳邊，成為了一生的酸楚記憶。

打倒「四人幫」以後，一起來攀枝花的北大、清華的學生大部分走了，沒走的大多有一官半職，又有一些話傳到耳邊：「這傢伙是北大的，真窩囊。」這不時出現的尷尬、難堪的場景，又平添了幾分人生的無奈。真是「考入北大難，做北大人更難，以後能成為讓北大自豪的人可能更難上加難」。「我是凡人，能夠在有生之年不給北大丟臉、抹黑就不錯了」——一段時間裡，這個念頭占了上風。

我不知道畢業於中國其他高等院校的學生有沒有北大人那麼大的壓力。我知道，誰都想為國家多做一點貢獻，這大概是從前所有中國大學生的共同願望；都想實現個人的人生價值，這個夢想也是一致的。但北大人做好了，大家會說這是應該的；若是出現錯誤，非議就會接踵而至。從前，要是大學畢業生沒有幹出一定的成績，大家會說他窩囊；如果畢業於北大，那就不僅僅是「窩囊」兩個字所能概括的了。在一般人眼裡，北大畢業生會在國外工作，會在京、津、滬、穗等地的大機關、著名的科學研究院所工作，至少也

會在省會城市工作。對工作在其他地方的北大畢業生，比如攀枝花，人們的想法肯定會更多。

1978年，科學的春天到來了，被陳景潤、楊樂、張廣厚的事跡所感動，我才忽然想起自己是北大人。可是，時光荏苒，已蹉跎十餘年，腦子裡早已經是「一窮二白」了，且人已過而立之年。立身的本事尚且沒有學到，還侈談什麼報效國家？這時是「愛國、進步、民主、科學」的北大精神激勵了我，讓我找回了自己。我下定決心，一定要學習、掌握真本事。

雖然我在北大的時間有四年多，但直接讀書的時間不足一年，可是北大精神在我腦海裡打下的烙印，北大人自我加壓的奮鬥傳統，成為了我人生的一種鞭策，一種動力源泉。

我被分配到基層，沒有在大城市、大學及科學研究院所工作的條件；遠離導師，沒有同行科學研究人員相互支持、促進的團隊，沒有足夠的經費和適合的課題，大多的事情只能靠自己。

另外，在基層搞科學研究，也沒有足夠的時間。每天要我應付大量的、重複性的事務性工作，學習和研究只能在夜間及節假日裡進行。這就需要對自己的毅力和能力進行挑戰。我只有一年大學化學的功底，所要應對的卻是複雜地形的汙染氣象、大氣湍流擴散這些需要有氣象學、氣候學、大氣物理、數學等相關知識才能解決的問題，更不用說電腦及計算程式編輯的能力了。這些，全都是自己所欠缺的。

在基層搞科學研究，條件和設備制約也是一個很大的問題。1978年，攀枝花市與南京大學合作進行全面的環境質量現狀調查。安排給我的任務是負責環境空氣質量現狀調查和研究，但卻沒有總懸浮顆粒物的採樣設備。沒有足夠的經費，全省也不可能借到幾十台同類型的設備，主管也拿不出解決問題的意見。

我決心自己研製，於是按採樣規範的要求設計了採樣裝置，用U型玻璃管和文丘裡管設計了採樣流量控制系統，用貝努裡方程計算了採樣流量……

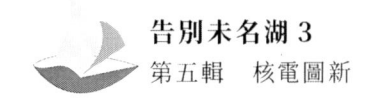

經過比對，自製設備與標準設備的誤差在允許範圍內，基本滿足了採樣要求，得到專家和主管的肯定。

經過多年努力，我們基本掌握了從事大氣湍流擴散所需的汙染氣像現場觀測（設備及參數採集的程式編輯）、擴散模式的基本原理及計算程式編輯，還取得了「渡口市大氣擴散模式及其應用」、「渡口市大氣氣溶膠的汙染研究」、「攀枝花市建成區大氣環境容量的研究」、「攀枝花市 PM10 來源解析及汙染防治對策研究」等一系列科學研究成果。

起先，這些知識和成果並沒有發揮出它們應有的效果。看著攀枝花市 2004 年被列為全國十大汙染城市，讓人心疼。機會終於在 2013 年來到了。這年，攀枝花市開始創建全國環境保護模範城市，環境空氣質量不達標使創建工作陷入困境。這年，全國開始重視 PM2.5 的汙染，治理霧（塵）霾成為各級政府的重大任務。

於是，由我帶領一群人完成了「攀枝花市建成區環境空氣質量達標方案」的研究。這個方案以 PM10 源解析研究成果為基礎，明確攀枝花屬於「以顆粒物開放源、煤煙塵和二次汙染為主的多源類復合汙染類型」；認識到攀枝花環境空氣的首要汙染物是 SO_2；在攀枝花太陽輻射強、空氣中存在催化劑的特定環境中，計算了 SO_2 轉化成硫酸鹽（PM2.5）的速率及轉化率（遠高於全國其他城市）；使用適合於攀枝花的大氣擴散模式進行計算，模式所用的源及氣象參數全部為實測值。達標方案實施措施具有很強的可操作性。這些是改善某局部區域環境空氣質量所必備的知識，我們在 2000 年初就已做出來了。

攀枝花市從 2004 年的全國十大汙染城市，到十年後的 2014 年，成為二氧化硫年平均濃度達標，環境空氣中 PM10、PM2.5 濃度大幅度下降的環保城市，這在山地資源型工業城市中是一件了不起的大事。我們的科學研究成果在 2015 年全國的「兩會」上，引起了高層及新聞界的關注。

看著攀枝花市的藍天，大家都笑了。這也是我努力、奮鬥 30 多年所想看到的結果。與他人可能有所不同，一般人是只看結果（藍天），而我，在

結果之外，更多體會到了為追求北大人的人生價值而付出、奮鬥的欣慰和自豪。30多年的艱苦奮鬥，是值得的。

這種付出所獲得的幸福是中國千百萬科技工作者所追求的幸福，這種幸福是由衷、發自內心的幸福。在我有生之年在攀枝花重現藍天白雲的願望可以實現了，千斤重擔可以放下了。

也許不會有人想到，在成功的時候，湧上我心頭的除了幸福與喜悅外，更多的還是感恩。

感恩祖國，是中國的快速發展和生態文明建設，給攀枝花重現藍天白雲提供了大前提。

感恩北大，是北大給了我自強不息的精神和如何進行科學研究路徑的選擇。

感恩我所遇見的各位師長，感恩他們的指教。

從「渡口市大氣擴散模式及其應用」到「攀枝花市建成區環境空氣質量達標方案」，這是一個初出茅廬的年輕人到古稀之年的經歷。前者學術性較強，後者的目的性很明確。這反映出一個普遍規律，做學問的終極目標應該是回報社會、為大眾服務。

但是，年輕時這個道理在我腦海中並不明晰。從做學問到回報社會、為大眾服務，我得到的不只是北大師長的指教，還有生活的磨煉和感悟。

記得在開展「渡口市大氣擴散模式及其應用」課題研究之初，我和我的同事（其中有5位是北大、清華校友）均不具備完成該課題的專業知識，當我們向合作單位南京大學的導師們提出後，他們給我們開出的是長長的書單，其中一半是英文原著，《原子能與氣象學》就是其中的一本。當我們面露為難之色時，他們送上的鼓勵也許是獨特的：「你們是北大畢業生，應該能讀懂。」搞大氣汙染物擴散模擬，離不開編輯計算程式。

那是1980年，電腦及程式編輯在中國才剛剛起步。我們仍然是不懂，得到的回答是沒有退路的：「不要指望我們，我們也不懂。」放手讓年輕人

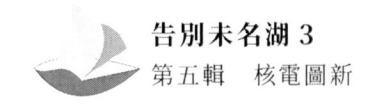

一搏，這是對年輕人的信任。這種信任讓我們兩人在半個月內完成了 800 頁計算器的英文說明書翻譯，一個月內基本掌握 FORTRAN、BASIC、彙編語言，能夠編輯計算程式。

到了攀枝花，我先當了 2 年多的送磚、送水泥砂漿、抬預製板的建築工人；之後又學以致用地當了 6 年多的三角帶、膠管、運輸帶（它們屬橡膠製品，與化學有關）的銷售人員；再以後在基層從事環境監測和科學研究工作。作為北大人，我常常有一種不甘心在攀枝花耗費一輩子的念頭。也是師長點醒了我：社會需要基層科技工作者。

這句話讓我在攀枝花心安理得地堅守了一輩子。當然，我也清醒地認識到，一個沒有學士文憑、甚至連大學課程都沒有讀完的人很難承擔起基層科技工作者的「重任」。為了承擔起（自己給自己套的枷鎖）在攀枝花重現藍天白雲的重任，我必須補課。補基礎知識、環保專業知識，補書本知識、攀枝花主要產品的工藝流程知識，掌握各種汙染物的產生機理、在攀枝花特定環境中的擴散規律及特徵。

在用三次樣條插值方法確定太陽輻射進入地面熱通量函數形式時，由於沒有足夠的數學知識，我竟用了近半年時間才掌握了計算方法，編出了計算程式。因為是凡人，我雖然數十年如一日地廢寢忘食，有些事仍不得其解，看來還得繼續努力。

當然我也是俗人，我所做的努力，為了事業不為「世俗凡事」所累，不入流，常常會被其他人列為另類。與所有人一樣，也會受到他人的責難。這是我必須面對的，這些都是過程，它們是前進道路上的絆腳石，你要在意了，就分心了，可以做的事情就少了。好在我有北大人所具有的堅定信念，沒有為這些過程花費和耽誤更多的時間和精力。

⊙ 2014年唐士豹（左）與同班同舍好友孫源林在未名湖畔

　　基層科技工作者要認命，但不要自暴自棄；要有理想，更要腳踏實地。這輩子我不可能成為北大所引以為豪的人，不可能在理論上有所建樹，有重大的發現或發明，但可以成為普通的勞動者、基層科技工作者，可以解決自己所遇到的一些具體問題，可以直接為社會和大眾服務。「回報社會、服務大眾、天經地義」，這是我作為北大人在攀枝花一生的體會，也應該是我們這代知識分子的傳統和堅守的信念，也是北大人的感恩情懷。

　　感恩北大，慶幸我是北大人。正是「北大人」這個壓力，使我能堅持進步，能為實現「中國夢」貢獻綿薄之力。是的，是北大給了我堅持一下、再堅持一下的動力。

　　感謝我們所遇見的一切人，包括能人和凡人。能人很忙，因其忙，總會給我輩凡人留下可供施展才華的空間；他們毫不經意的一句話，往往會使我受益一輩子。感謝凡人，因我也是凡人，從他們身上我學會了吃苦耐勞的生存本領。

　　快到古稀之年了，自覺不枉此生，捫心自問，我時不時會想起俄文的「吃水不忘挖井人」。我過了一輩子，喝了很多地方的水，這些水來自北大師長的教誨，北大精神的激勵，也來自眾多師長的指教，還來自能人和凡人。不忘他們，常抱感恩之心，這是我的心得。

⊙唐士豹入學照片

　　唐士豹，1947年出生於重慶市，1965年考入北京大學技術物理系放射化學專業，1970年初分配到四川省渡口市（攀枝花市）。正高級工程師，1992年獲國務院政府津貼。現任四川省環境科學學會環境空氣專委會副主任、攀枝花市環境科學學會理事長。2000年獲四川省先進工作者（勞動模範）、攀枝花英模稱號。

第六輯　地球生輝

▌離校後的辛酸與欣慰

王瑋

「踢皮球式」的分配

北大武鬥時我避難回家了。1968年得到畢業分配的消息，我急匆匆趕回學校。但其實並沒有什麼具體分配方案，我只是被告知分到河北省待分配（全年級大約有十幾個人）。我和同班的晉良穎一起，興沖沖地到省城石家莊報到。當時有兩個地方供我們選擇：一是唐山地區；一是張家口地區。我倆選擇了唐山，唐山把我們分配到柏各莊農場，屬灤南縣，地處與唐海縣交界處。

柏各莊農場的條件很差。我倆的宿舍裡只有兩張用高腳凳和木板搭起來的窄床。因為太高，爬著才能上去；煤渣地上全都汪著水，房間裡潮濕得好像可以擠出水來；蚊子很大，我們每天都被咬出很大的包。在這裡，軍代表組織我們學習一週後下田勞動。我因患有風濕性心臟病，擔負不了下水田種稻子的沉重勞動，晉良穎就向軍代表講了我的情況，要求分配我做稍輕一些的工作，比如養雞養鴨之類。

軍代表表示沒有輕活，全是種水稻，叫我先去農場醫院檢查；醫生出具證明說我的確不宜下水田。於是農場將我退回唐山。我與晉良穎揮淚告別，她說：我雖不願你走（我們倆同班八年），但再分配一次，條件總不會比這裡更糟，你還是走吧。

我帶著行李，回到唐山地區分配辦公室。這次被分到盧龍縣。我馬不停蹄地坐火車到灤縣，再轉長途汽車到地處半山區的盧龍縣革委會報到。他們說：「我們沒有要北大地球物理系的畢業生，你先住下再說吧。」於是，我就到與我專業符合的單位——氣象觀測站看了看，想瞭解一下情況。觀測站在一個山坡頂上，站內有二人，一男一女。我問了問情況，沒說我是幹什麼的。他們對我的到來似乎有些不安和輕微的敵意。

我下山後，有先來的大學生告訴我：那是夫婦二人，如你去那裡工作了，他們恐怕必須出來一個。知道了這個情況，當縣裡有人問我「你能幹什麼」時，我沒有要求去氣象站，只說「什麼工作都可以」。我考慮：如果我去了，豈不破壞了人家平靜的生活？這樣，關於我的工作安排，他們研究的結果是「不需要」。於是，我又被退回唐山分配辦。分配辦的人說：那只好把你退回石家莊。

我怏怏地帶著行李回到了石家莊。石家莊畢業辦的人說：我們無法解決，你還是回學校吧。把我退回了北大。北大有關負責人說：你是分配去的人，他們沒有理由不接收你，學校解決不了，你還是回唐山吧！

我不得不第三次回到了唐山分配辦。當時這個辦公室被圍得水洩不通，都是要求分到城市的畢業生。辦公室的人都認識我了，就說：王瑋同學服從分配，讓去哪兒就去哪兒，因為接收單位的原因，沒有接收，我們才照顧的。負責人對我講：你先回家，等有了接收單位再通知你。我把行李留在了招待所，就回天津了。

大約過了一個星期，唐山來信通知我回去。回到唐山後，那位負責人說爭取了兩個名額，一個唐山，一個秦皇島；叫我去秦皇島，唐山的名額留給一個華僑。我趕快去秦皇島市報到。這時已經是1968年9月底了。到了秦皇島市革委會，叫我先住下，又沒有下文了。我幾乎天天催問，得到的回覆還是等待。

一個多星期後，我再去詢問時，正好一個工廠的幹部在那兒抄文件。分配的負責人對我說：你去他們廠吧，他們那兒出主席像章，很多人都願意去。我說可以。那個人是秦皇島市第一瓷廠的副廠長，他說可以接收我，但叫我自己去工廠。第一瓷廠在撫寧縣內，我好不容易找了一輛三輪車，就帶著行李趕過去了。心裡很高興，總算有了一個可以接收我的單位，終於有了人生可以落腳的地方。這一個多月，我像皮球一樣被踢來踢去，不停地奔波。我打開行李一看，搪瓷洗臉盆、洗腳盆已經變成橢圓形了，上面的搪瓷都已脫落，根本無法使用了。

在瓷廠的甜酸苦辣

到秦皇島市第一瓷廠報到後，我被分配到彩烤作業廠。第一天幹的活兒是把貼完花鑲完金的盤子檢查後，用紙包好，20個摞一摞，然後用草繩綁緊，工友們告訴我這是最累的活，一般都是由男人承擔的。我幹了一天，手都磨出泡了。下午，男人裝箱時，由於我捆得不緊，裝完箱高出一小截，打不了包，作業廠主任過來責備我。我已使出了最大勁兒來捆，只因力氣小，捆不緊，而並未偷懶，但被責備，我也無話可說。

旁邊的女工看不下去了，仗義執言，說我一天花了不少功夫，絕沒偷懶。她們說自己幹這麼多年都捆不好，叫一個新手，而且還是一個文弱的大學生，怎麼能捆好？請求主任給我換工作。第二天，作業廠主任給我換了工作，叫我把貼花後檢查好的盤子20個一摞搬到約十幾公尺遠的鑲金台子上去鑲金，每個盤子大約1斤，20個就是20斤，我每天搬多少次，也沒有計算過，只是累得疲憊不堪。同宿舍的女工告訴我：他這是在整你，原來應該是誰檢查的盤子誰自己搬。我無語，不敢說什麼，接受「再教育」嘛！

那時秦皇島的冬天很冷，且偌大一個房間只有一個爐子，還是根本點不著的煤矸石，一會兒就滅。我就在結了冰的房子裡過冬。到了星期天更慘，其他人都回家了，整個樓道就剩下我一個人。我在翻譯敵偽檔案（英譯漢）時結識的男友（即現在的老伴），一個星期六晚上到我這裡來，因為太晚了，經回家的男工友同意，我讓他住在男工宿舍。

不料半夜時，管保衛的副廠長把我叫起來訓斥，說現在階級鬥爭這麼複雜，叫生人住在男工宿舍裡，出了事你能負責嗎？我說他是我朋友，副廠長說那也不行。我說明天一早他就走，他還是說不行，必須馬上就走。當時是凌晨一兩點鐘，我沒有辦法，只好讓男友黑燈瞎火回去。那條路沒有路燈，伸手不見五指。男友騎一個多小時的自行車趕回自己的住處。第二天是星期天，他再騎車到我這裡來。

讓我欣慰的是：即使在那「極左派」的年代，和我一起勞動的工人師傅們對我很好，很關心我，經常幫助我，教我做很多事情。我一日三餐吃餐廳，

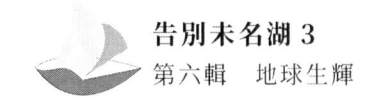

伙食很差,師傅們經常拿些自己家做的飯菜給我;每到星期日餐廳沒什麼人吃飯,餐廳師傅就會做一些可口的飯菜,給我改善伙食。我在工廠勞動兩年後,主管對我也改變了看法,給了我一定的照顧。

後來,我的工作是剪紙花:一大張紙上印有好多花,一個個剪下來,貼在瓷胎上。20張一摞,大約有半公分厚。剪下來的花花色必須一樣,不能錯格,不能剪歪,而且剪時用力很大,不是那麼簡單。我剪一天下來,右手滿是泡,手臂抬不起來,第二天還沒恢復過來,還得繼續剪。這樣周而復始,老的泡沒好,又有新泡了,手就開始流黃水,流血。其他女工就讓我黏紙,可以不用剪刀。

我心中不忍,就寫信叫母親來幫忙。母親匆匆趕過來了。我在村子裡租了一間房子,與母親一起住。每天下班,我把花紙拿回家,母親替我剪點兒,以便完成任務。我的手逐漸起了趼子,再剪紙就不那麼疼痛了。

我曾要求去廠裡技術科,廠長同意,但和技術科長研究,他不同意。這個科長不要說不懂矽酸鹽(陶瓷所含的主要成分),也不懂什麼叫勾股定理。在蓋廠房時,梁總搭不上去,他拿著設計圖來問我,我一看就說:「這不是勾股定理嗎?」我替他算出了數據,結果梁順利搭上了。可是,他還是不同意我進技術科,我很是不解。其他工友對我說:王姐,你去了,沒幾天啥都弄明白了,他們怎麼糊弄人呢?我恍然大悟。

當時全國工廠興起辦「七二一大學」熱潮,我們廠也辦了「七二一大學」。主管團隊討論能不能讓我講課。當時有兩種意見:一種說我是接受「再教育」的,不能按幹部待遇,不能到工會來(「七二一大學」歸工會管);另一種說我人比較老實,可以用我的一技之長。最後我被聘為廠「七二一大學」的教師。

從此,籌備教材、教室安排和招收學生等所有工作,都由我一個人承擔。「七二一大學」只是晚上上課,我雖然在工會,白天還是要參加勞動。廠裡為了節省開支,裝卸成品箱全由我們承擔;運貨車一來,我們就要立即去卸車、裝車,非常沉重的箱子,我們扛上扛下,有時還要去火車站裝貨卸貨。

不過，相處幾年，工人師傅對我都很照顧，搬運太重的箱子時，他們都幫著我，有時還叫我一邊待著，這讓我輕鬆不少。晚上，我還要講課（課程都是中學的數理化），所以，我下班的時間就很晚了。

在「七二一大學」工作期間，我的學員中有一個被我推薦上了唐山礦冶學院，一個後來考上了上海大學，這也算是我的一點成績吧。最後，我被大家認可了，在全廠職工代表大會上，我被全票選為廠工會主席。

最後的歸宿

我就這樣一直做到1984年。一個偶然的機會，我母親在火車上和秦皇島市委崔書記坐在一起，提起秦市，我母親說：「我女兒還在秦市勞動鍛鍊。」崔書記問了情況，回秦市後立即和市委組織部談了我的情況，組織部馬上派人來廠裡瞭解情況。在這之前，我也曾為自己的工作調動努力過。中國環境管理幹部學院（在秦皇島市）成立時，我去該院與負責人談了情況，他們願意接收我，就是一位穿草鞋的老校長不同意。負責的人說老校長不同意，你再等等吧。

後來就杳無音訊。秦皇島市成立不久的標準計量局需要人，我同意去，但又找不到我的檔案，查看登記簿，原來我的檔案還在環保幹部學校。組織部門派人去要，環保幹部學校的負責人說他們很想要我這個北大學生，但要等老校長退休後才能辦手續。

這期間，我等了快兩年，最後還是市委組織部要回了我的檔案，準備調我到市標準計量局。但這時我們廠的上級單位輕紡局又說什麼也不放我（我也不知道我怎麼又這麼吃香了），說他們從現在起（1984年）所有的大學生都不放。我說：我已經在下屬單位待了16年，你們從來也沒找過我，只是在局辦的「七二一大學」臨時叫我講了幾個月的課，也從來沒用過我，現在我都40多歲了，還能用我幹什麼？！好說歹說，又託了人，才終於放我走。

走的時候，廠長說：「你剛為工廠做點貢獻就要走了。」我真是沒話可說！不是我不願意為工廠做貢獻，而是廠裡一直不給我機會。說真心話，走的時候，還真有點捨不得那些和我朝夕相處的工友們、師傅們，從他們身上我看

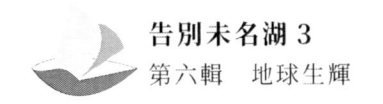

到什麼叫真誠。我調到市標準計量局（現在技術監督局前身）後，和他們一直保持著聯繫，他們也經常來看我，這是我回憶在第一瓷廠 16 年唯一值得欣慰的。

1998 年《南方週末》「食市走筆」欄目徵集稿件，出於對在北大 8 年生活的懷念，也是為了慶祝 1998 年 5 月 4 日的北大百年校慶，我寫了一篇《吃在北大》的文章，刊登在當年 4 月 10 日的《南方週末》上。後來，《南方週末》的記者又電話採訪了我，叫我談了 20 年前的 12 月 8 日（十一屆三中全會召開）以後的思想歷程，並綜合刊登在 1998 年 12 月 18 日《南方週末》的頭版頭條。秦皇島市電視台記者得知這一消息，找到第一瓷廠，這時工廠已經倒閉，問了老工人才打聽到我。市電視台對我做了兩次採訪，都在秦皇島新聞的黃金時段播出。

畢業以後，無論在哪裡，我對工作都是一絲不苟，盡心盡力，心裡總想著我是北大人，我不能為她增光，至少不會給她丟臉。我為自己是北大人而驕傲，為自己此生碌碌無為而遺憾，更為造成這種北大學子學非所用的「極左派」年代而痛憤……

王瑋，女，1940 年生，天津市人。1945-1960 年在天津市耀華學校讀小學 - 高中（其間因心臟病休學 3 年）。1960-1966 年在北京大學地球物理系學習（曾在昌平縣八口村搞「四清」運動）。1966-1968 年，因「文化大革命」在北大等待分配。1968-1984 年任秦皇島市第一瓷廠工人、工會主席。1984-1991 年在秦皇島市標準計量局（後改為質量技術監督局）質檢科、婦女主任。1991 年因病提前退休。

⊙ 王瑋年輕時

⊙ 2015 年 9 月 13 日結婚 45 週年紀念照，攝於天津

歲月如歌行燈火闌珊處

——我的教師生涯

崔增貞

列車行駛在晉北大地，望著窗外山巒起伏，一片荒涼，我不由心頭陣陣發緊，不知我們要去的寧武是個什麼樣子。

1970 年 3 月，系裡公布了分配方案，0463 班只有我一個人分配到山西忻州地區（原稱「忻縣地區」，1983 年忻縣改縣級「忻縣市」，仍為「忻縣地區」機構所在地，2000 年設地級「忻縣市」）。從軍宣隊那裡拿到 13 日的車票，我被告知 15 日到忻州報到。整理好簡單的行李，我滿懷眷戀、淒涼與無奈，告別了未名湖，離開了生活、學習六年半的北大，獨自登上火車，與前來送行的好友灑淚而別。

北大、清華兩校分到山西的 120 餘人，大多被分到山西最貧困的忻州和雁北兩個地區。在忻州地區的分配會上，軍代表指著一個清華的同學：「你是學工程物理的，那就去建築隊吧！」同學們一個個面面相覷，相視無語。該地區當時下轄 16 個縣，有東八縣、西八縣之說。東八縣如忻州、原平等自然條件比較好，可西八縣的寧武、偏關、神池、五寨、河曲、保德等都是貧困山區，條件很差。北大、清華近 60 名同學，除個別人外一律分到西八縣。

　　我和法律系 1964 級的趙長榮同學被分配到寧武縣。從忻州到寧武三個小時的車程，我們幾乎沒有說話。一下火車，呼嘯的北風，吹得人渾身打顫，那一刻我真正明白了什麼是「刺骨的寒風」。這裡是高寒地帶，又是風口。我們緊縮著身子，匆匆向縣城跑去，一路上空氣中瀰漫著濃濃的煤煙味，嗆得人有些喘不過氣來。報到後，我們先被安排在招待所。放下行李，我們在縣城從北走到南，又從南走到北，四顧茫然，忐忑不安，想不出等待我們的工作將是什麼。

　　第二天，管分配的一位中年男子面無表情地對我說：「東寨中學缺一個高中化學老師，你去東寨吧！」我一時語塞，雖然我父母都是小學教師，但做中學老師並非我願。但在當時形勢下，能有個工作，有個飯碗，就不錯了，別無選擇。於是，我說：「行！那他呢？我們一塊兒去東寨中學吧！」「你們什麼關係？」「北大的同學。」「那不行，他去東馬坊中學。」那人用不容置疑的口吻說：「你們準備準備就去報到吧！」顯然，這是既定方案。

　　回招待所的路上，我和趙長榮誰也沒有說話。後經打聽得知：東寨在縣城南 60 里，可乘林業局運木材的汽車到達；東馬坊在縣城東南方近百里的山區，不通汽車，只能乘馬車前往。原本在縣城有個寧武中學，據說在忻州地區是個不錯的中學，「文革」後，軍隊駐紮在那裡。恢復招收高中生後，就在東寨、陽方口、東馬坊等幾個公社初級中學裡開設了高中班。

　　也許是因為寧武太冷不太適應，也許是這些天的經歷讓人鬱悶，也許兼而有之，性格內向不愛說話的趙長榮同學一下子病倒了，發著高燒，人生地不熟，舉目無親。雖然在學校時我們彼此並不相識，但共同的處境共同的命運，讓我們成了患難之交。招待所每天都是高粱麵飴餎，小米麵饅頭牙磣得

無法下嚥，除了馬鈴薯絲別無任何蔬菜。我跑遍縣城裡大小飯店，竟然買不到一碗白麵麵條，走了許多商店也買不到一塊餅乾、點心之類的食品，那個急呀！還好，最終我從私人那裡以 7 毛 3 分錢一斤買到一些雞蛋。煮雞蛋、蒸雞蛋，這就是給病號的飯。

過了一天，縣裡來人催我去東寨報到。想到這幾天從北大到寧武強烈的反差和經歷，我們曾經是那樣急切地苦苦盼望畢業分配，希望能為國家做一些貢獻，以回報黨和人民的培育之恩，能自食其力。誰料想我們這些北大學子，竟然變成像「清倉甩貨」的處理品一樣。想起在忻州時不知哪位同學說「我們是從幻想的王國摔落在現實的土地上」，我一時心中百感交集。「不行！同學病了，等他好了，我們都走！」我大聲說。又過了幾天，趙長榮同學病情好一些了，我們飽含熱淚，互道珍重，奔赴各自的學校。

東寨是個小盆地，四面環山，是山西的母親河汾河的發源地，北面兩條山溝的深處，有五機部的兩個工廠：187 廠、287 廠。東寨中學依坡而建。到學校後，教導處一位老師把我領到一排平房最東頭的一個房間，房間不大，一張桌子一把椅子，一個取暖的大鐵爐。這就是我的宿舍兼辦公室了，出門東邊就是山坡。當晚我躺在石板炕上，冰涼冰涼的，心中又有些害怕，只好在椅子上坐到天亮。

後來我才知道：炕下有個地爐。這石板炕由於石板傳熱快散熱也快，如不燒火太涼，燒多了又會太燙。我第一次見到這裡取暖的鐵爐，爐膛不用泥糊，直接把大塊煤放在裡面燒，火旺時整個爐壁都是紅的。煙筒的直徑有 10 公分，抽風時聲響很大，如同聽到火車從不遠處開來一樣。雖已 3 月中旬，這裡依然十分寒冷。

第二天一早，教導處給我發了課表：兩個高中班的化學和政治。政治教材給了我一張報紙，讓我講《人民日報》社論《列寧主義萬歲》，沒有人告訴我該如何講。在北大我雖然只上了兩年多的課，但北大給我的紮實的知識功底還在，化學課只要認真準備應該沒有問題；而上政治課，就拿著這張報紙，我真有些不知所措。

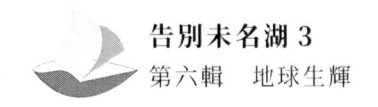

以前從來沒有北大的學生分配到這裡，一些同事用異樣的眼光看著你，似乎在說你不是北大的嗎？看你怎麼講！也許有人認為：你是不是犯了什麼錯誤，才被發配到這裡呢！初來乍到，人們的懷疑和冷漠，讓人壓抑。這反倒使我振奮起來，決不能給北大丟臉，六年半的北大生活，造就了我們的北大風骨，不服輸、不怕困難、不隨波逐流，這些都是我受用終生的精神財富。

　　回想起在校時，那麼多好老師，他們的課是那樣精彩，張宗炳老先生總是面帶微笑，娓娓道來，講到興奮時神采飛揚，往往是下課鈴已經響了，同學們仍意猶未盡。想到這些，我充滿激情。我反覆認真閱讀，深入理解文章的內容，上課以討論的形式和學生逐段分析，並列舉若干數據與例證。也許是因為學生對北大的一種敬仰，也許是對消息閉塞的山區學生吹來的一絲新風，學生們聽得很認真，課堂秩序也異常好。不久，外面就傳開「北大來的那個女老師講課如何如何好」，出乎意料！

　　這裡生活的艱苦和物質的極度匱乏是我始料不及的。每月28斤定量，3兩油，15%的細糧，除了4斤白麵外，其餘都是高粱麵。大部分時間，一日三餐都是用高粱麵壓的餄餎（很硬的麵條），泡上鹽湯（醃鹹菜的水），放點醋，外加點炒馬鈴薯絲，就是三餐的全部。一年到頭，除了馬鈴薯和莒子白外難得見到其他蔬菜。

　　這造成了我嚴重的便祕，真是苦不堪言。供銷社也很難買到可入口的食物。有一天，一位同事興沖沖地告訴我，供銷社有蘋果賣，我急忙跑去買了幾個回來放在桌上，等上完課回到宿舍，那幾個凍蘋果已成一攤水了。

　　後來，有一次我正準備下課，門衛大爺告訴我：有兩個大學同學來找我。我心懷疑惑，誰會來找我？急忙跑到門房，是兩張陌生的面孔。來人連說對不起，說：「我們是清華的，從五寨那邊翻山過來，聽說這裡有個北大的就找來了。老同學，能不能給弄點吃的，餓壞了。」還好，留在北大的好友黃玉芝前幾天給我寄來幾斤素麵，我急忙給他們煮了一包，放了兩個雞蛋，一點鹽水（這裡吃的是岩鹽，必須先溶在水中把不溶的岩石去掉）。

他們風捲殘雲般地把一斤麵條一掃而光。告辭時他們再三表示感謝，說：這是這段時間吃的最香的一頓飯。後來同事問我他們是誰，除了知道他們可能是清華的，別的我什麼都不知道。同是天涯淪落人，有必要問那麼多嗎？

生活上的艱苦能承受，別人能生活，我也能生活。但沒有親人，沒有同學，沒有朋友，沒有地方可以交流傾訴，那種孤獨、寂寞、無助，讓人難以解脫。每天我除了工作就是盼來信，盼母親來信，盼同學來信，夜深人靜，燈光下，我手捧家書任眼淚肆意在臉頰上流淌，心情似乎得到些許釋放。每天傍晚我都會站在門口的山坡上待上好久，看落日漸漸西沉，望著滿天星斗，一種悵然所失，陣陣鄉愁會襲上心頭……

我剛剛因課堂上獲得學生的認可，心裡得到一絲安慰，卻發現上課時窗外總有人影晃動，走在路上也有人在後面指指點點。後來有同事告知：「那是人家在看你，要給你找對象。」我無法形容當時的心情，一時衝動，就給遠在瀋陽 410 廠的男友發電報：「結婚吧！」得到回覆後，我即找校長開證明請假。程克清老校長非常痛快地給了我半個月的假。

410 廠是幾萬人的大廠，1968 屆大學生一次就分去五六十位，大部分在作業廠勞動，生活和工作都很艱苦，但他們團結樂觀、積極向上的精神面貌給我很大的觸動。這幫同學給我們辦了一個熱情簡樸、別開生面的婚禮。他們的熱情幫助和關心，讓我難以忘懷，特別是不知哪位不經意的一句「抱怨不如改變」，給我留下極深的印象。

抱著面對現實、做好自己的心態再次回到中學，我心裡坦然了許多。不久校長找我談話，讓我當一個班的班導，我愉快地接受了。山區學生上學晚，年齡偏大，這屆高中生比我小不了三五歲，而且 130 多位學生中只有 20 個女生，顯得山區女孩子特別金貴。

學校要把這 130 多人重新分成三個班，我怕學校因為自己是女老師而把女學生都分在我班裡，怯生生地向校長講了自己的擔心。結果分給我班的 43 個學生，都是男生。我很快和學生們打成一片，和他們一塊兒上山砍柴背柴；縣裡蓋化肥廠，我和他們一起去背磚。學生們幫我把背架整好，我背著與他們相差無幾的磚頭和柴草，混在隊伍中，竟看不出我是老師還是學生。

那個時代，學生是無償的勞動力，經常會安排許多勞動。一次學校安排讓我們班燒三窯石灰，我不知所措，理論上碳酸鈣高溫分解會生成生石灰，但實際怎麼燒，我從未見過，甚至都沒有想過。看著我滿臉愁雲，勞動班長悄悄對我說：「你只要把班裡人分成三個組，選好組長，每組一窯，剩下的事，你跟著我們幹就可以了。」我和學生在一個無名的山溝裡選好窯址，挖好窯，背來石頭，拉來煤和柴火，一層煤一層石頭裝好窯，點上火。三個組競賽，活兒幹得很快。他們真的很能幹，出窯的那天，我很激動，這是我在課本上學不到的。

　　夏天，學校又安排我們班到大山深處海拔 2300 多公尺的 213 工地去砸石子。同去的一位近 60 歲的鮑老師負責做飯，據說他有歷史問題，從不多說一句話。我們住的地方極度缺水，當地水源含礬量很高不能飲用。我們吃的水都是從 187 廠運來的每升 1 毛錢的水，很珍貴。大山深處，氣候特別怪，有時天氣晴朗，我們興沖沖地上山幹活，不一會兒，就突然烏雲密布，傾盆大雨直瀉而下，光禿禿的山頂工地，躲都無處躲，很嚇人；有時天陰沉沉的，像要下雨，不敢上山，卻又白白浪費一天的時間。

　　勞動任務是有定額和期限的，真急人。我虛心請教鮑老師和當地農民，在他們的幫助和配合下，我們超額完成了任務。在同吃同勞動的過程中，師生之間的相互瞭解也得到了加強。有時我會發現，喝水的杯子中不知誰給加滿了水，砸石子的錘子不知誰給藏了起來。農村學生的淳樸善良，讓我十分感動。

　　學校組織毛澤東思想宣傳隊時，我和學生們在音樂老師的指導下排練了晉北梆子《智鬥》，他們演得還真可以，特別是班長曹俊同學飾刁德一，演得維妙維肖。我還帶領學生到各村巡演宣傳。在此過程中，我深切地體會到山區農村的貧窮落後，文化的缺失，還有當地老百姓的純樸善良熱情，以及他們對文化的熱切需求。一天，我們到一個叫麻地溝的村子去宣傳，這裡也是特別缺水，村口有個小池塘，人們洗馬鈴薯與牛羊喝水都在這裡，村民的飲用水也就是下雨存下的窖水。

所以，當地人寧肯給客人吃一碗莜麵，也不肯給喝一杯水。我們到後，村幹部派幾名年輕人去冰洞砍冰，我懷著極大的好奇心，緊隨其後。我親眼見到年輕後生身背背簍，腰拴繩索，手持斧頭，上面有幾個人負責往下放人和往上拉人。他們砍回滿滿幾簍冰塊，回來融化成水，給我和我的學生們喝。據說只有招待貴客才會去砍冰，我感動之極。

我一直不明白：這冰洞裡的冰為何常年不化？直到上世紀80年代末，經科學家發現才知道這冰洞形成於新生代第四紀冰川期，距今已有300萬年的歷史，是迄今為止中國發現的最大冰洞，也是世界上永久凍土層外罕見的大冰洞；洞內一年四季冰柱不化，愈往深處冰愈厚；夏天洞外碧草如茵，石洞內寒氣逼人，永遠保持在0度左右，洞內洞外兩重天。

就這樣，經過一段時間的磨合，我們師生之間、同事之間的關係都十分融洽。生活上的艱苦依舊，我和學生們一塊勞動，共同深入農村，很苦，很累，但很快樂。我從小生長在農村，八歲喪父，全家六口人靠當小學教師的母親的微薄薪水生活，我作為姐弟中的老大，過早地承擔了一些與年齡不相符的重擔，飽嘗了世態炎涼和人情冷暖。

生活的不幸，使得我比較能吃苦，對於他人對自己的善意都會心存感激，難以忘懷。在我成長的過程中，老師起了很大的作用，特別是中學時代，我有幸遇到幾位好老師，是他們對教育事業的忠心耿耿、高超的教學藝術以及對學生的那份大愛，使我能夠考上我一生都為之自豪的北京大學。在那裡，我學到了知識，學到了做人的道理，改變了我人生的命運。

對於我中學時代的老師們，我一直懷著深深的敬意。面對學生對文化知識的渴望，面對農村師資匱乏，教育觀念、教育設施、教育質量的落後，我覺得我也應該努力成為一個好老師，甘為人梯，以自己的微薄之力，做好教書育人的工作，幫助學生們走出大山。

在寧武，我帶過四屆高中生，教過化學、政治、物理等課程，得到學生家長、學校的認可。學校推舉我當學毛著積極分子，我推掉了；縣裡派人找我談話讓我當公社團委書記，我婉拒了，決心踏踏實實做一名合格教師。說實話，要真正成為一個好的教師，也絕非易事，需要不斷學習，提高自己，

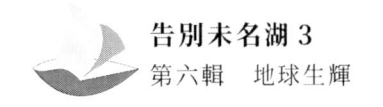

需要有安貧樂道的奉獻精神，一定的教學能力和藝術，更要有一顆對學生的愛心。

這些年裡，我妻子所在的瀋陽410廠曾多次來函商調，寧武均以「大單位不要拆我們小地方的台」為由拒絕。我剛到東寨中學時，這裡有1966-1968屆蘭州大學、山西大學等校畢業生六七人，他們透過各種關係和門道，都陸續調離，最後外地人只有我一人在堅守。直到我二女兒出生後，好心的同事幫我上下周旋，終於拿到調動的信函。離校時校長握著我的手說：「什麼時候還能有北大的畢業生再來我們這裡工作呢？」那一刻，我沒有終於調離的興奮，只覺得心頭沉甸甸的。

人說「苦難是一種財富」。寧武的幾年，也可以說是我人生的一筆財富。工作生活的艱苦，使我受到了鍛鍊，學到許多課本上學不到的知識和經驗，當地同事、學生、當地居民的純樸、善良、熱心，使我體會到人間的溫暖。在以後的日子裡，無論遇到多大的困難，我都能泰然處之，因為自信辦法總比困難多，沒有過不去的坎。

1987年冬天，時任寧武縣辦公室主任的高志鋒同學接我回寧武，我看到這個山區縣發生了翻天覆地的變化，讓人振奮。從縣委副書記、辦公室正副主任、各局正副局長到學校校長，大多是那幾屆的學子，他們都已成為這裡的骨幹，以他們的才智和努力改變著家鄉的面貌。同學們在一起熱鬧非凡，他們的熱情趕走了三九天的嚴寒。那一刻，我內心充滿滿足與感激之情。

也許因為我這個人胸無大志，也許因為熱愛這份工作，更多是因為環境所致，我做了一輩子中學教師。恢復高考後，我送走了十幾屆高三畢業班，看到學生們考上他們心儀的學校，自己也得到安慰。2015年5月，我應邀參加北大生命科學院成立90週年大會，再次漫步在美麗的未名湖之畔，古稀之年，回首往事，感慨萬千。

歲月如歌，這輩子我雖然沒有做什麼轟轟烈烈的大事，也沒有像許多北大校友那樣取得令人羨慕的業績，但幾十年來一直堅守在基礎教育的崗位上，雖歷經坎坷，卻也無怨無悔。感恩母校，我愛北大！

崔增貞，1945年生，1963年考入北京大學生物系，1970年被分配到山西省寧武縣東寨中學任高中教師。以後在臨汾二中、太航儀表廠中學任教，曾任太航中學校長。2000年9月退休，現與女兒在上海生活。

⊙崔增貞、黃玉芝在北大未名湖畔

⊙崔增貞在上海浦東世紀公園

從執牛鞭到執教鞭

——從教生涯初記

吳柏春

豫南淮邊執牛鞭

1970年3月初大學畢業分配的關鍵時刻，我得知有回湖北的唯一指標，遂婉拒了工宣隊要我留校的決定。3月18日，我告別了相伴7年之久的未名

湖，坐上了南下的列車。深夜在河南信陽站下車時，我十分詫異地問帶隊主管，他說：「你們都是分配到湖北省的，先在武漢軍區8231部隊農場勞動鍛鍊，農場就在信陽地區。」看來，我要想回湖北，先得當「河南老鄉」了！在8231部隊師部，我們和清華大學命運相同的畢業生不期而遇。次日，我們一起乘部隊專車來到8231部隊五七農場（位於豫南淮河邊息縣的陸口）。清華、北大共112人，被分成8個班（其中七、八班是女生），組建成8231部隊農場「學一連」。

老牛通人性，書生「明道理」

在學一連，我駕馭耕牛在稻田耕作，可算是「老農」了。我駕馭過一頭鼻子豁口、個大力氣大的公水牛。鄰近田的同學駕馭一個體稍小、皮毛油光、性情溫馴的母水牛。每當我倆駕馭的牛拉著耖子在大田裡轉圈轉到接近時，老公牛一改常態：頭不由自主地偏向一邊，兩眼直勾勾地瞪著母牛，漸行漸遠時還回頭觀望；而母牛則無動於衷，老老實實往前跋涉著。由於老公牛的「不良表現」，每到此時我要左手拉緊牛繩，掌穩耖子，右手揚鞭吆喝，不讓它分心偏看。

每到夕陽西下，我們為趕工還得繼續幹活時，「奇蹟」出現了：老公牛好駕馭了，耖田轉圈也順暢了！正如「老牛自知夕陽晚，不用揚鞭也奮蹄」詩句所述。以上親歷可算趣事一樁。在那批判「資產階級人性論」的年代，我確乎見證了「畜生通人性」的道理。

交了一份特殊的實驗報告

3月末的一天早晨，連長找我和另一北大同學說：「你們二人是學生物的，全連600畝水稻田的育秧任務交給你倆。不要怕，有技術員指導，在幹中學，明天上午到場部參加技術培訓。」我雖見過老農催芽，但考慮到我連用谷種需近萬斤，很有些顧慮。連長鼓勵我們說：「別擔心，從戰爭中學習戰爭，實踐出真知嘛！好好幹！」連部騰出隔壁的大房間來作催芽室，萬斤谷種浸泡後堆得像小山包。為了保溫，窗子用紙密封，門外掛起草簾，室內生起煤

爐，谷堆蓋著濕麻袋。我們的「儀器」是一支長長的溫度計和兩把木製平口鍬，我們的實驗是使谷種保持在 25-31℃使之出芽。

初戰結果部分失敗：谷堆內溫度不勻，過高的部位谷芽燒壞了。連首長沒有批評我們，請來的場部技術員分析了問題所在，指出了技術關鍵是掌控溫度、濕度和「濕長芽子乾長根」的訣竅。之後，我倆輪流值夜班，加大溫度監測、谷種翻動的頻度和局部涼水降溫等措施，終於取得了成功。那天，連長高興地帶領各班骨幹來到催芽室，肯定了我們的催芽成績。當我們看到白花花的谷芽如白晃晃的雨點均勻撒入秧田時，別提心裡有多高興！因為，這是我們提交的一份成功而特殊的「實驗報告」！

大田生產勞我筋骨

⊙從右至左：石志夫老師、裘學耕、張鳳州、陳宏根（工人）、吳柏春，攝於 1968 年冬

俗話說「一年一個插田佬」，我們卻扎紮實實幹了兩年整。與公社社員分工幹農活比，我們不是農民，勝似農民：春耕前，連長帶領大家平整土地，土塊裝滿筅箕、藤筐，我們或挑或抬，經常一路小跑，汗流浹背；凌晨 3 點鐘下秧田拔秧苗，裸露著雙腳，忍著徹骨的寒冷，還有吸血水蛭的叮咬；手持秧苗跋涉在水田裡，彎著痠疼的腰緊跟插秧機後，瞪大雙眼搜索著眼前插秧機的遺漏（缺棵），亦步亦趨地及時扶正、補漏。

艷陽高照的暑熱天，在茂密的半人高禾苗叢中貓著腰除雜草、搞田間管理；或傍晚在稻田埂上安放誘蛾燈，不時吟起「稻花香裡說豐年，聽取蛙聲

一片」的詞句；或與泥鰍、黃鱔、烏龜甚至水蛇來個不期而遇的小驚險；或趁天晴風小好噴灑農藥殺蟲防病時，走田埂，涉田間，手腿皮膚被稻葉割擦，傷痕隱隱作痛好幾天。三秋時節突擊「搶收」，連長帶頭連續奮戰36-48小時，疲勞、困頓時有人高聲朗誦毛澤東語錄氣勢逼人，激勵發揚「一不怕苦，二不怕死」的革命精神，大家你追我趕、爭先恐後直至戰鬥結束。

打穀場上燈火通明，常常「白加黑」、連軸轉；稻場上，晾晒的新穀子一片金黃耀眼，稻草散發的清香沁人心脾；晒乾後的新谷堆積如山。我們壯勞力裝麻袋，過磅秤，扛上卡車或拖拉機，送息縣縣城某糧庫。我們像碼頭工人一樣，肩扛大麻袋，腳踩斜跳板，一步一步走向糧堆的最高處……我們真真切切嘗到了「勞其筋骨」的滋味。

床頭燈成風景線

聽了社會上流傳我們是舊教育制度的犧牲品、新教育制度的試驗品、社會的處理品的「三品」之說後，我心中五味雜陳，頗為不悅。來農場後，我們立志「而今邁步從頭越」，決心把自己鍛造成「優質品」。

適應了農場的作息、生活以後，有人在床頭安了小燈泡看書，很快許多人效仿。無論是農忙還是農閒，無論是夏暑還是寒冬，無論是皓月當空還是風雨交加，入夜後，大寢室裡星星點點的床頭燈下，人人看書學習，抄抄寫寫，搗鼓無線電，有棋弈但絕無人玩撲克牌，成了我連的一道風景線。

我將兩口箱子用磚頭墊高當成書桌，看感興趣的政治、科技、文史類書籍，抄寫了兩厚本中央文件、首長講話。1971年國慶節前後，一個爆炸性政治祕聞暗中流傳，連首長按上級部署傳達了關於「林、陳反黨集團」的中央文件和領導講話。沒想到，離開北京一年多就發生了政治大地震。雖然勞動、生活秩序井然，全連看似平靜，但人們腦海深處卻波濤翻滾。我們從震驚 - 不解 - 反思中求解，悟出了政治鬥爭及政黨政治學說的一些道理，自感在政治上開始成熟起來。

1972年元月上旬，湖北省畢業分配辦公室開了二次分配工作會議。據說，他們竟然忘了8231部隊農場還有300多人。經協調後，我們才得以納

入分配計劃。我們是學制五年、六年的三屆畢業生，絕大多數未婚，甚至沒有對象。連隊首長深入瞭解個人及家庭情況，實事求是地確定分配原則和政策。二次分配的結果：有的去向明確，有的還得再分配；十幾對明確了戀愛關係的戰友分在了一起。我和其他十餘人被分配到武漢市，等待第三次分配。

初執教鞭「小改中」

歷經四次分配才到「小改中」學校

1972年2月中旬，五六百人匯聚武漢市第一師範學校，聽候第三次分配。在那知識分子是「臭老九」的年月，我的願望是最好不到知識分子成堆的單位，結果事與願違：98%的人分到市教育局。6月2日，分配我到礄口區的「小改中」學校，即原紅旗大道小學改的武漢市第五十七中學任教。從此，我正式成為一名中學老師，教農業基礎知識課，周課時最高達24節。

第一次上課，我輕快地登上講台，用湖北腔普通話介紹自己；學生們聚精會神地聽著並報以熱烈的掌聲。平時講課，我儘量結合農業生產、生活實際，有時加進部隊農場生產實例，板書加畫圖，深入淺出，繪聲繪色，還不時發問。師生互動時，同學們時而露出驚奇的目光，時而發出陣陣笑聲……

可能是初當老師天天吸入粉筆微塵之故，我曾劇烈咳嗽月餘，有時咳嗽急促，不得不中斷講課。此時，懂事的班幹部會為我遞上一杯水。學生們對我的課頗感興趣，聽得津津有味。我也為能快速進入角色、得到認可，感到高興和自信。

學校慶祝「七一」時，我用小提琴演奏了一曲芭蕾舞《紅色娘子軍》選曲——「吳清華訴苦」，博得陣陣掌聲。秋季開學初，學校在「大初二年級」（時遇學制變更）選人組建文藝班，任命我當班導。文藝班除文化課、勞動課外，課餘時間均用於排練文藝節目。好在有兩位音樂老師積極配合，我們積累了不少好節目。在1972年和1973年期末的全校會演中，文藝班義不容辭充當了主力軍，受到師生們的好評。

次年春，學校改任我為政治課教師。上社會發展史課時，學生不愛聽。為吸引學生，我從自然、歷史、人文社科多學科旁徵博引大量加料，以說明、

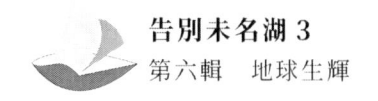

證實書上的觀點和結論，深受學生歡迎。校長聽後，表揚我沒死摳書本，講得活，並要我舉行過幾次公開課。任班導近兩年，我經常走訪學生家，瞭解到城市職工生活的百態，特別是看到學生家有的三代一室，有的家不像家時，頗受教育。後來，學校任命我為政工組副組長，不再當班導。

執教鞭還丟不開「牛鞭」

在「文革」極激進路線之下的教育系統，「兩個估計」如同兩座大山壓在學校及老師們頭上，其主旋律是批判「智育第一」、「三脫離」和「師道尊嚴」，主張「學工學農」、「走出去請進來」搞「開門辦學」等。我曾多次帶領學生學工、學農，參加勞動，每學期一次，歷時半月。1974年春，看到學校主管常常為「開門辦學」發愁，我建議到我家鄉——武湖邊辦個農場，得到馬書記等高層和工宣隊一致贊同。

定盤子那天，馬書記帶了其他校主管和後勤人員來到我家鄉，在我家舉辦三桌酒席，宴請我生產大隊和小隊主管，事情就這樣敲定了。不久，學校大隊人馬來了，學生們收割小麥，我則重執牛鞭，帶著部分男生去湖邊開荒地。此後幾個月，學校後勤常駐農場經營的人員就以我家為據點。就這樣，校辦農場辦起來了。

1977年春夏，我離家帶隊在黃陂縣劉家塘又辦農場數月，重執牛鞭耕種那十幾畝旱地，帶著輪班的學生種植綠豆、黃豆之類，收穫不錯。勞動強度雖沒有部隊農場那麼大，但我必須以身作則，事事操心，深感擔子和責任重大，以致發高燒、扁桃體化膿仍堅守崗位。

有驚無險的考研

1976年是中國人民的大悲大喜之年，我也迎來了轉機。1977年春，學校因派我到黃陂辦農場，特騰出一間辦公室讓我搬進學校，從而結束了我5年多的蝸居生活。母親病逝週年後，孤獨的父親從農村遷來武漢，並被安排在學校做臨時工，全家團圓了。

繼國家恢復中斷 10 年的高考不久，1978 年又恢復了招考研究生。我和家人商定報考研究生，得到學校和礄口區教育局主管的大力支持，經歷了有驚無險的考試，終被錄取。

　　我是礄口區考生，區文教局中教科科長鄭仁斌任礄口區考場的主考。6 月初首場考試時，試卷發後我仔細一看，不對呀！這不是明天考試科目的試卷嗎？我頓時情緒不穩，當即向主考提出。主考審查後說：「我立刻聯繫武漢大學招生辦。你不要乾等，邊等邊答卷吧！」

　　幾分鐘後，主考回來說：「武漢大學招生辦承認卷子確實發錯，但是不好收回。武大的意見是──就這樣答卷。」我迅速調整心情、思路，按時答完全卷。交卷後，意外的事發生了：鄭主考指著身旁一個文教局小夥子認真地對我說：「根據文件精神和考場規則，你今天不能回去，我派人跟隨你『服務』到最後一場考試。」

　　我辯解說：「老鄭，你不就是怕我洩密嗎？即便是想洩密，我也找不到對象呀！我還要回家複習衝刺……」老鄭嚴肅地說：「吳柏春，你我都是幹部；只得委屈你了，我們共同遵守吧！」於是，那小夥一刻不離地跟著我，包括洗漱、上廁所、吃飯、晚上複習、睡覺等。我憋屈著考完，立刻回校工作，幾乎不抱什麼希望了。

　　三週後，接到複試通知書，我又燃起了一線希望。我準時來到武漢大學生物樓，看告示得知：病毒學專業兩個方向招收 6 人，有 36 人參加複試，筆試時間 3 小時。我找到考場、座位，坐在最後排。開考鈴響後，我迅疾動作，認真而緊張地答卷。2 個小時過去了，還有幾道未答題！環顧前方，見有幾個考生在檢查答卷，還有 2 人「坐等」交卷。我自覺不如別人，心急起來，加快答題速度，字寫得潦草些，幾乎是最後交卷。

　　下午面試時，抽籤答題。主考嚴家騏教授（我所報的指導老師）雖平易近人，但畢竟是考場氣氛！所提問題有些我聞所未聞，估計答對的不過五六成。嚴老師問我是否學過核酸生化，我幾乎不知有此課程！助手秦俊川拿過一本原版書即 J. N. Davidson 的 The Biochemistry of the Nucleic Acids（第七版）給我看時，我不識英文。我覺得沒希望了，他倆反倒鼓勵我一番。

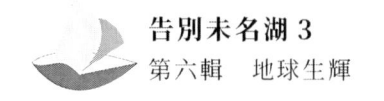

回到中學，我迅速投入工作，談及考研，幾乎無話可說。意外的是，9月初我接到了武漢大學研究生錄取通知書！

珞珈山苦讀三年

　　珞珈山——武漢大學的別稱，百年學府，依山傍水，風景秀麗。國際著名病毒學家高尚蔭院士（時稱學部委員）在此創辦了中國首個病毒學系。1978年10月，時年35歲半的我，有幸成為首批研究生來此深造，我既興奮自豪，又深感時不我待，壓力巨大。

　　我的指導老師嚴家騏教授，早年畢業於北農大，與高先生合作近30年。他專業造詣極深，從事生化及免疫學研究多年，精通四門外語，曾是武漢大學的「四面白旗」之一，同行稱其為活字典。入其門下後，我既高興，又憂慮。按嚴老師的意見：一外必學英語，因外文文獻大多是英文，俄語作為二外。我的專業方向是病毒生化，專業基礎課按系裡安排，方向課由嚴老師親自執教。除課程外，畢業論文占一半學分，份量較重，到時他會具體指導。

　　英語學習每週幾乎要花去我一半多的時間，而專業學習、技能訓練更重要。因此，我決心全力以赴，拚命三年，實現學成專業、脫掉「三品」帽子的夙願。

　　我們「英語起點班」有三四十人，人到中年，程度不齊。於是從字母書寫，音標發音，單字板書，到課文背誦，課外作業，一如中學生。課堂上，背誦課文、回答問題、英漢互譯時，被點名的人數常常過半。老師經常表揚的研究生中有好幾個是北大畢業的，同學們也不時誇讚說：「你們北大畢業的，確實不一般！」兩年內，我順利通過了一外英語和二外俄語的考核。

　　一外通過前，我自學《生化專業英語文選》，嚴老師也布置看英文的專業文獻。起初，專業詞彙十有七八要查詞典，但經過多次查、寫、記、用，專業詞彙和用法積累多了，我漸漸能看懂英文的專業文章，速度也隨之提高了。

　　我的專業理論課和實驗課的學習，均按計劃有序地進行，順利取得了學分。第三年初，嚴老師為我們開了病毒生化課。那時，病毒生化是前沿領域，

國內尚無此類教材。每次講課，他都拿出一二十張親自抄寫、繪製的「大字報」掛滿教室，大家全神貫注，認真聽講和做筆記。

　　與此同時，啟動實驗研究以獨立完成畢業論文。在嚴老師指導下，師生一起確定了畢業論文選題——「蓖麻蠶核多角體病毒多角體蛋白的純化及理化性質研究」。開題報告後，我便在實驗室忙活：養蓖麻蠶、處理蠶屍，提純多角體，購置或借用相關試驗器材，配溶液，學沖膠卷洗照片，做預備實驗……

　　一天，嚴老師對我說：學校派他去美國進修一年，我的論文今後由盧文筠教授和胡國律講師指導。實際上，我完全按開題報告確定的內容、程序、技術路線、試驗方法進行，遇到關鍵問題請教盧、胡二位老師。

　　一年的科學研究實踐，訓練了我的動手操作能力，如做起提純多角體、純化多角體蛋白、SDS-PAGE, IFE、蛋白質染色等實驗來得心應手。我的實驗結果達到預期；其中一項——蓖麻蠶核多角體病毒多角體蛋白等電點（PI=4.8±0.02）引起注意：有人說我運氣不錯，因為未見有如此低等電點的報導。

　　論文初稿寫成後，按盧、胡老師意見，還要送劉年翠（高尚蔭院士夫人，病毒學方向）等教授審閱。一週後，我上門徵求審閱意見時，兩人均只提出一般意見，如詞語表述、文字符號、圖表照片、文獻取捨的修改建議。正當我定稿、謄清論文時，盧、胡二位老師突然同時召見我。見他們眉頭緊鎖、面色凝重，我心頭一沉！盧老師說：「吳柏春，你的文章重點不明、邏輯混亂、結果不可信，高先生說能否參加答辯還是問題！你要重做試驗，認真修改！」我感到當頭一棒，詫異莫名，忙辯解說：「登門徵求意見時大家沒有根本否定呀！如今……」

　　盧老師見狀嚴肅地說：「吳柏春，對高先生的意見，你先要端正態度！」胡老師見我牴觸、激動，連忙說：「小吳，你還是要考慮重做試驗。如果結果錯了，就正好修改文章；如果能重複出來，那別人也就沒話說了！你看是不是？」我說：「我現在兩手空空，實驗室的全套器材都轉到下一年級研究

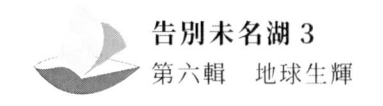

生了呀！」胡老師說：「那就再要回來吧！萬一不夠，你到我的實驗室來拿！」胡老師說得這樣誠懇、在理，我沒說的了，當面答應重做實驗。

此時研究生答辯階段已經開始，我心情沉重，壓力巨大，硬著頭皮重做實驗。我暗下決心：拼下一條命，也要參加答辯。重複實驗時，我實驗步驟瞭然於心，配試劑不用看實驗記錄本，操作儀器設備迅敏快捷，午餐、晚餐就在實驗室煮麵條吃。不到一週，重複實驗的結果出來了——依然如故。正當我再次實驗時，突然通知我去接電話，是劉年翠老師打來的，告訴我不要急，她已經查到了文獻，也有像我實驗結果那麼低的「等電點」。

聽到劉老師緩和的語氣、關心的詢問，我有些感動，說：「劉老師，謝謝您！我不急，還是按要求重複三次。」掛下電話，我如釋重負，立刻進入實驗室重做實驗。幾天後，劉老師電話叫我到她的實驗室去一下。推開門，只見頭髮灰白、戴著金絲老花眼鏡的她正在看資料。見我來了，她微笑著示意我坐下，找出那篇文獻對我說：「你看！文獻中有你那樣的記錄！」接著，劉老師誇讚我說：「搞科學研究，就是要有你這種精神，堅持己見，實事求是，不被權威、名人嚇倒……實驗做完後，趕緊定稿，充分做好答辯準備。」

約 10 天後，我做論文答辯時，有十幾人參加：除劉、盧、胡外，還請了中科院武漢病毒所的一位搞病毒生化的女研究員（姓方），以及本系其他任課教師。面對答辯小組的提問，包括方研究員的「等電聚焦假象如何排除」的意外提問，我都認真而鎮靜地一一作答，最後全票通過。

11 月底，首屆研究生畢業分配如期進行，我被分配到華中師範學院。

桂子山上執教鞭

1981 年 12 月 30 日，我到華師報到了，從此成為「桂子山人」。

華中師範學院，1985 年改名為華中師範大學，鄧小平題寫了校名，是教育部所屬的百年老校。1982 年，我任華師生物系 1982 級畢業班班導，執教「病毒生化」和「生化實驗」課；當年秋天，喜獲中國首屆理學碩士學位。次年夏，定級為講師。不久，舉家搬到華師，全家人喜不自勝，可謂安居樂業了。

在學校和系主管的大力支持下，1984年我自行設計實驗台桌，訂購超離心機、微量紫外分光光度計等高級儀器和生化試劑，創建了病毒生化實驗室。1985年獲得國家自然科學基金首屆資助課題——「中國棉鈴蟲核多角體病毒VHA273毒株生物化學與血清學性質的研究」。

此時的我，有小而完備的實驗室、幾萬元經費，有穩定的「病毒生化」、「分子生物學」、「分子病毒學」等學位課程，並被選為系工會主席。1987年學校研究生處兩次調我，許以兼搞專業；6月上旬，我走馬上任研究生處，成了「雙肩挑」幹部。

此後幾年，由於國家項目在肩，實驗室僅我一人（後配一名實驗員），我常常從研究生處下班後就進實驗室；有時忙到深夜，不得不翻窗戶離開生物大樓，到家時家人已入夢鄉。1990年完成課題研究計劃後，我未再申請科學研究課題，交出了實驗室。此間，先後在《病毒學報》、《病毒學雜誌》（後改名《中國病毒學》）、《自然雜誌》及《華中師範大學學報》等學術刊物上發表病毒學科科學研究論文20餘篇，多次獲省、市科協及學會優秀論文獎。

此外，還發表了有關學位與研究生教育、外文版生命科學教材研究的論文多篇。原創科學研究論文曾被國內外9種著名期刊文摘多次摘登。1993年我應邀獨自出席了在英國蘇格蘭Glasgow舉行的第九屆國際病毒學學術大會（ICV93）。同時，主持學位與研究生工作多年，在學位管理、導師隊伍與學科建設管理等方面，也做到了盡職盡責。

1996年至2003年我先後任出版社副總編、書記，期間仍教授「分子病毒學」、「科技編輯專題」，並指導研究生（含留學生）。

總之，一旦「雙肩挑」挑起來了，就再也不能停歇，直至退休；甚至2004年初退休後，受聘於著名民辦大學武漢生物工程學院，亦是如此。

吳柏春，男，教授。1943年生，湖北省新洲縣人（現武漢市新洲區）。1963年考入北京大學生物學系。1970年3月—1972年2月在部隊農場勞動鍛鍊，後分配至武漢市五十七中任教。1978年10月考上武漢大學研究生，

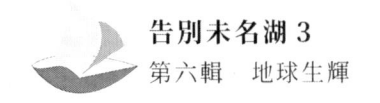

1981 年底畢業分配至華中師範學院（後改為華中師範大學）任教。曾任華中師範大學研究生處處長、出版社書記兼副總編輯等職。2004 年 2 月退休後即受聘於著名民辦大學——武漢生物工程學院，兼任湖北省人民政府第四屆諮詢委員會特邀專家。

曾先後發表學術論文 20 餘篇，出版了《分子病毒學》等 6 部學術著作；其中，主編的《微生物學》、《生物化學》及主審的《生物工程概論》等 3 部教材被評為「普通高等教育十一五國家級規劃教材」。

⊙ 2013 年 5 月作者與妻子熊成秀、長子吳丹在美國阿拉斯加游輪上

舊事如天遠相思似海深

——獻給同班（6304 植物班）全體同學

俞俊鳴

前詞：恕閒話幾句，嘻作「開胃小菜」。

有資深諍友 Y·H 曾幾次在電話煲中，要我素顏真容地講講當時沒有畢業證書的「畢業」那檔子事和畢業前後我的心路歷程。我「十動然拒」。一因「人艱不拆」。那時是非常時期，證書沒有即時發，而後既然是補發了，那也就算「了」了。「小巷」本來就是故事多，何苦再舊事重提，不必太較真。時光煙雲。

二因我有心理障礙。怕觸及靈魂，更不敢直言心路歷程，擔心若不留神，萬一搗鼓出一些虱子來，豈不尷尬心塞？後經諍友婆心善意地諄諄教導，「誘惑繾綣」；再反覆思忖，反正已經退休了，藉機倒是可以打發一下時間，不如自己就對自己來次問答「專訪」，回思一下彼時彼事，老牛反芻自我品味；

也相當於給自己梳梳頭髮、洗個澡吧，若順勢真能箆出脹脹鼓鼓圓圓惇惇的虱子來，那又能「怎麼的」呢？「醜媳婦也得見公婆」麼，說不定虱子捉掉了，反而也就舒服坦蕩了，放得下做得菩薩。

想當初，參加「四清」運動，有天晚上，火頭間斷跳躍的煤油燈下，從內衣褲的衣縫中曾捉到過烏黑碩壯的那玩意兒，竟有十八個。「叭」、「叭」挨個擠爆，用大頭針在燈下整齊地排成一排，像列隊的陶俑一樣，頗為壯觀，挺好玩的。同時會伴隨著產生一絲輕飄莫名的愉悅，幾近「征服感」或「成功感」，依稀記得這就是魯迅先生描繪過的阿Q曾有過的那種感覺。是夜就異常輕鬆美美地睡了一覺。所以有了下面這些文字，也不拂Y·H的錦心美意。

？：離開北大有多少年了？現在還想不想北大？

……：1970年3月份離開的，有45年了。具體哪一天記不得了。小日子過得真是快，白駒過隙。天不假年，人已步七囉！

想不想？想！當然想！念茲在茲。但不主動去多想。40多年來卻曾多次做夢，夢的內容都很類似，都是夢到有幢幢疊疊的很多很多的多層房子，有很多很多緊挨著的教室，門卻關著，想要上課而無法進去，乾著急——於是就醒了，心裡總會感到很懊憋、很不爽、很不開心。……就在最近，因校友學兄貿然提起《告別未名湖》，竟然又連續三天做夢，自己都覺得好生奇怪……其實我是一個不太容易做夢的人，因心無旁騖、「愣」不更事沒心沒肺，所以只要頭零距離親吻枕頭，五分鐘便可「入定」，而且一向「定」得很沉。

過往有一次，入室被盜渾然不曉，坦蕩安逸繼續執迷不悟。第二天醒來方才萬分詫異、後怕萬分。不過也真的怪：當初北大是我填的第二志願，頭天晚上做夢，清晰記得有人告知我被北大錄取，我非常開心；第二天中午，鄰居兼中學學友果真從學校給我送來了北大的錄取通知書。此事我依然嶄新記得，決不妄言。如何解釋——巧耶？神耶？緣耶？……信不信由你，反正這是事實。

？：境由心造，情由緣起。萬事總有源，是吧？

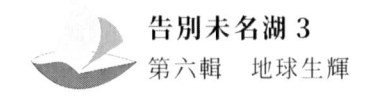

你分在哪兒？離家遠嗎？

……：直接分在貴州省興義地區安龍縣。「一竿子插到底」，這個比喻鮮活生動，傳神形象到了極致，是閃亮經典的範兒，純青的藝術水準和雷鳴通透的效果足足令人五體投地驚嘆，真天才！

分的地方離家很遠，但很政策。精準貫徹了「三個加強、四個面向」中的「加強邊疆」、「到基層去到農村去」。「嗖」的一箭，正中靶心。

我是提前一天離校的，在兄弟系一位同鄉同學家裡嗨聊神侃了一通宵。海闊天空、天馬行空；雞毛蒜皮、談玄論道，真真是東西南北八卦吐槽般泛濫成災，西瓜皮滑到哪裡算哪裡。不怕，話題都是正面正能量的，又是關了門的，只有四知：天知地知我知他知，更何況是已經檢驗過的生死之交。半夜裡他表姐急急敲我們的門，她看到從氣窗裡冒出好多的煙，懷疑我們燒著什麼了，結果是虛驚一場。

？：臨分手了抽那麼多煙，是心潮澎湃興奮過度呵？

……：無意興奮，亦無趣興奮，獨有傷感和憋屈。只緣壓力太大：他作為「反動學生」「不予畢業」，留校「就地改造」，我作為「按人民內部矛盾處理」的「可教育好的子女」去接受「貧下中農再教育」。倆人一腦門的「如何努力改造自己的世界觀」，也就根本來不及培養「決心用自己的知識去徹底改變祖國落後面貌」的豪情壯志。「大有作為」的熱血沸騰不起來。

我是一個人離校的，沒人送，也不必送，何必「近墨者黑」給人添堵、給人平添心理壓力呢？不過在畢業前夕，班級團支部倒是安排了一位團員找我「階級兄弟」般地促膝談心，勉勵我、鼓勵我、激勵我，我深知這是組織對我的關心和愛護，是善舉。因此我認認真真虔虔誠誠極其主動配合，在未名湖畔向組織敞開思想交談了兩個多小時。

我們植物班農村同學相對多一些，班風純樸憨厚，樸素的無產階級感情濃郁，積極向上積極要求進步，班中既有學生黨員，又有不少團員。班裡隨機指定的這位團員，無意中恰恰就是我暗暗心儀的（少年青春正青澀萌稚）同學，端莊清麗、嫻雅文靜。這對我來說實在是「太巧了」呵。真的是無巧

不成書，所以才會樂顛顛地有了交談可長達兩個多小時的「書」。算是我自作多情吧，始終認為這是在我遭受大難之後，老天特意安排的撫慰和疼愛。「隨緣自在，自然安穩。」

？：「赴任報到」的旅途還算順利吧？

……：一路上我是有意屏蔽自己，一個人低調淡靜地清雅澹泊坐著。不打聽，不搭訕，不窺察四方，兩耳不聞身外事，不管周圍「驢友」是誰，也不管是否還有像我一樣的散兵游勇。偶爾從前、後節鄰近車廂傳來高語爆笑的喧嘩聲，有時是激昂的歌聲，我都不問不看不聞不去「串廂」——既然已經是不容選擇性地前驅「接受再教育」了，那就理應養精蓄銳義無反顧，理應為「徹底改造世界觀」全力以赴地做好全身心的思想準備。更何況接受教訓者為俊傑，已罹患過禍從口出之災，那就再也不能重蹈滿嘴跑舌頭的覆轍了！「勤能補拙，斂可護身。」心如止水滄海桑田我不驚，沉默是金。

？：在安龍縣的北大學生還有誰？現在他們的情況怎麼樣呀？

……：共有五人。兩位1963級的：地球物理系，男生，現為教授，家居成都；生物系，男生，就是敝人我，現僅為高級講師，家居上海。一位1964級的：無線電系，男生，現為高工，家居南京。兩位1965級的：歷史系，是一對未婚夫妻，同班同學，男生官至市委副書記（曾任大學黨委書記），家居昆明。除我之外，瞧瞧，他們都挺有出息的。

北大的學生畢業後將取得何等成就，其實毋庸贅言，毋庸過多著墨。北大的學生，一般來講，我深信是不太會給北大丟臉的。就其個人而言，十有八九早晚總會修成正果，混出個人樣來的。在各自領域絕非甘於寂寂，多為有擔當的佼佼者，多少會顯擺出那麼一點兒的與眾不同，會弄出點兒非凡的響動。

這大概源自於對「北大」這中華老字號從骨子裡醞釀出的頂禮和敬畏，因為北大始終籠罩在「五四精神」的光輝之中，對真理孜孜不倦堅韌不拔地執著追求。核心價值的取向，榮譽的珍惜，理想的憧憬，給人以動力和鞭策，

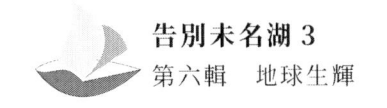

激勵著一代又一代的北大學子。做了北大人,油然有種自傲感和使命感。——這是一個見仁見智、很「拉風」的話題,就此打住。

？：還有其他院校學生到安龍來的嗎?他們現在情況怎樣?

……：有的,大約有30多位。來自於北京、四川、貴州、上海等地。學醫的主要是衛校、中專生。在他們等待分配和工作初始時,有好幾次,在趕場(趕集)天,幾個人會到我們住處來一起聚聚,洗臉盆盛菜盛湯,吃得不亦樂乎。

其實大夥誰都心知肚明,這臉盆,號名雖為「臉」者,實則每晚斬釘截鐵還要兼職「洗腳」的,大家卻若無其事還戲謔性地快活大聲嚷嚷:好吃、好吃！真好吃！頗有青春葳蕤、相見如故、「四海之內皆兄弟也」的豪傑大俠作派。

很快他們都直接分到具體的單位,大多數被分到縣轄的區。於是我們北大五人的「知識青年點」自然就成為「孤島」,成了「接受貧下中農再教育」的典型,北大學生又一次「被」「樣板」。

？：你們五人被「再教育」了多長時間?晒晒你們的生活、學習、勞動鍛鍊咋樣?

……：「扎根」前後約兩年時間。

我們人在生產隊,組織關係在縣裡。遇到問題,譬如申請探親假等,都到縣裡辦。

縣有關部門,在政治組織的官方台面上,就我們這些大學生,對公社和生產大隊當然會有所指示和指導意見,然公社和大隊視我們如革命群眾,我就曾多次到公社書記家做客「擺擺」(即聊天),尤其是貧下中農社員群眾,和我們更是「『學』民親如一家」,根本無改造監督之說,亦無一絲歧視凌嫉之勢。

隨所在地的生產小隊參加勞動,聽哨聲同社員一起出工、收工。從沒有人來給我們記考勤(但我們五個人邪了門的自覺！)。一邊幹活,一邊和社

員說說笑笑接受再教育，寓教於樂寓教於勞，企望透過潛移默化，把深厚的無產階級感情速速移植過來。活路由他（她）們隨時點撥指導我們，有時是手把著手地教，諄諄誘導，我們自然是不恥「上」問。

我學會了插秧、割稻等等。學會稻穀脫穀能冒充一個強勞力就很有成就感：晒乾了的田地中央，霸氣十足地仰天橫臥著一尊四個大男人才抬得起來的碩大木箱，學名謂「脫谷（稻）粒專用箱」，居民俗呼「打鬥」。無蓋，形狀像鬥，箱壁的下部向內傾斜，其造型帶有濃烈的古典藝術品的神韻。

脫穀時，雙手要用力抓緊一梱帶穗的稻秸的尾部，靠臂部使勁，肩、大臂、小臂、手、稻穗秸必須保持一條直線，大小臂直直地一起用力，特別是肘部絕對不能彎曲，加上腰部運氣送力，手腕控制著方向，要使稻穗秸在拍向箱壁的撞擊瞬間，能幾乎與木箱板壁平行，而就在此時發出粗獷而響亮的「嘭、嘭！噹、噹！」的撞擊聲，脫穀才會乾淨。

一開始我不會，雖用了九牛二虎之力，大汗淋漓，穗秸稈卻始終保持著羞羞答答軟綿綿的蛇腰樣子，拍擊箱壁時只會發出嗒嗒聲，毫無陽剛之氣，根本脫不了粒。操作脫軌、「政績」歸零，加上全身動作笨拙僵硬，毋庸置疑是巨呆，引來一片肆意而純粹善意的笑聲。學會後，卻會越甩越有勁，欲罷而不能。

……休息時，頂著當頭滿潑下來的熠熠燦爛陽光，身體向那剛剛新出爐的稻草堆上一摔，再用草帽或毛巾往臉上一蓋，哼上一支紅曲（那時沒有「資產階級生活方式」的隨身聽），喔耶！嘖！嘖！那個舒服勁啊和豪邁瀟灑味，沒法形容無言喻比。洞中多曲岸，此處值千金，絕不會輸給夏威夷海邊沙灘上的風尚陽光浴。

適當的勞作，「自尊」而「能動」的勞作，有時是一種人的本性的回歸。

我還學會了挑擔──通常都認為挑擔是最容易最簡單不過的了，故有「看人挑擔不吃力」的說由。晃哉晃哉悠哉悠哉，節律優美悅人，尤其是年輕豐腴的村姑挑起擔來，踏步嬌麗有力，富有節奏，扁擔尖跟隨著節律有彈性地一顫一悠著，歡快的同節奏的咯吱咯吱扁擔聲和切嚓切嚓腳步聲自成伴奏，

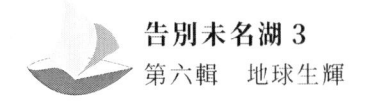

其整個畫面，風韻造姿健康飄逸，確實很美，美得一塌糊塗，撩人心弦，近似妖，活脫脫就是一幅動態的艷麗健美的勞作仕女圖。

但一旦我們實踐起來，其酸甜苦辣卻實實銘心刻骨。從小被城市鋼筋水泥圈籠著豢養大的我輩，嬌生慣養、遠離勞作，不僅腰細無力，而且頸後的皮肉，該死的天生是那樣的柔軟無比，被擔子那麼地一壓，那個痛啊，嘴裡只會本能地「吶吶」，不咬牙也還真是堅持不下來呢。尤其是出早工挑擔，我們是自行開夥，早上我是基本不吃早飯的（因糧乏，當時當地習俗是一天兩頓，而農忙和幹累活時，早上加吃飯糰），那就立即奏響雙通道立體聲的「飢痛交集」圓舞曲，對體能凌刺刺就是貨真價實真刀真槍的考驗。

所以早在 20 世紀 70 年代，我們已經在挑戰、瘋玩超酷前衛的「極限」遊戲了。我體重不滿百斤，後來可挑 130 多斤走上幾里路，修煉達到了可邊挑邊換肩的境界。這裡我頗為自信並淺淺的自豪：自己的挑姿肯定也會是蠻好看的。可惜卻也挑出了腰椎膨出，曾打過二次封閉，現在時不時還得嚴遵醫囑「享受」土豪級的中國特產推拿。

我們五人還創意組織了正宗的「鄉土近郊遊」，上山打柴是主題活動。邀請比較稔熟的當地居民做導遊，整整一天，拉練式地來回 30 多里的山路。回來後稱稱戰利品柴火，我的收益總在 80—90 斤之間。但第二天鐵定黑便（胃出血？），正所謂有得必有失也。打柴路上渴極了時，我曾經啜吸過「牛蹄水」，竟然不拉肚子。深度驚異：人的適應能力咋會如此這般地顛覆常規？

這些平淡無奇瑣碎庸常的事還要講嗎？

？：既然發生過了，就講講吧，不能埋沒了。沒有經歷過的人，是不知道的。

……：從豬圈牛欄中出糞，對我來說，這才是剴切的靈與肉碰撞「觸及靈魂」的改造。豬牛糞便發漚肥料，當地是先在圈欄裡鋪上層層稻草和青草，有的牛圈會再隔層灑上少量乾土，豬牛隨意排洩在上面，任其踩踏，自漚發酵，待一段時日後再鋪上一層新草，層層相疊「餡料」互夾。正因為有草稭在糞尿中，千絲萬縷纏結著，又是被豬牛踩踏結實的，所以稠厚之中帶有死

死的堅韌勁，而我呢，人卻偏偏瘦小，從小體質就弱，要想站在圈欄門外，用釘耙起糞、裝畚，沒轍！憑我這身肋條瘦肉，釘耙根本就連拉都拉不動。

根據「敵情」，唯一的辦法，只能打一場「肉搏式攻堅戰」，要跳進去，零距離短兵相接，徒手光腳「刺刀見紅」。要先耙鬆，再用手來抓捧、直接用力扯斷莖莖拉拉才行。一窩子的黏膩泥濘（是根本無法穿鞋的，既會陷，又會被黏吸），臭氣熏天，臊腥沖鼻。要赤腳？要手捧？黏乎乎爛糟糟腐敗了的糞便要直接濺沾在皮膚上？哇噻！頭皮發麻！惡心！雷人！──那麼，到底是「跳進去」還是「不跳」呢？──「為了革命死都不怕！」所以：跳！⋯⋯這對世界觀的改造，毋須再剖析了吧。鳳凰涅槃。心路歷程就此交代清楚。

從彼至今，「珍惜每一粒糧食」、「斷斷不敢暴殄天物」成了我第二天性，幾近吝嗇。就為這，常招來老夫人為我健康考慮的譏斥甚或發飆，但我仍冥頑，執迷不悟。這裡不由得翩翩聯想起我在校時的一件囧事。恕我倒敘，多「嗨皮」絮叨幾句。一天中午，四五個同班哥們蹲在大飯廳門外的路邊聚首吃飯，吃的是包子，屬「打牙祭」檔次。

我側頭瞇眼舒心且小心地咬著包子的皮，捨不得一下子就吞掉肉餡丸子，那帶著鮮汁滷的包子精華，理當慢慢地細細品嚐、舌尖拿捏。可偏偏越小心越有事，就像豪門的二代越寶貝越嬌慣越關注就越會來事一樣，肉餡丸子就偏偏滾到了地上。我傻傻地眸凝目滯──撿起來吃，還是不要了一腳踢開？──按習慣，按從小接受的教科書般經典的訓導，從地上撿東西吃，毫無懸念法定是要嚴懲不貸的，殺無赦！但眼下困難時期剛過，食品尤其是肉類還相當金貴。

更要緊的是，我知道，事實上我的第六感官已經明炙炙感覺到了，周旁圍著的那幾位弟兄，都在用眼角的餘光默默地瞅著我呢：咋樣？嗨，小子！他們盈盈深情地熱盼著我不要浪費、不能太講究，應當艱苦樸素、「勤儉節約」⋯⋯面對的鞭策，逼人的氣場，不能讓「爺們」失望啊，於是我大義凜然、毅然決然地迅雷不及掩耳撿起地上的肉餡丸子，一口塞進嘴裡大嚼。菩薩保佑，一點都不牙磣。

仍新鮮記得，一位來自北方農村，我班最年長的同學（我一如既往把他視作我忠厚可靠的兄長大哥），似有似無地細細輕輕地籲出了一口實質內涵是蕩漾起伏的長氣。呵呵，謝天謝地，他們「認同」了我。——潤物細無聲。「刀不血刃」不露聲色就完美成功了一場顛覆觀念、震懾作風的思想革命。「觸及靈魂」，不一定非得要賴倚於「吹鬍子瞪眼」式的橫刀立馬河東獅吼般重磅震撼。誠然，連珍惜糧食都做不到，談何培養「無產階級感情」呢？無產階級就是被剝奪得食不果腹的，對待糧食的態度是朗朗分界線，楚河漢界，立判。

再說說我們當時的生活、學習。

初始，縣裡安排我們吃派飯。很快我們就發現，因食物匱乏，派飯會給社員各家帶來較大的不便和壓力。於是我們決定自己開夥做飯。縣裡還建議並妥帖安排好我們到縣革委餐廳搭夥。

我們五個人一起住在一生產大隊的空糧庫配套保管室兼原大隊部，全木結構，原木本色，架空築建，非常乾燥。環保兼純天然，極品稀罕，現今不會再有了。我們是捷足先「居」，很享受，很幸福。但正因為原來是「庫」，故全封閉無窗，只要一關門，屋內便暗得貨真價實地伸手不見五指。我們用兩三片亮瓦和一塊約半幅《人民日報》大小的窗玻璃取代幾塊普通瓦片權當「天燈」，再拆走兩三塊長條形的木牆板條，用透明塑膠紙擋擋而「鑿壁借光」。措施正確英明實用有效，頓時滿室生輝光亮燦燦。

穿過房頂瓦片間的疊縫，可直視宇宙深處，清朗的夜晚，脈脈多情的星星會向睡在床上的你調皮地眨眼微笑，誘得你遐想連連。逢到颱風天，那是會教人抓耳撓腮，稍稍有點抓狂，塵土細粒會從壁洞瓦縫中蜂擁而入沙沙作響，於是滿屋跑灰，一場小型沙塵暴。還正因為原來是糧庫，自然曾招來過各種蟲子，所潛伏下來的「遺老遺少」們，就強行給我們皮膚上刺送「紅包」，還經常強行鑽進蚊帳來相擁作伴，卻被我們在熟睡中無意壓死，早上醒來見到蓆子上有蟲屍，揀起扔掉就是，習以為常司空見慣。

住處後有小河，河水清澈見底。水草蔥蔥，小魚、小蛇游來潛去，煞是好玩，生機盎然。我還在河中撲騰過幾次游泳（兼洗澡）。我這人真是沒出息，

在河裡游泳還游出了重症中耳炎，有力反證了：經得起大風大雨大海大浪考驗的人才是人中豪傑。一年四季用的都是冷水，歪打正著密合現今正提倡的「洗漱用三水」科學方法的之一（即洗臉在冬天都應該用冷水，鍛鍊肌膚適應刺激以利於預防感冒——我堅持至今），所以我很少感冒。

河水挑在缸中，下點明礬攪攪，沉澱後燒開，就是我們喝的和做飯用的正宗傳統的天然綠色飲用水。冬天偶爾水缸裡水也會結冰，晚上腳仍照洗不誤，咬著牙堅持把雙腳浸入冰涼冰涼的水中，只要使勁搓擦，而後就會變性成血管賁張膚肌發燙。這叫「反彈」，否極泰來。生活中切身實踐了一回哲學基本原理。

我們一人一張「絕版」簡易式原味木板桌，無椅。每個人的桌子上總會放著書，瞧！知識分子的尾巴耿耿地又翹了出來，本性暴露無遺，難改哦！——不依不饒堅持讀書學習，從骨子裡就是為了「時刻準備著」，準備著要用知識報效祖國！拳拳的學子之心，熾熱滾燙！而無意中，這強烈的求知氣場對青年社員卻輻射了正能量，常會有人來翻翻借借。

我擺的是毛選、專業教科書，還有《國家與革命》、《共產黨宣言》、《家庭、私有制和國家的起源》、《史達林時代》、《馬克思和列寧的學習方法》等等。這些書籍，後雖幾經旅途顛簸，至今卻尚健在，仍在書櫥裡挺立著。最突出的是無線電系的黃同學，更是把書整天攤著不收，每天堅持學外語，還抽空練練毛筆字，雅意潮湧時寫寫七律詩（前些日子我還承蒙厚愛，手機滿螢幕贈來詩作幾十首。大喜，待緩緩吟享）。

我們所在的公社，時不時會借用我們中的同學到公社去幫忙「打工」做事，這是光榮與信任。我猜想大概是鑒於我們良好的表現和積極要求進步的高度自覺性。「清理階級隊伍」時，乾脆就一網打盡集體調用，連我這位「按人民內部矛盾處理」的「可教育好子女」也被安排跑外調材料。給一點陽光就會燦爛。古人說：人為知己者死，能被如此地重用和信任，我當真就兢兢業業、赤誠相報：跑多天材料的同時，靠「忠誠敏銳」和「心細如髮」，額外挖出了一個歷史疑案。

傳說解放前夕一名掉隊的軍人傷員失蹤，原來是被人搶劫後推入山洞殘殺，從洞中起出的遺骨遺物驗明傳言為真。「整黨」階段，我還受命替公社為黨課撰寫「學習《實踐論》」和「學習《矛盾論》」的教案材料，非常認真虔敬地足足寫了四整天。回想起當時在校念書時，曾被任命擔任「要職」數學課代表，我同樣是深度受寵若驚，循用一句俗話：給三分顏色就要開染坊。雖未能把光榮的代表工作做得風生水起卓著輝煌，卻也至少積極主動「血拼」地自編過好幾期原創的走廊數學牆報，不負眾望。信奉「一個人最大的動力莫過於信任」。——太誇張了？不！

　　我們從勞動中得到收穫，同時也在影響著周邊的人們。我們曾經幫助過他們學習，有人終於上了大學，有人終於成為良醫，有人終於晉級良師。我們和縣裡、公社、社員們的關係相當不錯，友誼能保質持久 40 多年，至今尚在走動並通訊，長毋相忘。

　　安龍，我們畢業後的人生第一站。最值得我們狠狠「點贊」的是，對我們這些「接受再教育」的對象，基本上沒有訓斥求疵只有和睦包容、沒有凌辱歧視只有感召信任。直白一句話：農民兄弟和農村基層幹部，沒有把我們認作「臭知識分子」，沒有整過我們。這在當時文化大革命「重口味」的語境中，巍巍然難能可貴。肅然心佩，銘感五內。

　　「第二精神家園」，貼切。

　　？：你受到的「衝擊」，對你的畢業分配有什麼陰影？你受到的「不公正待遇」，究竟是什麼案由？

　　……：分配前隔離審查已「處理」，所以政策也就已「落實」。在「三個加強、四個面向」大框架下，下沉到農村基層，毋庸置疑是正確英明的。因此，「被衝擊」不會影響畢業分配，不會有歧視，不會不公正，工宣隊在動員時和個別談話時如是信誓旦旦疊疊疊疊強調說。

　　然而其實呢，大家都知道，東南部地區是有分配名額的，是有學生而且是有非當地籍學生分配去的；大家也都知道，我家是在上海，與貴州相隔千里，橫穿中國；大家再都知道，我是獨子，家中只有風燭殘年老父一人。無

奈這些都是瑣事家事，理當「鬥私批修」，所以噤聲！路過系辦公室，曾聽到有學生就分配方案，中氣十足在嚷嚷甚或有人疾聲：這種地方我們不去，等著！朝裡有人好做官，走著瞧！像他們那樣的優質資本和帥氣魄力我鐵定沒有。

你問我是什麼案由，我的案子到今都沒有一個專業的司法的案由名稱，若採用復旦大學人事處（後來也包括母校北大）在終案時所發的公函之說法，是：「我校（某某）……與原高中時期的同學一起，議論過文化大革命運動，所謂組織反革命集團……」，也只是定位了我是被株連的，仍沒有明確使人一目瞭然就能明白的「案名」。

對我「辦案」的粗線條路徑，大致是這樣的：初，由復旦發函到北大「指控」（據說：復旦一學生因派性被抓，屈打成招，偽供其與原高中同學「文革」中有反動言論並是反革命小團夥，而我是「原高中同學之一」），於是我被北大立案，公而告知是「隔離審查」。先與黑幫們一起圈押（是時我即自定了「三不一兜」行為準則：不噴、不編、不賴；凡有我在場參與的但尚無主認領的「有份量的反動話」則由我自己先兜著）。之後上面期待能挖出一條「現行反革命集團」的大老虎，故被晉為單押。後來，案子的內容實在上不了「檔子」，就先撤單押，後撤隔離。最終，不審查了，釋放回班，我恢復自由。

不攀高山，難知平地。嘗過了儘管是沒有鐵窗的「單人牢房」的隔離，卻也方悟「若為自由故，生命亦可拋」了！

？：那麼是怎樣結案的呢？

……：分段推進步步為營，分兩個階段，含三次「處理決定」。

第一階段：在校時，是畢業之前。一天之內，有兩次結案。

那天下午，兩個系合併召開「公審公判」大會（之前曾開過幾次二系合併的批判大會），內容之一是宣讀對我的《處理決定》（聽到的大意）：「……議論、攻擊無產階級司令部反革命言論……予以寬大，按人民內部矛盾處理……」。此為第一次結案。

告別未名湖 3
第六輯　地球生輝

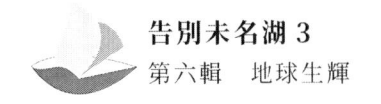

　　會後我一個人，因過度刺激引起胃納太差，踱到東南門（？）旁的一家極土鱉的小飯店，堂點了一個小砂鍋和一小碗米飯，非犒非慰，只是想能哄下肚去。候餐時，對桌一位老人，不認識的，面對，看著我，卻擺成不是說給我聽的「腔調」，輕輕地自言自語：是英雄打落牙齒往肚子裡咽。我好生奇怪：「您是誰？」心領了但不露聲色，更不敢貿然蠢蠢搭訕，免得壞了他的善意。極其微細奈米級地一笑，權充回禮拜謝。餐畢，沿湖邊遛一遛，雖然絕無心情欣賞，但看看湖光塔影的校園晚景，既心情可以自然地有所放鬆，還可以逃脫枉然浪費了這大好美景之罪名。

　　尚未慢步踱回到宿舍樓，遙見我班同學急急緊步面對撞來，火急火燎：「你到哪裡去了？！都在找你！快走！快走！緊急集合，有重要事情！⋯⋯」把我半擁半裹地一起半跑半走趕到系大樓前的小場地。於是就有了第二次的結案：我一到，匆匆忙忙馬上就全系快速列隊，急切召開大會，會上又重新宣布了對我的新的《處理決定》（聽到的大意）：「⋯⋯議論和損傷無產階級司令部⋯⋯錯誤言論屬於人民內部矛盾，撤銷審查，銷毀材料，免予處分，應加強教育⋯⋯」大會簡潔明快創記錄地短短數十分鐘就結束了。

　　這個大會純純是為宣布而宣布，似乎當晚必須宣布掉，「快馬加鞭飛驛遞鮮」而等不得明天，顯擺是為了要確保趕在第一時間之內，為何？僅僅只是相隔幾個鐘頭，僅僅只是下午到晚上而已，前一個極其嚴肅隆重宣布的決定，就硬生生地被戛然橫遭廢黜，兒戲？兩個決定的內容尺度竟然又是如此地丈寸落差斷崖千尺，緣故？⋯⋯接踵連串的突變與反常，令人眼花繚亂目不暇接，究竟為啥要這樣折騰呢？我好生奇怪，滿腦瓜的問號，卻百思不得其解。

　　事隔不久，有人風情萬種極其讚美地傳言：偉大領袖曾親自審批圈定自己所樹樣板的「二校」裡的，在「文革」中遭批判遭關押被劃為「反動（反革命）學生」的名單，老人家極其英明偉大，堅決阻止了擴大化，絕大多數的名字，老人家就是不打鉤，拯救了一大批。──我居然有幸被「御覽欽點」過，活生生地被拯救了，命好大噢！假若傳說當真的話。固然是沒法驗證此傳說的，但我傾向於相信此傳非謠，是真的咄。

君不見，歷來是「王命難違，成命難收」，更何況是堂堂的「欽差御派」的軍、工宣隊，剛剛數小時前在聲勢沸揚的千人大會上，正兒八經極其嚴肅慎重地正式公開宣布的《處理決定》，眼下卻僅僅只過了幾個小時，頃刻之間真正是在「彈指一揮間」，即被毫不費力地輕輕推翻，來了個驚天大逆轉，這後一個處理決定倘若沒吃豹子膽、沒有奉捧「尚方寶劍」，豈備「定海神針」的神功！你說呢？！

兩次處理決定，我卻一次都沒拿到過書面文字。無「物」可「唯」！

第二階段：一直到了粉碎「四人幫」後，在我本人頻頻地深切關懷和熱烈追詢下，甚至遣人登校求見，上海復旦大學人事處終於在1979年4月4日給我所在的貴州安龍一中發了公函，稱：

我校（某某）……與原高中時期的同學一起，議論過文化大革命運動，所謂組織反革命集團……造成的錯案。經上海市公安局複查決定撤銷。予以平反，恢復名譽。

為消除影響，請你們給予協助……檔案材料中發現有這方面材料，請你處銷毀，並轉告本人。

……

（公章日期）

也就是說，徹底平反了吧。薄薄一張紙加個公章，夢幻般飛來卻霎時就能扭轉乾坤，真有千斤重，夠「爆萌」的。了事了，在文字上都要不留痕跡，隔離審查這件事也就壓根兒等於沒有發生過。這就是第三次、也是最終一次結案。

說來也真有意思，當初我被洶洶追查的那些所謂的「攻擊無產階級司令部」的「反革命」言論，其內容，所指向所涉及的就僅僅是林、王張江姚以及康、陳那檔子人那檔子事，而恰恰就是那檔子人和事在事後都走到了歷史的反面，其吻合度無意之中竟然會如此神奇，那麼能否發個「小痴」：一定程度上我的確是有那麼一絲絲的碰運氣式的政治敏感性，「天賜我慧眼」吧？當然，我絕無妄想惡俗，會由此而「刻奇」自媚為反林反四人幫的「英雄」。

第六輯　地球生輝

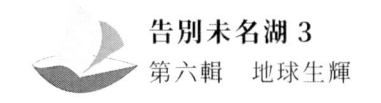

　　這裡，我必須要特意提及 6304 植物班我自己的班級，必須要特意給自己的班一個大大的「點贊」、專意脫帽敬禮，因為一定程度上，如果不是所處我們這個班，那我在那場「冤災」裡，恐怕不一定能夠「苟」得過去的：

　　「執法者」專案人員雖是由我班同學組成的，但在我的案子的整個審理過程中，從不打罵、從不賜施帶侮辱性的暴戾「侍候」；「提審」時，審問口氣似談話，遠離凶神惡煞相；當我實在「回憶不起來」時，會在嚴守政策雷池的前提下耐心「點擊」（若質疑或吐槽這是誘供和偽供，是對他們比天還大的汙衊）；審訊要升級時，甚至會換成外班或異級的學生來組審；「押解人員」的眼光一旦不經意與我的眼光對上時，我所感到的絕大多數是毫無敵意挺和善的，也不含厭惡蔑視之味。

　　案子結束後我回到班級，明明是個被「內控」的對象，但我絲毫感覺不到被監視，沒有歧視沒有被看作另類。該幹嘛就幹嘛，與大夥坐在一起、住在一起、吃在一起、「學習」一起，出操一起、開會一起、討論一起、勞動一起，不見一絲「內控」之凶跡。朝夕相處日夜厮混不設防，坦蕩德潤無間交融，率性任意真情相照，能不是情同手足嗎？！前已敘及，畢業分配前夕還特意安排團員談心，暖情濃濃。承蒙抬愛，拍畢業照時都沒忘記拉上了我這個「落魄兄弟」。

　　……所有這一切，看似平常，卻在在展示了我班足夠博大的胸懷，不吝兄弟間親近的厚情，沁人心脾。情濃濃，濃得足可殺人。能處在這樣的班中，很幸運，很溫暖，是命運的眷顧和福份——兄弟我感激不盡，銘記在心難以忘懷。親厚「兄弟一場」！……每當憶及，脈脈然情難自已，不已……

　　？：那麼時到如今，怎麼還有心理障礙，以至於不進北京，連百年校慶都不去？

⊙ 6304 班畢業照，1970 年 3 月，前排左一為俞俊鳴，前排正中為王體浩

……：事後證明我原先的那些言論並非「反動」「錯誤」，但當時自己為什麼也要違心地承認是「罪行」，是「錯誤極其嚴重」呢？當時為什麼要裝死趴下骨軟如綿呢？至少是缺乏敢當張志新式勇士的氣節和魄力。正如錢理群老師說得深刻：「……在外在壓力下……自我人性的扭曲、醜惡……這樣一些慘不忍睹的記錄，我無法抹去這一切，它夢魘一般壓在我的心上……」痛嫌丟人之恥。自卑，自己糾結自己。心理障礙。此謂一。

「欽點」平反了，「結論」中卻仍留下碩大的尾巴；檔案中應銷毀材料，但「畢業生登記表」中卻沒有改正不實之詞。我曾連發數信給本系，懇求應該平反徹底，提出須相應修改鑑定中不當定性的措辭，巴巴盼卻踮酸了腳趾頭仍一如既往地無福拜收隻字片紙，恰恰此時南京化工學院無錫分院就因登記表鑑定中的「原詞」而拒絕把我調入。錯案的餘威繼續「現場」作祟，如同棒喝，立暈；希望成泡影，心碎一地暴傷元氣。此謂二。

我是在自己的學校裡被「整」、被「處理」的，為什麼最終平反卻要由復旦先發函，然後再要在我反覆地懇請乞求下，親近的母校才動文公辦？做派高貴冷漠，似乎錯案與他們無關，兩手乾淨可炫；三次處理（平反），本人始終沒能見到或收到書面憑證，無根之案，使人惶惶。此謂三。

心驚肉跳嚇破人膽的反革命現案，對當事人本人，卻始終沒有一個明白的說法。平反也僅僅只憑一紙公文就算了事了，那就活該白白抓（抄）、白

白審、白白關、白白批、白白判、白白「內控」？由此而「所造成的直接或間接的包括精神上的損失」呢？——始終給人的感覺是怪怪的。打個比方，就好像甲不小心並不是很重地撞了一下乙，乙強勢，不由分說把甲摁地就是一頓暴打，打完後乙查查自己並沒被碰傷，也查不出甲抱有敵意，就拍掉甲衣服上被打時黏的髒土，扭頭就走揚長而去，只剩下甲傻傻地矗站在原地，這，就算完事了。——巴金曾對胡風說：「我很抱歉！」一位女記者曾在沈從文耳邊說：「你真是受苦受委屈了！」都淚如雨下。那當時又有誰曾對我說過什麼一二呢？借此我新潮地套用網友的網文弱弱地自己對自己說：用滾燙開水泡製一碗騰著熱氣的酸菜麵，不加料包，由臉頰自然淌下的熱淚補充恰當的鹽分，用這種方式，能夠抹平「不公正待遇」帶來的憂傷和傷痕。此謂四。

萬科老總王石，60多歲了，還到哈佛讀書，為的是要補上以前的「缺課」，當然他有資源。那我們被迫中斷的學業呢，同樣60多歲了，還能免費到母校蹭蹭課呀？——說著玩玩，千萬不要當真。

所以我不敢面對，也不想對面。45年刻意不進京，刻意少回憶，但執意保存著原校徽和原學生證，執意保存著同班同學的照片，然而都不看，藏著就是。至於做夢，則實在是無法「執意」能制止的。

人生若只如初見，何事秋風悲畫扇。

後語：我未曾告別未名湖，我是「被」離開母校北大的。不意一旦離開，便一腳跌進縈懷的世界。學業沒完成，心中的湖光塔影奈何揮之而去？

芳情只自遣，雅趣向誰言？

謹向郁開北、黃思明、侯碧輝三位學兄感謝致敬！

俞俊鳴，男，原生物系植物專業1963級學號6304052，中共黨員。

一生只做了三件事：考上北大，一輩子不後悔的大事，並在北大曾被「欽點」；靠黨的政策托夫人的福，1980年單調進上海；在市屬機構組織的市級評估中，所屬單位裡唯一獲得A級的部門，是由我主管的部門。

山鄉的一群過客

吳根耀

　　1968 年 12 月開始，我在湖北東南的偏僻山鄉度過了艱辛的 10 年，在那裡與來自全國多所大學的老五屆大學生萍水相逢。這批人基本上都成了山鄉的過客，記錄了中國教育史上難以想像和不堪回首的荒唐一幕。

進山的隊伍

　　通山縣是湖北咸寧地區九縣中最窮的。其實它原來的自然條件並不差，地處富水流域，「七山一水二分田」，後來修了富水水庫，「二分田」被淹，一下子就窮了。窮到什麼份上呢？我所在煤礦周圍的潘山大隊未遭水淹，自然條件在縣裡至少應屬中上等，長期以來農民的一個勞動日（即「工分值」）就是一角多，後來竟下降到了四分八。沒人大驚小怪，因為工分值幾分錢的大隊在通山屢見不鮮。

　　這樣一個窮縣，文化教育當然也落後，「文革」前僅出了一個半大學生。說半個，是因為考上北京航空學院的那位在父母雙亡後投親來此，在縣中僅上學一年多一點，憑原來基礎好考上大學。這無異於放了一顆原子彈，以至於高三的班導決意下嫁他為妻。畢業適逢「文革」，他回了通山，在大茶園煤礦當指導員。還有一個考上大學的是通山籍的 W 君，被當地百姓視為奇才靈童，1964 年考入湖北大學。

這個貧困縣，邊遠縣，又是老蘇區，從 1968 年夏天起湧進了大批大學畢業生，前後共三批。第一批於 1968 年底和 1969 年初到達。縣招待所餐廳舉辦新年晚宴，招待的幾乎全是分來的大學生，約十桌。這批人來自全國各地，專業以理工科和醫科為主。1969 年夏，集中湧入的第二批以師範類院校的學生為主。初看他們簡直就是難民，黑不溜秋，面容憔悴。他們是直接從農場來的。問起那段日子，男生悲憤難言，女生泣不成聲：他們在農場勞動時，每天在水深過膝的田裡拉犁。

開春時水還很冷，但必須下水，連女生的「那幾天」也不例外。曾有女生要求「那幾天」能留在岸上幹活，結果不但遭到排長的大聲訓斥，勒令她下水後先高聲背誦 50 遍「要鬥私批修」，而且罰她收工後整理農具等，比平時還晚了 1 小時回宿舍。真是殺雞儆猴，從此再無女生敢提「那幾天」。僅此一事，足見大學生在農場遭受何種待遇了！好不容易盼到水稻灌漿，不期幾場大水把稻子沖得精光，顆粒無收。

彙報到省革委會主要領導人 L 首長那裡，他聽罷哈哈大笑，連聲說：「好！好！收不到稻子收稻草，收不到稻草收思想！」對這兩批大學生，縣裡的分配原則是鐵定的：一是下基層，二是不扎堆。學醫的和師範的一律到公社；想到區裡，只有大畈區。因大畈窮（田地全都被淹），原來調誰都不去，這下子好了，去了十幾個大學生，把大畈中學全盤頂起來了。去大畈的還有一個武漢醫學院德專班（7 年制）的學生，哪怕生活再苦，只要有手術做就行。

1970 年春來到通山的算第三批。這是被掃地出（校）門、清倉甩貨的一批人。通山縣不足 50 個公社，前兩批分來的大學生早就過百，各公社衛生所和中學都有大學生了。基於此，這次分配方針變為：「摻沙子」，不扎堆。沒大學生的單位都可以摻進沙子。理工科的學生基本上留在城關；學醫的充實到區衛生院；師範院校的就留在教育局等機關。湖北大學的有 4 人進了僅幾個人的新單位煤化局，女生在煤炭公司當會計，就是領著幾個婆婆媽媽捏煤球賣。

分到區裡的，不一定能坐機關，有的就是去站櫃台。我在橫石區就碰到一位，我問他怎麼當的營業員，他反問：「你北大的能去挖煤，我湖北大學

的就不能售貨？何況當營業員的大學生還不止我一個！」個別沙子可能不太好摻，像獸醫系的。數過來算過去，發現銀行儘管小知識分子有一把，卻從未進過大學生。於是，在銀行營業大廳的一群女士旁邊多了一個「獸」，被笑稱是「美女與野獸」組合。「獸」可能受不了營業大廳的脂粉氣，一得空閒就跑出門來換空氣，與路過的熟人說上幾句，銀行門口一度成為大學生的動態發布站。

1973年下半年老五屆大學生轉正，通山在冊轉正的為284名。加上這5年裡調走的、回原籍的（湖南籍的大部分已回老家）和因「出事」未轉正的，分到通山的老五屆大學生的總人數顯然超過了300名。

當時分到通山的大學生，名牌大學除清華（咸寧縣分去1個清華建築系的）、復旦外，幾乎都有，專業除天文外基本齊全。最出名的兩位，一是科技大學高分子專業的，人稱「高分子」，分在縣化肥廠；二是該廠的會計，是人民大學檔案系的。這兩位所在學校的校名都冠有「中國」兩字，故當地的幹部群眾都深信他們是從中央分下來的。在化肥廠試車的那幾天，許多人跑去看稀奇，交口贊「高分子」有本事，曰：「真能顛倒黑白啊（黑的煤變成白的化肥）！」名震一時之後，這兩位都悄然回了原籍（「高分子」是貴州的少數民族，人大檔案系的那位是家在福建的烈士子女）。

北京分去的除前述北航的那位和我外，還有林學院2人（1人在化肥廠，1人在林業局），農機學院1人（在造紙廠）。

南京來的是南大氣象系1968屆的一女生，職員出身，怕她政治上不可靠（說通山氣象台要為空軍提供天氣預報），發到縣二中（在橫石區）教書。後來地區氣象局得知有這麼一個寶貝女，把她連同男友（清華工程化學系1968屆的，分在黃岡地區賣化肥）一起調去了。上海來的是華東化工學院的，在縣水泥廠。重慶大學採礦系分來2人，與我同在潘山煤礦。廣州來的是華南工學院的，在縣廣播站。

武漢分來的大學生最多。中南第一大學武漢大學有近10人分到通山。數學系的去當老師，物理、化學和生物系的分到化肥廠（共4名，分別任主管技術員、人祕股長、化驗員和作業廠主任）。文科有圖書館學系的一女生，

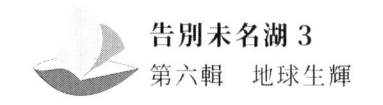

分在縣工會，逢人便說：全國就北大和武大有圖書館學系，怎麼通山還能攤上一個？真是「酒好不怕巷子深」，很快有某個大圖書館知道山裡有這麼個寶貝女，就把她要去了。

　　圖書館學系儘管少，畢竟不是唯一。武漢測繪學院可說是測繪專業的獨子，全國僅此一家。這次有兩人分到通山，都在化肥廠。我在做礦區的小平板測量和在縣人武部幫忙編《兵要地誌》時，向他們請教過一些專業上的問題，也希望他們能來煤礦工作，一展所長。但他們只想回湖南老家種地，不久後如願還鄉。

　　工科大學中數華中工學院分來的人最多。第三批進山直接留在城關的就有六七人，加上之前來分到基層的，總共十多人。當地有幾家縣辦廠礦，他們分到廠礦後好歹能與電啊機的打交道。華中農學院的就沒那麼幸運了。第一批分來的獸醫系 Z 君分配在供銷社殺豬。剛聽說我還不信，起個大早去看了，才眼見為實。當時去找他的學生還不少，因為可以得到幾張肉票。還有一個園藝系的，因山裡人不種水果也不賣水果，只能去菜場賣菜。這是我初到通山時碰到的「新鮮事」，唏噓感慨：通山連殺豬賣菜的都是大學生，真是古今中外罕見！

　　分到通山的還有藝術類院校的大學生。某民族學院藝術系的當上了縣文工團的編導兼樂隊指揮（樂隊由會樂器的大學生組成，兼管燈光、舞美等）。之後又來了湖北藝術學院聲樂系（1968 年時屬中專部）的一對未婚夫妻，還真派上了大用場。原先的文藝兵，別說五線譜，連簡譜能認全的怕也找不出幾個。輸入了這些新鮮血液後的變化可謂立竿見影：一個曾經只能唱忠字歌跳忠字舞的宣傳隊現在竟能成台地排演大型歌劇話劇了。

　　講專業，學醫的和師範的學生最多。剛分到通山時，在招待所與我同住一房的就是兩個武醫德普班的（六年制），G 君分到高湖公社，距縣際公路 28 公里；Zh 君分到大井公社，背靠江西面向陽新，兩者都屬邊遠公社。這兩位很快就在基層做出了成績，Zh 君婚後調任另一個公社衛生所任所長，G 君則建起了手術室，能開展闌尾切除等手術。大約是 1970 年初春，省衛生

局在通山召開農村合作醫療的現場會，大力表彰通山取得的成績，還專程去考察了高湖衛生所。

師範院校的畢業生在極其艱苦的條件下創業，使教育教學工作走上了正軌。大畈中學實際上是來了老五屆學生後才辦起來的。武漢師範學院的 H 君攜妻兒去時，無宿舍，只能在附近的破廟裡打掃出一個角落安身。分到公社中學（大部分是小學「擴增」中學）的條件更差，尤其難耐的是孤獨。位於水庫邊的小山包上的大畈區慈口公社中學，就是孤零零的一個院子。

T 君在這裡過的似乎是「晚上守一盞孤燈」的尼姑式生活。每天下午放學，工友走時把院門從外面鎖上，之後的十幾個小時就只有孤燈陪伴她。晚上，她聽收音機時，聽一會兒，停一會兒（怕外面有動靜），睡覺不脫衣服，也不脫鞋襪，驚醒了就睜著眼睛看天花板……好在不到一年她就調走了。

挨整的「老九」

除物質生活艱苦、精神孤獨、與世隔絕等困難外，大學生還有思想壓力，因為當時知識分子被劃為「資產階級」，俗稱「老九」。一旦有個風吹草動，倒霉的、挨整的首先是「老九」；沒有運動時，被看著不順眼，捕風捉影的事也在所難免。

通山第一個挨整的「老九」是武漢大學英語系 1966 屆的 Y 君，他在縣一中教書，一個十足的書生。他在 1969 年初即來找過我，因為不相信北大的人會分到這樣一個偏僻的山鄉來，要眼見為實。1969 年初夏，我到通山遇見殺豬的 Z 君，他說：Y 出事了，組織了幾個學生，要叛國投敵。我說：這不近常理，真要跑，當然是一個人偷偷地跑，哪裡會組織不懂事的學生集體叛逃？Z 君又說：已經來調查過我，問 Y 跟我說過什麼，我回答只是找我要肉票。我說：恐怕城關的大學生都會去調查一遍。第二天，在招待所就可以聽到縣一中的操場上開 Y 的批判會，「打倒叛國投敵分子 Y！」的口號喊得震天響。連著鬥了三天。以後聽說他離開通山，回了福建老家，成了又一個來去匆匆的過客。

分到燕廈區衛生院的武醫一男生,接診了一個年輕姑娘,要給她打針。農村姑娘沒打過針,不知道在臀部注射,聽說要她解褲子,一下子就緊張了。「文革」時武漢有個說法,叫「上眼藥」,即是要整某人(如拉出去批鬥、遊街等,反正不是好事),就稱要給某人「上眼藥」。這個小醫生看到此女緊捂褲腰,如臨大敵,就寬慰她說:我又不給你「上眼藥」,你怕什麼?不料此話一傳,變成了:「小醫生連給女病人點眼藥水也要她脫褲子」,更有甚者添油加醋地說「還摸褲襠」。於是小醫生就遭了難,開批判會挖思想根源之後,被取消看病資格,罰去餵豬半年多。

　　老五屆在通山集體挨整是一場稱為清查「五一六」的政治運動,省裡的文件特別指出北京、南京來的要重點審查。剛到通山時,我所接觸到的當地黨政軍民各界人士,不管是介紹我是北大的,還是看到我穿著「新北大」背心的,都異口同聲地說:「啊哦!湖北大學的,知道知道,在武昌」,有的還會補一句:「這回可分來不少你們湖北大學的噢!」要搞階級鬥爭了,似乎大家「醒悟」了:北京大學的不就是北京來的麼?這不明擺著是個「重點」!於是礦裡成立專案組。

　　辦案人去了六七趟武漢,但買不到去北京的車票,因為省專案組不給開介紹信,理由是:說別人是「五一六」,得有證據,至少得有過硬的線索,才能立案調查;光憑北京來的就查?從北京、南京分來的學生和調來的幹部、工人幾萬十幾萬,怎麼一個一個去查?沒辦法,只能改為函調。一個多月後(1970年11月),關於我的回函來了,僅一行字:不是「五一六」成員,也未發現參加過「五一六」組織的活動。

　　北京清查「五一六」,湖北就抓「北決揚」(「北星」、「決派」和「揚子江評論」的簡稱)。通山的老五屆主要來自武漢的大學,一時空氣就緊張了起來。在城關,一對來自華農的夫妻被「內定」為「北決揚」,上班就是「車輪戰」:有來做思想工作的,有來交代政策的,有來要求寫揭發材料的……

　　還有華工的幾個,也被懷疑是「北決揚」。我認識的,還有武師的一對小夫妻,非常單純,分到黃沙區中學後工作也很努力,男的很快升任黃沙區團委書記。這次到黃沙後照例去找他們,妻子一見我就把我往外推,說:正

抓「北決揚」呢！把他的區團委書記也撤了，這幾天要他寫「材料」，晚上都不讓回家！

「北決揚」還沒查完，「九一三」事件發生。在向老百姓傳播「林彪文件」之前曾為確定哪些人不能聽文件傳播進行了反覆討論，實際上對分來的學生又進行了一次排隊。政治立場（如「北決揚」）、「文革」表現（「造反派」頭頭）和思想靈魂（如「上眼藥」者）有問題的人是決不允許享受這一政治待遇的！

福建莆田曾有一人給北京寫信，得到「聊寄 300 元……」的批示，在通山成了一場「破壞知識青年上山下鄉與破壞軍婚同罪」的嚴打運動。這場打流氓的運動也成了整知識分子的機會，上面提到的大畈 H 君竟然倒了霉。他曾跟我自報山門：武師政史系，是培養校長的系。儘管住破廟餵臭蟲，他革命熱情高漲，幹什麼都勁頭十足。

比如說，插秧的時候，他沒有課就主動去幫農民插秧，有一次甚至把我也「拖下了水」。他曾套用《紅燈記》的唱段，以大畈區一個人大代表「文革」的經歷為藍本，編了一個現代京劇《勁松》，自演那個人大代表，還頗受歡迎，在大畈的露天舞台演過十幾場。我曾誇獎他「真是個校長之材」，並坦率地跟他說：「我們這批人即使長期在通山工作，也很難入黨，你將是個例外，希望你早日納新，好圓你的校長夢。」

這樣一個有志青年，沒有納新卻進了班房，令我感到十分意外。山區的生活風氣比較開放，物質供應的匱乏和文化活動的單調更助長了這一點，何況 H 君肯定是小女生心目中的英雄，也許還有什麼深層次的原因（如權力之爭）遭人誣陷或伺機報復？不知道他後來怎樣，只聽說其妻被迫調往楠林區任教，以後回武漢看病，查出患了癌症。

說到入黨，還得寫幾句。儘管萍水相逢，我相信分到通山的這批大學生都是愛黨愛國的熱血青年，不少人大學裡就積極要求入黨，甚至在部隊農場這樣艱苦的條件下，仍有人遞交入黨申請書。到了通山，當地幹部把我們視作另類，誰來管你的政治生命？於是，只有一篇又一篇的請調報告，沒有入黨申請。正是：本來一顆好橘樹，移到這裡卻成枳。

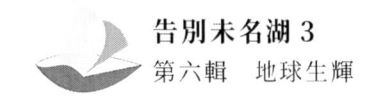

當然也有例外，如縣廣播台的 G 君。此人武師中文系畢業，與妻子一起分到縣一中任教。1969 年籌建廣播台時，他是貧農出身，普通話講得不錯，被選為播音員，兼任廣播台台長。他很快就把這個廣播台辦得有聲有色，並堅持用普通話播報天氣預報，受到地區主管的肯定（別的縣台都用當地方言播）。

　　因受到各級主管賞識，他顯然已不屬「知識分子」和「造反派」之列，兼之根紅苗正，在 1976 年春被吸收入黨。支部大會通過後，他不知從哪裡聽說其妻有外遇，回家拿電唱機一類的東西砸了女方的頭（這個細節是誰也說不清楚的了），不知怎麼就把她砸死了。校方調查了「外遇」一事，結合解剖結果，通知 G 君其妻清白。不管聽到什麼看到什麼，G 君那幾天都非常平靜。他的入黨之事批下來後，廣播局長去他的房間通知他這個消息，發現 G 君已懸梁自盡。

終成過客

　　1976 年，龍年，中國經歷了災難深重的一年：三大巨星先後隕落。第三次哀樂奏的時間最長，聽著聽著，我突然想起了安娜·路易斯·斯特朗在史達林逝世時寫的兩句話：

　　領袖來復去，人民卻活著。只有人民是永恆的。

　　歷史終於超越他而進入一個新的時代了。

　　那麼，我們的歷史也會超越他而進入一個新的時代嗎？吾輩的命運會在這個新的時代裡有根本的變化嗎？我不敢再往下想了，但潛流已開始湧動，而且遠不止我一人。

　　考研究生是「翻山」活動的第一步。我清楚地記得第一天考試是 1978 年 5 月 15 日，入場的有 20 餘人，除 3 個考中醫的是本地青年外，其餘都是分到通山的老五屆大學生。大家都將這次考試視為一個命運的轉折點，氣氛十分緊張，認識的人顧不上寒暄，不認識的人也顧不上介紹。因為答題時過於投入，連咳嗽聲、喝水聲都沒有，考場內一片肅靜。考試結束後，監考的女老師感動得幾乎落淚，嘆曰：「通山歷史上何曾有過這樣的考場！？」

9月發錄取通知,考上兩人:我考上中國科學院,另一人考上華中工學院。全城百姓都高興:儘管「文革」後通山還沒考出大學生,考出研究生一樣表明本縣教育形勢一片大好。

北大辦「回爐班」確是在全國開了一個先河。武大、武醫和華工等院校都是牌子響噹噹的學府,自然緊跟北大,一方面辦回爐班召回學子,另方面廣開渠道為他們調回本校奔忙。湖北醫學院、華中農學院和湖北中醫學院等校紛紛仿效之,因為誰也不甘心自己培養的桃李埋沒在窮鄉僻壤。北航的那位也攜妻回了北航,我在中關村還邂逅過他。1978年底1979年初形成了老五屆大學生的出山高潮,像決堤似的。進山出山,恰好十年,意氣猶在,青春不再。

⊙吳根耀在內蒙古柴河

高潮過後,出山流並未停止。湖北大學的人好走,因為該校的學生絕大部分來自山區和農村,訂婚和結婚較早,已在老家安營紮寨,兼之本地幹部認為他們並無特長(財會、計統等工作有國中文化就足夠了),卻拿那麼高薪水,一點都不挽留他們。

當老師的儘管女師範生不少,分到通山後都放眼山外,先後調到丈夫那裡去了。男生們早已到了談婚論娶的年齡,但在通山基本上無望解決,透過多種關係(世交、街坊、姻親等)一般都找了女知識青年。知識青年去農村插隊,更是過客,三年五載也都回城安排了工作,男老師們隨之成了山鄉的過客。

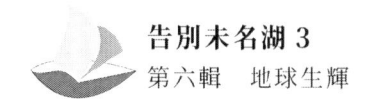

1981年10月我碩士畢業並留所，1982年元旦後回通山去轉行政關係，以異鄉客身份再回通山。街道依舊，只是幾乎見不到老五屆的身影。找到湖北大學的M君，他說：我也快走了，弟弟在武漢開了個餐館，去給他打工。遇到武醫衛生系的L君，在防疫站，因妻子已從嘉魚縣調來，準備畢生在通山防治血吸蟲病。閒聊中感到：可能還有百分之一二的老五屆留在通山。

　　吳根耀，1963年考入北大地質地理系（0563-2班）。退休時單位：中國科學院地質與地球物理研究所；職稱：研究員（博導）。

⊙吳根耀畢業照

請記住昨天的誓言

汪景琇

　　我不知道這些離開燕園的回憶對年輕的朋友們是否有意義，也不知道對自己，一位古稀老人，是否還有些許的激勵。自1970年3月從北大被「掃地出門」，已經整整45年了。曾經的人和事多已隨風而去，只有那些刻骨銘心的感動，那些依然未悔的努力讓我無法釋懷。

難忘清原

　　1970年3月22日，當我們二十幾位北大學生到遼寧省清原縣報到時，天好像還飄著雪。那是清晨5點多鐘，我們走出清原火車站，小廣場上空無一人。走上大街，只有一位後來得知被稱為「蓋傻子」的殘障者站在街中間幫我們「指揮交通」。當我們背著行李好不容易找到縣革委會，大院的門被鎖著。門衛不知道這些「不速之客」的來歷，我們被關在政府大院之外。

　　清原地處高寒山區，年最低溫度是零下37.6度。在春寒料峭的3月，氣溫低到零下20多度。這些大多來自北京、上海、天津三大城市的同學，從未受過這樣的凍。一些同學不得不把行李打開，披上被子。當我們被恩準進入辦公樓時，已是上午八九點鐘。

　　縣革委會把我們交給縣武裝部管理。在見面會上，武裝部長的第一句話，是要我們讀毛澤東語錄「對我們國家抱敵對情緒的知識分子只是極少數……」他似乎想說我們中大多數還是可以被教育好的。我因為家庭出身和父親的歷史問題，當了許多年「可以教育好的子女」，但是我無法容忍這樣來曲解這些充滿理想、願意報效國家的優秀青年們。

　　經過幾天的教育，3月26日我們作為縣知識青年工作隊被派到農村生產隊。記得我和幾位同學，包括物理系的金龍換，生物系的白恩忠，歷史系的趙梅莊被派往南八家公社寧家店大隊做知識青年工作。我們背著幾十斤重的行李和生活用具，翻了兩個大嶺，過了幾道冰河，沿著山谷中的小路去寧家店。

　　山裡冰雪初融，山路上面流著融化的冰水，下面卻依然是半冰半泥，我們的鞋早已被冰水泡濕，徹骨的冷。可是我們還是一邊走，一邊唱，一邊欣賞山野風光。休息時咬一口黑麵饅頭，吃一口山溝裡的雪，還真是很浪漫。

⊙ 1965年秋全班於天安門廣場紀念碑前合影，前排左一為汪景琇

　　寧家店那時是一個很窮的山村。最差的生產隊，農民一天勞動的工分只值2角1分錢，一年一個人的口糧只有100多斤。山裡農曆早春二月，正是青黃不接的時候，最早的山菜小根菜也還沒有長出來。我們在當地居民家裡吃派飯，每天兩頓，基本沒有糧食，只靠代食品，通常是高粱糠摻豆腐渣做的窩頭，副食是鹹菜。

　　蒸好的窩頭剛端出來光溜溜的挺好看，可伸手一拿就整個散成一堆，吃到嘴卻無法下嚥，嗓子像被刮一樣難受。這是我一生中經歷的最艱苦的生活。我們還有435「大角」（當時的月薪43.5元），能在村裡小賣店買點餅乾，在陪知識青年上山砍柴的時候躲在一個地方吃兩塊。可是農民呢，他們大人和孩子怎樣度過這飢寒的早春？

　　有一件事讓我終生難忘。一次去看隊裡一位生病的老婦人。她躺在床上艱難地指著對面炕上的櫃子，要我幫她找什麼。在雜亂的櫃子的一角，我找到了一個小包，外面裹著布，裡面裹著紙，一層一層的。當我打開這個小包，裡面是一小塊紅糖，還沒有小孩子的拳頭大。我不知道那紅糖被珍藏了多久，已經像石頭一樣硬。她要我為她沏碗紅糖水。可是我怎麼也剜不開這塊糖，用剪刀扎也只留下一道白茬。我無法忍住眼中的淚水。

直到今天，每每想起這件事我都會心痛不已。這是70年代初山區農民的真實生活啊，也許仍是今天個別貧困山區農民的景況。可當時的我，卻一點都不知道農民真實的生活。這位老人養了兩個智障的兒子，不會幹別的農活，只能在生產隊裡幫飼養員鍘草掙工分。後來，我們為老人買了兩斤蛋糕，是那時我們唯一能為老人做的。

鄉村教員

大概是兩個月後，我和大多數同學一樣被分配到邊遠的農村公社學校做教員；只有兩名同學被分到了縣機關。由於我的父母已先期從撫順市遣送到清原縣大孤家公社西南溝生產隊，經我要求，我被分配到大孤家公社中學教書。那時，母親已經64歲了。我知道，和父母生活在一起，對年邁的父母是一種照顧和安慰，卻又讓他們為我而傷心。

西南溝是一個只有八戶人家的小村子，在一個很深的山溝裡。村裡有女人和孩子的正常家庭只有三戶，有四名1、2年級的小學生在大孤家上小學。西南溝離大孤家有八里山路。

每天清晨我帶著這幾個孩子上學。雨天的山路上，孩子們會告訴我，哪是狼的爪印。有一次，一隻獨狼蹲在溝邊的山包上向我們窺視。農民的孩子不害怕，是他們為我壯膽。冬天和孩子們到山上去砍柴，還遭遇過野豬，也是孩子們教我怎麼做。我開始了一種從未有過的新的生活。

大孤家中學的條件在清原縣算是好的。學校有從7年級到9年級的300來名學生。十幾位老師中有4位是錦州師範學院的畢業生，還有我和國際政治系的王作堯兩位北大學生，師資力量應當說是雄厚的。我教過數學、工業基礎知識、農業基礎知識、俄語，還代過語文課。到農村之後，我已不再有科學的夢。但是有良知在告訴我，還有希望，那就是教育好農民的孩子，我自己也還要學習些在農村有用的知識！

馬克思青年時代的詩文，盧梭的自學，彭斯的經歷，莎士比亞的創作，都給我啟迪和鼓勵。「切莫無言和悲怯地從低軛下面爬過，要知道渴望、心願和事業，依然會留在我的身邊。」我把馬克思的詩句抄在日記本上，激勵

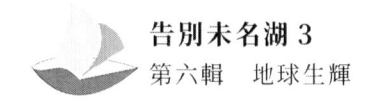

自己。「我要登上高山去,那裡有樸素的人家,在那裡,胸懷自由地敞開,有自由的微風吹拂。」海涅的詩句與我的心在共鳴。

從1970年3月到1973年3月奉調清原縣氣象站工作,我在大孤家度過了3年鄉村教員的生活。當我開始得到學校的信任,負責學校教改工作後,立即提出給學生「補打基礎知識」,要求老師單獨撰寫教案並由我一一檢查,從有理數和無理數開始為學生補課;還組織物理學講座和知識競賽,教學生萬有引力、宇宙速度和人造地球衛星等新知識。

我知道有些學生家裡連鹽都買不起,還要在年末為老師湊錢買毛巾、暖壺等禮物,就建議學校規定,老師不得以任何形式收受學生的禮物。我還擔任了學校文藝宣傳隊的指導老師,為學生寫歌編節目,我寫了詩劇《校園的春天》,宣傳學習科學知識的重要性。該劇後來由清原縣文工團在撫順市和瀋陽市做了公演,深受觀眾喜愛。當「反擊右傾翻案風」逆潮來襲,要對該劇和我做批判時,我已調到氣象部門工作,又得到縣文化館肖國良等的保護,沒有受到衝擊。

我與農民和他們的孩子們結下了深厚的情誼,我深深地愛著我的學生們,他們也深愛著自己的老師。一天傍晚,我在學校吃過晚飯,得知一位住在一面山的一個深山溝裡的女生,因參加學校組織的勞動很晚才離開學校回家。夏秋之際,山裡晚上6點多天已全黑。我擔心學生會害怕和遇到野獸,就不顧一切地奔著山路追趕。一直追了10來裡,才看見半山腰兩間房子裡透出的微弱燈光。我知道要到學生家了。不一會,草屋的門開了,燈光中我看見學生的背影。

一位婦女迎出來把孩子接進屋。我趕緊轉身回學校,這時才感到害怕。山路兩邊的草棵子很深,黑乎乎的看不出路。但我還沒走出山口,就聽見山下傳來「汪老師、汪老師……」的喊聲。原來,十來名住校和學校附近的學生知道我一個人進了山溝,又追了過來接我。我非常感動,和學生們高高興興趟過清河回到學校。

氣象員

　　1973年3月，我被調到清原縣氣象站做氣象員。清原氣象站是國家基準站，每6小時的氣象數據要向所有亞洲國家發報。對這個專業工作機會，我等得實在太久了。我激動地寫下：「請記住昨天的誓言，昨天——在那美麗的燕園，未名湖畔；在那巍峨的長城，烽火台前……如今，生活鋪開了，戰鬥打響了，是考驗的時候了，是拚搏的時候了，還能夠安安穩穩，手輕腳慢；還能夠怕付辛苦，去做懶漢嗎？」我要求自己「從氣象工作最下層、最普通的工作做起，一年、兩年、八年、十年、幾十年……為改變中國氣象事業落後面貌而不懈奮鬥」。

　　我意識到，氣象站業務工作中一個基本的問題，是如何主要依靠單站的氣象資料，做好當地的天氣預報。我和站裡的老同事開始了單站天氣預報方法的新的探索。我提出用偏離長期統計時變規律的「氣壓發展量」作為基本物理量，判斷天氣系統的來襲、離去和發展；又發展統計模型，透過馬爾科夫轉移矩陣預報降水概率；還曾背著自己3歲的兒子到邊遠的山區實際勘踏秋霜初襲的路徑，幫助農民防霜抗災。

　　從1973年到1978年考取中國科學院北京天文台研究生，我在基層氣象站實實在在工作了5年多。我被選為省氣象戰線先進工作者、氣象學會理事，被披紅戴花送去參加省、市科學大會，又出席全國氣象站工作會議並作大會發言。由「氣壓發展量」時間剖面圖做局地天氣預報的方法，後來被省氣象局規定為氣象站預報的一個基本方法，論文被收入1978年科學出版社出版的氣象站預報方法文集。這是我一生寫的第一篇學術論文。

　　1972年的春天，成為我生活中的一個新起點。我和地區醫院的護士孟秋芬結成了終生的伴侶，在那個小小的西南溝結了婚。她是比我早幾年由撫順衛校分配到戰備地區醫院的，當時任地區醫院副院長。在那個年代，肯嫁給像我這樣一個地主家庭出身、父親又有歷史問題的人，是要有膽識和勇氣的。在清原，我們有了一雙兒女，曾和年邁的父母在一起幸福地生活了好多年。當我到北京念研究生，又到加州理工學院訪問合作時，完全是妻子用柔弱的雙肩挑起了家庭的重擔。

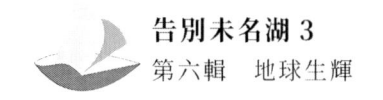

清原也給我留下了痛苦的回憶。我慈愛的父母都是在清原先後離世的。而那時，他們最喜歡的小兒子卻無法在他們身邊盡孝。直到1986年，我的妻子和孩子才獲准遷到北京。清原成了我人生的第二個故鄉。

分到清原的26位北大學子，以自己的傑出工作和奉獻贏得了清原人民的愛戴、尊重和呵護。當我在北京念研究生，家裡沒有冬季燒柴時，還是縣武裝部派汽車到山裡為我們家拉柴禾。清原縣政府、氣象站和我妻子後來工作的縣醫院都曾給我們家很多關懷和照顧。

艱難的求學路

1978年，國家恢復研究生教育的春風，吹開了我關閉的心扉。當時省氣象局局長曾當面告訴我，省局對我的業務發展已有了考慮，讓我不要報考研究生。國家氣象局業務發展司司長方齊先生，曾親自帶人從北京趕到清原縣氣象站，還來到我簡陋的家瞭解我的情況。然而我清晰地知道，自己實際的知識水準連「一瓶子不滿，半瓶子晃」都談不上。

我決定報考研究生，想回到母校北大重新開始氣象專業的學習。可是北大氣象專業招收研究生的考試科目，是天氣學和動力氣象等專業課，我一門都沒有學過。在完全沒有時間準備考試的情況下，我報考了中國科學院北京天文台的研究生，選擇了太陽磁場和太陽活動預報研究方向。北京天文台只考高等數學和普通物理，對我相對比較容易。我也想過，也許從太陽研究能找到天氣科學發展的一些新的思路。

但當我得到研究生複試通知書時，我父親卻突發腦血管栓塞而半身不遂。當時，媽媽已年過七旬又有多種慢性病，兒子才5歲，女兒只有2歲。這是一個太需要我的家啊！慈愛的母親卻堅持要我到北京去參加複試，親愛的妻子也支持我再學習，還請自己做知識青年的弟弟代我在醫院照顧癱瘓在床的父親。氣象站的劉佩祥站長，一個解放前參加工作的知識分子，非常理解和支持我在科學上的追求。然而，當我真的走出家門踏上求學的路，每走一步卻是那麼沉重和艱辛。

「老學生」

作為「文化大革命」後中國科學院招收的首批研究生，我們的平均年齡是 34 歲，年長的同學有的已四十二三歲。大多數同學和我一樣都已成家，上有老人需要奉養，下有孩子需要撫育。我們是背著沉重的家庭負擔在求學啊。從 1965 年 10 月被派往農村參加「四清」運動，到 1978 年 10 月重新成為一名老學生，我的學業已荒廢了整整 13 年，早已錯過了人生求學的最佳時光。

國家對這批研究生抱著很大希望。當時給我們上理論物理課的是彭桓武先生，上粒子物理和統計力學課的是李政道先生，學校規定的參考書都是美歐著名大學的教材，例如數理方法（I、II）分別採用的是美國麻省理工學院和馬里蘭大學的教材。像我這樣過去從未學過英語的學生，為了做每一道家庭作業，需要一個字、一個字去查字典，先把字面意思弄清楚再去解科學問題。

在一年半的學習時間裡，我要從抄寫字母開始達到碩士畢業的英語要求，要完成已覺艱深的數理基礎課和從未接觸過的天文專業學習，要從英文學術期刊查找學位論文研究所必需的參考文獻。

重新開始的努力是艱難的。記得等離子體物理學開卷考試，為了推導一個複雜的色散關係，不少同學從下午一直做到第二天的上午 9 點多，也不願去尋捷徑抄襲他人。經過艱苦的努力，我們終於榮幸地獲得由中國科學院數理學部主任和學位評定委員會主席錢三強先生簽發的碩士學位證書，開始了在基礎研究領域的艱難拚搏。

追逐曜靈的人

1983 年 5 月，我和自己的碩士導師史忠先被中國科學院派往加州理工學院及所屬大熊湖太陽天文台訪問合作，在著名太陽物理學家 Zirin 教授指導下工作。從 1908 年 Hale 第一次用物理學方法診斷太陽黑子的強磁場開始，加州理工學院在太陽物理領域曾長期處於國際領先地位。學校有非常優越的學術研究環境和緊密而擴展的學術交流合作。

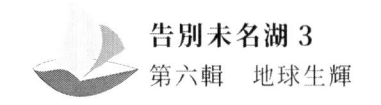

我開始知道了國際上頂尖的天文學家在想什麼和怎樣工作，開始把「發現新的觀測事實和發展新的物理理解」作為對研究工作的基本追求。80 年代以來，太陽小尺度磁場成為新的前沿研究領域。在一年多的時間內，我配合史忠先老師完成了對大熊湖太陽天文台磁象儀的定標，使磁場的定量測量成為可能。

　　我與合作者確定了太陽表面最小可測磁元的磁通量，在權威刊物 Solar Physics 上發表了我的第一篇天文學論文；合作發現了太陽磁通量消失的基本模式——磁對消，兩篇相關論文一直得到學術界廣泛引用。從完全不懂天文到在太陽物理學研究前沿工作，沒有捷徑，唯有拚搏。在大熊湖太陽天文台的 8 個月內，白天無論是誰的研究課題，我都待在望遠鏡的圓頂裡，注意觀測出現的新現象和新問題；晚上則在圖書館閱讀文獻和做理論推演。這期間，我研讀了大熊湖太陽天文台成立以來發表的所有論文。

　　加州理工學院把我帶進了太陽物理學研究前沿；而對我的研究工作產生了決定性影響的，是中國自己的太陽磁場望遠鏡投入了工作。艾國祥和他的同事經過 20 多年的創造性努力，使中國太陽活動區向量磁場觀測達到了國際領先水準。

　　我把自己的全部精力投入到對中國向量磁場觀測數據的分析中，在太陽向量磁場和太陽活動機理研究中做出了一些有影響的工作，為中國太陽物理研究走向國際前沿做出了自己應盡的貢獻。我沒有忘記自己的承諾，依然關心國家氣象科學的發展，為國家氣象部門的空間天氣預報工作出力。

　　從 1981 年進入太陽物理研究領域至今，35 年過去了。「總為曜靈疏舊友」，為了太陽研究，我從不敢偷閒，卻常常冷落了同學、朋友和親人的深情。作為「文化大革命」後國家培養的第一批研究生，我知道我們的使命是承上啟下，把老一輩基礎研究的傳統接下來，再把年輕一代學者推向學術前沿。我在太陽物理學領域先後培養了十多位博士和多位博士後。2001 年我參與創辦中國自己的英文天文學期刊 Research in Astronomy and Astrophysics 並擔任主編至今。我依然期待著在太陽物理學基礎研究中能再做一點工作，為年輕朋友的成長再盡一點努力。

汪景琇，男，1944 年 5 月生於遼寧撫順；地球物理系 1963 級。1970-1978 年任遼寧省清原縣鄉村教員和氣象員。1978-1981 年中國科學院研究生院研究生，1981 年進入中國科學院北京天文台從事太陽物理學研究，1992 年起任研究員。理學博士，國家天文台研究員、中國科學院大學崗位教授，中國科學院院士。曾獲 2009 年國家自然科學獎二等獎和 2012 年中國天文學會張鈺哲獎。

⊙ 2012 年春汪景琇與妻子游森林公園

五子吟

王志敏

讀高放老師《告別未名湖 2》序，「五子說」像一面鏡子，照見北大老五屆的影子，印下他們半個世紀的足跡。五子，似可作為北大老五屆的別號了。

第六輯　地球生輝

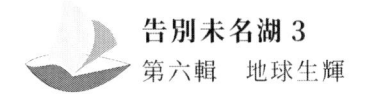

驕子

　　1964 年 9 月 1 日，北京大學 1964 級新生入學了。

　　一千多名新生，其中的二十名同學屬於地質地理系地球化學專業這個班級。

　　雖然是考生自己選擇了這個專業，雖然從介紹文字裡也多少知道了一些關於該專業的基本概念，但地球化學具體說來究竟為何物，對於剛剛完成基礎課程學習的高中畢業生來說，還完全是一個陌生而空洞的概念。

　　倒是有一個情節記憶特別深刻，就是輔導員老師幾次重複地說到流行於當時的一個口號：「為祖國健康工作五十年！」

　　是啊，看看一班同學，身體都倍棒，做地質這一行身體能不好嗎，要不怎麼敢報地質系呢？

　　身體普遍好不錯，考分也一樣匹配。後來聽到一個情況，那一年凡是報考北大的考生志願裡有填報地質地理系的，不分志願順序，一律由地質地理系「先行」錄取。這是北大校方定的，目的是保障地質地理系的生源質量，加強對該系的支持力度。

　　這有驗證，我們班的一位同學，數學考了那年北大錄取考生的最高分，而且第一志願報了數學力學系，怎麼反倒被志願排序靠後的地質地理系「打劫」了呢？為此，他還據理力爭找過學校理論，要求按第一志願轉系，最後是生米熟飯，不了了之。還有，我們班的另一位同學，北大是他填報的第十個志願，不也是被超前地「截流」過來？

　　一網打盡天下才，仔細想來不無道理。一則，最高學府的北大總是吃頭食。二則，都是掐的尖兒。班上二十個同學，一一數來，哪個不是各自所在中學的高才生、佼佼者？

　　其實，整個北大，哪個系、哪個班不是如此呢？

　　最高學府，不枉其名。天之驕子，不枉其名。

學校名號不虛，學生也不浮不躁。那個年代的這一批學子，其實多出身普通人家，進得校門，誰個不是一門心思想著學好功課，長真本領，將來好報效祖國，也回報父母。

普通人家孩子，農家子弟，能上北大，談何容易？一位福建來的同學，為了節約，艱苦到一年四季不穿襪子，真可稱「赤腳大仙」了。當年的艱苦，就此可知一二。只說為這不容易，也得好好學呀！

驕子真真，學子淳淳，家國情懷，蒼天可鑒——

十年寒窗苦，一朝躍龍門。

躊躇懷高遠，執著寄青雲。

莘莘驕子意，熾烈沸丹忱。

「棍子」

好好的一座學校，因為一紙通知，一張大字報，全亂套了。

何止一個北大，動盪開來，殃及全國，都亂套了。

又是北大，讓人不由想起了「五四」運動。

五四，這場以反帝反封為主旨的群眾運動，雖然情勢蓄積久久，但終是以北大學生為發端，醞釀起來，發酵出去，由北京而全國，由學生而士農工商，從而影響了中國社會的政治走向，為民主革命注入了全新內涵。因此有了這樣的判斷：沒有五四運動，中國的近代史會改寫。

今天又是北大，日子從5/4換作了5/25，又是從北京而全國，這場運動也要改寫中國歷史嗎？想不到，想不出，思考不過來，只是感到一場鋪天蓋地的大風暴要來了。

熱血青年——熱血賁張的北大學子又先知先覺地站在了潮頭。

於是，最高學府的北大停課了，風光旖旎的燕園沒有了一張平靜的書桌，革命無罪、造反有理成了最時髦的口號，破字當頭則讓一切現在時的社會秩序來了個叫停與顛覆。

第六輯　地球生輝

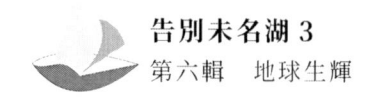

於是破舊立新。

於是橫掃一切牛鬼蛇神。

於是批判資產階級學術權威。

於是打倒走資本主義道路的當權派。

有了這許多的「於是」，革命小將順乎邏輯地成為了這場風暴任人揮舞的「棍子」。

棍子揮舞，小將義勇，成為那個時代的一道風景。

既為棍子，不為學子，學生不再以學為生了，只剩下了革命，其壯懷激烈者，則要「誓死捍衛」了。

班上的「小江西」，頗有些真傳革命老區的基因，衝鋒陷陣於兩軍對壘的戰場，小腿上至今還留著 28 樓保衛戰的深刻印記。刀槍留痕，可窺當年戰況激烈之一斑。

純真的書生為情緒所左右，被人利用了。更多的人更多的是疑問和思考，甚至一些「思想者」思想裡有更深刻層面的求索。

時過境遷，往事如煙，然莘莘學子，卻白白錯過了人生最寶貴的求知階段。於國家，則造成整整一代的人才斷層，也打亂和終止了最寶貴的經濟快速發展期。

哀之所慟，何止「棍子」！現在看，這場運動真的是改寫了中國歷史的進程。

對於學子來說，關係最是直接，一場運動改寫了他們的人生命運。

革命徒日大，斯文癲也狂。

狂飆來九宸，熱血沸激揚。

「棍子」操誰手，鳴時鶴自傷。

「棄子」

當年的「兩校」，何等風光，諧音「兩校」筆名「梁效」的文章，也成了一言九鼎的輿論導向和政治風標。太學一般的感覺，讓北大學子們風光一時。

曾幾何時，風光不再，只是一夕之間，學子們的命運改寫了，從九霄雲天跌落萬丈深淵，幾百年沉寂逝水的「九儒十丐」重現了現代版。

用過的「棍子」成了「棄子」，一句「四個面向」——面向農村、面向邊疆、面向工礦、面向基層，就把成千上萬的「老五屆」學子打發了。

真有點發配的味道，只還慶幸臉上沒有刺青，不過卻也著著實實地背負著臭老九的印記。方案一公布，學生須立刻上路，晝夜兼程，不可一時一日耽誤報到期限。於是，最偏遠、最落後、最艱苦的地方，便成了北大學子發配目的地的定義域。

還通鐵路，就算是好地方了。還通汽車，也足可安慰。只要還有人煙，無論多麼偏鄉僻壤，便不排除作為北大學子分配地點的選擇。我們班的「赤腳大仙」同學，就分配到了貴州凱里最偏遠的山區，去那裡報到，坐火車＋坐汽車＋步行，一路行來足足花了三天三夜的時間。衣食住行，更不消說了，有的地方甚至讓人感覺好似回到了原始時期。

物質條件的艱難還似可忍受，總歸只是皮肉之苦，可精神上的苦悶無以釋放宣洩，那可真要摧毀清純性靈的脆弱神經了。無助於無，難堪其難，引出來最懦弱也是最「勇敢」的人生抉擇——徹底逃逸。有的同學為自己的還正值青春的生命畫上了休止符，還不只是孤例。可惜了啊！可憐十年寒窗一朝龍門的北大學子，可憐千里之外倚門盼歸的父老雙親，可憐人才還很是匱乏的我們的國家。

再分配，讓不少同學的人生之路有了轉機，普遍的境況也多少有所改善，但終無大改觀。且行且思且盼，相伴著一路的困惑：漫漫長路，路在何方？

現實地解讀吧，如此地置身基層，讓學子們現實了許多：

——艱苦生活，許多民眾一直是這樣的生存狀態；

——出路何在，中國的老百姓這樣子生存了多少年。

浪漫地解讀吧，天將降大任於斯人，浪漫會給人力量：

——天生我材必有用，讓一些同學的學有所長派上了用場；

——回爐深造，讓幸運光顧的同學重又回到了未名湖畔。

天馬行空地解讀吧，每天的太陽都是新的：

——有同學擲地有聲：不出十年我們一定會回來；

——有同學信心滿滿：天下者我們的天下，國家者我們的國家。

都是人才，想來終究會為國家所用。

愈是艱難困苦，愈須一種支撐。

九儒命多舛，悲摧如十丐。

命繫一息存，魂飛七魄殆。

天真憐棄子，留爾青山在。

才子

北大學子，人們習慣稱之為北大才子。北大才子，其實真也不枉其稱。

想想偌大中國，全國各地那麼多考生，跨進北大清華的校門談何容易，一路考來，過關斬將，細算起來絕不止是百裡挑一。

進得學校，高水準的師資在那兒擺著，雖說多少有些遺憾，少了民國時代那一群標誌性的大師級人物，可論起名校名師，北大總還屬於超一流，師父領進門是絕無問題了。

還有風氣，北大的學習風氣一向很濃，優秀學子的集合更是形成逆水行舟不進則退的競爭氛圍，看看未名湖畔的晨讀，圖書館、閱覽室的座無虛席，馬路、走廊燈光下的忘我，再不江山代有才人出可真有些對人不起了。

對於老五屆來說，雖說前則「四清」，後又「文革」，五年、六年的修習期頗多攪擾，甚或因為提前畢業縮短到了只有可憐的三四年、一二年時間；可靠了那稟賦、素養、功底在，靠了老師傳道授業解惑的訓練在，縱是經歷了九九八十一難的磨難，卻又鳳凰涅槃一般地浴火重生。

以熟悉的同學為例吧。

一位同學，專才。在中國地震科學領域，絕對地可以坐上前幾把交椅。於地震理論研究，則從太陽系的大宏觀、從萬有引力的角度提出了全新方向。尤其，那聰明絕頂的智慧腦瓜絕對般配科學家的高端身份。

一位同學，奇才。第一次回爐北大，才以惠己，從河北農村開進了首都北京。第二次回爐北大，師以為尊，成為了北大講堂的教授。憑藉兩次回爐的昇華，現在則成為名聲赫赫的國家級珠寶鑑定大師。

一位同學，異才。藝多不壓身，古典詩詞了得，高等數學叫絕，當縣長如同三國故事裡龐士元一般遊刃有餘。更上層樓升任市政協主席，魅力則勝明星，聚集起一個很上規模的粉絲群。賦閒優遊，則天馬行空地追隨起酈道元的腳步。

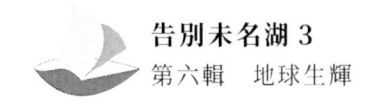

一位同學，高才。理科碩士研究起了馬克思的《資本論》，水準則達到了專業程度。以一職之位、一權之力的引領驅動，完成了投資額幾十億惠及幾千萬人的飲用水改造工程。伏案書來的筆下文稿，一字不易地出現在了總理報告文本中。

　　一位同學，超才。在國務院總理眼裡，他是大筆桿子。在發改委中小企業系統，他是航母編隊旗艦的艦長。退而不休日益增其重的今天，則居位當代中國中小企業方向研究與參謀決策領域的首席。

　　一位同學，國才，中國科學院院士。頭銜在，不須贅語了，不過還須補充一句，在他的背後，支撐他一路走來終成正果的他的妻子，也是他當年北大的同學，後來的西北大學教授。

　　才子如雲，不須一一了。

　　或處江湖遠，或居廟堂寬。

　　九宇觀河漢，北辰復斗南。

　　師出同門幾，才子聚燕園。

赤子

　　驕子、「棍子」、「棄子」、才子，一路走到今天，都已古稀之年了。

　　這一代人，出生於舊中國，成長於中國，傳統家庭教育與新式學校教育，一起鑄就人之初的認知基礎。有了這樣的「基因」根柢，儘管一生許多磨難，反右、大躍進、三年災害、「四清」運動、「文化大革命」、改革開放都趕上了，這代人卻幾十年如一日，不移不易，不棄不離，孝於親、愛於家、忠於國、敬於業，堅韌地守護著一顆赤子之心。

　　威武不能屈，他們做到了，在因言罹禍株連九族的蠻荒年代。在真善美與假惡醜面前，他們以知識分子的天性與良知，選擇了前者，摒棄了後者，雖然也清楚這樣的選擇冒了很大的風險。雖然他們還沒有面對宣戰野蠻的勇氣，可終是在自我領屬的方寸之地做出了壁壘分明的抉擇。留存真善美的種子，終究會長成真善美的風景。

⊙王志敏一家三代

　　貧賤不能移，他們做到了，在九儒如之十丐的顛倒歲月。不管是在農村農場，還是在工廠礦山，不管是物質生活艱苦到不能果腹，還是精神生活匱乏到只剩下自我檢討批判的境地，作為人，他們始終堅持了「大寫」兩個字，作為北大學子，他們不曾辱沒「最高學府」的名分。

　　富貴不能淫，他們做到了，在非官即吏已然發達起來的時候。在官場的腐敗圈裡，十貪九淫不再只是統計學的空泛概念，而已是逐日新日日新又日新的現實見證。可在我們許多同學那裡卻有著鮮明的反差，「美女」——50年後還是50年前相濡以沫的原配；「金錢」——手握十幾億專項撥款的批覆權力，卻從來就沒有過假公濟私渾水摸魚的一絲歪念；「關係」——身處國家機關司局級的實權高位，而其子女至今還是民企的打工仔。

　　甚至鞠躬盡瘁死而後已，他們也做到了，在健康、生命最是珍貴的選擇面前。一位同學，金剛般的強壯身體為學院工作的超負荷做了奉獻，50年後的同窗一聚只能遙隔千里於病榻之上了。而另一位同學，則早早地故去了，故去在為他所任職院長的師範學院謀求更進一步發展的工作之路上。可惜，還嫌年輕正是崢嶸歲月的青春年華。可敬，縱然留下太多工作付出太少自我關愛的遺憾。

　　誰言寸草心，報得三春暉，以此作為赤子之情的鏡鑑吧。

　　報國奉餘生，桑榆化彩虹。

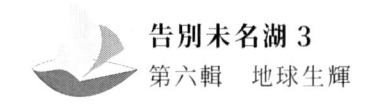

擊水三千里，浩蕩匯東溟。

風雨五十載，不移赤子情。

逝者如斯夫，江山又日新。

王志敏，1944年10月出生，1964年入北大，地質地理系地球化學專業。先後在工廠，縣委、縣政府機關，文化、教育部門工作。

跋　依舊家國未了情

孫蘭芝　丁廣舉

　　自 2013 年以來，《告別未名湖》已出版兩集，這是第三集。三集入選文章分別為 61 篇、80 篇和 82 篇，第二集還收錄了校友讀第一集反饋詩作多首。本集的編輯宗旨、選文標準與前兩集一致；全書的版式、裝幀設計風格不變；書名也仍是北大前校長陳佳洱院士題寫的。

　　《告別未名湖》記錄了我們北大老五屆學子昨天的腳步，深化了我們今天的思考。在本集付梓之際，就有校友來信詢問是否有編輯第四集之計劃，認為老五屆學子每個人都有自己刻骨銘心的故事，很值得寫出來以昭示後人。在《告別未名湖》第一集出版後，受到啟示，復旦大學老五屆校友就刊發網文，表示也要爭取結集出書。

　　同儕的清華校友對北大同學的人生行跡尤為關注，購書者甚眾。著名的「文革」研究學者、清華大學校友孫怒濤先生讀《告別未名湖》後說：「與北大一樣，清華同樣有老五屆（當時清華實行六年制，實際上是老六屆），也可寫一部類似的《告別清華園》。這方面北大捷足先登了，羨慕加欽佩！清華老五屆的行跡與北大校友十分相似，大同小異。

　　《告別未名湖》抒發的是全國幾十萬老五屆的共同心聲，必然會引起強烈共鳴，找到眾多知音；這部文集也就具有典型性、代表性和普遍意義了。」他還說：「不同的人對《告別未名湖》文集有不同的解讀，我是偏重從『文革』回憶和反思的角度來拜讀的。沒有『文革』，就沒有老五屆一說。『文革』改變了老五屆的命運。那幾年老五屆的行跡都是在『文革』這一大環境和大背景下發生的。作為個人是告別未名湖，作為老五屆則是被逐出未名湖，任由發配到窮鄉僻壤自生自滅。作為人生中的寶貴年華，有許多記憶值得珍視；作為蔑視知識、摧殘人才的逆歷史潮流的『文革』事件，則是應該被揭露、被批判的。老五屆的行跡只有放在瘋狂的年代、動盪的社會、極『左』的路線的視野下加以審視，才更顯歷史的沉重感。因此，記錄他們的回憶和思考，是『文革』史研究中的一個不可或缺的部分，具有重要的意義。」

告別未名湖 3

跋　依舊家國未了情

　　編輯《告別未名湖》文集是奚學瑤、張從學長等發起的，我們參與了三集的編輯工作，並受二位學長委託主持編輯第二、三集。與此書結緣，實乃今生之幸。這其中，使我們深受教育和感動的是：作為北大學子，歷經磨難而「赤心」不改的高尚情懷——始終感念母校，堅守北大精神；始終愛國憂民，追求崇高，追求卓越，不懈努力奮鬥！雖然我們與大多數作者原來並不認識，但每當收悉一篇來稿，便如同與其久別重逢，推心置腹、促膝暢談；每當互通了電子郵件或手機簡訊，便如同找到了久違的同窗甚或「同桌的你」！

　　這些文章和訊息，又把我們帶回那永存於心的燕園，讓我們又憶及那多夢的青春年華；也把我們帶回到告別未名湖後的「四個面向」之地，憶及那淒風苦雨、歷經磨難的歲月。一口氣看完董漢河學長的《夢斷大西北》，我們滿眼淚花，心潮滾沸，久久不能平靜——為紅軍西路軍的冤魂，為董學長的執著；吳志雄校友的《我的哲學之路與人生感悟》，字裡行間無處不是哲學的思辨、認知、感悟、踐行；陳世崇校友的《夢裡何曾別燕園》，表達了北大學子魂牽燕園、感念母校的情懷，那種如果有來生，來生還做北大學子的痴情躍然紙上。

　　雖然我們已為第一、二集中許多篇章慨嘆、落淚，但是編完這一集，依舊百感交集，心緒萬端——心繫湖光並塔影，情灑四海復五洲；人生百味路千條，不求名利求自由；艱辛歲月未虛度，無愧今日霜滿頭——為學求真理，為政謀天下，為人行仁善；雲煙散盡吐心聲，依舊家國未了情！這是我們師長那一代知識分子的寫照，而這種精神和情懷，也深深地烙在了我們老五屆學子的心上。這82篇文章，同前兩集一樣，吟唱的依然是這般心曲！

　　衷心感謝眾位校友在百忙中撰稿，全力支持此項工作。本來，前兩集出版之後，我們想停一停，看一看，再考慮是否有必要繼續編下去。意想不到的是今年春節之前一些校友主動聯繫，要求「不要停，馬上做」，許多校友希望一定要把這寫史紀實的工作繼續做下去。許多同學從精神上給予極大鼓勵，在財力上極力支持，使我們不敢推責，不敢懈怠，只能盡力堅持。

　　可能是受了前兩集的啟發，也可能因為有了更多的準備和更深的思考，總的看來本集的文章不僅沒有出現與前兩集「故事重複」、讓人視覺疲勞的

情況，而且許多文章還以鮮明的特點、厚重的內容、深邃的見解給人以耳目一新之感。比如，王志敏的《五子吟》，對第二集高放先生《序言》中的「五子」之說作了進一步闡發，給人留下深刻印象；王義遒先生在本集《序言》中也列舉了不少篇章，不再贅述；校友汪景琇院士，重擔在肩，擠時間撰稿；校友趙華纏綿病榻，努力成文賜稿，精神感人至深。

　　王智鈞、李平安、夏清和、宋光陽、姚成玉、武思敏、禮慶貴、姜國廷、貢安南、申家仁等校友參與了閱稿和編輯工作，天天堅守在電腦前。我們在閱稿過程中，遇到疑難，及時與作者交流看法，或請教更多校友，共同探討。每當給作者提出修改建議時，校友們無不虛心接受、不怕麻煩、認真修改，全力支持我們的工作。

　　在近半年的時間裡，先後5次（2月1日、3月7日、3月18日、5月11日、7月20日）邀請校友們聚談，請大家提出真知灼見，以便把本書編好；有的不便出席，則透過電話或簡訊交流意見。參與的校友多達70餘人次，他們是（按姓氏筆畫為序）：

丁廣舉	馬子富	王學琳	王智鈞	白玉林	禮慶貴	盧曉林	朱偉利
劉蘭平	劉家義	孫蘭芝	孫雨南	孫淑萍	孫惠軍	杜慶臻	許同茂
李平安	李海文	李榮華	李橦	李炳海	陳世崇	余德義	楊如鵬
楊桂香	楊靜韜	吳根耀	張從	林江東	林建初	周大晨	鄭斯寧
徐森	徐志仁	常紹舜	奚學瑤	夏清和	魯公儒	熊熊	樊能廷

及俞家慶（中國人民大學老五屆校友，李橦南開中學同學）等。

　　夏清和校友有詩作描繪校友見面的場景：「頻年未睹面，一見倍相親。衝冠蒼蒼髮，洪鐘朗朗音。盛情饒盛意，佳邸晤佳賓。休道夕陽晚，猶懷國是心。」為本集作序的王義遒老師蒞臨了7月20日校友聚會。

　　在此一併衷心感謝各位校友的支持。特別感謝物理系1963級學長孫雨南、朱偉利夫婦，他們一絲不苟地做好財務管理等工作，還不辭辛勞地為校友們寄書。感謝圖書館學系1965級劉蘭平同學，她負責聯絡、宣傳工作，

跋　依舊家國未了情

熱情周到，成為編委會與校友聯繫的紐帶。他們的責任感、校友情，時時感染和鼓舞著我們。還要特別感謝丁孔賢（地質地理系1964級）等校友和陳秀蘭女士（1965年畢業於吉林省礦冶學院，即今長春大學，退休公務員）對本書的熱情資助。

更要感謝母校！北大和北大校友會主管、老師和校友們對《告別未名湖》一書一直給以極大的關心和支持。陳佳洱校長題寫書名；師長錢理群先生、高放先生分別為第一集、第二集作序；校刊《北大人》、《北京大學校友通訊》和《山西北大人》多次發表文章和訊息，宣介此書；各地北大校友會在發行方面給予大力支持。

此次，我們懇請北大前常務副校長王義遒先生為第三集作序。作為物理學家、教育家，已經84歲高齡的王先生，不僅慨然應允，而且很快通覽3集文章，如同當面傾聽220多位學生訴說心聲。然後，以博大的胸懷、科學家的嚴謹和師長的大愛，寫出了飽含深情、思想深邃的序言《永不可再的歷史永不可滅的精神》。

王先生在序言中指出：北大老五屆行跡確實是北大歷史上珍貴的一頁。他們遭遇過冷酷的輕侮和摧殘，經歷過極端的苦難和艱辛，甚或悲慘，但是，他們沒有退縮，沒有消沉，更沒有與邪惡同流合汙，而是堅守北大精神，奮鬥不止。作為一個個大寫的人，為事業，為民眾，為地方，為國家，甚至為世界作出了貢獻。他們以曾經的北大學子為榮，北大也以他們為傲。「北大之大」，也包含著他們的辛酸與苦難，包含著他們的成就與榮光。

這深深打動著我們的心，並且促我們自省、自勵，進一步加深了我們對師長的感激和對母校的依戀。我們深深感到：北大老五屆廣大學子雖歷經半世風雨，仍不改求真唯實的赤子之心、書生之意，仍有著不甘沉淪而勇於奮鬥的壯志豪情，完全是母校、師長所賜！

在序言中，王先生還結合他出身清華、1952年院系調整時併入北大的經歷，對「北大精神」作出明晰的概括：

第一是擔當精神，對社會、國家、民族的擔當；

第二是追求精神，追求真善美，追求卓越，追求崇高；

第三是獨立和自由之精神，不為個人名利所累，不唯書，不唯上，只唯實；

第四是自強不息、厚德載物，既奮鬥不止，又平和坦蕩。

王先生將其歸結為「志、德、識」三個方面，同時也強調「五四」以來北大高舉的科學與民主、愛國與進步的旗幟。讀王先生的序言，猶如親聆教誨，進而體會到，正是因為有這樣品德高尚、學識淵博、文理兼擅，且誨人不倦、有著廣博大愛情懷的大師、先生們，北大才得以成其「大」。

北大現任校長林建華先生發表就職演講時說：「北大從來不只是一所學校，她是人們心中的圖騰，寄託著民族的未來和希望；未名湖從來不只是一潭湖水，它蕩漾著學者淡泊名利的誓言；靜園也從來不只是一方草坪，它承載著學子仰望星空、追求真理的執著！這裡的一木一石，即使再普通不過的園林景觀，也都被賦予了太多的夢想與期望。

的確，世界上恐怕從來沒有一所大學，能如北大這樣，與一個民族的命運如此緊密相連、休戚與共。」在北大的歲月給我們留下了深刻的印記，成為我們永遠走不出的背景——不只是湖光塔影，不只是課堂上的熏陶和訓導，也不只是俊彥鴻儒的風範，更重要的是北大精神，這種精神已經成為我們生命中的重要組成部分。

此集文章的排列，根據王智鈞同學的提議，按當年的18個系每3個系一組，基本按各系序號，兼顧便於組合的原則，編為6輯，即：第1輯數理化宇（數學力學系、物理系、化學系）；第2輯文史經世（中文系、歷史系、經濟系）；第3輯俄東西文（俄語系、東語系、西語系）；第4輯哲政法學（哲學系、國際政治系、法律系）；第5輯核電圖新（技術物理系、無線電系、圖書館學系）；第6輯地球生輝（地質地理系、地球物理系、生物系）。

姚成玉、夏清和同學參與了目錄編排的設計。此編排用語新穎，頗有寓意，讀者自可體會。各輯收入的文稿，從高年級到低年級排序，同年級的女生在前。來稿百篇，限於本集容量，部分文稿未能入編，誠望鑒諒。另外，編委會的組成，各系都有代表，依據校友們在組稿、編輯、出版發行過程中

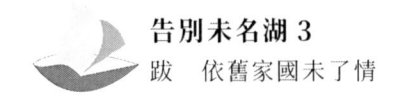

所做的實際工作，協商安排了主編、副主編和常務編委。在此，衷心感謝諸位校友、各位編委的積極支持和熱情參與！

在《告別未名湖3》即將面世之際，我們要再一次感謝出版社的主管和編輯！感謝所有關注、支持本書的朋友們！

對於書中存在的問題和訛舛，懇請各位讀者指正。

最後，衷心祝願敬愛的老師和親愛的校友們健康、幸福、快樂！

五子吟

國家圖書館出版品預行編目（CIP）資料

告別未名湖 . 3 / 孫蘭芝 編著 . -- 第一版 .
-- 臺北市：崧燁文化, 2019.08
　　面；　公分
POD 版

ISBN 978-957-681-830-1(平裝)

1. 傳記 2. 中國

782.187　　　　　　　　　　　　　　　　　108008918

書　　名：告別未名湖 3
作　　者：孫蘭芝 編著
發 行 人：黃振庭
出 版 者：崧燁文化事業有限公司
發 行 者：崧燁文化事業有限公司
E - m a i l：sonbookservice@gmail.com
粉絲頁：　　　　　　網址：
地　　址：台北市中正區重慶南路一段六十一號八樓 815 室
8F.-815, No.61, Sec. 1, Chongqing S. Rd., Zhongzheng Dist., Taipei City 100, Taiwan (R.O.C.)
電　　話：(02)2370-3310　傳　真：(02) 2370-3210
總 經 銷：紅螞蟻圖書有限公司
地　　址：台北市內湖區舊宗路二段 121 巷 19 號
電　　話:02-2795-3656 傳真:02-2795-4100　網址：
印　　刷：京峯彩色印刷有限公司（京峰數位）
　　本書版權為九州出版社所有授權崧博出版事業股份有限公司獨家發行電子書及繁體書繁體字版。若有其他相關權利及授權需求請與本公司聯繫。

定　　價：999 元
發行日期：2019 年 08 月第一版
◎ 本書以 POD 印製發行